Ley de Suelo y urbanística supletoria

Procedimiento de selección de originales, ver página web:

www.tirant.net/index.php/editorial/procedimiento-de-seleccion-de-originales

Ley de Suelo y urbanística supletoria

6ª Edición

TOMÁS QUINTANA LÓPEZ
Catedrático de Derecho Administrativo de la Universidad de León

ANABELÉN CASARES MARCOS
Profra. Titular de Derecho Administrativo de la Universidad de León

tirant lo blanch
Valencia, 2016

EDITA: TIRANT LO BLANCH
C/ Artes Gráficas, 14 - 46010 - Valencia
TELFS.: 96/361 00 48 - 50
FAX: 96/369 41 51
Email:tlb@tirant.com
www.tirant.com
Librería virtual: www.tirant.es
DEPÓSITO LEGAL: V-2992-2015
ISBN: 978-84-9119-433-0
IMPRIME: Gráficas Díaz Tuduri, S.L.
MAQUETA: Tink Factoría de Color

ÍNDICE

A) LEGISLACIÓN PLENA Y BÁSICA

B) LEGISLACIÓN SUPLETORIA

A) LEGISLACIÓN PLENA Y BÁSICA

1. Texto Refundido de la Ley de Suelo y Rehabilitación Urbana, aprobado por Real Decreto Legislativo 7/2015, de 30 de octubre[1] [2]

(BOE núm. 261, de 31 de octubre de 2015)

TÍTULO PRELIMINAR. DISPOSICIONES GENERALES

Artículo 1. *Objeto de esta ley.* Esta ley regula, para todo el territorio estatal, las condiciones básicas que garantizan:

1 Su tenor literal es el siguiente:
«El artículo Uno, h) de la Ley 20/2014, de 29 de octubre, por la que se delegó en el Gobierno la potestad de dictar diversos textos refundidos, en virtud de lo establecido en el artículo 82 y siguientes de la Constitución Española, autorizó al Gobierno para aprobar un texto refundido en el que se integrasen, debidamente regularizadas, aclaradas y armonizadas, la Ley de Suelo, aprobada por el Real Decreto Legislativo 2/2008, de 20 de junio, y los artículos 1 a 19, las disposiciones adicionales primera a cuarta, las disposiciones transitorias primera y segunda y las disposiciones finales duodécima y decimoctava; así como las disposiciones finales decimonovena y vigésima y la disposición derogatoria, de la Ley 8/2013, de 26 de junio, de rehabilitación, regeneración y renovación urbanas. El plazo para la realización de dicho texto era de doce meses a partir de la entrada en vigor de la citada Ley 20/2014, que tuvo lugar el 31 de octubre de 2014. Dicha tarea refundidora, que se afronta por medio de este texto legal, se plantea básicamente dos objetivos: de un lado aclarar, regularizar y armonizar la terminología y el contenido dispositivo de ambos textos legales, y de otro, estructurar y ordenar en una única disposición general los preceptos de diferente naturaleza y alcance que contienen aquéllos.
De este modo, el objetivo final se centra en evitar la dispersión de tales normas y el fraccionamiento de las disposiciones que recogen la legislación estatal en materia de suelo y rehabilitación, regeneración y renovación urbanas, excepción hecha de la parte vigente del Real Decreto 1346/1976, de 9 de abril, por el que se aprueba el texto refundido de la Ley sobre Régimen del Suelo y Ordenación Urbana, que tiene una aplicación supletoria salvo en los territorios de las ciudades de Ceuta y Melilla y, en consecuencia, ha quedado fuera de la delegación legislativa por cuya virtud se dicta este real decreto legislativo.
De acuerdo con las disposiciones anteriormente indicadas se produce este texto refundido de la Ley de Suelo y Rehabilitación Urbana, que prescinde en su título de los términos regeneración y renovación urbanas, no sólo para facilitar el conocimiento, manejo y cita de la norma, sino, sobre todo, por considerar que el término rehabilitación urbana engloba, de manera comúnmente admitida, tanto ésta, como la regeneración y renovación de los tejidos urbanos.

a) La igualdad en el ejercicio de los derechos y en el cumplimiento de los deberes constitucionales, relacionados con el suelo.

En su virtud, a propuesta de la Ministra de Fomento, de acuerdo con el Consejo de Estado y previa deliberación del Consejo de Ministros en su reunión del día 30 de octubre de 2015, dispongo:

Artículo único. *Aprobación del texto refundido de la Ley de Suelo y Rehabilitación Urbana.* Se aprueba el texto refundido de la Ley de Suelo y Rehabilitación Urbana.

Disposición adicional única. *Remisiones normativas.* Las referencias normativas efectuadas en otras disposiciones al Real Decreto Legislativo 2/2008, de 20 de junio, por el que se aprobó el texto refundido de la Ley de Suelo y a la Ley 8/2013, de 26 de junio, de rehabilitación, regeneración y renovación urbanas, se entenderán efectuadas a los preceptos correspondientes del texto refundido que se aprueba.

Disposición derogatoria única. *Derogación normativa.* Quedan derogadas todas las disposiciones de igual o inferior rango que se opongan al presente real decreto legislativo y al texto refundido que aprueba y, en particular, las siguientes:

a) Real Decreto Legislativo 2/2008, de 20 de junio, por el que se aprueba el texto refundido de la Ley de Suelo.

b) Los artículos 1 a 19, las disposiciones adicionales primera a cuarta, las disposiciones transitorias primera y segunda y las disposiciones finales duodécima y decimoctava de la Ley 8/2013, de 26 de junio, de rehabilitación, regeneración y renovación urbanas, así como las disposiciones finales decimonovena y vigésima de dicha ley, en la medida en que se refieran a alguno de los preceptos que la presente disposición deroga.

Disposición final única. *Entrada en vigor.* El presente real decreto legislativo y el texto refundido que aprueba entrarán en vigor el mismo día de su publicación en el "Boletín Oficial del Estado".»

2 Pese a la derogación del Texto Refundido de la Ley de Suelo del año 2008 por la disposición derogatoria única del Real Decreto Legislativo 7/2015, de 30 de octubre, por el que se aprueba el actual Texto Refundido de la Ley de Suelo y Rehabilitación Urbana de 2015, se transcribe a continuación el tenor literal del Preámbulo de aquel Real Decreto Legislativo 2/2008, de 20 de junio, por su posible valor interpretativo en la actualidad:

"I. La Disposición final segunda de la Ley 8/2007, de 28 de mayo, de Suelo, delegó en el Gobierno la potestad de dictar un Real Decreto Legislativo que refundiera el texto de ésta y los preceptos que aún quedaban vigentes del Real Decreto Legislativo 1/1992, de 26 de junio, por el que se aprobó el Texto Refundido de la Ley sobre Régimen del Suelo y Ordenación Urbana. El plazo para la realización de dicho texto era de un año, a contar desde la entrada en vigor de aquélla.

Dicha tarea refundidora, que se afronta por medio de este texto legal, se plantea básicamente dos objetivos: de un lado aclarar, regularizar y armonizar la terminología y el contenido dispositivo de ambos textos legales, y de otro, estructurar y ordenar en una única disposición general una serie de preceptos dispersos y de diferente naturaleza, procedentes del fragmentado Texto Refundido de 1992, dentro de los nuevos contenidos de la Ley de Suelo de 2007, adaptados a las competencias urbanísticas, de ordenación del territorio y de vivienda de las Comunidades Autónomas. De este modo, el objetivo final se centra en evitar la dispersión de tales normas y el fraccionamiento de las disposiciones que recogen la legislación estatal en la materia, excepción hecha de la parte vigente del Real Decreto 1346/1976, de 9 de abril, por el que se aprueba el Texto Refundido de la Ley sobre Régimen del Suelo y Ordenación Urbana, que tiene una aplicación supletoria salvo en los territorios de las Ciudades de Ceuta y Melilla y, en consecuencia, ha quedado fuera de la delegación legislativa por cuya virtud se dicta este Real Decreto Legislativo.

II. Como recuerda la Exposición de Motivos de la Ley 8/2007, de 28 de mayo, de Suelo, la historia del Derecho urbanístico español contemporáneo se forjó en la segunda mitad del siglo XIX, en un contexto socio-económico de industrialización y urbanización, en torno a dos grandes tipos de operaciones urbanísticas: el ensanche y la reforma interior, la creación de nueva ciudad y el saneamiento y la reforma de la existente. Dicha historia cristalizó a mediados del siglo XX con la primera ley completa en la materia, de la que sigue siendo tributaria nuestra tradición posterior. En efecto, las grandes instituciones urbanísticas actuales conservan una fuerte inercia respecto de las concebidas entonces: la clasificación del suelo como técnica por excelencia de la que se valen tanto la ordenación como la ejecución urbanísticas, donde la clase de urbanizable es la verdadera protagonista y la del suelo rústico o no urbanizable no merece apenas atención por jugar un papel exclusivamente negativo o residual; la instrumentación de la ordenación mediante un sistema rígido de desagregación sucesiva de planes; la ejecución de dichos planes prácticamente identificada con la urbanización sistemática, que puede ser acometida mediante formas de gestión pública o privada, a través de un conjunto de sistemas de actuación.

Desde entonces, sin embargo, se ha producido una evolución capital sobre la que debe fundamentarse esta Ley, en varios sentidos.

En primer lugar, la Constitución de 1978 establece un nuevo marco de referencia para la materia, tanto en lo dogmático como en lo organizativo. La Constitución se ocupa de la regulación de los usos del suelo en su artículo 47, a propósito de la efectividad del derecho a la vivienda y dentro del bloque normativo ambiental formado por sus artículos 45 a 47, de donde cabe inferir que las diversas competencias concurrentes en la materia deben contribuir de manera leal a la política de utilización racional de los recursos naturales y culturales, en particular el territorio, el suelo y el patrimonio urbano y arquitectónico, que son el soporte, objeto y escenario necesario de aquéllas al servicio de la calidad de vida. Pero además, del nuevo orden competencial instaurado por el bloque de la constitucionalidad, según ha sido interpretado por la doctrina del Tribunal Constitucional, resulta que a las Comunidades Autónomas les corresponde diseñar y desarrollar sus propias políticas en materia urbanística. Al Estado le corresponde a su vez ejercer ciertas competencias que inciden sobre la materia, pero debiendo evitar condicionarla en lo posible.

Aunque el legislador estatal se ha adaptado a este orden, no puede decirse todavía que lo haya asumido o interiorizado plenamente. En los últimos años, el Estado ha legislado de una manera un tanto accidentada, en parte forzado por las circunstancias, pues lo ha hecho a caballo de sucesivos fallos constitucionales. Así, desde que en 1992 se promulgara el último Texto Refundido Estatal de la Ley sobre Régimen de Suelo y Ordenación Urbana, cuyo contenido aún vigente, se incorpora a éste texto, se han sucedido seis reformas o innovaciones de diverso calado, además de las dos operaciones de «legislación negativa» en sendas Sentencias Constitucionales, las número 61/1997 y 164/2001. No puede decirse que tan atropellada evolución —ocho innovaciones en doce años— constituya el marco idóneo en el que las Comunidades Autónomas han de ejercer sus propias competencias legislativas sobre ordenación del territorio, urbanismo y vivienda.

Esta situación no puede superarse añadiendo nuevos retoques y correcciones, sino mediante una renovación más profunda plenamente inspirada en los valores y principios constitucionales antes aludidos, sobre los que siente unas bases comunes en las que la autonomía pueda coexistir con la igualdad. Para ello, se prescinde por primera vez de regular técnicas específicamente urbanísticas, tales como los tipos de planes o las clases de suelo, y se evita el uso de los tecnicismos propios de ellas para no prefigurar, siquiera sea indirectamente, un concreto modelo urbanístico y para facilitar a los ciudadanos la comprensión de este marco común. No es ésta una Ley urbanística, sino una Ley referida al régimen del suelo y la igualdad en el ejercicio de los derechos constitucionales a él asociados en lo que atañe a los intereses cuya gestión está constitucionalmente encomendada al Estado. Una Ley, por tanto, concebida a partir del deslinde competencial establecido en estas materias por el bloque de la constitucionalidad y que podrá y deberá aplicarse respetando las competencias exclusivas atribuidas a las Comunidades Autónomas en materia de ordenación del territorio, urbanismo y vivienda y, en particular, sobre patrimonios públicos de suelo.

Con independencia de las ventajas que pueda tener la técnica de la clasificación y categorización del suelo por el planeamiento, lo cierto es que es una técnica urbanística, por lo que no le corresponde a este legislador juzgar su oportunidad. Además, no es necesaria para fijar los criterios legales de valoración del suelo. Más aún, desde esta concreta perspectiva, que compete plenamente al legislador estatal, la clasificación ha contribuido históricamente a la inflación de los valores del suelo, incorporando expectativas de revalorización mucho antes de que se realizaran las operaciones necesarias para materializar las determinaciones urbanísticas de los poderes públicos y, por ende, ha fomentado también las prácticas especulativas, contra las que debemos luchar por imperativo constitucional.

En segundo lugar, esta Ley abandona el sesgo con el que, hasta ahora, el legislador estatal venía abordando el estatuto de los derechos subjetivos afectados por el urbanismo. Este reduccionismo es otra de las peculiaridades históricas del urbanismo español que, por razones que no es preciso aquí desarrollar, reservó a la propiedad del suelo el derecho exclusivo de iniciativa privada en la actividad de urbanización. Una tradición que ha pesado sin duda, desde que el bloque de constitucionalidad reserva al Estado el importante título competencial para regular las condiciones básicas de la igualdad en el ejercicio de los derechos y el cumplimiento de los deberes constitucionales, pues ha provocado la simplista identificación de tales derechos y deberes con los de la propiedad. Pero los derechos constitucionales afectados son también otros, como el de participación ciudadana en los asuntos públicos, el de libre empresa, el derecho a un medio ambiente adecuado y, sobre todo, el derecho a una vivienda digna y asimismo adecuada, al que la propia Constitución vincula directamente con la regulación de los usos del suelo en su artículo 47. Luego, más allá de regular las condiciones básicas de la igualdad de la propiedad de los terrenos, hay que tener presente que la ciudad es el medio en el que se desenvuelve la vida cívica, y por ende que deben reconocerse asimismo los derechos mínimos de libertad, de participación y de prestación de los ciudadanos en relación con el urbanismo y con su medio tanto rural como urbano. En suma, la Ley se propone garantizar en estas materias las condiciones básicas de igualdad en el ejercicio de los derechos y el cumplimiento de los deberes constitucionales de los ciudadanos.

En tercer y último lugar, la del urbanismo español contemporáneo es una historia desarrollista, volcada sobre todo en la creación de nueva ciudad. Sin duda, el crecimiento urbano sigue siendo necesario, pero hoy parece asimismo claro que el urbanismo debe responder a los requerimientos de un desarrollo sostenible, minimizando el impacto de aquel crecimiento y apostando por la regeneración de la ciudad existente. La Unión Europea insiste claramente en ello, por ejemplo en la Estrategia Territorial Europea o en la más reciente Comunicación de la Comisión sobre una Estrategia Temática para el Medio Ambiente Urbano, para lo que propone un modelo de ciudad compacta y advierte de los graves inconvenientes de la urbanización dispersa o desordenada: impacto ambiental, segregación social e ineficiencia económica por los elevados costes energéticos, de construcción y mantenimiento de infraestructuras y de prestación de los servicios públicos. El suelo, además de un recurso económico, es también un recurso natural, escaso y no renovable. Desde esta perspectiva, todo el suelo rural tiene un valor ambiental digno de ser ponderado y la liberalización del suelo no puede fundarse en una clasificación indiscriminada, sino, supuesta una clasificación responsable del suelo urbanizable necesario para atender las necesidades económicas y sociales, en la apertura a la libre competencia de la iniciativa privada para su urbanización y en el arbitrio de medidas efectivas contra las prácticas especulativas, obstructivas y retenedoras de suelo, de manera que el suelo con destino urbano se ponga en uso ágil y efectivamente. Y el suelo urbano —la ciudad ya hecha— tiene asimismo un valor ambiental, como creación cultural colectiva que es objeto de una permanente recreación, por lo que sus características deben ser expresión de su naturaleza y su ordenación debe favorecer su rehabilitación y fomentar su uso.

III. El Título preliminar de la Ley se dedica a aspectos generales, tales como la definición de su objeto y la enunciación de algunos principios que la vertebran, de acuerdo con la filosofía expuesta en el apartado anterior.

IV. Por razones tanto conceptuales como competenciales, la primera materia específica de que se ocupa la Ley es la del estatuto de derechos y deberes de los sujetos afectados, a los que dedica su Título I, y que inspiran directa o indirectamente todo el resto del articulado. Con este objeto, se definen tres estatutos subjetivos básicos que cabe percibir como tres círculos concéntricos:

Primero, el de la ciudadanía en general en relación con el suelo y la vivienda, que incluye derechos y deberes de orden socio-económico y medioambiental de toda persona con independencia de cuáles sean su actividad o su patrimonio, es decir, en el entendimiento de la ciudadanía como un estatuto de la persona que asegure su disfrute en libertad del medio en el que vive, su participación en la organización de dicho medio y su acceso igualitario a las dotaciones, servicios y espacios colectivos que demandan la calidad y cohesión del mismo.

Segundo, el régimen de la iniciativa privada para la actividad urbanística, que —en los términos en que la configure la legislación urbanística en el marco de esta Ley— es una actividad económica de interés general que afecta tanto al derecho de la propiedad como a la libertad de empresa. En este sentido, si bien la edificación tiene lugar sobre una finca y accede a su propiedad —de acuerdo con nuestra concepción histórica de este instituto—, por lo que puede asimismo ser considerada como una facultad del correspondiente derecho, la urbanización es un servicio público, cuya gestión puede reservarse la Administración o encomendar a privados, y que suele afectar a una pluralidad de fincas, por lo que excede tanto lógica como físicamente de los límites propios de la propiedad. Luego, allí donde se confíe su ejecución a la iniciativa privada, ha de poder ser abierta a la competencia de terceros, lo que está llamado además a redundar en la agilidad y eficiencia de la actuación.

Tercero, el estatuto de la propiedad del suelo, definido —como es tradicional entre nosotros— como una combinación de facultades y deberes, entre los que ya no se cuenta el de urbanizar por las razones expuestas en el párrafo anterior, aunque sí el de participar en la actuación urbanizadora de iniciativa privada en un régimen de distribución equitativa de beneficios y cargas, con las debidas garantías de que su participación se basa en el consentimiento informado, sin que se le puedan imponer más cargas que las legales, y sin perjuicio de que el legislador urbanístico opte por seguir reservando a la propiedad la iniciativa de la urbanización en determinados casos de acuerdo con esta Ley, que persigue el progreso pero no la ruptura.

V. Correlativos de los derechos de las personas son los deberes básicos de las Administraciones con que la Ley abre su Título II.

Los procedimientos de aprobación de instrumentos de ordenación y de ejecución urbanísticas tienen una trascendencia capital, que desborda con mucho el plano estrictamente sectorial, por su incidencia en el crecimiento económico, en la protección del medio ambiente y en la calidad de vida. Por ello, la Ley asegura unos estándares mínimos de transparencia, de participación ciudadana real y no meramente formal, y de evaluación y seguimiento de los efectos que tienen los planes sobre la economía y el medio ambiente. La efectividad de estos estándares exige que las actuaciones urbanizadoras de mayor envergadura e impacto, que producen una mutación radical del modelo territorial, se sometan a un nuevo ejercicio pleno de potestad de ordenación. Además, la Ley hace un tratamiento innovador de este proceso de evaluación y seguimiento, con el objeto de integrar en él la consideración de los recursos e infraestructuras más importantes. Esta integración favorecerá, a un tiempo, la utilidad de los procesos de que se trata y la celeridad de los procedimientos en los que se insertan.

Mención aparte merece la reserva de suelo residencial para la vivienda protegida porque, como ya se ha recordado, es la propia Constitución la que vincula la ordenación de los usos del suelo con la efectividad del derecho a la vivienda. A la vista de la senda extraordinariamente prolongada e intensa de expansión de nuestros mercados inmobiliarios, y en particular del residencial, parece hoy razonable encajar en el concepto material de las bases de la ordenación de la economía la garantía de una oferta mínima de suelo para vivienda asequible, por su incidencia directa sobre dichos mercados y su relevancia para las políticas de suelo y vivienda, sin que ello obste para que pueda ser adaptada por la legislación de las Comunidades Autónomas a su modelo urbanístico y sus diversas necesidades.

En lo que se refiere al régimen urbanístico del suelo, la Ley opta por diferenciar situación y actividad, estado y proceso. En cuanto a lo primero, define los dos estados básicos en que puede encontrarse el suelo según sea su situación actual —rural o urbana—, estados que agotan el objeto de la ordenación del uso asimismo actual del suelo y son por ello los determinantes para el contenido del derecho de propiedad, otorgando así carácter estatutario al régimen de éste. En cuanto a lo segundo, sienta el régimen de las actuaciones urbanísticas de transformación del suelo, que son las que generan las plusvalías en las que debe participar la comunidad por exigencia de la Constitución. La Ley establece, conforme a la doctrina constitucional, la horquilla en la que puede moverse la fijación de dicha participación. Lo hace posibilitando una mayor y más flexible adecuación a la realidad y, en particular, al rendimiento neto de la actuación de que se trate o del ámbito de referencia en que se inserte, aspecto éste que hasta ahora no era tenido en cuenta.

VI. El Título III aborda los criterios de valoración del suelo y las construcciones y edificaciones, a efectos reparcelatorios, expropiatorios y de responsabilidad patrimonial de las Administraciones Públicas. Desde la Ley de 1956, la legislación del suelo ha establecido ininterrumpidamente un régimen de valoraciones especial que desplaza la aplicación de los criterios generales de la Ley de Expropiación Forzosa de 1954. Lo ha hecho recurriendo a criterios que han tenido sin excepción un denominador común: el de valorar el suelo a partir de cuál fuera su clasificación y categorización urbanísticas, esto es, partiendo de cuál fuera su destino y no su situación real. Unas veces se ha pretendido con ello aproximar las valoraciones al mercado, presumiendo que en el mercado del suelo no se producen fallos ni tensiones especulativas, contra las que los poderes públicos deben luchar por imperativo constitucional. Se llegaba así a la paradoja de pretender que el valor real no consistía en tasar la realidad, sino también las meras expectativas generadas por la acción de los poderes públicos. Y aun en las ocasiones en que con los criterios mencionados se pretendía contener los justiprecios, se contribuyó más bien a todo lo contrario y, lo que es más importante, a enterrar el viejo principio de justicia y de sentido común contenido en el artículo 36 de la vieja pero todavía vigente Ley de Expropiación Forzosa: que las tasaciones expropiatorias no han de tener en cuenta las plusvalías que sean consecuencia directa del plano o proyecto de obras que dan lugar a la expropiación ni las previsibles para el futuro.

Para facilitar su aplicación y garantizar la necesaria seguridad del tráfico, la recomposición de este panorama debe buscar la sencillez y la claridad, además por supuesto de la justicia. Y es la propia Constitución la que extrae expresamente —en esta concreta materia y no en otras— del valor de la justicia un mandato dirigido a los poderes públicos para impedir la especulación. Ello es perfectamente posible desvinculando clasificación y valoración. Debe valorarse lo que hay, no lo que el plan dice que puede llegar a haber en un futuro incierto. En consecuencia, y con independencia de las clases y categorías urbanísticas de suelo, se parte en la Ley de las dos situaciones básicas ya mencionadas: hay un suelo rural, esto es, aquél que no está funcionalmente integrado en la trama urbana, y otro urbanizado, entendiendo por tal el que ha sido efectiva y adecuadamente transformado por la urbanización. Ambos se valoran conforme a su naturaleza, siendo así que sólo en el segundo dicha naturaleza integra su destino urbanístico, porque dicho destino ya se ha hecho realidad. Desde esta perspectiva, los criterios de valoración establecidos persiguen determinar con la necesaria objetividad y seguridad jurídica el valor de sustitución del inmueble en el mercado por otro similar en su misma situación.

En el suelo rural, se abandona el método de comparación porque muy pocas veces concurren los requisitos necesarios para asegurar su objetividad y la eliminación de elementos especulativos, para lo que se adopta el método asimismo habitual de la capitalización de rentas pero sin olvidar que, sin considerar las expectativas urbanísticas, la localización influye en el valor de este suelo, siendo la renta de posición un factor relevante en la formación tradicional del precio de la tierra. En el suelo urbanizado, los criterios de valoración que se establecen dan lugar a tasaciones siempre actualizadas de los inmuebles, lo que no aseguraba el régimen anterior. En todo caso y con independencia del valor del suelo, cuando éste está sometido a una transformación urbanizadora o edificatoria, se indemnizan los gastos e inversiones acometidos junto con una prima razonable que retribuya el riesgo asumido y se evitan saltos valorativos difícilmente entendibles en el curso del proceso de ordenación y ejecución urbanísticas. En los casos en los que una decisión administrativa impide participar en la ejecución de una actuación de urbanización, o altera las condiciones de ésta, sin que medie incumplimiento por parte de los propietarios, se valora la privación de dicha facultad en sí misma, lo que contribuye a un tratamiento más ponderado de la situación en la que se encuentran aquéllos. En definitiva, un régimen que, sin valorar expectativas generadas exclusivamente por la actividad administrativa de ordenación de los usos del suelo, retribuye e incentiva la actividad urbanizadora o edificatoria emprendida en cumplimiento de aquélla y de la función social de la propiedad.

VII. El Título IV se ocupa de las instituciones de garantía de la integridad patrimonial de la propiedad: la expropiación forzosa y la responsabilidad patrimonial. En materia de expropiación forzosa, se recogen sustancialmente las mismas reglas que ya contenía la Ley sobre Régimen del Suelo y Valoraciones, traídas aquí por razones de técnica legislativa, para evitar la dispersión de las normas y el fraccionamiento de las disposiciones que las recogen. En materia de reversión y de responsabilidad patrimonial, los supuestos de una y otra se adaptan a la concepción de esta Ley sobre los patrimonios públicos de suelo y las actuaciones urbanizadoras, respectivamente, manteniéndose en lo demás también los criterios de la Ley anterior. Se introduce, además, un derecho a la retasación cuando una modificación de la ordenación aumente el valor de los terrenos expropiados para ejecutar una actuación urbanizadora, de forma que se salvaguarde la integridad de la garantía indemnizatoria sin empeñar la eficacia de la gestión pública urbanizadora.

VIII. El Título V contiene diversas medidas de garantía del cumplimiento de la función social de la propiedad inmobiliaria. Son muchas y autorizadas las voces que, desde la sociedad, el sector, las Administraciones y la comunidad académica denuncian la existencia de prácticas de retención y gestión especulativas de suelos que obstruyen el cumplimiento de su función y, en particular, el acceso de los ciudadanos a la vivienda. Los avances en la capacidad de obrar de los diversos agentes por los que apuesta esta Ley (apertura de la iniciativa privada, mayor proporcionalidad en la participación de la Administración en las plusvalías) deben ir acompañados de la garantía de que esa capacidad se ejercerá efectivamente para cumplir con la función social de la propiedad y con el destino urbanístico del suelo que aquélla tiene por objeto, ya sea público o privado su titular.

Toda capacidad conlleva una responsabilidad, que esta Ley se ocupa de articular al servicio del interés general a lo largo de todo su cuerpo: desde la responsabilidad patrimonial por el incumplimiento de los plazos máximos en los procedimientos de ordenación urbanística, a la posibilidad de sustituir forzosamente al propietario incumplidor de los plazos de ejecución, el mayor rigor en la determinación de los destinos de los patrimonios públicos de suelo o las medidas arbitradas para asegurar que se cumple ese destino aun cuando se enajenen los bienes integrantes de los patrimonios públicos de suelo.

El contenido del Título se cierra con una regulación del régimen del derecho de superficie dirigida a superar la deficiente situación normativa actual de este derecho y favorecer su operatividad para facilitar el acceso de los ciudadanos a la vivienda y, con carácter general, diversificar y dinamizar las ofertas en el mercado inmobiliario.

IX. Por último, el Título VI contiene una serie de preceptos que, localizados hasta ahora de manera fragmentada en el Real Decreto Legislativo 1/1992, de 26 de junio, por el que se aprobó el Texto Refundido de la Ley sobre Régimen del Suelo y Ordenación Urbana, ha parecido razonable agrupar bajo la denominación de «Régimen Jurídico». En él se contienen las actuaciones con el Ministerio Fiscal a consecuencia de infracciones

b) Un desarrollo sostenible, competitivo y eficiente del medio urbano, mediante el impulso y el fomento de las actuaciones que conducen a la rehabilitación de los edificios y a la regeneración y renovación de los tejidos urbanos existentes, cuando sean necesarias para asegurar a los ciudadanos una adecuada calidad de vida y la efectividad de su derecho a disfrutar de una vivienda digna y adecuada.

Asimismo, establece esta ley las bases económicas y medioambientales del régimen jurídico del suelo, su valoración y la responsabilidad patrimonial de las Administraciones Públicas en la materia.

Artículo 2. *Definiciones.* A los efectos de lo dispuesto en esta ley, y siempre que de la legislación específicamente aplicable no resulte otra definición más pormenorizada, los conceptos incluidos en este artículo serán interpretados y aplicados con el significado y el alcance siguientes:

1. Actuaciones sobre el medio urbano: las que tienen por objeto realizar obras de rehabilitación edificatoria, cuando existan situaciones de insuficiencia o degradación de los requisitos básicos de funcionalidad, seguridad y habitabilidad de las edificaciones, y las de regeneración y renovación urbanas cuando afecten, tanto a edificios, como a tejidos urbanos, pudiendo llegar a incluir obras de nueva edificación en sustitución de edificios previamente demolidos. Las actuaciones de regeneración y renovación urbanas tendrán, además, carácter integrado, cuando articulen medidas sociales, ambientales y económicas enmarcadas en una estrategia administrativa global y unitaria.

urbanísticas o contra la ordenación del territorio, las peticiones, actos y acuerdos procedentes en dichos ámbitos, las posibles acciones y recursos pertinentes y las normas atinentes al Registro de la Propiedad que ya han sido objeto de desarrollo reglamentario mediante el Real Decreto 1093/1997, de 4 de julio, por el que se aprobaron las normas complementarias al Reglamento para la ejecución de la Ley Hipotecaria sobre inscripción en el Registro de la Propiedad de actos de naturaleza urbanística.

La introducción de este Título, y la de aquellos otros preceptos que habían perdido coherencia sistemática en el contenido subsistente del Real Decreto Legislativo 1/1992, que ahora la recuperan mediante su inserción donde corresponde en la estructura de la Ley 8/2007, junto a la labor de aclaración, regularización y armonización realizadas, permiten derogar ambas disposiciones generales y recuperar finalmente en un solo cuerpo legal la unidad de la legislación estatal en la materia, al amparo de lo dispuesto en la Disposición final segunda de la Ley 8/2007, de 28 de mayo, de Suelo.»

A todas ellas les será de aplicación el régimen estatutario básico de deberes y cargas que les correspondan, de conformidad con la actuación de transformación urbanística o edificatoria que comporten, a tenor de lo dispuesto en el artículo 7.

2. Infravivienda: la edificación, o parte de ella, destinada a vivienda, que no reúne las condiciones mínimas exigidas de conformidad con la legislación aplicable. En todo caso, se entenderá que no reúnen dichas condiciones las viviendas que incumplan los requisitos de superficie, número, dimensión y características de las piezas habitables, las que presenten deficiencias graves en sus dotaciones e instalaciones básicas y las que no cumplan los requisitos mínimos de seguridad, accesibilidad universal y habitabilidad exigibles a la edificación.

3. Residencia habitual: la que constituya el domicilio de la persona que la ocupa durante un período superior a 183 días al año.

4. Coste de reposición de una construcción o edificación: el valor actual de construcción de un inmueble de nueva planta, equivalente al original en relación con las características constructivas y la superficie útil, realizado con las condiciones necesarias para que su ocupación sea autorizable o, en su caso, quede en condiciones de ser legalmente destinado al uso que le sea propio.

5. Ajustes razonables: las medidas de adecuación de un edificio para facilitar la accesibilidad universal de forma eficaz, segura y práctica, y sin que supongan una carga desproporcionada. Para determinar si una carga es o no proporcionada se tendrán en cuenta los costes de la medida, los efectos discriminatorios que su no adopción podría representar, la estructura y características de la persona o entidad que haya de ponerla en práctica y la posibilidad que tengan aquéllas de obtener financiación oficial o cualquier otra ayuda. Se entenderá que la carga es desproporcionada, en los edificios constituidos en régimen de propiedad horizontal, cuando el coste de las obras repercutido anualmente, y descontando las ayudas públicas a las que se pueda tener derecho, exceda de doce mensualidades ordinarias de gastos comunes.

6. Edificio de tipología residencial de vivienda colectiva: el compuesto por más de una vivienda, sin perjuicio de que pueda contener, de manera simultánea, otros usos distintos del residencial. Con carácter asimilado se entiende incluida en esta tipología, el edificio destinado a ser ocupado o habitado por un grupo de personas que, sin constituir núcleo familiar, compartan servicios y se sometan a un régimen común, tales como hoteles o residencias.

Artículo 3. *Principio de desarrollo territorial y urbano sostenible.* 1. Las políticas públicas relativas a la regulación, ordenación, ocupación, transformación y uso del suelo tienen como fin común la utilización de este recurso conforme al interés general y según el principio de desarrollo sostenible, sin perjuicio de los fines específicos que les atribuyan las Leyes.

2. En virtud del principio de desarrollo sostenible, las políticas a que se refiere el apartado anterior deben propiciar el uso racional de los recursos naturales armonizando los requerimientos de la economía, el empleo, la cohesión social, la igualdad de trato y de oportunidades, la salud y la seguridad de las personas y la protección del medio ambiente, contribuyendo en particular a:

a) La eficacia de las medidas de conservación y mejora de la naturaleza, la flora y la fauna y de la protección del patrimonio cultural y del paisaje.

b) La protección, adecuada a su carácter, del medio rural y la preservación de los valores del suelo innecesario o inidóneo para atender las necesidades de transformación urbanística.

c) La prevención adecuada de riesgos y peligros para la seguridad y la salud públicas y la eliminación efectiva de las perturbaciones de ambas.

d) La prevención y minimización, en la mayor medida posible, de la contaminación del aire, el agua, el suelo y el subsuelo.

3. Los poderes públicos formularán y desarrollarán, en el medio urbano, las políticas de su respectiva competencia, de acuerdo con los principios de competitividad y sostenibilidad económica, social y medioambiental, cohesión territorial, eficiencia energética y complejidad funcional, procurando que, esté suficientemente dotado, y que el suelo se ocupe de manera eficiente, combinando los usos de forma funcional. En particular:

a) Posibilitarán el uso residencial en viviendas constitutivas de domicilio habitual en un contexto urbano seguro, salubre, accesible universalmente, de calidad adecuada e integrado socialmente, provisto del equipamiento, los servicios, los materiales y productos que eliminen o, en todo caso, minimicen, por aplicación de la mejor tecnología disponible en el mercado a precio razonable, las emisiones contaminantes y de gases de efecto invernadero, el consumo de agua, energía y la producción de residuos, y mejoren su gestión.

b) Favorecerán y fomentarán la dinamización económica y social y la adaptación, la rehabilitación y la ocupación de las viviendas vacías o en desuso.

c) Mejorarán la calidad y la funcionalidad de las dotaciones, infraestructuras y espacios públicos al servicio de todos los ciudadanos y fomentarán unos servicios generales más eficientes económica y ambientalmente.

d) Favorecerán, con las infraestructuras, dotaciones, equipamientos y servicios que sean precisos, la localización de actividades económicas generadoras de empleo estable, especialmente aquéllas que faciliten el desarrollo de la investigación científica y de nuevas tecnologías, mejorando los tejidos productivos, por medio de una gestión inteligente.

e) Garantizarán el acceso universal de los ciudadanos, de acuerdo con los requerimientos legales mínimos, a los edificios de uso privado y público y a las infraestructuras, dotaciones, equipamientos, transportes y servicios.

f) Garantizarán la movilidad en coste y tiempo razonable, la cual se basará en un adecuado equilibrio entre todos los sistemas de transporte, que, no obstante, otorgue preferencia al transporte público y colectivo y potencie los desplazamientos peatonales y en bicicleta.

g) Integrarán en el tejido urbano cuantos usos resulten compatibles con la función residencial, para contribuir al equilibrio de las ciudades y de los núcleos residenciales, favoreciendo la diversidad de usos, la aproximación de los servicios, las dotaciones y los equipamientos a la comunidad residente, así como la cohesión y la integración social.

h) Fomentarán la protección de la atmósfera y el uso de materiales, productos y tecnologías limpias que reduzcan las emisiones contaminantes y de gases de efecto invernadero del sector de la construcción, así como de materiales reutilizados y reciclados que contribuyan a mejorar la eficiencia en el uso de los recursos. También prevendrán y, en todo caso, minimizarán en la mayor medida posible, por aplicación de todos los sistemas y procedimientos legalmente previstos, los impactos negativos de los residuos urbanos y de la contaminación acústica.

i) Priorizarán las energías renovables frente a la utilización de fuentes de energía fósil y combatirán la pobreza energética, fomentando el ahorro energético y el uso eficiente de los recursos y de la energía, preferentemente de generación propia.

j) Valorarán, en su caso, la perspectiva turística, y permitirán y mejorarán el uso turístico responsable.

k) Favorecerán la puesta en valor del patrimonio urbanizado y edificado con valor histórico o cultural.

l) Contribuirán a un uso racional del agua, fomentando una cultura de eficiencia en el uso de los recursos hídricos, basada en el ahorro y en la reutilización.

La persecución de estos fines se adaptará a las peculiaridades que resulten del modelo territorial adoptado en cada caso por los poderes públicos competentes en materia de ordenación territorial y urbanística.

4. Los poderes públicos promoverán las condiciones para que los derechos y deberes de los ciudadanos establecidos en los artículos siguientes sean reales y efectivos, adoptando las medidas de ordenación territorial y urbanística que procedan para asegurar un resultado equilibrado, favoreciendo o conteniendo, según proceda, los procesos de ocupación y transformación del suelo.

El suelo vinculado a un uso residencial por la ordenación territorial y urbanística está al servicio de la efectividad del derecho a disfrutar de una vivienda digna y adecuada, en los términos que disponga la legislación en la materia.

Artículo 4. *Ordenación del territorio y ordenación urbanística.* 1. La ordenación territorial y la urbanística son funciones públicas no susceptibles de transacción que organizan y definen el uso del territorio y del suelo de acuerdo con el interés general, determinando las facultades y deberes del derecho de propiedad del suelo conforme al destino de éste. Esta determinación no confiere derecho a exigir indemnización, salvo en los casos expresamente establecidos en las leyes.

El ejercicio de la potestad de ordenación territorial y urbanística deberá ser motivado, con expresión de los intereses generales a que sirve.

2. La legislación sobre la ordenación territorial y urbanística garantizará:

a) La dirección y el control por las Administraciones Públicas competentes del proceso urbanístico en sus fases de ocupación, urbanización, construcción o edificación y utilización del suelo por cualesquiera sujetos, públicos y privados.

b) La participación de la comunidad en las plusvalías generadas por la acción de los entes públicos en los términos previstos por esta ley y las demás que sean de aplicación.

c) El derecho a la información de los ciudadanos y de las entidades representativas de los intereses afectados por los procesos urbanísticos, así como la participación ciudadana en la ordenación y gestión urbanísticas.

3. La gestión pública urbanística y de las políticas de suelo fomentará la participación privada.

4. Las Administraciones Públicas adoptarán medidas que aseguren la realización de las obras de conservación, y la ejecución de actuaciones de rehabilitación edificatoria, de regeneración y renovación urbanas que sean precisas y, en su caso, formularán y ejecutarán los instrumentos que las establezcan, cuando existan situaciones de insuficiencia o degradación de los requisitos básicos de funcionalidad, seguridad y habitabilidad de las edificaciones; obsolescencia o vulnerabilidad de barrios, de ámbitos, o de conjuntos urbanos homogéneos; o situaciones graves de pobreza energética. Serán prioritarias, en tales casos, las medidas que procedan para eliminar situaciones de infravivienda, para garantizar la seguridad, salubridad, habitabilidad y accesibilidad universal y un uso racional de la energía, así como aquellas que, con tales objetivos, partan bien de la iniciativa de los propios particulares incluidos en el ámbito, bien de una amplia participación de los mismos en ella.

TÍTULO I. CONDICIONES BÁSICAS DE LA IGUALDAD EN LOS DERECHOS Y DEBERES CONSTITUCIONALES DE LOS CIUDADANOS

CAPÍTULO I. ESTATUTO BÁSICO DEL CIUDADANO

Artículo 5. *Derechos del ciudadano.* Todos los ciudadanos tienen derecho a:

a) Disfrutar de una vivienda digna, adecuada y accesible, concebida con arreglo al principio de diseño para todas las personas, que constituya su domicilio libre de ruido u otras inmisiones contaminantes de cualquier tipo que superen los límites máximos admitidos por la legislación aplicable y en un medio ambiente y un paisaje adecuados.

b) Acceder, en condiciones no discriminatorias y de accesibilidad universal, a la utilización de las dotaciones públicas y los equipamientos colectivos abiertos al uso público, de acuerdo con la legislación reguladora de la actividad de que se trate.

c) Acceder a la información de que dispongan las Administraciones Públicas sobre la ordenación del territorio, la ordenación urbanística y su evaluación ambiental, así como obtener copia o certificación de las disposiciones o actos administrativos adoptados, en los términos dispuestos por su legislación reguladora.

d) Ser informados por la Administración competente, de forma completa, por escrito y en plazo razonable, del régimen y las condiciones urbanísticas aplicables a una finca determinada, en los términos dispuestos por su legislación reguladora.

e) Participar efectivamente en los procedimientos de elaboración y aprobación de cualesquiera instrumentos de ordenación del territorio o de ordenación y ejecución urbanísticas y de su evaluación ambiental mediante la formulación de alegaciones, observaciones, propuestas, reclamaciones y quejas y a obtener de la Administración una respuesta motivada, conforme a la legislación reguladora del régimen jurídico de dicha Administración y del procedimiento de que se trate.

f) Ejercer la acción pública para hacer respetar las determinaciones de la ordenación territorial y urbanística, así como las decisiones resultantes de los procedimientos de evaluación ambiental de los instrumentos que las contienen y de los proyectos para su ejecución, en los términos dispuestos por su legislación reguladora.

Artículo 6. *Deberes del ciudadano.* Todos los ciudadanos tienen el deber de:

a) Respetar y contribuir a preservar el medio ambiente y el paisaje natural absteniéndose de realizar actuaciones que contaminen el aire, el agua, el suelo y el subsuelo o no permitidas por la legislación en la materia.

b) Cumplir los requisitos y condiciones a que la legislación sujete las actividades molestas, insalubres, nocivas y peligrosas, así como emplear en ellas en cada momento las mejores técnicas disponibles conforme a la normativa aplicable, encaminadas a eliminar o reducir los efectos negativos señalados.

c) Respetar y hacer un uso racional y adecuado, acorde en todo caso con sus características, función y capacidad de servicio, de los bienes de dominio público y de las infraestructuras y los servicios urbanos.

d) Respetar y contribuir a preservar el paisaje urbano y el patrimonio arquitectónico y cultural absteniéndose en todo caso de realizar cualquier acto o desarrollar cualquier actividad no permitidos.

CAPÍTULO II. ESTATUTO BÁSICO DE LA INICIATIVA Y LA PARTICIPACIÓN EN LA ACTIVIDAD URBANÍSTICA

Artículo 7. *Actuaciones de transformación urbanística y actuaciones edificatorias.* 1. A efectos de esta ley, se entiende por actuaciones de transformación urbanística:

a) Las actuaciones de urbanización, que incluyen:

1) Las de nueva urbanización, que suponen el paso de un ámbito de suelo de la situación de suelo rural a la de urbanizado para crear, junto con las correspondientes infraestructuras y dotaciones públicas, una o más parcelas aptas para la edificación o uso independiente y conectadas funcionalmente con la red de los servicios exigidos por la ordenación territorial y urbanística.

2) Las que tengan por objeto reformar o renovar la urbanización de un ámbito de suelo urbanizado, en los mismos términos establecidos en el párrafo anterior.

b) Las actuaciones de dotación, considerando como tales las que tengan por objeto incrementar las dotaciones públicas de un ámbito de suelo urbanizado para reajustar su proporción con la mayor edificabilidad o densidad o con los nuevos usos asignados en la ordenación urbanística a una o más parcelas del ámbito y no requieran la reforma o renovación de la urbanización de éste.

2. Siempre que no concurran las condiciones establecidas en el apartado anterior, y a los solos efectos de lo dispuesto por esta ley, se entiende por actuaciones edificatorias, incluso cuando requieran obras complementarias de urbanización:

a) Las de nueva edificación y de sustitución de la edificación existente.

b) Las de rehabilitación edificatoria, entendiendo por tales la realización de las obras y trabajos de mantenimiento o intervención en los edificios existentes, sus instalaciones y espacios comunes, en los términos dispuestos por la Ley 38/1999, de 5 de noviembre, de Ordenación de la Edificación.

3. A las actuaciones sobre núcleos tradicionales legalmente asentados en el medio rural les será de aplicación lo dispuesto en los apartados anteriores, de conformidad con la naturaleza que les atribuya su propia legislación, en atención a sus peculiaridades específicas.

4. A los solos efectos de lo dispuesto en esta ley, las actuaciones de urbanización se entienden iniciadas en el momento en que, una vez aprobados y eficaces todos los instrumentos de ordenación y ejecución que requiera la legislación sobre ordenación territorial y urbanística para legitimar las obras de urbanización, empiece la ejecución material de éstas. La iniciación se presumirá cuando exista acta administrativa o notarial que dé fe del comienzo de las obras. La caducidad de cualquiera de los instrumentos mencionados restituye, a los efectos de esta ley, el suelo a la situación en que se hallaba al inicio de la actuación.

La terminación de las actuaciones de urbanización se producirá cuando concluyan las obras urbanizadoras de conformidad con los instrumentos que las legitiman, habiéndose cumplido los deberes y levantado las cargas correspondientes. La terminación se presumirá a la recepción de las obras por la Administración o, en su defecto, al término del plazo en que debiera haberse producido la recepción desde su solicitud acompañada de certificación expedida por la dirección técnica de las obras.

Artículo 8. *Iniciativa pública y privada en las actuaciones de transformación urbanística y en las edificatorias.* 1. La iniciativa para proponer la ordenación de las actuaciones de transformación urbanística y las edificatorias podrá partir de las Administraciones Públicas, las entidades públicas adscritas o dependientes de las mismas y, en las condiciones dispuestas por la ley aplicable, los propietarios.

Cuando se trate de actuaciones sobre el medio urbano, la iniciativa en la ordenación de las actuaciones podrá partir, además, de las comunidades y agrupaciones de comunidades de propietarios, las cooperativas de vivienda constituidas al efecto, los propietarios de construcciones, edificaciones y fincas urbanas, los titulares de derechos reales o de aprovechamiento, y las empresas, entidades o sociedades que intervengan en nombre de cualesquiera de los sujetos anteriores. Todos ellos serán considerados propietarios a los efectos de ejercer dicha iniciativa.

2. Los particulares, sean o no propietarios, deberán contribuir, en los términos establecidos en las leyes, a la acción urbanística de los entes públicos, a los que corresponderá, en todo caso, la dirección del proceso, tanto en los supuestos de iniciativa pública, como privada.

Artículo 9. *Participación pública y privada en las actuaciones de transformación urbanística y en las edificatorias.* 1. Las Administraciones Públicas podrán utilizar, para el desarrollo de la actividad de ejecución de las actuaciones, todas las modalidades de gestión directa e indirecta admitidas por la legislación de régimen jurídico, de contratación de las Administraciones Públicas, de régimen local y de ordenación territorial y urbanística.

2. En los supuestos de ejecución de las actuaciones a que se refiere este capítulo mediante procedimientos de iniciativa pública, podrán participar, tanto los propietarios de los terrenos, como los particulares que no ostenten

dicha propiedad, en las condiciones dispuestas por la legislación aplicable. Dicha legislación garantizará que el ejercicio de la libre empresa se sujete a los principios de transparencia, publicidad y concurrencia.

3. En las actuaciones de iniciativa pública en el medio urbano, la Administración resolverá si ejecuta las obras directamente o si procede a su adjudicación por medio de la convocatoria de un concurso público, en cuyo caso, las bases determinarán los criterios aplicables para su adjudicación y el porcentaje mínimo de techo edificado que se atribuirá a los propietarios del inmueble objeto de la sustitución forzosa, en régimen de propiedad horizontal. En dichos concursos podrán presentar ofertas cualesquiera personas físicas o jurídicas, interesadas en asumir la gestión de la actuación, incluyendo los propietarios que formen parte del correspondiente ámbito. A tales efectos, éstos deberán constituir previamente una asociación administrativa que se regirá por lo dispuesto en la legislación de ordenación territorial y urbanística, en relación con las Entidades Urbanísticas de Conservación. La adjudicación del concurso tendrá en cuenta, con carácter preferente, aquellas alternativas u ofertas que propongan términos adecuadamente ventajosos para los propietarios afectados, salvo en el caso de incumplimiento de la función social de la propiedad o de los plazos establecidos para su ejecución, estableciendo incentivos, atrayendo inversión y ofreciendo garantías o posibilidades de colaboración con los mismos; y aquellas que produzcan un mayor beneficio para la colectividad en su conjunto y propongan obras de eliminación de las situaciones de infravivienda, de cumplimiento del deber legal de conservación, de garantía de la accesibilidad universal, o de mejora de la eficiencia energética.

Asimismo podrán suscribirse convenios de colaboración entre las Administraciones Públicas y las entidades públicas adscritas o dependientes de las mismas, que tengan como objeto, entre otros, conceder la ejecución a un Consorcio previamente creado, o a una sociedad de capital mixto de duración limitada, o por tiempo indefinido, en la que las Administraciones Públicas ostentarán la participación mayoritaria y ejercerán, en todo caso, el control efectivo, o la posición decisiva en su funcionamiento.

4. En la ejecución de las actuaciones sobre el medio urbano, además de las Administraciones Públicas competentes y las entidades públicas adscritas o dependientes de las mismas, podrán participar.

a) las comunidades y agrupaciones de comunidades de propietarios,

b) las cooperativas de viviendas,

c) los propietarios de construcciones, edificaciones y fincas urbanas y los titulares de derechos reales o de aprovechamiento,

d) las empresas, entidades o sociedades que intervengan por cualquier título en dichas operaciones y

e) las asociaciones administrativas que se constituyan de acuerdo con lo previsto en la legislación sobre ordenación territorial y urbanística o, en su defecto, por el artículo siguiente.

5. Todos los sujetos referidos en el apartado anterior, podrán, de acuerdo con su propia naturaleza:

a) Actuar en el mercado inmobiliario con plena capacidad jurídica para todas las operaciones, incluidas las crediticias, relacionadas con el cumplimiento del deber de conservación, así como con la participación en la ejecución de actuaciones de rehabilitación y en las de regeneración y renovación urbanas que correspondan. A tal efecto podrán elaborar, por propia iniciativa o por encargo del responsable de la gestión de la actuación de que se trate, los correspondientes planes o proyectos de gestión correspondientes a la actuación.

b) Constituirse en asociaciones administrativas para participar en los concursos públicos que la Administración convoque a los efectos de adjudicar la ejecución de las obras correspondientes, como fiduciarias con pleno poder dispositivo sobre los elementos comunes del correspondiente edificio o complejo inmobiliario y las fincas pertenecientes a los propietarios miembros de aquéllas, sin más limitaciones que las establecidas en sus correspondientes estatutos.

c) Asumir, por sí mismos o en asociación con otros sujetos, públicos o privados, intervinientes, la gestión de las obras.

d) Constituir un fondo de conservación y de rehabilitación, que se nutrirá con aportaciones específicas de los propietarios a tal fin y con el que podrán cubrirse impagos de las cuotas de contribución a las obras correspondientes.

e) Ser beneficiarios directos de cualesquiera medidas de fomento establecidas por los poderes públicos, así como perceptoras y gestoras de las ayudas otorgadas a los propietarios de fincas.

f) Otorgar escrituras públicas de modificación del régimen de propiedad horizontal, tanto en lo relativo a los elementos comunes como a las fincas de uso privativo, a fin de acomodar este régimen a los resultados de las obras de rehabilitación edificatoria y de regeneración y renovación urbanas en cuya gestión participen o que directamente lleven a cabo.

g) Ser beneficiarios de la expropiación de aquellas partes de pisos o locales de edificios, destinados predominantemente a uso de vivienda y constituidos en régimen de propiedad horizontal, que sean indispensables para instalar los servicios comunes que haya previsto la Administración en planes, delimitación de ámbitos y órdenes de ejecución, por resultar inviable, técnica o económicamente cualquier otra solución y siempre que quede garantizado el respeto de la superficie mínima y los estándares exigidos para locales, viviendas y espacios comunes de los edificios.

h) Solicitar créditos con el objeto de obtener financiación para las obras de conservación y las actuaciones reguladas por esta ley.

6. La participación en la ejecución de las actuaciones sobre el medio urbano se producirá, siempre que sea posible, en un régimen de equidistribución de cargas y beneficios.

7. Tanto los propietarios, en los casos de reconocimiento de la iniciativa privada para la transformación urbanística o la actuación edificatoria del ámbito de que se trate, como los particulares, sean o no propietarios, en los casos de iniciativa pública en los que se haya adjudicado formalmente la participación privada, podrán redactar y presentar a tramitación los instrumentos de ordenación y gestión precisos, según la legislación aplicable. A tal efecto, previa autorización de la Administración urbanística competente, tendrán derecho a que se les faciliten, por parte de los Organismos Públicos, cuantos elementos informativos precisen para llevar a cabo su redacción, y a efectuar en fincas particulares las ocupaciones necesarias para la redacción del instrumento con arreglo a la Ley de Expropiación Forzosa.

8. Los convenios o negocios jurídicos que el promotor de la actuación celebre con la Administración correspondiente, no podrán establecer obligaciones o prestaciones adicionales ni más gravosas que las que procedan legalmente, en perjuicio de los propietarios afectados. La cláusula que contravenga estas reglas será nula de pleno Derecho.

Artículo 10. *Asociaciones administrativas.* 1. Las asociaciones administrativas a que se refiere el apartado 4, letra e) del artículo anterior tendrán personalidad jurídica propia y naturaleza administrativa, y se regirán por sus estatutos y por lo dispuesto en este artículo, con independencia de las demás reglas procedimentales específicas que provengan de la legislación de ordenación territorial y urbanística. Dependerán de la Administración urbanística actuante, a quién competerá la aprobación de sus estatutos, a partir de cuyo momento adquirirán la personalidad jurídica.

2. Los acuerdos de estas asociaciones se adoptarán por mayoría simple de cuotas de participación, salvo que en los estatutos o en otras normas se establezca un quórum especial para determinados supuestos. Dichos acuerdos podrán impugnarse en alzada ante la Administración urbanística actuante.

3. La disolución de las asociaciones referidas en este artículo se producirá por el cumplimiento de los fines para los que fueron creadas y requerirá, en todo caso, acuerdo de la Administración urbanística actuante. No obstante, no procederá la aprobación de la disolución de la entidad mientras no conste el cumplimiento de las obligaciones que queden pendientes.

CAPÍTULO III. ESTATUTO JURÍDICO DE LA PROPIEDAD DEL SUELO

Artículo 11. *Régimen urbanístico del derecho de propiedad del suelo.* 1. El régimen urbanístico de la propiedad del suelo es estatutario y resulta de su vinculación a concretos destinos, en los términos dispuestos por la legislación sobre ordenación territorial y urbanística.

2. La previsión de edificabilidad por la ordenación territorial y urbanística, por sí misma, no la integra en el contenido del derecho de propiedad del suelo. La patrimonialización de la edificabilidad se produce únicamente con su realización efectiva y está condicionada en todo caso al cumplimiento de los deberes y el levantamiento de las cargas propias del régimen que corresponda, en los términos dispuestos por la legislación sobre ordenación territorial y urbanística.

3. Todo acto de edificación requerirá del acto de conformidad, aprobación o autorización administrativa que sea preceptivo, según la legislación de ordenación territorial y urbanística, debiendo ser motivada su denegación. En ningún caso podrán entenderse adquiridas por silencio administrativo facultades o derechos que contravengan la ordenación territorial o urbanística.

4. Con independencia de lo establecido en el apartado anterior, serán expresos, con silencio administrativo negativo, los actos que autoricen:

a) Movimientos de tierras, explanaciones, parcelaciones, segregaciones u otros actos de división de fincas en cualquier clase de suelo, cuando no formen parte de un proyecto de reparcelación.

b) Las obras de edificación, construcción e implantación de instalaciones de nueva planta.

c) La ubicación de casas prefabricadas e instalaciones similares, ya sean provisionales o permanentes.

d) La tala de masas arbóreas o de vegetación arbustiva en terrenos incorporados a procesos de transformación urbanística y, en todo caso, cuando dicha tala se derive de la legislación de protección del domino público.

5. Cuando la legislación de ordenación territorial y urbanística aplicable sujete la primera ocupación o utilización de las edificaciones a un régimen de comunicación previa o de declaración responsable, y de dichos procedimientos no resulte que la edificación cumple los requisitos necesarios para el destino al uso previsto, la Administración a la que se realice la comunicación deberá adoptar las medidas necesarias para el cese de la ocupación o utilización comunicada. Si no adopta dichas medidas en el plazo de seis meses, será responsable de los perjuicios que puedan ocasionarse a terceros de buena fe por la omisión de tales medidas. La Administración podrá repercutir en el sujeto obligado a la presentación de la comunicación previa o declaración responsable el importe de tales perjuicios.

Tanto la práctica de la comunicación previa a la Administración competente, como las medidas de restablecimiento de la legalidad urbanística que aquella pudiera adoptar en relación con el acto comunicado, deberán hacerse constar en el Registro de la Propiedad, en los términos establecidos por la legislación hipotecaria y por esta ley.

Artículo 12. *Contenido del derecho de propiedad del suelo: facultades.* 1. El derecho de propiedad del suelo comprende las facultades de uso, disfrute y explotación del mismo conforme al estado, clasificación, características objetivas y destino que tenga en cada momento, de acuerdo con la legislación en materia de ordenación territorial y urbanística aplicable por razón de las características y situación del bien.

Comprende asimismo la facultad de disposición, siempre que su ejercicio no infrinja el régimen de formación de fincas y parcelas y de relación entre ellas establecido en el artículo 26.

2. Las facultades del propietario alcanzan al vuelo y al subsuelo hasta donde determinen los instrumentos de ordenación urbanística, de conformidad

con las leyes aplicables y con las limitaciones y servidumbres que requiera la protección del dominio público.

Artículo 13. *Contenido del derecho de propiedad del suelo en situación rural: facultades.* 1. En el suelo en situación rural a que se refiere el artículo 21.2,a), las facultades del derecho de propiedad incluyen las de usar, disfrutar y disponer de los terrenos de conformidad con su naturaleza, debiendo dedicarse, dentro de los límites que dispongan las leyes y la ordenación territorial y urbanística, al uso agrícola, ganadero, forestal, cinegético o cualquier otro vinculado a la utilización racional de los recursos naturales.

La utilización de los terrenos con valores ambientales, culturales, históricos, arqueológicos, científicos y paisajísticos que sean objeto de protección por la legislación aplicable, quedará siempre sometida a la preservación de dichos valores, y comprenderá únicamente los actos de alteración del estado natural de los terrenos que aquella legislación expresamente autorice.

Con carácter excepcional y por el procedimiento y con las condiciones previstas en la legislación de ordenación territorial y urbanística, podrán legitimarse actos y usos específicos que sean de interés público o social, que contribuyan a la ordenación y el desarrollo rurales, o que hayan de emplazarse en el medio rural.

2. En el suelo en situación rural para el que los instrumentos de ordenación territorial y urbanística prevean o permitan su paso a la situación de suelo urbanizado las facultades del derecho de propiedad incluyen las siguientes:

a) El derecho de consulta a las Administraciones competentes, sobre los criterios y previsiones de la ordenación urbanística, de los planes y proyectos sectoriales, y de las obras que habrán de realizar para asegurar la conexión de la urbanización con las redes generales de servicios y, en su caso, las de ampliación y reforzamiento de las existentes fuera de la actuación.

La legislación sobre ordenación territorial y urbanística fijará el plazo máximo de contestación de la consulta, que no podrá exceder de tres meses, salvo que una norma con rango de ley establezca uno mayor, así como los efectos que se sigan de ella. En todo caso, la alteración de los criterios y las previsiones facilitados en la contestación, dentro del plazo en el que ésta surta efectos, podrá dar derecho a la indemnización de los gastos en que se haya incurrido por la elaboración de proyectos necesarios que resulten inútiles, en los términos del régimen general de la responsabilidad patrimonial de las Administraciones Públicas.

b) El derecho de elaborar y presentar el instrumento de ordenación que corresponda, cuando la Administración no se haya reservado la iniciativa pública de la ordenación y ejecución.

c) El derecho a participar en la ejecución de las actuaciones de nueva urbanización, en un régimen de equitativa distribución de beneficios y cargas entre todos los propietarios afectados en proporción a su aportación.

Para ejercer esta facultad, o para ratificarse en ella, si la hubiera ejercido antes, el propietario dispondrá del plazo que fije la legislación sobre ordenación territorial y urbanística, que no podrá ser inferior a un mes ni contarse desde un momento anterior a aquél en que pueda conocer el alcance de las cargas de la actuación y los criterios de su distribución entre los afectados.

d) La realización de usos y obras de carácter provisional que se autoricen por no estar expresamente prohibidos por la legislación territorial y urbanística, o la sectorial y sean compatibles con la ordenación urbanística. Estos usos y obras deberán cesar y, en todo caso, ser demolidas las obras, sin derecho a indemnización alguna, cuando así lo acuerde la Administración urbanística.

La eficacia de las autorizaciones correspondientes, bajo las indicadas condiciones expresamente aceptadas por sus destinatarios, quedará supeditada a su constancia en el Registro de la Propiedad de conformidad con la legislación hipotecaria.

El arrendamiento y el derecho de superficie de los terrenos a que se refiere este apartado, o de las construcciones provisionales que se levanten en ellos, estarán excluidos del régimen especial de arrendamientos rústicos y urbanos, y, en todo caso, finalizarán automáticamente con la orden de la Administración urbanística acordando la demolición o desalojo para ejecutar los proyectos de urbanización. En estos supuestos no existirá derecho de realojamiento, ni de retorno.

e) El derecho de usar, disfrutar y disponer de los terrenos de conformidad con lo previsto en el apartado 1, siempre que el ejercicio de estas facultades sea compatible con la previsión ya contenida en el instrumento de ordenación territorial y urbanística en relación con su paso a la situación de suelo urbanizado.

3. No obstante lo dispuesto en los apartados anteriores, sólo podrá alterarse la delimitación de los espacios naturales protegidos o de los espacios

incluidos en la Red Natura 2000, reduciendo su superficie total o excluyendo terrenos de los mismos, cuando así lo justifiquen los cambios provocados en ellos por su evolución natural, científicamente demostrada. La alteración deberá someterse a información pública, que en el caso de la Red Natura 2000 se hará de forma previa a la remisión de la propuesta de descatalogación a la Comisión Europea y la aceptación por ésta de tal descatalogación.

Artículo 14. *Contenido del derecho de propiedad del suelo en situación de urbanizado: facultades.* En el suelo en situación de urbanizado, las facultades del derecho de propiedad incluyen, además de las establecidas en las letras a), b) y d) del apartado 2 del artículo anterior, en su caso, las siguientes:

a) Completar la urbanización de los terrenos para que cumplan los requisitos y condiciones establecidos para su edificación. Este derecho podrá ejercitarse individualmente o, cuando los terrenos estén sujetos a una actuación de carácter conjunto, con los propietarios del ámbito, en la forma que disponga la legislación aplicable.

b) Edificar sobre unidad apta para ello en los plazos establecidos para ello en la normativa aplicable y realizar las actuaciones necesarias para mantener la edificación, en todo momento, en un buen estado de conservación.

c) Participar en la ejecución de actuaciones de reforma o renovación de la urbanización, o de dotación en un régimen de justa distribución de beneficios y cargas, cuando proceda, o de distribución, entre todos los afectados, de los costes derivados de la ejecución y de los beneficios imputables a la misma, incluyendo entre ellos las ayudas públicas y todos los que permitan generar algún tipo de ingreso vinculado a la operación.

d) Obtener, en su caso, la conformidad o autorización administrativas correspondientes para realizar cualesquiera de las actuaciones sobre el medio urbano, lo que determinará la afección real directa e inmediata, por determinación legal, de las fincas constitutivas de elementos privativos de regímenes de propiedad horizontal o de complejo inmobiliario privado, cualquiera que sea su propietario, al cumplimiento del deber de costear las obras. La afección real se hará constar mediante nota marginal en el Registro de la Propiedad, con constancia expresa de su carácter de garantía real y con el mismo régimen de preferencia y prioridad establecido para la afección real al pago de cuotas de urbanización en las actuaciones de transformación urbanística.

Artículo 15. *Contenido del derecho de propiedad del suelo: deberes y cargas.* 1. El derecho de propiedad de los terrenos, las instalaciones, construcciones y edificaciones comprende con carácter general, cualquiera que sea la situación en que se encuentren, los deberes siguientes:

a) Dedicarlos a usos que sean compatibles con la ordenación territorial y urbanística.

b) Conservarlos en las condiciones legales de seguridad, salubridad, accesibilidad universal, ornato y las demás que exijan las leyes para servir de soporte a dichos usos.

c) Realizar las obras adicionales que la Administración ordene por motivos turísticos o culturales, o para la mejora de la calidad y sostenibilidad del medio urbano, hasta donde alcance el deber legal de conservación. En éste último caso, las obras podrán consistir en la adecuación a todas o alguna de las exigencias básicas establecidas en el Código Técnico de la Edificación, debiendo fijar la Administración de manera motivada el nivel de calidad que deba ser alcanzado para cada una de ellas.

2. El deber legal de conservación constituye el límite de las obras que deban ejecutarse a costa de los propietarios. Cuando se supere dicho límite, correrán a cargo de los fondos de la Administración que ordene las obras que lo rebasen para obtener mejoras de interés general.

3. El límite de las obras que deban ejecutarse a costa de los propietarios en cumplimiento del deber legal de conservación de las edificaciones se establece en la mitad del valor actual de construcción de un inmueble de nueva planta, equivalente al original, en relación con las características constructivas y la superficie útil, realizado con las condiciones necesarias para que su ocupación sea autorizable o, en su caso, quede en condiciones de ser legalmente destinado al uso que le sea propio.

4. La Administración competente podrá imponer, en cualquier momento, la realización de obras para el cumplimiento del deber legal de conservación, de conformidad con lo dispuesto en la legislación estatal y autonómica aplicables. El acto firme de aprobación de la orden administrativa de ejecución que corresponda, determinará la afección real directa e inmediata, por determinación legal, del inmueble, al cumplimiento de la obligación del deber de conservación. Dicha afección real se hará constar, mediante nota marginal, en el Registro de la Propiedad, con referencia expresa a su carácter de garantía real y con el mismo régimen de preferencia y prioridad establecido para la afección

real, al pago de cargas de urbanización en las actuaciones de transformación urbanística.

Conforme a lo dispuesto en la normativa aplicable, en los casos de inejecución injustificada de las obras ordenadas, dentro del plazo conferido al efecto, se procederá a su realización subsidiaria por la Administración Pública competente, sustituyendo ésta al titular o titulares del inmueble o inmuebles y asumiendo la facultad de edificar o de rehabilitarlos con cargo a aquéllos, o a la aplicación de cualesquiera otras fórmulas de reacción administrativa a elección de ésta. En tales supuestos, el límite máximo del deber de conservación podrá elevarse, si así lo dispone la legislación autonómica, hasta el 75% del coste de reposición de la construcción o el edificio correspondiente. Cuando el propietario incumpla lo acordado por la Administración, una vez dictada resolución declaratoria del incumplimiento y acordada la aplicación del régimen correspondiente, la Administración actuante remitirá al Registro de la Propiedad certificación del acto o actos correspondientes para su constancia por nota al margen de la última inscripción de dominio.

Artículo 16. *Contenido del derecho de propiedad del suelo en situación rural o vacante de edificación: deberes y cargas.* 1. En el suelo que sea rural a los efectos de esta ley, o esté vacante de edificación, el deber de conservarlo supone costear y ejecutar las obras necesarias para mantener los terrenos y su masa vegetal en condiciones de evitar riesgos de erosión, incendio, inundación, así como daños o perjuicios a terceros o al interés general, incluidos los medioambientales; garantizar la seguridad o salud públicas; prevenir la contaminación del suelo, el agua o el aire y las inmisiones contaminantes indebidas en otros bienes y, en su caso, recuperarlos de ellas en los términos dispuestos por su legislación específica; y asegurar el establecimiento y funcionamiento de los servicios derivados de los usos y las actividades que se desarrollen en el suelo. El cumplimiento de este deber no eximirá de las normas adicionales de protección que establezca la legislación aplicable.

2. Cuando el suelo en situación rural no esté sometido al régimen de una actuación de urbanización, el propietario tendrá, además de lo previsto en el apartado primero, el deber de satisfacer las prestaciones patrimoniales que establezca, en su caso, la legislación sobre ordenación territorial y urbanística, para legitimar los usos privados del suelo no vinculados a su explotación primaria, así como el de costear y, en su caso, ejecutar las infraestructuras

de conexión de las instalaciones y construcciones autorizables, con las redes generales de servicios y entregarlas a la Administración competente para su incorporación al dominio público, cuando deban formar parte del mismo.

En este suelo quedan prohibidas las parcelaciones urbanísticas, sin que, puedan efectuarse divisiones, segregaciones o fraccionamientos de cualquier tipo en contra de lo dispuesto en la legislación agraria, forestal o de similar naturaleza.

3 Cuando el suelo en situación rural esté sometido al régimen de una actuación de transformación urbanística, el propietario deberá asumir, como carga real, la participación en los deberes legales de la promoción de la actuación, en un régimen de equitativa distribución de beneficios y cargas, así como permitir ocupar los bienes necesarios para la realización de las obras, en su caso, al responsable de ejecutar la actuación, en los términos de la legislación sobre ordenación territorial y urbanística.

Artículo 17. *Contenido del derecho de propiedad del suelo en situación de urbanizado: deberes y cargas.* 1. En el suelo en situación de urbanizado, el deber de uso supone los deberes de completar la urbanización de los terrenos con los requisitos y condiciones establecidos para su edificación y el deber de edificar en los plazos establecidos en la normativa aplicable, cuando así se prevea por la ordenación urbanística y en las condiciones por ella establecidas.

2. Cuando la Administración imponga la realización de actuaciones sobre el medio urbano, el propietario tendrá el deber de participar en su ejecución en el régimen de distribución de beneficios y cargas que corresponda, en los términos establecidos en el artículo 14.1.c).

3. En particular, cuando se trate de edificaciones, el deber legal de conservación comprende, además de los deberes de carácter general exigibles de conformidad con lo dispuesto en el artículo 15, la realización de los trabajos y las obras necesarios para:

a) Satisfacer, con carácter general, los requisitos básicos de la edificación establecidos en el artículo 3.1 de la Ley 38/1999, de 5 de noviembre, de Ordenación de la Edificación.

b) Adaptar y actualizar sus instalaciones a las normas legales que, para la edificación existente, les sean explícitamente exigibles en cada momento.

4. El deber legal de conservación, que constituirá el límite de las obras que deban ejecutarse a costa de los propietarios cuando la Administración las

ordene por motivos turísticos o culturales, o para la mejora de la calidad o sostenibilidad del medio urbano, se establece en la mitad del valor actual de construcción de un inmueble de nueva planta, equivalente al original, en relación con las características constructivas y la superficie útil, realizado con las condiciones necesarias para que su ocupación sea autorizable o, en su caso, quede en condiciones de ser legalmente destinado al uso que le sea propio. Cuando se supere dicho límite, las obras que lo rebasen para obtener mejoras de interés general correrán a cargo de los fondos de la Administración que haya impuesto su realización.

5. La realización de las actuaciones sobre el medio urbano corresponde, además de a aquellos sujetos a los que la legislación de ordenación territorial y urbanística atribuya dicha obligación, a los siguientes:

a) Los propietarios y los titulares de derechos de uso otorgados por ellos, en la proporción acordada en el correspondiente contrato o negocio jurídico que legitime la ocupación. En ausencia de éste, o cuando el contrato no contenga cláusula alguna relativa a la citada proporción, corresponderá a éstos o a aquéllos, en función de si las obras tienen o no el carácter de reparaciones menores motivadas por el uso diario de la vivienda, sus instalaciones y servicios. La determinación se realizará de acuerdo con la normativa reguladora de la relación contractual y, en su caso, con las proporciones que figuren en el Registro de la Propiedad, relativas al bien y a sus elementos anexos de uso privativo.

b) Las comunidades de propietarios y, en su caso, las agrupaciones de comunidades de propietarios, así como las cooperativas de viviendas, con respecto a los elementos comunes de la construcción, el edificio o complejo inmobiliario en régimen de propiedad horizontal y de los condominios, sin perjuicio del deber de los propietarios de las fincas o elementos separados de uso privativo de contribuir, en los términos de los estatutos de la comunidad o agrupación de comunidades o de la cooperativa, a los gastos en que incurran estas últimas.

c) Las Administraciones Públicas, cuando afecten a elementos propios de la urbanización y no exista el deber legal para los propietarios de asumir su coste, o cuando éstas financien parte de la operación con fondos públicos, en los supuestos de ejecución subsidiaria, a costa de los obligados.

CAPÍTULO IV. ESTATUTO BÁSICO DE LA PROMOCIÓN DE LAS ACTUACIONES URBANÍSTICAS

Artículo 18. *Deberes vinculados a la promoción de las actuaciones de transformación urbanística y a las actuaciones edificatorias.* 1. Las actuaciones de urbanización a que se refiere el artículo 7.1,a) comportan los siguientes deberes legales:

a) Entregar a la Administración competente el suelo reservado para viales, espacios libres, zonas verdes y restantes dotaciones públicas incluidas en la propia actuación o adscritas a ella para su obtención.

En estos suelos se incluirá, cuando deban formar parte de actuaciones de urbanización cuyo uso predominante sea el residencial, los que el instrumento de ordenación adscriba a la dotación pública de viviendas sometidas a algún régimen de protección, con destino exclusivo al alquiler, tanto en los supuestos en que así se determine por la legislación aplicable, como cuando de la memoria del correspondiente instrumento se derive la necesidad de contar con este tipo de viviendas de naturaleza rotatoria, y cuya finalidad sea atender necesidades temporales de colectivos con especiales dificultades de acceso a la vivienda.

b) Entregar a la Administración competente, y con destino a patrimonio público de suelo, el suelo libre de cargas de urbanización correspondiente al porcentaje de la edificabilidad media ponderada de la actuación, o del ámbito superior de referencia en que ésta se incluya, que fije la legislación reguladora de la ordenación territorial y urbanística.

Con carácter general, el porcentaje a que se refiere el párrafo anterior no podrá ser inferior al 5 por ciento ni superior al 15 por ciento.

La legislación sobre ordenación territorial y urbanística podrá permitir excepcionalmente reducir o incrementar este porcentaje de forma proporcionada y motivada, hasta alcanzar un máximo del 20 por ciento en el caso de su incremento, para las actuaciones o los ámbitos en los que el valor de las parcelas resultantes sea sensiblemente inferior o superior, respectivamente, al medio en los restantes de su misma categoría de suelo.

La legislación sobre ordenación territorial y urbanística podrá determinar los casos y condiciones en que quepa sustituir la entrega del suelo por otras formas de cumplimiento del deber, excepto cuando pueda cumplirse con suelo destinado a vivienda sometida a algún régimen de protección pública en virtud de la reserva a que se refiere la letra b) del apartado 1 del artículo 20.

c) Costear y, en su caso, ejecutar todas las obras de urbanización previstas en la actuación correspondiente, así como las infraestructuras de conexión con las redes generales de servicios y las de ampliación y reforzamiento de las existentes fuera de la actuación que ésta demande por su dimensión y características específicas, sin perjuicio del derecho a reintegrarse de los gastos de instalación de las redes de servicios con cargo a sus empresas prestadoras, en los términos que se estipulen en los convenios que al efecto se suscriban y que deberán ser aprobados por la Administración actuante. En defecto de acuerdo, dicha Administración decidirá lo procedente.

Entre las obras e infraestructuras a que se refiere el párrafo anterior, se entenderán incluidas las de potabilización, suministro y depuración de agua que se requieran conforme a su legislación reguladora, y la legislación sobre ordenación territorial y urbanística podrá incluir asimismo las infraestructuras de transporte público que se requieran para una movilidad sostenible.

d) Entregar a la Administración competente, junto con el suelo correspondiente, las obras e infraestructuras a que se refiere la letra anterior, que deban formar parte del dominio público como soporte inmueble de las instalaciones propias de cualesquiera redes de dotaciones y servicios, así como también dichas instalaciones cuando estén destinadas a la prestación de servicios de titularidad pública.

e) Garantizar el realojamiento de los ocupantes legales que se precise desalojar de inmuebles situados dentro del área de la actuación y que constituyan su residencia habitual, así como el retorno cuando tengan derecho a él, en los términos establecidos en la legislación vigente, sin perjuicio de lo dispuesto en el artículo siguiente.

f) Indemnizar a los titulares de derechos sobre las construcciones y edificaciones que deban ser demolidas y las obras, instalaciones, plantaciones y sembrados que no puedan conservarse.

2. Cuando se trate de las actuaciones de dotación a que se refiere el artículo 7.1 b), los deberes anteriores se exigirán con las siguientes salvedades:

a) El deber de entregar a la Administración competente el suelo libre de cargas de urbanización correspondiente al porcentaje de la edificabilidad media ponderada de la actuación o del ámbito superior de referencia en que ésta se incluya, que fije la legislación reguladora de la ordenación territorial y urbanística, se determinará atendiendo sólo al incremento de la edificabilidad media ponderada que, en su caso, resulte de la modificación del instrumento de ordenación. Dicho deber podrá cumplirse mediante la sustitución de la entrega de suelo por su valor en metálico, con la finalidad de costear la parte de financiación pública que pudiera estar prevista en la propia actuación, o a integrarse en el patrimonio público de suelo, con destino preferente a actuaciones de rehabilitación o de regeneración y renovación urbanas.

b) El deber de entregar a la Administración competente el suelo para dotaciones públicas relacionado con el reajuste de su proporción, podrá sustituirse, en caso de imposibilidad física de materializarlo en el ámbito correspondiente, por la entrega de superficie edificada o edificabilidad no lucrativa, en un complejo inmobiliario, situado dentro del mismo, tal y como prevé el artículo 26.4, o por otras formas de cumplimiento del deber en los casos y condiciones en que así lo prevea la legislación sobre ordenación territorial y urbanística.

3. En relación con las actuaciones edificatorias serán exigibles, de conformidad con su naturaleza y alcance, los deberes referidos en las letras e) y f) del apartado 1 de este artículo, así como el de completar la urbanización de los terrenos con los requisitos y condiciones establecidos para su edificación.

4. Con independencia de lo establecido en los apartados anteriores, con carácter excepcional y siempre que se justifique adecuadamente que no cabe ninguna otra solución técnica o económicamente viable, los instrumentos de ordenación urbanística podrán eximir del cumplimiento de los deberes de nuevas entregas de suelo que les correspondiesen, a actuaciones sobre zonas con un alto grado de degradación e inexistencia material de suelos disponibles en su entorno inmediato. La misma regla podrá aplicarse a los aumentos de la densidad o edificabilidad que fueren precisos para sustituir la infravivienda por vivienda que reúna los requisitos legalmente exigibles, con destino al realojamiento y el retorno que exija la correspondiente actuación.

5. Las actuaciones sobre núcleos tradicionales legalmente asentados en el medio rural, comportarán los deberes legales establecidos en los números anteriores, de acuerdo con las características que a éstos atribuya su propia legislación.

6. Los terrenos incluidos en el ámbito de las actuaciones y los adscritos a ellas están afectados, con carácter de garantía real, al cumplimiento de los deberes de los apartados anteriores. Estos deberes se presumen cumplidos con la recepción por la Administración competente de las obras de urbanización o

de rehabilitación y regeneración o renovación urbanas correspondientes, o en su defecto, al término del plazo en que debiera haberse producido la recepción desde su solicitud acompañada de certificación expedida por la dirección técnica de las obras, sin perjuicio de las obligaciones que puedan derivarse de la liquidación de las cuentas definitivas de la actuación.

Artículo 19. *Los derechos de realojamiento y de retorno.* 1. En la ejecución de las actuaciones sobre el medio urbano que requieran el desalojo de los ocupantes legales de inmuebles que constituyan su residencia habitual, deberán garantizar el derecho de aquéllos al realojamiento en los términos establecidos por este artículo y por la legislación sobre ordenación territorial y urbanística:

a) la Administración expropiante o, en su caso, el beneficiario de la expropiación, cuando se actúe por expropiación. A tales efectos, deberán poner a disposición de aquéllos, viviendas en las condiciones de venta o alquiler vigentes para las viviendas sometidas a algún régimen de protección pública y superficie adecuada a sus necesidades, dentro de los límites establecidos por la legislación protectora. La entrega de la vivienda de reemplazo, en el régimen en que se viniera ocupando la expropiada, equivaldrá al abono del justiprecio expropiatorio, salvo que el expropiado opte por percibirlo en metálico, en cuyo caso no tendrá derecho de realojo.

b) el promotor de la actuación, cuando se actúe mediante ámbitos de gestión conjunta, mediante procedimientos no expropiatorios. En estos casos, el promotor deberá garantizar el realojamiento, en las condiciones que establezca la legislación aplicable.

2. Cuando se actúe de manera aislada y no corresponda aplicar la expropiación, los arrendatarios que, a consecuencia de las obras de rehabilitación o demolición no puedan hacer uso de las viviendas arrendadas, tendrán el derecho a un alojamiento provisional, así como a retornar cuando sea posible, siendo ambos derechos ejercitables frente al dueño de la nueva edificación, y por el tiempo que reste hasta la finalización del contrato.

Para hacer efectivo el derecho de retorno, el propietario de la finca deberá proporcionar una nueva vivienda, cuya superficie no sea inferior al cincuenta por ciento de la anterior y siempre que tenga, al menos, noventa metros cuadrados, o no inferior a la que tuviere, si no alcanzaba dicha superficie, de características análogas a aquélla y que esté ubicada en el mismo solar o en el entorno del edificio demolido o rehabilitado.

3. El derecho de realojamiento es personal e intransferible, salvo en el caso de los herederos forzosos o del cónyuge supérstite, siempre y cuando acrediten que comparten con el titular en términos de residencia habitual, la vivienda objeto del realojo.

4. Todo procedimiento de realojamiento respetará, al menos, las siguientes normas procedimentales comunes:

a) La Administración actuante identificará a los ocupantes legales a que hace referencia el apartado 1, mediante cualquier medio admitido en derecho y les notificará la inclusión del inmueble en la correspondiente actuación, otorgándoles un trámite de audiencia que, en el caso de que exista también un plazo de información pública, coincidirá con éste.

b) Durante el trámite de audiencia o información al público, los interesados, además de acreditar que cumplen los requisitos legales necesarios para ser titulares del derecho de realojamiento podrán solicitar el reconocimiento de dicho derecho o renunciar a su ejercicio. La ausencia de contestación no impedirá a la Administración continuar el procedimiento.

c) Una vez finalizado el trámite previsto en la letra anterior, la Administración aprobará el listado definitivo de las personas que tienen derecho a realojamiento, si no lo hubiera hecho ya con anterioridad y lo notificará a los afectados.

d) No obstante lo dispuesto en los párrafos anteriores, podrá reconocerse el derecho de realojamiento de otras personas que, con posterioridad al momento correspondiente, acrediten que reúnen los requisitos legales para tener dicho derecho.

5. Para hacer efectivo el derecho de realojamiento será preciso ofrecer una vivienda por cada una de las viviendas afectadas por la actuación, bien en el mismo ámbito de actuación, o, si no es posible, lo más próximo al mismo. Cuando no sea materialmente posible ofrecer dicha vivienda, los titulares del derecho de realojamiento tendrán derecho a su equivalente económico.

La vivienda de sustitución tendrá una superficie adecuada a las necesidades del titular del derecho de realojamiento y, en el caso de que éste fuera una persona con discapacidad, será una vivienda accesible o acorde a las necesidades derivadas de la discapacidad.

El derecho de realojamiento respetará en todo caso los límites establecidos por la legislación sobre vivienda protegida que resulte aplicable.

6. El reconocimiento del derecho de realojamiento es independiente del derecho a percibir la indemnización que corresponda, cuando se extingan derechos preexistentes, salvo lo dispuesto en la letra a) del apartado 1.

TÍTULO II. BASES DEL RÉGIMEN DEL SUELO, REGLAS PROCEDIMENTALES COMUNES Y NORMAS CIVILES

CAPÍTULO I. BASES DEL RÉGIMEN DEL SUELO

Artículo 20. *Criterios básicos de utilización del suelo.* 1. Para hacer efectivos los principios y los derechos y deberes enunciados en el título preliminar y en el título I, respectivamente, las Administraciones Públicas, y en particular las competentes en materia de ordenación territorial y urbanística, deberán:

a) Atribuir en la ordenación territorial y urbanística un destino que comporte o posibilite el paso de la situación de suelo rural a la de suelo urbanizado, mediante la urbanización, al suelo preciso para satisfacer las necesidades que lo justifiquen, impedir la especulación con él y preservar de la urbanización al resto del suelo rural.

b) Destinar suelo adecuado y suficiente para usos productivos y para uso residencial, con reserva en todo caso de una parte proporcionada a vivienda sujeta a un régimen de protección pública que, al menos, permita establecer su precio máximo en venta, alquiler u otras formas de acceso a la vivienda, como el derecho de superficie o la concesión administrativa.

Esta reserva será determinada por la legislación sobre ordenación territorial y urbanística o, de conformidad con ella, por los instrumentos de ordenación, garantizará una distribución de su localización respetuosa con el principio de cohesión social y comprenderá, como mínimo, los terrenos necesarios para realizar el 30 por ciento de la edificabilidad residencial prevista por la ordenación urbanística en el suelo rural que vaya a ser incluido en actuaciones de nueva urbanización y el 10 por ciento en el suelo urbanizado que deba someterse a actuaciones de reforma o renovación de la urbanización.

No obstante, dicha legislación podrá también fijar o permitir excepcionalmente una reserva inferior o eximirlas para determinados Municipios o actuaciones, siempre que, cuando se trate de actuaciones de nueva urbanización, se garantice en el instrumento de ordenación el cumplimiento íntegro de la reserva dentro de su ámbito territorial de aplicación y una distribución de su localización respetuosa con el principio de cohesión social.

c) Atender, en la ordenación que hagan de los usos del suelo, a los principios de accesibilidad universal, de igualdad de trato y de oportunidades entre mujeres y hombres, de movilidad, de eficiencia energética, de garantía de suministro de agua, de prevención de riesgos naturales y de accidentes graves, de prevención y protección contra la contaminación y limitación de sus consecuencias para la salud o el medio ambiente.

2. Las instalaciones, construcciones y edificaciones habrán de adaptarse, en lo básico, al ambiente en que estuvieran situadas, y a tal efecto, en los lugares de paisaje abierto y natural, sea rural o marítimo, o en las perspectivas que ofrezcan los conjuntos urbanos de características histórico-artísticas, típicos o tradicionales, y en las inmediaciones de las carreteras y caminos de trayecto pintoresco, no se permitirá que la situación, masa, altura de los edificios, muros y cierres, o la instalación de otros elementos, limite el campo visual para contemplar las bellezas naturales, rompa la armonía del paisaje o desfigure la perspectiva propia del mismo.

Artículo 21. *Situaciones básicas del suelo.* 1. Todo el suelo se encuentra, a los efectos de esta ley, en una de las situaciones básicas de suelo rural o de suelo urbanizado.

2. Está en la situación de suelo rural:

a) En todo caso, el suelo preservado por la ordenación territorial y urbanística de su transformación mediante la urbanización, que deberá incluir, como mínimo, los terrenos excluidos de dicha transformación por la legislación de protección o policía del dominio público, de la naturaleza o del patrimonio cultural, los que deban quedar sujetos a tal protección conforme a la ordenación territorial y urbanística por los valores en ellos concurrentes, incluso los ecológicos, agrícolas, ganaderos, forestales y paisajísticos, así como aquéllos con riesgos naturales o tecnológicos, incluidos los de inundación o de otros accidentes graves, y cuantos otros prevea la legislación de ordenación territorial o urbanística.

b) El suelo para el que los instrumentos de ordenación territorial y urbanística prevean o permitan su paso a la situación de suelo urbanizado, hasta que termine la correspondiente actuación de urbanización, y cualquier otro que no reúna los requisitos a que se refiere el apartado siguiente.

3. Se encuentra en la situación de suelo urbanizado el que, estando legalmente integrado en una malla urbana conformada por una red de viales, dotaciones y parcelas propia del núcleo o asentamiento de población del que forme parte, cumpla alguna de las siguientes condiciones:

a) Haber sido urbanizado en ejecución del correspondiente instrumento de ordenación.

b) Tener instaladas y operativas, conforme a lo establecido en la legislación urbanística aplicable, las infraestructuras y los servicios necesarios, mediante su conexión en red, para satisfacer la demanda de los usos y edificaciones existentes o previstos por la ordenación urbanística o poder llegar a contar con ellos sin otras obras que las de conexión con las instalaciones preexistentes. El hecho de que el suelo sea colindante con carreteras de circunvalación o con vías de comunicación interurbanas no comportará, por sí mismo, su consideración como suelo urbanizado.

c) Estar ocupado por la edificación, en el porcentaje de los espacios aptos para ella que determine la legislación de ordenación territorial o urbanística, según la ordenación propuesta por el instrumento de planificación correspondiente.

4. También se encuentra en la situación de suelo urbanizado, el incluido en los núcleos rurales tradicionales legalmente asentados en el medio rural, siempre que la legislación de ordenación territorial y urbanística les atribuya la condición de suelo urbano o asimilada y cuando, de conformidad con ella, cuenten con las dotaciones, infraestructuras y servicios requeridos al efecto.

Artículo 22. *Evaluación y seguimiento de la sostenibilidad del desarrollo urbano, y garantía de la viabilidad técnica y económica de las actuaciones sobre el medio urbano.* 1. Los instrumentos de ordenación territorial y urbanística están sometidos a evaluación ambiental de conformidad con lo previsto en la legislación de evaluación de los efectos de determinados planes y programas en el medio ambiente y en este artículo, sin perjuicio de la evaluación de impacto ambiental de los proyectos que se requieran para su ejecución, en su caso.

2. El informe de sostenibilidad ambiental de los instrumentos de ordenación de actuaciones de urbanización deberá incluir un mapa de riesgos naturales del ámbito objeto de ordenación.

3. En la fase de consultas sobre los instrumentos de ordenación de actuaciones de urbanización, deberán recabarse al menos los siguientes informes,

cuando sean preceptivos y no hubieran sido ya emitidos e incorporados al expediente ni deban emitirse en una fase posterior del procedimiento de conformidad con su legislación reguladora:

a) El de la Administración hidrológica sobre la existencia de recursos hídricos necesarios para satisfacer las nuevas demandas y sobre la protección del dominio público hidráulico.

b) El de la Administración de costas sobre el deslinde y la protección del dominio público marítimo-terrestre, en su caso.

c) Los de las Administraciones competentes en materia de carreteras y demás infraestructuras afectadas, acerca de dicha afección y del impacto de la actuación sobre la capacidad de servicio de tales infraestructuras.

Los informes a que se refiere este apartado serán determinantes para el contenido de la memoria ambiental, que solo podrá disentir de ellos de forma expresamente motivada.

4. La documentación de los instrumentos de ordenación de las actuaciones de transformación urbanística deberá incluir un informe o memoria de sostenibilidad económica, en el que se ponderará, en particular, el impacto de la actuación en las Haciendas Públicas afectadas por la implantación y el mantenimiento de las infraestructuras necesarias o la puesta en marcha y la prestación de los servicios resultantes, así como la suficiencia y adecuación del suelo destinado a usos productivos.

5. La ordenación y ejecución de las actuaciones sobre el medio urbano, sean o no de transformación urbanística, requerirá la elaboración de una memoria que asegure su viabilidad económica, en términos de rentabilidad, de adecuación a los límites del deber legal de conservación y de un adecuado equilibrio entre los beneficios y las cargas derivados de la misma, para los propietarios incluidos en su ámbito de actuación, y contendrá, al menos, los siguientes elementos:

a) Un estudio comparado de los parámetros urbanísticos existentes y, en su caso, de los propuestos, con identificación de las determinaciones urbanísticas básicas referidas a edificabilidad, usos y tipologías edificatorias y redes públicas que habría que modificar. La memoria analizará, en concreto, las modificaciones sobre incremento de edificabilidad o densidad, o introducción de nuevos usos, así como la posible utilización del suelo, vuelo y subsuelo de forma diferenciada, para lograr un mayor acercamiento al equilibrio económico, a la rentabilidad de la operación y a la no superación de los límites del deber legal de conservación.

b) Las determinaciones económicas básicas relativas a los valores de repercusión de cada uso urbanístico propuesto, estimación del importe de la inversión, incluyendo, tanto las ayudas públicas, directas e indirectas, como las indemnizaciones correspondientes, así como la identificación del sujeto o sujetos responsables del deber de costear las redes públicas.

c) El análisis de la inversión que pueda atraer la actuación y la justificación de que la misma es capaz de generar ingresos suficientes para financiar la mayor parte del coste de la transformación física propuesta, garantizando el menor impacto posible en el patrimonio personal de los particulares, medido en cualquier caso, dentro de los límites del deber legal de conservación.

El análisis referido en el párrafo anterior hará constar, en su caso, la posible participación de empresas de rehabilitación o prestadoras de servicios energéticos, de abastecimiento de agua, o de telecomunicaciones, cuando asuman el compromiso de integrarse en la gestión, mediante la financiación de parte de la misma, o de la red de infraestructuras que les competa, así como la financiación de la operación por medio de ahorros amortizables en el tiempo.

d) El horizonte temporal que, en su caso, sea preciso para garantizar la amortización de las inversiones y la financiación de la operación.

e) La evaluación de la capacidad pública necesaria para asegurar la financiación y el mantenimiento de las redes públicas que deban ser financiadas por la Administración, así como su impacto en las correspondientes Haciendas Públicas.

6. Las Administraciones competentes en materia de ordenación y ejecución urbanísticas deberán elevar al órgano que corresponda de entre sus órganos colegiados de gobierno, con la periodicidad mínima que fije la legislación en la materia, un informe de seguimiento de la actividad de ejecución urbanística de su competencia, que deberá considerar al menos la sostenibilidad ambiental y económica a que se refiere este artículo.

Los Municipios estarán obligados al informe a que se refiere el párrafo anterior cuando lo disponga la legislación en la materia y, al menos, cuando deban tener una Junta de Gobierno Local.

El informe a que se refieren los párrafos anteriores podrá surtir los efectos propios del seguimiento a que se refiere la legislación de evaluación de los efectos de determinados planes y programas en el medio ambiente, cuando cumpla todos los requisitos en ella exigidos.

7. La legislación sobre ordenación territorial y urbanística establecerá en qué casos el impacto de una actuación de urbanización obliga a ejercer de forma plena la potestad de ordenación del municipio o del ámbito territorial superior en que se integre, por trascender del concreto ámbito de la actuación los efectos significativos que genera la misma en el medio ambiente.

CAPÍTULO II. REGLAS PROCEDIMENTALES COMUNES Y NORMAS CIVILES

Artículo 23. *Operaciones de distribución de beneficios y cargas.* 1. El acuerdo aprobatorio de los instrumentos de distribución de beneficios y cargas produce el efecto de la subrogación de las fincas de origen por las de resultado y el reparto de su titularidad entre los propietarios, el promotor de la actuación, cuando sea retribuido mediante la adjudicación de parcelas incluidas en ella, y la Administración, a quien corresponde el pleno dominio libre de cargas de los terrenos a que se refieren las letras a) y b) del apartado 1 del artículo 18. En este supuesto, si procede la distribución de beneficios y cargas entre los propietarios afectados por la actuación, se entenderá que el titular del suelo de que se trata aporta, tanto la superficie de su rasante, como la del subsuelo, o vuelo que de él se segrega.

2. En los supuestos de subrogación real, si existiesen derechos reales o cargas que se estimen incompatibles con la ordenación urbanística, el acuerdo aprobatorio de la distribución de beneficios y cargas declarará su extinción y fijará la indemnización correspondiente a cargo del propietario respectivo.

3. Existiendo subrogación real y compatibilidad con la ordenación urbanística, si la situación y características de la nueva finca fuesen incompatibles con la subsistencia de los derechos reales o cargas que habrían debido recaer sobre ellas, las personas a que estos derechos o cargas favorecieran podrán obtener su transformación en un derecho de crédito con garantía hipotecaria sobre la nueva finca, en la cuantía en que la carga fuera valorada.

El registrador de la propiedad que aprecie tal incompatibilidad lo hará constar así en el asiento respectivo. En defecto de acuerdo entre las partes interesadas, cualquiera de ellas podrá acudir al Juzgado competente del orden civil para obtener una resolución declarativa de la compatibilidad o incompatibilidad y, en este último caso, para fijar la valoración de la carga y la constitución de la mencionada garantía hipotecaria.

4. Cuando no tenga lugar la subrogación real, el acuerdo aprobatorio de la distribución de beneficios y cargas producirá la extinción de los derechos reales y cargas constituidos sobre la finca aportada, corriendo a cargo del propietario que la aportó la indemnización correspondiente, cuyo importe se fijará en el mencionado acuerdo.

5. No obstante lo dispuesto en los apartados 2 y 4, las indemnizaciones por la extinción de servidumbres prediales o derechos de arrendamiento incompatibles con el instrumento de ordenación urbanística o su ejecución, se considerarán gastos de urbanización en el instrumento de distribución de beneficios y cargas correspondiente.

6. Una vez firme en vía administrativa el acuerdo de aprobación definitiva de la distribución de beneficios y cargas, se procederá a su inscripción en el Registro de la Propiedad en la forma que se establece en el artículo 68.

7. Las transmisiones de terrenos a que den lugar las operaciones distributivas de beneficios y cargas por aportación de los propietarios incluidos en la actuación de transformación urbanística, o en virtud de expropiación forzosa, y las adjudicaciones a favor de dichos propietarios en proporción a los terrenos aportados por los mismos, estarán exentas, con carácter permanente, si cumplen todos los requisitos urbanísticos, del Impuesto sobre Transmisiones Patrimoniales y Actos Jurídicos Documentados, y no tendrán la consideración de transmisiones de dominio a los efectos de la exacción del Impuesto sobre el Incremento del Valor de los Terrenos de Naturaleza Urbana.

Cuando el valor de las parcelas adjudicadas a un propietario exceda del que proporcionalmente corresponda a los terrenos aportados por el mismo, se girarán las liquidaciones procedentes en cuanto al exceso.

Artículo 24. *Reglas específicas de las actuaciones sobre el medio urbano.* 1. Las actuaciones sobre el medio urbano que impliquen la necesidad de alterar la ordenación urbanística vigente, observarán los trámites procedimentales requeridos por la legislación aplicable para realizar la correspondiente modificación. No obstante, tal legislación podrá prever que determinados programas u otros instrumentos de ordenación se aprueben de forma simultánea a aquella modificación, o independientemente de ella, por los procedimientos de aprobación de las normas reglamentarias, con los mismos efectos que tendrían los propios planes de ordenación urbanística. En cualquier caso, incorporarán el informe o memoria de sostenibilidad económica que regula el apartado 5 del artículo 22.

Las actuaciones que no requieran la alteración de la ordenación urbanística vigente, precisarán la delimitación y aprobación de un ámbito de actuación conjunta, que podrá ser continuo o discontinuo, o la identificación de la actuación aislada que corresponda, a propuesta de los sujetos mencionados en el artículo 8, y a elección del Ayuntamiento.

2. El acuerdo administrativo mediante el cual se delimiten los ámbitos de actuación conjunta o se autoricen las actuaciones que deban ejecutarse de manera aislada, garantizará, en todo caso, la realización de las notificaciones requeridas por la legislación aplicable y el trámite de información al público cuando éste sea preceptivo, conteniendo, además y como mínimo, los extremos siguientes:

a) Avance de la equidistribución que sea precisa, entendiendo por tal la distribución, entre todos los afectados, de los costes derivados de la ejecución de la correspondiente actuación y de los beneficios imputables a la misma, incluyendo entre ellos las ayudas públicas y todos los que permitan generar algún tipo de ingreso vinculado a la operación.

La equidistribución tomará como base las cuotas de participación que correspondan a cada uno de los propietarios en la comunidad de propietarios o en la agrupación de comunidades de propietarios, en las cooperativas de viviendas que pudieran constituirse al efecto, así como la participación que, en su caso, corresponda, de conformidad con el acuerdo al que se haya llegado, a las empresas, entidades o sociedades que vayan a intervenir en la operación, para retribuir su actuación.

b) El plan de realojo temporal y definitivo, y de retorno a que dé lugar, en su caso.

3. La delimitación espacial del ámbito de actuación, sea conjunta o aislada, una vez firme en vía administrativa, marca el inicio de las actuaciones a realizar, de conformidad con la forma de gestión por la que haya optado la Administración actuante.

4. Será posible ocupar las superficies de espacios libres o de dominio público que resulten indispensables para la instalación de ascensores u otros elementos que garanticen la accesibilidad universal, así como las superficies comunes de uso privativo, tales como vestíbulos, descansillos, sobrecubiertas,

voladizos y soportales, tanto si se ubican en el suelo, como en el subsuelo o en el vuelo, cuando no resulte viable, técnica o económicamente, ninguna otra solución y siempre que quede asegurada la funcionalidad de los espacios libres, dotaciones y demás elementos del dominio público.

Los instrumentos de ordenación urbanística garantizarán la aplicación de la regla básica establecida en el párrafo anterior, bien permitiendo que aquellas superficies no computen a efectos del volumen edificable, ni de distancias mínimas a linderos, otras edificaciones o a la vía pública o alineaciones, bien aplicando cualquier otra técnica que, de conformidad con la legislación aplicable, consiga la misma finalidad.

Asimismo, el acuerdo firme en vía administrativa a que se refiere el apartado 2, además de los efectos previstos en el artículo 42.3, legitima la ocupación de las superficies de espacios libres o de dominio público que sean de titularidad municipal, siendo la aprobación definitiva causa suficiente para que se establezca una cesión de uso del vuelo por el tiempo en que se mantenga la edificación o, en su caso, su recalificación y desafectación, con enajenación posterior a la comunidad o agrupación de comunidades de propietarios correspondiente. Cuando fuere preciso ocupar bienes de dominio público pertenecientes a otras Administraciones, los Ayuntamientos podrán solicitar a su titular la cesión de uso o desafectación de los mismos, la cual procederá, en su caso, de conformidad con lo previsto en la legislación reguladora del bien correspondiente.

5. Lo dispuesto en el apartado anterior será también de aplicación a los espacios que requieran la realización de obras que consigan reducir al menos, en un 30 por ciento la demanda energética anual de calefacción o refrigeración del edificio y que consistan en:

a) la instalación de aislamiento térmico o fachadas ventiladas por el exterior del edificio, o el cerramiento o acristalamiento de las terrazas ya techadas.

b) la instalación de dispositivos bioclimáticos adosados a las fachadas o cubiertas.

c) la realización de las obras y la implantación de las instalaciones necesarias para la centralización o dotación de instalaciones energéticas comunes y de captadores solares u otras fuentes de energía renovables, en las fachadas o cubiertas cuando consigan reducir el consumo anual de energía primaria no renovable del edificio, al menos, en un 30 por ciento.

d) La realización de obras en zonas comunes o viviendas que logren reducir, al menos, en un 30 por ciento, el consumo de agua en el conjunto del edificio.

6. Cuando las actuaciones referidas en los apartados anteriores afecten a inmuebles declarados de interés cultural o sujetos a cualquier otro régimen de protección, se buscarán soluciones innovadoras que permitan realizar las adaptaciones que sean precisas para mejorar la eficiencia energética y garantizar la accesibilidad, sin perjuicio de la necesaria preservación de los valores objeto de protección. En cualquier caso, deberán ser informadas favorablemente, o autorizadas, en su caso, por el órgano competente para la gestión del régimen de protección aplicable, de acuerdo con su propia normativa.

Artículo 25. *Publicidad y eficacia en la gestión pública urbanística.* 1. Todos los instrumentos de ordenación territorial y de ordenación y ejecución urbanísticas, incluidos los de distribución de beneficios y cargas, así como los convenios que con dicho objeto vayan a ser suscritos por la Administración competente, deben ser sometidos al trámite de información pública en los términos y por el plazo que establezca la legislación en la materia, que nunca podrá ser inferior al mínimo exigido en la legislación sobre procedimiento administrativo común, y deben publicarse en la forma y con el contenido que determinen las leyes.

2. Los acuerdos de aprobación definitiva de todos los instrumentos de ordenación territorial y urbanística se publicarán en el «Boletín Oficial» correspondiente. Respecto a las normas y ordenanzas contenidas en tales instrumentos, se estará a lo dispuesto en la legislación aplicable.

3. En los procedimientos de aprobación o de alteración de instrumentos de ordenación urbanística, la documentación expuesta al público deberá incluir un resumen ejecutivo expresivo de los siguientes extremos:

a) Delimitación de los ámbitos en los que la ordenación proyectada altera la vigente, con un plano de su situación, y alcance de dicha alteración.

b) En su caso, los ámbitos en los que se suspendan la ordenación o los procedimientos de ejecución o de intervención urbanística y la duración de dicha suspensión.

4. Las Administraciones Públicas competentes impulsarán la publicidad telemática del contenido de los instrumentos de ordenación territorial y urbanística en vigor, así como del anuncio de su sometimiento a información pública.

5. Cuando la legislación urbanística abra a los particulares la iniciativa de los procedimientos de aprobación de instrumentos de ordenación o de ejecución urbanística, el incumplimiento del deber de resolver dentro del plazo máximo establecido dará lugar a indemnización a los interesados por el importe de los gastos en que hayan incurrido para la presentación de sus solicitudes, salvo en los casos en que deban entenderse aprobados o resueltos favorablemente por silencio administrativo de conformidad con la legislación aplicable.

6. Los instrumentos de ordenación urbanística cuyo procedimiento de aprobación se inicie de oficio por la Administración competente para su instrucción, pero cuya aprobación definitiva competa a un órgano de otra Administración, se entenderán definitivamente aprobados en el plazo que señale la legislación urbanística.

7. En todo caso, en la tramitación de los instrumentos de ordenación territorial y urbanística deberá asegurarse el trámite de audiencia a las Administraciones Públicas cuyas competencias pudiesen resultar afectadas.

Artículo 26. *Formación de fincas y parcelas, relación entre ellas y complejos inmobiliarios.* 1. Constituye:

a) Finca: la unidad de suelo o de edificación atribuida exclusiva y excluyentemente a un propietario o varios en proindiviso, que puede situarse en la rasante, en el vuelo o en el subsuelo. Cuando, conforme a la legislación hipotecaria, pueda abrir folio en el Registro de la Propiedad, tiene la consideración de finca registral.

b) Parcela: la unidad de suelo, tanto en la rasante como en el vuelo o el subsuelo, que tenga atribuida edificabilidad y uso o sólo uso urbanístico independiente.

2. La división o segregación de una finca para dar lugar a dos o más diferentes sólo es posible si cada una de las resultantes reúne las características exigidas por la legislación aplicable y la ordenación territorial y urbanística. Esta regla es también aplicable a la enajenación, sin división ni segregación, de participaciones indivisas a las que se atribuya el derecho de utilización exclusiva de porción o porciones concretas de la finca, así como a la constitución de asociaciones o sociedades en las que la cualidad de socio incorpore dicho derecho de utilización exclusiva.

En la autorización de escrituras de segregación o división de fincas, los notarios exigirán, para su testimonio, la acreditación documental de la conformidad, aprobación o autorización administrativa a que esté sujeta, en su caso, la división o segregación conforme a la legislación que le sea aplicable. El cumplimiento de este requisito será exigido por los registradores para practicar la correspondiente inscripción.

Los notarios y registradores de la propiedad harán constar en la descripción de las fincas, en su caso, su cualidad de indivisibles.

3. El acto administrativo que legitime la edificación de una parcela indivisible, por agotamiento de la edificabilidad permitida en ella o por ser la superficie restante inferior a la parcela mínima, se comunicará al Registro de la Propiedad para su constancia en la inscripción de la finca.

4. La constitución de finca o fincas en régimen de propiedad horizontal o de complejo inmobiliario autoriza para considerar su superficie total como una sola parcela, siempre que dentro del perímetro de ésta no quede superficie alguna que, conforme a la ordenación territorial y urbanística aplicable, deba tener la condición de dominio público, ser de uso público o servir de soporte a las obras de urbanización o pueda computarse a los efectos del cumplimiento del deber legal a que se refiere la letra a) del apartado 1 del artículo 18.

El complejo inmobiliario podrá constituirse sobre una sola finca o sobre varias, sin necesidad de previa agrupación, siempre que sean colindantes entre sí o únicamente se hallen separadas por suelos que, de acuerdo con la ordenación territorial y urbanística, deban tener la condición de dominio público, ser de uso público, servir de soporte a las obras de urbanización, o ser computables a los efectos del cumplimiento del deber de entregar a la Administración el suelo reservado para viales, espacios libres, zonas verdes y restantes dotaciones públicas incluidas en la propia actuación o adscritas a ella para su obtención.

5. Cuando los instrumentos de ordenación urbanística destinen superficies superpuestas, en la rasante y el subsuelo o el vuelo, a la edificación o uso privado y al dominio público se constituirá un complejo inmobiliario de carácter urbanístico en el que aquéllas y ésta tendrán el carácter de fincas especiales de atribución privativa, previa la desafectación y con las limitaciones y servidumbres que procedan para la protección del dominio público. Tales fincas podrán estar constituidas, tanto por edificaciones ya realizadas, como por suelos no edificados, siempre que su configuración física se ajuste al sistema parcelario previsto en el instrumento de ordenación.

6. La constitución y modificación del complejo inmobiliario privado, del tipo de los regulados como regímenes especiales de propiedad, por el artículo

24 de la Ley 49/1960, de 21 de julio, sobre Propiedad Horizontal, deberá ser autorizada por la Administración competente donde se ubique la finca o fincas sobre las que se constituya tal régimen, siendo requisito indispensable para su inscripción, que al título correspondiente se acompañe la autorización administrativa concedida o el testimonio notarial de la misma.

No será necesaria dicha autorización en los supuestos siguientes:

a) Cuando el número y características de los elementos privativos resultantes del complejo inmobiliario sean los que resulten de la licencia de obras que autorice la construcción de las edificaciones que integren aquel.

b) Cuando la modificación del complejo no provoque un incremento del número de sus elementos privativos.

A los efectos previstos en este número se considera complejo inmobiliario todo régimen de organización unitaria de la propiedad inmobiliaria en el que se distingan elementos privativos, sujetos a una titularidad exclusiva, y elementos comunes, cuya titularidad corresponda, con carácter instrumental y por cuotas porcentuales, a quienes en cada momento sean titulares de los elementos privativos.

Artículo 27. *Transmisión de fincas y deberes urbanísticos.* 1. La transmisión de fincas no modifica la situación del titular respecto de los deberes del propietario conforme a esta ley y los establecidos por la legislación de la ordenación territorial y urbanística aplicable o exigibles por los actos de ejecución de la misma. El nuevo titular queda subrogado en los derechos y deberes del anterior propietario, así como en las obligaciones por éste asumidas frente a la Administración competente y que hayan sido objeto de inscripción registral, siempre que tales obligaciones se refieran a un posible efecto de mutación jurídico-real.

2. En las enajenaciones de terrenos, debe hacerse constar en el correspondiente título:

a) La situación urbanística de los terrenos, cuando no sean susceptibles de uso privado o edificación, cuenten con edificaciones fuera de ordenación o estén destinados a la construcción de viviendas sujetas a algún régimen de protección pública que permita tasar su precio máximo de venta, alquiler u otras formas de acceso a la vivienda.

b) Los deberes legales y las obligaciones pendientes de cumplir, cuando los terrenos estén sujetos a una de las actuaciones a que se refiere el apartado 1 del artículo 7.

3. La infracción de cualquiera de las disposiciones del apartado anterior faculta al adquirente para rescindir el contrato en el plazo de cuatro años y exigir la indemnización que proceda conforme a la legislación civil.

4. Con ocasión de la autorización de escrituras públicas que afecten a la propiedad de fincas o parcelas, los notarios podrán solicitar de la Administración Pública competente información telemática o, en su defecto, cédula o informe escrito expresivo de su situación urbanística y los deberes y obligaciones a cuyo cumplimiento estén afectas. Los notarios remitirán a la Administración competente, para su debido conocimiento, copia simple en papel o en soporte digital de las escrituras para las que hubieran solicitado y obtenido información urbanística, dentro de los diez días siguientes a su otorgamiento. Esta copia no devengará arancel.

5. En los títulos por los que se transmitan terrenos a la Administración deberá especificarse, a efectos de su inscripción en el Registro de la Propiedad, el carácter demanial o patrimonial de los bienes y, en su caso, su incorporación al patrimonio público de suelo.

Artículo 28. *Declaración de obra nueva.* 1. Para autorizar escrituras de declaración de obra nueva en construcción, los notarios exigirán, para su testimonio, la aportación del acto de conformidad, aprobación o autorización administrativa que requiera la obra según la legislación de ordenación territorial y urbanística, así como certificación expedida por técnico competente y acreditativa del ajuste de la descripción de la obra al proyecto que haya sido objeto de dicho acto administrativo.

Tratándose de escrituras de declaración de obra nueva terminada, exigirán, además de la certificación expedida por técnico competente acreditativa de la finalización de ésta conforme a la descripción del proyecto, los documentos que acrediten los siguientes extremos:

a) el cumplimiento de todos los requisitos impuestos por la legislación reguladora de la edificación para la entrega de ésta a sus usuarios y

b) el otorgamiento de las autorizaciones administrativas necesarias para garantizar que la edificación reúne las condiciones necesarias para su destino al uso previsto en la ordenación urbanística aplicable y los requisitos de eficiencia energética tal y como se demandan por la normativa vigente, salvo que la legislación urbanística sujetase tales actuaciones a un régimen de comunicación previa o declaración responsable, en cuyo caso aquellas autorizaciones se sustituirán por los documentos que acrediten que la comunicación ha sido realizada y que ha transcurrido el plazo establecido para que pueda iniciarse la correspondiente actividad, sin que del Registro de la Propiedad resulte la existencia de resolución obstativa alguna.

2. Para practicar las correspondientes inscripciones de las escrituras de declaración de obra nueva, los Registradores de la Propiedad exigirán el cumplimiento de los requisitos establecidos en el apartado anterior.

3. En aquellos casos en los que la descripción de la obra terminada no coincida con la que conste en el Registro de la Propiedad, por haberse producido modificaciones en el proyecto, la constancia registral de la terminación de la obra se producirá mediante un asiento de inscripción, cuya extensión quedará sujeta a lo previsto en el apartado 1 en relación con los requisitos para la inscripción de las obras nuevas terminadas.

4. No obstante lo dispuesto en el apartado anterior, en el caso de construcciones, edificaciones e instalaciones respecto de las cuales ya no proceda adoptar medidas de restablecimiento de la legalidad urbanística que impliquen su demolición, por haber transcurrido los plazos de prescripción correspondientes, la constancia registral de la terminación de la obra se regirá por el siguiente procedimiento:

a) Se inscribirán en el Registro de la Propiedad las escrituras de declaración de obra nueva que se acompañen de certificación expedida por el Ayuntamiento o por técnico competente, acta notarial descriptiva de la finca o certificación catastral descriptiva y gráfica de la finca, en las que conste la terminación de la obra en fecha determinada y su descripción coincidente con el título. A tales efectos, el Registrador comprobará la inexistencia de anotación preventiva por incoación de expediente de disciplina urbanística sobre la finca objeto de la construcción, edificación e instalación de que se trate y que el suelo no tiene carácter demanial o está afectado por servidumbres de uso público general.

b) Los Registradores de la Propiedad darán cuenta al Ayuntamiento respectivo de las inscripciones realizadas en los supuestos comprendidos en los números anteriores, y harán constar en la inscripción, en la nota de despacho, y en la publicidad formal que expidan, la práctica de dicha notificación.

c) Cuando la obra nueva hubiere sido inscrita sin certificación expedida por el correspondiente Ayuntamiento, éste, una vez recibida la información a que se refiere la letra anterior, estará obligado a dictar la resolución necesaria para hacer constar en el Registro de la Propiedad, por nota al margen de la inscripción de la declaración de obra nueva, la concreta situación urbanística de la misma, con la delimitación de su contenido e indicación expresa de las limitaciones que imponga al propietario.

La omisión de la resolución por la que se acuerde la práctica de la referida nota marginal dará lugar a la responsabilidad de la Administración competente en el caso de que se produzcan perjuicios económicos al adquirente de buena fe de la finca afectada por el expediente. En tal caso, la citada Administración deberá indemnizar al adquirente de buena fe los daños y perjuicios causados.

TÍTULO III. EL INFORME DE EVALUACIÓN DE LOS EDIFICIOS

Artículo 29. *El Informe de Evaluación de los Edificios.* 1. Los propietarios de inmuebles ubicados en edificaciones con tipología residencial de vivienda colectiva podrán ser requeridos por la Administración competente, de conformidad con lo dispuesto en el artículo siguiente, para que acrediten la situación en la que se encuentran aquéllos, al menos en relación con el estado de conservación del edificio y con el cumplimiento de la normativa vigente sobre accesibilidad universal, así como sobre el grado de eficiencia energética de los mismos.

2. El Informe de Evaluación que determine los extremos señalados en el apartado anterior, identificará el bien inmueble, con expresión de su referencia catastral y contendrá, de manera detallada:

a) La evaluación del estado de conservación del edificio.

b) La evaluación de las condiciones básicas de accesibilidad universal y no discriminación de las personas con discapacidad para el acceso y utilización del edificio, de acuerdo con la normativa vigente, estableciendo si el edificio es susceptible o no de realizar ajustes razonables para satisfacerlas.

c) La certificación de la eficiencia energética del edificio, con el contenido y mediante el procedimiento establecido para la misma por la normativa vigente.

Cuando, de conformidad con la normativa autonómica o municipal, exista un Informe de Inspección Técnica que ya permita evaluar los extremos señalados en las letras a) y b) anteriores, se podrá complementar con la certificación referida en la letra c), y surtirá los mismos efectos que el informe regulado por esta ley. Asimismo, cuando contenga todos los elementos requeridos de conformidad con aquella normativa, podrá surtir los efectos derivados de la misma, tanto en cuanto a la posible exigencia de la subsanación de las deficiencias observadas, como en cuanto a la posible realización de las mismas en sustitución y a costa de los obligados, con independencia de la aplicación de las medidas disciplinarias y sancionadoras que procedan, de conformidad con lo establecido en la legislación urbanística aplicable.

3. El Informe de Evaluación realizado por encargo de la comunidad o agrupación de comunidades de propietarios que se refieran a la totalidad de un edificio o complejo inmobiliario extenderá su eficacia a todos y cada uno de los locales y viviendas existentes.

4. El Informe de Evaluación tendrá una periodicidad mínima de diez años, pudiendo establecer las Comunidades Autónomas y los Ayuntamientos una periodicidad menor.

5. El incumplimiento del deber de cumplimentar en tiempo y forma el Informe de Evaluación regulado por este artículo y la disposición transitoria segunda tendrá la consideración de infracción urbanística, con el carácter y las consecuencias que atribuya la normativa urbanística aplicable al incumplimiento del deber de dotarse del informe de inspección técnica de edificios o equivalente, en el plazo expresamente establecido.

6. Los propietarios de inmuebles obligados a la realización del informe regulado por este artículo deberán remitir una copia del mismo al organismo que determine la Comunidad Autónoma, con el fin de que dicha información forme parte de un Registro integrado único. La misma regla resultará de aplicación en relación con el informe que acredite la realización de las obras correspondientes, en los casos en los que el informe de evaluación integre el correspondiente a la inspección técnica, en los términos previstos en el último párrafo del apartado 2, y siempre que de éste último se derivase la necesidad de subsanar las deficiencias observadas en el inmueble.

Artículo 30. *Capacitación para suscribir el Informe de Evaluación de los Edificios.* 1. El Informe de la Evaluación de los Edificios podrá ser suscrito tanto por los técnicos facultativos competentes como, en su caso, por las entidades de inspección registradas que pudieran existir en las comunidades autónomas, siempre que cuenten con dichos técnicos. A tales efectos se considera técnico facultativo competente el que esté en posesión de cualquiera de las titulaciones académicas y profesionales habilitantes para la redacción de proyectos o dirección de obras y dirección de ejecución de obras de edificación, según lo establecido en la Ley 38/1999, de 5 de noviembre, de Ordenación de la Edificación, o haya acreditado la cualificación necesaria para la realización del Informe, según lo establecido en la disposición final primera.

Dichos técnicos, cuando lo estimen necesario, podrán recabar, en relación con los aspectos relativos a la accesibilidad universal, el criterio experto de las entidades y asociaciones de personas con discapacidad que cuenten con una acreditada trayectoria en el ámbito territorial de que se trate y tengan entre sus fines sociales la promoción de dicha accesibilidad.

2. Cuando se trate de edificios pertenecientes a las Administraciones Públicas enumeradas en el artículo 2 de la Ley 30/1992, de 26 de noviembre, de Régimen Jurídico de las Administraciones Públicas y del Procedimiento Administrativo Común, podrán suscribir los Informes de Evaluación, en su caso, los responsables de los correspondientes servicios técnicos que, por su capacitación profesional, puedan asumir las mismas funciones a que se refiere el apartado anterior.

3. Las deficiencias que se observen en relación con la evaluación de lo dispuesto en el artículo 29.2 se justificarán en el Informe bajo el criterio y la responsabilidad del técnico competente que lo suscriba.

TÍTULO IV. COOPERACIÓN Y COLABORACIÓN INTERADMINISTRATIVAS

Artículo 31. *Cooperación interadministrativa.* 1. Podrán beneficiarse de la colaboración y la cooperación económica de la Administración General del Estado, en cualquiera de las formas previstas legalmente y teniendo prioridad en las ayudas estatales vigentes, las actuaciones con cobertura en los correspondientes planes estatales que tengan por objeto:

a) La conservación, la rehabilitación edificatoria y la regeneración y renovación urbanas tal y como se definen en esta ley y se conciban en los correspondientes Planes estatales.

b) La elaboración y aprobación de los instrumentos necesarios para la ordenación y la gestión de las actuaciones reguladas por esta ley y, en especial, de aquellos que tengan por finalidad actuar sobre ámbitos urbanos degradados, desfavorecidos y vulnerables o que padezcan problemas de naturaleza análoga que combinen variables económicas, ambientales y sociales.

c) Aquellas otras actuaciones que, con independencia de lo dispuesto en la letra anterior, tengan como objeto actuar en ámbitos de gestión aislada o conjunta, con la finalidad de eliminar la infravivienda, garantizar la accesibilidad universal o mejorar la eficiencia energética de los edificios.

2. Las Administraciones Públicas fomentarán de manera conjunta la actividad económica, la sostenibilidad ambiental y la cohesión social y territorial. A tales efectos, podrán suscribir los convenios interadministrativos de asignación de fondos que correspondan.

Artículo 32. *Organización de la cooperación.* 1. Las Administraciones Públicas que cooperen en la gestión de las actuaciones reguladas por esta ley podrán acordar mediante convenio, en el que podrán participar las comunidades y agrupaciones de comunidades de propietarios, así como, en su caso, las asociaciones administrativas de unas y otras y los restantes sujetos mencionados en el artículo 9.4, los siguientes aspectos:

a) La organización de la gestión de la ejecución, que podrá revestir la forma de consorcio o de sociedad mercantil de capital mixto, incluso con participación privada minoritaria.

b) El procedimiento y la competencia para la determinación del gestor directamente responsable de la ejecución cuando no la asuma directamente una de las Administraciones actuantes o el consorcio o la sociedad constituidos al efecto.

c) Los términos y las condiciones concretas, incluidas las ayudas e incentivos públicos, de la ordenación y la ejecución de la actuación de que se trate, los cuales podrán, a su vez, ser concretados mediante acuerdos entre el gestor responsable de la actuación y cualesquiera de los sujetos mencionados en el artículo 9.

2. Todos los convenios a que se refiere el apartado anterior tendrán carácter jurídico-administrativo, correspondiendo a la jurisdicción contencioso-administrativa el conocimiento de cualesquiera cuestiones relacionadas con ellos.

Artículo 33. *Convenios para la financiación de las actuaciones.* 1. Las Administraciones Públicas actuantes, los agentes responsables de la gestión y ejecución de actuaciones de rehabilitación edificatoria y de regeneración y renovación urbanas, así como los demás sujetos mencionados en el artículo

9.4, podrán celebrar entre sí, a los efectos de facilitar la gestión y ejecución de las mismas, entre otros, los siguientes contratos:

a) Contrato de cesión, con facultad de arrendamiento u otorgamiento de derecho de explotación a terceros, de fincas urbanas o de elementos de éstas por tiempo determinado a cambio del pago aplazado de la parte del coste que corresponda abonar a los propietarios de las fincas.

b) Contrato de permuta o cesión de terrenos o de parte de la edificación sujeta a rehabilitación por determinada edificación futura.

c) Contrato de arrendamiento o cesión de uso de local, vivienda o cualquier otro elemento de un edificio por plazo determinado a cambio de pago por el arrendatario o cesionario del pago de todos o de alguno de los siguientes conceptos: impuestos, tasas, cuotas a la comunidad o agrupación de comunidades de propietarios o de la cooperativa, gastos de conservación y obras de rehabilitación y regeneración y renovación urbanas.

d) Convenio de explotación conjunta del inmueble o de partes del mismo.

2. En el caso de las cooperativas de viviendas, los contratos a que hacen referencia las letras a) y c) del apartado anterior sólo alcanzarán a los locales comerciales y a las instalaciones y edificaciones complementarias de su propiedad, tal y como establece su legislación específica.

TÍTULO V. VALORACIONES

Artículo 34. *Ámbito del régimen de valoraciones.* 1. Las valoraciones del suelo, las instalaciones, construcciones y edificaciones, y los derechos constituidos sobre o en relación con ellos, se rigen por lo dispuesto en esta Ley cuando tengan por objeto:

a) La verificación de las operaciones de reparto de beneficios y cargas u otras precisas para la ejecución de la ordenación territorial y urbanística en las que la valoración determine el contenido patrimonial de facultades o deberes propios del derecho de propiedad, en defecto de acuerdo entre todos los sujetos afectados.

b) La fijación del justiprecio en la expropiación, cualquiera que sea la finalidad de ésta y la legislación que la motive.

c) La fijación del precio a pagar al propietario en la venta o sustitución forzosas.

d) La determinación de la responsabilidad patrimonial de la Administración Pública.

2. Las valoraciones se entienden referidas:

a) Cuando se trate de las operaciones contempladas en la letra a) del apartado anterior, a la fecha de iniciación del procedimiento de aprobación del instrumento que las motive.

b) Cuando se aplique la expropiación forzosa, al momento de iniciación del expediente de justiprecio individualizado o de exposición al público del proyecto de expropiación si se sigue el procedimiento de tasación conjunta.

c) Cuando se trate de la venta o sustitución forzosas, al momento de la iniciación del procedimiento de declaración del incumplimiento del deber que la motive.

d) Cuando la valoración sea necesaria a los efectos de determinar la indemnización por responsabilidad patrimonial de la Administración Pública, al momento de la entrada en vigor de la disposición o del comienzo de la eficacia del acto causante de la lesión.

Artículo 35. *Criterios generales para la valoración de inmuebles.* 1. El valor del suelo corresponde a su pleno dominio, libre de toda carga, gravamen o derecho limitativo de la propiedad.

2. El suelo se tasará en la forma establecida en los artículos siguientes, según su situación y con independencia de la causa de la valoración y el instrumento legal que la motive.

Este criterio será también de aplicación a los suelos destinados a infraestructuras y servicios públicos de interés general supramunicipal, tanto si estuvieran previstos por la ordenación territorial y urbanística como si fueran de nueva creación, cuya valoración se determinará según la situación básica de los terrenos en que se sitúan o por los que discurren de conformidad con lo dispuesto en esta ley.

3. Las edificaciones, construcciones e instalaciones, los sembrados y las plantaciones en el suelo rural, se tasarán con independencia de los terrenos siempre que se ajusten a la legalidad al tiempo de la valoración, sean compatibles con el uso o rendimiento considerado en la valoración del suelo y no hayan sido tenidos en cuenta en dicha valoración por su carácter de mejoras permanentes.

En el suelo urbanizado, las edificaciones, construcciones e instalaciones que se ajusten a la legalidad se tasarán conjuntamente con el suelo en la forma prevista en el apartado 2 del artículo 37.

Se entiende que las edificaciones, construcciones e instalaciones se ajustan a la legalidad al tiempo de su valoración cuando se realizaron de conformidad con la ordenación urbanística y el acto administrativo legitimante que requiriesen, o han sido posteriormente legalizadas de conformidad con lo dispuesto en la legislación urbanística.

La valoración de las edificaciones o construcciones tendrá en cuenta su antigüedad y su estado de conservación. Si han quedado incursas en la situación de fuera de ordenación, su valor se reducirá en proporción al tiempo transcurrido de su vida útil.

4. La valoración de las concesiones administrativas y de los derechos reales sobre inmuebles, a los efectos de su constitución, modificación o extinción, se efectuará con arreglo a las disposiciones sobre expropiación que específicamente determinen el justiprecio de los mismos; y subsidiariamente, según las normas del derecho administrativo, civil o fiscal que resulten de aplicación.

Al expropiar una finca gravada con cargas, la Administración que la efectúe podrá elegir entre fijar el justiprecio de cada uno de los derechos que concurren con el dominio, para distribuirlo entre los titulares de cada uno de ellos, o bien valorar el inmueble en su conjunto y consignar su importe en poder del órgano judicial, para que éste fije y distribuya, por el trámite de los incidentes, la proporción que corresponda a los respectivos interesados.

Artículo 36. *Valoración en el suelo rural.* 1. Cuando el suelo sea rural a los efectos de esta ley y de conformidad con lo dispuesto en la Disposición adicional séptima:

a) Los terrenos se tasarán mediante la capitalización de la renta anual real o potencial, la que sea superior, de la explotación según su estado en el momento al que deba entenderse referida la valoración.

La renta potencial se calculará atendiendo al rendimiento del uso, disfrute o explotación de que sean susceptibles los terrenos conforme a la legislación que les sea aplicable, utilizando los medios técnicos normales para su producción. Incluirá, en su caso, como ingresos las subvenciones que, con carácter estable, se otorguen a los cultivos y aprovechamientos considerados para su cálculo y se descontarán los costes necesarios para la explotación considerada.

El valor del suelo rural así obtenido podrá ser corregido al alza en función de factores objetivos de localización, como la accesibilidad a núcleos de población o a centros de actividad económica o la ubicación en entornos de singular valor ambiental o paisajístico, cuya aplicación y ponderación habrá de ser justificada en el correspondiente expediente de valoración, todo ello en los términos que reglamentariamente se establezcan.

b) Las edificaciones, construcciones e instalaciones, cuando deban valorarse con independencia del suelo, se tasarán por el método de coste de reposición según su estado y antigüedad en el momento al que deba entenderse referida la valoración.

c) Las plantaciones y los sembrados preexistentes, así como las indemnizaciones por razón de arrendamientos rústicos u otros derechos, se tasarán con arreglo a los criterios de las Leyes de Expropiación Forzosa y de Arrendamientos Rústicos.

2. En ninguno de los casos previstos en el apartado anterior podrán considerarse expectativas derivadas de la asignación de edificabilidades y usos por la ordenación territorial o urbanística que no hayan sido aún plenamente realizados.

Artículo 37. *Valoración en el suelo urbanizado.* 1. Para la valoración del suelo urbanizado que no está edificado, o en que la edificación existente o en curso de ejecución es ilegal o se encuentra en situación de ruina física:

a) Se considerarán como uso y edificabilidad de referencia los atribuidos a la parcela por la ordenación urbanística, incluido en su caso el de vivienda sujeta a algún régimen de protección que permita tasar su precio máximo en venta o alquiler.

Si los terrenos no tienen asignada edificabilidad o uso privado por la ordenación urbanística, se les atribuirá la edificabilidad media y el uso mayoritario en el ámbito espacial homogéneo en que por usos y tipologías la ordenación urbanística los haya incluido.

b) Se aplicará a dicha edificabilidad el valor de repercusión del suelo según el uso correspondiente, determinado por el método residual estático.

c) De la cantidad resultante de la letra anterior se descontará, en su caso, el valor de los deberes y cargas pendientes para poder realizar la edificabilidad prevista.

2. Cuando se trate de suelo edificado o en curso de edificación, el valor de la tasación será el superior de los siguientes:

a) El determinado por la tasación conjunta del suelo y de la edificación existente que se ajuste a la legalidad, por el método de comparación, aplicado exclusivamente a los usos de la edificación existente o la construcción ya realizada.

b) El determinado por el método residual del apartado 1 de este artículo, aplicado exclusivamente al suelo, sin consideración de la edificación existente o la construcción ya realizada.

3. Cuando se trate de suelo urbanizado sometido a actuaciones de reforma o renovación de la urbanización, el método residual a que se refieren los apartados anteriores considerará los usos y edificabilidades atribuidos por la ordenación en su situación de origen.

Artículo 38. *Indemnización de la facultad de participar en actuaciones de nueva urbanización.* 1. Procederá valorar la facultad de participar en la ejecución de una actuación de nueva urbanización cuando concurran los siguientes requisitos:

a) Que los terrenos hayan sido incluidos en la delimitación del ámbito de la actuación y se den los requisitos exigidos para iniciarla o para expropiar el suelo correspondiente, de conformidad con la legislación en la materia.

b) Que la disposición, el acto o el hecho que motiva la valoración impida el ejercicio de dicha facultad o altere las condiciones de su ejercicio modificando los usos del suelo o reduciendo su edificabilidad.

c) Que la disposición, el acto o el hecho a que se refiere la letra anterior surtan efectos antes del inicio de la actuación y del vencimiento de los plazos establecidos para dicho ejercicio, o después si la ejecución no se hubiera llevado a cabo por causas imputables a la Administración.

d) Que la valoración no traiga causa del incumplimiento de los deberes inherentes al ejercicio de la facultad.

2. La indemnización por impedir el ejercicio de la facultad de participar en la actuación o alterar sus condiciones será el resultado de aplicar el mismo porcentaje que determine la legislación sobre ordenación territorial y urbanística para la participación de la comunidad en las plusvalías de conformidad con lo previsto en la letra b) del apartado primero del artículo 18 de esta ley:

a) A la diferencia entre el valor del suelo en su situación de origen y el valor que le correspondería si estuviera terminada la actuación, cuando se impida el ejercicio de esta facultad.

b) A la merma provocada en el valor que correspondería al suelo si estuviera terminada la actuación, cuando se alteren las condiciones de ejercicio de la facultad.

Artículo 39. *Indemnización de la iniciativa y la promoción de actuaciones de urbanización o de edificación.* 1. Cuando devengan inútiles para quien haya incurrido en ellos por efecto de la disposición, del acto o del hecho que motive la valoración, los siguientes gastos y costes se tasarán por su importe incrementado por la tasa libre de riesgo y la prima de riesgo:

a) Aquéllos en que se haya incurrido para la elaboración del proyecto o proyectos técnicos de los instrumentos de ordenación y ejecución que, conforme a la legislación de la ordenación territorial y urbanística, sean necesarios para legitimar una actuación de urbanización, de edificación, o de conservación o rehabilitación de la edificación.

b) Los de las obras acometidas y los de financiación, gestión y promoción precisos para la ejecución de la actuación.

c) Las indemnizaciones pagadas.

2. Una vez iniciadas, las actuaciones de urbanización se valorarán en la forma prevista en el apartado anterior o en proporción al grado alcanzado en su ejecución, lo que sea superior, siempre que dicha ejecución se desarrolle de conformidad con los instrumentos que la legitimen y no se hayan incumplido los plazos en ellos establecidos. Para ello, al grado de ejecución se le asignará un valor entre 0 y 1, que se multiplicará:

a) Por la diferencia entre el valor del suelo en su situación de origen y el valor que le correspondería si estuviera terminada la actuación, cuando la disposición, el acto o hecho que motiva la valoración impida su terminación.

b) Por la merma provocada en el valor que correspondería al suelo si estuviera terminada la actuación, cuando sólo se alteren las condiciones de su ejecución, sin impedir su terminación.

La indemnización obtenida por el método establecido en este apartado nunca será inferior a la establecida en el artículo anterior y se distribuirá proporcionalmente entre los adjudicatarios de parcelas resultantes de la actuación.

3. Cuando el promotor de la actuación no sea retribuido mediante adjudicación de parcelas resultantes, su indemnización se descontará de la de los propietarios y se calculará aplicando la tasa libre de riesgo y la prima de riesgo a la parte dejada de percibir de la retribución que tuviere establecida.

4. Los propietarios del suelo que no estuviesen al día en el cumplimiento de sus deberes y obligaciones, serán indemnizados por los gastos y costes a que se refiere el apartado 1, que se tasarán en el importe efectivamente incurrido.

Artículo 40. *Valoración del suelo en régimen de equidistribución de beneficios y cargas.* 1. Cuando, en defecto de acuerdo entre todos los sujetos afectados, deban valorarse las aportaciones de suelo de los propietarios partícipes en una actuación de urbanización en ejercicio de la facultad establecida en la letra c) del apartado 2 del artículo 13, para ponderarlas entre sí o con las aportaciones del promotor o de la Administración, a los efectos del reparto de los beneficios y cargas y la adjudicación de parcelas resultantes, el suelo se tasará por el valor que le correspondería si estuviera terminada la actuación.

2. En el caso de propietarios que no puedan participar en la adjudicación de parcelas resultantes de una actuación de urbanización por causa de la insuficiencia de su aportación, el suelo se tasará por el valor que le correspondería si estuviera terminada la actuación, descontados los gastos de urbanización correspondientes incrementados por la tasa libre de riesgo y la prima de riesgo.

Artículo 41. *Régimen de la valoración.* La valoración se realiza, en todo lo no dispuesto en esta ley:

a) Conforme a los criterios que determinen las Leyes de la ordenación territorial y urbanística, cuando tenga por objeto la verificación de las operaciones precisas para la ejecución de la ordenación urbanística y, en especial, la distribución de los beneficios y las cargas de ella derivadas.

b) Con arreglo a los criterios de la legislación general de expropiación forzosa y de responsabilidad de las Administraciones Públicas, según proceda, en los restantes casos.

TÍTULO VI. EXPROPIACIÓN FORZOSA Y RESPONSABILIDAD PATRIMONIAL

Artículo 42. *Régimen de las expropiaciones por razón de la ordenación territorial y urbanística.* 1. La expropiación por razón de la ordenación territorial y urbanística puede aplicarse para las finalidades previstas en la legislación reguladora de dicha ordenación, de conformidad con lo dispuesto en esta ley y en la Ley de Expropiación Forzosa.

2. La aprobación de los instrumentos de la ordenación territorial y urbanística que determine su legislación reguladora conllevará la declaración de utilidad pública y la necesidad de ocupación de los bienes y derechos correspondientes, cuando dichos instrumentos habiliten para su ejecución y ésta deba producirse por expropiación.

Dicha declaración se extenderá a los terrenos precisos para conectar la actuación de urbanización con las redes generales de servicios, cuando sean necesarios.

3. La delimitación espacial de un ámbito para la realización de actuaciones sobre el medio urbano, sea conjunta o aislada, una vez firme en vía administrativa, comporta la declaración de la utilidad pública o, en su caso, el interés social, a los efectos de la aplicación de los regímenes de expropiación, venta y sustitución forzosas de los bienes y derechos necesarios para su ejecución, y su sujeción a los derechos de tanteo y retracto a favor de la Administración actuante, además de aquellos otros que expresamente se deriven de lo dispuesto en la legislación aplicable.

4. Cuando en la superficie objeto de expropiación existan bienes de dominio público y el destino de los mismos, según el instrumento de ordenación, sea distinto del que motivó su afectación o adscripción al uso general o a los servicios públicos, se seguirá, en su caso, el procedimiento previsto en la legislación reguladora del bien correspondiente para la mutación demanial o desafectación, según proceda.

Las vías rurales que se encuentren comprendidas en la superficie objeto de expropiación se entenderán de propiedad municipal, salvo prueba en contrario. En cuanto a las vías urbanas que desaparezcan se entenderán transmitidas de pleno derecho al Organismo expropiante y subrogadas por las nuevas que resulten de la ordenación urbanística.

5. Tendrán la consideración de beneficiarios de la expropiación las personas naturales o jurídicas subrogadas en las facultades del Estado, de las comunidades autónomas o de las entidades locales para la ejecución de planes u obras determinadas.

Artículo 43. *Justiprecio.* 1. El justiprecio de los bienes y derechos expropiados se fijará conforme a los criterios de valoración de esta ley mediante expediente individualizado o por el procedimiento de tasación conjunta. Si hay acuerdo con el expropiado, se podrá satisfacer en especie.

2. No obstante lo establecido en el apartado anterior, cuando se aplique la expropiación en la gestión de las actuaciones sobre el medio urbano, no será preciso el consentimiento del propietario para pagar el justiprecio expropiatorio en especie, siempre que el mismo se efectúe dentro del propio ámbito de gestión y dentro del plazo temporal establecido para la terminación de las obras correspondientes. Asimismo, la liberación de la expropiación no tendrá carácter excepcional, y podrá ser acordada discrecionalmente por la Administración actuante, cuando se aporten garantías suficientes, por parte del propietario liberado, en relación con el cumplimiento de las obligaciones que le correspondan.

3. Las actuaciones del expediente expropiatorio se seguirán con quienes figuren como interesados en el proyecto de delimitación, redactado conforme a la Ley de Expropiación Forzosa o acrediten, en legal forma, ser los verdaderos titulares de los bienes o derechos en contra de lo que diga el proyecto. En el procedimiento de tasación conjunta, los errores no denunciados y justificados en la fase de información pública no darán lugar a nulidad o reposición de actuaciones, conservando no obstante, los interesados su derecho a ser indemnizados en la forma que corresponda.

4. Llegado el momento del pago del justiprecio, sólo se procederá a hacerlo efectivo, consignándose en caso contrario, a aquellos interesados que aporten certificación registral a su favor, en la que conste haberse extendido la nota del artículo 32 del Reglamento Hipotecario o, en su defecto, los títulos justificativos de su derecho, completados con certificaciones negativas del Registro de la Propiedad referidas a la misma finca descrita en los títulos. Si existiesen cargas deberán comparecer los titulares de las mismas.

5. Cuando existan pronunciamientos registrales contrarios a la realidad, podrá pagarse el justiprecio a quienes los hayan rectificado o desvirtuado mediante cualquiera de los medios señalados en la legislación hipotecaria o con acta de notoriedad tramitada conforme al artículo 209 del Reglamento Notarial.

Artículo 44. *Ocupación e inscripción en el Registro de la Propiedad.* 1. El acta de ocupación para cada finca o bien afectado por el procedimiento expropiatorio será título inscribible, siempre que incorpore su descripción, su identificación conforme a la legislación hipotecaria, su referencia catastral y su representación gráfica mediante un sistema de coordenadas y que se acompañe del acta de pago o justificante de la consignación del precio correspondiente.

A efectos de lo dispuesto en el párrafo anterior, la referencia catastral y la representación gráfica podrán ser sustituidas por una certificación catastral descriptiva y gráfica del inmueble de que se trate.

La superficie objeto de la actuación se inscribirá como una o varias fincas registrales, sin que sea obstáculo para ello la falta de inmatriculación de alguna de estas fincas. En las fincas afectadas y a continuación de la nota a que se refiere la legislación hipotecaria sobre asientos derivados de procedimientos de expropiación forzosa, se extenderá otra en la que se identificará la porción expropiada si la actuación no afectase a la totalidad de la finca.

2. Si al proceder a la inscripción surgiesen dudas fundadas sobre la existencia, dentro de la superficie ocupada, de alguna finca registral no tenida en cuenta en el procedimiento expropiatorio, se pondrá tal circunstancia en conocimiento de la Administración competente, sin perjuicio de practicarse la inscripción.

3. Los actos administrativos de constitución, modificación o extinción forzosa de servidumbres serán inscribibles en el Registro de la Propiedad, en la forma prevista para las actas de expropiación.

Artículo 45. *Adquisición libre de cargas.* 1. Finalizado el expediente expropiatorio, y una vez levantada el acta o actas de ocupación con los requisitos previstos en la legislación general de expropiación forzosa, se entenderá que la Administración ha adquirido, libre de cargas, la finca o fincas comprendidas en el expediente.

La Administración será mantenida en la posesión de las fincas, una vez inscrito su derecho, sin que quepa ejercitar ninguna acción real o interdictal contra la misma.

2. Si con posterioridad a la finalización del expediente, una vez levantada el acta de ocupación e inscritas las fincas o derechos en favor de la Administración, aparecieren terceros interesados no tenidos en cuenta en el expediente, éstos conservarán y podrán ejercitar cuantas acciones personales pudieren corresponderles para percibir el justiprecio o las indemnizaciones expropiatorias y discutir su cuantía.

3. En el supuesto de que, una vez finalizado totalmente el expediente, aparecieren fincas o derechos anteriormente inscritos no tenidos en cuenta, la Administración expropiante, de oficio o a instancia de parte interesada o del propio registrador, solicitará de éste que practique la cancelación correspondiente. Los titulares de tales fincas o derechos deberán ser compensados por la Administración expropiante, que formulará un expediente complementario con las correspondientes hojas de aprecio, tramitándose según el procedimiento que se haya seguido para el resto de las fincas, sin perjuicio de que tales titulares puedan ejercitar cualquier otro tipo de acción que pudiera corresponderles.

4. Si el justiprecio se hubiere pagado a quien apareciere en el expediente como titular registral, la acción de los terceros no podrá dirigirse contra la Administración expropiante si éstos no comparecieron durante la tramitación, en tiempo hábil.

Artículo 46. *Modalidades de gestión de la expropiación.* 1. Las entidades locales podrán promover, para la gestión de las expropiaciones, las modalidades asociativas con otras Administraciones Públicas o particulares, de conformidad con la legislación de régimen local y urbanística.

2. Para el mejor cumplimiento de la finalidad expresada en el apartado anterior, podrán igualmente encomendar el ejercicio de la potestad expropiatoria a otras Administraciones Públicas.

3. Lo dispuesto en los apartados anteriores se entenderá sin perjuicio de las facultades reconocidas expresamente por ley a determinados entes públicos en materia expropiatoria.

Artículo 47. *Supuestos de reversión y de retasación.* 1. Si se alterara el uso que motivó la expropiación de suelo en virtud de modificación o revisión del instrumento de ordenación territorial y urbanística, procede la reversión salvo que concurra alguna de las siguientes circunstancias:

a) Que el uso dotacional público que hubiera motivado la expropiación hubiera sido efectivamente implantado y mantenido durante ocho años, o bien que el nuevo uso asignado al suelo sea igualmente dotacional público.

b) Haberse producido la expropiación para la formación o ampliación de un patrimonio público de suelo, siempre que el nuevo uso sea compatible con los fines de éste.

c) Haberse producido la expropiación para la ejecución de una actuación de urbanización.

d) Haberse producido la expropiación por incumplimiento de los deberes o no levantamiento de las cargas propias del régimen aplicable al suelo conforme a esta ley.

e) Cualquiera de los restantes supuestos en que no proceda la reversión de acuerdo con la Ley de Expropiación Forzosa.

2. En los casos en que el suelo haya sido expropiado para ejecutar una actuación de urbanización:

a) Procede la reversión, cuando hayan transcurrido diez años desde la expropiación sin que la urbanización se haya concluido.

b) Procede la retasación cuando se alteren los usos o la edificabilidad del suelo, en virtud de una modificación del instrumento de ordenación territorial y urbanística que no se efectúe en el marco de un nuevo ejercicio pleno de la potestad de ordenación, y ello suponga un incremento de su valor conforme a los criterios aplicados en su expropiación.

El nuevo valor se determinará mediante la aplicación de los mismos criterios de valoración a los nuevos usos y edificabilidades. Corresponderá al expropiado o sus causahabientes la diferencia entre dicho valor y el resultado de actualizar el justiprecio.

En lo no previsto por el párrafo anterior, será de aplicación al derecho de retasación lo dispuesto para el derecho de reversión, incluido su acceso al Registro de la Propiedad.

3. No procede la reversión cuando del suelo expropiado se segreguen su vuelo o subsuelo, conforme a lo previsto en el apartado 5 del artículo 26, siempre que se mantenga el uso dotacional público para el que fue expropiado o concurra alguna de las restantes circunstancias previstas en el apartado primero.

Artículo 48. *Supuestos indemnizatorios.* Dan lugar en todo caso a derecho de indemnización las lesiones en los bienes y derechos que resulten de los siguientes supuestos:

a) La alteración de las condiciones de ejercicio de la ejecución de la urbanización, o de las condiciones de participación de los propietarios en ella, por cambio de la ordenación territorial o urbanística o del acto o negocio de la adjudicación de dicha actividad, siempre que se produzca antes de transcurrir los plazos previstos para su desarrollo o, transcurridos éstos, si la ejecución no se hubiere llevado a efecto por causas imputables a la Administración.

Las situaciones de fuera de ordenación producidas por los cambios en la ordenación territorial o urbanística no serán indemnizables, sin perjuicio de que pueda serlo la imposibilidad de usar y disfrutar lícitamente de la construcción o edificación incursa en dicha situación durante su vida útil.

b) Las vinculaciones y limitaciones singulares que excedan de los deberes legalmente establecidos respecto de construcciones y edificaciones, o lleven consigo una restricción de la edificabilidad o el uso que no sea susceptible de distribución equitativa.

c) La modificación o extinción de la eficacia de los títulos administrativos habilitantes de obras y actividades, determinadas por el cambio sobrevenido de la ordenación territorial o urbanística.

d) La anulación de los títulos administrativos habilitantes de obras y actividades, así como la demora injustificada en su otorgamiento y su denegación improcedente. En ningún caso habrá lugar a indemnización si existe dolo, culpa o negligencia graves imputables al perjudicado.

e) La ocupación de terrenos destinados por la ordenación territorial y urbanística a dotaciones públicas, por el período de tiempo que medie desde la ocupación de los mismos hasta la aprobación definitiva del instrumento por el que se le adjudiquen al propietario otros de valor equivalente. El derecho a la indemnización se fijará en los términos establecidos en el artículo 112 de la Ley de Expropiación Forzosa.

Transcurridos cuatro años desde la ocupación sin que se hubiera producido la aprobación definitiva del mencionado instrumento, los interesados podrán efectuar la advertencia a la Administración competente de su propósito de iniciar el expediente de justiprecio, quedando facultados para iniciar el mismo, mediante el envío a aquélla de la correspondiente hoja de aprecio, una vez transcurridos seis meses desde dicha advertencia.

TÍTULO VII. FUNCIÓN SOCIAL DE LA PROPIEDAD Y GESTIÓN DEL SUELO

CAPÍTULO I. VENTA Y SUSTITUCIÓN FORZOSAS

Artículo 49. *Procedencia y alcance de la venta o sustitución forzosas.* 1. El incumplimiento de los deberes establecidos en esta ley habilitará a la Administración actuante para decretar, de oficio o a instancia de interesado, y en todo caso, previa audiencia del obligado, la ejecución subsidiaria, la expropiación por incumplimiento de la función social de la propiedad, la aplicación del régimen de venta o sustitución forzosas o cualesquiera otras consecuencias derivadas de la legislación sobre ordenación territorial y urbanística.

2. La sustitución forzosa tiene por objeto garantizar el cumplimiento del deber correspondiente, mediante la imposición de su ejercicio, que podrá realizarse en régimen de propiedad horizontal con el propietario actual del suelo, en caso de incumplimiento de los deberes de edificación o de conservación de edificios.

3. En los supuestos de expropiación, venta o sustitución forzosas previstos en este artículo, el contenido del derecho de propiedad del suelo nunca podrá ser minorado por la legislación reguladora de la ordenación territorial y urbanística en un porcentaje superior al 50 por ciento de su valor, correspondiendo la diferencia a la Administración.

Artículo 50. *Régimen de la venta o sustitución forzosas.* 1. La venta o sustitución forzosas se iniciará de oficio o a instancia de interesado y se adjudicará mediante procedimiento con publicidad y concurrencia.

2. Dictada resolución declaratoria del incumplimiento y acordada la aplicación del régimen correspondiente, la Administración actuante remitirá al Registro de la Propiedad certificación del acto o actos correspondientes para su constancia por nota al margen de la última inscripción de dominio. La situación de ejecución subsidiaria, de expropiación por incumplimiento de la función social de la propiedad, la aplicación del régimen de venta o sustitución forzosas, o cualesquiera otras a las que quede sujeto el inmueble correspondiente, se consignará en las certificaciones registrales que se expidan.

3. Cuando el procedimiento determine la adjudicación por aplicación de la venta o sustitución forzosas, una vez resuelto el mismo, la Administración actuante expedirá certificación de dicha adjudicación, que será título inscribible en el Registro de la Propiedad, en el que se harán constar las condiciones y los plazos de cumplimiento del deber a que quede obligado el adquiriente, en calidad de resolutorias de la adquisición.

CAPÍTULO II. PATRIMONIOS PÚBLICOS DE SUELO

Artículo 51. *Noción y finalidad.* 1. Con la finalidad de regular el mercado de terrenos, obtener reservas de suelo para actuaciones de iniciativa pública y facilitar la ejecución de la ordenación territorial y urbanística, integran los patrimonios públicos de suelo los bienes, recursos y derechos que adquiera la Administración en virtud del deber a que se refiere la letra b) del apartado 1 del artículo 18, sin perjuicio de los demás que determine la legislación sobre ordenación territorial y urbanística.

2. Los bienes de los patrimonios públicos de suelo constituyen un patrimonio separado y los ingresos obtenidos mediante la enajenación de los terrenos que los integran o la sustitución por dinero a que se refiere la letra b) del apartado 1 del artículo 18, se destinarán a la conservación, administración y ampliación del mismo, siempre que sólo se financien gastos de capital y no se infrinja la legislación que les sea aplicable, o a los usos propios de su destino.

Artículo 52. *Destino.* 1. Los bienes y recursos que integran necesariamente los patrimonios públicos de suelo en virtud de lo dispuesto en el apartado 1 del artículo anterior, deberán ser destinados a la construcción de viviendas sujetas a algún régimen de protección pública, salvo lo dispuesto en el artículo 18.2 a). Podrán ser destinados también a otros usos de interés social, de acuerdo con lo que dispongan los instrumentos de ordenación urbanística, sólo cuando así lo prevea la legislación en la materia especificando los fines admisibles, que serán urbanísticos, de protección o mejora de espacios naturales o de los bienes inmuebles del patrimonio cultural, o de carácter socio-económico para atender las necesidades que requiera el carácter integrado de operaciones de regeneración urbana.

2. Los terrenos adquiridos por una Administración en virtud del deber a que se refiere la letra b) del apartado 1 del artículo 18, que estén destinados a la construcción de viviendas sujetas a algún régimen de protección pública que permita tasar su precio máximo de venta, alquiler u otras formas de acceso a la vivienda, no podrán ser adjudicados, ni en dicha transmisión ni en las sucesivas, por un precio superior al valor máximo de repercusión del suelo sobre el tipo de vivienda de que se trate, conforme a su legislación reguladora. En el expediente administrativo y en el acto o contrato de la enajenación se hará constar esta limitación.

3. Las limitaciones, obligaciones, plazos o condiciones de destino de las fincas integrantes de un patrimonio público de suelo que se hagan constar en las enajenaciones de dichas fincas son inscribibles en el Registro de la Propiedad, no obstante lo dispuesto en el artículo 27 de la Ley Hipotecaria y sin perjuicio de que su incumplimiento pueda dar lugar a la resolución de la enajenación.

4. El acceso al Registro de la Propiedad de las limitaciones, obligaciones, plazos o condiciones a que se refiere el apartado anterior produce los siguientes efectos:

a) Cuando se hayan configurado como causa de resolución, ésta se inscribirá en virtud, bien del consentimiento del adquirente, bien del acto unilateral de la Administración titular del patrimonio público de suelo del que proceda la finca enajenada, siempre que dicho acto no sea ya susceptible de recurso ordinario alguno, administrativo o judicial.

Sin perjuicio de la resolución del contrato, la Administración enajenante podrá interesar la práctica de anotación preventiva de la pretensión de resolución en la forma prevista por la legislación hipotecaria para las anotaciones preventivas derivadas de la iniciación de procedimiento de disciplina urbanística.

b) En otro caso, la mención registral producirá los efectos propios de las notas marginales de condiciones impuestas sobre determinadas fincas.

5. Excepcionalmente, los municipios que dispongan de un patrimonio público del suelo, podrán destinarlo a reducir la deuda comercial y financiera del Ayuntamiento, siempre que se cumplan todos los requisitos siguientes:

a) Haber aprobado el presupuesto de la Entidad Local del año en curso y liquidado los de los ejercicios anteriores.

b) Tener el Registro del patrimonio municipal del suelo correctamente actualizado.

c) Que el presupuesto municipal tenga correctamente contabilizadas las partidas del patrimonio municipal del suelo.

d) Que exista un Acuerdo del Pleno de la Corporación Local en el que se justifique que no es necesario dedicar esas cantidades a los fines propios del patrimonio público del suelo y que se van a destinar a la reducción de la deuda de la Corporación Local, indicando el modo en que se procederá a su devolución.

e) Que se haya obtenido la autorización previa del órgano que ejerza la tutela financiera.

El importe del que se disponga deberá ser repuesto por la Corporación Local, en un plazo máximo de diez años, de acuerdo con las anualidades y porcentajes fijados por Acuerdo del Pleno para la devolución al patrimonio municipal del suelo de las cantidades utilizadas.

Asimismo, los presupuestos de los ejercicios siguientes al de adopción del Acuerdo deberán recoger, con cargo a los ingresos corrientes, las anualidades citadas en el párrafo anterior.

CAPÍTULO III. DERECHO DE SUPERFICIE

Artículo 53. *Contenido, constitución y régimen.* 1. El derecho real de superficie atribuye al superficiario la facultad de realizar construcciones o edificaciones en la rasante y en el vuelo y el subsuelo de una finca ajena, manteniendo la propiedad temporal de las construcciones o edificaciones realizadas.

También puede constituirse dicho derecho sobre construcciones o edificaciones ya realizadas o sobre viviendas, locales o elementos privativos de construcciones o edificaciones, atribuyendo al superficiario la propiedad temporal de las mismas, sin perjuicio de la propiedad separada del titular del suelo.

2. Para que el derecho de superficie quede válidamente constituido se requiere su formalización en escritura pública y la inscripción de ésta en el Registro de la Propiedad. En la escritura deberá fijarse necesariamente el plazo de duración del derecho de superficie, que no podrá exceder de noventa y nueve años.

El derecho de superficie sólo puede ser constituido por el propietario del suelo, sea público o privado.

3. El derecho de superficie puede constituirse a título oneroso o gratuito. En el primer caso, la contraprestación del superficiario podrá consistir en el pago de una suma alzada o de un canon periódico, o en la adjudicación de viviendas o locales o derechos de arrendamiento de unos u otros a favor del propietario del suelo, o en varias de estas modalidades a la vez, sin perjuicio de la reversión total de lo edificado al finalizar el plazo pactado al constituir el derecho de superficie.

4. El derecho de superficie se rige por las disposiciones de este capítulo, por la legislación civil en lo no previsto por él y por el título constitutivo del derecho.

Artículo 54. *Transmisión, gravamen y extinción.* 1. El derecho de superficie es susceptible de transmisión y gravamen con las limitaciones fijadas al constituirlo.

2. Cuando las características de la construcción o edificación lo permitan, el superficiario podrá constituir la propiedad superficiaria en régimen de propiedad horizontal con separación del terreno correspondiente al propietario, y podrá transmitir y gravar como fincas independientes las viviendas, los locales y los elementos privativos de la propiedad horizontal, durante el plazo del derecho de superficie, sin necesidad del consentimiento del propietario del suelo.

3. En la constitución del derecho de superficie se podrán incluir cláusulas y pactos relativos a derechos de tanteo, retracto y retroventa a favor del propietario del suelo, para los casos de las transmisiones del derecho o de los elementos a que se refieren, respectivamente, los dos apartados anteriores.

4. El propietario del suelo podrá transmitir y gravar su derecho con separación del derecho del superficiario y sin necesidad de consentimiento de éste. El subsuelo corresponderá al propietario del suelo y será objeto de transmisión y gravamen juntamente con éste, salvo que haya sido incluido en el derecho de superficie.

5. El derecho de superficie se extingue si no se edifica de conformidad con la ordenación territorial y urbanística en el plazo previsto en el título de constitución y, en todo caso, por el transcurso del plazo de duración del derecho.

A la extinción del derecho de superficie por el transcurso de su plazo de duración, el propietario del suelo hace suya la propiedad de lo edificado, sin que deba satisfacer indemnización alguna cualquiera que sea el título en virtud del cual se hubiera constituido el derecho. No obstante, podrán pactarse normas sobre la liquidación del régimen del derecho de superficie.

La extinción del derecho de superficie por el transcurso de su plazo de duración determina la de toda clase de derechos reales o personales impuestos por el superficiario.

Si por cualquier otra causa se reunieran los derechos de propiedad del suelo y los del superficiario, las cargas que recayeren sobre uno y otro derecho continuarán gravándolos separadamente hasta el transcurso del plazo del derecho de superficie.

TÍTULO VIII. RÉGIMEN JURÍDICO

CAPÍTULO I. ACTUACIONES ILEGALES Y CON EL MINISTERIO FISCAL

Artículo 55. *Actos nulos de pleno derecho.* Serán nulos de pleno derecho los actos administrativos de intervención que se dicten con infracción de la ordenación de las zonas verdes o espacios libres previstos en los instrumentos de ordenación urbanística. Mientras las obras estén en curso de ejecución, se procederá a la suspensión de los efectos del acto administrativo legitimador y a la adopción de las demás medidas que procedan. Si las obras estuvieren terminadas, se procederá a su revisión de oficio por los trámites previstos en la legislación de procedimiento administrativo común.

Artículo 56. *Infracciones constitutivas de delito.* Cuando con ocasión de los expedientes administrativos que se instruyan por infracción urbanística o contra la ordenación del territorio aparezcan indicios del carácter de delito del propio hecho que motivó su incoación, el órgano competente para imponer la sanción lo pondrá en conocimiento del Ministerio Fiscal, a los efectos de exigencia de las responsabilidades de orden penal en que hayan podido incurrir los infractores, absteniéndose aquél de proseguir el procedimiento sancionador mientras la autoridad judicial no se haya pronunciado. La sanción penal excluirá la imposición de sanción administrativa sin perjuicio de la adopción de medidas de reposición a la situación anterior a la comisión de la infracción.

CAPÍTULO II. PETICIONES, ACTOS Y ACUERDOS

Artículo 57. *Peticiones.* Las entidades locales y organismos urbanísticos habrán de resolver las peticiones fundadas que se les dirijan.

Artículo 58. *Administración demandada en subrogación.* Las decisiones que adoptaren los órganos autonómicos mediante subrogación se considerarán como actos del Ayuntamiento titular, a los solos efectos de los recursos admisibles.

Artículo 59. *Ejecución forzosa y vía de apremio.* 1. Los Ayuntamientos podrán utilizar la ejecución forzosa y la vía de apremio para exigir el cumplimiento de sus deberes a los propietarios, individuales o asociados, y a los promotores de actuaciones de transformación urbanística.

2. Los procedimientos de ejecución y apremio se dirigirán ante todo contra los bienes de las personas que no hubieren cumplido sus obligaciones, y sólo en caso de insolvencia, frente a la asociación administrativa de propietarios.

3. También podrán ejercer las mismas facultades, a solicitud de la asociación, contra los propietarios que incumplieren los compromisos contraídos con ella.

Artículo 60. *Revisión de oficio.* Las entidades locales podrán revisar de oficio sus actos y acuerdos en materia de urbanismo con arreglo a lo dispuesto en la legislación de régimen jurídico de las Administraciones Públicas.

CAPÍTULO III. ACCIONES Y RECURSOS

Artículo 61. *Carácter de los actos y convenios regulados en la legislación urbanística.* Tendrán carácter jurídico administrativo todas las cuestiones que se suscitaren con ocasión o como consecuencia de los actos y convenios regulados en la legislación urbanística aplicable entre los órganos competentes de las Administraciones Públicas y los propietarios, individuales o asociados, o promotores de actuaciones de transformación urbanística, incluso las relativas a cesiones de terrenos para urbanizar o edificar.

Artículo 62. *Acción pública.* 1. Será pública la acción para exigir ante los órganos administrativos y los Tribunales Contencioso-Administrativos la observancia de la legislación y demás instrumentos de ordenación territorial y urbanística.

2. Si dicha acción está motivada por la ejecución de obras que se consideren ilegales, podrá ejercitarse durante la ejecución de las mismas y hasta el transcurso de los plazos establecidos para la adopción de las medidas de protección de la legalidad urbanística.

Artículo 63. *Acción ante Tribunales ordinarios.* Los propietarios y titulares de derechos reales, además de lo previsto en el artículo anterior, podrán exigir ante los tribunales ordinarios la demolición de las obras e instalaciones que vulneren lo dispuesto respecto a la distancia entre construcciones, pozos, cisternas, o fosas, comunidad de elementos constructivos u otros urbanos, así como las disposiciones relativas a usos incómodos, insalubres o peligrosos que estuvieren directamente encaminadas a tutelar el uso de las demás fincas.

Artículo 64. *Recurso contencioso-administrativo.* 1. Los actos de las entidades locales, cualquiera que sea su objeto, que pongan fin a la vía administrativa serán recurribles directamente ante la jurisdicción contencioso-administrativa.

2. Los actos de aprobación definitiva de los instrumentos de ordenación territorial y de los de ordenación y ejecución urbanísticas, sin perjuicio de los recursos administrativos que puedan proceder, podrán ser impugnados ante la jurisdicción contencioso-administrativa, en los términos prevenidos por su legislación reguladora.

CAPÍTULO IV. REGISTRO DE LA PROPIEDAD

Artículo 65. *Actos inscribibles.* 1. Serán inscribibles en el Registro de la Propiedad:

a) Los actos firmes de aprobación de los expedientes de ejecución de la ordenación urbanística en cuanto supongan la modificación de las fincas registrales afectadas por el instrumento de ordenación, la atribución del dominio o de otros derechos reales sobre las mismas o el establecimiento de garantías reales de la obligación de ejecución o de conservación de la urbanización y de las edificaciones.

b) Las cesiones de terrenos con carácter obligatorio en los casos previstos por las leyes o como consecuencia de transferencias de aprovechamiento urbanístico.

c) La incoación de expediente sobre disciplina urbanística o restauración de la legalidad urbanística, o de aquéllos que tengan por objeto el apremio administrativo para garantizar, tanto el cumplimiento de las sanciones impuestas, como de las resoluciones para restablecer el orden urbanístico infringido.

d) Las condiciones especiales a que se sujeten los actos de conformidad, aprobación o autorización administrativa, en los términos previstos por las leyes.

e) Los actos de transferencia y gravamen del aprovechamiento urbanístico.

f) La interposición de recurso contencioso-administrativo que pretenda la anulación de instrumentos de ordenación urbanística, de ejecución, o de actos administrativos de intervención.

g) Los actos administrativos y las sentencias, en ambos casos firmes, en que se declare la anulación a que se refiere la letra anterior, cuando se concreten en fincas determinadas y haya participado su titular en el procedimiento.

h) Cualquier otro acto administrativo que, en desarrollo de los instrumentos de ordenación o ejecución urbanísticos modifique, desde luego o en el futuro, el dominio o cualquier otro derecho real sobre fincas determinadas o la descripción de éstas.

2. En todo caso, en la incoación de expedientes de disciplina urbanística que afecten a actuaciones por virtud de las cuales se lleve a cabo la creación de nuevas fincas registrales por vía de parcelación, reparcelación en cualquiera de sus modalidades, declaración de obra nueva o constitución de régimen de propiedad horizontal, la Administración estará obligada a acordar la práctica en el Registro de la Propiedad de la anotación preventiva a que se refiere el artículo 67.2.

La omisión de la resolución por la que se acuerde la práctica de esta anotación preventiva dará lugar a la responsabilidad de la Administración competente en el caso de que se produzcan perjuicios económicos al adquirente de buena fe de la finca afectada por el expediente. En tal caso, la citada Administración deberá indemnizar al adquirente de buena fe los daños y perjuicios causados.

3. Inscrita la parcelación o reparcelación de fincas, la declaración de nuevas construcciones o la constitución de regímenes de propiedad horizontal, o inscritos, en su caso, los conjuntos inmobiliarios, el Registrador de la Propiedad notificará a la comunidad autónoma competente la realización de las inscripciones correspondientes, con los datos resultantes del Registro. A la comunicación, de la que se dejará constancia por nota al margen de las inscripciones correspondientes, se acompañará certificación de las operaciones realizadas y de la autorización administrativa que se incorpore o acompañe al título inscrito.

Artículo 66. *Certificación administrativa.* Salvo en los casos que la legislación establezca otra cosa, los actos a que se refiere el artículo anterior podrán inscribirse en el Registro de la Propiedad mediante certificación administrativa expedida por órgano urbanístico actuante, en la que se harán constar en la forma exigida por la legislación hipotecaria las circunstancias relativas a las personas, los derechos y las fincas a que afecte el acuerdo.

Artículo 67. *Clases de asientos.* 1. Se harán constar mediante inscripción los actos y acuerdos a que se refieren las letras a), b), g) y h) del apartado 1 del artículo 65, así como la superficie ocupada a favor de la Administración, por tratarse de terrenos destinados a dotaciones públicas por la ordenación territorial y urbanística.

2. Se harán constar mediante anotación preventiva los actos de las letras c) y f) del apartado 1 y el apartado 2 del artículo 65, que se practicará sobre la finca en la que recaiga el correspondiente expediente. Tales anotaciones caducarán a los cuatro años y podrán ser prorrogadas a instancia del órgano urbanístico actuante o resolución del órgano jurisdiccional, respectivamente.

3. Se harán constar mediante nota marginal los demás actos y acuerdos a que se refiere el artículo 65. Salvo que otra cosa se establezca expresamente, las notas marginales tendrán vigencia indefinida, pero no producirán otro efecto que dar a conocer la situación urbanística en el momento a que se refiere el título que las originara.

Artículo 68. *Expedientes de distribución de beneficios y cargas.* 1. La iniciación del expediente de distribución de beneficios y cargas que corresponda o la afección de los terrenos comprendidos en una actuación de transformación urbanística al cumplimiento de las obligaciones inherentes a la forma de gestión que proceda, se harán constar en el Registro por nota al margen de la última inscripción de dominio de las fincas correspondientes.

2. La nota marginal tendrá una duración de tres años y podrá ser prorrogada por otros tres años a instancia del órgano o agrupación de interés urbanístico que hubiera solicitado su práctica.

3. La inscripción de los títulos de distribución de beneficios y cargas podrá llevarse a cabo, bien mediante la cancelación directa de las inscripciones y demás asientos vigentes de las fincas originarias, con referencia al folio registral de las fincas resultantes del proyecto, bien mediante agrupación previa de la totalidad de la superficie comprendida en la actuación de transformación urbanística y su división en todas y cada una de las fincas resultantes de las operaciones de distribución.

4. Tomada la nota a la que se refiere el apartado 1, se producirán los siguientes efectos:

a) Si el título adjudicare la finca resultante al titular registral de la finca originaria, la inscripción se practicará a favor de éste.

b) Si el título atribuyere la finca resultante al titular registral de la finca originaria según el contenido de la certificación que motivó la práctica de la nota, la inscripción se practicará a favor de dicho titular y se cancelarán simultáneamente las inscripciones de dominio o de derechos reales sobre la finca originaria que se hubieren practicado con posterioridad a la fecha de la nota.

c) En el caso a que se refiere la letra anterior, se hará constar al margen de la inscripción o inscripciones de las fincas de resultado, la existencia de los asientos posteriores que han sido objeto de cancelación, el título que los motivó y su respectiva fecha.

d) Para la práctica de la inscripción de la finca o fincas de resultado a favor de los adquirentes de la finca originaria bastará la presentación del título que motivó la práctica de asientos cancelados posteriores a la nota, con la rectificación que corresponda y en la que se hagan constar las circunstancias y descripción de la finca o fincas resultantes del proyecto, así como el consentimiento para tal rectificación del titular registral y de los titulares de los derechos cancelados conforme a la letra b). Mientras no se lleve a cabo la expresada rectificación, no podrá practicarse ningún asiento sobre las fincas objeto de la nota marginal a que se refiere la letra c).

5. El título en cuya virtud se inscribe el proyecto de distribución de beneficios y cargas será suficiente para la modificación de entidades hipotecarias, rectificación de descripciones registrales, inmatriculación de fincas o de excesos de cabida, reanudación del tracto sucesivo, y para la cancelación de derechos reales incompatibles, en la forma que reglamentariamente se determine.

DISPOSICIONES ADICIONALES

Primera. *Sistema de información urbana y demás información al servicio de las políticas públicas para un medio urbano sostenible.* 1. Con el fin de promover la transparencia y para asegurar la obtención, actualización permanente y explotación de la información necesaria para el desarrollo de las políticas y las acciones que le competan, la Administración General del Estado, en colaboración con las comunidades autónomas, definirá y promoverá la aplicación de aquellos criterios y principios básicos que posibiliten, desde la coordinación y complementación con las administraciones competentes en la materia, la formación y actualización permanente de un sistema público general e integrado de información sobre suelo, urbanismo y edificación, comprensivo, al menos, de los siguientes instrumentos:

a) Censos de construcciones, edificios, viviendas y locales desocupados y de los precisados de mejora o rehabilitación. Los Informes de Evaluación de los Edificios regulados en los artículos 29 y 30 servirán para nutrir dichos censos, en relación con las necesidades de rehabilitación.

b) Mapas de ámbitos urbanos deteriorados, obsoletos, desfavorecidos o en dificultades, precisados de regeneración y renovación urbanas, o de actuaciones de rehabilitación edificatoria.

c) Un sistema público general e integrado de información sobre suelo y urbanismo, a través del cual los ciudadanos tendrán derecho a obtener por medios electrónicos toda la información urbanística proveniente de las distintas Administraciones, respecto a la ordenación del territorio llevada a cabo por las mismas.

2. Se procurará, asimismo, la compatibilidad y coordinación del sistema público de información referido en al apartado anterior con el resto de sistemas de información y, en particular, con el Catastro Inmobiliario.

Segunda. *Bienes afectados a la Defensa Nacional, al Ministerio de Defensa o al uso de las fuerzas armadas.* 1. Los instrumentos de ordenación territorial y urbanística, cualquiera que sea su clase y denominación, que incidan sobre terrenos, edificaciones e instalaciones, incluidas sus zonas de protección, afectos a la Defensa Nacional deberán ser sometidos, respecto de esta incidencia, a informe vinculante de la Administración General del Estado con carácter previo a su aprobación.

2. No obstante lo dispuesto en esta ley, los bienes afectados al Ministerio de Defensa o al uso de las Fuerzas Armadas y los puestos a disposición de los organismos públicos que dependan de aquél, están vinculados a los fines previstos en su legislación especial.

Tercera. *Potestades de ordenación urbanística en Ceuta y Melilla.* Las ciudades de Ceuta y Melilla ejercerán sus potestades normativas reglamentarias en el marco de lo establecido por las respectivas leyes orgánicas por las que se aprueban sus estatutos de autonomía, esta ley y las demás normas que el Estado promulgue al efecto.

En todo caso, corresponderá a la Administración General del Estado la aprobación definitiva del Plan General de Ordenación Urbana de estas ciudades y de sus revisiones, así como de sus modificaciones que afecten a las determinaciones de carácter general, a los elementos fundamentales de la estructura general y orgánica del territorio o a las determinaciones a que se refiere el apartado séptimo de la disposición final segunda.

La aprobación definitiva de los Planes Especiales no previstos en el Plan General, y de sus modificaciones, así como de las modificaciones del Plan General no comprendidas en el párrafo anterior, corresponderá a los órganos competentes de las ciudades de Ceuta y Melilla, previo informe preceptivo de la Administración General del Estado, el cual será vinculante en lo relativo a cuestiones de legalidad o a la afectación a intereses generales de competencia estatal, deberá emitirse en el plazo de tres meses y se entenderá favorable si no se emitiera en dicho plazo.

Cuarta. *Gestión de suelos del patrimonio del Estado.* 1. Será aplicable a los bienes inmuebles del patrimonio del Estado lo dispuesto en el artículo 52 de esta ley sobre el acceso al Registro de la Propiedad de las limitaciones, obligaciones, plazos o condiciones de destino en las enajenaciones de fincas destinadas a la construcción de viviendas sujetas a algún régimen de protección pública que permita tasar su precio máximo de venta o alquiler.

2. Se añade un nuevo artículo 190 bis en la Ley 33/2003, de 3 de noviembre, del Patrimonio de las Administraciones Públicas, con la siguiente redacción:

«Artículo 190 bis. Régimen urbanístico de los inmuebles afectados.

Cuando los instrumentos de ordenación territorial y urbanística incluyan en el ámbito de las actuaciones de urbanización o adscriban a ellas terrenos afectados o destinados a usos o servicios públicos de competencia estatal, la Administración General del Estado o los organismos públicos titulares de los mismos que los hayan adquirido por expropiación u otra forma onerosa participarán en la equidistribución de beneficios y cargas en los términos que establezca la legislación sobre ordenación territorial y urbanística.»

3. Se modifica el apartado 5 de la disposición final segunda de la Ley 33/2003, de 3 de noviembre, del Patrimonio de las Administraciones Públicas, que queda redactado en los siguientes términos:

«5. Tienen el carácter de la legislación básica, de acuerdo con lo preceptuado en el artículo 149.1.18.ª de la Constitución, las siguientes disposiciones de esta Ley: artículo 1; artículo 2; artículo 3; artículo 6; artículo 8, apartado 1; artículo 27; artículo 28; artículo 29, apartado 2; artículo 32, apartados 1 y 4; artículo 36, apartado 1; artículo 41; artículo 42; artículo 44; artículo 45; artículo 50; artículo 55; artículo 58; artículo 61; artículo 62; artículo 84; artículo 91, apartado 4; artículo 92, apartados 1, 2, y 4; artículo 93, apartados 1, 2, 3 y 4; artículo 94; artículo 97; artículo 98; artículo 100; artículo 101, apartados 1, 3 y 4; artículo 102, apartados 2 y 3; artículo 103, apartados 1 y 3; artículo 106, apartado 1; artículo 107, apartado 1; artículo 109, apartado 3; artículo 121, apartado 4; artículo 183; artículo 184; artículo 189; artículo 190; artículo 190 bis; artículo 191; disposición transitoria primera, apartado 1; disposición transitoria quinta.»

4. Se añade una letra e) al apartado 2 del artículo 71 de la Ley 50/1998, de 30 de diciembre, de Medidas Fiscales, Administrativas y del Orden Social, con la siguiente redacción:

«e) Coadyuvar, con la gestión de los bienes inmuebles que sean puestos a su disposición, al desarrollo y ejecución de las distintas políticas públicas en vigor y, en particular, de la política de vivienda, en colaboración con las Administraciones competentes. A tal efecto, podrá suscribir con dichas Administraciones convenios, protocolos o acuerdos tendentes a favorecer la construcción de viviendas sujetas a algún régimen de protección que permita tasar su precio máximo en venta, alquiler u otras formas de acceso a la vivienda. Dichos acuerdos deberán ser autorizados por el Consejo Rector.»

5. Se añade un ordinal 7.ª en el apartado 2 del artículo 53 de la Ley 14/2000, de 29 de diciembre, de Medidas Fiscales, Administrativas y del Orden Social, con la siguiente redacción:

«7.ª Coadyuvar, con la gestión de los bienes inmuebles que sean puestos a su disposición, al desarrollo y ejecución de las distintas políticas públicas en vigor y, en particular, de la política de vivienda, en colaboración con las Administraciones competentes. A tal efecto, podrá suscribir con dichas Administraciones convenios, protocolos o acuerdos tendentes a favorecer la construcción de viviendas sujetas a algún régimen de protección que permita tasar su precio máximo en venta, alquiler u otras formas de acceso a la vivienda.»

Quinta. *Modificación del artículo 43 de la Ley de Expropiación Forzosa de 16 de diciembre de 1954.* Se modifica el apartado 2 del artículo 43 de la Ley de Expropiación Forzosa de 16 de diciembre de 1954, que queda redactado en los términos siguientes:

«2. El régimen estimativo a que se refiere el párrafo anterior:

a) No será en ningún caso de aplicación a las expropiaciones de bienes inmuebles, para la fijación de cuyo justiprecio se estará exclusivamente al sistema de valoración previsto en la ley que regule la valoración del suelo.

b) Solo será de aplicación a las expropiaciones de bienes muebles cuando éstos no tengan criterio particular de valoración señalado por leyes especiales.»

Sexta. *Suelos forestales incendiados.* 1. Los terrenos forestales incendiados se mantendrán en la situación de suelo rural a los efectos de esta ley y estarán destinados al uso forestal, al menos durante el plazo previsto en el artículo 50 de la Ley de Montes, con las excepciones en ella previstas.

2. La Administración forestal deberá comunicar al Registro de la Propiedad esta circunstancia, que será inscribible conforme a lo dispuesto por la legislación hipotecaria.

3. Será título para la inscripción la certificación emitida por la Administración forestal, que contendrá los datos catastrales identificadores de la finca o fincas de que se trate y se presentará acompañada del plano topográfico de los terrenos forestales incendiados, a escala apropiada.

La constancia de la certificación se hará mediante nota marginal que tendrá duración hasta el vencimiento del plazo a que se refiere el apartado primero. El plano topográfico se archivará conforme a lo previsto por el artículo 51.4 del Reglamento Hipotecario, pudiendo acompañarse copia del mismo en soporte magnético u óptico.

Séptima. *Reglas para la capitalización de rentas en suelo rural.* 1. Para la capitalización de la renta anual real o potencial de la explotación a que se refiere el apartado 1 del artículo 36, se utilizará como tipo de capitalización el valor promedio de los datos anuales publicados por el Banco de España de la rentabilidad de las Obligaciones del Estado a 30 años, correspondientes a los tres años anteriores a la fecha a la que deba entenderse referida la valoración.

2. Este tipo de capitalización podrá ser corregido aplicando a la referencia indicada en el apartado anterior un coeficiente corrector en función del tipo de cultivo, explotación o aprovechamiento del suelo, cuando el resultado de las valoraciones se aleje de forma significativa respecto de los precios de mercado del suelo rural sin expectativas urbanísticas.

Los términos de dicha corrección se determinarán reglamentariamente.

Octava. *Participación del Estado en la ordenación territorial y urbanística.* La Administración General del Estado podrá participar en los procedimientos de ordenación territorial y urbanística en la forma que determine la legislación en la materia. Cuando así lo prevea esta legislación, podrán participar representantes de la Administración General del Estado, designados por ella, en los órganos colegiados de carácter supramunicipal que tengan atribuidas competencias de aprobación de instrumentos de ordenación territorial y urbanística.

Novena. *Modificación de la Ley Reguladora de las Bases del Régimen Local.* Se modifican los siguientes artículos y apartados de la Ley 7/1985, de 2 de abril, reguladora de las bases del Régimen Local, que quedan redactados en los términos siguientes:

1. Modificación del artículo 22.2.

«Corresponden, en todo caso, al Pleno municipal en los Ayuntamientos, y a la Asamblea vecinal en el régimen de Concejo Abierto, las siguientes atribuciones:

(...)

c) La aprobación inicial del planeamiento general y la aprobación que ponga fin a la tramitación municipal de los planes y demás instrumentos de ordenación previstos en la legislación urbanística, así como los convenios que tengan por objeto la alteración de cualesquiera de dichos instrumentos.

(...)

2. Adición de un nuevo artículo 70 ter.

«1. Las Administraciones públicas con competencias de ordenación territorial y urbanística deberán tener a disposición de los ciudadanos o ciudadanas que lo soliciten, copias completas de los instrumentos de ordenación territorial y urbanística vigentes en su ámbito territorial, de los documentos de gestión y de los convenios urbanísticos.

2. Las Administraciones públicas con competencias en la materia, publicarán por medios telemáticos el contenido actualizado de los instrumentos de ordenación territorial y urbanística en vigor, del anuncio de su sometimiento a información pública y de cualesquiera actos de tramitación que sean relevantes para su aprobación o alteración.

En los municipios menores de 5.000 habitantes, esta publicación podrá realizarse a través de los entes supramunicipales que tengan atribuida la función de asistencia y cooperación técnica con ellos, que deberán prestarles dicha cooperación.

3. Cuando una alteración de la ordenación urbanística, que no se efectúe en el marco de un ejercicio pleno de la potestad de ordenación, incremente la edificabilidad o la densidad o modifique los usos del suelo, deberá hacerse constar en el expediente la identidad de todos los propietarios o titulares de otros derechos reales sobre las fincas afectadas durante los cinco años anteriores a su iniciación, según conste en el registro o instrumento utilizado a efectos de notificaciones a los interesados de conformidad con la legislación en la materia.»

3. Modificación del artículo 75.7.

«Los representantes locales, así como los miembros no electos de la Junta de Gobierno Local, formularán declaración sobre causas de posible incompatibilidad y sobre cualquier actividad que les proporcione o pueda proporcionar ingresos económicos.

Formularán asimismo declaración de sus bienes patrimoniales y de la participación en sociedades de todo tipo, con información de las sociedades por ellas participadas y de las autoliquidaciones de los impuestos sobre la Renta, Patrimonio y, en su caso, Sociedades.

Tales declaraciones, efectuadas en los modelos aprobados por los plenos respectivos, se llevarán a cabo antes de la toma de posesión, con ocasión del cese y al final del mandato, así como cuando se modifiquen las circunstancias de hecho.

Las declaraciones anuales de bienes y actividades serán publicadas con carácter anual, y en todo caso en el momento de la finalización del mandato, en los términos que fije el Estatuto municipal.

Tales declaraciones se inscribirán en los siguientes Registros de intereses, que tendrán carácter público:

a) La declaración sobre causas de posible incompatibilidad y actividades que proporcionen o puedan proporcionar ingresos económicos, se inscribirá, en el Registro de Actividades constituido en cada Entidad local.

b) La declaración sobre bienes y derechos patrimoniales se inscribirá en el Registro de Bienes Patrimoniales de cada Entidad local, en los términos que establezca su respectivo estatuto.

Los representantes locales y miembros no electos de la Junta de Gobierno Local respecto a los que, en virtud de su cargo, resulte amenazada su seguridad personal o la de sus bienes o negocios, la de sus familiares, socios, empleados o personas con quienes tuvieran relación económica o profesional podrán realizar la declaración de sus bienes y derechos patrimoniales ante el Secretario o la Secretaria de la Diputación Provincial o, en su caso, ante el órgano competente de la Comunidad Autónoma correspondiente. Tales declaraciones se inscribirán en el Registro Especial de Bienes Patrimoniales, creado a estos efectos en aquellas instituciones.

En este supuesto, aportarán al Secretario o Secretaria de su respectiva entidad mera certificación simple y sucinta, acreditativa de haber cumplimentado sus declaraciones, y que éstas están inscritas en el Registro Especial de Intereses a que se refiere el párrafo anterior, que sea expedida por el funcionario encargado del mismo.»

4. Inclusión de un nuevo apartado 8 en el artículo 75.

«8. Durante los dos años siguientes a la finalización de su mandato, a los representantes locales a que se refiere el apartado primero de este artículo que hayan ostentado responsabilidades ejecutivas en las diferentes áreas en que se organice el gobierno local, les serán de aplicación en el ámbito territorial de su competencia las limitaciones al ejercicio de actividades privadas establecidas en el artículo 15 de la Ley 3/2015, de 30 de marzo, reguladora del ejercicio del alto cargo de la Administración General del Estado.

A estos efectos, los Ayuntamientos podrán contemplar una compensación económica durante ese periodo para aquéllos que, como consecuencia del régimen de incompatibilidades, no puedan desempeñar su actividad profesional, ni perciban retribuciones económicas por otras actividades.»

5. Inclusión de una nueva disposición adicional decimoquinta. «Régimen de incompatibilidades y declaraciones de actividades y bienes de los Directivos locales y otro personal al servicio de las Entidades locales».

«1. Los titulares de los órganos directivos quedan sometidos al régimen de incompatibilidades establecido en la Ley 53/1984, de 26 de diciembre, de Incompatibilidades del Personal al Servicio de las Administraciones Públicas, y en otras normas estatales o autonómicas que resulten de aplicación.

No obstante, les serán de aplicación las limitaciones al ejercicio de actividades privadas establecidas en el artículo 15 de la Ley 3/2015, de 30 de marzo, reguladora del ejercicio del alto cargo de la Administración General del Estado, en los términos en que establece el artículo 75.8 de esta Ley.

A estos efectos, tendrán la consideración de personal directivo los titulares de órganos que ejerzan funciones de gestión o ejecución de carácter superior, ajustándose a las directrices generales fijadas por el órgano de gobierno de la Corporación, adoptando al efecto las decisiones oportunas y disponiendo para ello de un margen de autonomía, dentro de esas directrices generales.

2. El régimen previsto en el artículo 75.7 de esta Ley será de aplicación al personal directivo local y a los funcionarios de las Corporaciones Locales con habilitación de carácter estatal que, conforme a lo previsto en el artículo 5.2 de la disposición adicional segunda de la Ley 7/2007, de 12 de abril, del Estatuto Básico del Empleado Público, desempeñen en las Entidades locales puestos que hayan sido provistos mediante libre designación en atención al carácter directivo de sus funciones o a la especial responsabilidad que asuman.»

Décima. *Actos promovidos por la Administración General del Estado.* 1. Cuando la Administración General del Estado o sus Organismos Públicos promuevan actos sujetos a intervención municipal previa y razones de urgencia o excepcional interés público lo exijan, el Ministro competente por razón de la materia podrá acordar la remisión al Ayuntamiento correspondiente del proyecto de que se trate, para que en el plazo de un mes notifique la conformidad o disconformidad del mismo con la ordenación urbanística en vigor.

En caso de disconformidad, el expediente se remitirá por el Departamento interesado al titular del Ministerio competente en materia de suelo y vivienda, quien lo elevará al Consejo de Ministros, previo informe del órgano competente de la comunidad autónoma, que se deberá emitir en el plazo de un mes. El Consejo de Ministros decidirá si procede ejecutar el proyecto, y en este caso, ordenará la iniciación del procedimiento de alteración de la ordenación urbanística que proceda, conforme a la tramitación establecida en la legislación reguladora.

2. El Ayuntamiento podrá en todo caso acordar la suspensión de las obras a que se refiere el apartado 1 de este artículo cuando se pretendiesen llevar a cabo en ausencia o en contradicción con la notificación, de conformidad con la ordenación urbanística y antes de la decisión de ejecutar la obra adoptada por el Consejo de Ministros, comunicando dicha suspensión al órgano redactor del proyecto y al Ministro competente en materia de suelo y vivienda, a los efectos prevenidos en el mismo.

3. Se exceptúan de esta facultad las obras que afecten directamente a la defensa nacional, para cuya suspensión deberá mediar acuerdo del Consejo de Ministros, a propuesta del Ministro competente en materia de suelo y vivienda, previa solicitud del Ayuntamiento competente e informe del Ministerio de Defensa.

Undécima. *Catastro inmobiliario.* Lo dispuesto en esta ley se entiende sin perjuicio de lo previsto en el texto refundido de la Ley del Catastro Inmobiliario, aprobado por el Real Decreto Legislativo 1/2004, de 5 de marzo, en particular en lo que se refiere a la utilización de la referencia catastral, la incorporación de la certificación catastral descriptiva y gráfica y las obligaciones de comunicación, colaboración y suministro de información previstas por la normativa catastral.

Duodécima. *Infracciones en materia de certificación de la eficiencia energética de los edificios.* 1. Constituyen infracciones administrativas en materia de certificación de eficiencia energética de los edificios las acciones u omisiones tipificadas y sancionadas en esta disposición y en la disposición adicional siguiente, sin perjuicio de otras responsabilidades civiles, penales o de otro orden que puedan concurrir.

2. Las infracciones en materia de certificación energética de los edificios se clasifican en muy graves, graves y leves.

3. Constituyen infracciones muy graves en el ámbito de la certificación energética de los edificios:

a) Falsear la información en la expedición o registro de certificados de eficiencia energética.

b) Actuar como técnico certificador sin reunir los requisitos legalmente exigidos para serlo.

c) Actuar como agente independiente autorizado para el control de la certificación de la eficiencia energética de los edificios sin contar con la debida habilitación otorgada por el órgano competente.

d) Publicitar en la venta o alquiler de edificios o parte de edificios, una calificación de eficiencia energética que no esté respaldada por un certificado en vigor debidamente registrado.

e) Igualmente, serán infracciones muy graves las infracciones graves previstas en el apartado 4, cuando durante los tres años anteriores a su comisión hubiera sido impuesta al infractor una sanción firme por el mismo tipo de infracción.

4. Constituyen infracciones graves:

a) Incumplir las condiciones establecidas en la metodología de cálculo del procedimiento básico para la certificación de la eficiencia energética de los edificios.

b) Incumplir la obligación de presentar el certificado de eficiencia energética ante el órgano competente de la Comunidad Autónoma en materia de certificación energética de donde se ubique el edificio, para su registro.

c) No incorporar el certificado de eficiencia energética de proyecto en el proyecto de ejecución del edificio.

d) Exhibir una etiqueta que no se corresponda con el certificado de eficiencia energética válidamente emitido, registrado y en vigor.

e) Vender o alquilar un inmueble sin que el vendedor o arrendador entregue el certificado de eficiencia energética, válido, registrado y en vigor, al comprador o arrendatario.

f) Igualmente, serán infracciones graves las infracciones leves previstas en el apartado 5, cuando durante el año anterior a su comisión hubiera sido impuesta al infractor una sanción firme por el mismo tipo de infracción.

5. Constituyen infracciones leves:

a) Publicitar la venta o alquiler de edificios o unidades de edificios que deban disponer de certificado de eficiencia energética sin hacer mención a su calificación de eficiencia energética.

b) No exhibir la etiqueta de eficiencia energética en los supuestos en que resulte obligatorio.

c) La expedición de certificados de eficiencia energética que no incluyan la información mínima exigida.

d) Incumplir las obligaciones de renovación o actualización de certificados de eficiencia energética.

e) No incorporar el certificado de eficiencia energética del edificio terminado en el Libro del edificio.

f) La exhibición de etiqueta de eficiencia energética sin el formato y contenido mínimo legalmente establecidos.

g) Publicitar la calificación obtenida en la certificación de eficiencia energética del proyecto, cuando ya se dispone del certificado de eficiencia energética del edificio terminado.

h) Cualesquiera acciones u omisiones que vulneren lo establecido en materia de certificación de eficiencia energética cuando no estén tipificadas como infracciones graves o muy graves.

6. Serán sujetos responsables de las infracciones tipificadas en esta disposición, las personas físicas o jurídicas y las comunidades de bienes que las cometan, aún a título de simple inobservancia.

7. La instrucción y resolución de los expediente sancionadores que se incoen corresponderá a los órganos competentes de las comunidades autónomas.

Décimo tercera. *Sanciones en materia de certificación energética de edificios y graduación.* 1. Las infracciones tipificadas en la disposición adicional décimo segunda serán sancionadas de la forma siguiente:

a) Las infracciones leves, con multa de 300 a 600 euros.

b) Las infracciones graves, con multa de 601 a 1.000 euros.

c) Las infracciones muy graves, con multa de 1.001 a 6.000 euros.

2. No obstante lo anterior, en los casos en que el beneficio que el infractor haya obtenido por la comisión de la infracción fuese superior al importe de las sanciones en cada caso señaladas en el apartado precedente, la sanción se impondrá por un importe equivalente al del beneficio así obtenido.

En la graduación de la sanción se tendrá en cuenta el daño producido, el enriquecimiento obtenido injustamente y la concurrencia de intencionalidad o reiteración.

DISPOSICIONES TRANSITORIAS

Primera. *Aplicación de la reserva de suelo para vivienda protegida y regla temporal excepcional.* 1. Sin perjuicio de lo dispuesto en el apartado siguiente, la reserva para vivienda protegida exigida en la letra b) del apartado primero del artículo 20 de esta ley se aplicará a todos los cambios de ordenación cuyo procedimiento de aprobación se inicie con posterioridad a la entrada en vigor de la Ley 8/2007, de 28 de mayo, de Suelo, en la forma dispuesta por la legislación sobre ordenación territorial y urbanística. En aquellos casos en que las comunidades autónomas no hubieren establecido reservas iguales o superiores a la que se establece en la letra b) del apartado primero del artículo 20 de esta ley, desde el 1 de julio de 2008 y hasta su adaptación a la misma, será directamente aplicable la reserva del 30 por ciento prevista en esta ley, con las siguientes precisiones:

a) Estarán exentos de su aplicación los instrumentos de ordenación de los municipios de menos de 10.000 habitantes en los que, en los dos últimos años anteriores al del inicio de su procedimiento de aprobación, se hayan autorizado edificaciones residenciales para menos de 5 viviendas por cada mil habitantes y año, siempre y cuando dichos instrumentos no ordenen actuaciones residenciales para más de 100 nuevas viviendas; así como los que tengan por objeto actuaciones de reforma o mejora de la urbanización existente en las que el uso residencial no alcance las 200 viviendas.

b) Los instrumentos de ordenación podrán compensar motivadamente minoraciones del porcentaje en las actuaciones de nueva urbanización no dirigidas a atender la demanda de primera residencia prevista por ellos con incrementos en otras de la misma categoría de suelo.

2. No obstante lo dispuesto en el apartado anterior, durante un plazo máximo de cuatro años a contar desde la entrada en vigor de la Ley 8/2013, de 26 de junio, de rehabilitación, regeneración y renovación urbanas, las comunidades autónomas podrán dejar en suspenso la aplicación de lo dispuesto en la letra b) del apartado primero del artículo 20 de esta ley, determinando el período de suspensión y los instrumentos de ordenación a que afecte, siempre que se cumplan, como mínimo, los siguientes requisitos:

a) Que los citados instrumentos justifiquen la existencia de un porcentaje de vivienda protegida ya construida y sin vender en el Municipio, superior al 15 por ciento de las viviendas protegidas previstas o resultantes del planeamiento vigente y una evidente desproporción entre la reserva legalmente exigible y la demanda real con posibilidad de acceder a dichas viviendas.

b) Que dichos instrumentos de ordenación no hayan sido aprobados definitivamente antes de la entrada en vigor de esta ley o que, en el caso de haber sido aprobados, no cuenten aún con la aprobación definitiva del proyecto o proyectos de equidistribución necesarios.

Segunda. *Calendario para la realización del Informe de Evaluación de los Edificios.* 1. Con el objeto de garantizar la calidad y sostenibilidad del parque edificado, así como para orientar y dirigir las políticas públicas que persigan tales fines, y sin perjuicio de que las comunidades autónomas aprueben una regulación más exigente y de lo que dispongan las ordenanzas municipales, la obligación de disponer del Informe de Evaluación regulado en el artículo 29, deberá hacerse efectiva, como mínimo, en relación con los siguientes edificios y en las fechas y plazos que a continuación se establecen:

a) Los edificios de tipología residencial de vivienda colectiva que a fecha 28 de junio de 2013, tuvieran ya una antigüedad superior a 50 años, el día 28 de junio de 2018, como máximo.

b) Los edificios de tipología residencial de vivienda colectiva que vayan alcanzando la antigüedad de 50 años, a partir del 28 de junio de 2013, en el plazo máximo de cinco años, a contar desde la fecha en que alcancen dicha antigüedad.

Tanto en los supuestos de esta letra, como en los de la letra a) anterior, si los edificios contasen con una inspección técnica vigente, realizada de conformidad con su normativa aplicable, antes del 28 de junio de 2013, sólo se exigirá el Informe de Evaluación cuando corresponda su primera revisión de acuerdo con aquella normativa, siempre que la misma no supere el plazo de diez años, a contar desde la entrada en vigor de esta Ley. Si así fuere, el Informe de Evaluación del Edificio deberá cumplimentarse con aquellos aspectos que estén ausentes de la inspección técnica realizada.

c) los edificios cuyos titulares pretendan acogerse a ayudas públicas con el objetivo de acometer obras de conservación, accesibilidad universal o eficiencia energética, en fecha anterior a la formalización de la petición de la correspondiente ayuda.

d) El resto de los edificios, cuando así lo determine la normativa autonómica o municipal, que podrá establecer especialidades de aplicación del citado informe, en función de su ubicación, antigüedad, tipología o uso predominante.

2. Con el objeto de evitar duplicidades entre el informe y la Inspección Técnica de Edificios o instrumento de naturaleza análoga que pudiera existir en los municipios o comunidades autónomas, el informe resultante de aquélla se integrará como parte del informe regulado por esta Ley, teniéndose éste último por producido, en todo caso, cuando el ya realizado haya tenido en cuenta exigencias derivadas de la normativa autonómica o local iguales o más exigentes a las establecidas por esta ley.

Tercera. *Valoraciones.* 1. Las reglas de valoración contenidas en esta ley serán aplicables en todos los expedientes incluidos en su ámbito material de aplicación que se inicien a partir de la entrada en vigor de la Ley 8/2007, de 28 de mayo, de Suelo.

2. Se exceptúan de la aplicación de las reglas de valoración previstas en esta ley, exclusivamente los terrenos en los que, a la entrada en vigor de la Ley 8/2007, concurran de forma cumulativa las tres circunstancias siguientes:

a) Que formasen parte del suelo urbanizable incluido en ámbitos delimitados para los que el planeamiento hubiera establecido las condiciones para su desarrollo.

b) Que existiese una previsión expresa sobre plazos de ejecución en el planeamiento, o en la legislación de ordenación territorial y urbanística.

c) Que en el momento a que deba entenderse referida la valoración, no hubieran vencido los plazos para dicha ejecución o, si hubiesen vencido, fuese por causa imputable a la Administración o a terceros.

Dichos terrenos se valorarán conforme a las reglas establecidas en la Ley 6/1998, de 13 de abril, sobre Régimen de Suelo y Valoraciones, tal y como quedaron redactadas por la Ley 10/2003, de 20 de mayo.

Cuarta. *Criterios mínimos de sostenibilidad.* Si, trascurrido un año desde la entrada en vigor de la Ley 8/2007, de 28 de mayo, de Suelo, la legislación sobre ordenación territorial y urbanística no estableciera en qué casos el impacto de una actuación de urbanización obliga a ejercer de forma plena la potestad de ordenación, esta nueva ordenación o revisión será necesaria cuando la actuación conlleve, por sí misma o en unión de las aprobadas en los dos últimos años, un incremento superior al 20 por ciento de la población o de la superficie de suelo urbanizado del municipio o ámbito territorial.

DISPOSICIONES FINALES

Primera. *Cualificaciones requeridas para suscribir los Informes de Evaluación de Edificios.* Mediante Orden del Ministro o Ministra de Industria, Energía y Turismo y del Ministro o Ministra de Fomento, se determinarán las cualificaciones requeridas para suscribir los Informes de Evaluación de Edificios, así como los medios de acreditación. A estos efectos, se tendrá en cuenta la titulación, la formación, la experiencia y la complejidad del proceso de evaluación.

Segunda. *Título competencial y ámbito de aplicación.* 1. Tienen el carácter de condiciones básicas de la igualdad en el ejercicio de los derechos y el cumplimiento de los correspondientes deberes constitucionales y, en su caso, de bases del régimen de las Administraciones Públicas, de la planificación general de la actividad económica, de protección del medio ambiente y del régimen energético, dictadas en ejercicio de las competencias reservadas al legislador general en el artículo 149.1.1.ª, 13.ª, 23.ª y 25.ª de la Constitución, los artículos 1; 2; 3; 4; 5, letras a) y b); 6; 7; 8; 9; 11, apartados 1, 2, 3, 4 y 5, primer párrafo; 12; 13; 14; 15; 16; 17; 18; 19; 20; 21; 22; 24; 31; 32, apartado 1; 33; 43; 49, apartado 3; 52, apartado 5; las disposiciones adicionales sexta, apartado 1; duodécima y décimo tercera; las disposiciones transitoria primera; segunda y cuarta.

2. Tienen el carácter de disposiciones establecidas en ejercicio de la competencia reservada al legislador estatal por el artículo 149.1.8.ª y 18.ª sobre legislación civil, procedimiento administrativo común y expropiación forzosa y sistema de responsabilidad de las Administraciones Públicas, los artículos 4, apartados 1, 2 y 3; 5, letras c), d) y e); 9, apartados 1, 3 y 7; 10; 11, apartado 5, in fine; 13, apartado 2, letras a) y b); 14, letra d); 15, apartado 4, 19; 23; 24; 25; 26, 27; 28; 29, 32, apartado 1; 33; 34; 35; 36; 37; 38; 39; 40; 41; 42; 43; 44; 45; 46; 47; 48, 49 apartados 1 y 2; 50; 52, apartados 3 y 4, 53; 54; 55; 57; 58; 59; 60; 61, 65; 66; 67; 68; las Disposiciones adicionales primera, cuarta, quinta; sexta, apartados 2 y 3; séptima, octava, novena y décima y la disposición transitoria tercera,

3. Los artículos 51 y 52, apartados 1 y 2, tienen el carácter de bases de la planificación general de la actividad económica dictadas en ejercicio de la competencia reservada al legislador estatal en el artículo 149.1.13.ª de la Constitución, sin perjuicio de las competencias exclusivas sobre suelo y urbanismo que tengan atribuidas las Comunidades Autónomas.

4. Los artículos 5, letra f); 32, apartado 2; 56; 57; 62; 63 y 64 se dictan al amparo de lo dispuesto en el artículo 149.1.6.ª de la Constitución, que atribuye al Estado la competencia en materia de legislación procesal.

5. El artículo 30 y la disposición final primera se dictan al amparo de lo dispuesto en el artículo 149.1.30.ª de la Constitución, que atribuye al Estado la competencia sobre regulación de las condiciones de obtención, expedición y homologación de títulos académicos y profesionales.

6. El artículo 22, apartado 4 y la disposición adicional undécima se dictan al amparo de lo dispuesto en el artículo 149.1.14.ª, que atribuye al Estado la competencia sobre Hacienda General y Deuda del Estado.

7. Las disposiciones adicionales segunda y décima, apartado 3, se dictan al amparo de lo dispuesto en el artículo 149.1.4.ª de la Constitución, que atribuye al Estado la competencia en materia de Defensa y Fuerzas Armadas.

8. El contenido normativo íntegro de esta Ley es de aplicación directa en los territorios de las ciudades de Ceuta y Melilla, con las siguientes precisiones:

a) La potestad que la letra b) del apartado primero del artículo 20 reconoce a la ley para reducir el porcentaje de reserva de vivienda sometida a algún régimen de protección pública y la de determinar los posibles destinos del patrimonio público del suelo, de entre los previstos en el apartado 1 del artículo 52, podrán ser ejercidas directamente en el Plan General.

b) El porcentaje a que se refiere la letra b) del apartado 1 del artículo 18 será, con carácter general, el 15 por ciento. No obstante, el Plan General podrá, de forma proporcionada y motivada, reducirlo hasta un 10 por ciento, o incrementarlo hasta un máximo del 20 por ciento, en las actuaciones o ámbitos en los que el valor de los solares resultantes sea sensiblemente inferior, o superior al medio de los incluidos en su misma clase de suelo, respectivamente.

9. Lo dispuesto en esta ley se aplicará sin perjuicio de los regímenes civiles, forales o especiales, allí donde existen.

Tercera. *Desarrollo.* Se autoriza al Gobierno para proceder, en el marco de sus atribuciones, al desarrollo de esta ley.

2. Ley 38/1999, de 5 de noviembre, de Ordenación de la Edificación[1] [2]

(BOE núm. 266, de 6 de noviembre de 1999)

CAPÍTULO I. DISPOSICIONES GENERALES

Artículo 1. *Objeto.* 1. Esta Ley tiene por objeto regular en sus aspectos esenciales el proceso de la edificación, estableciendo las obligaciones y res-

1 La presente Ley ha sido dictada al amparo de los títulos competenciales correspondientes al Estado, y consagrados en el artículo 149.1 de la CE, que se enumeran en su disposición final primera.

2 Su Exposición de Motivos dice así:
«El sector de la edificación es uno de los principales sectores económicos con evidentes repercusiones en el conjunto de la sociedad y en los valores culturales que entraña el patrimonio arquitectónico y, sin embargo, carece de una regulación acorde con esta importancia.
Así, la tradicional regulación del suelo contrasta con la falta de una configuración legal de la construcción de los edificios, básicamente establecida a través del Código Civil y de una variedad de normas cuyo conjunto adolece de serias lagunas en la ordenación del complejo proceso de la edificación, tanto respecto a la identificación, obligaciones y responsabilidades de los agentes que intervienen en el mismo, como en lo que se refiere a las garantías para proteger al usuario.
Por otra parte, la sociedad demanda cada vez más la calidad de los edificios y ello incide tanto en la seguridad estructural y la protección contra incendios como en otros aspectos vinculados al bienestar de las personas, como la protección contra el ruido, el aislamiento térmico o la accesibilidad para personas con movilidad reducida. En todo caso, el proceso de la edificación, por su directa incidencia en la configuración de los espacios, implica siempre un compromiso de funcionalidad, economía, armonía y equilibrio medioambiental de evidente relevancia desde el punto de vista del interés general (85/384/CEE de la Unión Europea, cuando declara que «la creación arquitectónica, la calidad de las construcciones, su inserción armoniosa en el entorno, el respeto de los paisajes naturales y urbanos, así como del patrimonio colectivo y privado, revisten un interés público».
Respondiendo a este orden de principios, la necesidad, por una parte, de dar continuidad a la Ley 6/1998, de 13 de abril, sobre régimen del suelo y valoraciones, ordenando la construcción de los edificios, y de superar, por otra, la discrepancia existente entre la legislación vigente y la realidad por la insuficiente regulación actual del proceso de la edificación, así como de establecer el marco general en el que pueda fomentarse la

calidad de los edificios y, por último, el compromiso de fijar las garantías suficientes a los usuarios frente a los posibles daños, como una aportación más a la Ley 26/1984, de 19 de julio, General para la Defensa de los Consumidores y Usuarios, son los motivos que justifican sobradamente esta Ley de Ordenación de la Edificación, cuyo contenido primordial es el siguiente:

1. El objetivo prioritario es regular el proceso de la edificación actualizando y completando la configuración legal de los agentes que intervienen en el mismo, fijando sus obligaciones para así establecer las responsabilidades y cubrir las garantías a los usuarios, en base a una definición de los requisitos básicos que deben satisfacer los edificios.

2. Para ello, se define técnicamente el concepto jurídico de la edificación y los principios esenciales que han de presidir esta actividad y se delimita el ámbito de la Ley, precisando aquellas obras, tanto de nueva construcción como en edificios existentes, a las que debe aplicarse.

Ante la creciente demanda de calidad por parte de la sociedad, la Ley establece los requisitos básicos que deben satisfacer los edificios de tal forma que la garantía para proteger a los usuarios se asiente no sólo en los requisitos técnicos de lo construido sino también en el establecimiento de un seguro de daños o de caución.

Estos requisitos abarcan tanto los aspectos de funcionalidad y de seguridad de los edificios como aquellos referentes a la habitabilidad.

Se establece el concepto de proyecto, obligatorio para el desarrollo de las obras incluidas en el ámbito de la Ley, precisando la necesaria coordinación entre los proyectos parciales que puedan incluirse, así como la documentación a entregar a los usuarios para el correcto uso y mantenimiento de los edificios.

Se regula, asimismo, el acto de recepción de obra, dada la importancia que tiene en relación con el inicio de los plazos de responsabilidad y de prescripción establecidos en la Ley.

3. Para los distintos agentes que participan a lo largo del proceso de la edificación se enumeran las obligaciones que corresponden a cada uno de ellos, de las que se derivan sus responsabilidades, configurándose el promotor como una persona física o jurídica que asume la iniciativa de todo el proceso y a la que se obliga a garantizar los daños materiales que el edificio pueda sufrir. Dentro de las actividades del constructor se hace mención especial a la figura del jefe de obra, así como a la obligación de formalizar las subcontrataciones que en su caso se establezcan.

Además las Ley delimita el ámbito de actuaciones que corresponden a los profesionales, el proyectista, el director de obra y el director de la ejecución de la obra, estableciendo claramente el ámbito específico de su intervención, en función de su titulación habilitante.

4. La responsabilidad civil de los diferentes agentes por daños materiales en el edificio se exigirá de forma personal e individualizada, tanto por actos propios, como por actos de otros agentes por los que, con arreglo a esta Ley, se deba responder.

La responsabilidad se exigirá solidariamente cuando no pueda ser atribuida en forma individualizada al responsable del daño o cuando exista concurrencia de culpa, sin que pueda precisarse la influencia de cada atente interviniente en el daño producido.
A la figura del promotor se equiparan también las de gestor de cooperativas o de comunidades de propietarios, u otras análogas que aparecen cada vez con mayor frecuencia en la gestión económica de la edificación.
5. En cuanto a los plazos de responsabilidad se establecen en períodos de uno, tres y diez años, en función de los diversos daños que puedan aparecer en los edificios. El constructor, durante el primer año, ha de responder por los daños materiales derivados de una deficiente ejecución; todos los atentes que intervienen en el proceso de la edificación, durante tres años, responderán por los daños materiales en el edificio causados por vicios o defectos que afecten a la habitabilidad y durante diez años, por los que resulten de vicios o defectos que afecten a la seguridad estructural del edificio.
Las acciones para exigir responsabilidades prescriben en el plazo de dos años, al igual que las de repetición contra los agentes presuntamente responsables.
6. Por lo que se refiere a las garantías la Ley establece, para los edificios de vivienda, la suscripción obligatoria por el constructor, durante el plazo de un año, de un seguro de daños materiales de caución, o bien de la obra para hacer frente a los daños materiales ocasionados por una deficiente ejecución.
Se establece igualmente para los edificios de vivienda la suscripción obligatoria por el promotor de un seguro que cubra los daños materiales que ocasionen en el edificio el incumplimiento de las condiciones de habitabilidad o que afecten a la seguridad estructural en el plazo de tres y diez años, respectivamente.
No se admiten franquicias para cubrir los daños en el supuesto de un año, y no podrán exceder del 1 por 100 del capital asegurado para los otros dos supuestos.
Además, con el fin de evitar el fraude a los adquirentes se exigen determinados requisitos que acrediten la constitución del correspondiente seguro para la inscripción de escrituras públicas y la liquidación de las sociedades promotoras.
7. La Ley se competa con siete disposiciones adicionales. En la primera se establece que la percepción de las cantidades anticipadas reguladas para las viviendas se amplíe a promociones de viviendas en régimen de comunidades de propietarios o sociedades cooperativas.
En la segunda disposición adicional se prevé que la exigencia de la obligatoriedad de las garantías a las que se hace referencia en el artículo 19 de la Ley, se hará de forma escalonada en el tiempo para permitir que el sector vaya acomodándose a lo dispuesto en esta norma. Así la garantía de diez años contra los daños materiales causados por vicios o defectos que afecten a los elementos estructurales, también llamado seguro decenal, será exigible a partir de la entrada en vigor de esta Ley para los edificios cuyo destino principal sea el de vivienda. Posteriormente, y por Real Decreto, teniendo en cuenta las circunstancias del sector de la edificación y del sector asegurador, podrá establecerse la obligatoriedad de las demás garantías, es decir, del seguro de tres años que cubre los

ponsabilidades de los agentes que intervienen en dicho proceso, así como las garantías necesarias para el adecuado desarrollo del mismo, con el fin de asegurar la calidad mediante el cumplimiento de los requisitos básicos de los edificios y la adecuada protección de los intereses de los usuarios.

2. Las obligaciones y responsabilidades relativas a la prevención de riesgos laborales en las obras de edificación se regirán por su legislación específica.

daños causados en los elementos constructivos o en las instalaciones que afecten a la habitabilidad o seguro trienal, y del seguro de un año que cubre los daños materiales por vicios o defectos de ejecución que afecten a elementos de terminación o acabado de las obras.

En la tercera se exceptúa a los miembros de los Cuerpos de Ingenieros de los Ejércitos de lo dispuesto en esta Ley en lo que se refiere a la delimitación de sus actuaciones en el ámbito de la Defensa.

En la cuarta se concreta la titulación académica y profesional de los Coordinadores de Seguridad y Salud, en las obras de edificación.

8. Mediante una disposición transitoria se establece la aplicación de lo previsto en la Ley a las obras para cuyos proyectos se solicite licencia de edificación a partir de la entrada en vigor de la misma. Por último, en la primera de las cuatro disposiciones finales se invocan los preceptos a cuyo amparo se ejerce la competencia del Estado en las materias reguladas por la Ley; en la segunda se autoriza al Gobierno para que en el plazo de dos años apruebe un Código Técnico de la Edificación que desarrolle los requisitos básicos que deben cumplir los edificios relacionados en el artículo 3; en la tercera se insta al Gobierno para que adapte al Reglamento de la Ley de Expropiación Forzosa las modificaciones introducidas en la disposición adicional quinta, y en la cuarta determina la entrada en vigor de la Ley.

La Ley, en definitiva, trata dentro del marco de competencias del Estado, de fomentar la calidad incidiendo en los requisitos básicos y en las obligaciones de los distintos agentes que se encargan de desarrollar las actividades del proceso de la edificación, para poder fijar las responsabilidades y las garantías que protejan al usuario y para dar cumplimiento al derecho constitucional a una vivienda digna y adecuada.

La regulación del proceso de la edificación no quedaría, sin embargo, actualizada y completa si la Ley no se refiriera a aquellos supuestos en que dicho proceso constructivo ha exigido la previa expropiación de bienes o derechos por vincularse a una finalidad u objetivo de utilidad pública o interés social. En este sentido, la Ley actualiza la regulación de un aspecto de la legislación de expropiación forzosa sin duda necesitada toda ella de una revisión para adaptarse a la dinámica de nuestro tiempo, que presenta una significación cualificada y cuya puesta al día no debe demorarse, como es el ejercicio del derecho de reversión, derecho calificado por el Tribunal Constitucional como de configuración legal.»

3. Cuando las Administraciones públicas y los organismos y entidades sujetos a la legislación de contratos de las Administraciones públicas se actúen como agentes del proceso de la edificación se regirán por lo dispuesto en la legislación de contratos de las Administraciones públicas y en lo no contemplado en la misma por las disposiciones de esta Ley, a excepción de lo dispuesto sobre garantías de suscripción obligatoria.

Artículo 2. *Ámbito de aplicación.* 1. Esta Ley es de aplicación al proceso de la edificación, entendiendo por tal la acción y el resultado de construir un edificio de carácter permanente, público o privado, cuyo uso principal esté comprendido en los siguientes grupos:

a) Administrativo, sanitario, religioso, residencial en todas sus formas, docente y cultural.

b) Aeronáutico; agropecuario; de la energía; de la hidráulica; minero; de telecomunicaciones (referido a la ingeniería de las telecomunicaciones); del transporte terrestre, martítimo, fluvial y aéreo; forestal; industrial; naval; de la ingeniería de saneamiento e higiene, y accesorio a las obras de ingeniería y su explotación.

c) Todas las demás edificaciones cuyos usos no estén expresamente relacionados en los grupos anteriores.

2. Tendrán la consideración de edificación a los efectos de lo dispuesto en esta Ley, y requerirán un proyecto según lo establecido en el artículo 4, las siguientes obras:

a) Obras de edificación de nueva construcción, excepto aquellas construcciones de escasa entidad constructiva y sencillez técnica que no tengan, de forma eventual o permanente, carácter residencial ni público y se desarrollen en una sola planta.

b) Todas las intervenciones sobre los edificios existentes, siempre y cuando alteren su configuración arquitectónica, entendiendo por tales las que tengan carácter de intervención total o las parciales que produzcan una variación esencial de la composición general exterior, la volumetría, o el conjunto del sistema estructural, o tengan por objeto cambiar los usos característicos del edificio.

c) Obras que tengan el carácter de intervención total en edificaciones catalogadas o que dispongan de algún tipo de protección de carácter ambiental o histórico-artístico, regulada a través de norma legal o documento urbanístico y aquellas otras de carácter parcial que afecten a los elementos o partes objeto de protección[3].

3. Se consideran comprendidas en la edificación sus instalaciones fijas y el equipamiento propio, así como los elementos de urbanización que permanezcan adscritos al edificio.

CAPÍTULO II. EXIGENCIAS TÉCNICAS Y ADMINISTRATIVAS DE LA EDIFICACIÓN

Artículo 3. *Requisitos básicos de la edificación*. 1. Con el fin de garantizar la seguridad de las personas, el bienestar de la sociedad y la protección del medio ambiente, se establecen los siguientes requisitos básicos de la edificación, que deberán satisfacerse, de la forma que reglamentariamente se establezca, en el proyecto, la construcción, el mantenimiento, la conservación y el uso de los edificios y sus instalaciones, así como en las intervenciones que se realicen en los edificios existentes[4]:

a) Relativos a la funcionalidad:

a.1) Utilización, de tal forma que la disposición y las dimensiones de los espacios y la dotación de las instalaciones faciliten la adecuada realización de las funciones previstas en el edificio.

a.2) Accesibilidad, de tal forma que se permita a las personas con movilidad y comunicación reducidas el acceso y la circulación por el edificio en los términos previstos en su normativa específica.

a.3) Acceso a los servicios de telecomunicación, audiovisuales y de información de acuerdo con lo establecido en su normativa específica.

a.4) Facilitación para el acceso de los servicios postales, mediante la dotación de las instalaciones apropiadas para la entrega de los envíos postales, según lo dispuesto en su normativa específica[5].

[3] Apartado 2 redactado conforme a la Disposición final tercera, apartado 1, de la Ley 8/2013, de 26 de junio, de rehabilitación, regeneración y renovación urbanas (BOE núm. 153, de 27 de junio de 2013).

[4] Párrafo redactado conforme a la Disposición final tercera, apartado 2, de la Ley 8/2013, de 26 de junio, de rehabilitación, regeneración y renovación urbanas (BOE núm. 153, de 27 de junio de 2013).

[5] Este apartado a.4) ha sido introducido por el artículo 82 de la Ley 24/2001, de 27 de diciembre, de Medidas Fiscales, Administrativas y del Orden Social (BOE núm. 313, de 31 de diciembre de 2001).

b) Relativos a la seguridad:

b.1) Seguridad estructural, de tal forma que no se produzcan en el edificio, o partes del mismo, daños que tengan su origen o afecten a la cimentación, los soportes, las vigas, los forjados, los muros de carga u otros elementos estructurales, y que comprometen directamente la resistencia mecánica y la estabilidad del edificio.

b.2) Seguridad en caso de incendio, de tal forma que los ocupantes puedan desalojar el edificio en condiciones seguras, se pueda limitar la extensión del incendio dentro del propio edificio y de los colindantes y se permita la actuación de los equipos de extinción y rescate.

b.3) Seguridad de utilización, de tal forma que el uso normal del edificio no suponga riesgo de accidente para las personas.

c) Relativos a la habitabilidad:

c.1) Higiene, salud y protección del medio ambiente, de tal forma que se alcancen condiciones aceptables de salubridad estanqueidad en el ambiente interior del edificio y que éste no deteriore el medio ambiente en su entorno inmediato, garantizando una adecuada gestión de toda clase de residuos.

c.2) Protección contra el ruido, de tal forma que el ruido percibido no ponga en peligro la salud de las personas y les permita realizar satisfactoriamente sus actividades.

c.3) Ahorro de energía y aislamiento térmico, de tal forma que se consiga un uso racional de la energía necesaria para la adecuada utilización del edificio.

c.4) Otros aspectos funcionales de los elementos constructivos o de las instalaciones que permitan un uso satisfactorio del edificio.

2. El Código Técnico de la Edificación es el marco normativo que establece las exigencias básicas de calidad de los edificios de nueva construcción y de sus instalaciones, así como de las intervenciones que se realicen en los edificios existentes, de acuerdo con lo previsto en las letras b) y c) del artículo 2.2, de tal forma que permita el cumplimiento de los anteriores requisitos básicos[6].

Las normas básicas de la edificación y las demás reglamentaciones técnicas de obligado cumplimiento constituyen, a partir de la entrada en vigor de esta

[6] Párrafo redactado conforme a la Disposición final tercera, apartado 3, de la Ley 8/2013, de 26 de junio, de rehabilitación, regeneración y renovación urbanas (BOE núm. 153, de 27 de junio de 2013).

Ley, la reglamentación técnica hasta que se apruebe el Código Técnico de la Edificación conforme a lo previsto en la disposición final segunda de esta Ley.

El Código podrá completarse con las exigencias de otras normativas dictadas por las Administraciones competentes y se actualizará periódicamente conforme a la evolución de la técnica y la demanda de la sociedad.

Artículo 4. *Proyecto.* 1. El proyecto es el conjunto de documentos mediante los cuales se definen y determinan las exigencias técnicas de las obras contempladas en el artículo 2. El proyecto habrá de justificar técnicamente las soluciones propuestas de acuerdo con las especificaciones requeridas por la normativa técnica aplicable.

2. Cuando el proyecto se desarrolle o complete mediante proyectos parciales u otros documentos técnicos sobre tecnologías específicas o instalaciones del edificio, se mantendrá entre todos ellos la necesaria coordinación sin que se produzca una duplicidad en la documentación ni en los honorarios a percibir por los autores de los distintos trabajos indicados.

Artículo 5. *Licencias y autorizaciones administrativas.* La construcción de edificios, la realización de las obras que en ellos se ejecuten y su ocupación precisará las preceptivas licencias y demás autorizaciones administrativas procedentes, de conformidad con la normativa aplicable[7].

Artículo 6. *Recepción de la obra.* 1. La recepción de la obra es el acto por el cual el constructor, una vez concluida ésta, hace entrega de la misma al promotor y es aceptada por éste. Podrá realizarse con o sin reservar y deberá abarcar la totalidad de la obra o fases completas y terminadas de la misma, cuando así se acuerde por las partes.

2. La recepción deberá consignarse en un acta firmada, al menos, por el promotor y el constructor, y en la misma se hará constar:

a) Las partes que intervienen.

[7] Véanse, en materia urbanística, los artículos 242.1 y 6, 243.2 y 244, 2 a 4, del Texto Refundido de la Ley sobre Régimen del Suelo y Ordenación Urbana, aprobado por Real Decreto Legislativo 1/1992, de 26 de junio; así como la normativa autonómica aplicable o, en su defecto, los artículos 178 y siguientes del Texto Refundido de la Ley sobre Régimen del Suelo y Ordenación Urbana, aprobado por Real Decreto 1346/1976, de 9 de abril.

b) La fecha de certificado final de la totalidad de la obra o de la fase completa y terminada de la misma.

c) El coste final de la ejecución material de la obra.

d) La declaración de la recepción de la obra con o sin reservas, especificando, en su caso, éstas de manera objetiva, y el plazo en que deberán quedar subsanados los defectos observados. Una vez subsanados los mismos, se hará constar en un acta aparte, suscrita por los firmantes de la recepción.

e) Las garantías que, en su caso, se exijan al constructor para asegurar sus responsabilidades.

Asimismo, se adjuntará el certificado final de obra suscrito por el director de obra y el director de la ejecución de la obra.

3. El promotor podrá rechazar la recepción de la obra por considerar que la misma no está terminada o que no se adecúa a las condiciones contractuales. En todo caso, el rechazo deberá ser motivado por escrito en el acta, en la que se fijará el nuevo plazo para efectuar la recepción.

4. Salvo pacto expreso en contrario, la recepción de la obra tendrá lugar dentro de los treinta días siguientes a la fecha de su terminación, acreditada en el certificado final de obra, plazo que se contará a partir de la notificación efectuada por escrito al promotor. La recepción se entenderá tácitamente producida si transcurridos treinta días desde la fecha indicada el promotor no hubiera puesto de manifiesto reservas o rechazo motivado por escrito.

5. El cómputo de los plazos de responsabilidad y garantía establecidos en esta Ley se iniciará a partir de la fecha en que se suscriba el acta de recepción, o cuando se entienda ésta tácitamente producida según lo previsto en el apartado anterior.

Artículo 7. *Documentación de la obra ejecutada*. Una vez finalizada la obra, el proyecto, con la incorporación, en su caso, de las modificaciones debidamente aprobadas, será facilitado al promotor por el director de obra para la formalización de los correspondientes trámites administrativos.

A dicha documentación se adjuntará, al menos, el acta de recepción, la relación identificativa de los agentes que han intervenido durante el proceso de edificación, así como la relativa a las instrucciones de uso y mantenimiento del edificio y sus instalaciones, de conformidad con la normativa que le sea de aplicación.

Toda la documentación a que hace referencia los apartados anteriores, que constituirá el Libro del Edificio, será entregada a los usuarios finales del edificio.

CAPÍTULO III. AGENTES DE LA EDIFICACIÓN

Artículo 8. *Concepto.* Son agentes de la edificación todas las personas, físicas o jurídicas, que intervienen en el proceso de la edificación. Sus obligaciones vendrán determinadas por lo dispuesto en esta Ley y demás disposiciones que sean de aplicación y por el contrario que origina su intervención.

Artículo 9. *El promotor.* 1. Será considerado promotor cualquier persona, física o jurídica, pública o privada, que, individual o colectivamente, decide, impulsa, programa y financia, con recursos propios o ajenos, las obras de edificación para sí o para su posterior enajenación, entrega o cesión a terceros bajo cualquier título.

2. Son obligaciones del promotor:

a) Ostentar sobre el solar la titularidad de un derecho que le faculte para construir en él.

b) Facilitar la documentación e información previa necesaria para la redacción del proyecto, así como autorizar al director de obra las posteriores modificaciones del mismo.

c) Gestionar y obtener las preceptivas licencias y autorizaciones administrativas, así como suscribir el acta de recepción de la obra.

d) Suscribir los seguros previstos en el artículo 19.

e) Entregar al adquirente, en su caso, la documentación de obra ejecutada, o cualquier otro documento exigible por las Administraciones competentes.

Artículo 10. *El proyectista.* 1. El proyectista es el agente que, por encargo del promotor y con sujeción a la normativa técnica y urbanística correspondiente, redacta el proyecto.

Podrán redactar proyectos parciales del proyecto, o partes que lo complementen, otros técnicos, de forma coordinada con el autor de éste.

Cuando el proyecto se desarrolle o complete mediante proyectos parciales u otros documentos técnicos según lo previsto en el apartado 2 del artículo 4 de esta Ley, cada proyectista asumirá la titularidad de su proyecto.

2. Son obligaciones del proyectista:

a) Estar en posesión de la titulación académica y profesional habilitante de arquitecto, arquitecto técnico, ingeniero o ingeniero técnico, según corresponda, y cumplir las condiciones exigibles para el ejercicio de la profesión. En caso de personas jurídicas, designar al técnico redactor del proyecto que tenga la titulación profesional habilitante.

Cuando el proyecto a realizar tenga por objeto la construcción de edificios para los usos indicados en el grupo a) del apartado 1 del artículo 2, la titulación académica y profesional habilitante será la de arquitecto.

Cuando el proyecto a realizar tenga por objeto la construcción de edificios para los usos indicados en el grupo b) del apartado 1 del artículo 2, la titulación académica y profesional habilitante, con carácter general, será la de ingeniero, ingeniero técnico o arquitecto y vendrá determinada por las disposiciones legales vigentes para cada profesión, de acuerdo con sus respectivas especialidades y competencias específicas.

Cuando el proyecto a realizar tenga por objeto la construcción de edificios comprendidos en el grupo c) del apartado 1 del artículo 2, la titulación académica y profesional habilitante será la de arquitecto, arquitecto técnico, ingeniero o ingeniero técnico y vendrá determinada por las disposiciones legales vigentes para cada profesión, de acuerdo con sus especialidades y competencias específicas.

Idénticos criterios se seguirán respecto de los proyectos de obras a las que se refieren los apartados 2.b) y 2.c) del artículo 2 de esta Ley.

En todo caso y para todos los grupos, en los aspectos concretos correspondientes a sus especialidades y competencias específicas, y en particular respecto de los elementos complementarios a que se refiere el apartado 3 del artículo 2, podrán asimismo intervenir otros técnicos titulados del ámbito de la arquitectura o de la ingeniería, suscribiendo los trabajos por ellos realizados y coordinados por el proyectista. Dichas intervenciones especializadas serán preceptivas si así lo establece la disposición legal reguladora del sector de actividad de que se trate.

b) Redactar el proyecto con sujeción a la normativa vigente y a lo que se haya establecido en el contrato y entregarlo, con los visados que en su caso fueran preceptivos.

c) Acordar, en su caso, con el promotor la contratación de colaboraciones parciales.

Artículo 11. *El constructor*. 1. El constructor es el agente que asume, contractualmente ante el promotor, el compromiso de ejecutar con medios humanos y materiales, propios o ajenos, las obras o parte de las mismas con sujeción al proyecto y al contrato.

2. Son obligaciones del constructor:

a) Ejecutar la obra con sujeción al proyecto, a la legislación aplicable y a las instrucciones del director de obra y del director de la ejecución de la obra, a fin de alcanzar la calidad exigida en el proyecto.

b) Tener la titulación o capacitación profesional que habilita para el cumplimiento de las condiciones exigibles para actuar como constructor.

c) Designar al jefe de obra que asumirá la representación técnica del constructor en la obra y que por su titulación o experiencia deberá tener la capacitación adecuada de acuerdo con las características y la complejidad de la obra.

d) Asignar a la obra los medios humanos y materiales que su importancia requiera.

e) Formalizar las subcontrataciones de determinadas partes o instalaciones de la obra dentro de los límites establecidos en el contrato.

f) Firmar el acta de replanteo o de comienzo y el acta de recepción de la obra.

g) Facilitar al director de obra los datos necesarios para la elaboración de la documentación de la obra ejecutada.

h) Suscribir las garantías previstas en el artículo 19.

Artículo 12. *El director de obra*. 1. El director de obra es el agente que, formando parte de la dirección facultativa, dirige el desarrollo de la obra en los aspectos técnicos, estéticos, urbanísticos y medioambientales, de conformidad con el proyecto que la define, la licencia de edificación y demás autorizaciones preceptivas y las condiciones del contrato, con el objeto de asegurar su adecuación al fin propuesto.

2. Podrán dirigir las obras de los proyectos parciales otros técnicos, bajo la coordinación del director de obra.

3. Son obligaciones del director de obra:

a) Estar en posesión de la titulación académica y profesional habilitante de arquitecto, arquitecto técnico, ingeniero o ingeniero técnico, según corresponda y cumplir las condiciones exigibles para el ejercicio de la profesión. En caso de personas jurídicas, designar al técnico director de obra que tenga la titulación profesional habilitante.

En el caso de la construcción de edificios para los usos indicados en el grupo a) del apartado 1 del artículo 2, la titulación académica y profesional habilitante será la de arquitecto.

Cuando las obras a realizar tengan por objeto la construcción de las edificaciones indicadas en el grupo b) del apartado 1 del artículo 2, la titulación habilitante será la de arquitecto, arquitecto técnico, ingeniero o ingeniero técnico y vendrá determinada por las disposiciones legales vigentes para cada profesión, de acuerdo con sus especialidades y competencias específicas.

Idénticos criterios se seguirán respecto de las obras a las que se refieren los apartados 2.b) y 2.c) del artículo 2 de esta Ley.

b) Verificar el replanteo y la adecuación de la cimentación y de la estructura proyectadas a las características geotécnicas del terreno.

c) Resolver las contingencias que se produzcan en la obra y consignar el Libro de Órdenes y Asistencias las instrucciones precisas para la correcta interpretación del proyecto.

d) Elaborar, a requerimiento del promotor o con su conformidad, eventuales modificaciones del proyecto, que vengan exigidas por la marcha de la obra siempre que las mismas se adapten a las disposiciones normativas contempladas y observadas en la redacción del proyecto.

e) Suscribir el acta de replanteo o de comienzo de obra y el certificado final de obra, así como conformar las certificaciones parciales y la liquidación final de las unidades de obra ejecutadas, con los visados que en su caso fueran preceptivos.

f) Elaborar y suscribir la documentación de la obra ejecutada para entregarla al promotor, con los visados que en su caso fueran preceptivos.

g) Las relacionadas en el artículo 13, en aquellos casos en los que el director de la obra y el director de la ejecución de la obra sea el mismo y profesional, si fuera ésta la opción elegida, de conformidad con lo previsto en el apartado 2.a) del artículo 13.

Artículo 13. *El director de la ejecución de la obra*. 1. El director de la ejecución de la obra es el agente que, formando parte de la dirección facultativa, asume la función técnica de dirigir la ejecución material de la obra y de controlar cualitativa y cuantitativamente la construcción y la calidad de lo edificado.

2. Son obligaciones del director de la ejecución de la obra:

a) Estar en posesión de la titulación académica y profesional habilitante y cumplir las condiciones exigibles para el ejercicio de la profesión. En caso de personas jurídicas, designar al técnico director de la ejecución de la obra que tenga la titulación profesional habilitante.

Cuando las obras a realizar tengan por objeto la construcción de edificios para los usos indicados en el grupo a) del apartado 1 del artículo 2, la titulación académica y profesional habilitante será la de arquitecto técnico. Será ésta, asimismo, la titulación habilitante para las obras del grupo b) que fueren dirigidas por arquitectos.

En los demás casos la dirección de la ejecución de la obra puede ser desempeñada, indistintamente, por profesionales con la titulación de arquitecto, arquitecto técnico, ingeniero o ingeniero técnico.

b) Verificar la recepción en obra de los productos de construcción, ordenando la realización de ensayos y pruebas precisas.

c) Dirigir la ejecución material de la obra comprobando los replanteos, los materiales, la correcta ejecución y disposición de los elementos constructivos y de las instalaciones, de acuerdo con el proyecto y con las instrucciones del director de obra.

d) Consignar en el Libro de Órdenes y Asistencias las instrucciones precisas.

e) Suscribir el acta de repalenteo o de comienzo de obra y el certificado final de obra, así como elaborar y suscribir las certificaciones parciales y la liquidación final de las unidades de obra ejecutadas.

f) Colaborar con los restantes agentes en la elaboración de la documentación de la obra ejecutada, aportando los resultados del control realizado.

Artículo 14. *Las entidades y los laboratorios de control de calidad de la edificación*[8]. 1. Son entidades de control de calidad de la edificación aquéllas capacitadas para prestar asistencia técnica en la verificación de la calidad del proyecto, de los materiales y de la ejecución de la obra y sus instalaciones de acuerdo con el proyecto y la normativa aplicable. Para el ejercicio de su

8 Precepto redactado conforme al artículo 15 de la Ley 25/2009, de 22 de diciembre, de modificación de diversas leyes para su adaptación a la Ley sobre el libre acceso a las actividades de servicios y su ejercicio (BOE núm. 308, de 23 de diciembre de 2009).

actividad en todo el territorio español será suficiente con la presentación de una declaración responsable en la que se declare que cumple con los requisitos técnicos exigidos reglamentariamente ante el organismo competente de la Comunidad Autónoma en la que tenga su domicilio social o profesional.

2. Son laboratorios de ensayos para el control de calidad de la edificación los capacitados para prestar asistencia técnica, mediante la realización de ensayos o pruebas de servicio de los materiales, sistemas o instalaciones de una obra de edificación. Para el ejercicio de su actividad en todo el territorio español será suficiente con la presentación de una declaración responsable por cada uno de sus establecimientos físicos desde los que presta sus servicios en la que se declare que estos cumplen con los requisitos técnicos exigidos reglamentariamente, ante los organismos competentes de la Comunidad Autónoma correspondiente.

3. Son obligaciones de las entidades y de los laboratorios de control de calidad:

a) Prestar asistencia técnica y entregar los resultados de su actividad al agente autor del encargo y, en todo caso, al responsable técnico de la recepción y aceptación de los resultados de la asistencia, ya sea el director de la ejecución de las obras, o el agente que corresponda en las fases de proyecto, la ejecución de las obras y la vida útil del edificio.

b) Justificar que tienen implantado un sistema de gestión de la calidad que define los procedimientos y métodos de ensayo o inspección que utiliza en su actividad y que cuentan con capacidad, personal, medios y equipos adecuados.

Artículo 15. *Los suministradores de productos*. 1. Se consideran suministradores de productos los fabricantes, almacenistas, importadores o vendedores de productos de construcción.

2. Se entiende por producto de construcción aquel que se fabrica para su incorporación permanente en una obra incluyendo materiales, elementos semielaborados, componentes y obras o parte de las mismas, tanto terminadas como en proceso de ejecución.

3. Son obligaciones del suministrador:

a) Realizar las entregas de los productos de acuerdo con las especificaciones del pedido, respondiendo de su origen, identidad y calidad, así como del cumplimiento de las exigencias que, en su caso, establezca la normativa técnica aplicable.

b) Facilitar, cuando proceda, las instrucciones de uso y mantenimiento de los productos suministrados, así como las garantías de calidad correspondientes, para su inclusión en la documentación de la obra ejecutada.

Artículo 16. *Los propietarios y los usuarios.* 1. Son obligaciones de los propietarios conservar en buen estado la edificación mediante un adecuado uso y mantenimiento, así como recibir, conservar y transmitir la documentación de la obra ejecutada y los seguros y garantías con que ésta cuente.

2. Son obligaciones de los usuarios, sean o no propietarios, la utilización adecuada de los edificios o de parte de los mismos de conformidad con las instrucciones de uso y mantenimiento, contenidas en la documentación de la obra ejecutada.

CAPÍTULO IV. RESPONSABILIDADES Y GARANTÍAS

Artículo 17. *Responsabilidad civil de los agentes que intervienen en el proceso de la edificación*. 1. Sin perjuicio de sus responsabilidades contractuales, las personas físicas o jurídicas que intervienen en el proceso de la edificación responderán frente a los propietarios y los terceros adquirentes de los edificios o parte de los mismos, en el caso de que sean objeto de división, de los siguientes daños materiales ocasionados en el edificio dentro de los plazos indicados, contados desde la fecha de recepción de la obra, sin reservas o desde la subsanación de éstas:

a) Durante diez años, de los daños materiales causados en el edificio por vicios o defectos que afecten a la cimentación, los soportes, las vigas, los forjados, los muros de carga u otros elementos estructurales, y que comprometen directamente la resistencia mecánica y la estabilidad del edificio.

b) Durante tres años, de los daños materiales causados en el edificio pro vicios o defectos de los elementos constructivos o de las instalaciones que ocasionen el incumplimiento de los requisitos de habitabilidad del apartado 1, letra c) del artículo 3.

El constructor también responderá de los daños materiales por vicios o defectos de ejecución que afecten a elementos de terminación o acabado de las obras dentro del plazo de un año.

2. La responsabilidad civil será exigible en forma personal e individualizada, tanto por actos u omisiones propios, como por actos u omisiones de personas por las que, con arreglo a esta Ley, se deba responder.

3. No obstante, cuando no pudiera individualizarse la causa de los daños materiales o quedarse debidamente probada la concurrencia de culpas sin que pudiera precisarse el grado de intervención de cada agente en el daño producido, la responsabilidad se exigirá solidariamente con los demás agentes intervinientes ante los posibles adquirentes de los daños materiales en el edificio ocasionados por vicios o defectos de construcción.

4. Sin perjuicio de las medidas de intervención administrativas que en cada caso procedan, la responsabilidad del promotor que se establece en esta Ley se extenderá a las personas físicas o jurídicas que, a tenor del contrato o de su intervención decisoria en al promoción, actúen como tales promotores bajo la forma de promotor o gestor de cooperativas o de comunidades de propietarios u otras figuras análogas.

5. Cuando el proyecto haya sido contratado conjuntamente con más de un proyectista, los mismos responderán solidariamente.

Los proyectistas que contraten los cálculos, estudios, dictámenes o informes de otros profesionales, serán directamente responsables de los daños que puedan derivarse de su insuficiencia, incorrección o inexactitud, sin perjuicio de la repetición que pudieran ejercer contra sus autores.

6. El constructor responderá directamente de los daños materiales causados en el edificio por vicios o defectos derivados de la impericia, falta de capacidad profesional o técnica, negligencia o incumplimiento de las obligaciones atribuidas al jefe de obra y demás personas físicas o jurídicas que de él dependan.

Cuando el constructor subcontrate con otras personas físicas o jurídicas la ejecución de determinadas partes o instalaciones de la obra, será directamente responsable de los daños materiales por vicios o defectos de su ejecución, sin perjuicio de la repetición a que hubiere lugar.

Asimismo, el constructor responderá directamente de los daños materiales causados en el edificio por las deficiencias de los productos de construcción adquiridos o aceptados por él, sin perjuicio de la repetición a que hubiere lugar.

7. El director de obra y el director de la ejecución de la obra que suscriban el certificado final de obra serán responsables de la veracidad y exactitud de dicho documento.

Quien acepte la dirección de una obra cuyo proyecto no haya elaborado él mismo, asumirá las responsabilidades derivadas de las omisiones, deficiencias o imperfecciones del proyecto, sin perjuicio de la repetición que pudiere corresponderle frente al proyectista.

Cuando la dirección de obra se contrate de manera conjunta a más de un técnico, los mismos responderán solidariamente sin perjuicio de la distribución que entre ellos corresponda.

8. Las responsabilidades a que se refiere este artículo se entienden sin perjuicio de las que alcanzan al vendedor de los edificios o partes edificadas frente al comprador conforme al contrato de compraventa suscrito entre ellos, a los artículos 1.484 y siguientes del Código Civil y demás legislación aplicable a la compraventa.

Artículo 18. *Plazos de prescripción de las acciones.* 1. Las acciones para exigir la responsabilidad prevista en el artículo anterior por daños materiales dimanantes de los vicios o defectos, prescribirán en el plazo de dos años a contar desde que se produzcan dichos daños, sin perjuicio de las acciones que puedan subsistir para exigir responsabilidades por incumplimiento contractual.

2. La acción de repetición que pudiese corresponder a cualquiera de los agentes que intervienen en el proceso de edificación contra los demás, o a los aseguradores contra ellos, prescribirá en el plazo de dos años desde la firmeza de la resolución judicial que condene al responsable a indemnizar los daños, o a partir de la fecha en la que se hubiera procedido a la indemnización de forma extrajudicial.

Artículo 19. *Garantías por daños materiales ocasionados por vicios y defectos de la construcción.* 1. El régimen de garantías exigibles para las obras de edificación comprendidas en el artículo 2 de esta Ley se hará efectivo de acuerdo con la obligatoriedad que se establezca en aplicación de la disposición adicional segunda, teniendo como referente a las siguientes garantías:

a) Seguro de daños materiales, seguro de caución o garantía financiera, para garantizar, durante un año, el resarcimiento de los daños materiales por vicios o defectos de ejecución que afecten a elementos de terminación o acabado de las obras, que podrá ser sustituido por la retención por el promotor de un 5 por 100 del importe de la ejecución material de la obra.

b) Seguro de daños materiales, seguro de caución o garantía financiera, para garantizar, durante tres años, el resarcimiento de los daños causados por vicios o defectos de los elementos constructivos o de las instalaciones que ocasionen el incumplimiento de los requisitos de habitabilidad del apartado 1, letra c), del artículo 3.

c) Seguro de daños materiales, seguro de caución o garantía financiera, para garantizar, durante diez años, el resarcimiento de los daños materiales causados en el edificio por vicios o defectos que tengan su origen o afecten a la cimentación, los soportes, las vigas, los forjados, los muros de carga u otros elementos estructurales, y que comprometan directamente la resistencia mecánica y estabilidad del edificio[9].

2. Los seguros de daños materiales reunirán las condiciones siguientes:

a) Tendrá la consideración de tomador del seguro el constructor en el supuesto a) del apartado 1 y el promotor, en los supuestos b) y c) del mismo apartado, y de asegurados el propio promotor y los sucesivos adquirentes del edificio o de parte del mismo. El promotor podrá pactar expresamente con el constructor que éste sea tomador del seguro por cuenta de aquél.

b) La prima deberá estar pagada en el momento de la recepción de la obra. No obstante, en caso que se hubiera pactado el fraccionamiento en períodos siguientes a la fecha de recepción, la falta de pago de las siguientes fracciones de prima no dará derecho al asegurado a resolver el contrato, ni éste quedará extinguido, ni la cobertura del asegurador suspendida, ni éste liberado de su obligación, caso de que el asegurado deba hacer efectiva la garantía.

c) No será de aplicación la normativa reguladora de la cobertura de riesgos extraordinarios sobre las personas y los bienes contenida en el artículo 4 de la Ley 21/1990, de 19 de diciembre.

3. Los seguros de caución reunirán las siguientes condiciones:

a) Las señaladas en los apartados 2.a) y 2.b) de este artículo. En relación con el apartado 2.a), los asegurados serán siempre los sucesivos adquirentes del edificio o de parte del mismo.

b) El asegurador asume el compromiso de indemnizar al asegurado al primer requerimiento.

9 Apartado 1 redactado conforme a la Disposición final tercera, apartado 1, de la Ley 20/2015, de 14 de julio, de ordenación, supervisión y solvencia de las entidades aseguradoras y reaseguradoras (BOE núm. 168, de 15 de julio de 2015).

c) El asegurador no podrá oponer al asegurado las excepciones que puedan corresponderle contra el tomador del seguro.

4. Una vez tomen efecto las coberturas del seguro, no podrá rescindirse ni resolverse el contrato de mutuo acuerdo antes del transcurso del plazo de duración previsto en el apartado 1 de este artículo.

5. El importe mínimo del capital asegurado será el siguiente:

a) El 5 por 100 del coste final de la ejecución material de la obra, incluidos los honorarios profesionales, para las garantías del apartado 1.a) de este artículo.

b) El 30 por 100 del coste final de la ejecución material de la obra, incluidos los honorarios profesionales, para las garantías del apartado 1.b) de este artículo.

c) El 100 por 100 del coste final de la ejecución material de la obra, incluidos los honorarios profesionales, para las garantías del apartado 1.c) de este artículo.

6. El asegurador podrá optar por el pago de la indemnización en metálico que corresponda a la valoración de los daños o por la reparación de los mismos.

7. El incumplimiento de las anteriores normas sobre garantías de suscripción obligatoria implicará, en todo caso, la obligación de responder personalmente al obligado a suscribir las garantías.

8. Para las garantías a que se refiere el apartado 1.a) de este artículo no serán admisibles cláusulas por las cuales se introduzcan franquicias o limitación alguna en la responsabilidad del asegurador frente al asegurado.

En el caso de que en el contrato de seguro a que se refieren los apartados 1.b) y 1.c) de este artículo se establezca una franquicia, ésta no podrá exceder el 1 por 100 del capital asegurado de cada unidad registral.

9. Salvo pacto en contrario, las garantías a que se refiere esta Ley no cubrirán:

a) Los daños corporales u otros perjuicios económicos distintos de los daños materiales que garantiza la Ley.

b) Los daños ocasionados a inmuebles contiguos o adyacentes al edificio.

c) Los daños causados a bienes muebles situados en el edificio.

d) Los daños ocasionados por modificaciones u obras realizadas en el edificio después de la recepción, salvo las de subsanación de los defectos observados en la misma.

e) Los daños ocasionados por el mal uso o falta de mantenimiento adecuado del edificio.

f) Los gastos necesarios para el mantenimiento del edificio del que ya se ha hecho la recepción.

g) Los daños que tengan su origen en un incendio o explosión, salvo por vicios o defectos de las instalaciones propias del edificio.

h) Los daños que fueran ocasionados por caso fortuito, fuerza mayor, acto de tercero o por el propio perjudicado por el daño.

i) Los siniestros que tengan su origen en partes de la obra sobre las que haya reservas recogidas en el acta de recepción, mientras que tales reservas no hayan sido subsanadas y las subsanaciones queden reflejadas en una nueva acta suscrita por los firmantes del acta de recepción.

Artículo 20. *Requisitos para la escrituración e inscripción*[10]. 1. No se autorizarán ni se inscribirán en el Registro de la Propiedad escrituras públicas de declaración de obra nueva de edificaciones a las que sea de aplicación esta Ley, sin que se acredite y testimonie la constitución de las garantías a que se refiere el artículo 19.

2. Cuando no hayan transcurrido los plazos de prescripción de las acciones a que se refiere el artículo 18, no se cerrará en el Registro Mercantil la hoja abierta al promotor individual ni se inscribirá la liquidación de las sociedades promotoras sin que se acredite previamente al Registrador la constitución de las garantías establecidas por esta Ley, en relación con todas y cada una de las edificaciones que hubieran promovido.

DISPOSICIONES ADICIONALES

Primera. *Percepción de cantidades a cuenta del precio durante la construcción*[11]. Uno. Obligaciones de los promotores que perciban cantidades anticipadas.

[10] Desarrolla este precepto la Instrucción de 11 de septiembre de 2000, de la Dirección General de los Registros y del Notariado, sobre la forma de acreditar ante Notario y Registrador la constitución de las garantías a que se refiere el artículo 20.1 de la Ley 38/1999, de 5 de noviembre, de Ordenación de la Edificación (BOE núm. 227, de 21 de septiembre de 2000).

[11] Disposición adicional primera redactada conforme a la Disposición final tercera, apartado 2, de la Ley 20/2015, de 14 de julio, de ordenación, supervisión y solvencia de las entidades aseguradoras y reaseguradoras (BOE núm. 168, de 15 de julio de 2015).

1. Las personas físicas y jurídicas que promuevan la construcción de toda clase de viviendas, incluidas las que se realicen en régimen de comunidad de propietarios o sociedad cooperativa, y que pretendan obtener de los adquirentes entregas de dinero para su construcción, deberán cumplir las condiciones siguientes:

a) Garantizar, desde la obtención de la licencia de edificación, la devolución de las cantidades entregadas más los intereses legales, mediante contrato de seguro de caución suscrito con entidades aseguradoras debidamente autorizadas para operar en España, o mediante aval solidario emitido por entidades de crédito debidamente autorizadas, para el caso de que la construcción no se inicie o no llegue a buen fin en el plazo convenido para la entrega de la vivienda.

b) Percibir las cantidades anticipadas por los adquirentes a través de entidades de crédito en las que habrán de depositarse en cuenta especial, con separación de cualquier otra clase de fondos pertenecientes al promotor, incluido el supuesto de comunidades de propietarios o sociedad cooperativa, y de las que únicamente podrá disponer para las atenciones derivadas de la construcción de las viviendas. Para la apertura de estas cuentas o depósitos la entidad de crédito, bajo su responsabilidad, exigirá la garantía a que se refiere la condición anterior.

2. La garantía se extenderá a las cantidades aportadas por los adquirentes, incluidos los impuestos aplicables, más el interés legal del dinero.

Dos. Requisitos de las garantías.

1. Para que un contrato de seguro de caución pueda servir como garantía de las cantidades anticipadas en la construcción y venta de viviendas deberá cumplir los siguientes requisitos:

a) Se suscribirá una póliza de seguro individual por cada adquirente, en la que se identifique el inmueble para cuya adquisición se entregan de forma anticipada las cantidades o los efectos comerciales.

b) La suma asegurada incluirá la cuantía total de las cantidades anticipadas en el contrato de compraventa, de adhesión a la promoción o fase de la cooperativa o instrumento jurídico equivalente, incluidos los impuestos aplicables, incrementada en el interés legal del dinero desde la entrega efectiva del anticipo hasta la fecha prevista de la entrega de la vivienda por el promotor.

c) Será tomador del seguro el promotor, a quien le corresponderá el pago de la prima por todo el periodo de seguro hasta la elevación a escritura pública del contrato de compraventa, de adhesión a la promoción o fase de la cooperativa o instrumento jurídico equivalente.

d) Corresponde la condición de asegurado al adquirente o adquirentes que figuren en el contrato de compraventa.

e) El asegurador no podrá oponer al asegurado las excepciones que puedan corresponderle contra el tomador del seguro. La falta de pago de la prima por el promotor no será, en ningún caso, excepción oponible.

f) La duración del contrato no podrá ser inferior a la del compromiso para la construcción y entrega de las viviendas. En caso de que se conceda prórroga para la entrega de las viviendas, el promotor podrá prorrogar el contrato de seguro mediante el pago de la correspondiente prima, debiendo informar al asegurado de dicha prórroga.

g) La entidad aseguradora podrá comprobar durante la vigencia del seguro los documentos y datos del promotor-tomador que guarden relación con las obligaciones contraídas frente a los asegurados.

h) En caso de que la construcción no se inicie o no llegue a buen fin en el plazo convenido el asegurado, siempre que haya requerido de manera fehaciente al promotor para la devolución de las cantidades aportadas a cuenta, incluidos los impuestos aplicables y sus intereses y este en el plazo de treinta días no haya procedido a su devolución, podrá reclamar al asegurador el abono de la indemnización correspondiente. Igualmente, el asegurado podrá reclamar directamente al asegurador cuando no resulte posible la reclamación previa al promotor.

El asegurador deberá indemnizar al asegurado en el plazo de treinta días a contar desde que formule la reclamación.

i) En ningún caso serán indemnizables las cantidades que no se acredite que fueron aportadas por el asegurado, aunque se hayan incluido en la suma asegurada del contrato de seguro, por haberse pactado su entrega aplazada en el contrato de cesión.

j) El asegurador podrá reclamar al promotor-tomador las cantidades satisfechas a los asegurados, a cuyo efecto se subrogará en los derechos que correspondan a éstos.

k) En el caso de que la entidad aseguradora hubiere satisfecho la indemnización al asegurado como consecuencia del siniestro cubierto por el contrato de seguro, el promotor no podrá enajenar la vivienda sin haber resarcido previamente a la entidad aseguradora por la cantidad indemnizada.

l) En todo lo no específicamente dispuesto, le será de aplicación la Ley 50/1980, de 8 de octubre (RCL 1980, 2295), de Contrato de Seguro.

2. Para que un aval pueda servir como garantía de las cantidades anticipadas en la construcción y venta de viviendas deberá cumplir los siguientes requisitos:

a) Deberá emitirse y mantenerse en vigor por la entidad de crédito, por la cuantía total de las cantidades anticipadas en el contrato de compraventa, de adhesión a la promoción o fase de la cooperativa o instrumento jurídico equivalente, incluidos los impuestos aplicables, incrementada en el interés legal del dinero desde la entrega efectiva del anticipo hasta la fecha prevista de la entrega de la vivienda por el promotor.

b) En caso de que la construcción no se inicie o no llegue a buen fin en el plazo convenido, el beneficiario, siempre que haya requerido de manera fehaciente al promotor para la devolución de las cantidades entregadas a cuenta, incluidos los impuestos aplicables, y sus intereses y este en el plazo de treinta días no haya procedido a su devolución, podrá exigir al avalista el abono de dichas cantidades. Igualmente, el beneficiario podrá reclamar directamente al avalista cuando no resulte posible la reclamación previa al promotor.

c) Transcurrido un plazo de dos años, a contar desde el incumplimiento por el promotor de la obligación garantizada sin que haya sido requerido por el adquirente para la rescisión del contrato y la devolución de las cantidades anticipadas, se producirá la caducidad del aval.

Tres. Información contractual.

En los contratos para la adquisición de viviendas en que se pacte la entrega al promotor, incluido el supuesto de comunidades de propietarios o sociedad cooperativa, de cantidades anticipadas deberá hacerse constar expresamente:

a) Que el promotor se obliga a la devolución al adquirente de las cantidades percibidas a cuenta, incluidos los impuestos aplicables, más los intereses legales en caso de que la construcción no se inicie o termine en los plazos convenidos que se determinen en el contrato, o no se obtenga la cédula de habitabilidad, licencia de primera ocupación o el documento equivalente que faculten para la ocupación de la vivienda.

b) Referencia al contrato de seguro o aval bancario a los que hace referencia el apartado uno.1.a) de esta disposición, con indicación de la denominación de la entidad aseguradora o de la entidad avalista.

c) Designación de la entidad de crédito y de la cuenta a través de la cual se ha de hacer entrega por el adquirente de las cantidades que se hubiese comprometido anticipar como consecuencia del contrato celebrado.

En el momento del otorgamiento del contrato de compraventa, el promotor, incluido el supuesto de comunidades de propietarios o sociedad cooperativa, hará entrega al adquirente del documento que acredite la garantía, referida e individualizada a las cantidades que han de ser anticipadas a cuenta del precio.

Cuatro. Ejecución de la garantía.

Si la construcción no hubiera llegado a iniciarse o la vivienda no hubiera sido entregada, el adquirente podrá optar entre la rescisión del contrato con devolución de las cantidades entregadas a cuenta, incluidos los impuestos aplicables, incrementadas en los intereses legales, o conceder al promotor prórroga, que se hará constar en una cláusula adicional del contrato otorgado, especificando el nuevo período con la fecha de terminación de la construcción y entrega de la vivienda.

Cinco. Cancelación de la garantía.

Expedida la cédula de habitabilidad, la licencia de primera ocupación o el documento equivalente que faculten para la ocupación de la vivienda por el órgano administrativo competente y acreditada por el promotor la entrega de la vivienda al adquirente, se cancelarán las garantías otorgadas por la entidad aseguradora o avalista. Cumplidas las condiciones anteriores, se producirá igual efecto si el adquirente rehusara recibir la vivienda.

Seis. Publicidad de la promoción de viviendas.

En la publicidad de la promoción de viviendas con percepción de cantidades a cuenta con anterioridad a la iniciación de las obras o durante el período de construcción, será obligatorio hacer constar que el promotor ajustará su actuación y contratación al cumplimiento de los requisitos establecidos en la presente Ley, haciendo mención expresa de la entidad aseguradora o avalista garante, así como de la entidad de crédito en la que figura abierta la cuenta especial en la que habrán de ingresarse las cantidades anticipadas.

Siete. Infracciones y sanciones.

El incumplimiento de las obligaciones impuestas en esta disposición constituye infracción en materia de consumo, aplicándose lo dispuesto en el régimen sancionador general sobre protección de los consumidores y usuarios previsto en la legislación general y en la normativa autonómica correspondiente, sin perjuicio de las competencias atribuidas por la normativa vigente a la Dirección General de Seguros y Fondos de Pensiones.

El incumplimiento de la obligación de constituir garantía a la que se refiere el apartado uno.1 de esta disposición dará lugar a una sanción de hasta el 25 por 100 de las cantidades cuya devolución deba ser asegurada o la que corresponda según lo dispuesto en la normativa propia de las Comunidades Autónomas.

Además de lo anterior, se impondrán al promotor, incluido el supuesto de comunidades de propietarios o sociedad cooperativa, las infracciones y sanciones que pudieran corresponder conforme a la legislación específica en materia de ordenación de la edificación.

Ocho. Desarrollo reglamentario.

Reglamentariamente podrán determinarse los organismos públicos de promoción de viviendas que se exceptúen de los requisitos establecidos en esta disposición adicional.

El Gobierno podrá dictar las disposiciones complementarias para el desarrollo de lo dispuesto en esta disposición adicional.

Segunda. *Obligatoriedad de las garantías por daños materiales ocasionados por vicios y defectos en la construcción.* 1. La garantía contra daños materiales a que se refiere el apartado 1.c) del artículo 19 de esta Ley será exigible, a partir de su entrada en vigor, para edificios cuyo destino principal sea el de vivienda.

No obstante, esta garantía no será exigible en el supuesto del autopromotor individual de una única vivienda unifamiliar para uso propio. Sin embargo, en el caso de producirse la transmisión «inter vivos» dentro del plazo previsto en el párrafo a) del artículo 17.1, el autopromotor, salvo pacto en contrario, quedará obligado a la contratación de la garantía a que se refiere el apartado anterior por el tiempo que reste para completar los diez años. A estos efectos, no se autorizarán ni inscribirán en el Registro de la Propiedad escrituras públicas de transimisión «inter vivos» sin que se acredite y testimonie la constitución de la referida garantía, salvo que el autopromotor, que deberá acreditar haber utilizado la vivienda, fuese expresamente exonerado por el adquirente de la constitución de la misma.

Tampoco será exigible la citada garantía en los supuestos de rehabilitación de edificios destinados principalmente a viviendas para cuyos proyectos de nueva construcción se solicitaron las correspondientes licencias de edificación con anterioridad a la entrada en vigor de la presente Ley.

2. Mediante Real Decreto podrá establecerse la obligatoriedad de suscribir las garantías previstas en los apartados 1.a) y 1.b) del citado artículo 19, para edificios cuyo destino principal sea el de vivienda. Asimismo, mediante Real Decreto podrá establecerse la obligatoriedad de suscribir cualquiera de las garantías previstas en el artículo 19, para edificios destinados a cualquier uso distinto del de vivienda[12].

Tercera. *Intervenciones en el proceso de la edificación de los Cuerpos de Ingenieros de los Ejércitos en el ámbito de la Defensa.* Los miembros de los Cuerpos de Ingenieros de los Ejércitos, cuando intervengan en la realización de edificaciones o instalaciones afectadas a la Defensa, se regirán en lo que se refiere a su capacidad profesional por la Ley 17/199, de 18 de mayo, de Régimen del Personal de las Fuerzas Armadas, y disposiciones reglamentarias de desarrollo.

Cuarta. *Coordinador de seguridad y salud.* Las titulaciones académicas y profesionales habilitantes para desempeñar la función de coordinador de seguridad y salud en obras de edificación, durante la elaboración del proyecto y la ejecución de la obra, serán las de arquitecto, arquitecto técnico, ingeniero o ingeniero técnico, de acuerdo con sus competencias y especialidades.

Quinta. *Regulación del derecho de reversión.* Los artículos 54 y 55 de la Ley de Expropiación Forzosa, de 16 de diciembre de 1954, quedan redactados de la manera siguiente:

«Artículo 54.- 1. En el caso de no ejecutarse la obra o no establecerse el servicio que motivó la expropiación, así como si hubiera alguna parte sobrante de los bienes expropiados, o desapareciese la afectación, el primitivo dueño o sus causahabientes podrán recobrar la totalidad o la parte sobrante de los expropiado, mediante el abono a quien fuera su titular de la indemnización que se determina en el artículo siguiente.

2. No habrá derecho de reversión, sin embargo, en los casos siguientes:

12 Disposición redactada conforme a la Ley 53/2002, de 30 de diciembre, de Medidas Fiscales, Administrativas y del Orden Social (BOE núm. 313, de 31 de diciembre de 2002).

a) Cuando simultáneamente a la desafectación del fin que justificó la expropiación se acuerde justificadamente una nueva afectación a otro fin que haya sido declarado de utilidad pública o interés social. En este supuesto la Administración dará publicidad a la sustitución, pudiendo el primitivo dueño o sus causahabientes alegar cuanto estimen oportuno en defensa de su derecho a la reversión, si consideran que no concurren los requisitos exigidos por la ley, así como solicitar la actualización del justiprecio si no se hubiera ejecutado la obra o establecido el servicio inicialmente previstos.

b) Cuando la afectación al fin que justificó la expropiación o a otro declarado de utilidad pública o interés social se prolongue durante diez años desde la terminación de la obra o el establecimiento del servicio.

3. Cuando de acuerdo con lo establecido en los apartados anteriores de este artículo proceda la reversión, el plazo para que el dueño primitivo o sus causahabientes puedan solicitarla será el de tres meses, a contar desde la fecha en que la Administración hubiera notificado el exceso de expropiación, la desafectación del bien o derecho expropiados o su propósito de no ejecutar la obra o de no implantar el servicio.

En defecto de esta notificación, el derecho de reversión podrá ejercitarse por el expropiado y sus causahabientes en los casos y con las condiciones siguientes:

a) Cuando se hubiera producido un exceso de expropiación o la desafectación del bien o derecho expropiados y no hubieran transcurrido veinte años desde la toma de posesión de aquéllos.

b) Cuando hubieran transcurrido cinco años desde la toma de posesión del bien o derecho expropiados sin iniciarse la ejecución de la obra o la implantación del servicio.

c) Cuando la ejecución de la obra o las actuaciones para el establecimiento del servicio estuvieran suspendidas más de dos años por causas imputables a la Administración o al beneficiario de la expropiación sin que se produjera por parte de éstos ningún acto expreso para su reanudación.

4. La competencia para resolver sobre la reversión corresponderá a la Administración en cuya titularidad se halle el bien o derecho en el momento en que se solicite aquélla o la que se encuentre vinculado el beneficiario de la expropiación, en su caso, titular de los mismos.

5. En las inscripciones en el Registro de la Propiedad del dominio y demás derechos reales sobre bienes inmuebles adquiridos por expropiación forzosa se

hará constar el derecho preferente de los reversionistas frente a terceros posibles adquirentes para recuperar el bien o derecho expropiados de acuerdo con lo dispuesto en este artículo y en el siguiente, sin cuya constancia registral el derecho de reversión no será oponible a los terceros adquirentes que hayan inscrito los títulos de sus respectivos derechos conforme a lo previsto en la Ley Hipotecaria.

Artículo 55.- 1. Es presupuesto del ejercicio del derecho de reversión la restitución de la indemnización expropiatoria percibida por el expropiado, actualizada conforme a la evolución del índice de precios al consumo en el período comprendido entre la fecha de iniciación del expediente de justiprecio y la de ejercicio del derecho de reversión. La determinación de este importe se efectuará por la Administración en el mismo acuerdo que reconozca el derecho de reversión.

2. Por excepción, si el bien o derecho expropiado hubiera experimentado cambios en su calificación jurídica que condicionan su valor o hubieran incorporado mejoras aprovechables por el titular de aquel derecho o sufrido menoscabo de valor, se procederá a una nueva valoración del mismo, referida a la fecha de ejercicio del derecho, fijada con arreglo a las normas contenidas en el Capítulo III del Título II de esta Ley.

3. La norma de posesión, del bien o derecho revertido no podrá tener lugar sin el previo pago o consignación del importe resultante conforme a los apartados anteriores. Dicho pago o consignación deberá tener lugar en el plazo máximo de tres meses desde su determinación en vía administrativa, bajo pena de caducidad del derecho de reversión y sin perjuicio de la interposición de recurso contencioso-administrativo. En este último caso, las diferencias que pudieran resultar de la sentencia que se dicte deberán, asimismo, satisfacerse o reembolsarse, según proceda, incrementadas con los intereses devengados al tipo e interés legal desde la fecha del primer pago en el plazo de tres meses desde la notificación de la sentencia bajo pena de caducidad del derecho de reversión en el primer supuesto»[13].

Sexta. *Infraestructuras comunes en los edificios para el acceso a los servicios de telecomunicación*. El artículo 2, apartado a), del Real Decreto-Ley 1/1998,

[13] Véase *supra* el artículo 34 del Texto Refundido de la Ley de Suelo, aprobado por Real Decreto Legislativo 2/2008, de 20 de junio (BOE núm. 154, de 26 de junio de 2008).

de 27 de febrero, sobre infraestructuras comunes en los edificios para el acceso a los servicios de telecomunicación, quedará redactado de la siguiente manera:

«a) A todos los edificios y conjuntos inmobiliarios en los que exista continuidad en la edificación, de uso residencial o no y sean o no de nueva construcción, que estén acogidos, o deban acogerse, al régimen de propiedad horizontal regulado por la Ley 49/1960, de 21 de julio, de Propiedad Horizontal, modificada por la Ley 8/1999, de 6 de abril».

Séptima. *Solicitud de la demanda de notificación a otros agentes.* Quien resulte demandado por ejercitarse contra él acciones de responsabilidad basadas en las obligaciones resultantes de su intervención en el proceso de la edificación previstas en la presente Ley, podrá solicitar, dentro del plazo que la Ley de Enjuiciamiento Civil concede para contestar a la demanda, que ésta se notifique a otro u otros agentes que también hayan tenido intervención en el referido proceso.

La notificación se hará conforme a lo establecido para el emplazamiento de los demandados e incluirá la advertencia expresa a aquellos otros agentes llamados al proceso de que, en el supuesto de que no comparecieren, la sentencia que se dicte será oponible y ejecutable frente a ellos.

Octava. *Instalación de infraestructuras de red o estaciones radioeléctricas en edificaciones de dominio privado*[14]. Las obras de instalación de infraestructuras de red o estaciones radioeléctricas en edificaciones de dominio privado no requerirán la obtención de licencia de obras o edificación ni otras autorizaciones, si bien, en todo caso el promotor de las mismas habrá de presentar ante la autoridad competente en materia de obras de edificación una declaración responsable donde conste que las obras se llevarán a cabo según un proyecto o una memoria técnica suscritos por técnico competente, según corresponda, justificativa del cumplimiento de los requisitos aplicables del Código Técnico de la Edificación. Una vez ejecutadas y finalizadas las obras de instalación de las infraestructuras de las redes de comunicaciones electrónicas, el promotor deberá presentar ante la autoridad competente una comunicación

[14] Esta Disposición adicional octava ha sido introducida por la Disposición final tercera de la Ley 9/2014, de 9 de mayo, de Telecomunicaciones (BOE núm. 114, de 10 de mayo de 2014).

de la finalización de las obras y de que las mismas se han llevado a cabo según el proyecto técnico o memoria técnica.

DISPOSICIONES TRANSITORIAS

Primera. Lo dispuesto en esta Ley, salvo en materia de expropiación forzosa en que se estará a lo establecido en la disposición transitoria segunda, será de aplicación a las obras de nueva construcción y a obras en los edificios existentes, para cuyos proyectos se solicite la correspondiente licencia de edificación, a partir de su entrada en vigor.

Segunda. Lo establecido en la disposición adicional quinta no será de aplicación a aquellos bienes y derechos sobre los que, a la entrada en vigor de la ley, se hubiera presentado la solicitud de reversión.

Tercera. *Adaptación al régimen introducido por la disposición adicional primera «Percepción de cantidades a cuenta del precio durante la construcción», en su redacción dada por la Ley 20/2015, de 14 de julio, de ordenación, supervisión y solvencia de entidades aseguradoras y reaseguradoras, que modifica la Ley 38/1999, de 5 de noviembre, de Ordenación de la Edificación*[15]. Las entidades aseguradoras deberán, antes del 1 de julio de 2016 y para las cantidades que se entreguen a cuenta a partir de esa fecha, adaptar las pólizas vigentes a 1 de enero de 2016 al régimen introducido por la disposición final tercera.dos de la Ley 20/2015, de 14 de julio, de ordenación, supervisión y solvencia de entidades aseguradoras y reaseguradoras, por la que se modifica la disposición adicional primera «Percepción de cantidades a cuenta del precio durante la construcción» de la Ley 38/1999, de 5 de noviembre, de Ordenación de la Edificación.

DISPOSICIONES DEROGATORIAS

Primera. Quedan derogadas todas las disposiciones de igual o inferior rango que se opongan a lo dispuesto en esta Ley.

[15] Esta Disposición transitoria tercera ha sido introducida por la Disposición final tercera, apartado 3, de la Ley 20/2015, de 14 de julio, de ordenación, supervisión y solvencia de las entidades aseguradoras y reaseguradoras (BOE núm. 168, de 15 de julio de 2015).

Segunda. Los artículo 64 a 70 del Reglamento de la Ley de Expropiación Forzosa, aprobado por Decreto de 26 de abril de 1957, seguirán vigentes en cuanto no se opongan o resulten compatibles con lo establecido en la disposición adicional quinta.

Tercera[16]**.** Quedan derogadas cuantas disposiciones de igual o inferior rango se opongan a lo establecido en esta Ley y, en particular, las siguientes:

a) La Ley 57/1968, de 27 de julio, sobre percibo de cantidades anticipadas en la construcción y venta de viviendas.

b) El Decreto 3114/1968, de 12 de diciembre, sobre aplicación de la Ley 57/1968, de 27 de julio, a las Comunidades y Cooperativas de Viviendas.

c) La Orden de 29 de noviembre de 1968 sobre el seguro de afianzamiento de cantidades anticipadas para viviendas, en lo que pudiera estar en vigor.

DISPOSICIONES FINALES

Primera. *Fundamento constitucional.* Esta Ley se dicta al amparo de la competencia que corresponde al Estado de conformidad con los artículos de la Constitución siguientes:

a) El artículo 149.1.6.ª, 8.ª y 30.ª en relación con las materias civiles y mercantiles de los capítulos I y II y con las obligaciones de los agentes de la edificación y atribuciones derivadas del ejercicio de las profesiones establecidas en el capítulo III, sin perjuicio de los derechos civiles, forales o especiales existentes en determinadas Comunidades Autónomas.

b) El artículo 149.1.16.ª, 21.ª, 23.ª y 25.ª para el artículo 3.

c) El artículo 149.1.6.ª, 8.ª y 11.ª para el capítulo IV.

d) El artículo 149.1.18.ª para la disposición adicional quinta.

Lo dispuesto en esta Ley será de aplicación sin perjuicio de las competencias legislativas y de ejecución que tengan asumidas las Comunidades Autónomas en este ámbito.

Segunda. *Autorización al Gobierno para la aprobación de un Código Técnico de la Edificación.* Se autoriza al Gobierno para que, mediante Real Decreto y en

[16] Esta Disposición derogatoria tercera ha sido introducida por la Disposición final tercera, apartado 4, de la Ley 20/2015, de 14 de julio, de ordenación, supervisión y solvencia de las entidades aseguradoras y reaseguradoras (BOE núm. 168, de 15 de julio de 2015).

el plazo de dos años a contar desde la entrada en vigor de esta Ley, apruebe un Código Técnico de la Edificación que establezca la exigencias que deben cumplir los edificios en relación con los requisitos básicos establecidos en el artículo 3, apartados 1.b) y 1.c).

Hasta su aprobación, para satisfacer estos requisitos básicos se aplicarán las normas básicas de la edificación-NBE que regulan las exigencias técnicas de los edificios y que se enumeran a continuación:

NBE CT-79 Condiciones térmicas en los edificios.

NBE CA-88 Condiciones acústicas en los edificios.

NBE AE-88 Acciones en la edificación.

NBE FL-90 Muros resistentes de fábrica de ladrillo.

NBE QB-90 Cubiertas con materiales bituminosos.

NBE EA-95 Estructuras de acero en edificación.

NBE CPI-96 Condiciones de protección contra incendios en los edificios.

Asimismo, se aplicará el resto de la reglamentación técnica de obligado cumplimiento que regule alguno de los requisitos básicos establecidos en el artículo 3.

Tercera. *Adaptación del Reglamento de la Ley de Expropiación Forzosa.* El Gobierno, en un plazo de seis meses, adaptará la sección 4.ª del capítulo IV del Título II del Reglamento de la Ley de Expropiación Forzosa a lo dispuesto en esta Ley.

Cuarta. *Entrada en vigor.* Este Ley entrará en vigor a los seis meses de su publicación en el «Boletín Oficial del Estado», salvo sus disposiciones adicional quinta, transitoria segunda, derogatoria primera por lo que se refiere a la legislación en materia de expropiación forzosa, derogatoria segunda, y final tercera que entrarán en vigor el día siguiente al de dicha publicación.

3. Ley 8/2013, de 26 de junio, de Rehabilitación, Regeneración y Renovación Urbanas[1]
(BOE núm. 153, de 27 de junio de 2013)

[...][2]

1 Su Exposición de Motivos dice así:

«I. Los problemas económicos y sociales existentes en torno al mercado del suelo y la vivienda en España son de muy diversa índole y, en buena medida, anteriores a la crisis económico-financiera. La mayoría tienen, de hecho, un carácter estructural y no solo coyuntural, si bien algunos de ellos se han visto agravados por el cambio de ciclo económico, al tiempo que han contribuido también a agudizar la crisis.

La tradición urbanística española, como ya reconoció el legislador estatal en la Ley 8/2007, de 28 de mayo, de Suelo, se ha volcado fundamentalmente en la producción de nueva ciudad, descompensando el necesario equilibrio entre dichas actuaciones y aquellas otras que, orientadas hacia los tejidos urbanos existentes, permiten intervenir de manera inteligente en las ciudades, tratando de generar bienestar económico y social y garantizando la calidad de vida a sus habitantes. Estas otras intervenciones son mucho más complejas, tanto desde el punto de vista social como económico; complejidad que se agrava en el momento presente a consecuencia de un contexto desfavorable para la financiación pública, debido a los procesos de estabilización presupuestaria, y también para la financiación privada, por las restricciones en el acceso a los créditos, derivadas de la crisis del sector financiero y del empobrecimiento de muchas familias a consecuencia de los altos niveles de desempleo.

Sin embargo, el camino de la recuperación económica, mediante la reconversión del sector inmobiliario y de la construcción y también la garantía de un modelo sostenible e integrador, tanto ambiental, como social y económico, requieren volcar todos los esfuerzos en aquellas actuaciones, es decir, las de rehabilitación y de regeneración y renovación urbanas, que constituyen el objeto esencial de esta Ley. Tal y como se deduce del Sistema de Información Urbana y el Estudio de Sectores Residenciales en España 2011, ambos elaborados por el Ministerio de Fomento, España posee actualmente, si no se reactiva la demanda, suelo capaz de acoger nuevos crecimientos urbanísticos para los próximos cuarenta y cinco años. Esta situación se agrava cuando se observa que gran parte de estos suelos se encuentran situados en entornos donde no es previsible ningún incremento de demanda en los próximos años. A ello se une el dato significativo de vivienda nueva vacía, 723.043 viviendas. Tanto a corto, como a medio plazo, será muy difícil que los sectores inmobiliario y de la construcción puedan contribuir al crecimiento de la economía española y a la generación de empleo si continúan basándose, principalmente y con carácter general, en la transformación urbanística de suelos vírgenes y en la construcción de vivienda nueva.

Pero aún en el caso de que así fuera, la legislación vigente ya da cumplida respuesta a estos procesos, mientras que no existe un desarrollo en igual medida que permita sustentar las operaciones de rehabilitación y las de regeneración y renovación urbanas, en las que, además, todavía persisten obstáculos legales que impiden su puesta en práctica o, incluso, su propia viabilidad técnica y económica. Es preciso, por tanto, generar un marco normativo idóneo para dichas operaciones, que no sólo llene las lagunas legales actualmente existentes, sino que remueva los obstáculos que las imposibilitan en la práctica y que propicie la generación de ingresos propios para hacer frente a las mismas.
La rehabilitación y la regeneración y renovación urbanas tienen, además, otro relevante papel que jugar en la recuperación económica, coadyuvando a la reconversión de otros sectores, entre ellos, fundamentalmente el turístico. La actividad turística es clave para la economía de nuestro país y supone más de un 10,2 % del PIB, aportando un 11,39 % del empleo. Numerosos destinos turísticos «maduros» se enfrentan a un problema sistémico en el que tiene mucho que ver el deterioro físico de sus dotaciones y respecto de los cuales, la aplicación de estrategias de rehabilitación, regeneración y renovación urbanas podría generar impactos positivos que, a su vez, servirían de palanca imprescindible para el desarrollo económico de España.
II. No parece admitir dudas el dato de que el parque edificado español necesita intervenciones de rehabilitación y de regeneración y renovación urbanas que permitan hacer efectivo para todos, el derecho constitucional a una vivienda digna y adecuada, así como la exigencia del deber de sus propietarios de mantener los inmuebles en adecuadas condiciones de conservación. Aproximadamente el 55 % (13.759.266) de dicho parque edificado, que asciende a 25.208.622 viviendas, es anterior al año 1980 y casi el 21 % (5.226.133) cuentan con más de 50 años. El único instrumento que actualmente permite determinar el grado de conservación de los inmuebles, la Inspección Técnica de Edificios, no sólo es insuficiente para garantizar dicho objetivo, y así se pone de manifiesto desde los más diversos sectores relacionados con la edificación, sino que ni siquiera está establecido en todas las Comunidades Autónomas, ni se exige en todos los municipios españoles.
A ello hay que unir la gran distancia que separa nuestro parque edificado de las exigencias europeas relativas a la eficiencia energética de los edificios y, a través de ellos, de las ciudades. Casi el 58 % de nuestros edificios se construyó con anterioridad a la primera normativa que introdujo en España unos criterios mínimos de eficiencia energética: la norma básica de la edificación NBE-CT-79, sobre condiciones térmicas en los edificios. La Unión Europea ha establecido una serie de objetivos en el Paquete 20-20-20 «Energía y Cambio Climático», que establece, para los 27 países miembros, dos objetivos obligatorios: la reducción del 20 % de las emisiones de gases de efecto invernadero y la elevación de la contribución de las energías renovables al 20 % del consumo, junto a un objetivo indicativo, de mejorar la eficiencia energética en un 20 %. Estos objetivos europeos se traducen en objetivos nacionales y esta Ley contribuye, sin duda, al cumplimiento de los mismos, a través de las medidas de rehabilitación que permitirán

reducir los consumos de energía, que promoverán energías limpias y que, por efecto de las medidas anteriores, reducirán las emisiones de gases de efecto invernadero del sector. En relación con este último objetivo, España debe reducir en el año 2020, un 10 % de las emisiones de los sectores difusos, con respecto al año 2005. Dentro de estos sectores, definidos como aquellos no incluidos en el comercio de derechos de emisión, se encuentra el residencial, el cual, conjuntamente con el sector comercial e institucional representa un 22 % de las emisiones difusas, siendo asimismo responsable de emisiones indirectas, por consumo eléctrico. Las emisiones de los sectores difusos representan el 2/3 de las totales, por lo que el objetivo de avanzar en una «economía baja en carbono», mediante actuaciones en las viviendas de baja calidad, que en España se sitúan entre las construidas en las décadas de los 50, 60 y 70, y mejorando la eficiencia del conjunto del parque residencial, es clave.

Precisamente, la reciente Directiva 2012/27/UE, relativa a la eficiencia energética, tras reconocer que los edificios representan el 40 % del consumo de energía final de la Unión Europea, obliga no sólo a renovar anualmente un porcentaje significativo de los edificios de las Administraciones centrales para mejorar su rendimiento energético, sino a que los Estados miembros establezcan, también, una estrategia a largo plazo, hasta el año 2020 —para minorar el nivel de emisiones de CO_2— y hasta el año 2050 —con el compromiso de reducir el nivel de emisiones un 80-95 % en relación a los niveles de 1990—, destinada a movilizar inversiones en la renovación de edificios residenciales y comerciales, para mejorar el rendimiento energético del conjunto del parque inmobiliario. A través de esta estrategia de renovaciones exhaustivas y rentables que reduzcan el consumo de energía de los edificios, en porcentajes significativos con respecto a los niveles anteriores a la renovación, se crearán además oportunidades de crecimiento y de empleo en el sector de la construcción.

Y aún con todo, el porcentaje que representa la rehabilitación en España en relación con el total de la construcción es, asimismo, uno de los más bajos de la zona euro, situándose trece puntos por debajo de la media europea, que alcanza un entorno del 41,7 % del sector de la construcción, y ello aún con el desplome de dicho sector en España, a consecuencia de la crisis.

Esta actividad, globalmente entendida, no sólo es susceptible de atender los objetivos de eficiencia energética y de recuperación económica ya expresados, sino también de contribuir activamente a la sostenibilidad ambiental, a la cohesión social y a la mejora de la calidad de vida de todos los ciudadanos, tanto en las viviendas y en los edificios, como en los espacios urbanos. No en vano, muchas de las más importantes operaciones de regeneración y renovación urbanas tienen, además, un carácter integrado, es decir, articulan medidas sociales, ambientales y económicas, que se suman a las estrictamente físicas para lograr, mediante una estrategia unitaria, la consecución de aquellos objetivos.

En suma, la actividad de rehabilitación en su conjunto debe buscar áreas que permitan aplicar políticas integrales que contemplen intervenciones no solo en el ámbito físicoespacial, sino también en los ámbitos social, económico, ambiental y de integración de la ciudad. El tamaño de estas operaciones permitirá la puesta en servicio de redes de instalaciones energéticas a escala de barrio, con menor consumo de recursos, y que permitirían que los barrios tiendan a la autosuficiencia energética en el medio plazo.

III. Sin perjuicio de las competencias de las Comunidades Autónomas en materia de vivienda y urbanismo, el Estado no puede mantenerse al margen de la realidad del sector inmobiliario español, y con él, de nuestra economía, ni tampoco de los retos sociales y ambientales planteados, no sólo porque parte de las respuestas corresponden a su ámbito competencial, sino también porque muchas de las exigencias que se demandan en relación con un medio urbano sostenible, proceden en la actualidad de la Unión Europea o de compromisos internacionales asumidos por España. Entre ellos, la Directiva 2002/91/CE del Parlamento Europeo y del Consejo, de 16 de diciembre de 2002, refundida posteriormente en la Directiva 2010/31/UE del Parlamento Europeo y del Consejo, de 19 de mayo de 2010, relativa a la eficiencia energética de los edificios y la Directiva 2012/27/UE del Parlamento Europeo y del Consejo, de 25 de octubre de 2012, relativa a la eficiencia energética, a las que pueden añadirse la Estrategia Temática para el Medio Ambiente Urbano, el Marco Europeo de Referencia para la Ciudad Sostenible, o la Declaración de Toledo —aprobada por los Ministros responsables del desarrollo urbano de los 27 Estados miembros de la Unión Europea el 22 de junio de 2010—, de acuerdo con la cual «la batalla principal de la sostenibilidad urbana se ha de jugar precisamente en la consecución de la máxima ecoeficiencia posible en los tejidos urbanos de la ciudad ya consolidada», y en la que se destaca la importancia de la regeneración urbana integrada y su potencial estratégico para un desarrollo urbano más inteligente, sostenible y socialmente inclusivo en Europa.

La regulación que contiene esta norma se enmarca en un contexto de crisis económica, cuya salida depende en gran medida —dado el peso del sector inmobiliario en dicha crisis—, de la recuperación y reactivación —de cara sobre todo al empleo— del sector de la construcción. Dicha salida, en un contexto de improcedencia de políticas de expansión, tales como la generación de nueva ciudad y nuevas viviendas, sólo es posible actuando sobre el patrimonio inmobiliario y la edificación existente.

También se enmarca en la necesidad de operar, paralelamente, sobre el patrimonio inmobiliario existente a los efectos de contribuir al ahorro energético, con el relanzamiento de la industria de materiales, así como de la relativa a las restantes instalaciones y dotaciones de la edificación y de las tecnologías de energías renovables, para hacer frente, no sólo a los retos energéticos de la economía española —dependencia del exterior en energías primarias e incremento de costes y riesgos que tal dependencia supone—, sino también a los compromisos adquiridos en el contexto de la Unión Europea y su paquete de objetivos en materia energética y de lucha contra el cambio climático para el año 2020. Estos compromisos incluyen la intervención sobre el parque de viviendas existentes en cuanto sector en el que es posible un ahorro energético considerable y en el que hay que incidir también desde el punto de vista de la lucha contra el cambio climático, inducido por los gases de efecto invernadero.

Esta norma constituye legislación básica dictada al amparo de la competencia estatal para establecer las bases y la coordinación de la planificación general de la actividad económica, reconocida en el artículo 149.1.13.ª de la Constitución, y fija, en consecuencia, un «común denominador» de «carácter nuclear» que deja suficiente margen a las Comunidades Autónomas para el ejercicio de las competencias que les son propias. Adicionalmente, y en los términos fijados en la disposición final decimonovena, la presente Ley se dicta al amparo de los títulos competenciales reconocidos en el artículo 149.1.1.ª, 8.ª, 14.ª, 16.ª, 18.ª, 23.ª, 25.ª y 30.ª de la Constitución, que atribuye al Estado la competencia sobre regulación de las condiciones básicas que garantizan la igualdad en el ejercicio de los derechos y en el cumplimiento de los deberes constitucionales, legislación civil, hacienda general y deuda del Estado, bases y coordinación general de la sanidad, bases del régimen jurídico de las Administraciones Públicas, procedimiento administrativo común, legislación sobre expropiación forzosa y el sistema de responsabilidad de las Administraciones Públicas, legislación básica sobre protección del medio ambiente, bases del régimen energético y regulación de las condiciones de obtención, expedición y homologación de títulos académicos y profesionales.

Dentro de este marco, los objetivos perseguidos por esta Ley son los siguientes:

En primer lugar, potenciar la rehabilitación edificatoria y la regeneración y renovación urbanas, eliminando trabas actualmente existentes y creando mecanismos específicos que la hagan viable y posible.

En segundo lugar, ofrecer un marco normativo idóneo para permitir la reconversión y reactivación del sector de la construcción, encontrando nuevos ámbitos de actuación, en concreto, en la rehabilitación edificatoria y en la regeneración y renovación urbanas.

En tercer lugar, fomentar la calidad, la sostenibilidad y la competitividad, tanto en la edificación, como en el suelo, acercando nuestro marco normativo al marco europeo, sobre todo en relación con los objetivos de eficiencia, ahorro energético y lucha contra la pobreza energética.

Para ello, además de los contenidos propios de la nueva Ley, cuya función estriba básicamente en llenar los vacíos legales existentes, resulta necesario afrontar la modificación de las siguientes normas actualmente en vigor, tanto para eliminar aquellos obstáculos que impiden hoy alcanzar los objetivos propuestos, como para adaptar los existentes a los nuevos: el texto refundido de la Ley de Suelo, aprobado por el Real Decreto Legislativo 2/2008, de 20 de junio, la Ley 2/2011, de 4 de marzo, de Economía Sostenible, el Real Decreto-ley 8/2011, de 1 de julio, de medidas de apoyo a los deudores hipotecarios, de control del gasto público y cancelación de deudas con empresas y autónomos contraídas por las entidades locales, de fomento de la actividad empresarial e impulso de la rehabilitación y de simplificación administrativa, la Ley 38/1999, de 5 de noviembre, de Ordenación de la Edificación, el Real Decreto 314/2006, de 17 de marzo, por el que se aprueba el Código Técnico de la Edificación y la Ley 49/1960, de 21 de julio, sobre

Propiedad Horizontal. En algunos casos puntuales, la modificación incluye la derogación de determinados preceptos.

Los tres objetivos señalados en los párrafos anteriores se alinean con la Directiva 2010/31/UE, en la medida en que la presente Ley persigue promover la eficiencia energética y atender a los desafíos provocados por el cambio climático. Para ello, se reconoce la oportunidad que ofrece la transformación del modelo productivo hacia parámetros de sostenibilidad ambiental, social y económica, con la creación de empleos vinculados con el medio ambiente, los llamados empleos verdes, en concreto, aquellos vinculados con las energías renovables y las políticas de rehabilitación y ahorro energético.

IV. La Ley se compone de un Título Preliminar, dos Títulos, cuatro disposiciones adicionales, dos disposiciones transitorias, una disposición derogatoria y veinte disposiciones finales.

El Título Preliminar de la Ley describe su objeto, que consiste en regular las condiciones básicas que garanticen un desarrollo sostenible y competitivo del medio urbano, así como el impulso y el fomento de las actuaciones que conduzcan a la rehabilitación de los edificios y a la regeneración y renovación de los tejidos urbanos existentes, cuando sean necesarias para asegurar a los ciudadanos calidad de vida y la efectividad de su derecho a disfrutar de una vivienda digna y adecuada. El Título Preliminar, asimismo, se refiere a las políticas que los poderes públicos, dentro del ámbito de sus competencias, deberán formular y desarrollar, en el marco de los principios de sostenibilidad económica, social y medioambiental, cohesión territorial, eficiencia energética y complejidad funcional. Para todo ello, dispone el legislador estatal de fundamento competencial constitucional, al amparo de lo dispuesto en el artículo 149.1.1.ª, 8.ª, 13.ª, 16.ª, 18.ª, 23.ª y 25.ª de la Constitución.

V. El Título I contiene la regulación básica del Informe de Evaluación de los Edificios, que parte de la establecida por el Real Decreto-ley 8/2011, de 1 de julio, de medidas de apoyo a los deudores hipotecarios, de control del gasto público y cancelación de deudas con empresas y autónomos contraídas por las entidades locales, de fomento de la actividad empresarial e impulso de la rehabilitación y de simplificación administrativa, pero supera algunas de sus insuficiencias. Entre ellas, la que lo identificaba plenamente con la Inspección Técnica de Edificios regulada por las Comunidades Autónomas y por algunos Ayuntamientos y, precisamente, a sus únicos efectos. El legislador estatal, al regular este Informe de Evaluación, trata de asegurar la calidad y sostenibilidad del parque edificado, así como obtener información que le permita orientar el ejercicio de sus propias políticas. Para ello, se dota de un instrumento que otorga la necesaria uniformidad a los contenidos que se entienden necesarios para asegurar el cumplimiento de dichos objetivos, todo ello sin prejuzgar las concretas medidas de intervención administrativa que deban poner en marcha las Administraciones competentes, para ir adaptando —de manera gradual en el tiempo—, el parque edificado español, a unos criterios mínimos de calidad y sostenibilidad. Su exigencia también se limita a aquellos edificios que tienen verdadera transcendencia en relación con los mencionados objetivos, así como con una determinada política económica y de vivienda a escala estatal, que son los de tipología colectiva y siempre que su uso sea el residencial o asimilado.

Se busca también facilitar a las Administraciones competentes un instrumento que les permita disponer de la información precisa para evaluar el cumplimiento de las condiciones básicas legalmente exigibles, tanto en materia de conservación, como de accesibilidad. Así, las primeras se regulan en el texto refundido de la Ley de Suelo, aprobado por el Real Decreto Legislativo 2/2008, de 20 de junio, y las segundas se derivan de la Ley 26/2011, de 1 de agosto, de adaptación normativa a la Convención Internacional sobre los Derechos de las Personas con Discapacidad, que exige la realización de los ajustes razonables en materia de accesibilidad universal (con sus obras correspondientes), estableciendo incluso un plazo, que finaliza en el año 2015, momento a partir del cual pueden ser legalmente exigidos, tanto para los edificios, como para los espacios públicos urbanizados existentes y, por tanto, también controlados por la Administración Pública competente.

Por último, el informe contiene un apartado de carácter orientativo sobre un aspecto clave para mejorar la calidad de vida de los ciudadanos, la eficiencia energética y el cumplimiento de los compromisos de España con Europa en el horizonte 2020: la Certificación de la Eficiencia Energética de los Edificios, exigida por la Directiva 2002/91/CE del Parlamento Europeo y del Consejo, de 16 de diciembre, relativa a la eficiencia energética, y por la Directiva 2010/31/UE del Parlamento Europeo y del Consejo, de 19 de mayo de 2010, que la refunde y completa. La certificación contendrá, no sólo una calificación del edificio a tales efectos (mediante letras, de la A a la G), sino también unas recomendaciones sobre las mejoras energéticas que podrían realizarse, analizadas en términos de coste/beneficio y clasificadas en función de su viabilidad técnica, económica y funcional y de su repercusión energética. Dado que la Directiva exige que esta certificación se adjunte cuando una vivienda se ponga en venta o en alquiler, en aras de una mayor transparencia del mercado, una mayor información para los propietarios y un menor coste en su emisión, se busca la doble racionalidad y sinergia que supone incluirla en el informe de evaluación del edificio.

VI. El Título II contiene la regulación de las actuaciones sobre el medio urbano, que van desde las de rehabilitación edificatoria, hasta las que supongan una regeneración y renovación urbanas, identificando los sujetos legitimados para participar en ellas y ofreciendo nuevos instrumentos que, sin duda, contribuirán a facilitar la gestión y la cooperación interadministrativa tan necesaria en estos casos. La Ley amplía las facultades reconocidas a las comunidades de vecinos, agrupaciones de propietarios y cooperativas de viviendas, para actuar en el mercado inmobiliario con plena capacidad jurídica para todas las operaciones, incluidas las crediticias, relacionadas con el cumplimiento del deber legal de conservación, e introduce los instrumentos de gestión y los mecanismos de cooperación interadministrativa que tienen por objeto fortalecer el marco en el que las citadas actuaciones se desenvuelven. A ello se une la búsqueda de mecanismos que pretenden conseguir que la financiación para la rehabilitación sea más accesible y se encuentre más al alcance de los interesados. Se establecen además, otros mecanismos específicos para facilitar la financiación de estas actuaciones, entre los que destacan los convenios entre las Administraciones Públicas actuantes, los propietarios y demás sujetos que vayan a intervenir en la ejecución, que pueden incluir, desde la explotación conjunta del inmueble o partes del mismo, a los siguientes tipos de contratos o colaboración:

- cesión, con facultad de arrendamiento u otorgamiento del derecho de explotación a terceros, a cambio del pago aplazado de la parte del coste que corresponda a los propietarios de las fincas.
- permuta o cesión de terrenos o de parte de la edificación sujeta a rehabilitación por determinada edificación futura.
- arrendamiento o cesión de uso de local, vivienda o cualquier otro elemento de un edificio por plazo determinado a cambio del pago por el arrendatario o cesionario de todos o de alguno de los siguientes conceptos: impuestos, tasas, cuotas a la comunidad o agrupación de comunidades de propietarios o de la cooperativa, gastos de conservación, etc.
- constituir consorcios o sociedades mercantiles de capital mixto, con participación privada minoritaria.

Además, con independencia de que se permita poner en marcha cualquier posible fórmula de coordinación, se asegura la colaboración y la cooperación económica de la Administración General del Estado, en cualquiera de las formas previstas legalmente, siempre que se otorgue prioridad en las ayudas estatales a las actuaciones que tengan por objeto la conservación, la rehabilitación edificatoria y la regeneración y renovación urbanas tal y como se conciban en los correspondientes Planes estatales.

VII. Las disposiciones adicionales albergan cuatro normas de contenido diverso. La primera recoge el sistema informativo general e integrado que dispusiera la Ley 2/2011, de 4 de marzo, de Economía Sostenible, para garantizar que la Administración General del Estado, en colaboración con las Comunidades Autónomas y las Administraciones Locales, promoverá la actualización permanente y la explotación de la información necesaria para el desarrollo de las políticas públicas a favor de un medio urbano sostenible y competitivo. La segunda aclara que sigue vigente todo lo previsto en el texto refundido de la Ley del Catastro Inmobiliario, aprobado por el Real Decreto Legislativo 1/2004, de 5 de marzo, en particular lo que se refiere a la utilización de la referencia catastral, la incorporación de la certificación catastral descriptiva y gráfica y las obligaciones de comunicación, colaboración y suministro de información previstas por la normativa catastral. Las disposiciones adicionales tercera y cuarta regulan, respectivamente, las infracciones en materia de certificación de la eficiencia energética de los edificios y las sanciones, así como su graduación.

VIII. El régimen transitorio contiene dos disposiciones. La primera de ellas tiene como objeto establecer el calendario para que los propietarios de las edificaciones a que hace referencia el artículo 4 se doten del Informe de Evaluación regulado por esta Ley, estableciendo un esquema gradual razonable que, en la línea ya establecida por el Real Decreto-ley 8/2011, de 1 de julio, de medidas de apoyo a los deudores hipotecarios, de control del gasto público y cancelación de deudas con empresas y autónomos contraídas por las entidades locales, de fomento de la actividad empresarial e impulso de la rehabilitación y de simplificación administrativa tiene en cuenta su antigüedad (más de 50 años), sin perjuicio de establecer las especialidades que requieren aquellos edificios que ya hayan pasado la inspección técnica, de conformidad con su propia regulación, en los que se busca evitar duplicidades indeseables, y aquéllos otros cuyos titulares pretendan acogerse a posibles ayudas públicas estatales a la rehabilitación. Se establece, además, un plazo más amplio que el que finaliza en el año 2015, a tenor de lo dispuesto hoy en el citado Real Decreto-ley 8/2011, plazo inasequible para los más de 3 millones de viviendas afectadas. Con ello se pretende ir adaptando gradualmente, aunque de forma decidida, nuestro parque edificado a condiciones mínimas de conservación, accesibilidad y calidad que ya son demandables en virtud de la legislación vigente, sin perjuicio de lo que establezcan, además, las Comunidades Autónomas y los propios Ayuntamientos.

La segunda establece, con carácter excepcional, y durante un período que no excederá de cuatro años, una norma transitoria que trata de adecuar la mencionada reserva mínima obligatoria a la realidad del mercado, así como a la de sus potenciales beneficiarios. La regla contenida en el artículo 10.1 b) de la vigente Ley de Suelo tenía sentido en una coyuntura de expansión de nuestros mercados inmobiliarios, prolongada e intensa en el tiempo, a la vez que en un contexto marcado por las ayudas públicas a la adquisición de esta clase de viviendas. La realidad, sin embargo, es hoy bien distinta. La actual situación de las familias que reúnen las condiciones para poder acceder a estas viviendas, unida a la fuerte caída acumulada de los precios de la vivienda libre durante los últimos años y la inexistencia de adecuación a dicha situación, en los módulos de la vivienda protegida, han provocado dos efectos que aconsejan el establecimiento de esta regla excepcional y temporal: de un lado el acercamiento sustancial de los precios de ambas, lo que resta toda competitividad a la vivienda protegida, caracterizada por un régimen jurídico mucho más restrictivo que el de la vivienda libre, y de otro la difícil situación económica de las familias, tanto en términos de renta para poder adquirir una vivienda, como en términos del acceso al crédito de las entidades financieras. Todo ello provoca que hoy, en el stock de vivienda sin vender ya construida, se encuentren viviendas con protección pública, derivadas del cumplimiento de la mencionada reserva mínima estatal y que dicha reserva, por tanto, no sólo no esté coadyuvando al cumplimiento de los fines previstos, sino que esté rigidizando injustificadamente las operaciones que, sobre todo en el suelo urbano, pero también en gran medida en el suelo urbanizable, tienen posibilidades de realizarse, incluso en los momentos difíciles que atraviesa el sector inmobiliario.

Por último, la disposición derogatoria contiene, además de la cláusula general, la derogación explícita de todos aquellos artículos de las diversas Leyes ya mencionadas, que quedan subsumidos en esta Ley, con una nueva redacción, sistemática y coherente.

IX. Las disposiciones finales regulan otros aspectos de la Ley de indudable relevancia. Entre ellos, las modificaciones que se introducen sobre otras leyes y un real decreto, hoy vigentes, con el objetivo de coadyuvar a la consecución de los objetivos perseguidos, como ocurre específicamente, con la Ley de Suelo, aprobada por el Real Decreto Legislativo 2/2008, de 20 de junio, la Ley 49/1960, de 21 de julio, de Propiedad Horizontal, la Ley 38/1999, de 5 de noviembre, de Ordenación de la Edificación y el Real Decreto 314/2006, de 17 de marzo, del Código Técnico de la Edificación. Además, catorce disposiciones finales contienen otras tantas modificaciones legales puntuales, consideradas necesarias desde diversos aspectos.

La disposición final primera contiene modificaciones sobre la Ley 49/1960, de 21 de julio, de Propiedad Horizontal, con el objeto de evitar que los actuales regímenes de mayorías establecidos impidan la realización de las actuaciones previstas en la nueva Ley. No se puede hacer depender algunos de sus más importantes efectos de que las comunidades de propietarios adopten dicha decisión por unanimidad o por mayorías muy cualificadas, máxime cuando van a incluir obras que, aunque afecten al título constitutivo o a los estatutos, en realidad competen a la Administración actuante autorizar o, en algunos casos, exigir.

La disposición final segunda modifica el apartado 1 de la disposición adicional séptima de la Ley 13/1998, de 4 de mayo, de Ordenación del Mercado de Tabacos y Normativa Tributaria, con el objeto de aportar una mejora técnica en su redacción.

La disposición final tercera modifica la Ley 38/1999, de 5 de noviembre, de Ordenación de la Edificación, para vincular la aplicación del Código Técnico de la Edificación, de manera específica, a las intervenciones que se realicen en los edificios existentes a que se refieren las letras b) y c) del artículo 2.2 de dicha Ley. Todo ello con independencia de que el Código Técnico de la Edificación será de aplicación, además, a todas las intervenciones en los edificios existentes, a cuyos efectos, su cumplimiento podrá justificarse en el proyecto o en una memoria suscrita por técnico competente, junto a la solicitud de la licencia o de autorización administrativa que sea preceptiva para la realización de las obras, superando así la falta de control actual sobre dicho cumplimiento, en la mayor parte de las obras de rehabilitación.

La disposición final cuarta modifica algunos preceptos de la Ley 1/2000, de 7 de enero, de Enjuiciamiento Civil, con el objeto de introducir mejoras técnicas en su redacción.

La disposición final quinta modifica la Ley 21/2003, de 7 de julio, de Seguridad Aérea, con el objeto de habilitar expresamente al Gobierno para que establezca reglamentariamente el contenido mínimo del Plan de asistencia en los casos de accidente aéreo, ya que dicho contenido, con base en las orientaciones de la Organización Internacional de Aviación Civil (OACI), implica la asunción, por parte de las compañías aéreas, de obligaciones de diversa naturaleza.

La disposición final sexta modifica la Ley 33/2003, de 3 de noviembre, del Patrimonio de las Administraciones Públicas, de un lado, con la finalidad de habilitar a SEGIPSA para que actúe como medio propio de todos los poderes adjudicadores vinculados a la Administración General del Estado y como instrumento especializado en la gestión patrimonial de la Administración General del Estado y las entidades que, teniendo la condición de poder adjudicador pertenezcan al Sector Público Estatal. De otro, para facilitar el acceso de los interesados a los procedimientos de enajenación, flexibilizando las condiciones existentes.

Las disposiciones finales séptima, octava y novena modifican, respectivamente, la Ley 38/2003, de 17 de noviembre, General de Subvenciones; la Ley 47/2003, de 26 de noviembre, General Presupuestaria y la Ley 58/2003, de 17 de diciembre, General Tributaria. En todas ellas, se trata de establecer un marco de colaboración entre la Intervención General de la Administración del Estado y la Agencia Tributaria, en orden a un eficaz intercambio de información entre ambas, medida que complementa las ya adoptadas para la lucha contra la morosidad, por medio del Real Decreto-ley 4/2013, de 22 de febrero, de medidas de apoyo al emprendedor y de estímulo y del crecimiento y de la creación de empleo, que ahora se tramita como Proyecto de Ley.

La disposición final décima modifica el texto refundido de la Ley Reguladora de las Haciendas Locales, aprobado por el Real Decreto Legislativo 2/2004, de 5 de marzo, con el fin de profundizar en el cumplimiento del principio de transparencia contenido en la Ley Orgánica 2/2012, de 27 de abril, de Estabilidad Presupuestaria y Sostenibilidad Financiera.

La disposición final undécima modifica el Real Decreto 314/2006, de 17 de marzo, por el que se aprueba el Código Técnico de la Edificación, con el objeto de resolver los problemas que plantea en relación con la rehabilitación, y que vienen siendo reclamados por los principales agentes del sector. Entre dichas modificaciones, destacan las que tratan de eliminar las definiciones relacionadas con obras de rehabilitación que actualmente inducen a error, la inclusión de los criterios de flexibilidad y no empeoramiento en la aplicación del Código Técnico a las intervenciones en edificios existentes y, por último, la obligación de declarar el nivel de prestaciones alcanzado y las condiciones de uso y mantenimiento derivadas de la intervención. En los dos últimos casos, se trata de aportar un elemento de transparencia en el mercado y de puesta en valor de la rehabilitación. Todo ello con independencia de que se vayan realizando posteriores modificaciones de este Código, con carácter eminentemente técnico, con la finalidad de ir adaptándolo a la intervención sobre edificios existentes, que revestirían ya la forma de Orden Ministerial.

La disposición final duodécima incluye una importante modificación del texto refundido de la Ley de Suelo, aprobado por el Real Decreto Legislativo 2/2008, de 20 de junio. En primer lugar, se completa la regulación del deber legal de conservación, para sistematizar los tres niveles que ya, de conformidad con la legislación vigente, lo configuran: un primer nivel básico o estricto, en el que el deber de conservación conlleva, con carácter general, el destino a usos compatibles con la ordenación territorial y urbanística y la necesidad de garantizar la seguridad, salubridad, accesibilidad y ornato legalmente exigibles. Además, con carácter particular, el deber legal de conservación también contiene la necesidad de satisfacer los requisitos básicos de la edificación, establecidos en el artículo 3.1 de la Ley 38/1999, de 5 de noviembre, de Ordenación de la Edificación, con lo que se dota de mayor coherencia a la tradicional referencia de este deber a la seguridad y a la salubridad, sin que el cumplimiento de estos requisitos signifique, con carácter general, la aplicación retroactiva del Código Técnico de la Edificación, aprobado por el Real Decreto 314/2006, de 17 de marzo, a la edificación construida con anterioridad a la entrada en vigor del mismo.

Un segundo nivel, en el que el deber de conservación incluye los trabajos y obras necesarios para adaptar y actualizar progresivamente las edificaciones, en particular las instalaciones, a las normas legales que les vayan siendo explícitamente exigibles en cada momento. No se trata de aplicar con carácter retroactivo la normativa, sino de incluir en este deber las obligaciones que para la edificación existente explícitamente vaya introduciendo la normativa del sector con el objetivo de mantener sus condiciones de uso, de acuerdo con la evolución de las necesidades sociales.

Y un tercer nivel, en el que se define con mayor precisión y se perfila más específicamente, el carácter de las obras adicionales incluidas dentro del propio deber de conservación, por motivos de interés general, desarrollando lo que la Ley de Suelo definió como «mejora». Se distinguen así dos supuestos: los tradicionales motivos turísticos o culturales, que ya forman parte de la legislación urbanística autonómica, y la mejora para la calidad y sostenibilidad del medio urbano, que introdujo la Ley 2/2011, de 4 de marzo, de Economía Sostenible, y que puede consistir en la adecuación parcial, o completa, a todas o a alguna de las exigencias básicas establecidas en el ya citado Código Técnico de la Edificación. En ambos casos, la imposición del deber requerirá que la Administración, de manera motivada, determine el nivel de calidad que deba ser alcanzado por el edificio, para cada una de las exigencias básicas a que se refiera la imposición del mismo y su límite se mantiene en los mismos términos que ya contiene la legislación en vigor.

La modificación expuesta no impone, por tanto, nuevas obras de conservación de inmuebles, ya que el deber de conservación ha tenido y sigue teniendo los mismos contenidos que ahora observa el artículo 9 del texto refundido de la Ley de Suelo. También son ya obligatorias, siempre que encajen en el concepto de ajustes razonables, las obras que deben garantizar la accesibilidad universal, teniendo como límite máximo su cumplimiento el año 2015.

Otro objetivo que persigue la reforma del texto refundido de la Ley de Suelo es el de eliminar las cargas urbanísticas injustificadas que existen en relación con los suelos ya urbanizados y que impiden llevar a la práctica las actuaciones reguladas por esta Ley. Dichas cargas están establecidas con una práctica identidad entre los suelos en situación de urbanizados y los suelos en situación rural, con destino a una operación de transformación urbanística. En este sentido, se completa la escueta regulación contenida respecto del suelo en situación de urbanizado, por el artículo 12.2, con el objeto de permitir su utilización instrumental al servicio del estatuto jurídico básico de la propiedad del suelo y del régimen de valoraciones e indemnizaciones. Se pretende también limitar, a aquellos efectos, la posible consideración como suelos en situación de urbanizados de determinados suelos que, incluso al amparo del planeamiento urbanístico, y sobre la base de su clasificación como suelos urbanos en su categoría de no consolidados, en absoluto la tienen, tanto de conformidad con la definición estatal, como con la propia regulación autonómica. Esta modificación se complementa con la derogación del artículo 2 del Reglamento de valoraciones, aprobado por el Real Decreto 1492/2011, de 24 de octubre, que ya se considera incompatible con la modificación legal.

Por lo que respecta a las actuaciones de transformación urbanística, se introducen modificaciones tendentes a adecuar sus actuales parámetros a la realidad del medio urbano y de las actuaciones que se producen, tanto sobre el patrimonio edificado, como sobre los propios tejidos urbanos. Para ello, a las señaladas actuaciones, dentro de las cuales se incluyen las actuaciones de dotación, se añaden las denominadas «actuaciones edificatorias», que engloban, tanto las de nueva edificación y de sustitución de la edificación existente, como las de rehabilitación edificatoria, entendiendo por tales la realización de las obras y trabajos de mantenimiento o intervención en los edificios existentes, sus instalaciones y espacios comunes, en los términos dispuestos por la Ley 38/1999, de 5 de noviembre, de Ordenación de la Edificación, cuando no concurran los elementos que configuran la esencia de las actuaciones de transformación urbanística. Entre ellos, la urbanización, la reforma o renovación de ésta y los reajustes entre nuevas dotaciones y los incrementos de edificabilidad o densidad y los cambios de uso. También se adapta a este nuevo régimen, el de los deberes urbanísticos establecidos por el artículo 16 del vigente texto refundido de la Ley de Suelo, a la vez que se incorpora en la documentación de los instrumentos de planificación que comprendan la ordenación de dichas intervenciones, una memoria de sostenibilidad económica cuyo objeto será asegurar, con carácter previo a la ejecución de las mismas, que se produce un adecuado equilibrio entre los beneficios y las cargas.

Con la misma idea de flexibilizar, se incluye una modificación en la regla básica estatal que, desde el año 2007, ha tratado de garantizar una oferta mínima de suelo para vivienda asequible, exigiendo un 30 % de la edificabilidad residencial prevista, en todos los suelos que fuesen objeto de actuaciones de urbanización. Esta regla, que se aplicaba por igual a los suelos urbanos y a los suelos urbanizables, se flexibiliza de manera específica cuando la actuación se realiza sobre suelo en situación de urbanizado, con la idea de asegurar en la mayor medida posible la ya complicada viabilidad de las operaciones de renovación urbana que impliquen una reurbanización del ámbito de actuación.

Por último, se incluyen también normas excepcionales para aquellos supuestos en los que la actuación se proyecta sobre zonas muy degradadas de las ciudades, o con un porcentaje de infravivienda muy elevado, en los que, tanto la inexistencia de suelos disponibles en su entorno inmediato para dotar de coherencia a los deberes de entrega de suelo, como el cumplimiento de determinadas cargas, podrían frustrar su finalidad prioritaria, que es superar tales situaciones. En tales casos, la regla excepcional se justifica por la necesidad de priorizar entre los diversos intereses públicos en presencia.

DISPOSICIÓN DEROGATORIA

Única. Quedan derogadas todas las disposiciones de igual o inferior rango que se opongan a la presente Ley y, en particular, las siguientes:

1.ª Los artículos 8, 11 y 12 de la Ley 49/1960, de 21 de julio, sobre Propiedad Horizontal.

2.ª El apartado 5 del artículo 2 del Real Decreto 314/2006, de 17 de marzo, por el que se aprueba el Código Técnico de la Edificación.

La disposición final decimotercera modifica el texto refundido de la Ley de Contratos del Sector Público, aprobado por el Real Decreto Legislativo 3/2011, de 14 de noviembre para incorporar una nueva disposición adicional trigésima cuarta que explicita que, en los contratos ejecutados aportando de forma sucesiva bienes y servicios de precio unitario, las demandas de la Administración que sobrepasen el presupuesto máximo que fue objeto de licitación para adjudicar el contrato, tendrán el tratamiento de modificaciones previstas en la documentación que rige la licitación de dicho contrato.

Las disposiciones finales decimocuarta y decimoquinta modifican, respectivamente, el Real Decreto-ley 6/2012, de 9 de marzo, de medidas urgentes de protección de deudores hipotecarios sin recursos y la Ley 9/2012, de 14 de noviembre, de reestructuración y resolución de entidades de crédito. En ambos casos se trata de incluir meras mejoras técnicas.

La disposición final decimosexta modifica la Ley 17/2012, de 27 de diciembre, de Presupuestos Generales del Estado para el año 2013 para introducir elementos adicionales de transparencia que, además, resultan acordes con la práctica habitual existente en la actualidad.

La disposición final decimoséptima modifica la Ley 1/2013, de 14 de mayo, de medidas para reforzar la protección a los deudores hipotecarios, reestructuración de deuda y alquiler social, nuevamente con el objetivo de aportar una mejora técnica.

La disposición final decimoctava remite a un posterior desarrollo reglamentario, mediante Orden de los Ministerios de Industria, Energía y Turismo, y de Fomento, la determinación de las cualificaciones que se requerirán para suscribir los Informes de Evaluación de Edificios que regula esta Ley, así como los medios de acreditación Cualificaciones requeridas para suscribir los Informes de Evaluación de Edificios.

Las dos últimas disposiciones finales, es decir, la decimonovena y vigésima contienen los habituales contenidos dedicados a fundamentar los títulos competenciales del Estado en las materias reguladas y la entrada en vigor de la propia Ley.»

[2] Los artículos 1 a 19, las Disposiciones adicionales primera a cuarta y las Disposiciones transitorias primera y segunda de esta Ley han sido derogadas por la Disposición derogatoria única, apartado b), del Real Decreto Legislativo 7/2015, de 30 de octubre, por el que se aprueba el Texto Refundido de la Ley de Suelo y Rehabilitación Urbana (BOE núm. 261, de 31 de octubre de 2015).

3.ª El artículo 13, la disposición adicional undécima y las disposiciones transitorias segunda y quinta del texto refundido de la Ley de Suelo, aprobado por Real Decreto Legislativo 2/2008, de 20 de junio.

4.ª El artículo 2 del Real Decreto 1492/2011, de 24 de octubre, por el que se aprueba el Reglamento de valoraciones de la Ley del Suelo.

5.ª Los artículos 107, 108, 109, 110 y 111 de la Ley 2/2011, de 4 de marzo, de Economía Sostenible.

6.ª Los artículos 17, 18, 19, 20, 21, 22, 23, 24 y 25, la disposición adicional tercera, las disposiciones transitorias primera y segunda y la disposición final segunda del Real Decreto-ley 8/2011, de 1 de julio, de medidas de apoyo a los deudores hipotecarios, de control del gasto público y cancelación de deudas con empresas y autónomos contraídas por las entidades locales, de fomento de la actividad empresarial e impulso de la rehabilitación y de simplificación administrativa.

DISPOSICIONES FINALES

Primera. *Modificación de la Ley 49/1960, de 21 de julio, sobre Propiedad Horizontal.* Se modifican los artículos 2, 3, 9, 10 y 17 y la disposición adicional de la Ley 49/1960, de 21 de julio, sobre Propiedad Horizontal.

Uno. Se adicionan las letras d) y e) al artículo 2, que quedan redactadas de la siguiente manera:

«d) A las subcomunidades, entendiendo por tales las que resultan cuando, de acuerdo con lo dispuesto en el título constitutivo, varios propietarios disponen, en régimen de comunidad, para su uso y disfrute exclusivo, de determinados elementos o servicios comunes dotados de unidad e independencia funcional o económica.

e) A las entidades urbanísticas de conservación en los casos en que así lo dispongan sus estatutos.»

Dos. El artículo 3 queda redactado de la siguiente manera:

«En el régimen de propiedad establecido en el artículo 396 del Código Civil corresponde a cada piso o local:

a) El derecho singular y exclusivo de propiedad sobre un espacio suficientemente delimitado y susceptible de aprovechamiento independiente, con los elementos arquitectónicos e instalaciones de todas clases, aparentes o no, que estén comprendidos dentro de sus límites y sirvan exclusivamente al propietario, así como el de los anejos que expresamente hayan sido señalados en el título, aunque se hallen situados fuera del espacio delimitado.

b) La copropiedad, con los demás dueños de pisos o locales, de los restantes elementos, pertenencias y servicios comunes.

A cada piso o local se atribuirá una cuota de participación con relación al total del valor del inmueble y referida a centésimas del mismo. Dicha cuota servirá de módulo para determinar la participación en las cargas y beneficios por razón de la comunidad. Las mejoras o menoscabos de cada piso o local no alterarán la cuota atribuida, que sólo podrá variarse de acuerdo con lo establecido en los artículos 10 y 17 de esta Ley.

Cada propietario puede libremente disponer de su derecho, sin poder separar los elementos que lo integran y sin que la transmisión del disfrute afecte a las obligaciones derivadas de este régimen de propiedad.»

Tres. Las letras c), e) y f) del apartado 1 del artículo 9 y el apartado 2 del mismo artículo, quedan redactados de la siguiente manera:

«c) Consentir en su vivienda o local las reparaciones que exija el servicio del inmueble y permitir en él las servidumbres imprescindibles requeridas para la realización de obras, actuaciones o la creación de servicios comunes llevadas a cabo o acordadas conforme a lo establecido en la presente Ley, teniendo derecho a que la comunidad le resarza de los daños y perjuicios ocasionados.

[...]

e) Contribuir, con arreglo a la cuota de participación fijada en el título o a lo especialmente establecido, a los gastos generales para el adecuado sostenimiento del inmueble, sus servicios, cargas y responsabilidades que no sean susceptibles de individualización.

Los créditos a favor de la comunidad derivados de la obligación de contribuir al sostenimiento de los gastos generales correspondientes a las cuotas imputables a la parte vencida de la anualidad en curso y los tres años anteriores tienen la condición de preferentes a efectos del artículo 1.923 del Código Civil y preceden, para su satisfacción, a los citados en los números 3.º, 4.º y 5.º de dicho precepto, sin perjuicio de la preferencia establecida a favor de los créditos salariales en el texto refundido de la Ley del Estatuto de los Trabajadores, aprobado por el Real Decreto Legislativo 1/1995, de 24 de marzo.

El adquirente de una vivienda o local en régimen de propiedad horizontal, incluso con título inscrito en el Registro de la Propiedad, responde con el propio inmueble adquirido de las cantidades adeudadas a la comunidad de propietarios para el sostenimiento de los gastos generales por los anteriores titulares hasta el límite de los que resulten imputables a la parte vencida de la anualidad en la cual tenga lugar la adquisición y a los tres años naturales anteriores. El piso o local estará legalmente afecto al cumplimiento de esta obligación.

En el instrumento público mediante el que se transmita, por cualquier título, la vivienda o local el transmitente, deberá declarar hallarse al corriente en el pago de los gastos generales de la comunidad de propietarios o expresar los que adeude. El transmitente deberá aportar en este momento certificación sobre el estado de deudas con la comunidad coincidente con su declaración, sin la cual no podrá autorizarse el otorgamiento del documento público, salvo que fuese expresamente exonerado de esta obligación por el adquirente. La certificación será emitida en el plazo máximo de siete días naturales desde su solicitud por quien ejerza las funciones de secretario, con el visto bueno del presidente, quienes responderán, en caso de culpa o negligencia, de la exactitud de los datos consignados en la misma y de los perjuicios causados por el retraso en su emisión.

f) Contribuir, con arreglo a su respectiva cuota de participación, a la dotación del fondo de reserva que existirá en la comunidad de propietarios para atender las obras de conservación y reparación de la finca y, en su caso, para las obras de rehabilitación.

El fondo de reserva, cuya titularidad corresponde a todos los efectos a la comunidad, estará dotado con una cantidad que en ningún caso podrá ser inferior al 5 por ciento de su último presupuesto ordinario.

Con cargo al fondo de reserva la comunidad podrá suscribir un contrato de seguro que cubra los daños causados en la finca o bien concluir un contrato de mantenimiento permanente del inmueble y sus instalaciones generales.

2. Para la aplicación de las reglas del apartado anterior se reputarán generales los gastos que no sean imputables a uno o varios pisos o locales, sin que la no utilización de un servicio exima del cumplimiento de las obligaciones correspondientes, sin perjuicio de lo establecido en el artículo 17.4.»

Cuatro. El artículo 10 queda redactado de la siguiente manera:

«1. Tendrán carácter obligatorio y no requerirán de acuerdo previo de la Junta de propietarios, impliquen o no modificación del título constitutivo o de los estatutos, y vengan impuestas por las Administraciones Públicas o solicitadas a instancia de los propietarios, las siguientes actuaciones:

a) Los trabajos y las obras que resulten necesarias para el adecuado mantenimiento y cumplimiento del deber de conservación del inmueble y de sus servicios e instalaciones comunes, incluyendo en todo caso, las necesarias para satisfacer los requisitos básicos de seguridad, habitabilidad y accesibilidad universal, así como las condiciones de ornato y cualesquiera otras derivadas de la imposición, por parte de la Administración, del deber legal de conservación.

b) Las obras y actuaciones que resulten necesarias para garantizar los ajustes razonables en materia de accesibilidad universal y, en todo caso, las requeridas a instancia de los propietarios en cuya vivienda o local vivan, trabajen o presten servicios voluntarios, personas con discapacidad, o mayores de setenta años, con el objeto de asegurarles un uso adecuado a sus necesidades de los elementos comunes, así como la instalación de rampas, ascensores u otros dispositivos mecánicos y electrónicos que favorezcan la orientación o su comunicación con el exterior, siempre que el importe repercutido anualmente de las mismas, una vez descontadas las subvenciones o ayudas públicas, no exceda de doce mensualidades ordinarias de gastos comunes. No eliminará el carácter obligatorio de estas obras el hecho de que el resto de su coste, más allá de las citadas mensualidades, sea asumido por quienes las hayan requerido.

c) La ocupación de elementos comunes del edificio o del complejo inmobiliario privado durante el tiempo que duren las obras a las que se refieren las letras anteriores.

d) La construcción de nuevas plantas y cualquier otra alteración de la estructura o fábrica del edificio o de las cosas comunes, así como la constitución de un complejo inmobiliario, tal y como prevé el artículo 17.4 del texto refundido de la Ley de Suelo, aprobado por el Real Decreto Legislativo 2/2008, de 20 de junio, que resulten preceptivos a consecuencia de la inclusión del inmueble en un ámbito de actuación de rehabilitación o de regeneración y renovación urbana.

e) Los actos de división material de pisos o locales y sus anejos para formar otros más reducidos e independientes, el aumento de su superficie por agregación de otros colindantes del mismo edificio, o su disminución por segregación de alguna parte, realizados por voluntad y a instancia de sus propietarios, cuando tales actuaciones sean posibles a consecuencia de la inclusión del inmueble en un ámbito de actuación de rehabilitación o de regeneración y renovación urbanas.

2. Teniendo en cuenta el carácter de necesarias u obligatorias de las actuaciones referidas en las letras a) a d) del apartado anterior, procederá lo siguiente:

a) Serán costeadas por los propietarios de la correspondiente comunidad o agrupación de comunidades, limitándose el acuerdo de la Junta a la distribución de la derrama pertinente y a la determinación de los términos de su abono.

b) Los propietarios que se opongan o demoren injustificadamente la ejecución de las órdenes dictadas por la autoridad competente responderán individualmente de las sanciones que puedan imponerse en vía administrativa.

c) Los pisos o locales quedarán afectos al pago de los gastos derivados de la realización de dichas obras o actuaciones en los mismos términos y condiciones que los establecidos en el artículo 9 para los gastos generales.

3. Requerirán autorización administrativa, en todo caso:

a) La constitución y modificación del complejo inmobiliario a que se refiere el artículo 17.6 del texto refundido de la Ley de Suelo, aprobado por el Real Decreto Legislativo 2/2008, de 20 de junio, en sus mismos términos.

b) Cuando así se haya solicitado, previa aprobación por las tres quintas partes del total de los propietarios que, a su vez, representen las tres quintas partes de las cuotas de participación, la división material de los pisos o locales y sus anejos, para formar otros más reducidos e independientes; el aumento de su superficie por agregación de otros colindantes del mismo edificio o su disminución por segregación de alguna parte; la construcción de nuevas plantas y cualquier otra alteración de la estructura o fábrica del edificio, incluyendo el cerramiento de las terrazas y la modificación de la envolvente para mejorar la eficiencia energética, o de las cosas comunes, cuando concurran los requisitos a que alude el artículo 17.6 del texto refundido de la Ley de Suelo, aprobado por el Real Decreto Legislativo 2/2008, de 20 de junio.

En estos supuestos deberá constar el consentimiento de los titulares afectados y corresponderá a la Junta de Propietarios, de común acuerdo con aquéllos, y por mayoría de tres quintas partes del total de los propietarios, la determinación de la indemnización por daños y perjuicios que corresponda. La fijación de las nuevas cuotas de participación, así como la determinación de la naturaleza de las obras que se vayan a realizar, en caso de discrepancia sobre las mismas, requerirá la adopción del oportuno acuerdo de la Junta de Propietarios, por idéntica mayoría. A este respecto también podrán los interesados solicitar arbitraje o dictamen técnico en los términos establecidos en la Ley.»

Cinco. El artículo 17 queda redactado de la siguiente manera:

«Los acuerdos de la Junta de propietarios se sujetarán a las siguientes reglas:

1. La instalación de las infraestructuras comunes para el acceso a los servicios de telecomunicación regulados en el Real Decreto-ley 1/1998, de 27 de febrero, sobre infraestructuras comunes en los edificios para el acceso a los servicios de telecomunicación, o la adaptación de los existentes, así como la instalación de sistemas comunes o privativos, de aprovechamiento de energías renovables, o bien de las infraestructuras necesarias para acceder a nuevos suministros energéticos colectivos, podrá ser acordada, a petición de cualquier propietario, por un tercio de los integrantes de la comunidad que representen, a su vez, un tercio de las cuotas de participación.

La comunidad no podrá repercutir el coste de la instalación o adaptación de dichas infraestructuras comunes, ni los derivados de su conservación y mantenimiento posterior, sobre aquellos propietarios que no hubieren votado expresamente en la Junta a favor del acuerdo. No obstante, si con posterioridad solicitasen el acceso a los servicios de telecomunicaciones o a los suministros energéticos, y ello requiera aprovechar las nuevas infraestructuras o las adaptaciones realizadas en las preexistentes, podrá autorizárseles siempre que abonen el importe que les hubiera correspondido, debidamente actualizado, aplicando el correspondiente interés legal.

No obstante lo dispuesto en el párrafo anterior respecto a los gastos de conservación y mantenimiento, la nueva infraestructura instalada tendrá la consideración, a los efectos establecidos en esta Ley, de elemento común.

2. Sin perjuicio de lo establecido en el artículo 10.1 b), la realización de obras o el establecimiento de nuevos servicios comunes que tengan por finalidad la supresión de barreras arquitectónicas que dificulten el acceso o movilidad de personas con discapacidad y, en todo caso, el establecimiento de los servicios de ascensor, incluso cuando impliquen la modificación del título constitutivo, o de los estatutos, requerirá el voto favorable de la mayoría de los propietarios, que, a su vez, representen la mayoría de las cuotas de participación.

Cuando se adopten válidamente acuerdos para la realización de obras de accesibilidad, la comunidad quedará obligada al pago de los gastos, aun cuando su importe repercutido anualmente exceda de doce mensualidades ordinarias de gastos comunes.

3. El establecimiento o supresión de los servicios de portería, conserjería, vigilancia u otros servicios comunes de interés general, supongan o no modificación del título constitutivo o de los estatutos, requerirán el voto favorable de las tres quintas partes del total de los propietarios que, a su vez, representen las tres quintas partes de las cuotas de participación.

Idéntico régimen se aplicará al arrendamiento de elementos comunes que no tengan asignado un uso específico en el inmueble y el establecimiento o supresión de equipos o sistemas, no recogidos en el apartado 1, que tengan por finalidad mejorar la eficiencia energética o hídrica del inmueble. En éste último caso, los acuerdos válidamente adoptados con arreglo a esta norma obligan a todos los propietarios. No obstante, si los equipos o sistemas tienen un aprovechamiento privativo, para la adopción del acuerdo bastará el voto favorable de un tercio de los integrantes de la comunidad que representen, a su vez, un tercio de las cuotas de participación, aplicándose, en este caso, el sistema de repercusión de costes establecido en dicho apartado.

4. Ningún propietario podrá exigir nuevas instalaciones, servicios o mejoras no requeridos para la adecuada conservación, habitabilidad, seguridad y accesibilidad del inmueble, según su naturaleza y características.

No obstante, cuando por el voto favorable de las tres quintas partes del total de los propietarios que, a su vez, representen las tres quintas partes de las cuotas de participación, se adopten válidamente acuerdos, para realizar innovaciones, nuevas instalaciones, servicios o mejoras no requeridos para la adecuada conservación, habitabilidad, seguridad y accesibilidad del inmueble, no exigibles y cuya cuota de instalación exceda del importe de tres mensualidades ordinarias de gastos comunes, el disidente no resultará obligado, ni se modificará su cuota, incluso en el caso de que no pueda privársele de la mejora o ventaja. Si el disidente desea, en cualquier tiempo, participar de las ventajas de la innovación, habrá de abonar su cuota en los gastos de realización y mantenimiento, debidamente actualizados mediante la aplicación del correspondiente interés legal.

No podrán realizarse innovaciones que hagan inservible alguna parte del edificio para el uso y disfrute de un propietario, si no consta su consentimiento expreso.

5. La instalación de un punto de recarga de vehículos eléctricos para uso privado en el aparcamiento del edificio, siempre que éste se ubique en una plaza individual de garaje, sólo requerirá la comunicación previa a la comunidad. El coste de dicha instalación y el consumo de electricidad correspondiente serán asumidos íntegramente por el o los interesados directos en la misma.

6. Los acuerdos no regulados expresamente en este artículo, que impliquen la aprobación o modificación de las reglas contenidas en el título constitutivo de la propiedad horizontal o en los estatutos de la comunidad, requerirán para su validez la unanimidad del total de los propietarios que, a su vez, representen el total de las cuotas de participación.

7. Para la validez de los demás acuerdos bastará el voto de la mayoría del total de los propietarios que, a su vez, representen la mayoría de las cuotas de participación. En segunda convocatoria serán válidos los acuerdos adoptados por la mayoría de los asistentes, siempre que ésta represente, a su vez, más de la mitad del valor de las cuotas de los presentes.

Cuando la mayoría no se pudiere lograr por los procedimientos establecidos en los apartados anteriores, el Juez, a instancia de parte deducida en el mes siguiente a la fecha de la segunda Junta, y oyendo en comparecencia los contradictores previamente citados, resolverá en equidad lo que proceda dentro de veinte días, contados desde la petición, haciendo pronunciamiento sobre el pago de costas.

8. Salvo en los supuestos expresamente previstos en los que no se pueda repercutir el coste de los servicios a aquellos propietarios que no hubieren votado expresamente en la Junta a favor del acuerdo, o en los casos en los que la modificación o reforma se haga para aprovechamiento privativo, se computarán como votos favorables los de aquellos propietarios ausentes de la Junta, debidamente citados, quienes una vez informados del acuerdo adoptado por los presentes, conforme al procedimiento establecido en el artículo 9, no manifiesten su discrepancia mediante comunicación a quien ejerza las funciones de secretario de la comunidad en el plazo de 30 días naturales, por cualquier medio que permita tener constancia de la recepción.

9. Los acuerdos válidamente adoptados con arreglo a lo dispuesto en este artículo obligan a todos los propietarios.

10. En caso de discrepancia sobre la naturaleza de las obras a realizar resolverá lo procedente la Junta de propietarios. También podrán los interesados solicitar arbitraje o dictamen técnico en los términos establecidos en la Ley.

11. Las derramas para el pago de mejoras realizadas o por realizar en el inmueble serán a cargo de quien sea propietario en el momento de la exigibilidad de las cantidades afectas al pago de dichas mejoras.»

Seis El apartado 2 de la disposición adicional queda redactado en los siguientes términos:

«2. La dotación del fondo de reserva no podrá ser inferior, en ningún momento del ejercicio presupuestario, al mínimo legal establecido.

Las cantidades detraídas del fondo durante el ejercicio presupuestario para atender los gastos de las obras o actuaciones incluidas en el artículo 10 se computarán como parte integrante del mismo a efectos del cálculo de su cuantía mínima.

Al inicio del siguiente ejercicio presupuestario se efectuarán las aportaciones necesarias para cubrir las cantidades detraídas del fondo de reserva conforme a lo señalado en el párrafo anterior.»

Segunda. *Modificación de la Ley 13/1998, de 4 de mayo, de Ordenación del Mercado de Tabacos y Normativa Tributaria.* Se modifica el apartado 1 de la disposición adicional séptima de la Ley 13/1998, de 4 de mayo, de Ordenación del Mercado de Tabacos y Normativa Tributaria, que queda redactado en los siguientes términos:

«1. Continuarán subsistentes las autorizaciones y concesiones de expendedurías de régimen especial, otorgadas al amparo de la normativa anterior o aduanera, así como las otorgadas a establecimientos autorizados para la venta de labores de tabaco libre de impuestos existentes al tiempo de la entrada en vigor de esta Ley aunque pierdan con posterioridad este carácter. Asimismo, podrán concederse nuevas autorizaciones para la venta de labores de tabaco, en el régimen fiscal que corresponda, a establecimientos que pudieran ser de este tipo, preexistentes o no, que no contasen con las oportunas autorizaciones a la entrada en vigor de esta Ley. El Gobierno, a propuesta del Ministro de Hacienda y Administraciones Públicas, desarrollará dicho régimen y, en su caso, introducirá las modificaciones del mismo que resulten necesarias.»

Tercera. *Modificación de la Ley 38/1999, de 5 de noviembre, de Ordenación de la Edificación.* [...][3]

3 Las modificaciones que sanciona esta Disposición final han sido incorporadas al enunciado de los preceptos correspondientes del texto consolidado vigente de la *Ley 38/1999, de 5 de noviembre, de Ordenación de la Edificación.*

Cuarta. *Modificación de la Ley 1/2000, de 7 de enero, de Enjuiciamiento Civil.* Se modifican los artículos 552 y 695 de la Ley 1/2000, de 7 de enero, de Enjuiciamiento Civil.

Uno. El párrafo segundo del apartado 1 del artículo 552 queda redactado como sigue:

«Cuando el tribunal apreciare que alguna de las cláusulas incluidas en un título ejecutivo de los citados en el artículo 557.1 pueda ser calificada como abusiva, dará audiencia por quince días a las partes. Oídas éstas, acordará lo procedente en el plazo de cinco días hábiles conforme a lo previsto en el artículo 561.1.3.ª»

Dos. El apartado 2 del artículo 695 queda redactado como sigue:

«2. Formulada la oposición a la que se refiere el apartado anterior, el Secretario judicial suspenderá la ejecución y convocará a las partes a una comparecencia ante el Tribunal que hubiera dictado la orden general de ejecución, debiendo mediar quince días desde la citación, comparecencia en la que el Tribunal oirá a las partes, admitirá los documentos que se presenten y acordará en forma de auto lo que estime procedente dentro del segundo día.»

Quinta. *Modificación de la Ley 21/2003, de 7 de julio, de Seguridad Aérea.* Se modifican los artículos 37 y 50 de la Ley 21/2003, de 7 de julio, de Seguridad Aérea, en los siguientes términos:

Uno. El apartado 3 del artículo 37 queda redactado en los siguientes términos:

«3. Las compañías aéreas con licencia española deberán disponer de un plan de asistencia a las víctimas y a sus familiares en caso de accidente aéreo de aviación civil en el plazo de seis meses desde la entrada en vigor del Reglamento (UE) n.º 996/2010 del Parlamento Europeo y del Consejo, de 20 de octubre de 2010, sobre investigación y prevención de accidentes e incidentes en la aviación civil y por el que se deroga la Directiva 94/56/CE, y ejecutarlo en caso de accidente. Reglamentariamente se establecerán las obligaciones mínimas de las compañías aéreas en la asistencia a las víctimas y a sus familiares, incluidas aquéllas que tengan contenido económico y, en atención a ellas, el contenido mínimo de este plan. En particular, este desarrollo atenderá a la política y orientaciones de los documentos de la Organización Internacional de Aviación Civil en esta materia.

Este plan de asistencia será auditado por la Agencia Estatal de Seguridad Aérea, previo informe preceptivo del Ministerio del Interior.»

Dos. La regla 7.ª del apartado 3 del artículo 50 queda redactada en los siguientes términos:

«7.ª El incumplimiento de la obligación de disponer de un plan de asistencia a las víctimas y familiares de accidente aéreo con el contenido mínimo establecido reglamentariamente, así como que la compañía aérea no lo ejecute o lo ejecute deficientemente en caso de producirse dicho accidente.»

Sexta. *Modificación de la Ley 33/2003, de 3 de noviembre, del Patrimonio de las Administraciones Públicas.* Se modifican el artículo 137 y la disposición adicional décima de la Ley 33/2003, de 3 de noviembre, del Patrimonio de las Administraciones Públicas, en los siguientes términos:

Uno. El apartado 6 del artículo 137 queda redactado como sigue:

«6. La participación en procedimientos de adjudicación de inmuebles requerirá la constitución de una garantía de un 5 por 100 del valor de tasación de los bienes. En casos especiales, atendidas las características del inmueble y la forma o circunstancias de la enajenación, el órgano competente para la tramitación del expediente podrá elevar el importe de la garantía hasta un 10 por 100 del valor de tasación.

La garantía podrá constituirse en cualquier modalidad prevista en la legislación de contratos del sector público, depositándola en la Caja General de Depósitos o en sus sucursales de las Delegaciones de Economía y Hacienda. En caso de que así se prevea en los pliegos, la garantía también podrá constituirse mediante cheque conformado o cheque bancario, en la forma y lugar que se señalen por el órgano competente para tramitar el expediente.

Cuando así se prevea en el pliego, la acreditación de la constitución de la garantía podrá hacerse mediante medios electrónicos, informáticos o telemáticos.

La garantía constituida en efectivo o en cheque conformado o bancario por el adjudicatario se aplicará al pago del precio de venta.»

Dos. La disposición adicional décima queda redactada como sigue:

«Disposición adicional décima. Régimen jurídico de la Sociedad Estatal de Gestión Inmobiliaria de Patrimonio, Sociedad Anónima.

1. La Sociedad Estatal de Gestión Inmobiliaria de Patrimonio, Sociedad Anónima (SEGIPSA), cuyo capital social deberá ser íntegramente de titularidad

pública, tendrá la consideración de medio propio instrumental y servicio técnico de la Administración General del Estado y de los poderes adjudicadores dependientes de ella, para la realización de cualesquiera trabajos o servicios que le sean encomendados relativos a la gestión, administración, explotación, mantenimiento y conservación, vigilancia, investigación, inventario, regularización, mejora y optimización, valoración, tasación, adquisición y enajenación y realización de otros negocios jurídicos de naturaleza patrimonial sobre cualesquiera bienes y derechos integrantes o susceptibles de integración en el Patrimonio del Estado o en otros patrimonios públicos, así como para la construcción y reforma de inmuebles patrimoniales o de uso administrativo.

2. En virtud de dicho carácter, SEGIPSA estará obligada a realizar los trabajos, servicios, estudios, proyectos, asistencias técnicas, obras y cuantas actuaciones le encomienden directamente la Administración General del Estado y los poderes adjudicadores dependientes de ella en la forma establecida en la presente disposición. La actuación de SEGIPSA no podrá suponer el ejercicio de potestades administrativas.

3. La encomienda o encargo, que en su otorgamiento y ejecución se regirá exclusivamente por lo establecido en esta disposición, establecerá la forma, términos y condiciones de realización de los trabajos, que se efectuarán por SEGIPSA con libertad de pactos y sujeción al Derecho privado. Se podrá prever en dicha encomienda que SEGIPSA actúe en nombre y por cuenta de quien le efectúe el encargo que, en todo momento, podrá supervisar la correcta realización del objeto de la encomienda. Cuando tenga por objeto la enajenación de bienes, la encomienda determinará la forma de adjudicación del contrato, y podrá permitir la adjudicación directa en los casos previstos en esta Ley. En caso de que su otorgamiento corresponda a un órgano o entidad que no sea el Ministro de Hacienda y Administraciones Públicas, requerirá el previo informe favorable del Director General del Patrimonio del Estado.

4. El importe a pagar por los trabajos, servicios, estudios, proyectos y demás actuaciones realizadas por medio de SEGIPSA se determinará aplicando a las unidades ejecutadas las tarifas que hayan sido aprobadas por resolución del Subsecretario de Hacienda y Administraciones Públicas, a propuesta de la Dirección General del Patrimonio del Estado. Dichas tarifas se calcularán de manera que representen los costes reales de realización. La compensación que proceda en los casos en los que no exista tarifa se establecerá, asimismo, por resolución del Subsecretario de Hacienda y Administraciones Públicas.

5. Respecto de las materias señaladas en el apartado 1 de esta disposición adicional, SEGIPSA no podrá participar en los procedimientos para la adjudicación de contratos convocados por la Administración General del Estado y poderes adjudicadores dependientes de ella de las que sea medio propio. No obstante, cuando no concurra ningún licitador, podrá encargarse a SEGIPSA la actividad objeto de licitación pública.

6. La ejecución mediante encomienda de las actividades a que se refiere el apartado 1 de esta disposición, se realizará por SEGIPSA bien mediante la utilización de sus medios personales y técnicos, o bien adjudicando cuantos contratos de obras, suministros y servicios sean necesarios para proporcionar eficazmente las prestaciones que le han sido encomendadas, recurriendo, en este caso, a la contratación externa, sin más limitaciones que las que deriven de la sujeción de estos contratos a lo previsto en esta disposición adicional y en los artículos 189 a 191 del Real Decreto Legislativo 3/2011, de 14 de noviembre, por el que se aprueba el texto refundido de la Ley de Contratos del Sector Público.

Serán susceptibles de recurso especial en materia de contratación, previo a la interposición del contencioso-administrativo, los actos relacionados en el apartado 2 del artículo 40 del Real Decreto Legislativo 3/2011, de 14 de noviembre, por el que se aprueba el texto refundido de la Ley de Contratos del Sector Público, cuando se refieran a alguno de los tipos de contratos relacionados en el apartado 1 del mismo artículo.

7. Lo establecido en los apartados anteriores será también de aplicación al Ministerio de Empleo y Seguridad Social respecto del Patrimonio Sindical Acumulado y a las Entidades Gestoras y Servicios Comunes de la Seguridad Social.

8. El Ministro de Hacienda y Administraciones Públicas podrá acordar la delimitación de ámbitos de gestión integral referidos a bienes y derechos del Patrimonio del Estado para su ejecución a través de SEGIPSA, que podrá comprender la realización de cualesquiera actuaciones previstas en esta Ley. Estas actuaciones le serán encomendadas conforme al procedimiento previsto en los apartados anteriores.

9. Igualmente SEGIPSA tendrá la consideración de medio propio instrumental y servicio técnico para la realización de los trabajos de formación y mantenimiento del Catastro Inmobiliario que corresponden a la Dirección General del Catastro en virtud del Real Decreto Legislativo 1/2004, de 5 de marzo, por el que se aprueba el texto refundido de la Ley del Catastro Inmobiliario,

cuya encomienda y realización se efectuarán de acuerdo con lo establecido en esta disposición.

10. Para la realización de los trabajos que se le encomienden de acuerdo con la presente disposición, SEGIPSA podrá recabar de la Dirección General del Catastro, en los términos previstos en el artículo 64 de esta Ley, la información de que disponga en relación con los bienes o derechos objeto de las actuaciones que se le hayan encomendado, sin que sea necesario el consentimiento de los afectados.

11. Las resoluciones por las que se aprueben las tarifas, a las que se refiere el apartado 4 anterior, serán objeto de publicación en el «Boletín Oficial del Estado», cuando las tarifas aprobadas resulten aplicables a encomiendas que se puedan ser atribuidas por distintos órganos, organismos o entidades del sector público estatal, o cuando por su relevancia así lo estime necesario la autoridad que aprueba las tarifas.»

Séptima. *Modificación de la Ley 38/2003, de 17 de noviembre, General de Subvenciones.* Se añade una nueva disposición adicional vigésima tercera a la Ley 38/2003, de 17 de noviembre, General de Subvenciones, con la siguiente redacción:

«Disposición adicional vigésima tercera. Colaboración de la Intervención General de la Administración del Estado con la Agencia Estatal de Administración Tributaria para la lucha contra el fraude fiscal.

Con la finalidad de colaborar con la Agencia Estatal de Administración Tributaria en la lucha contra el fraude fiscal se autoriza la cesión de datos de naturaleza tributaria o subvencional por parte de la Intervención General de la Administración del Estado. Los datos cedidos tienen carácter reservado y sólo podrán ser utilizados para la efectiva aplicación de los tributos o recursos cuya gestión tenga encomendada y para la imposición de las sanciones que procedan. La información deberá ser suministrada preferentemente mediante la utilización de medios informáticos o telemáticos y estará protegida por los mismos requerimientos de acceso y cesión que los exigidos en cada uno de los sistemas de origen.»

Octava. *Modificación de la Ley 47/2003, de 26 de noviembre, General Presupuestaria.* Se modifica el artículo 47 y se añade una disposición adicional vigésima a la Ley 47/2003, de 26 de noviembre, General Presupuestaria, con la siguiente redacción:

Uno. Se añade un apartado 6 al artículo 47 con la siguiente redacción:

«6. En el caso de la tramitación anticipada de los expedientes de contratación a que se refiere el artículo 110.2 del texto refundido de la Ley de Contratos del Sector Público, aprobado por el Real Decreto Legislativo 3/2011, de 14 de noviembre, y en la tramitación anticipada de aquellos expedientes de gasto cuya normativa reguladora permita llegar a la formalización del compromiso de gasto, se deberán cumplir los límites y anualidades o importes autorizados a que se refieren los apartados 2 a 5 de este artículo.»

Dos. Se añade una disposición adicional vigésima con la siguiente redacción:

«Disposición adicional vigésima. Base de datos sobre operaciones comerciales.

La Intervención General de la Administración del Estado formará y gestionará una base de datos con la información sobre operaciones comerciales efectuadas por las entidades del Sector Público facilitada por la Agencia Estatal de Administración Tributaria, a la que tendrán acceso los órganos de control interno de las Comunidades Autónomas y Corporaciones Locales de conformidad con su ámbito de competencias.»

Novena. *Modificación de la Ley 58/2003, de 17 de diciembre, General Tributaria*. Se añade una nueva letra l) al apartado 1 del artículo 95 de la Ley 58/2003, de 17 de diciembre, General Tributaria, con la siguiente redacción:

«l) La colaboración con la Intervención General de la Administración del Estado en el ejercicio de sus funciones de control de la gestión económico-financiera, el seguimiento del déficit público, el control de subvenciones y ayudas públicas y la lucha contra la morosidad en las operaciones comerciales de las entidades del Sector Público.»

Décima. *Modificación del texto refundido de la Ley Reguladora de las Haciendas Locales, aprobado por el Real Decreto Legislativo 2/2004, de 5 de marzo*. Se modifica el artículo 167 del texto refundido de la Ley Reguladora de las Haciendas Locales, aprobado por el Real Decreto Legislativo 2/2004, de 5 de marzo, que queda redactado en los siguientes términos:

«Artículo 167. Estructura de los estados de ingresos y gastos.

1. El Ministerio de Hacienda y Administraciones Públicas establecerá con carácter general la estructura de los presupuestos de las entidades locales teniendo en cuenta la naturaleza económica de los ingresos y de los gastos, las finalidades u objetivos que con estos últimos se propongan conseguir y de acuerdo con los criterios que se establecen en los siguientes apartados de este artículo.

2. Las entidades locales podrán clasificar los gastos e ingresos atendiendo a su propia estructura de acuerdo con sus reglamentos o decretos de organización.

3. Los estados de gastos de los presupuestos generales de las entidades locales aplicarán las clasificaciones por programas y económica de acuerdo con los siguientes criterios:

a) La clasificación por programas que constará de los siguientes niveles: el primero relativo al área de gasto, el segundo a la política de gasto, el tercero a los grupos de programas, que se subdividirán en programas. Esta clasificación podrá ampliarse en más niveles, relativos a subprogramas respectivamente.

En todo caso, y con las peculiaridades que puedan concurrir en el ámbito de las entidades locales, los niveles de área de gasto y de política de gasto se ajustarán a los establecidos para la Administración del Estado.

b) La clasificación económica presentará con separación los gastos corrientes y los gastos de capital, de acuerdo con los siguientes criterios:

En los créditos para gastos corrientes se incluirán los de funcionamiento de los servicios, los de intereses y las transferencias corrientes.

En los créditos para gastos de capital, los de inversiones reales, las transferencias de capital y las variaciones de activos y pasivos financieros.

c) la clasificación económica constará de tres niveles, el primero relativo al capítulo, el segundo al artículo y el tercero al concepto. Esta clasificación podrá ampliarse en uno o dos niveles, relativos al subconcepto y la partida respectivamente.

En todo caso, los niveles de capítulo y artículo habrán de ser los mismos que los establecidos para la Administración del Estado.

4. La aplicación presupuestaria cuya expresión cifrada constituye el crédito presupuestario vendrá definida, al menos, por la conjunción de las clasificaciones por programas y económica, a nivel de grupo de programa o programa y concepto o subconcepto respectivamente.

En el caso de que la entidad local opte por utilizar la clasificación orgánica, ésta integrará asimismo la aplicación presupuestaria.

El control contable de los gastos se realizará sobre la aplicación presupuestaria antes definida y el fiscal sobre el nivel de vinculación determinado conforme dispone el artículo 172 de esta Ley.

5. El Ministerio de Hacienda y Administraciones Públicas establecerá la estructura de la información de los presupuestos, de su ejecución y liquidación, a la que deberán ajustarse todas las entidades locales a efectos del cumplimiento de sus obligaciones de remisión de dicha información.»

Undécima. *Modificación del Real Decreto 314/2006, de 17 de marzo, por el que se aprueba el Código Técnico de la Edificación.* Primero. Se modifican los artículos 1 y 2 y el anejo III de la parte I del Real Decreto 314/2006, de 17 de marzo, por el que se aprueba el Código Técnico de la Edificación, que quedan redactados como sigue:

Uno. El apartado 4 del artículo 1 queda redactado de la siguiente manera:

«4. Las exigencias básicas deben cumplirse, de la forma que reglamentariamente se establezca, en el proyecto, la construcción, el mantenimiento, la conservación y el uso de los edificios y sus instalaciones, así como en las intervenciones en los edificios existentes.»

Dos. Los apartados 3 y 4 del artículo 2 quedan redactados de la siguiente manera:

«3. Igualmente, el Código Técnico de la Edificación se aplicará también a intervenciones en los edificios existentes y su cumplimiento se justificará en el proyecto o en una memoria suscrita por técnico competente, junto a la solicitud de licencia o de autorización administrativa para las obras. En caso de que la exigencia de licencia o autorización previa sea sustituida por la de declaración responsable o comunicación previa, de conformidad con lo establecido en la normativa vigente, se deberá manifestar explícitamente que se está en posesión del correspondiente proyecto o memoria justificativa, según proceda.

Cuando la aplicación del Código Técnico de la Edificación no sea urbanística, técnica o económicamente viable o, en su caso, sea incompatible con la naturaleza de la intervención o con el grado de protección del edificio, se podrán aplicar, bajo el criterio y responsabilidad del proyectista o, en su caso, del técnico que suscriba la memoria, aquellas soluciones que permitan el mayor grado posible de adecuación efectiva.

La posible inviabilidad o incompatibilidad de aplicación o las limitaciones derivadas de razones técnicas, económicas o urbanísticas se justificarán en el proyecto o en la memoria, según corresponda, y bajo la responsabilidad y el criterio respectivo del proyectista o del técnico competente que suscriba la memoria. En la documentación final de la obra deberá quedar constancia del nivel de prestación alcanzado y de los condicionantes de uso y mantenimiento del edificio, si existen, que puedan ser necesarios como consecuencia del grado final de adecuación efectiva alcanzado y que deban ser tenidos en cuenta por los propietarios y usuarios.

En las intervenciones en los edificios existentes no se podrán reducir las condiciones preexistentes relacionadas con las exigencias básicas, cuando dichas condiciones sean menos exigentes que las establecidas en los documentos básicos del Código Técnico de la Edificación, salvo que en éstos se establezca un criterio distinto. Las que sean más exigentes, únicamente podrán reducirse hasta los niveles de exigencia que establecen los documentos básicos.

4. En las intervenciones en edificios existentes el proyectista deberá indicar en la documentación del proyecto si la intervención incluye o no actuaciones en la estructura preexistente; entendiéndose, en caso negativo, que las obras no implican el riesgo de daño citado en el artículo 17.1,a) de la Ley 38/1999, de 5 de noviembre, de Ordenación de la Edificación.»

Tres. El apartado 6 del artículo 2 queda redactado de la siguiente manera:

«6. En todo cambio de uso característico de un edificio existente se deberán cumplir las exigencias básicas del CTE. Cuando un cambio de uso afecte únicamente a parte de un edificio o de un establecimiento, se cumplirán dichas exigencias en los términos en que se establece en los Documentos Básicos del CTE.»

Cuatro. Se modifica la definición de «mantenimiento» y se añade la de «intervenciones en los edificios existentes» en el anejo III de la parte I, con la siguiente redacción:

«Mantenimiento:

Conjunto de trabajos y obras a efectuar periódicamente para prevenir el deterioro de un edificio o reparaciones puntuales que se realicen en el mismo, con el objeto mantenerlo en buen estado para que, con una fiabilidad adecuada, cumpla con los requisitos básicos de la edificación establecidos.»

«Intervenciones en los edificios existentes:

Se consideran intervenciones en los edificios existentes, las siguientes:

a) Ampliación: Aquellas en las que se incrementa la superficie o el volumen construidos.

b) Reforma: Cualquier trabajo u obra en un edificio existente distinto del que se lleve a cabo para el exclusivo mantenimiento del edificio.

c) Cambio de uso.»

Segundo. Los preceptos modificados en el apartado primero anterior podrán ser objeto de reforma vía reglamentaria, de conformidad con la normativa aplicable.

Duodécima. [...][4]

Decimotercera. *Modificación del texto refundido de la Ley de Contratos del Sector Público, aprobado por el Real Decreto Legislativo 3/2011, de 14 de noviembre.* Se añade una nueva disposición adicional trigésima cuarta, al texto refundido de la Ley de Contratos del Sector Público, aprobado por el Real Decreto Legislativo 3/2011, de 14 de noviembre, con el siguiente tenor:

«Disposición adicional trigésima cuarta. Contratos de suministros y servicios en función de las necesidades.

En los contratos de suministros y de servicios que tramiten las Administraciones Públicas y demás entidades del sector público con presupuesto limitativo, en los cuales el empresario se obligue a entregar una pluralidad de bienes o a ejecutar el servicio de forma sucesiva y por precio unitario, sin que el número total de entregas o prestaciones incluidas en el objeto del contrato se defina con exactitud al tiempo de celebrar éste, por estar subordinadas las mismas a las necesidades de la Administración, deberá aprobarse un presupuesto máximo.

En el caso de que, dentro de la vigencia del contrato, las necesidades reales fuesen superiores a las estimadas inicialmente, deberá tramitarse la correspondiente modificación. A tales efectos, habrá de preverse en la documentación que rija la licitación la posibilidad de que pueda modificarse el contrato como consecuencia de tal circunstancia, en los términos previstos en el

4 Esta Disposición final ha sido derogada por la Disposición derogatoria única, apartado b), del Real Decreto Legislativo 7/2015, de 30 de octubre, por el que se aprueba el Texto Refundido de la Ley de Suelo y Rehabilitación Urbana (BOE núm. 261, de 31 de octubre de 2015).

artículo 106 de esta Ley. La citada modificación deberá tramitarse antes de que se agote el presupuesto máximo inicialmente aprobado, reservándose a tal fin el crédito necesario para cubrir el importe máximo de las nuevas necesidades.»

Decimocuarta. *Modificación del Real Decreto-ley 6/2012, de 9 de marzo, de medidas urgentes de protección de deudores hipotecarios sin recursos.* Se modifican los artículos 2 y 3 bis del Real Decreto-ley 6/2012, de 9 de marzo, de medidas urgentes de protección de deudores hipotecarios sin recursos, que quedan redactados como sigue:

Uno. El artículo 2 queda redactado del siguiente modo:

«Las medidas previstas en este Real Decreto-ley se aplicarán a los contratos de préstamo o crédito garantizados con hipoteca inmobiliaria cuyo deudor se encuentre situado en el umbral de exclusión y que estén vigentes a la fecha de su entrada en vigor, con excepción de las contenidas en los artículos 12 y 13, que serán de aplicación general.

Las medidas previstas en este Real Decreto-ley se aplicarán igualmente a los fiadores y avalistas hipotecarios del deudor principal, respecto de su vivienda habitual y con las mismas condiciones que las establecidas para el deudor hipotecario.»

Dos. El artículo 3 bis queda redactado del siguiente modo:

«Artículo 3 bis Fiadores, avalistas e hipotecantes no deudores.

Los fiadores, avalistas e hipotecantes no deudores que se encuentren en el umbral de exclusión podrán exigir que la entidad agote el patrimonio del deudor principal, sin perjuicio de la aplicación a éste, en su caso, de las medidas previstas en el Código de Buenas Prácticas, antes de reclamarles la deuda garantizada, aun cuando en el contrato hubieran renunciado expresamente al beneficio de excusión.»

Decimoquinta. *Modificación de la Ley 9/2012, de 14 de noviembre, de reestructuración y resolución de entidades de crédito.* Se modifica la disposición final vigésima primera de la Ley 9/2012, de 14 de noviembre, de reestructuración y resolución de entidades de crédito, que queda redactada como sigue:

«Disposición final vigésima primera. Finalización de la vigencia del Capítulo VII.

Lo dispuesto en el Capítulo VII de esta Ley será aplicable hasta el 31 de diciembre de 2013.»

Decimosexta. *Modificación de la Ley 17/2012, de 27 de diciembre, de Presupuestos Generales del Estado para el año 2013.* Se adiciona un párrafo final al apartado tres de la disposición adicional décima tercera, de la Ley 17/2012, de 27 de diciembre, de Presupuestos Generales del Estado para el año 2013, con la siguiente redacción:

«A los efectos de esta bonificación, del importe de la tarifa bonificable se deducirá el importe correspondiente a las prestaciones patrimoniales públicas a que se refieren las letras d), e) y f) del artículo 68.2, de la Ley 21/2003, de 7 de julio, de Seguridad Aérea, con independencia de que hayan sido repercutidas o no al pasajero. A tal efecto, dichas prestaciones patrimoniales aparecerán desglosadas en la documentación justificativa de los cupones de vuelo.»

Decimoséptima. *Modificación de la Ley 1/2013, de 14 de mayo, de medidas para reforzar la protección a los deudores hipotecarios, reestructuración de deuda y alquiler social.* Se modifican la rúbrica del Capítulo III, la disposición adicional primera y las disposiciones transitorias cuarta y quinta, con la siguiente redacción:

Uno. Se modifica la rúbrica del Capítulo III, en los siguientes términos:

«CAPÍTULO III

Mejoras en el procedimiento de ejecución»

Dos. Se da nueva redacción al párrafo primero de la disposición adicional primera en los siguientes términos:

«Se encomienda al Gobierno que promueva con el sector financiero la constitución de un fondo social de viviendas propiedad de las entidades de crédito, destinadas a ofrecer cobertura a aquellas personas que hayan sido desalojadas de su vivienda habitual por el impago de un préstamo hipotecario cuando concurran las circunstancias previstas en el artículo 1 de esta Ley. Este fondo social de viviendas tendrá por objetivo facilitar el acceso a estas personas a contratos de arrendamiento con rentas asumibles en función de los ingresos que perciban.»

Tres. Se da nueva redacción al apartado 5 de la disposición transitoria cuarta en los siguientes términos:

«Lo dispuesto en el artículo 579.2 a) de la Ley 1/2000, de 7 de enero, de Enjuiciamiento Civil será de aplicación a las adjudicaciones de vivienda habitual realizadas con anterioridad a la entrada en vigor de esta Ley, siempre que a esa fecha no se hubiere satisfecho completamente la deuda y que no hayan transcurrido los plazos del apartado 2 a) del citado artículo. En estos casos, los plazos anteriores que vencieran a lo largo de 2013 se prolongarán hasta el 1 de enero de 2014.

La aplicación de lo previsto en este apartado no supondrá en ningún caso la obligación del ejecutante de devolver las cuantías ya percibidas del ejecutado.»

Cuatro. Se da nueva redacción al párrafo primero de la disposición transitoria quinta en los siguientes términos:

«Lo previsto en el artículo 3.Tres se aplicará a las ventas extrajudiciales de bienes hipotecados que se inicien con posterioridad a la entrada en vigor de esta Ley, cualquiera que fuese la fecha en que se hubiera otorgado la escritura de constitución de hipoteca.»

Decimoctava. [...][5]

Decimonovena. *Carácter básico y títulos competenciales*[6]. 1. La presente Ley tiene el carácter de legislación básica sobre bases y coordinación de la planificación general de la actividad económica, de conformidad con lo dispuesto en el artículo 149.1.13.ª de la Constitución.

2. Adicionalmente, la presente Ley se dicta al amparo de los siguientes títulos competenciales:

1.º Los artículos 1 a 4, 8 y 15, las disposiciones adicionales primera, tercera y cuarta, las disposiciones transitorias primera y segunda, las disposiciones finales sexta, séptima, décima y undécima y los apartados uno a diez y trece de la disposición final duodécima, al amparo de lo dispuesto en el artículo 149.1.1.ª, 16.ª, 18.ª, 23.ª y 25.ª de la Constitución, que atribuye al Estado la competencia sobre regulación de las condiciones básicas que garantizan la

[5] Esta Disposición final ha sido derogada por la Disposición derogatoria única, apartado b), del Real Decreto Legislativo 7/2015, de 30 de octubre, por el que se aprueba el Texto Refundido de la Ley de Suelo y Rehabilitación Urbana (BOE núm. 261, de 31 de octubre de 2015).

[6] Esta Disposición final ha sido derogada por la Disposición derogatoria única, apartado b), del Real Decreto Legislativo 7/2015, de 30 de octubre, por el que se aprueba el Texto Refundido de la Ley de Suelo y Rehabilitación Urbana (BOE núm. 261, de 31 de octubre de 2015), en la medida en que se refiera a alguno de los preceptos que la citada disposición deroga.

igualdad en el ejercicio de los derechos y en el cumplimiento de los deberes constitucionales, bases y coordinación general de la sanidad, bases del régimen jurídico de las Administraciones Públicas, legislación básica sobre protección del medio ambiente y bases del régimen energético.

2.º Los artículos 5, 11, 12 y 14, las disposiciones finales primera y tercera, y los apartados once y doce y catorce a diecisiete de la disposición final duodécima, al amparo de lo dispuesto en el artículo 149.1.8.ª y 18.ª de la Constitución, que atribuye al Estado la competencia sobre legislación civil, procedimiento administrativo común, legislación sobre expropiación forzosa y el sistema de responsabilidad de las Administraciones Públicas.

3.º La disposición adicional segunda, al amparo de lo dispuesto en el artículo 149.1.14.ª de la Constitución, que atribuye al Estado la competencia sobre Hacienda general y deuda del Estado.

4.º El artículo 6 y la disposición final decimoctava, al amparo de lo dispuesto en el artículo 149.1.30.ª de la Constitución, que atribuye al Estado la competencia sobre regulación de las condiciones de obtención, expedición y homologación de títulos académicos y profesionales.

5.º La disposición final cuarta, al amparo de lo dispuesto en el artículo 149.1.6.ª de la Constitución, que atribuye al Estado la competencia en materia de legislación procesal.

6.º La disposición final quinta, al amparo de lo dispuesto en el artículo 149.1.20.ª de la Constitución, que atribuye al Estado la competencia en materia de control del tránsito y transporte aéreo.

7.º La disposición final decimotercera, al amparo de lo dispuesto en el artículo 149.1.18.ª de la Constitución, que atribuye al Estado la competencia en materia de legislación básica sobre contratos.

8.º Las disposiciones finales decimocuarta y decimoquinta, al amparo de lo dispuesto en al artículo 149.1.11.ª de la Constitución, que atribuye al Estado la competencia en materia de bases de la ordenación de crédito, banca y seguros.

3. Lo dispuesto en esta Ley se aplicará sin perjuicio de los regímenes civiles, forales o especiales, allí donde existen.

Vigésima. *Entrada en vigor*[7]. La presente Ley entrará en vigor el día siguiente al de su publicación en el «Boletín Oficial del Estado».

[7] Esta Disposición final ha sido derogada por la Disposición derogatoria única, apartado b), del Real Decreto Legislativo 7/2015, de 30 de octubre, por el que se aprueba el Texto Refundido de la Ley de Suelo y Rehabilitación Urbana (BOE núm. 261, de 31 de octubre de 2015), en la medida en que se refiera a alguno de los preceptos que la citada disposición deroga.

4. Normas complementarias al Reglamento para la ejecución de la Ley Hipotecaria sobre inscripción en el Registro de la Propiedad de actos de naturaleza urbanística[1], aprobadas por Real Decreto 1093/1997, de 4 de julio[2]

(BOE núm. 175, de 23 de julio de 1997)

CAPÍTULO I. DISPOSICIONES GENERALES

Artículo 1. *Actos inscribibles.* Serán inscribibles en el Registro de la Propiedad, además de los actos expresamente regulados en este Real Decreto, los siguientes:

1 Desarrollan los artículos 307 a 310 del Texto Refundido de la Ley sobre Régimen del Suelo y Ordenación Urbana, aprobado por Real Decreto Legislativo 1/1992, de 26 de junio. Téngase en cuenta el Real Decreto 1867/1998, de 4 de septiembre, por el que se modifican determinados artículos del Reglamento Hipotecario (BOE núm. 233, de 29 de septiembre de 1998). No obstante, el artículo 1 de este Real Decreto 1867/1998 ha sido declarado nulo de pleno derecho en cuanto modifica y da nueva redacción a los artículos 16.2.c), 112, ordinal 3.º y párrafo último, 113, 114, 115, 116, 118, 119, 120, 121, 122, 123, 124, 127, 128, 129, 131, 155, párrafo cuarto, 332.6, párrafo primero, y 355.2, inciso final, del Reglamento Hipotecario, por la Sentencia del Tribunal Supremo de 22 de mayo de 2000 (BOE núm. 188, de 7 de agosto de 2000). Asimismo, la Sentencia del Tribunal Supremo de 31 de enero de 2001 (BOE núm. 79, de 2 de abril de 2001), ha declarado igualmente nulo de pleno derecho dicho artículo 1 del citado Real Decreto en cuanto modifica y redacta los artículos 6, 11, párrafos segundo, tercero, cuarto y quinto; 13, párrafos primero, segundo y tercero, 16.1 y 2.b), 17, 18, 51, regla cuarta, párrafos tercero a último inclusive, 68, párrafos tercero y cuarto, 97, párrafo segundo, salvo su último inciso, 177, párrafo segundo, 298.1, párrafos quinto y sexto, 298.3, párrafo último, 298.4, párrafos primero y segundo, 334.3, 355.1 y 3, 386, 387, 388, 391 y 399 del Reglamento Hipotecario.

2 Su tenor literal es el siguiente:
«Desde la Ley del Suelo y de Ordenación Urbana de 12 de mayo de 1956 ha sido una aspiración permanente realizar una adecuada coordinación entre el Registro de la Propiedad y la acción administrativa urbanística que, no obstante, hasta la fecha, nunca había sido abordada de una forma global a pesar de los reiterados llamamientos legislativos sobre este punto. A través de la disposición adicional décima de la Ley 8/1990, de 25 de

julio (artículos 307 a 310 del texto refundido de 26 de junio de 1992), se ha regulado el tema mediante unas breves pero imprescindibles normas susceptibles de un desarrollo reglamentario posterior más detallado, como en el propio texto legal se reconoce. Así, aunque los preceptos que integran este Real Decreto se refieren a materias urbanísticas, su contenido es exclusivamente registral, por lo que en cuanto normas hipotecarias —jurídico-privadas— están llamadas a tener una pervivencia independiente de las vicisitudes de las normas sobre urbanismo. En tal sentido, se ha procurado en el presente Real Decreto evitar las referencias concretas a la legislación urbanística, toda vez que la competencia para su elaboración está atribuida con carácter exclusivo a las Comunidades Autónomas, salvo en las materias expresamente reservadas al Estado.

La acción urbanística y el Registro de la Propiedad se desenvuelven en esferas distintas, pues, la primera no es materia propiamente registral y las mutaciones jurídico-reales, cuando se reflejan en el Registro de la Propiedad, se plasman con arreglo a sus normas propias e independientemente de las urbanísticas. No obstante, si la acción urbanística en sí misma provoca una alteración en las titularidades inmobiliarias surge un punto de contacto de necesaria coordinación. A la vez, es conveniente que los poderes públicos se sirvan de una institución que, aunque se desenvuelve en el campo privado, puede ser una eficaz colaboradora a la actuación urbanística. Desde esta doble vertiente se ha realizado el desarrollo reglamentario de los preceptos legales, puesto que, por un lado, se ha dado entrada a una gran información urbanística que en otro tiempo quedaba fuera de los libros registrales, pero sin desvirtuar el contenido y los efectos que son consustanciales al Registro de la Propiedad y, por otro, se ha desarrollado el mandato legal buscando soluciones que sin debilitar la acción pública sean, no obstante, respetuosas y coherentes con la normativa registral.

El mandato legal ordena realizar las modificaciones del Reglamento Hipotecario necesarias para el desarrollo de la disposición adicional décima de la Ley 8/1990, de 25 de julio, y, lógicamente, del Real Decreto-ley 7/1996, de 7 de junio, sobre medidas urgentes de carácter fiscal y de fomento y liberalización de la actividad económica. El camino que se ha escogido ha sido el de elaborar un único texto que quede incorporado como normas complementarias al Reglamento Hipotecario; esta solución se ha estimado preferible a realizar una intercalación de los preceptos dentro del Reglamento que en la mayoría de las ocasiones tendrían una difícil colocación sistemática, a la vez que, con ello, se rompería la necesaria visión de conjunto que la materia ha de ofrecer. Con tales planteamientos de fondo y forma se ofrece un conjunto normativo que está anclado no sólo en la disposición adicional que le sirve de apoyo sino también en el resto de las normas urbanísticas y en los preceptos generales de la legislación hipotecaria y que en sí mismo contiene mecanismos suficientes para afrontar los problemas que puedan presentarse de cara al Registro de la Propiedad, ofreciendo soluciones que, en cuanto registrales, han de ser uniformes en todo el Estado, en una materia, la registral, también necesariamente uniforme, por afectar a los derechos y garantías fundamentales de los ciudadanos y ser de orden público. La regulación reglamentaria se ha distribuido en doce capítulos, que se acompañan por una disposición derogatoria y dos finales insertos en el Real Decreto. El capítulo I, relativo a las disposiciones generales no contiene un especial desarrollo, puesto que la enumeración de la materia inscribible está ya suficientemente pormenorizada en la norma legal. Unicamente se puntualiza en relación al documento administrativo, en cuanto título formal inscribible, que ha de expedirse por duplicado (con ello se recoge lo que para la mayoría de los casos está ya establecido —cfr., por ejemplo, el artículo 307 del Reglamento Hipotecario—) y, en relación al acuerdo que contenga, que éste ha de agotar la vía administrativa, salvo que para actos determinados se establezca otra cosa.

La inscripción de los proyectos de equidistribución se regula en el capítulo II. Se contemplan especialmente los requisitos y los efectos de la nota marginal de iniciación del expediente de reparcelación o de afección de los terrenos comprendidos en una unidad de ejecución al cumplimiento de las obligaciones inherentes al sistema de compensación. Respecto de la práctica de la citada nota marginal merece destacarse que se haga una especial previsión de la posibilidad de practicarse sobre fincas situadas fuera de la unidad, pero adscritas al proyecto, y sobre aprovechamientos urbanísticos inscritos en folio independiente; igualmente se detalla la rogación necesaria para la práctica de la nota marginal, su duración y la actuación que ha de observar el Registrador de la Propiedad.

En cuanto al título para practicar la inscripción de las operaciones reparcelatorias se ha cuidado con detalle, puesto que constituye un documento de gran complejidad técnica, con distinción nítida del supuesto en el que el título reparcelatorio se produce por consentimiento unánime de los titulares vertido en escritura pública, cuyo contenido se somete a aprobación administrativa, de aquel en el que la mutación real tiene su origen en la voluntad pública.

Sin embargo, en este capítulo lo más importante es la regulación de los efectos del proceso de ejecución, bien sean los de la nota marginal de iniciación del proyecto de equidistribución, bien sean los que se derivan de la aprobación definitiva del citado proyecto. Por lo que se refiere a los primeros, el Reglamento no hace sino recoger el mandato legal, si bien destaca con mayor rigor, si cabe, la cancelación de aquellos asientos que siendo posteriores a la fecha de la nota marginal corresponden a titulares que no se han personado en el expediente de equidistribución, escogiéndose así una de las posibles soluciones frente a otras que podrían haberse adoptado manteniendo aquellas cargas o gravámenes que trajeren causa de quien resultare ser el adjudicatario de la finca de reemplazo; el mayor rigor en la cancelación (la cual tiene carácter formal, por lo que no ha de presumirse extinguido el derecho que consta en el asiento cancelado) se ve contrarrestado con el establecimiento de un mecanismo reglamentario que posibilita la inscripción de la finca de resultado o los derechos constituidos sobre la de origen a favor de los titulares del asiento cancelado, incluso cuando no fuere posible obtener la conformidad del nuevo titular registral.

Por lo que se refiere a los efectos que se derivan de la aprobación definitiva del proyecto de equidistribución, la norma legal concede una amplia habilitación que el Reglamento ha utilizado con mesura. Así, el título puede tener virtualidad inmatriculadora y puede rectificar las descripciones fundiarias, pero cuando el proyecto se hubiere llevado a cabo por acuerdo unánime de los interesados, o a instancia de propietario único, dado que en estos casos la publicidad del expediente es limitada, se exige expresamente el sometimiento del proyecto al trámite ordinario de información pública previsto en la legislación urbanística. En cuanto a la reanudación del tracto interrumpido y la cancelación de asientos contradictorios se han establecido soluciones inspiradas en el artículo 202 de la Ley Hipotecaria; igualmente soluciones alejadas de extremismos son las que se contemplan para los supuestos de doble inmatriculación y de titularidades desconocidas o controvertidas o cuyo titular se encuentre en ignorado paradero.

Por otro lado, el régimen establecido para la distribución de cargas y gravámenes de una finca de origen varias de reemplazo y la necesidad de que el órgano actuante determine la cuota de la única finca de resultado que sustituya, por subrogación real, a varias de origen, así como la exigencia de que en la cancelación de asientos que se refieran a derechos contradictorios con el planeamiento sea necesario que así se haya declarado y, en su caso, asegurado el cobro de la indemnización que correspondiere, constituyen novedades no previstas en la legislación vigente que se consideran básicas para simplificar y facilitar la inscripción. Por último, en materia de afección al cumplimiento de obligaciones urbanísticas se ha procurado una redacción adecuada a los principios registrales de especialidad y de prioridad.

En el capítulo III se regula la inscripción de expropiaciones urbanísticas, cuya presencia está justificada en cuanto que la Administración actuante puede aplicar el procedimiento de tasación conjunta y sus especiales normas registrales a cualquier tipo de expropiación urbanística. Para que tenga lugar la aplicación de las normas generales de expropiación es suficiente el artículo 32 del Reglamento Hipotecario, pero, cuando la expropiación recae sobre las fincas incluidas total o parcialmente en una unidad de ejecución la Administración podrá optar por la inscripción conjunta de la totalidad o parte de las fincas expropiadas, en cuyo caso se hace necesario una especial previsión de las posibles patologías que puedan presentarse. Así se ha hecho, recogiendo algunas soluciones contenidas en el texto refundido de la Ley del Suelo de 9 de abril de 1976, hoy vigente en gran parte, dando una especial intervención al Ministerio Fiscal en defensa de los intereses de titulares desconocidos o no comparecientes y estableciendo la posibilidad de que mediante acta de notoriedad puedan solucionarse problemas de pronunciamientos registrales contrarios a la realidad, sin que sea necesario aprobación judicial. La regulación del tema se completa recabando la colaboración del Registrador de la Propiedad para los casos en los que existan fincas inscritas que no han sido incluidas en el expediente de expropiación.

El capítulo IV regula la inscripción de las cesiones de terrenos con carácter obligatorio que resulten de los Planes de Ordenación. En el supuesto en el que dichas cesiones

tengan lugar dentro de un proyecto de equidistribución o entre particulares concretos y la Administración no se plantean especiales dificultades, salvo en el supuesto de innecesariedad de la reparcelación en los casos de propietario único o de acuerdo sobre la localización del aprovechamiento que era necesario resolver. Sin embargo, el problema surge cuando no es posible contar con la titulación ordinaria o cuando por haberse producido con anterioridad la apropiación de todas las facultades urbanísticas a favor de los particulares deban entenderse transmitidas las superficies de cesión obligatoria previstas en el planeamiento. Para este caso se ha establecido un mecanismo que permite a la Administración la inscripción de las superficies de cesión obligatoria, si bien con la adopción de una serie de garantías y cautelas que evitan el que se acuda a este procedimiento cuando con él pudiere producirse a un particular un especial perjuicio, si la cesión obligatoria y el coste que ello supone debieren ser objeto de equidistribución.
Especialmente novedoso es el capítulo V relativo a la inscripción del aprovechamiento urbanístico, puesto que ha tenido que establecerse una regulación que siendo respetuosa con la institución registral se adapte a un concepto, el de aprovechamiento urbanístico, que forma parte del contenido de la propiedad urbana, pero, no obstante, es susceptible de tráfico jurídico (aunque con finalidad preestablecida) o incluso es considerado como finca registral en determinados supuestos. Así, la adquisición del derecho al aprovechamiento urbanístico apropiable puede hacerse constar por nota marginal en la finca de la que forma parte, la transmisión o distribución entre distintas fincas se hace constar en un asiento de inscripción y su tratamiento como finca registral independizada lleva a la apertura de folio también independiente.

La transmisión de unidades de aprovechamiento recibe un tratamiento distinto según se haga coactiva (en cuyo caso ha de estarse a las normas de la expropiación forzosa) o voluntariamente; en este segundo supuesto la regulación introducida ha tenido en cuenta la necesidad de conectar las fincas que se ponen en relación a fin de dar salida a los problemas que pueden plantearse ante la existencia de posibles y complejas situaciones jurídicas sobre cada una de ellas. En la solución ofrecida puede verse un claro eco de la que ya existe en la legislación hipotecaria cuando regula la anotación preventiva de créditos refaccionarios, distinguiéndose cuotas de valor sobre las que se mantendrá la situación jurídica que existiere sobre la finca originaria; pero la regulación no sería completa si no se hubiere dotado a la inscripción registral de una eficacia superior a la de una inscripción normal, lo que tiene su justificación en el hecho de que nos encontramos ante una situación jurídica no susceptible de contacto posesorio; igualmente se prevé la regulación específica de la coordinación del negocio civil de transferencia con la autorización administrativa o la inscripción en registros administrativos, en cuanto tal requisito se exija por la Administración urbanística.

La razón de ser de esta regulación, una vez publicada la Sentencia del Tribunal Constitucional de 20 de marzo de 1997, consiste en que la legislación sobre actuaciones asistemáticas declarada nula por falta de título competencial del Estado, puede ser objeto de nueva regulación por las Comunidades Autónomas, como ha ocurrido en Cantabria a través de su Ley 1/1997, de 25 de abril, de Medidas urgentes en materia de Régimen del Suelo y Ordenación Urbana.

Los supuestos de apertura de folio independiente se establecen en aquellos casos en los que no pueden inscribirse las unidades de aprovechamiento en el folio correspondiente a la finca de que proceden. En su regulación se ha tenido en cuenta la necesidad de mantener siempre el carácter real del folio y el que éste ha de desaparecer forzosamente pues su situación es transitoria, de puente entre otras fincas.

El capítulo VI se refiere a las inscripciones de obra nueva cuya regulación legal se encuentra en el artículo 37.2 del texto refundido de 26 de junio de 1992. La regulación establecida pretende responder a la finalidad perseguida con el precepto legal: evitar que nazcan a la vida jurídica unidades inmobiliarias susceptibles de tráfico jurídico que no existen ni podrán existir en el mundo real. No se ha querido (ni hubiera sido oportuno) alterar los mecanismos a través de los cuales la obra nueva puede acceder al Registro de la Propiedad, pero sí ha sido necesario determinar los requisitos descriptivos que han de contener las escrituras de dicha clase, puesto que la normativa vigente no los señala.

La finalidad perseguida lleva a que tanto en la escritura pública relativa a la obra en construcción como en la que ya está construida sea necesario que un técnico (expresión que queda en el Reglamento precisada en su alcance) dictamine que lo declarado por la persona legitimada para ello coincide con lo proyectado o con lo proyectado y construido, aunque sólo en aquello que es el contenido propio de las escrituras de obra nueva.

Por lo demás, para evitar una regulación incompleta se han previsto otros extremos, como la posibilidad de licencias obtenidas por acto administrativo presunto, la constancia de la terminación de la obra en construcción, las consecuencias que pudieran producirse en el supuesto de que dicha terminación no se reflejara en el Registro de la Propiedad, la inscripción de construcciones respecto de las cuales no cabe adoptar medidas de disciplina urbanística, la necesidad de conectar las declaraciones de obra nueva con, en su caso, las constituciones de regímenes de propiedad horizontal y la colaboración de los Registradores de la Propiedad con las autoridades urbanísticas. Los capítulos VII y VIII regulan las anotaciones preventivas decretadas en procedimiento administrativo y en procedimiento contencioso-administrativo, ya lo sean estas últimas a instancia de la Administración como de los particulares. Una de las finalidades perseguidas en la nueva normativa ha sido la de lograr que el Registrador de la Propiedad pudiera ser un eficaz cooperante en materia de disciplina urbanística —sin que como se expresó anteriormente— se desvirtuara su función. Es por ello que aunque la incoación de expedientes sancionadores o de incumplimiento de obligaciones de esta naturaleza puedan acceder al Registro mediante anotación preventiva, ello será sólo posible en cuanto la infracción o el incumplimiento tengan directa repercusión sobre las fincas, por lo que no podrán acceder aquellos expedientes que sólo persiguen la imposición de una sanción económica, para lo que se prevé que pueda solicitarse una anotación preventiva de embargo. La regulación de estas anotaciones preventivas se ha hecho especificando el título para practicarlas, su duración, prórroga, cancelación y eficacia.

Pero también existe la previsión legal de que pueda acceder al Registro, a instancia de los particulares, la interposición de recurso contencioso-administrativo que pretenda la anulación de instrumentos de planeamiento, de instrumentos de ejecución del mismo o de licencias. La anotación preventiva en estos casos ha de estar rodeada de las necesarias cautelas a fin de evitar que la actuación pública se resintiere injustificadamente; por ello se establece en el capítulo VIII el que los Tribunales deban exigir caución adecuada. Por lo demás, en cuanto a la práctica de asientos derivados de la anotación preventiva se ha tenido en cuenta la posible confluencia de distintos órdenes jurisdiccionales.

El capítulo IX se refiere a las notas marginales. No se trata de regular cualesquiera manifestaciones de este asiento en la materia urbanística, puesto que a lo largo del texto existe ya una profusa referencia a las mismas. El capítulo desarrolla el artículo 307.4 del texto refundido de 1992 que posibilita el acceso al Registro de las condiciones especiales de concesión de licencias, condiciones que sólo podrán reflejarse cuando las mismas hayan de cumplirse directamente sobre la finca sobre la que la licencia se concede. Igualmente se regula la nota marginal de la declaración de ilegalidad de la licencia de edificación, de concesión de licencias para obras y usos provisionales y la nota marginal acreditativa de la adquisición del aprovechamiento urbanístico.

La regulación de la inscripción de los actos de parcelación se hace en el capítulo X. Al respecto, se ha tenido en cuenta la existencia de distintas normas urbanísticas materiales en diferentes Comunidades Autónomas, por lo que los artículos son estrictamente tabulares dejando a aquellas normas las cuestiones de fondo; ello significa que la aplicación de las soluciones hipotecarias —únicas y uniformes— dependerán, en gran medida, de la previa aplicación de las diversas regulaciones sustantivas autonómicas, sobre todo en lo que se refiere a sus propios criterios en materia de parcelación. Por otra parte, se pretende, en todo caso, una regulación equilibrada, que tenga en cuenta, simultáneamente, la necesaria labor de policía administrativa en la represión del ilícito, de cualquier tipo que éste sea, y la seguridad del tráfico inmobiliario, que se refleja básicamente en la exactitud del Registro.

Como consecuencia del criterio del dictamen del Consejo de Estado, en materia de parcelación el Reglamento hace referencia exclusivamente a la actuación de los Registradores de la Propiedad, sin que el articulado entre en la regulación de la actuación notarial.

En el capítulo XI se regula la inscripción de las transmisiones sujetas a tanteo y retracto urbanístico. El mecanismo legal se ha completado mediante la exigencia de que los particulares declaren en la escritura pública si el terreno o vivienda transmitido se halla o no incluido en área de tanteo y retracto, cuando en un término municipal se hubieren delimitado dichas áreas. También se establece el modo en que el Registrador ha de cooperar con los mismos para la mayor efectividad de las previsiones que se han regulado. Sobre este punto debe señalarse que la normativa reglamentaria se desarrolla por idénticas razones que las antes citadas en el comentario al capítulo V del Reglamento.

El último capítulo se dedica al régimen de venta forzosa, recogiendo unitariamente los distintos supuestos que, de conformidad con la Ley, pueden desembocar en la misma;

para ello se regula la nota marginal acreditativa de la inclusión de la finca en el Registro Administrativo de Solares y Terrenos sin Urbanizar, la nota marginal que ponga de manifiesto la aplicación del régimen de venta forzosa, las reglas que han de regular la inscripción de la venta así realizada y la situación en que quedarán los asientos posteriores al momento en que registralmente quedó constatada la aplicación del régimen de transmisión coactiva.

El presente texto ha tenido en cuenta, además de las disposiciones vigentes, la Sentencia del Tribunal Constitucional de 20 de marzo de 1997, que admite la constitucionalidad de los preceptos que las Leyes enjuiciadas, es decir, la Ley 8/1990, de 25 de julio, y el texto refundido de la Ley del Suelo aprobado por Real Decreto Legislativo de 26 de junio de 1992, destinan al Registro de la Propiedad, por ser competencia exclusiva del Estado, en base al artículo 149.1.8.ª de la Constitución Española. Asimismo, ha tenido en cuenta las sugerencias que resultan del preceptivo informe del Consejo de Estado, especialmente en lo que se refiere al carácter registral de la norma reglamentaria y a otras cuestiones de estilo.

En definitiva, la norma que se aprueba tiene una finalidad de clarificación jurídica en una materia compleja, cuya aplicación supondrá la agilización de los procesos urbanísticos de transformación del suelo y, por ende, una medida básica para facilitar la disposición de terrenos edificables y evitar la especulación. De forma decidida, se afronta dar curso a la plena eficacia del fundamento y dictado del Real Decreto-ley 5/1996, de 7 de junio, de medidas liberalizadoras en materia de Suelo y de Colegios Profesionales, origen de la Ley 7/1997, de 17 de abril, facilitando la creación de suelo urbano con el instrumento técnico adecuado para la protección jurídica del derecho de propiedad mediante la publicidad registral (calificación, prioridad, legitimación, fe pública, inoponibilidad), garantía del acceso al crédito, personal y territorial, enmarcado en los preceptos constitucionales que reflejan su función social e imponen el derecho de los ciudadanos a una vivienda digna.

En su virtud, a propuesta de la Ministra de Justicia, de acuerdo con el Consejo de Estado y previa deliberación del Consejo de Ministros en su reunión del día 4 de julio de 1997, dispongo:

Artículo único. Aprobación de las normas complementarias al Reglamento.

Se aprueban las normas complementarias al Reglamento para la ejecución de la Ley Hipotecaria sobre inscripción en el Registro de la Propiedad de actos de naturaleza urbanística adjuntas.

Disposición derogatoria única. Derogación normativa.

Quedan derogadas todas las disposiciones contenidas en el Reglamento de Gestión Urbanística de 25 de agosto de 1978, en cuanto se refieran al acceso al Registro de la Propiedad de actos de naturaleza urbanística. Asimismo quedan derogadas todas las disposiciones del Reglamento de Parcelaciones y Reparcelaciones del Suelo afectado por Planes de Ordenación Urbana, de 7 de abril de 1966 y del Reglamento de Edificación For-

1. Los actos firmes de aprobación de los expedientes de ejecución del planeamiento, en cuanto supongan la modificación de las fincas registrales afectadas por el Plan, la atribución del dominio o de otros derechos reales sobre las mismas o el establecimiento de afecciones o garantías reales que aseguren la obligación de ejecutar o de conservar la urbanización.

2. Las cesiones de terrenos con carácter obligatorio en los casos previstos por las Leyes o como consecuencia de transferencias de aprovechamiento urbanístico.

3. Los actos de transferencia y gravamen del aprovechamiento urbanístico, incluso como cuando den lugar a un derecho separado del suelo, mediante la apertura de folio independiente.

4. Las condiciones especiales de concesión de licencias en los términos previstos por las Leyes.

5. La incoación de expedientes que tengan por objeto la declaración del incumplimiento del deber de urbanizar o edificar o que se instruyan en materia de disciplina urbanística sobre fincas determinadas, así como la iniciación del procedimiento que tenga por objeto el apremio administrativo para garantizar el cumplimiento de las sanciones impuestas.

6. La interposición de recurso contencioso-administrativo que pretenda la anulación de los planes de ordenación, de sus instrumentos de ejecución o de las licencias, así como de la demanda formulada en dicho recurso.

7. Las sentencias firmes en que se declare la anulación a que se refiere el apartado anterior, cuando se refieran a fincas determinadas y haya participado su titular en el procedimiento.

8. Cualquier otro acto administrativo que en desarrollo del planeamiento o de sus instrumentos de ejecución modifique, desde luego o en el futuro, el dominio o cualquier otro derecho real sobre fincas determinadas o la descripción de éstas.

zosa y Registro Municipal de Solares, declarados en vigor por el Real Decreto 304/1993, de 23 de febrero, en cuanto contengan referencias al Registro de la Propiedad.

Disposición final primera. Carácter de la disposición.

El contenido del presente Real Decreto tendrá la consideración de Normas Complementarias del Reglamento para la aplicación de la Ley Hipotecaria.

Disposición final segunda. Entrada en vigor.

El presente Real Decreto entrará en vigor al día siguiente de su publicación en el «Boletín Oficial del Estado».»

Artículo 2. *Título inscribible.* El título para la inscripción de los actos a que se refiere el artículo 1 se sujetará a las siguientes reglas:

1. Los que tengan su origen en negocios o contratos entre particulares deberán formalizarse en escritura pública y los que tengan su origen en actuaciones jurisdiccionales se inscribirán en virtud de mandamiento del Juez o Tribunal correspondiente, en el que se transcriba la providencia o el auto recaído o se ordene la inscripción de la sentencia de que se trate.

2. Salvo los casos en que la legislación establezca otra cosa, los actos administrativos se inscribirán mediante certificación de la misma naturaleza que cumpla los siguientes requisitos:

a) Que se expida, en ejemplar duplicado, por el Secretario de la entidad u órgano actuante y con inserción literal del acuerdo adoptado.

b) Que exprese que el acto ha puesto fin a la vía administrativa, salvo lo dispuesto en este Reglamento para acuerdos determinados.

c) Que se hagan constar en ella, en la forma exigida por la Legislación Hipotecaria, las circunstancias relativas a las personas, los derechos y las fincas a los que afecte el acuerdo.

3. En el supuesto contemplado en el apartado 2, el Registrador, una vez practicado el asiento que corresponda, archivará uno de los ejemplares de la certificación y devolverá el otro con nota de las operaciones realizadas. En el caso de que deniegue o suspenda total o parcialmente la inscripción deberá hacer constar el medio que, a su juicio, fuese procedente para subsanar el defecto que motivó la suspensión, o bien la forma más adecuada, en su caso, de obtener la inscripción en el supuesto de que el defecto, por su carácter insubsanable, hubiera motivado la denegación del título.

Artículo 3. *Planos de situación.* Los documentos públicos a que se refiere el artículo 2, cualquiera que sea su clase y la naturaleza del acto o negocio inscribible, se presentarán ante el Registrador para la calificación y práctica de los asientos respectivos, acompañados del plano de la finca o fincas a que afecten, de acuerdo con lo dispuesto en las reglas siguientes:

1. El plano se archivará en los términos previstos en el inciso segundo del apartado 4 del artículo 51 del Reglamento Hipotecario. Podrá acompañarse también al plano citado copia del mismo en soporte magnético u óptico.

2. El Registrador remitirá copia del mismo a la Oficina Catastral competente, para que, en los términos establecidos en la legislación aplicable, dicha

Oficina remita, en su caso, al mismo los datos identificadores de la finca o fincas objeto del acto de que se trate.

3. Cuando el acto inscribible se origine en un procedimiento tramitado ante la Administración urbanística, el plano que ha de acompañar al título será el que sirva de base al acuerdo administrativo procedente o a la licencia cuya concesión constituya requisito para la inscripción. En los demás supuestos, deberá acompañarse plano a escala adecuada de la finca o fincas objeto del título inscribible.

CAPÍTULO II. INSCRIPCIÓN DE LOS PROYECTOS DE EQUIDISTRIBUCIÓN[3]

Artículo 4. *Fincas y derechos sujetos.* Quedarán sujetos al procedimiento de equidistribución que resulte aplicable las fincas, partes de fincas o derechos de aprovechamiento urbanístico, comprendidos dentro de los límites de la unidad de ejecución, y las fincas, partes de fincas o derechos de aprovechamiento urbanístico adscritos, cuyos titulares tengan derecho a participar en el aprovechamiento reconocido a dicha unidad, aunque tales fincas o aprovechamientos constituyan o se refieran a terrenos situados fuera de los límites de la misma.

Artículo 5. *Nota marginal de iniciación del procedimiento.* 1. A requerimiento de la Administración o de la entidad urbanística actuante, así como de cualquiera otra persona o entidad que resulte autorizada por la legislación autonómica aplicable, el Registrador practicará la nota al margen de cada finca afectada expresando la iniciación del procedimiento y expedirá, haciéndolo constar en la nota, certificación de dominio y cargas. En la solicitud constarán las fincas, porciones o derechos de aprovechamiento, afectados a la unidad de ejecución. Cuando se trate de unidades sujetas al sistema de compensación, para la práctica de la nota marginal citada bastará que haya sido otorgada la escritura pública de constitución de la entidad.

2. La nota marginal tendrá una duración de tres años y podrá ser prorrogada por otros tres a instancia de la Administración actuante o de la entidad urbanística colaboradora.

[3] Véase *supra* el artículo 31 del Texto Refundido de la Ley de Suelo, aprobado por Real Decreto Legislativo 2/2008, de 20 de junio (BOE núm. 154, de 26 de junio de 2008).

3. Cuando con posterioridad a la nota se practique cualquier asiento en el folio registral, se hará constar en la nota de despacho del título correspondiente el contenido de la misma.

4. La nota practicada producirá, en todo caso, los efectos previstos en los artículos 14 y siguientes.

Artículo 6. *Título inscribible.* Será título idóneo para la inscripción de la reorganización de la propiedad la certificación de la Administración actuante acreditativa de la aprobación definitiva del proyecto. Dicha certificación podrá protocolizarse mediante el acta a la que se refiere el artículo 211 del Reglamento Notarial, a requerimiento de la Administración actuante o de la entidad urbanística colaboradora a cuya instancia se hubiere tramitado el proyecto. También será título inscribible la escritura pública otorgada por todos los titulares de las fincas y aprovechamientos incluidos en la unidad, a la que se acompañe certificación de la aprobación administrativa de las operaciones realizadas.

Artículo 7. *Circunstancias que ha de contener el título.* El título inscribible, sin perjuicio de los requisitos exigidos por la legislación urbanística aplicable, deberá contener las circunstancias exigidas por la legislación hipotecaria y especialmente:

1. Referencia a la unidad de ejecución y a la aprobación definitiva del Plan que se ejecuta y, en su caso, al expediente de delimitación de la propia unidad, con especificación de la fecha de aprobación del proyecto de equidistribución y de su publicación en el Diario Oficial que corresponda.

2. Descripción de cada una de las fincas, partes de fincas y unidades de aprovechamiento incluidas en la unidad de ejecución o adscritas a ésta, con especificación de su titularidad y de las cargas y gravámenes inscritos sobre las mismas y, en su caso, de sus datos registrales.

3. Especificación respecto de cada finca de origen de las modificaciones que se produzcan en su descripción o en su titularidad, cuando los datos resultantes del Registro no coincidieren con los del proyecto.

4. Determinación de la correspondencia entre las superficies o aprovechamientos aportados al proyecto y las fincas de resultado adjudicadas, conforme al mismo, a los titulares de las primeras.

5. En el caso de que en el proyecto se lleve a cabo la agrupación instrumental de la totalidad de las fincas de origen que forman parte de la unidad de ejecución, se describirá la finca agrupada, que deberá comprender solamente los terrenos físicamente incluidos en la unidad de que se trate.

6. Especificación de las cargas y derechos inscritos sobre las fincas de origen que han de ser objeto de traslado o de cancelación conforme a lo señalado en el artículo 11.

7. Descripción de las construcciones que se mantienen y especificación de las fincas de resultado en que se ubican. Se expresarán, en su caso, las construcciones existentes, aunque no hubieran sido objeto de previa inscripción registral.

8. Descripción de las fincas de resultado formadas en virtud del proyecto de equidistribución, conforme a lo dispuesto en la Legislación Hipotecaria, bien por sustitución de las fincas originarias, bien por segregación de la agrupada instrumentalmente a estos efectos.

9. Determinación de la cuota que se atribuya a cada una de las fincas de resultado en la cuenta de liquidación del proyecto de equidistribución, de acuerdo con lo establecido en el artículo 20.1.

10. Adjudicación de las fincas de resultado a los titulares a quienes correspondan por título de subrogación o de cesión obligatoria.

11. Relación de los propietarios de fincas y de aprovechamientos, así como de los titulares de las cargas y gravámenes afectados por la equidistribución, con especificación de sus circunstancias personales, de acuerdo con lo dispuesto en la Legislación Hipotecaria, y con expresa indicación de haber sido notificados en el expediente.

12. Plano de las fincas de resultado. Cuando se hubieren incluido en la unidad de ejecución fincas situadas fuera de ella o que hubieren sido objeto de ocupación directa, con apertura de folio independiente a su aprovechamiento, se aportará plano aparte de las mismas. Al título inscribible se acompañará ejemplar por duplicado de los planos para su archivo en el Registro de la Propiedad.

Artículo 8. *Inmatriculación, rectificación de descripción y formación de fincas de origen.* La aprobación definitiva del proyecto de equidistribución será título suficiente para:

1. La inmatriculación de fincas que carecieren de inscripción y la rectificación de su extensión superficial o de sus linderos o de cualquier otra circunstancia descriptiva, sin necesidad de otro requisito. Cuando el proyecto se hubiere llevado a cabo por acuerdo unánime de los interesados o a instancia de propietario único, para que produzca los efectos previstos en este párrafo deberá someterse al trámite ordinario de información pública previsto en la legislación urbanística para los proyectos de equidistribución.

2. La realización de las operaciones de modificación de entidades hipotecarias que sean precisas para la formación de las fincas que han de ser incluidas en la unidad de ejecución.

Artículo 9. *Reanudación del tracto sucesivo interrumpido sobre las fincas de origen.* Cuando alguna de las fincas incluidas en la unidad de ejecución constare inscrita a favor de persona distinta de quien justificare en el expediente mejor derecho de propiedad sobre aquélla, la reanudación del tracto sucesivo interrumpido podrá realizarse conforme a las siguientes reglas:

1. Cuando los títulos públicos intermedios tan sólo estuviesen pendientes de inscripción, se procederá previamente a la práctica de ésta. Si fuese preciso, para la obtención de copias de tales títulos tendrá interés legítimo para solicitar su expedición el órgano actuante, la Junta de Compensación o la entidad competente para la ejecución de la unidad.

2. Si la inscripción contradictoria con la titularidad alegada en el expediente tuviera más de treinta años de antigüedad, se citará al titular registral en el domicilio que constare del asiento y si tal circunstancia no resultare del Registro, por edictos. Si dicho titular no compareciere, ni tampoco formulare oposición el Ministerio Fiscal, la inscripción de la finca de origen se practicará a favor de quien hubiere justificado su derecho por cualquier título. De la misma forma se practicará la inscripción en caso de que el titular hubiere comparecido en el expediente y no se opusiera al contenido del proyecto.

3. Si la inscripción contradictoria tuviera treinta o menos de treinta años de antigüedad, la reanudación del tracto interrumpido dentro del expediente sólo podrá tener lugar cuando conste que el titular registral se ha dado por enterado personalmente y no ha formulado oposición.

4. La realización de los trámites a que se refieren los apartados anteriores deberá llevarse a efecto por la Administración actuante y su resultado se incorporará al acuerdo de aprobación definitiva del proyecto, que deberá contener

la referencia a los documentos en que se apoya la reanudación del tracto, a las notificaciones realizadas, a su destinatario y a las comparecencias que, en su caso, hayan tenido lugar por parte de los interesados.

5. Si no se cumplen los requisitos de los apartados anteriores, la Administración actuante adjudicará las fincas de resultado al titular registral de las de origen, haciendo constar en el título inscribible que el expediente se ha entendido con persona distinta. El Registrador de la Propiedad hará la inscripción sin indicación alguna de la posible contradicción.

6. El procedimiento regulado en los apartados 2 a 5 podrá ser tramitado por Notario competente para actuar en el Distrito donde se sitúe la finca, a instancia del titular de la finca incluida en la unidad de ejecución. Si se diera este supuesto, el Notario requerido dará cuenta del hecho al órgano actuante y el resultado del expediente se formalizará en acta de notoriedad, cuya primera copia se remitirá, asimismo, al órgano actuante, antes de la aprobación definitiva del proyecto de equidistribución.

Artículo 10. *Doble inmatriculación. Titularidad desconocida o controvertida sobre la finca de origen. Titular en ignorado paradero.* Cuando la finca incluida en el proyecto de equidistribución hubiere sido objeto de doble inmatriculación, resultare ser de titular desconocido o registralmente constare que su titularidad es controvertida, se aplicarán las siguientes reglas:

1. Si la finca constare doblemente inmatriculada, por haberse practicado la nota correspondiente con anterioridad a la iniciación del procedimiento de equidistribución, o dicha doble inmatriculación resultare probada como consecuencia de las operaciones del propio proyecto, deberán considerarse interesados en el proceso los titulares registrales de la finca doblemente inmatriculada, según cada inscripción, lo que supondrá el mantenimiento de dicha situación en la adjudicación de las fincas de resultado y en su inscripción registral, la cual se practicará a favor de quien acredite mejor derecho en el juicio declarativo ordinario que corresponda por su cuantía en el orden jurisdiccional civil. Todo ello, sin perjuicio del convenio entre los titulares afectados formalizado en escritura pública. En la inscripción de las fincas de resultado se harán constar las circunstancias correspondientes a las fincas de origen que hubieren sido objeto de doble inmatriculación.

2. Cuando la finca de origen fuere de titular desconocido, la finca de resultado se inscribirá a favor de la Administración actuante, con carácter fiduciario

y para su entrega a quien acredite mejor derecho sobre la misma. Si el titular de la finca de origen estuviere en ignorado paradero, la defensa de sus intereses, durante la tramitación del proceso, corresponderá al Ministerio Fiscal, salvo que el ausente tuviese designado representante con facultades suficientes.

3. Se considerará que existe titularidad controvertida cuando constare anotación preventiva de demanda de propiedad. En este caso la inscripción de la finca de resultado se practicará a favor del titular registral de la finca de origen, pero trasladando, igualmente, la anotación preventiva que sobre la misma conste practicada.

Artículo 11. *Régimen de las titularidades limitadas y de los derechos y gravámenes inscritos sobre las fincas de origen.* Cuando sobre las fincas de origen aportadas al proyecto de equidistribución constasen inscritos derechos, cargas o titularidades no dominicales, sin perjuicio de lo establecido en la legislación urbanística aplicable sobre notificación del expediente a sus respectivos titulares, se aplicarán las siguientes reglas:

1. Las titularidades condicionales, derechos y cargas inscritos sobre las fincas de origen, que el proyecto declare incompatibles con la ordenación urbanística, siempre que en dicho proyecto se solicitase expresamente, con especificación de la indemnización que, en su caso, haya de satisfacerse a su titular y siempre que conste que se ha pagado o consignado su importe, serán objeto de cancelación.

2. Cuando dichas titularidades, derechos y cargas no fuesen declaradas expresamente incompatibles con las determinaciones del planeamiento, se considerarán compatibles y el Registrador las trasladará de oficio, por subrogación real, a las fincas de resultado que se adjudiquen a los titulares de las primeras, con cumplimiento de lo dispuesto en las reglas siguientes.

3. Si al titular de una finca de origen se le adjudica una única finca de resultado, bastará para el traslado que el proyecto mencione su existencia sobre la finca de origen.

4. Cuando al titular de una sola finca de origen le correspondiera por subrogación real la adjudicación de varias fincas de resultado, se aplicará lo dispuesto en el apartado 3 que antecede, sin que sea necesario que el proyecto distribuya entre estas últimas la carga o derecho trasladado.

5. Cuando al mismo titular de dos o más fincas de origen le correspondiera la adjudicación de una única finca de resultado, el proyecto deberá determinar

respecto de ésta la cuota porcentual que corresponda a cada una de las de origen. Determinada dicha cuota, el Registrador trasladará los derechos o cargas preexistentes sobre cada una de las fincas de origen sobre la cuota porcentual que corresponda a aquélla en la finca de resultado.

6. Cuando al mismo titular de varias fincas de origen te correspondiera la adjudicación de distintas fincas de resultado, se tendrán en cuenta las reglas contenidas en los apartados 3, 4 y 5, en cuanto fuesen aplicables al caso.

7. Cuando el proyecto mencionase la existencia de cargas o derechos no dominicales inscritos con fecha posterior a la de la nota marginal de iniciación de expediente y de los que el órgano actuante tenga conocimiento durante su elaboración y tramitación, se aplicará a su traslado lo dispuesto en los apartados 3 y 4, sin que sea necesaria la fijación de la cuota a que se refiere el apartado 5.

8. Cuando mediare acuerdo unánime de todos los titulares activos y pasivos de los derechos preexistentes sobre las fincas de origen en orden a su subsistencia, distribución, concreción en determinadas fincas de resultado o especificación de su rango, el Registrador inscribirá el traslado conforme a lo pactado. Dicho acuerdo podrá formalizarse mediante comparecencia de todos los titulares interesados en el expediente o en virtud de escritura notarial complementaria.

Artículo 12. *Imposibilidad de subsistencia de cargas compatibles con las determinaciones del planeamiento.* Cuando se trate de derechos o cargas compatibles con la ordenación o con su ejecución, pero cuya subsistencia no fuere posible dada la situación o características o usos de la finca de resultado, se aplicarán las siguientes reglas:

1. Tanto en el caso de que la situación a que se refiere este artículo resultase del proyecto inscrito, como en el supuesto de que fuere apreciada directamente por el Registrador, éste procederá al traslado de la carga o derecho de que se trate conforme a lo dispuesto en las reglas contenidas en el artículo anterior. El Registrador de la Propiedad que aprecie tal incompatibilidad lo hará constar así en el asiento respectivo.

2. El Registrador hará constar el traslado y la situación de imposibilidad de subsistencia que afecta al derecho o carga trasladado en la nota de despacho de la certificación del proyecto, haciendo constar en dicha nota si la situación que afecta al derecho o carga de que se trate ha sido apreciada por la Admi-

nistración actuante o en la calificación registral del título. En este último caso hará constar, asimismo, las razones que estime oportunas para entender el derecho o carga de imposible subsistencia sobre la finca de resultado.

3. En todo caso, los titulares activos y pasivos del derecho o carga de que se trate podrán convenir en escritura pública su cancelación o conversión en un derecho de crédito garantizado, en su caso, con hipoteca.

4. Si alguno de dichos titulares no estuviese conforme con la calificación registral sobre la imposibilidad de subsistencia del derecho o carga o no conviniera con la otra parte sobre su valoración o la de la hipoteca que ha de garantizar el crédito correspondiente, podrán acudir al Juzgado competente en el orden jurisdiccional civil, para obtener una resolución declarativa de la compatibilidad o incompatibilidad, y, en este último caso, para fijar la valoración de la carga y la constitución de la mencionada garantía hipotecaria.

5. En caso de que se planteara la situación litigiosa a que se refiere el número anterior, podrá pedirse la anotación preventiva en el Registro de la Propiedad de la demanda correspondiente.

Artículo 13. *Inscripción de las fincas de resultado.* La inscripción de las fincas de resultado se practicará a favor del titular registral, salvo los supuestos de reanudación del tracto o lo previsto en los artículos siguientes. Si las fincas de origen constasen inscritas a favor de varios titulares en proindivisión o de personas casadas y el proyecto no especificase la forma de la adjudicación, las fincas de resultado se inscribirán en la proporción en que constasen inscritas las de origen o con sujeción, en su caso, al régimen matrimonial que a éstas fuese aplicable.

Artículo 14. *Práctica de los asientos posteriores a la nota marginal de iniciación del proyecto.* Practicada la nota a que se refiere el artículo 5, se aplicarán las siguientes reglas:

1. Si el proyecto adjudicare las fincas de resultado a los titulares de las fincas de origen, según los asientos vigentes en el momento de la presentación del título de equidistribución en el Registro, la inscripción se practicará a favor de éstos, aunque fueren distintos de los que constaban como titulares en el momento de la expedición de la certificación y de la práctica de la nota.

2. Si el proyecto adjudicara las fincas de resultado a los que eran titulares de las fincas de origen en el momento de la expedición de la certificación y

de la práctica de la nota marginal a que se refiere el artículo 5, la inscripción se llevará a cabo a favor de dichos titulares y se cancelarán las inscripciones de dominio de fecha posterior a la de la nota, cualquiera que sea la fecha del título en cuya virtud se hubieren practicado.

3. Cuando fueran varias las inscripciones de dominio de la finca de origen posteriores a la que resulta de la certificación y el título de equidistribución adjudicare la finca de resultado al titular de cualesquiera de ellas, la inscripción se practicará a favor de éste y se cancelarán sólo las inscripciones de dominio posteriores a la del adjudicatario.

4. Las cancelaciones a que se refieren este artículo y el siguiente se practicarán por nota marginal.

Artículo 15. *Cancelación de derechos y cargas inscritos con posterioridad a la fecha de la nota.* Cuando la finca de origen estuviere sujeta a derechos o cargas no mencionados en el proyecto de equidistribución e inscritos con posterioridad a la fecha de la nota, los asientos correspondientes se cancelarán, en todo caso, cualquiera que sea la fecha del título en cuya virtud se hubieren constituido.

Artículo 16. *Nota marginal de referencia a la cancelación formal.* Cuando se practique la cancelación formal de asientos, conforme a lo dispuesto en los artículos anteriores, se hará constar, por nota al margen de la inscripción de la finca de resultado, la existencia de lo asientos que han sido objeto de dicha cancelación, el título que los hubiere motivado y su respectiva fecha.

Artículo 17. *Título para la rectificación de la inscripción de la finca de resultado en caso de cancelación formal.* Practicada la cancelación formal y tomada la nota a que se refiere el artículo anterior, se aplicarán las siguientes reglas:

1. Para la inscripción del dominio de la finca de resultado o de los derechos constituidos sobre la de origen, a favor de los causahabientes del titular de esta última, será necesaria la presentación del título que motivó la práctica del asiento cancelado, acompañada de la rectificación que corresponda, formalizada en escritura pública, en la que se hagan constar las circunstancias y descripción de las fincas resultantes del proyecto y la conformidad para la práctica de los nuevos asientos del titular registral de la finca adjudicada y de los titulares de los derechos cancelados.

2. Cuando no pudiere obtenerse la conformidad del titular de la finca de resultado, ni de todos los titulares de derechos cancelados, a efectos de la rectificación procedente, ésta podrá practicarse en virtud de acuerdo firme de la Administración actuante en el que se cumplan los siguientes requisitos:

a) Que se adopte, a solicitud de todos o alguno de los titulares de derechos cancelados, formalmente conforme a lo dispuesto en los artículos 14 y 15.

b) Que se notifique el proyecto de rectificación al titular registral, adjudicatario de la finca de resultado y a los de derechos y cargas formalmente cancelados y que no hubieran instado el acuerdo. La notificación se hará en el domicilio que constare del Registro y, en otro caso, por edictos.

3. No será necesaria la conformidad de los titulares registrales y bastará instancia ante el Registrador del titular del derecho cancelado cuando la correspondencia entre la finca de origen y la finca de resultado se deduzca directamente de los asientos del Registro.

4. En tanto no se lleve a cabo la rectificación a que se refiere el presente artículo respecto de todos y cada uno de los derechos que hubieren sido objeto de cancelación formal no podrá practicarse asiento alguno sobre la finca de resultado adjudicada al titular primitivo de la finca de origen.

Artículo 18. *Reglas para la inscripción del proyecto de equidistribución.* La inscripción del proyecto de equidistribución se practicará conforme a las siguientes reglas:

1. La inmatriculación de fincas, la rectificación de datos descriptivos, la reanudación del tracto interrumpido y la cancelación de derechos incompatibles se inscribirán en las fincas de origen con carácter previo a la inscripción de las operaciones de equidistribución.

2. Si se hubieran agrupado en el proyecto las fincas de origen, la inscripción de la agrupación se practicará a favor de la comunidad de los interesados en el procedimiento y en la nota de referencia se hará constar su carácter instrumental.

3. Si no se agruparan las fincas de origen, en la cancelación de sus asientos se harán constar los datos de las fincas de resultado que el proyecto adjudique, por subrogación real, a su titular y, en su caso, la finca de resultado a que ha sido trasladada cada carga o derecho compatible con la ordenación. Las fincas de resultado se inscribirán en folio y bajo número independiente, con traslado de las cargas que le corresponden.

Artículo 19. *De la afección de las fincas de resultado al cumplimiento de la obligación de urbanizar.* Quedarán afectos al cumplimiento de la obligación de urbanizar, y de los demás deberes dimanantes del proyecto y de la legislación urbanística, todos los titulares del dominio u otros derechos reales sobre las fincas de resultado del expediente de equidistribución, incluso aquellos cuyos derechos constasen inscritos en el Registro con anterioridad a la aprobación del Proyecto, con excepción del Estado en cuanto a los créditos a que se refiere el artículo 73 de la Ley General Tributaria y a los demás de este carácter, vencidos y no satisfechos, que constasen anotados en el Registro de la Propiedad con anterioridad a la práctica de la afección. Dicha afección se inscribirá en el Registro de acuerdo con las siguientes reglas:

1. En la inscripción de cada finca de resultado sujeta a la afección se hará constar lo siguiente:

a) Que la finca queda afecta al pago del saldo de la liquidación definitiva de la cuenta del proyecto.

b) El importe que le corresponda en el saldo de la cuenta provisional de la reparcelación y la cuota que se le atribuya en el pago de la liquidación definitiva por los gastos de urbanización y los demás del proyecto, sin perjuicio de las compensaciones procedentes, por razón de las indemnizaciones que pudieren tener lugar.

2. En caso de incumplimiento de la obligación de pago resultante de la liquidación de la cuenta, si la Administración optase por su cobro por vía de apremio, el procedimiento correspondiente se dirigirá contra el titular o titulares del dominio y se notificará a los demás que lo sean de otros derechos inscritos o anotados sujetos a la afección. Todo ello sin perjuicio de que en caso de pago por cualesquiera de estos últimos de la obligación urbanística, el que la satisfaga se subrogue en el crédito con facultades para repetir contra el propietario que incumpla, como resulta de la legislación civil, lo cual se hará constar por nota marginal.

3. No será necesaria la constancia registral de la afección cuando del proyecto de equidistribución resulte que la obra de urbanización ha sido realizada y pagada o que la obligación de urbanizar se ha asegurado mediante otro tipo de garantías admitidas por la legislación urbanística aplicable.

4. En el proyecto podrá establecerse, con los requisitos que, en cada caso, exija el órgano actuante, que la afección no surta efectos respecto de acreedores hipotecarios posteriores cuando la hipoteca tuviera por finalidad asegurar

créditos concedidos para financiar la realización de obras de urbanización o de edificación, siempre que, en este último caso, la obra de urbanización esté garantizada en su totalidad.

Artículo 20. *Caducidad y cancelación de la afección.* La caducidad y cancelación de la afección a que se refiere el artículo anterior se sujetará a las siguientes reglas:

1. La afección caducará a los siete años de su fecha. No obstante, si durante su vigencia se hubiera elevado a definitiva la cuenta provisional de liquidación del proyecto de reparcelación o compensación, dicha caducidad tendrá lugar por el transcurso de dos años, a contar de la fecha de la constatación en el Registro de la Propiedad del saldo definitivo, sin que, en ningún caso, pueda el plazo exceder de siete años desde la fecha originaria de la afección.

2. La afección podrá cancelarse antes de su fecha de caducidad:

a) En caso de reparcelación, a instancia de cualesquiera de los titulares del dominio u otros derechos sujetos a la misma, acompañando a la solicitud certificación del órgano actuante expresiva de haber sido satisfecha la cuenta de la liquidación definitiva referente a la finca de que se trate.

b) En caso de compensación, cuando a la instancia del titular se acompañe certificación del órgano actuante expresiva de haber sido recibida la obra de urbanización, y, además, cuando se hubiese constituido Junta de Compensación, certificación de la misma acreditativa del pago de la obligación a favor de la entidad urbanística.

c) La regla contenida en el párrafo b) que antecede se aplicará en todos los casos en los que la legislación urbanística atribuya la obligación de realizar materialmente la urbanización a los administrados.

Artículo 21. *De la expropiación del titular no adherido a la Junta de Compensación.* En el caso de que determinados propietarios no se adhieran al sistema de compensación, si el expediente de expropiación que ha de seguirse fuese declarado de urgencia conforme a lo establecido en cada caso por la legislación urbanística aplicable, podrán aplicarse a dicho expediente las normas contenidas en el capítulo III del presente Real Decreto sobre inscripción registral de la expropiación por tasación conjunta. En este caso, tomada la anotación preventiva a que se refiere la legislación expropiatoria, el proyecto de compensación se tramitará y concluirá en forma ordinaria y, una vez aprobado definitivamente dicho proyecto, la finca o fincas de resultado que correspondan por subrogación real a la ocupada se inscribirán a favor de la Junta de Compensación, en concepto de beneficiario de la expropiación, sin perjuicio de las acciones que la legislación urbanística atribuya al propietario en orden a la determinación del justiprecio.

CAPÍTULO III. EXPROPIACIONES URBANÍSTICAS

Artículo 22. *Iniciación del expediente.* 1. Cuando la Administración tenga conocimiento de que la expropiación afecta a fincas inscritas, solicitará certificación por la que se acredite el dominio y cargas de las mismas. Dicha certificación también podrá ser solicitada por el titular registral, justificando que se encuentra iniciado el oportuno expediente, bien por referencia a su publicidad en periódicos oficiales, bien acompañando los documentos administrativos necesarios.

2. La expedición de dicha certificación se hará constar por nota marginal, expresando su fecha y el procedimiento de que se trate, pudiendo indicarse también en la misma, simultánea o posteriormente, que se ha optado por la aplicación del procedimiento de tasación conjunta. Dicha nota marginal se cancelará por caducidad, transcurridos tres años desde su fecha, si en el Registro no consta algún nuevo asiento relacionado con el mismo expediente.

3. Cuando la Administración no utilice el procedimiento de tasación conjunta, el reflejo registral de las operaciones posteriores se regirá, por lo establecido con carácter general en la legislación hipotecaria y de expropiación forzosa. En otro caso, se estará a lo dispuesto en los artículos siguientes.

Artículo 23. *Práctica de la inscripción.* En el supuesto de expropiación por el procedimiento de tasación conjunta los asientos podrán practicarse en cualesquiera de las siguientes formas:

1. Mediante la inscripción individualizada de cada finca registral.
2. Mediante la inscripción como una o varias fincas de la totalidad o parte de las superficies incluidas en la unidad expropiada.

En ambos casos la inscripción se practicará a favor de la Administración actuante o del beneficiario de la expropiación, siempre que se acredite que ha sido pagado, o, en su caso, consignado, el importe del valor asignado a la finca.

Artículo 24. *Título inscribible.* El título inscribible de la expropiación forzosa se ajustará a las siguientes reglas:

1. Cuando la Administración optare por la inscripción individualizada de las fincas registrales o de alguna de las incluidas en la unidad expropiada, el título inscribible estará constituido por el acta de ocupación y pago, conforme a lo dispuesto por la legislación general de expropiación forzosa.

2. Cuando la Administración optare por la inscripción conjunta de la totalidad o parte de las superficies expropiadas, en la que se comprendan varías fincas registrales, el título inscribible será la certificación de la resolución administrativa en la que deberá constar:

a) Descripción de la finca o fincas resultantes, conforme a lo dispuesto en la legislación hipotecaria.

b) Referencia a las fincas expropiadas que formen la resultante o resultantes y a sus titulares respectivos.

c) Plano de la finca o fincas resultantes.

d) Fecha de la aprobación definitiva del proyecto de expropiación.

e) La realización de las publicaciones que legalmente sean procedentes.

f) Indicación de que han tenido lugar las notificaciones personales de los titulares de dominio y cargas que constaren en la certificación.

Artículo 25. *Documentos complementarios de la certificación administrativa.* A la certificación administrativa a que se refiere el apartado 2 del artículo anterior, y respecto de cada una de las fincas de origen, se acompañará, según proceda:

1. El acta de ocupación.

2. El acta de pago del justiprecio a favor del titular registral del dominio, y del pago o consignación, según proceda, de la parte necesaria del mismo correspondiente a otros derechos inscritos, cuando se hubiere aportado al expediente la certificación de dominio y cargas a la que se refiere el artículo 22.

3. El acta de pago del justiprecio a favor de la persona con la que se hubiere entendido el expediente, si éste aportare certificación acreditativa de que la finca, tal y como se describe en el expediente, no está inscrita a favor de persona alguna y hubiere justificado debidamente su derecho.

4. El documento que acredite la consignación del justiprecio a favor de la persona con la que se haya entendido el expediente, cuando no se hubiese aportado al mismo la certificación a que se refiere el artículo 22.

5. El documento que acredite la consignación de la parte necesaria del justiprecio a favor de quien corresponda, cuando de la certificación registral resultare la existencia de anotación de demanda sobre el derecho expropiado o cargas o gravámenes anteriores a la nota marginal, cuyos titulares hubieren sido debidamente citados en el expediente sin haber comparecido en el mismo.

6. El acta de depósito del justiprecio, en la que se haga constar la comparecencia del Ministerio Fiscal si se tratare de titulares desconocidos o no comparecientes, o el titular del derecho fuere menor o incapacitado, que no estuviera debidamente representado, así como en los demás casos en que, conforme a la legislación, fuere preceptiva la intervención del Ministerio Público.

7. El acta de depósito del justiprecio en todos los demás casos que proceda, de acuerdo con lo establecido en la legislación de expropiación forzosa.

Artículo 26. *Reglas para la inscripción de las fincas de resultado y respecto de las operaciones que han de practicarse sobre las fincas de origen.* Respecto de la finca o fincas resultantes y de las de origen a que se refiere el expediente de expropiación forzosa, el Registrador procederá de acuerdo con las siguientes reglas:

1. La finca o fincas resultantes se inscribirán libres de cargas, a favor de la Administración actuante o, en su caso, del beneficiario de la expropiación.

2. Si a la certificación se acompañaren las actas de ocupación y pago de las fincas de origen correspondientes, el Registrador practicará, al margen de su última inscripción de dominio, nota de agrupación, con efectos de transferencia. Se seguirá el mismo criterio cuando se acompañe acta de depósito y se dieren las circunstancias señaladas en el artículo anterior.

3. Cuando el importe pagado o depositado hubiere sido el fijado por la Administración actuante en la aprobación definitiva del proyecto, y no resultare en el expediente que el precio ha sido fijado definitivamente en vía administrativa, el Registrador hará constar en la inscripción de la finca de resultado que aquélla se practica sin perjuicio de los derechos del titular de la finca de origen de que se trate para revisar, en el procedimiento administrativo o jurisdiccional que corresponda, la cuantía definitiva del precio pagado o depositado.

4. El dominio y las cargas, gravámenes, derechos reales y limitaciones de toda clase, inscritos sobre las fincas de origen con posterioridad a la fecha de la nota marginal a que se refiere el artículo 22, se cancelarán al practicarse la inscripción de las fincas resultantes del proyecto, aunque los interesados no

hubieran sido parte en el procedimiento. Para que puedan cancelarse los asientos de fecha anterior a dicha nota, deberá constar que los interesados han sido citados en forma legal y que concurrieron, por sí o debidamente representados, al pago, o, en otro caso, que se consignó el precio o la parte necesaria del mismo, según los casos.

Artículo 27. *Supuesto de datos registrales contradictorios en el expediente.* Cuando se hubiere depositado el justiprecio por resultar del expediente pronunciamientos registrales contrarios a la realidad alegada por los particulares, para cancelar los asientos correspondientes será necesario que se presente acta tramitada con arreglo a lo previsto en el artículo 209 del Reglamento Notarial por la que resulte justificado el derecho de la persona que alega ser el titular. A dicha acta se acompañará la del pago o documento justificativo de la consignación del precio a favor de la misma persona.

Artículo 28. *Supuesto de fincas o derechos no incluidos en el expediente.* Si en el momento de la inscripción de la finca o fincas resultantes, o, posteriormente, el Registrador tuviere duda fundada de que alguna finca o derecho inscrito no ha sido incluida en el expediente, remitirá certificación literal de sus asientos al órgano expropiante y tomará nota de su remisión al margen de la última inscripción de dominio; dicha nota se cancelará por caducidad transcurrido un año desde su fecha. Para cancelar la inscripción será necesario solicitud de la Administración expropiante, acompañada de documento justificativo de que los titulares de las fincas o derechos han sido debidamente compensados, previa tramitación del adecuado expediente complementario.

CAPÍTULO IV. INSCRIPCIÓN DE CESIONES OBLIGATORIAS

Artículo 29. *Cesiones susceptibles de inscripción.* Los terrenos que en cumplimiento de las Leyes hayan de ser objeto de cesión obligatoria, se inscribirán a favor de la Administración actuante y para su afectación al destino previsto en los planes de ordenación. Los terrenos objeto de cesión deberán estar libres de cargas, salvo que la legislación urbanística aplicable establezca otra cosa.

Artículo 30. *Título para la inscripción de las cesiones obligatorias.* La inscripción de las cesiones obligatorias se efectuará por los siguientes títulos:

1. Cuando la ejecución de las cesiones se lleve a cabo como una de las operaciones de equidistribución, la inscripción se efectuará por los mismos títulos que este Reglamento prevé para esas operaciones. En los supuestos de innecesariedad de reparcelación por pertenecer a propietario único o a varios pro indiviso la totalidad de las fincas que integran la unidad, o por renuncia de los propietarios al expediente reparcelatorio, con aceptación por la Administración de la localización del aprovechamiento, para la inscripción de los terrenos de cesión obligatoria se tramitará expediente en el que, al menos, se determinen las parcelas susceptibles de aprovechamiento y se describan las superficies que han de cederse obligatoriamente.

2. Las superficies de cesión obligatoria delimitadas por instrumentos de planeamiento dirigidos a regularizar o a legalizar terrenos en los que la edificación permitida por el plan esté totalmente consolidada podrán inscribirse a favor del órgano actuante, sin que medie el consentimiento del titular registral, en virtud de la certificación a que se refiere el artículo siguiente.

3. En los demás casos se requerirá que conste el acuerdo de los titulares registrales con la Administración actuante, formalizado en acta administrativa de la que expedirá la certificación correspondiente, en los términos previstos en el artículo 2 de este Reglamento, o en escritura pública.

4. En las resoluciones, actas o escrituras mencionadas, podrán llevarse a cabo las segregaciones o modificaciones hipotecarias que procedan, para la determinación registral de la finca que es objeto de cesión.

Artículo 31. *Inscripción de terrenos de cesión obligatoria en virtud de certificación del órgano actuante.* En el caso previsto en el apartado 2 del artículo anterior, en la certificación expedida por el órgano actuante deberá constar:

1. La resolución en la que se acordó la ocupación de las fincas que han de ser objeto de cesión a favor de la Administración actuante, con especificación de su destino a cesión, conforme a las previsiones del plan.

2. Que el expediente previo a la resolución ha sido notificado a los titulares registrales de las fincas objeto de cesión y que se les ha concedido un plazo no inferior a treinta días para solicitar la tramitación del proyecto de equidistribución, si fuera oportuno.

3. Si hubo o no dicha solicitud y, en caso afirmativo, los términos en que se dictó la resolución motivada en la que se exprese que no resulta procedente la equidistribución solicitada por haberse consolidado totalmente la edifica-

ción permitida o legalizada por el planeamiento en cuya virtud se exige la cesión.

4. Que la resolución administrativa en la que se acordó la ocupación unilateral no es susceptible de recurso alguno, administrativo o jurisdiccional, salvo el posible recurso de revisión.

Artículo 32. *Otras cesiones de suelo.* Las cesiones de terrenos que no tengan legalmente el carácter de obligatorias o que no resulten de convenios urbanísticos tipificados en la legislación sobre el suelo, se ajustarán a los requisitos formales exigidos para las donaciones de bienes inmuebles.

CAPÍTULO V. INSCRIPCIÓN DEL APROVECHAMIENTO URBANÍSTICO

Artículo 33. *Reglas generales sobre la transferencia del aprovechamiento urbanístico.* En aquellos casos en los que la legislación urbanística aplicable admita o prevea la realización de transferencias del aprovechamiento urbanístico, ya se trate de transmisión entre fincas pertenecientes a distintos titulares o de distribución del mismo entre las que pertenezcan a un solo titular, su inscripción en el Registro de la Propiedad se practicará de acuerdo con las siguientes reglas:

1. Para su inscripción por el Registrador de la Propiedad será necesario que la transmisión o distribución se formalice en escritura pública otorgada por el titular o titulares de las fincas sobre las que se distribuya el aprovechamiento, o que resulten afectadas por la transmisión, así como por los titulares de los derechos inscritos o anotados sobre las mismas y que resulten afectados por la transferencia de aprovechamiento en los términos que establece este artículo.

2. La transmisión o distribución será objeto de inscripción en el folio de la finca a la que el aprovechamiento acrece o entre las que se distribuya, y se hará constar por nota al margen de la última inscripción de dominio de la finca de que proceda.

Artículo 34. *Circunstancias del título y de los asientos.* En los asientos que se practiquen se harán constar, además de las circunstancias generales aplicables, las siguientes:

1. Número de unidades de aprovechamiento que corresponde a cada una de las fincas afectadas antes de la transmisión o distribución, especificadas en

función de los parámetros sobre edificabilidad y usos que establezca la legislación urbanística aplicable.

2. Cuantía del aprovechamiento transmitido o distribuido, proporción que se le atribuya en relación al de la finca de destino y cuantía del aprovechamiento a que queda reducida la finca de origen.

3. Determinación de los derechos inscritos de las fincas de origen y de destino que no queden afectados por la transmisión o distribución de aprovechamiento.

4. Determinación de los derechos inscritos que se trasladan en todo o en parte de la finca de procedencia del aprovechamiento transmitido o distribuido a la finca de destino.

Artículo 35. *Convenio sobre transferencias de aprovechamiento.* A efectos de su inscripción en el Registro de la Propiedad, en la transferencia de aprovechamiento deberán consentir los titulares dominicales y de cualquier otro derecho o carga inscrito sobre la finca de origen y la de destino. Cuando la carga o gravamen cuyo traslado se pretende en virtud del convenio haya sido anotada en el Registro de la Propiedad en virtud de mandamiento judicial o resolución administrativa, la escritura de transmisión o distribución deberá ser aprobada por resolución firme de la autoridad que ordenó la anotación o inscripción del derecho real trasladado. Todo ello sin perjuicio de lo dispuesto en el artículo 38 de este Reglamento.

Artículo 36. *Trasmisión o distribución de aprovechamientos entre fincas inscritas en diferentes Registros.* Cuando las fincas de origen y de destino del aprovechamiento transmitido o distribuido consten inscritas en distritos hipotecarios diferentes, se aplicarán las siguientes reglas:

1. El Registrador competente para practicar la inscripción en la finca de destino del aprovechamiento no llevará ésta a efecto hasta que le conste que se ha practicado la nota en el folio correspondiente a la finca de la que el aprovechamiento procede.

2. El Registrador competente para practicar la nota al margen del folio de la finca de origen del aprovechamiento, una vez extendida, devolverá el título acompañando certificación literal de las inscripciones vigentes sobre la finca, así como de la nota practicada. El Registrador a quien corresponda extender la inscripción de la transferencia en la finca de destino, una vez practicada ésta,

lo comunicará al Registrador en cuyo distrito esté situada la finca de origen mediante remisión de certificación de los asientos practicados.

3. El Registrador que hubiere practicado la nota marginal de la finca de origen hará constar a continuación que ha tenido lugar la inscripción de la transferencia.

4. En caso de que se produjere recurso gubernativo contra la nota de calificación negativa del Registrador competente para practicar la inscripción en la finca de destino, éste deberá comunicar tal circunstancia y, en su caso, la prórroga del asiento de presentación, al Registrador en cuyo distrito se sitúe la finca de origen. El Registrador notificado hará constar la existencia del recurso al margen de la finca de origen, hasta que le sea notificada por el Registrador, a cuyo distrito corresponda la finca de destino, la resolución negativa del recurso, en cuyo caso cancelará la nota, o la práctica de la inscripción correspondiente, en cuyo supuesto procederá conforme a lo que señala el apartado 3 que antecede.

Artículo 37. *Autorización urbanística de las transferencias de aprovechamientos urbanísticos.* Cuando la legislación urbanística aplicable exija la previa autorización de las transferencias de aprovechamiento urbanístico, la concesión de licencia específica o la toma de razón previa en Registros administrativos destinados a hacer constar su realización, la concesión o inscripción respectiva constituirá requisito del acceso al Registro de la Propiedad de la transmisión o distribución.

Artículo 38. *Transferencias coactivas de aprovechamiento.* A efectos de su inscripción en el Registro de la Propiedad, las transferencias coactivas de aprovechamiento impuestas por la Administración a los particulares en los casos previstos por la ley se sujetarán a lo dispuesto para las expropiaciones a favor de beneficiario, considerándose como tal, en su caso, al titular de la finca de destino del aprovechamiento, a cuyo favor se practicará la inscripción.

Artículo 39. *Supuestos de inscripción en folio independiente.* El aprovechamiento urbanístico se inscribirá como finca especial disgregada del suelo y mediante apertura de folio independiente, en los siguientes casos:

1. Cuando la Administración solicite que el aprovechamiento que le corresponda se inscriba bajo esta modalidad, como disgregado de la finca o fincas de que procede.

2. Cuando tenga lugar la ocupación directa de fincas mediante el reconocimiento de unidades de aprovechamiento en los casos previstos por las leyes.

3. En los casos de expropiación forzosa de fincas determinadas en los que el justiprecio consista en la atribución posterior de fincas futuras pendientes de formación.

4. En los sistemas de gestión privada en que la ejecución de la urbanización corresponde a los particulares, cuando una cuota de valor de las mismas se haga constar en unidades convencionales de aprovechamiento y se adjudiquen éstas a empresas urbanizadoras o se transmitan por cualquier título a tercero, antes de la aprobación definitiva del proyecto de equidistribución correspondiente.

Artículo 40. *Aprovechamientos correspondientes a la Administración.* La inscripción en folio independiente de aprovechamientos pertenecientes a la Administración se sujetará a las siguientes reglas:

1. Se tomará nota al margen de la última inscripción de dominio de la finca de que procede el aprovechamiento y se abrirá folio independiente con atribución de número de finca propio al aprovechamiento. Podrá inscribirse en un solo folio el aprovechamiento correspondiente a diferentes fincas de origen, siempre que éstas pertenezcan al mismo Ayuntamiento o Sección. Asimismo, los aprovechamientos procedentes de fincas del mismo Ayuntamiento o Sección podrán inscribirse en el folio ya abierto, mediante agregación solicitada expresamente por la Administración.

2. En el folio abierto al aprovechamiento deberán constar, en todo caso, los datos registrales de la finca de que procede el aprovechamiento y, en el caso de que proceda de varias, las unidades correspondientes a cada finca de origen.

3. La inscripción del aprovechamiento en los términos previstos por el presente artículo deberá realizarse libre de toda carga o gravamen.

Artículo 41. *Transferencia de aprovechamientos por la Administración.* Sin perjuicio del cumplimiento de las reglas de disposición de sus bienes, en las transferencias que realice la Administración respecto de aprovechamientos inscritos a su favor en folio independiente se observarán las siguientes reglas:

1. Será título suficiente para la inscripción en el Registro de la Propiedad la certificación administrativa del acuerdo de transferencia o la escritura públi-

ca notarial, acompañados, en cada caso, de la certificación del asiento practicado en el Registro Municipal de Transferencias de Aprovechamiento, en el que consten las circunstancias a que se refiere el artículo 2 de este Reglamento.

2. La inscripción se practicará en el folio correspondiente a la finca cuyo aprovechamiento acrece y dará lugar a la cancelación del folio independiente abierto al mismo, conforme a lo dispuesto en el artículo anterior. En el asiento de cancelación se harán constar los datos registrales correspondientes a la finca de destino. Cuando la transmisión tuviere por objeto solamente una parte del aprovechamiento inscrito en un solo folio, se tomará en el mismo nota marginal en la que constarán las unidades de aprovechamiento transmitidas, las unidades que subsisten inscritas a favor de la Administración y los datos registrales correspondientes a la finca de destino de las unidades transmitidas.

Artículo 42. *Inscripción de las fincas y de su aprovechamiento en caso de ocupación directa.* El aprovechamiento urbanístico correspondiente a fincas que sean objeto de ocupación directa por la Administración actuante, por estar destinadas por el planeamiento a sistemas generales o a usos dotacionales de carácter local, se inscribirá por el Registrador de la Propiedad conforme a las siguientes reglas:

1. Será título inscribible la correspondiente certificación en la que consten las siguientes circunstancias:

a) Lugar y fecha en que se levanta la ocupación.

b) Determinación de la Administración actuante y transcripción del acuerdo de ocupación.

c) Datos de identificación de los titulares de derechos sobre las fincas ocupadas.

d) Circunstancias de las notificaciones realizadas a dichos titulares y especificación de que ha transcurrido el plazo establecido por la ley para formular alegaciones.

e) Descripción de las fincas o partes de fincas objeto de ocupación junto con plano de las mismas, sus datos registrales, la superficie ocupada, las unidades de aprovechamiento que le correspondan y la unidad de ejecución donde han de hacerse efectivos estos aprovechamientos.

2. Si la superficie ocupada correspondiera a parte de una finca registral, en la certificación deberá practicarse la segregación correspondiente con especificación de la descripción de la finca matriz.

3. La finca objeto de ocupación directa se inscribirá a favor de la Administración actuante, para su afectación al uso para el que fue ocupada y se hará constar que el aprovechamiento urbanístico correspondiente se halla pendiente de consolidación definitiva por la adjudicación de la finca de reemplazo. Al margen de la inscripción practicada se harán constar los datos registrales del folio abierto al aprovechamiento.

4. El aprovechamiento dimanante de la finca o fincas ocupadas dará lugar a la apertura de un folio independiente para el que corresponda a cada una de ellas, al que se trasladarán todos los asientos vigentes de la finca ocupada. La certificación expresará los correspondientes derechos que, por razón de su naturaleza, no pueden extenderse sobre el aprovechamiento.

5. El traslado de cargas no tendrá lugar cuando a la certificación se acompañe escritura pública a la que concurra el titular del dominio y el de las cargas previamente inscritas por la que se distribuya el aprovechamiento correspondiente a la finca ocupada entre todos ellos a título de dominio. En este caso se abrirá un folio por el aprovechamiento adjudicado a cada uno de los titulares en virtud de la distribución pactada.

6. Los títulos de constitución, transmisión o gravamen del dominio o de los derechos reales que tengan por objeto los aprovechamientos inscritos a folio independiente, así como los relativos a la finca ocupada cuyo acceso al Registro tenga lugar con posterioridad a la ocupación, se inscribirán en el folio abierto al aprovechamiento hasta que tenga lugar lo dispuesto en el párrafo siguiente.

7. Cuando se inscriban a favor del titular o titulares del aprovechamiento la finca o fincas de resultado en la unidad de ejecución designada para que aquél se haga efectivo, se cancelará el folio o folios abiertos al aprovechamiento.

Artículo 43. *Transmisión parcial del aprovechamiento urbanístico correspondiente a determinadas unidades de ejecución.* Cuando se adjudique a empresas urbanizadoras, o a un titular distinto de los aportantes de terrenos o de aprovechamientos, parte del aprovechamiento que sea objeto de equidistribución en virtud de un proyecto de ejecución privada en que la obligación de urbanizar corresponda a los propietarios de las fincas que formen parte de la unidad, se aplicarán las reglas siguientes:

1. Para su inscripción en el Registro de la Propiedad, la transmisión del aprovechamiento deberá formalizarse en escritura pública.

2. Las unidades de aprovechamiento transmitidas se inscribirán, en folio independiente a favor de su adquirente, y se hará constar dicha transmisión mediante nota al margen de la finca de que el aprovechamiento procede.

3. El aprovechamiento inscrito podrá ser objeto de transmisión o gravamen y su inscripción independiente se cancelará en el momento en que tenga lugar la adjudicación a favor de su titular de la finca de reemplazo correspondiente en la unidad de ejecución.

Artículo 44. *Expropiación a cambio de finca futura.* Cuando, conforme a lo establecido en la legislación urbanística, en el expediente expropiatorio se determine que el justiprecio está constituido por una finca futura que la Administración expropiante entregará al expropiado, se aplicarán las siguientes reglas:

1. El aprovechamiento urbanístico correspondiente a la finca futura podrá inscribirse en el Registro de la Propiedad mediante la apertura de folio independiente.

2. La descripción del aprovechamiento podrá realizarse mediante la determinación de las unidades que comprende o mediante la descripción de la finca futura, con especificación de su superficie, usos previstos, edificabilidad, ocupación en planta u otras circunstancias urbanísticas que permitan su identificación.

3. La apertura del folio independiente se practicará en virtud del acta de ocupación de la finca expropiada.

4. El folio abierto al aprovechamiento se cancelará simultáneamente a la inscripción a favor del expropiado de la finca que constituye el justiprecio en especie.

5. Al aprovechamiento inscrito de acuerdo con lo dispuesto en este artículo le serán aplicables las reglas contenidas en los apartados 2 a 6 del artículo 42 de este Reglamento.

CAPÍTULO VI. INSCRIPCIÓN DE LAS OBRAS NUEVAS

Artículo 45. *Inscripción de obras nuevas.* Los edificios o mejoras de los mismos que por accesión se incorporan a la finca, cuando se ejecuten conforme a la ordenación urbanística aplicable, serán inscribibles en el Registro de la

Propiedad en virtud de los títulos previstos por la legislación hipotecaria. A tal efecto, deberá constar en los mismos, al menos, el número de plantas, la superficie de parcela ocupada, el total de los metros cuadrados edificados, y, si en el proyecto aprobado se especifica, el número de viviendas, apartamentos, estudios, despachos, oficinas o cualquier otro elemento que sea susceptible de aprovechamiento independiente.

Artículo 46. *Requisitos para la inscripción del título.* Para inscribir los títulos comprendidos en el artículo anterior será necesario el cumplimiento de los siguientes requisitos:

1. Que se acredite la obtención de la licencia que corresponda, salvo que legalmente no fuere exigible.

2. Si el edificio estuviere en construcción, que se acredite por el técnico a que se refiere el artículo 50 que la descripción de la obra nueva, en cuanto a los extremos comprendidos en el artículo anterior, se ajusta al proyecto para el que, en su caso, se obtuvo la licencia.

3. Si el edificio se declarara concluido, el certificado deberá acreditar, además de lo previsto en los números anteriores, que la obra ha finalizado y que se ajusta, en cuanto a dichos extremos, al proyecto correspondiente.

Artículo 47. *Título y nota marginal de finalización de la obra declarada en construcción.* Cuando la obra se hubiere declarado e inscrito en construcción, se aplicarán las siguientes reglas:

1. Su finalización deberá hacerse constar por nota al margen de la inscripción. Dicha nota se practicará en virtud de acta notarial en la que cualquiera de los legitimados, conforme a lo dispuesto en este artículo, acrediten dicha finalización mediante incorporación de la certificación referida en el apartado 3 del artículo anterior.

2. Será inscribible el acta a que se refiere el párrafo anterior cuando hubiese sido requerido su otorgamiento por el titular registral o por las siguientes personas:

a) Aquella que hubiere declarado la obra nueva en construcción, aun cuando hubiese trasmitido el dominio en todo o en parte.

b) Si la finca perteneciese a varios titulares en pro indiviso, los que reúnan la mayoría necesaria para realizar actos de administración.

c) El presidente de la junta de propietarios, si el edificio se hubiese constituido en régimen de propiedad horizontal.

d) Cualquiera de los cónyuges, si el inmueble estuviese atribuido a su sociedad conyugal.

Artículo 48. *Incorporación o testimonio notarial de documentos complementarios.* Para la inscripción registral de los títulos por los que se declare la obra nueva, o su terminación, será necesario que la incorporación de documentos complementarios se sujete a las siguientes reglas:

1. En las escrituras de declaración de obra nueva habrá de testimoniarse literalmente la licencia concedida.

2. En caso de que la concesión de la licencia tenga lugar por acto presunto, se incorporarán a la escritura, en original o por testimonio:

a) La certificación administrativa del acto presunto.

b) En caso de que no se hubiere expedido esta última, el escrito de solicitud de la licencia y, en su caso, el de denuncia de la mora, el escrito de solicitud de la certificación del acto presunto, todos ellos sellados por la Administración actuante, y la manifestación expresa del declarante de que, en los plazos legalmente establecidos para la concesión de la licencia solicitada y para la expedición de la certificación del acto presunto, no se le ha comunicado por la Administración la correspondiente resolución denegatoria de la licencia solicitada ni tampoco se le ha expedido la certificación del acto presunto.

Artículo 49. *Certificado del técnico.* La justificación por técnico competente de los extremos a que se refieren los artículos anteriores podrá hacerse:

1. Por comparecencia del técnico en el mismo acto del otorgamiento de la escritura o autorización del acta que, en cada caso, proceda.

2. Por incorporación a la matriz de la escritura o del acta de previa certificación del técnico, con firma legitimada notarialmente, que contenga la descripción de la obra nueva, coincidente con la del propio título en cuanto a los extremos que deben acreditarse.

3. Por la presentación de la certificación del técnico, con el carácter de documento complementario del título inscribible. En este caso, la firma del certificado debe ser objeto de legitimación notarial, y en su contenido se deberá hacer expresa referencia a la descripción de la obra en construcción

o finalizada objeto de la escritura o del acta, así como el nombre del Notario autorizante, fecha del documento y número del protocolo.

Artículo 50. *Técnico competente.* A los efectos de lo dispuesto en este capítulo, se tendrá por técnico competente:

1. El que por sí solo o en unión de otros técnicos hubiere firmado el proyecto para el que se concedió la licencia de edificación.
2. El que por sí solo o en unión de otros tuviere encomendada la dirección de la obra.
3. Cualquier otro técnico, que mediante certificación de su colegio profesional respectivo, acredite que tiene facultades suficientes.
4. El técnico municipal del Ayuntamiento competente que tenga encomendada dicha función.

Artículo 51. *Inscripción de títulos que tengan por objeto la obra declarada en construcción.* Cuando en el asiento no constare la terminación de la obra nueva, los títulos que tengan por objeto el edificio o alguno de sus pisos o locales, se inscribirán con la descripción resultante de aquél, haciendo constar el Registrador en la nota de despacho que la obra está pendiente de que se practique la nota registral de su finalización, único medio de dar publicidad «erga omnes» del cumplimiento de lo prevenido en la licencia correspondiente.

Artículo 52. *Reglas aplicables a otras construcciones.* Podrán inscribirse por el Registrador de la Propiedad las declaraciones de obra nueva correspondientes a edificaciones terminadas en las que concurran los siguientes requisitos:

a) Que se pruebe por certificación del Catastro o del Ayuntamiento, por certificación técnica o por acta notarial, la terminación de la obra en fecha determinada y su descripción coincidente con el título.

b) Que dicha fecha sea anterior al plazo previsto por la legislación aplicable para la prescripción de la infracción en que hubiera podido incurrir el edificante.

c) Que no conste del Registro la práctica de anotación preventiva por incoación de expediente de disciplina urbanística sobre la finca que haya sido objeto de edificación.

Artículo 53. *Requisitos de los títulos de constitución de propiedad horizontal.* Para inscribir los títulos de división horizontal o de modificación del régimen ya inscrito, se aplicarán las siguientes reglas:

a) No podrán constituirse como elementos susceptibles de aprovechamiento independiente más de los que se hayan hecho constar en la declaración de obra nueva, a menos que se acredite, mediante nueva licencia concedida de acuerdo con las previsiones del planeamiento urbanístico vigente, que se permite mayor número. No será de aplicación lo dispuesto en este número a las superficies destinadas a locales comerciales o a garajes, salvo que del texto de la licencia resulte que el número de locales comerciales o de plazas de garaje constituye condición esencial de su concesión.

b) Cuando el objeto de la transmisión sea una participación indivisa de finca destinada a garajes, que suponga el uso y disfrute exclusivo de una zona determinada, deberá incluirse en el título la descripción pormenorizada de la misma, con fijación de su número de orden, linderos, dimensiones perimetrales y superficie útil, así como la descripción correspondiente a los elementos comunes.

Artículo 54. *Notificaciones que ha de realizar el Registrador de la Propiedad.* Los Registradores de la Propiedad darán cuenta al Ayuntamiento respectivo de las inscripciones realizadas en los supuestos comprendidos en los artículos 48.2 y 52, párrafo a), inciso segundo, y harán constar en la inscripción y en la nota de despacho la práctica de dicha notificación.

Artículo 55. *Calificación registral.* Los Registradores calificarán, bajo su responsabilidad, el cumplimiento de lo establecido en este Reglamento para la inscripción de declaraciones de obra nueva, de tal forma que los documentos que no reúnan los requisitos exigidos no serán inscribibles, sin perjuicio de lo dispuesto, sobre publicidad registral de la irregularidad urbanística, en la legislación aplicable en cada caso.

CAPÍTULO VII. ANOTACIONES PREVENTIVAS DICTADAS EN PROCEDIMIENTO ADMINISTRATIVO DE DISCIPLINA URBANÍSTICA

Artículo 56. *Anotación preventiva de incoación de expedientes de disciplina urbanística.* La Administración legalmente competente, con el fin de asegurar el resultado de los expedientes de disciplina urbanística y la reposición de los bienes afectados al estado que tuvieren con anterioridad a la infracción, podrá acordar que se tome anotación preventiva de la incoación de dichos expedientes. La anotación sólo podrá practicarse sobre la finca en que se presuma cometida la infracción o incumplida la obligación de que se trate en cada caso.

Artículo 57. *Título para practicar la anotación.* El título para practicar la anotación será la certificación expedida por el Secretario de la Administración competente en la que se hagan constar, además de las circunstancias previstas en el artículo 2.2, las siguientes:

1. Fecha del acuerdo y órgano que lo hubiere adoptado.
2. Que el acuerdo ha sido notificado al titular registral.
3. El objeto del expediente, su fecha de iniciación y la solicitud expresa de que se tome la anotación.

Artículo 58. *Actuación del Registrador de la Propiedad. Certificación y nota de expedición.* Practicada la anotación, el Registrador devolverá uno de los ejemplares con nota de haberse extendido el asiento al que acompañará certificación de dominio y cargas de la finca anotada, en la que se haga constar el domicilio de sus respectivos titulares, si éste constare del Registro. De la expedición de la certificación se tomará nota al margen de la última inscripción de dominio.

Artículo 59. *Notificación de la anotación.* La Administración actuante notificará la adopción del acuerdo por el que fue ordenada la práctica de la anotación a todos los titulares del dominio y cargas, según la certificación expedida.

Artículo 60. *Duración y prórroga de la anotación.* La anotación practicada tendrá un plazo de duración de cuatro años y podrá prorrogarse por un año más a instancia de la Administración que la hubiere solicitado.

Artículo 61. *Prórroga de la anotación en caso de recurso contencioso-administrativo.* No obstante lo establecido en el artículo anterior, cuando se interpusiese recurso contencioso-administrativo contra el acuerdo que motivó la anotación preventiva, la Administración podrá solicitar al Tribunal que conozca del proceso que la anotación preventiva quede prorrogada hasta que haya recaído resolución administrativa firme en el procedimiento.

Artículo 62. *Cancelación de la anotación preventiva antes de la terminación del expediente.* La anotación preventiva practicada por incoación del procedimiento sancionador podrá cancelarse antes de la terminación del expediente, cuando aquélla caduque, por solicitud de la Administración que la ordenó, cuando se disponga por resolución judicial, o cuando concluya el procedimiento sin resolución expresa sobre el fondo.

El título para practicar la cancelación será, según los casos:

1. La certificación administrativa del acuerdo en el que se ordene la cancelación o se declare sobreseído el expediente, o solicitud del titular registral de cualquier derecho sobre la finca anotada a la que se acompañe dicha certificación.

2. El mandamiento judicial dictado en ejecución de la sentencia o del auto en que se hubiese decretado la cancelación.

La cancelación se practicará sin perjuicio de la indemnización que, en su caso, pudiera corresponder al titular de la finca en el supuesto en que se declare injustificado el acuerdo que ordenó la práctica en la anotación cancelada.

Artículo 63. *Efectos registrales de la terminación del expediente.* Cuando adquiera firmeza la resolución de la Administración a cuyo favor se hubiere tomado la anotación, por la que se declare la existencia de la infracción o el incumplimiento de las obligaciones correspondientes, se practicarán, según los casos, los siguientes asientos:

1. Si la resolución impusiere el deber de ceder fincas determinadas o partes concretas de las mismas, se practicará asiento de inscripción, siempre que la certificación correspondiente cumpliese con los requisitos establecidos en el artículo 2 de este Reglamento y el acuerdo no fuese susceptible de recurso jurisdiccional.

2. Si el acuerdo firme de la Administración actuante impusiera una sanción económica que diese lugar a procedimiento de apremio, se tomará, si se ordena, la anotación preventiva de embargo a que se refiere el artículo 66.

3. En los demás casos la terminación del expediente se hará constar por nota marginal, que producirá los efectos generales a que se refiere el artículo 73.

4. La certificación del acuerdo por el que se declare la terminación del expediente provocará, en todo caso, la cancelación de la anotación preventiva.

Artículo 64. *Efectos registrales de la terminación del expediente en vía jurisdiccional.* Cuando el expediente administrativo hubiese sido recurrido en vía jurisdiccional, la sentencia, auto o resolución que ponga fin al procedimiento dará lugar a la práctica de los asientos que la misma ordene, en los términos y con los efectos previstos en el artículo 71 para las resoluciones judiciales que pongan fin al recurso contencioso-administrativo.

Artículo 65. *Cancelación de los asientos practicados como consecuencia de la terminación del expediente.* La cancelación de los asientos practicados como consecuencia de la terminación del expediente, a que se refieren los artículos anteriores, podrá llevarse a efecto según los casos:

1. Cuando se trate de inscripciones éstas sólo podrán ser canceladas conforme a lo dispuesto en la Ley Hipotecaria.

2. Cuando se trate de las notas marginales a que se refiere el artículo 63.3, su cancelación podrá obtenerse por acuerdo de la Administración, o en virtud de resolución judicial por la que se declaren la inexistencia de la infracción, la improcedencia de las órdenes de restauración del orden jurídico o de que ha tenido lugar el incumplimiento de los deberes correspondientes. También podrá practicarse por solicitud del titular registral a la que se acompañe la certificación del acuerdo de la Administración en el que resuelva la cancelación de la nota, o la documentación que acredite, conforme a lo dispuesto en la Ley, la obtención de dicho acuerdo por silencio positivo o, en su caso, la sentencia correspondiente.

Artículo 66. *Anotación de embargo en caso de sanción económica.* En los expedientes que puedan dar lugar a la imposición de una sanción económica, la Administración actuante podrá solicitar la práctica de anotación preventiva de embargo, conforme a lo establecido en la legislación para el apremio a favor de la Hacienda Pública. En el caso de que se practicare la anotación a favor de una entidad urbanística colaboradora, será requisito previo que se acredite la constitución de la misma. Los efectos de la anotación preventiva de embargo se producirán desde su propia fecha, aunque previamente se hubiere practicado anotación preventiva de incoación de expediente de disciplina urbanística.

CAPÍTULO VIII. ANOTACIONES PREVENTIVAS ORDENADAS EN PROCESO CONTENCIOSO-ADMINISTRATIVO

Artículo 67. *Anotación preventiva por interposición de recurso contencioso-administrativo.* El que promoviere recurso contencioso-administrativo contra los actos de la Administración pública que tengan por objeto la aprobación definitiva de los planes de ordenación, de sus instrumentos de ejecución o de licencias, podrá solicitar, con el escrito de interposición o después, si existiere justificación suficiente, que se tome anotación preventiva sobre fincas concretas y determinadas que resulten afectadas por el acto impugnado, ofreciendo indemnización por los perjuicios que pudieran seguirse en caso de ser desestimado el recurso, de tal forma que la falta de la caución que, en su caso, exija el Tribunal para evitar daños al titular de la finca o derecho anotado, impedirá la práctica de la anotación.

Artículo 68. *Tramitación de la solicitud de la anotación.* La solicitud de la anotación, acompañada de certificación registral de dominio y cargas, se substanciará por los trámites establecidos en la Ley de la Jurisdicción Contencioso-Administrativa. Será requisito para la práctica del asiento el haber oído, en todo caso, al titular registral de la finca y a los que según la certificación sean titulares de derechos y cargas que consten en ésta, así como la prestación de la caución a que se refiere el artículo anterior.

Artículo 69. *Título para la anotación.* La anotación se practicará en virtud de mandamiento judicial en el que se consigne literalmente la resolución dictada y que se ha prestado, en su caso, la caución correspondiente.

Artículo 70. *Anotación preventiva de la demanda.* La demanda interpuesta en el procedimiento será también anotable en los términos previstos en los artículos anteriores.

Artículo 71. *Efectos de la sentencia que ponga fin al procedimiento jurisdiccional.* La sentencia firme que ponga fin al procedimiento contencioso-administrativo en el que se hubiera ordenado la anotación preventiva producirá los siguientes efectos:

1. Será título bastante para practicar los asientos dispuestos en ella.

2. Cuando de la sentencia resulte la creación, modificación o extinción del dominio o de algún derecho real inscribible, se practicarán los asientos pertinentes en la forma establecida por el artículo 198 del Reglamento Hipotecario. Dicho artículo será de aplicación también respecto de la cancelación de asientos contradictorios practicados en virtud de títulos de fecha anterior a la anotación preventiva, cuando la titularidad de los derechos proceda de actos sujetos al control de los Juzgados y Tribunales contencioso-administrativos, en cuyo caso, a efectos de la cancelación de los asientos originados por los títulos a que se refiere este artículo, se resolverá en este orden jurisdiccional lo que proceda en trámite de ejecución de sentencia, previa citación de los titulares de los derechos afectos por la posible cancelación.

3. Cuando de la sentencia no resulte la creación, modificación o extinción del dominio o de algún derecho real, o la modificación de la descripción de las fincas sobre las que se hubiese practicado, la propia sentencia será título bastante para la cancelación de la anotación.

Artículo 72. *Prórroga y cancelación de la anotación.* La duración, prórroga y las demás cuestiones no especialmente previstas en los artículos anteriores, se regirán por lo establecido en la legislación hipotecaria para la anotación preventiva de demanda.

CAPÍTULO IX. NOTAS MARGINALES

Artículo 73. *Duración y efectos de las notas marginales.* Salvo que expresamente se establezca otra cosa, las notas marginales reguladas en el presente Reglamento tendrán vigencia indefinida.

Tales notas no surtirán otro efecto que el de dar a conocer, a quien consulte el contenido del Registro de la Propiedad, la situación urbanística de la finca en el momento a que se refiera el título que las origine, salvo los casos en que la legislación aplicable prevea un efecto distinto.

Artículo 74. *Nota marginal de condiciones impuestas sobre determinadas fincas.* Cuando con ocasión de la concesión de licencias o de autorización de otras resoluciones administrativas, se impongan condiciones que han de cumplirse en la finca a la que afectan, con arreglo a las Leyes o a los Planes, tales condiciones podrán hacerse constar por el Registrador de la Propiedad mediante nota marginal.

1. La nota marginal se tomará en virtud de instancia del titular de la finca a la que se acompañe certificación administrativa en la que conste literalmente el acuerdo adoptado.

2. En la misma se transcribirá literalmente el acuerdo que da lugar a su práctica y se especificará que no produce otro efecto que el previsto en el artículo anterior.

3. La nota marginal podrá cancelarse:

a) En virtud de certificación administrativa de la que conste que se han cumplido las condiciones impuestas o de solicitud del titular a la que se acompañe aquélla o la documentación acreditativa del acuerdo obtenido por acto presunto, conforme a lo dispuesto en la Ley.

b) Cuando la licencia sometida a condición impusiere cualquier tipo de deberes al titular de la finca y no señalare plazo de cumplimiento de los mismos, ni tampoco fuere la condición de naturaleza definitiva, la nota se cancelará por caducidad transcurridos cuatro años desde su fecha. En caso de que en la licencia se hubiere señalado plazo, la caducidad de la nota se producirá transcurridos dos años a contar desde la fecha de cumplimiento de aquél.

Artículo 75. *Nota marginal de la declaración de ilegalidad de la licencia de edificación.* Cuando la licencia de edificación, a cuyo amparo haya sido realizada una obra nueva, sea posteriormente declarada ilegal, por contravenir la ordenación urbanística aplicable, se hará constar por nota marginal. La nota se tomará en virtud de certificación de la resolución administrativa firme, o, en su caso, de la sentencia, en las que se declare la ilegalidad de la licencia y que el titular registral ha sido citado en el procedimiento.

Artículo 76. *Nota marginal acreditativa de la concesión de licencias para obras y usos provisionales.* La concesión de las licencias para usos y obras de carácter provisional y para los edificios fuera de ordenación, se harán constar en el Registro de la Propiedad mediante nota al margen de la última inscripción de dominio de la finca correspondiente. La nota se tomará a solicitud del titular registral, o con su audiencia a requerimiento de la Administración actuante, a la que se acompañe certificación literal del acuerdo de concesión de la licencia y en ella se expresará, a la vista de la certificación administrativa, el deber de demolición de las edificaciones cuando lo acordare el Ayuntamiento, sin derecho a indemnización en su caso, y con las demás consecuencias previstas en la legislación urbanística.

Artículo 77. *Nota marginal acreditativa de la adquisición del aprovechamiento urbanístico.* La adquisición del derecho al aprovechamiento urbanístico susceptible de apropiación en cada finca determinada, como consecuencia del cumplimiento por su titular de los requisitos establecidos por la legislación urbanística aplicable, se podrá hacer constar en el Registro de la Propiedad, por nota al margen de su última inscripción de dominio, a la que se aplicarán las siguientes reglas:

1. El asiento se practicará por traslado del acuerdo de la Administración actuante, mediante certificación del mismo, o por solicitud del interesado a la que se acompañará la expresada certificación, con descripción de la finca de que se trate. Cuando el acuerdo de la Administración actuante se obtuviere por acto presunto, a la solicitud de la nota marginal se acompañará la documentación que acredite la adquisición conforme a lo dispuesto en la Ley.

2. A los efectos del contenido del dominio inscrito sobre la finca, los terceros adquirentes del mismo quedarán subrogados en los derechos y deberes urbanísticos resultantes del aprovechamiento que ha sido objeto de la nota marginal según el plan que en cada caso sea aplicable.

3. En caso de declaración administrativa de incumplimiento de deberes urbanísticos por el titular de una finca sujeta a derecho de hipoteca, el acreedor hipotecario podrá ejercitar las facultades que por menoscabo de la garantía le atribuya la legislación vigente. Además, el Juez, conforme a lo dispuesto en la Ley Hipotecaria, a instancia del titular del crédito, podrá conceder a éste la administración y posesión interina de la finca, con la posibilidad de subrogarse en el cumplimiento de los deberes urbanísticos, si así se hubiere pactado en el título de constitución del gravamen.

CAPÍTULO X. INSCRIPCIÓN DE ACTOS DE PARCELACIÓN

Artículo 78. *Actuación de los Registradores de la Propiedad.* Los Registradores de la Propiedad exigirán para inscribir la división o segregación de terrenos, que se acredite el otorgamiento de la licencia que estuviese prevista por la legislación urbanística aplicable, o la declaración municipal de su innecesariedad, que deberá testimoniarse literalmente en el documento.

Artículo 79. *Divisiones y segregaciones.* En caso de división o segregación de fincas realizadas en suelo no urbanizable, cuando de la operación que corresponda resulten parcelas inferiores a la unidad mínima de cultivo o, en todo caso, aun siendo superiores, cuando por las circunstancias de descripción, dimensiones, localización o número de fincas resultantes de la división o de las sucesivas segregaciones, surgiere duda fundada sobre el peligro de creación de un núcleo de población, en los términos señalados por la legislación o la ordenación urbanística aplicable, los Registradores de la Propiedad actuarán con arreglo a lo establecido en este artículo.

1. Los Registradores de la Propiedad, cuando, a pesar de haberse autorizado la escritura pública, tuviesen la duda fundada a que se refiere el número anterior y no se aportase la licencia correspondiente, remitirán copia del título o títulos presentados al Ayuntamiento que corresponda, acompañando escrito con solicitud de que se adopte el acuerdo que, en cada caso, sea pertinente y con advertencia expresa de que en caso de no contestación se procederá con arreglo a lo establecido en este artículo. La remisión de la documentación referida se hará constar al margen del asiento de presentación, el cual quedará prorrogado hasta un límite de ciento ochenta días a contar de la fecha de la remisión.

2. Si el Ayuntamiento comunicare al Registrador de la Propiedad que del título autorizado no se deriva la existencia de parcelación urbanística ilegal, el Registrador practicará la inscripción de las operaciones solicitadas. Todo ello sin perjuicio de lo dispuesto en el artículo 80.

3. Si el Ayuntamiento remitiere al Registrador certificación del acuerdo del órgano competente, adoptado previa audiencia de los interesados, en el que afirme la existencia de peligro de formación de núcleo urbano o de posible parcelación ilegal, se denegará la inscripción de las operaciones solicitadas y el Registrador de la Propiedad reflejará el acuerdo municipal mediante nota al margen de la finca o resto de la finca matriz. Dicha nota producirá los efectos previstos en el artículo 73.

4. Transcurridos cuatro meses desde la fecha de la nota puesta al margen del asiento de presentación, prevista en el apartado 1 de este artículo, si no se presentare el documento acreditativo de incoación del expediente a que se refiere el apartado siguiente con efectos de prohibición de disponer, el Registrador de la Propiedad practicará la inscripción de las operaciones solicitadas.

5. Si el Ayuntamiento o, en su caso, el órgano urbanístico competente, incoase expediente de infracción urbanística por parcelación ilegal, en el acuerdo correspondiente podrá solicitarse del Registrador de la Propiedad que la anotación preventiva procedente surta efectos de prohibición absoluta de disponer, en los términos previstos por el artículo 26.2.º de la Ley Hipotecaria.

Artículo 80. *Fincas de dimensión inferior a la parcela mínima de cultivo.* Cuando se trate de actos de división o segregación de fincas inferiores a la unidad mínima de cultivo, los Registradores de la Propiedad remitirán copia de los documentos presentados a la Administración agraria competente, en los términos previstos en el apartado 5 del artículo anterior. Si dicha Administración adoptase el acuerdo pertinente sobre nulidad del acto o sobre apreciación de las excepciones de acuerdo con lo dispuesto en los artículos 23 y 24 de la Ley 19/1995, de 4 de julio, remitirá al Registrador certificación del contenido de la resolución recaída. En el caso que transcurran cuatro meses desde la remisión o de que la Administración agraria apreciase la existencia de alguna excepción, el Registrador practicará los asientos solicitados. En el supuesto de que la resolución citada declarase la nulidad de la división o segregación, el Registrador denegará la inscripción. Si dicha resolución fuese objeto de recurso contencioso-administrativo, el titular de la finca de que se trate podrá solicitar la anotación preventiva de su interposición sobre la finca objeto de fraccionamiento.

Artículo 81. *Parcela urbanística indivisible.* En el caso de que la parcela resulte indivisible como consecuencia de lo dispuesto en la legislación urbanística se aplicarán las siguientes reglas:

1. Para poder reflejar en el Registro de la Propiedad la cualidad de indivisible de una parcela, el Ayuntamiento correspondiente comunicará al Registrador las dimensiones de la parcela mínima, de acuerdo con las previsiones del planeamiento urbanístico vigente, con referencia a las fincas concretas sobre las que se pretenda la actuación.

2. Cuando con la edificación permitida o existente se hubiese agotado la totalidad del aprovechamiento materializable sobre la finca, el Ayuntamiento lo comunicará al Registro de la Propiedad al otorgarse licencia de edificación. Cuando la edificación consumiere sólo parte del aprovechamiento, la comunicación especificará la porción de terreno susceptible de segregación.

3. La cualidad de indivisible de la parcela se hará constar mediante nota al margen de la última inscripción de dominio vigente, cuando el Registrador de la Propiedad reciba la comunicación del número anterior y cuando se creen nuevas fincas por consecuencia de operaciones de modificaciones hipotecarias.

Artículo 82. *División de parcelas edificadas.* Cuando sobre las parcelas resultantes del expediente de equidistribución se construyan, conforme al planeamiento, diferentes edificios, éstos podrán constituir fincas registrales independientes sin necesidad de licencia de parcelación. Si la parcela fuere indivisible, sólo podrán crearse fincas registrales independientes si los distintos edificios se asientan sobre suelo común y se les somete a un mismo régimen de propiedad horizontal o conjunto inmobiliario.

CAPÍTULO XI. INSCRIPCIÓN DE TRANSMISIONES SUJETAS A TANTEO Y RETRACTO URBANÍSTICO

Artículo 83. *Comunicación al Registrador de la Propiedad de la delimitación de áreas de tanteo y retracto.* Cuando en el planeamiento general municipal, o en expediente tramitado especialmente a tal efecto, se hubieren delimitado áreas comprensivas de terrenos o de viviendas que hayan de quedar sujetas a derecho de tanteo o de retracto conforme a lo dispuesto en la legislación urbanística, el Ayuntamiento remitirá a los Registradores de la Propiedad, a cuyo distrito hipotecario corresponda total o parcialmente dicha área, copia certificada del Acuerdo de delimitación de la misma y de los planos que reflejen dicha delimitación, así como relación detallada de las calles o sectores comprendidos en aquellas áreas y de los propietarios y bienes concretos afectados, en cuanto tales datos obren en poder del Ayuntamiento y el Registrador lo hará constar por nota al margen de la última inscripción de dominio de las fincas.

Artículo 84. *Requisitos de las transmisiones sujetas a tanteo y retracto urbanístico.* Cuando en un término municipal o sección del Distrito Hipotecario se hubieren delimitado áreas de tanteo y retracto, en los términos previstos por la legislación urbanística, los títulos de transmisión onerosa de terrenos o de viviendas deberán contener las siguientes circunstancias:

1. Declaración expresa de las partes, bajo la responsabilidad del orden que proceda, de que el terreno o vivienda transmitido, según los casos, se halla o no incluido en área de tanteo y retracto.

2. Si la declaración fuere positiva, que se han llevado a efecto las notificaciones a que se refiere el artículo siguiente.

Artículo 85. *Circunstancias de las notificaciones.* A efectos de la inscripción por el Registrador de la Propiedad de los títulos de transmisión sujetos a tanteo y retracto, el régimen de las notificaciones a favor de la Administración se ajustará a las siguientes normas:

1. Antes de la enajenación, los propietarios afectados deberán notificar al Ayuntamiento dicha decisión, haciendo constar las características de las fincas, los datos registrales en su caso, su descripción, precio y forma de pago proyectados, las circunstancias del futuro adquirente y las restantes condiciones esenciales de la transmisión.

2. Con posterioridad a la transmisión realizada, el adquirente deberá comunicar la misma al Ayuntamiento mediante entrega de la copia de la escritura o documento en que fuere formalizada.

3. Para que puedan inscribirse por el Registrador de la Propiedad los documentos de adquisición de los bienes a los que se refiere este capítulo deberá justificarse que han tenido lugar, en sus respectivos casos, las notificaciones previstas en los apartados 1 y 2 de este artículo, con los requisitos exigidos. La falta de justificación constituirá defecto subsanable con suspensión de la inscripción, pudiéndose tomar anotación preventiva con vigencia de ciento ochenta días naturales, que se convertirá en inscripción si en dicho plazo de vigencia se acreditara la práctica de las notificaciones en forma legal.

Artículo 86. *Efectos de la declaración de sujeción o no sujeción de la finca a tanteo y retracto urbanístico.* A los títulos traslativos a que se refiere este capítulo les serán aplicables las siguientes reglas:

1. Si en el título se declarare expresamente que la vivienda o terreno no está incluida en área de tanteo y retracto, el Registrador practicará la inscripción, sin perjuicio de lo establecido en el apartado 4 que subsigue.

2. Si la declaración fuere positiva y no se hubiere llevado a efecto la notificación pertinente, el Registrador suspenderá la inscripción, si bien podrá tomar anotación preventiva por defecto subsanable, que se convertirá en inscripción si durante su plazo de vigencia se acreditare la práctica de la notificación.

3. Si en el título no se hiciere declaración expresa sobre la inclusión o no inclusión de la vivienda o terreno en área de retracto, no será inscribible aquél por el Registrador de la Propiedad.

4. Si la declaración fuere negativa, pero de los detalles de descripción de la finca, de su localización respecto de viales determinados o de otros datos que pudieren resultar del contenido de la documentación remitida conforme a lo dispuesto en el artículo 83, resultaren indicios de que el inmueble pudiera estar comprendido en área de retracto, el Registrador, sin perjuicio de practicar la inscripción, comunicará al Ayuntamiento competente el hecho de su otorgamiento y las demás circunstancias señaladas en el artículo anterior.

5. Practicada la notificación a que se refiere el apartado anterior, el Registrador tomará nota de su fecha al margen del asiento de presentación y prorrogará la vigencia de éste, en su caso, hasta quince días. Transcurridos quince días sin que el Ayuntamiento manifieste expresamente que la finca o fincas transmitidas se encuentran situadas en área de tanteo y retracto, practicará la inscripción solicitada. En el supuesto de que la respuesta fuere positiva, el Registrador procederá en la forma señalada en el apartado 2 de este artículo.

CAPÍTULO XII. RÉGIMEN DE VENTA FORZOSA

Artículo 87. *Nota marginal acreditativa de la inclusión de la finca en el Registro Administrativo.* De la inclusión de una finca en el Registro Administrativo de Solares y Terrenos sin urbanizar se tomará nota al margen de su última inscripción de dominio por el Registrador de la Propiedad, conforme a las siguientes reglas:

1. El título inscribible será el certificado en el que se contenga la transcripción literal del acuerdo de la inclusión de la finca en el Registro Administrativo de Solares y Terrenos sin Urbanizar, por el que la Administración competente solicite expresamente la práctica de la nota y en el que se haga constar que ha sido notificado el titular registral.

2. Cuando el procedimiento de inclusión hubiere sido incoado a instancia de persona distinta de la Administración, la nota se practicará en virtud de solicitud de ésta, acompañada del certificado a que se refiere el apartado anterior.

3. En la nota harán constar los datos de inscripción en el Registro Administrativo y la causa de la inclusión en el mismo de la finca sometida a venta forzosa.

4. La nota se cancelará en virtud de certificación de la que resulte la cancelación del asiento practicado en el Registro Administrativo o por caducidad, transcurridos tres años desde su fecha, si no se hubiere practicado asiento alguno sobre la finca relativo a la prórroga de la nota o a algún acto correspondiente al procedimiento de venta forzosa.

Artículo 88. *Nota marginal acreditativa de la declaración en venta forzosa.* La resolución administrativa firme por la que se declare el incumplimiento de los deberes urbanísticos que motivaron la inclusión de la finca en el Registro administrativo, con aplicación del régimen de venta forzosa, se hará constar por nota en el Registro de la Propiedad, al margen de la última inscripción de dominio de la finca. Dicha nota se practicará en virtud de certificación literal del acuerdo, que deberá ser remitida al Registro de la Propiedad por la Administración actuante. El Registrador, simultáneamente a la práctica de la nota, expedirá certificación de dominio y cargas de la finca. Asimismo, cuando la resolución administrativa que hubiere provocado la inclusión de la finca en el Registro Administrativo, acordase la venta forzosa, el Registrador, simultáneamente a la práctica de la nota, expedirá la certificación a que se refiere este artículo.

Artículo 89. *Inscripción de la adjudicación en régimen de venta forzosa.* La inscripción de la adjudicación en procedimiento de venta forzosa se sujetará a las siguientes reglas:

1. El título inscribible será la certificación administrativa del acuerdo de resolución del concurso a favor del adjudicatario, acompañada del acta de ocupación, y en la que se hará constar:

a) El pago del precio satisfecho por el adjudicatario del concurso a los titulares del dominio de la finca o de otros derechos inscritos con anterioridad a la fecha de la nota a que se refiere el artículo anterior, o la consignación del mismo en el caso de que, debidamente citados, no hubieren comparecido en el expediente. También se hará constar el pago de las cantidades a que tenga derecho la Administración actuante, según la legislación urbanística aplicable.

b) La especificación literal de las condiciones del concurso.

2. La inscripción de la finca se practicará, libre de cargas, a favor del adjudicatario del concurso, que tendrá el carácter de beneficiario.

Artículo 90. *Cancelación de cargas.* En el momento en que se practique la inscripción de venta forzosa se cancelarán de oficio todas las inscripciones de dominio y cargas inscritas con fecha posterior a la de la nota y la certificación a que se refiere el artículo 88.

Artículo 91. *Adquisición por la Administración.* Si la Administración actuante declarare desierto el concurso y se adjudicare la finca con destino al Patrimonio Municipal del Suelo, la inscripción se practicará a su favor, en los términos previstos en los artículos anteriores, haciéndose constar en la misma que la finca queda sujeta a lo dispuesto en la legislación urbanística sobre los efectos del incumplimiento de la obligación de edificar.

5. Reglamento de Valoraciones de la Ley de Suelo, aprobado por Real Decreto 1492/2011, de 24 de octubre[1]

(BOE núm. 270, de 9 de noviembre de 2011)

CAPÍTULO PRIMERO. DISPOSICIONES GENERALES

Artículo 1. *Objeto.* El presente Reglamento tiene por objeto el desarrollo de las valoraciones del texto refundido de la Ley de Suelo, aprobado por Real Decreto Legislativo 2/2008, de 20 de junio.

1 Su tenor literal es el siguiente:
«La disposición final segunda del texto refundido de la Ley de Suelo, aprobado por Real Decreto Legislativo 2/2008, de 20 de junio, autorizó al Gobierno para proceder, en el ámbito de sus atribuciones, al desarrollo de la citada Ley.
Varios son los preceptos de la Ley en los que se alude a un posterior desarrollo reglamentario, tanto en relación con aspectos concretos, como en la mención genérica contenida en la citada Disposición final segunda. No obstante, dicho desarrollo, no se presenta con un carácter uniforme de necesidad para todos sus contenidos, dado que la Ley resulta, o bien lo suficientemente explícita en algunos de los mismos para permitir su aplicación directa, o bien en otros, se limita a establecer condiciones básicas de la igualdad en el ejercicio de los derechos y el cumplimiento de los correspondientes deberes constitucionales que, como tales, encuentran su mejor acomodo en el propio texto legal.
Desde esta perspectiva, el Reglamento, desarrolla el texto refundido de la Ley de Suelo en lo relativo a «la valoración inmobiliaria», con la intención de dar respuesta al deseo expresado por el legislador estatal, de mejorar el funcionamiento del mercado del suelo, para hacerlo más transparente y eficiente, combatiendo además, en la medida de lo posible, las eventuales prácticas especulativas en la utilización del mismo, prácticas especulativas que, en ocasiones, afectaban directamente a la fijación de valores a efectos expropiatorios. El Tribunal Constitucional atribuyó en su Sentencia 61/1997, la competencia del legislador estatal en materia de valoraciones sólo en aquellos casos que se trataba de otorgar un tratamiento igualitario de todos los ciudadanos ante determinadas relaciones de los mismos con las Administraciones Públicas. Por ello, este desarrollo recoge los métodos y técnicas de valoración a aplicar en los supuestos contemplados en el artículo 21.1 del Texto Refundido de la Ley de Suelo, todo ello sin perjuicio de lo que puedan establecer otras legislaciones especiales y sus normas de desarrollo, como pueden ser, especialmente, las de carácter financiero y tributario.

El desarrollo del nuevo régimen de valoraciones establecido por la Ley es pues de indudable trascendencia, no sólo porque no habían sido desarrollados reglamentariamente los criterios de valoración de las legislaciones anteriores, sino también por el hecho de que, por primera vez desde que las Comunidades Autónomas asumieran las competencias exclusivas en materia de urbanismo, el Estado ha procedido a desarrollar reglamentariamente una Ley de Suelo.

La regulación reglamentaria se distribuye en cinco Capítulos y cuatro Anexos:

El Capítulo I contiene, como Disposiciones Generales, el objeto del Reglamento y el necesario complemento de dos aspectos regulados por el texto refundido de la Ley de Suelo, cuya novedad está produciendo en la práctica problemas de interpretación y aplicación. Se trata del suelo en situación de urbanizado, cuyo acotamiento con determinados elementos se entiende necesario, y la evaluación y seguimiento de la sostenibilidad económica de los instrumentos de ordenación, cuyos contenidos más fundamentales se precisan en este Reglamento, con el objeto de asegurar que cumple la función que le otorga la Ley.

Los Capítulos II, III y IV regulan ya, siguiendo las directrices marcadas por el texto refundido de la Ley de Suelo, los conceptos para la realización de las valoraciones y los correspondientes métodos de valoración, que se orientan a la necesidad de estimar cuantitativamente el valor de sustitución del inmueble que sea objeto de tasación, por otro similar en la misma situación, sin consideración alguna de las posibles expectativas no derivadas del esfuerzo inversor de la propiedad. A tal efecto, para valorar inmuebles en situación básica de suelo rural (Capítulo III), al tratarse de un mercado menos concurrente y más opaco que el del suelo en situación de urbanizado, se desarrolla el valor de capitalización de la renta real o potencial de la explotación, en un contexto de búsqueda del valor correspondiente al más alto y mejor uso del suelo rural, nuevamente sin tener en cuenta las expectativas urbanísticas. Ello no excluye la introducción de métodos de valoración del suelo con una amplia gama de actividades económicas ya presentes, o susceptibles de ser desarrolladas en el suelo rural, diferentes del aprovechamiento convencional, propias de una economía moderna y avanzada.

Desde la perspectiva conceptual de la valoración en suelo rural, el desarrollo de los correspondientes artículos de la Ley conducen a la formulación de la valoración de explotaciones, entendidas éstas como unidades de producción, que se corresponden con la parte territorial de la empresa, a la que se llega desde los campos valorativos tradicionales más tecnológicos, incluyendo en suelo rural cualquier actividad económica reglada. Se produce, así, la sustitución teórica de la renta de la tierra, por la renta de la explotación, en consonancia con la agricultura moderna y la Política Agraria Comunitaria y con el fin de resolver la inclusión, cada vez más frecuente, de explotaciones no agrarias en suelo rural. En la misma dirección debe considerarse el desarrollo de las posibilidades de la renta potencial, lo que permite incluir en la valoración la mejora tecnológica y económica para la modernización, así como la totalidad del valor potencial productivo del territorio rural.

Por otro lado, desde la perspectiva metodológica, se propone un tratamiento novedoso en el campo de la valoración, consistente en la propuesta de tipos de capitalización diferentes, para tipos de explotaciones diferentes, y ello, en función del riesgo de cada actividad en suelo rural, lo que constituye el núcleo fundamental de la valoración rural a la que se dedican los artículos 7 a 18 de este Reglamento. En dichos artículos, la variabilidad resultante de las explotaciones de vida útil con horizonte temporal limitado, las correspondientes variaciones cíclicas propias de cada actividad sobre suelo rural de duración ilimitada, la consideración de rentas reales, rentas potenciales y procesos cronológicos de conversión, junto con la necesidad, por mandato constitucional, de eliminar las expectativas urbanísticas, han hecho imprescindible la inclusión de una cierta formulación algebraica procedente del campo de las Matemáticas Financieras cuyo resultado principal es la suma de progresiones geométricas.

En cuanto a la valoración de inmuebles en situación básica de suelo urbanizado (Capítulo IV), tal y como se venía haciendo en legislaciones anteriores, se han utilizado criterios basados en información del mercado, acomodados al cumplimiento de los deberes y al levantamiento de las cargas urbanísticas por parte de sus titulares, si bien, en esta ocasión y con objeto de alcanzar una mayor precisión metodológica, se han pormenorizado los criterios para las distintas situaciones en las que se puede encontrar el suelo.

Para finalizar, el Capítulo V se refiere a las indemnizaciones y gastos de urbanización y desarrolla lo establecido por los artículos 25 y 26 del texto refundido de la Ley de Suelo.

Durante la tramitación de este Reglamento se ha dado cumplimiento al trámite de audiencia a las organizaciones y asociaciones representativas de intereses afectados por el mismo, se ha solicitado informe a todas las Comunidades Autónomas y a los Departamentos Ministeriales, todo ello en cumplimiento de lo dispuesto por la Ley 50/1997, de 27 de noviembre, del Gobierno.

Por último, desde el punto de vista competencial, «la valoración inmobiliaria» en cuanto materia fundamental cuya regulación incluye el Reglamento, constituye una competencia exclusiva del Estado, a tenor de lo dispuesto por el artículo 149.1.18.ª de la Constitución Española, y de acuerdo con una jurisprudencia ampliamente consolidada ya por el Tribunal Constitucional. Por todo ello, en cumplimiento de lo previsto en la Disposición final segunda del Real Decreto Legislativo 2/2008, de 20 de junio, las disposiciones del presente Reglamento se dictan al amparo de las competencias reconocidas al Estado por el artículo 149.1.1.ª, 13.ª y 18.ª de la Constitución.

En su virtud, a propuesta del Ministro de Fomento, de acuerdo con el dictamen del Consejo de Estado y previa deliberación del Consejo de Ministros en su reunión de 21 de octubre de 2011, dispongo:

Artículo único.

Se aprueba el Reglamento de Valoraciones del texto refundido de la Ley de Suelo, aprobado por Real Decreto Legislativo 2/2008, de 20 de junio, cuyo texto se inserta a continuación.

Artículo 2. *Situación básica de suelo urbanizado*[2]. [...]

Artículo 3. *Evaluación y seguimiento de la sostenibilidad económica y ambiental.* 1. De acuerdo con lo dispuesto en el artículo 15.4 del texto refundido de la Ley de Suelo, la documentación de los instrumentos de ordenación de las actuaciones de urbanización debe incluir un informe o memoria de sostenibilidad económica, en el que se ponderará en particular el impacto de la actuación en las Haciendas Públicas afectadas por la implantación y el mantenimiento de las infraestructuras necesarias o la puesta en marcha y la prestación de los servicios resultantes, así como la suficiencia y adecuación del suelo destinado a usos productivos.

Específicamente y en relación con el impacto económico para la Hacienda local, se cuantificarán los costes de mantenimiento por la puesta en marcha y la prestación de los servicios públicos necesarios para atender el crecimiento urbano previsto en el instrumento de ordenación, y se estimará el importe de los ingresos municipales derivados de los principales tributos locales, en

Disposición Derogatoria única.
Quedan derogadas todas las disposiciones de igual o inferior rango que se opongan, contradigan o resulten incompatibles con lo establecido en el presente real decreto, y en particular el íntegro Título IV sobre «Valoraciones» del Real Decreto 3288/1978, de 25 de agosto, por el que se aprobó el Reglamento de Gestión Urbanística.
Disposición Final primera. *Título competencial.*
El presente real decreto se dicta al amparo de las competencias reservadas al Estado con carácter exclusivo por el artículo 149.1.8.ª y 18.ª de la Constitución, sobre legislación civil y de expropiación forzosa y sistema de responsabilidad de las Administraciones Públicas.
Se exceptúan de lo anterior las disposiciones incluidas en el capítulo I, que tienen el carácter de condiciones básicas de la igualdad en el ejercicio de los derechos y el cumplimiento de los correspondientes deberes constitucionales y, en su caso, de bases de la planificación general de la actividad económica y del régimen de las Administraciones Públicas, dictadas en ejercicio de las competencias reservadas al Estado en el artículo 149.1.1.ª, 13.ª y 18.ª de la Constitución.
Disposición Final segunda. *Entrada en vigor.*
El presente real decreto entrará en vigor el día siguiente al de su publicación en el «Boletín Oficial del Estado».»

2 Precepto suprimido por la Disposición derogatoria única de la Ley 8/2013, de 26 de junio, de rehabilitación, regeneración y renovación urbanas (BOE núm. 153, de 27 de junio de 2013).

función de la edificación y población potencial previstas, evaluados en función de los escenarios socio-económicos previsibles hasta que se encuentren terminadas las edificaciones que la actuación comporta.

2. En el informe de seguimiento de la actividad de ejecución urbanística a que se refiere el artículo 15.5 de la Ley de Suelo, constará, como mínimo, el cumplimiento de las previsiones de los informes de sostenibilidad económica y ambiental y las eventuales desviaciones resultantes en relación con las estimaciones realizadas en los mismos, así como, en su caso, la propuesta de las medidas que favorezcan el equilibrio ambiental y territorial o el reajuste económico para la Hacienda Local que pudiera derivarse del análisis del impacto de la memoria de sostenibilidad económica al que se refiere el apartado anterior.

CAPÍTULO SEGUNDO. CONCEPTOS Y CRITERIOS GENERALES PARA LA REALIZACIÓN DE LAS VALORACIONES

Artículo 4. *Definiciones.* A efectos de lo dispuesto en el texto refundido de la Ley de Suelo y en este Reglamento, se entenderá por:

1. Explotación en suelo rural, la unidad económica de producción que desarrolla el conjunto de actividades, usos y utilidades en una parcela o finca de suelo rural que se toma como marco de referencia a los efectos de calcular la renta real o potencial a que se refieren los artículos 7 y siguientes del presente Reglamento.

2. Construcción, las edificaciones e instalaciones definidas en los apartados 3 y 4 de este artículo, excepto aquellas de escasa entidad constructiva y sencillez técnica que no tengan, de forma eventual o permanente, carácter residencial ni público y se desarrollen en una sola planta, como son los tinglados y cobertizos de pequeña entidad.

3. Edificación, las obras de nueva construcción y de ampliación, modificación, reforma o rehabilitación que alteren la configuración arquitectónica de los edificios, entendiendo por tales las que tengan carácter de intervención total o parcial que produzcan una variación esencial de la composición general exterior, la volumetría, o el conjunto del sistema estructural, o tengan por objeto cambiar los usos característicos del edificio. Asimismo, las obras que tengan el carácter de intervención total en edificaciones catalogadas o que dispongan de algún tipo de protección de carácter ambiental o histórico-artístico, regulada a través de norma legal o documento urbanístico y aque-

llas otras de carácter parcial que afecten a los elementos o partes objeto de protección. Se considerarán comprendidas en la edificación, sus instalaciones fijas y el equipamiento propio, así como los elementos de urbanización que permanezcan adscritos al edificio.

4. Instalación, el resto de elementos físicos inmovilizados permanentemente que no tengan la consideración de edificaciones de acuerdo con lo establecido en el apartado anterior. En el suelo rural se deberán distinguir dos tipos de instalaciones:

a) Las necesarias para la actividad económica desarrollada, que se valorarán conjuntamente con el mismo.

b) Las innecesarias para la actividad económica desarrollada, que se valorarán independientemente del mismo.

Artículo 5. *Edificaciones, construcciones e instalaciones ajustadas a la legalidad y en situación de ruina física.* 1. Se entiende que las edificaciones, construcciones e instalaciones se ajustan a la legalidad al tiempo de su valoración cuando se realizaron de conformidad con la ordenación urbanística y el acto administrativo legitimante que requiriesen, o han sido posteriormente legalizadas de conformidad con lo dispuesto en la legislación urbanística.

2. Sin perjuicio de lo dispuesto en la Disposición transitoria quinta del texto refundido de la Ley de Suelo, en los supuestos de edificaciones, construcciones e instalaciones no ajustadas a la legalidad al tiempo de su valoración y para las que no proceda dictar medidas de restablecimiento de la legalidad urbanística que impliquen su demolición, se procederá de la forma siguiente:

a) En suelo en situación de rural, en ningún caso serán objeto de valoración y tampoco serán tenidas en consideración a los efectos del cálculo de la renta de la explotación.

b) En suelo en situación de urbanizado, edificado o en curso de edificación, no se computarán a los efectos de la tasación conjunta a que alude la letra a) del apartado 2 del artículo 24 del texto refundido de la Ley de Suelo.

3. A los efectos de este Reglamento, se considerará que la edificación se encuentra en situación de ruina física cuando concurran los requisitos de antigüedad y estado de conservación establecidos por la legislación urbanística aplicable.

4. En el supuesto de que la ruina o que la condición de ilegal afecte sólo a una parte de la edificación, en la valoración se considerará sólo aquella parte

de la edificación que no se encuentre en situación de ruina física, o que esté ajustada a la legalidad.

Artículo 6. *Ámbito de las valoraciones y criterios generales para la valoración.* 1. Las valoraciones del suelo, las instalaciones, construcciones y edificaciones, y los derechos constituidos sobre o en relación con ellos cuyo objeto sea alguno de los establecidos en el artículo 21.1 del texto refundido de la Ley de Suelo se rigen por lo dispuesto en dicha ley, y en virtud de la misma, en este Reglamento.

2. El valor del suelo corresponde a su pleno dominio, libre de toda carga, gravamen o derecho limitativo de la propiedad. Cuando estos existan, el valor de los mismos deberá deducirse del valor del derecho de propiedad. Se considerarán, entre ellos:

a) Los derechos reales limitativos del pleno dominio.

b) Los derechos de arrendamiento que representen, en virtud de la legislación específica en la materia, la imposibilidad de alcanzar la rentabilidad normal de mercado. Los alquileres no protegidos por la legislación arrendaticia, y que en consecuencia responden al funcionamiento libre del mercado, no serán considerados en ningún caso como cargas que detraigan valor del derecho de propiedad.

3. El suelo se tasará en la forma establecida en el texto refundido de la Ley de Suelo y en este Reglamento, según su situación y con independencia de la causa de la valoración y el instrumento legal que la motive. A tales efectos:

a) Cuando el suelo se encuentre en situación básica de rural, se estará a lo dispuesto en el Capítulo III de este Reglamento.

b) Cuando el suelo se encuentre en situación básica de urbanizado, se estará a lo dispuesto en el Capítulo IV de este Reglamento.

Este criterio será también de aplicación a los suelos destinados a infraestructuras y servicios públicos de interés general supramunicipal, tanto si estuvieran previstos por la ordenación territorial y urbanística como si fueran de nueva creación, cuya valoración se determinará según la situación básica de los terrenos en que se sitúan o por los que discurren de conformidad con lo dispuesto en el texto refundido de la Ley de Suelo y en este Reglamento.

4. Las edificaciones, construcciones e instalaciones, los sembrados y las plantaciones en suelo rural, así como el resto de elementos unidos inseparablemente al suelo, se tasarán con independencia de los terrenos, siempre

que se ajusten a la legalidad al tiempo de la valoración, en los términos establecidos en el artículo 5 de este Reglamento, sean compatibles con el uso o rendimiento considerado en la valoración del suelo y no hayan sido tenidos en cuenta en dicha valoración por su carácter de mejoras permanentes, de acuerdo con lo previsto en el artículo 18 de este Reglamento.

5. En el suelo urbanizado, las edificaciones, construcciones e instalaciones que se ajusten a la legalidad en los términos establecidos en el artículo 5 de este Reglamento, se tasarán conjuntamente con el suelo en la forma prevista por los artículos 23 y siguientes de este Reglamento. La valoración de las edificaciones o construcciones tendrá en cuenta su antigüedad y su estado de conservación. Si han quedado incursas en la situación de fuera de ordenación, su valor se reducirá en proporción al tiempo transcurrido de su vida útil.

6. De conformidad con lo dispuesto en el artículo 22.4 del texto refundido de la Ley de Suelo, la valoración de las concesiones administrativas y de los derechos reales sobre inmuebles, a los efectos de su constitución, modificación o extinción, se efectuará con arreglo a las disposiciones sobre expropiación que específicamente determinen el justiprecio de los mismos y subsidiariamente, según las normas del derecho administrativo, civil o fiscal que resulten de aplicación.

Al expropiar una finca gravada con cargas, la Administración que la efectúe podrá elegir entre fijar el justiprecio de cada uno de los derechos que concurren con el dominio, para distribuirlo entre los titulares de cada uno de ellos, o bien valorar el inmueble en su conjunto y consignar su importe en poder del órgano judicial, para que éste fije y distribuya, por el trámite de los incidentes, la proporción que corresponda a los respectivos interesados.

7. El cálculo de las indemnizaciones arrendaticias, cuando procedan de acuerdo con la legislación de expropiación forzosa, se realizará conforme a la legislación estatal siguiente:

a) En arrendamientos rústicos y aparcerías, tal y como disponen las leyes de Expropiación Forzosa y de Arrendamientos Rústicos, salvo en el caso de arrendamientos rústicos históricos, en los que el cálculo de la indemnización se efectuará conforme a su legislación propia.

b) En arrendamientos urbanos, conforme a la legislación de arrendamientos urbanos, teniendo en cuenta, en todo caso, los siguientes criterios: dificultad de sustitución del arrendamiento en condiciones análogas y especialmente la derivada de la diferencia de rentas, cuantía de los gastos de traslado por licencias, portes, nuevos contratos, etc., y valor de las mejoras realizadas en el inmueble cuando su percepción corresponda al arrendatario.

8. La valoración de los demás supuestos indemnizatorios no contemplados en el presente Reglamento se fijará de acuerdo con lo previsto en el artículo 28 del texto refundido de la Ley de Suelo.

CAPÍTULO TERCERO. VALORACIÓN EN SITUACIÓN DE SUELO RURAL

Artículo 7. *Valoración en situación de suelo rural.* 1. Cuando el suelo estuviera en situación de rural, los terrenos se valorarán mediante la capitalización de la renta anual real o potencial de la explotación calculada de acuerdo con lo previsto en el artículo 9 de este Reglamento, según su estado en el momento al que deba entenderse referida la valoración y adoptándose la que sea superior.

La capitalización de la renta, real o potencial, se realizará de acuerdo con lo dispuesto en los artículos 11 y siguientes de este Reglamento y en función de la naturaleza de la explotación.

2. Cuando no exista explotación en el suelo rural ni pueda existir dicha posibilidad, por causa de las características naturales del suelo en el momento de la valoración y, por consiguiente, no se pueda determinar una renta real o potencial, se estará a lo dispuesto en el artículo 16 de este Reglamento.

3. El valor del suelo obtenido de acuerdo con lo dispuesto en los dos apartados anteriores podrá ser corregido al alza mediante la aplicación del factor de corrección por localización al valor de capitalización, en los términos establecidos en el artículo 17 de este Reglamento.

4. Las edificaciones, construcciones e instalaciones en suelo rural, cuando deban valorarse con independencia del mismo, se tasarán de acuerdo con lo establecido en el artículo 18 de este Reglamento. Para valorar las plantaciones y sembrados preexistentes a que alude el artículo 45 de la Ley de Expropiación Forzosa se estará a lo dispuesto en el artículo 26 del Reglamento para la aplicación de la Ley 87/1978, de 28 de diciembre, sobre seguros agrarios combinados, aprobado por Real Decreto 2329/1979, de 14 de septiembre, y la Orden PRE/632/2003, de 14 de marzo, por la que se aprueba la Norma general de peritación de los daños ocasionados sobre producciones agrícolas.

5. En ninguno de los casos previstos en este artículo, podrán considerarse expectativas derivadas de la asignación de edificabilidades y usos por

la ordenación territorial o urbanística que no hayan sido aún efectivamente realizados.

Artículo 8. *Renta real y renta potencial.* 1. Se entenderá por renta real, aquella que corresponda a la explotación del suelo rural de acuerdo con su estado y actividad en el momento de la valoración, ya sea la existente, debidamente acreditada, o la atribuible de acuerdo con los cultivos y aprovechamientos efectivamente implantados sobre la base de datos estadísticamente significativos.

2. Se entenderá por renta potencial, aquella que pueda ser atribuible a la explotación del suelo rural de acuerdo con los usos y actividades más probables de que sean susceptibles los terrenos, de conformidad con la legislación y normativa que les sea de aplicación, utilizando los medios técnicos normales para su producción. Para la identificación de tales usos y actividades deberán considerarse como referentes estadísticamente significativos la existencia y viabilidad de los mismos en su ámbito territorial o, en su defecto, justificarse sobre la base de un estudio económico de viabilidad de la explotación y acreditar la obtención de los títulos habilitantes necesarios para su implantación de acuerdo con la legislación aplicable.

Artículo 9. *Cálculo de la renta de la explotación.* 1. La renta anual, real o potencial, de la explotación, que podrá estar referida al año natural o al año agrícola o de campaña, se determinará a partir de la información técnica, económica y contable de la explotación actual o potencial en suelo rural. A tal efecto, se considerará la información que sobre la renta de la explotación pueda haber sido acreditada por el propietario o el titular de la misma y, en su defecto, se considerará preferente la información procedente de estudios y publicaciones realizadas por las Administraciones Públicas competentes en la materia sobre rendimientos, precios y costes, así como de las demás variables técnico-económicas de la zona.

En este caso, la renta anual real o potencial de explotación, se determinará según la siguiente fórmula:

$$R = I - C$$

Donde:

R = Renta anual real o potencial de explotación, en euros por hectárea.

I = Ingresos anuales de la explotación, en euros por hectárea.

C = Costes anuales de la explotación, en euros por hectárea.

Cuando no haya podido determinarse la renta de acuerdo con la fórmula anterior, y siempre que en la zona exista información estadísticamente significativa sobre los cánones de arrendamiento u otras formas de compensación por el uso del suelo rural, la renta real o potencial podrá calcularse a partir de dicho canon o compensación que le corresponda al propietario. La renta real o potencial de la explotación se determinará según la siguiente fórmula:

R = CA + DM

Donde:

R = Renta anual real o potencial de explotación, en euros por hectárea.

CA = Canon de arrendamiento o compensación anual satisfechos al propietario por el uso de la tierra, en euros por hectárea.

DM = Valor anual de los derechos y mejoras atribuibles al arrendatario o usuario del suelo rural (aparcero, enfiteuta o similar), en euros por hectárea.

2. Cuando como consecuencia de las magnitudes técnicas o económicas utilizadas en el cálculo, la renta real o potencial difiera sustancialmente de los valores de rentabilidad medios de las explotaciones de su misma naturaleza, esta circunstancia deberá justificarse documentalmente.

3. A los efectos del cálculo de la renta real o potencial del apartado 1 de este artículo, se considerarán como ingresos los siguientes:

a) Los correspondientes a la venta de productos, subproductos u otros recursos o materiales de la explotación.

b) Los derivados de la prestación de los servicios de la explotación, incluidos los de naturaleza medioambiental.

c) Los obtenidos con el alquiler de las instalaciones de la explotación.

d) Las subvenciones que, con carácter estable, se otorguen a los cultivos y aprovechamientos considerados.

4. A los mismos efectos, se considerarán como costes los siguientes:

a) Las compras a terceros de materias primas destinadas a la actividad productiva de la explotación.

b) Los pagos por servicios prestados por terceros necesarios para el desarrollo de la actividad productiva de la explotación.

c) El coste total de la adquisición de los equipos, maquinaria e instalaciones de la explotación, incluyendo el valor de las amortizaciones en función de su vida útil, uso y obsolescencia, o el coste de su alquiler.

d) Los sueldos y salarios del personal laboral, incluyendo pagas extraordinarias, cargas laborales y fiscales correspondientes a la empresa, así como las indemnizaciones o suplidos por los gastos realizados por el trabajador a consecuencia de la actividad laboral.

e) El coste de la energía eléctrica, el abastecimiento de agua, la conexión a la red de comunicación y cualesquiera otros servicios de utilidad pública suministrados a la explotación.

f) Impuestos de distinta naturaleza y ámbito fijados sobre la explotación en su conjunto o sobre alguno de sus elementos.

g) Interés del capital circulante.

h) Otros costes ocasionados durante el proceso de actividad de la explotación no susceptibles de ser encuadrados en los apartados anteriores.

Artículo 10. *Clases de explotaciones rurales.* Se considerarán explotaciones en suelo rural a efectos de este Reglamento las siguientes clases:

1. Las explotaciones agropecuarias y forestales, cuya actividad comprenda la utilización del suelo rural bien para el cultivo, tanto en secano como en regadío, o el aprovechamiento ganadero o cinegético de prados y pastizales o de cotos de caza en régimen extensivo, bien para la extracción de masa forestal de los bosques naturales e implantados, con destino a la obtención de madera, corcho, celulosa o dendroenergía, o para la generación de rentas por el uso sostenible de bosques y la percepción de ingresos por las aportaciones medioambientales a la sociedad.

2. Las explotaciones extractivas, cuya actividad comprenda la extracción del suelo y subsuelo de minerales, agua, materiales destinados a la construcción, gas, petróleo y otros recursos geológicos y mineros limitados.

3. Las explotaciones comerciales, industriales, de servicios y otras, cuya actividad requiera instalaciones para su desarrollo que, no estando comprendidas en los apartados 1 y 2 del presente artículo, se destinen, entre otras, a alguna de las siguientes finalidades:

a) Intensificar la producción agropecuaria, forestal o minera, entre las que se encontrarían granjas, invernaderos, piscifactorías, viveros y otras actividades análogas.

b) Añadir valor a la producción agropecuaria, forestal o minera, como pudieran ser las instalaciones de enriquecimiento mineral, los centros logísticos de carga, mataderos, aserraderos, centrales hortofrutícolas, plantas agroenergéticas y dendroenergéticas y otras actividades análogas.

c) Generar energía en tiempo real, como las instalaciones de parques solares y eólicos y otras análogas.

d) Establecer infraestructuras para la docencia, investigación y ocio, relacionadas con el medio rural, por ejemplo, escuelas taller, centros de investigación, campos de golf, estaciones de esquí, campings, turismo rural, cotos intensivos, campos de tiro, hipódromos, canódromos y otras análogas.

Artículo 11. *Criterios generales de capitalización de la renta de la explotación.* En la capitalización de la renta real o potencial de la explotación en suelo rural se deberá considerar en todo caso un escenario ilimitado que contemple la permanencia del suelo rural. Atendiendo a las diferentes clases de explotaciones, carácter cíclico de las mismas y en atención a la naturaleza de determinados recursos que se puedan establecer, se procederá a dividir una duración ilimitada en un número determinado de duraciones limitadas como se prevé en los artículos 13, 14 y 15 de este Reglamento. La capitalización de la renta real o potencial de la explotación se realizará de acuerdo con los siguientes criterios:

a) Con carácter general, para la capitalización de la renta de la explotación se utilizará la siguiente expresión:

$V = R1 / (1 + r)1 + R2 / (1 + r)2 + \ldots + Rn / (1 + r)n =$

$\sum i=1n \rightarrow \infty \; Ri / (1 + r)i$

Donde:

V = Valor de capitalización, en euros.

R1, R2,… Rn = Renta anual de la explotación desde el primer año hasta el final de la duración ilimitada de la vida útil, en euros.

r = Tipo de capitalización.

i = Índice de suma

n = Número de años, siendo $n \rightarrow \infty$.

b) Cuando se considere una renta de la explotación, R, constante a lo largo del tiempo, la expresión del apartado anterior se transformará en:

$V = R / r$

Donde:

V = Valor de capitalización, en euros.

R = Renta anual constante de la explotación, en euros.

r = Tipo de capitalización.

Artículo 12. *Tipos de capitalización.* 1. Los tipos de capitalización que se aplicarán en la valoración en suelo rural, de acuerdo con los usos y aprovechamientos de la explotación, serán los siguientes:

a) Como tipo de capitalización aplicable con carácter general, r1, se utilizará el establecido en el apartado 1 de la Disposición adicional séptima del texto refundido de la Ley de Suelo.

b) Cuando en el suelo rural se desarrollen actividades agropecuarias o forestales, se utilizará como tipo de capitalización, r2, el resultado de multiplicar el tipo de capitalización general r1 por el coeficiente corrector establecido en la tabla del Anexo I de este Reglamento según el tipo de cultivo o aprovechamiento.

c) Cuando en el suelo rural se desarrollen actividades extractivas, comerciales, industriales y de servicios, se utilizará como tipo de capitalización, r3, el resultado de multiplicar el tipo de capitalización r1 por un coeficiente corrector que deberá ser determinado en función de la naturaleza y características de cada explotación de acuerdo con el riesgo previsible en la obtención de rentas. La determinación de este coeficiente corrector se realizará sobre la base de información objetiva proporcionada por estudios estadísticos sobre la rentabilidad esperada de cada actividad en el respectivo ámbito territorial. El valor de este coeficiente corrector no podrá ser inferior a la unidad y el resultado de su aplicación sobre el tipo de capitalización general r1, expresado en porcentaje, no podrá ser superior a ocho.

2. En caso de que, por aplicación de lo dispuesto en el apartado anterior, deban utilizarse diferentes tipos de capitalización como consecuencia del desarrollo en el suelo rural, de dos o más actividades de las comprendidas en el artículo 10 de este Reglamento, se procederá de la forma siguiente:

a) Cuando tanto los ingresos como los costes correspondientes a cada actividad sean susceptibles de separarse, se aplicará como tipo de capitalización el correspondiente a cada actividad de acuerdo con lo establecido en el apartado anterior sobre cada una de las rentas imputables a tales actividades, debiendo sumarse los valores resultantes.

b) Cuando los ingresos o los costes correspondientes a cada actividad no sean susceptibles de separarse, se aplicará sobre la renta del conjunto de las actividades desarrolladas en el suelo rural, un tipo de capitalización ponderado en razón de los costes o los ingresos imputables a cada actividad o, en su defecto, un tipo de capitalización ponderado en razón de la participación de las distintas actividades en la obtención de la renta.

Artículo 13. *Capitalización de la renta real o potencial en explotaciones agropecuarias y forestales.* La capitalización de la renta real o potencial en las explotaciones agropecuarias y forestales se realizará, en función de las estructuras de producción propias, mediante la aplicación de las siguientes expresiones:

a) Cuando se trate de una renta constante a lo largo de su vida útil ilimitada, el valor de capitalización, V, será el resultado de dividir la renta constante, R, calculada de acuerdo a lo dispuesto en el artículo 9, entre el tipo de capitalización, r_2.

b) Cuando se trate de rentas variables en el tiempo, el valor de capitalización, V, será:

$$V = R_1 / (1 + r_2)^1 + R_2 / (1 + r_2)^2 + \ldots + R_n / (1 + r_2)^n =$$
$$\sum_{i=1}^{n\to\infty} R_i / (1 + r_2)^i$$

Donde:

V = Valor de capitalización, en euros por hectárea.

R_1, R_2,... R_n = Renta variable desde el primer año hasta el final de la duración ilimitada de la vida útil, en euros por hectárea.

r_2 = Tipo de capitalización según lo establecido en el artículo 12.

n = Número de años, siendo $n\to\infty$.

c) Cuando las rentas variables evolucionen en el tiempo en ciclos periódicos, de duración k, y la valoración se realice al inicio del ciclo, el valor de capitalización, V, será:

$$V = [R_1 / (1 + r_2)^1 + R_2 / (1 + r_2)^2 + \ldots + R_k / (1 + r_2)^k] \times$$
$$[(1 + r_2)^k / (1 + r_2)^k - 1]$$

d) Cuando las rentas sean variables en los primeros años, h, y se mantengan constantes en el resto de su vida útil ilimitada, el valor de capitalización, V, será:

$$V = R_1 / (1 + r_2)^1 + R_2 / (1 + r_2)^2 + \ldots + R_h / (1 + r_2)^h +$$
$$R / r_2 \times (1 + r_2)^h$$

e) Cuando las rentas sean variables en los primeros años, l, y evolucionen de acuerdo a ciclos productivos periódicos de duración, k, el valor de capitalización, V, será:

$V = R_1 / (1 + r_2)^1 + R_2 / (1 + r_2)^2 + \ldots + R_l / (1 + r_2)^l + [R_{l+1} / (1 + r_2)^{l+1} + \ldots + R_{l+k} / (1 + r_2)^{l+k}] \times [(1 + r_2)^k / (1 + r_2)^k - 1]$

f) Cuando las rentas provengan de una explotación forestal mixta de producción maderera sostenible, generando una renta anual constante y una renta futura ubicada en períodos de tiempo igual al turno, el valor de capitalización recogerá ambas rentas, según lo establecido en las letras a) y c) de este artículo.

g) Los ingresos por retribución de los activos medioambientales, se considerarán como componente de la renta real, constantes y de vida útil ilimitada.

Artículo 14. *Capitalización de la renta real o potencial en explotaciones extractivas.* Las explotaciones extractivas se valorarán de acuerdo a los siguientes criterios:

a) Cuando se conozcan las reservas del recurso extraíble y un ritmo de extracción anual, q_1, el valor de capitalización de la renta de explotación se calculará mediante la expresión:

$V = \sum_{i=1}^{h} R_i / (1 + r_3)^i + R / r_2 \times (1 + r_2)^h$

Siendo:

V = Valor de capitalización, en euros.

R_i = Canon de extracción anual, en euros.

R = Renta anual del suelo rural con recurso agotado considerada constante, en euros.

r_3 y r_2 = Tipos de capitalización de acuerdo con el artículo 12.

h = Período de vida útil del recurso, que resulta de dividir el fondo de agotamiento del recurso, Q, entre la extracción anual, q_1. Es decir:

$h = Q / q_1$

b) Cuando no se conozcan las reservas del recurso extraíble, el valor de capitalización, V, será el resultado de dividir el canon de extracción constante, R, entre el tipo de capitalización, r_3, en suelo rural.

Artículo 15. *Capitalización de la renta real o potencial en las explotaciones comerciales, industriales y de servicios en suelo rural.* Las explotaciones comerciales, industriales y de servicios implantadas en suelo rural, se valorarán mediante la capitalización de las rentas de explotación al tipo de capitalización en suelo rural corregido, según el riesgo de cada actividad. El cálculo se realizará de la siguiente manera:

a) Para los casos en que la renta de explotación o los flujos de caja sean variables, el valor de capitalización de la renta de la explotación será:

$V = \sum i=1n \to \infty \ Ri / (1 + r3)i$

Donde:

V = Valor de capitalización, en euros.

Ri = Renta anual de la explotación, en euros.

r3 = Tipo de capitalización de acuerdo con el artículo 12.

n = Número de años, siendo $n \to \infty$.

b) Para los casos en que la renta de la explotación se produzca en un período de tiempo limitado, t, y la actividad de la explotación no sea reemplazable, el valor de capitalización de la renta de la explotación será:

$V = \sum i=1t \ Ri / (1 + r3)i + Vr / (1 + r3)t + R / r2 \times (1 + r2)t$

Donde:

V = Valor de capitalización, en euros.

Ri = Renta anual de la explotación durante los primeros años, t, en euros.

r3 y r2 = Tipos de capitalización de acuerdo con el artículo 12.

Vr = Valor de las instalaciones de la explotación en el año t, según lo establecido en el artículo 18, en euros.

R = Renta anual de la explotación futura, en euros.

Artículo 16. *Capitalización de la renta en caso de imposible explotación.* Cuando no existiera explotación en el suelo rural y tampoco pudiera existir dicha posibilidad, por causa de las características naturales del suelo en el momento de la valoración, el valor del bien se determinará capitalizando una renta teórica, R0, equivalente a la tercera parte de la renta real mínima de la tierra establecida a partir de las distintas estadísticas y estudios publicados por organismos públicos e instituciones de acuerdo con el ámbito territorial en el que se encuentre, según la siguiente expresión:

$V = R0 / r1$

Donde:

V = Valor del suelo rural en caso de imposible explotación, en euros.

R0 = Renta teórica anual del suelo rural en ausencia de explotación, en euros.

r1 = Tipo de capitalización de acuerdo con el artículo 12 de este Reglamento.

Artículo 17. *Factor de corrección por localización.* 1. La valoración final del suelo, deberá tener en cuenta la localización espacial concreta del inmueble y aplicar, cuando corresponda, un factor global de corrección al valor de capitalización, según la siguiente fórmula:

$Vf = V \times Fl$

Donde:

Vf = Valor final del suelo, en euros.

V = Valor de capitalización de la renta de la explotación, en euros.

Fl = Factor global de localización.

2. El factor global de localización, deberá obtenerse del producto de los tres factores de corrección que se mencionan a continuación y no podrá ser superior a dos.

a) Por accesibilidad a núcleos de población, u1.

b) Por accesibilidad a centros de actividad económica, u2.

c) Por ubicación en entornos de singular valor ambiental o paisajístico, u3.

En todo caso, a los efectos del cálculo del factor global de localización, cuando alguno de los tres factores de corrección no resulte de aplicación tomará como valor la unidad.

3. El factor de corrección u1, se calculará aplicando la siguiente expresión:

$u1 = 1 + [P1 + P2 / 3] \times 1 / 1.000.000$

Donde:

P1 = El número de habitantes de los núcleos de población situados a menos de 4 km de distancia medida a vuelo de pájaro, entendida como la distancia en línea recta medida sobre la proyección en un plano horizontal.

P2 = El número de habitantes de los núcleos de población situados a más de 4 km y a menos de 40 km de distancia medida a vuelo de pájaro o 50 minutos de trayecto utilizando los medios habituales de transporte y en condiciones normales.

4. Cuando el suelo rural a valorar esté próximo a centros de comunicaciones y de transporte, por la localización cercana a puertos de mar, aeropuertos, estaciones de ferrocarril, y áreas de intermodalidad, así como próximo a grandes complejos urbanizados de uso terciario, productivo o comercial relacionados con la actividad que desarrolla la explotación considerada en la valoración, el factor de corrección, u2, se calculará de acuerdo con la siguiente expresión:

$u2 = 1,6 - 0,01 \times d$

Donde:

d = La distancia kilométrica desde el inmueble objeto de la valoración utilizando las vías de transporte existentes y considerando el trayecto más favorable. Esta distancia, en ningún caso, será superior a 60 km.

5. Cuando el suelo rural a valorar esté ubicado en entornos de singular valor ambiental o paisajístico, resultará de aplicación el factor corrector u3, que se calculará de acuerdo con la siguiente expresión:

$u3 = 1,1 + 0,1 \times (p + t)$

Donde:

p = coeficiente de ponderación según la calidad ambiental o paisajística.

t = coeficiente de ponderación según el régimen de usos y actividades.

A los efectos de la aplicación del factor corrector u3, se considerarán como entornos de singular valor ambiental o paisajístico aquellos terrenos que por sus valores ambientales, culturales, históricos, arqueológicos, científicos y paisajísticos, sean objeto de protección por la legislación aplicable y, en todo caso, los espacios incluidos en la Red Natura 2000.

El coeficiente de ponderación, p, deberá determinarse sobre la base de criterios objetivos de acuerdo con los valores reconocidos a los terrenos objeto de la valoración en los instrumentos de ordenación urbanística y territorial o, en su caso, en las redes de espacios protegidos. Estará comprendido entre unos valores de 0 y 2, y atenderá a los valores y cualidades del entorno, siendo mayor cuanto mayor sea su calidad ambiental y paisajística o sus valores culturales, históricos, arqueológicos y científicos.

El coeficiente de ponderación, t, se aplicará únicamente cuando se acredite que, según los instrumentos de ordenación territorial y urbanística, en los terrenos se permite un régimen de usos y actividades diferentes a los agropecuarios o forestales que incrementan el valor. Estará comprendido entre unos valores de 0 y 7, y atenderá a la influencia del concreto régimen de usos y actividades en el incremento del valor del suelo sin consideración alguna de las expectativas urbanísticas, siendo mayor cuanto mayor sea tal influencia.

Artículo 18. *Valoración de las edificaciones, construcciones e instalaciones susceptibles de ser desvinculadas del suelo rural.* 1. La valoración de las edificaciones, construcciones e instalaciones que sean compatibles con el uso o rendimiento considerado en la valoración del suelo y no hayan sido tenidas en cuenta en dicha valoración por su carácter de mejoras permanentes entendiendo por tales aquellas que no hayan participado en modo alguno en la obtención de las rentas consideradas en la valoración ni sean susceptibles de generar rentas de explotación, se realizará aplicando la siguiente expresión:

V = VR - (VR - VF) × ß

Siendo:

V = Valor de la edificación, construcción o instalación, en euros.

VR = Valor de reposición bruto, en euros.

VF = Valor de la edificación, construcción o instalación al final de su vida útil en euros.

ß = Coeficiente corrector por antigüedad y estado de conservación.

2. El valor de reposición bruto será el resultado de sumar al valor de mercado de los elementos que integran los costes de ejecución material de la obra en la fecha a la que debe entenderse referida la valoración, los gastos generales y el beneficio industrial del constructor, el importe de los tributos que gravan la construcción, los honorarios profesionales por proyectos y dirección de las obras y otros gastos necesarios para construir una edificación, construcción o instalación de similares características utilizando tecnología y materiales de construcción actuales.

3. El valor de la edificación, construcción o instalación al final de la vida útil, se determinará de acuerdo con las características de la misma y no podrá ser superior al 10 por ciento del valor de reposición bruto.

4. El coeficiente corrector ß, por antigüedad y estado de conservación, será el recogido en la tabla que figura en el Anexo II, cuyo fundamento matemático es la siguiente expresión:

ß = 1 - [1 - (a + a2) / 2] × C

Siendo:

a = Antigüedad.

C = Coeficiente corrector según estado de conservación.

Como antigüedad se tomará el porcentaje transcurrido de la vida útil de la edificación, construcción o instalación. A tal efecto, se considerarán los años completos transcurridos desde la fecha de su construcción, reconstrucción o rehabilitación integral, hasta la fecha a la que deba entenderse referida la valoración y la vida útil se establecerá en función de las características de la edificación, construcción o instalación sin que pueda ser superior a los valores establecidos en la tabla del Anexo III.

A los efectos de la determinación de la fecha de construcción, reconstrucción o rehabilitación integral, cuando sobre la edificación, construcción o instalación se hubieran realizado obras de reforma o rehabilitación posteriores a su fecha de construcción o implantación, la fecha de antigüedad de cálculo se determinará de acuerdo con la siguiente expresión:

Fa = Fc + (Fr - Fc) × i

Siendo:

Fa = fecha de antigüedad a efectos del cálculo.

Fc = fecha de construcción o implantación.

Fr = fecha de reforma o rehabilitación

i = Coeficiente que contempla el tipo de reforma.

El Coeficiente i adoptará un valor entre 0 y 1, según el grado de reforma o rehabilitación parcial, en función del coste de las obras en relación con el total de una rehabilitación integral.

CAPÍTULO CUARTO. VALORACIÓN EN SITUACIÓN DE SUELO URBANIZADO

Artículo 19. *Valoración en situación de suelo urbanizado.* 1. Para la valoración en situación de suelo urbanizado que no esté edificado, o en el que la edificación existente o en curso de ejecución sea ilegal o se encuentre en situación de ruina física de acuerdo con lo establecido en el artículo 5, se estará a lo dispuesto en el artículo 22, ambos de este Reglamento.

2. Para la valoración en situación de suelo urbanizado edificado o en curso de edificación, se aplicará lo dispuesto en los artículos 23 y 24 de este Reglamento.

3. Para la valoración en situación de suelo urbanizado sometido a operaciones de reforma o renovación de la urbanización, se aplicará lo dispuesto en el artículo 25 de este Reglamento.

4. Para la valoración en situación de suelo urbanizado sometido a actuaciones de dotación se aplicará lo dispuesto en el artículo 26 de este Reglamento.

5. Para la valoración del suelo en el desarrollo de actuaciones de transformación urbanística sometidas al régimen de equidistribución de beneficios y cargas en las que concurran los requisitos previstos en la letra a) del apartado 1 del artículo 21 del texto refundido de la Ley de Suelo, se estará a lo dispuesto en el artículo 27 de este Reglamento.

Artículo 20. *Determinación del uso y edificabilidad de referencia del suelo urbanizado no edificado a efectos de valoración.* 1. Se considerarán como uso y edificabilidad de referencia los atribuidos a la parcela por la ordenación urbanística, incluido en su caso el de vivienda sujeta a algún régimen de protección que permita tasar su precio máximo en venta o alquiler.

2. Cuando se trate de suelo urbanizado sometido a actuaciones de reforma o renovación de la urbanización, se tomará la edificabilidad media ponderada del ámbito espacial en el que se integren.

3. Si los terrenos no tienen asignada edificabilidad o uso privado por la ordenación urbanística, se les atribuirá la edificabilidad media, así definida en el artículo siguiente, y el uso mayoritario en el ámbito espacial homogéneo en que por usos y tipologías la ordenación urbanística los haya incluido. A tales efectos, se entiende por ámbito espacial homogéneo, la zona de suelo urbanizado que, de conformidad con el correspondiente instrumento de ordenación urbanística, disponga de unos concretos parámetros jurídico-urbanísticos que permitan identificarla de manera diferenciada por usos y tipologías edificatorias con respecto a otras zonas de suelo urbanizado, y que posibilita la aplicación de una normativa propia para su desarrollo.

Artículo 21. *Edificabilidad media del ámbito espacial homogéneo.* A los efectos de lo dispuesto en el apartado tercero del artículo anterior, para determinar la edificabilidad media del ámbito espacial homogéneo se aplicará la siguiente expresión:

$EM = \sum Ei \times Si \times VRSi / VRSr / SA - SD$

Siendo:

EM = Edificabilidad media del ámbito espacial homogéneo, en metros cuadrados edificables por metro cuadrado de suelo.

Ei = Edificabilidad asignada a cada parcela i, integrada en el ámbito espacial homogéneo, en metros cuadrados edificables por metro cuadrado de suelo.

Si = Superficie de suelo de cada parcela i, en metros cuadrados.

VRSi = Valor de repercusión del suelo correspondiente al uso asignado a cada parcela i, en euros por metro cuadrado de edificación.

VRSr = Valor de repercusión del suelo correspondiente al uso de referencia adoptado por la legislación urbanística para la comparación con el resto de usos, en euros por metro cuadrado de edificación.

SA = Superficie de suelo del ámbito espacial homogéneo, en metros cuadrados.

SD = Superficie de suelo dotacional público existente en el ámbito espacial homogéneo ya afectado a su destino, en metros cuadrados.

Artículo 22. *Valoración en situación de suelo urbanizado no edificado.* 1. El valor en situación de suelo urbanizado no edificado, o si la edificación existente o en curso sea ilegal o se encuentre en situación de ruina física, se obtendrá aplicando a la edificabilidad de referencia determinada según lo dispuesto en el artículo anterior, el valor de repercusión del suelo según el uso correspondiente, de acuerdo con la siguiente expresión:

$VS = \sum Ei \times VRSi$

Siendo:

VS = Valor del suelo urbanizado no edificado, en euros por metro cuadrado de suelo.

Ei = Edificabilidad correspondiente a cada uno de los usos considerados, en metros cuadrados edificables por metro cuadrado de suelo.

VRSi = Valor de repercusión del suelo de cada uno de los usos considerados, en euros por metro cuadrado edificable.

2. Los valores de repercusión del suelo de cada uno de los usos considerados a los que hace referencia el apartado anterior, se determinarán por el método residual estático de acuerdo con la siguiente expresión:

$VRS = Vv / K - Vc$

Siendo:

VRS = Valor de repercusión del suelo en euros por metro cuadrado edificable del uso considerado.

Vv = Valor en venta del metro cuadrado de edificación del uso considerado del producto inmobiliario acabado, calculado sobre la base de un estudio de mercado estadísticamente significativo, en euros por metro cuadrado edificable.

K = Coeficiente que pondera la totalidad de los gastos generales, incluidos los de financiación, gestión y promoción, así como el beneficio empresarial normal de la actividad de promoción inmobiliaria necesaria para la materialización de la edificabilidad.

Dicho coeficiente K, que tendrá con carácter general un valor de 1,40, podrá ser reducido o aumentado de acuerdo con los siguientes criterios:

a) Podrá reducirse hasta un mínimo de 1,20 en el caso de terrenos en situación de urbanizados destinados a la construcción de viviendas unifamiliares en municipios con escasa dinámica inmobiliaria, viviendas sujetas a un régimen de protección que fije valores máximos de venta que se aparten de manera sustancial de los valores medios del mercado residencial, naves industriales u otras edificaciones vinculadas a explotaciones económicas, en razón de factores objetivos que justifiquen la reducción del componente de gastos generales como son la calidad y la tipología edificatoria, así como una menor dinámica del mercado inmobiliario en la zona.

b) Podrá aumentarse hasta un máximo de 1,50 en el caso de terrenos en situación de urbanizado destinados a promociones que en razón de factores objetivos como puedan ser, la extraordinaria localización, la fuerte dinámica inmobiliaria, la alta calidad de la tipología edificatoria, el plazo previsto de comercialización, el riesgo previsible, u otras características de la promoción, justifiquen la aplicación de un mayor componente de gastos generales.

Vc = Valor de la construcción en euros por metro cuadrado edificable del uso considerado. Será el resultado de sumar los costes de ejecución material de la obra, los gastos generales y el beneficio industrial del constructor, el importe de los tributos que gravan la construcción, los honorarios profesionales por proyectos y dirección de las obras y otros gastos necesarios para la construcción del inmueble.

Todos los valores deberán estar referidos a la fecha que corresponda según el objeto de la valoración en los términos establecidos en el apartado 2 del artículo 21 del texto refundido de la Ley de Suelo.

3. En caso de parcelas que no se encuentren completamente urbanizadas o que tengan pendiente el levantamiento de cargas o el cumplimiento de deberes para poder realizar la edificabilidad prevista, se descontarán del valor del suelo determinado según el apartado 1 anterior la totalidad de los costes y gastos pendientes, así como el beneficio empresarial derivado de la promoción, de acuerdo con la siguiente expresión:

$$VSo = VS - G \times (1 + TLR + PR)$$

Siendo:

VSo = Valor del suelo descontados los deberes y cargas pendientes, en euros.

VS = Valor del suelo urbanizado no edificado, en euros.

G = Costes de urbanización pendientes de materialización y otros deberes y cargas pendientes, en euros.

TLR = Tasa libre de riesgo en tanto por uno.

PR = Prima de riesgo en tanto por uno.

La tasa libre de riesgo, a los efectos de determinar el beneficio de la promoción en este Reglamento, será la última referencia publicada por el Banco de España del rendimiento interno en el mercado secundario de la deuda pública de plazo entre dos y seis años. En cuanto a la prima de riesgo, a los efectos de determinar el beneficio de la promoción en este Reglamento, se fijará en función de los usos y tipologías correspondientes atribuidos por la ordenación urbanística, tomando como referencia los porcentajes establecidos en el cuadro del Anexo IV de este Reglamento en función del tipo de inmueble sin que pueda ser superior al porcentaje que se determine para el coeficiente corrector K establecido en el apartado 2 anterior, incluida la propia prima de riesgo como sumando de la totalidad de los gastos generales.

4. La aplicación del método residual establecido en los apartados anteriores, no considerará otros parámetros económicos que los que puedan deducirse de la situación en el momento de la tasación. En ningún caso se considerarán las expectativas de plusvalías o alteraciones de valor que pudieran producirse en el futuro.

Artículo 23. *Valoración en situación de suelo urbanizado edificado o en curso de edificación.* Cuando se trate de suelo edificado o en curso de edificación, el valor de la tasación será el superior de los siguientes:

a) El determinado por la tasación conjunta del suelo y de la edificación existente que se ajuste a la legalidad según lo establecido en el artículo 5 de este Reglamento, por el método de comparación, aplicado exclusivamente a los usos de la edificación existente o la construcción ya realizada, de acuerdo con el artículo 24 de este Reglamento.

b) El determinado por el método residual, regulado en el artículo 22 de este Reglamento, aplicado exclusivamente al suelo, sin consideración de la edificación existente o la construcción ya realizada.

Artículo 24. *Tasación conjunta del suelo y la edificación por el método de comparación.* 1. Cuando exista un conjunto estadísticamente significativo de transacciones reales o de ofertas cuyo número sea igual o superior a seis muestras comparables, la determinación del valor del inmueble por tasación conjunta, establecida en la letra a) del artículo anterior, se realizará por el método de comparación de mercado según lo dispuesto a continuación:

La selección de comparables, que tendrá como objetivo la identificación de testigos que permitan la determinación del valor, se llevará a cabo con un grado de certidumbre suficiente para establecer el valor de sustitución en el mercado del inmueble objeto de valoración. A tal efecto, en la selección de los comparables deberán tenerse en cuenta las siguientes condiciones de semejanza o equivalencia básica:

a) Localización.

b) Uso.

c) Configuración geométrica de la parcela.

d) Tipología y parámetros urbanísticos básicos.

e) Superficie.

f) Antigüedad y estado de conservación.

g) Calidad de la edificación.

h) Gravámenes o cargas que condicionen el valor atribuible al derecho de propiedad.

i) Fecha de toma de datos del comparable.

Cuando en el conjunto de comparables seleccionadas se aprecien diferencias sustanciales entre los precios de oferta y los valores reales de mercado, podrá aplicarse un coeficiente corrector de valor comprendido entre 0,7 y 1, siempre que esta circunstancia quede debidamente justificada en la valoración.

En los casos en que no se pueda aplicar entre las condiciones de semejanza o equivalencia básica la localización, en razón del uso y destino específicos del inmueble, podrán utilizarse en la valoración, para la obtención de una muestra estadísticamente significativa, comparables sobre la base de otros criterios de identidad de razón expresa y debidamente justificados.

2. En aquellos casos en los que no existan suficientes comparables que satisfagan la totalidad de las condiciones de semejanza o equivalencia básica establecidas en el apartado anterior, podrán utilizarse técnicas de homogeneización de precios que consideren, además de los atributos relativos a la localización y demás condiciones de semejanza o equivalencia básica mencionadas, otras circunstancias que, de manera debidamente justificada, puedan producir diferencias significativas de valor.

Para realizar la homogeneización por antigüedad y estado de conservación se utilizarán los coeficientes correctores establecidos en la tabla del Anexo II de este Reglamento, aplicados en proporción al peso correspondiente del valor de la construcción respecto al valor en venta del producto inmobiliario considerado, de acuerdo con la siguiente expresión:

Vv′ = Vv × 1 - ß × F / 1 - ßi × F

Siendo:

Vv′ = Valor en venta del inmueble homogeneizado por antigüedad y estado de conservación, en euros por metro cuadrado.

Vv = Valor en venta del inmueble, en euros por metro cuadrado.

F = Factor de relación del valor estimado de las construcciones, respecto al valor total de la propiedad característico de la zona, expresado en tanto por uno.

ß = Coeficiente corrector por antigüedad y estado de conservación del inmueble objeto de valoración.

ßi = Coeficiente corrector por antigüedad y estado de conservación de la muestra.

A los efectos de la determinación del coeficiente ß, se seguirán los criterios establecidos en el apartado 4 del artículo 18 de este Reglamento.

3. Tanto la selección de comparables como la homogeneización de los precios y su consideración en la estimación del valor de mercado, deberá justificarse, expresamente, sobre la base de criterios objetivos y racionales. A tales efectos, se dará prioridad a las valoraciones determinadas en procesos estadísticos respecto a las estimaciones basadas en la experiencia de los tasadores.

Los informes técnicos de valoración deberán incluir la documentación relativa a la selección de los comparables, así como los criterios de homogeneización utilizados para su corrección. Dicha información deberá ser lo suficientemente precisa para poder justificar, de forma independiente, los valores estimados de mercado determinados en las tasaciones que, en su caso, hubieran sido realizadas por las partes.

4. El valor final del inmueble se determinará a partir de los valores en venta, corregidos u homogeneizados, en su caso, de acuerdo con lo establecido en este artículo.

Artículo 25. *Valoración en situación de suelo urbanizado sometido a operaciones de reforma o renovación de la urbanización.* El valor del suelo urbanizado sometido a operaciones de reforma o renovación de la urbanización, se determinará de acuerdo con lo establecido en el artículo 22 de este Reglamento si el suelo no se encuentra edificado o si la edificación existente o en curso de ejecución es ilegal o se encuentra en situación de ruina física, y de acuerdo con el artículo 23 de este Reglamento si el suelo se encuentra edificado o en curso de edificación. En este sentido, el método residual a que se refieren los artículos citados, considerará exclusivamente los usos y edificabilidades atribuidos por la ordenación en su situación de origen, tal como se define en el apartado 2 del artículo 20 de este Reglamento.

Los incrementos de valor del suelo urbanizado que, en su caso, sean consecuencia de las actuaciones de reforma o renovación de la urbanización, resultantes de la ordenación urbana, no formarán parte del contenido económico del derecho de propiedad, por no haber sido patrimonializados y estar condicionada su materialización al ejercicio de la acción urbanizadora.

En el supuesto de que las actuaciones de reforma o renovación de la urbanización resultantes de la ordenación urbana generen decrecimientos de valor en relación a la situación de origen, esos decrecimientos tan sólo serán objeto de indemnización si la alteración de la ordenación urbanística que los origina, se produce en los términos recogidos en la letra a) del artículo 35 del texto refundido de la Ley de Suelo.

Artículo 26. *Valoración en situación de suelo urbanizado sometido a actuaciones de dotación.* El valor de las parcelas de suelo urbanizado sometido a actuaciones de dotación se determinará mediante la aplicación de los valores de repercusión de suelo correspondientes a los usos y edificabilidades establecidas en el artículo 20.

Artículo 27. *Valoración del suelo en régimen de equidistribución de beneficios y cargas.* 1. En la ejecución de actuaciones de transformación urbanística en la que los propietarios ejercitan la facultad de participar en régimen de equitativa distribución de beneficios y cargas, y salvo existencia de acuerdo específico suscrito por la totalidad de los mismos con la finalidad de ponderar las propiedades afectadas entre sí o, en su caso, con las aportaciones del promotor de la actuación o de la Administración actuante, el suelo se tasará por el valor que les correspondería terminada la ejecución, en los términos establecidos en el artículo 22 de este Reglamento.

2. En el caso de que algún propietario no pudiera ejercitar la facultad de participar por causa de la insuficiencia de los derechos aportados para recibir una parcela edificable resultante de la actuación, su suelo se tasará por el valor

establecido en el apartado anterior, descontados los gastos de urbanización no realizados e incrementados en la tasa libre de riesgo y la prima de riesgo correspondientes a dichos gastos, conforme al apartado 3 del artículo 22 de este Reglamento.

CAPÍTULO QUINTO. INDEMNIZACIONES Y GASTOS DE URBANIZACIÓN

Artículo 28. *Indemnización de la facultad de participar en actuaciones de nueva urbanización.* 1. La indemnización de la facultad de participar en actuaciones de urbanización que proceda de conformidad con lo dispuesto en el artículo 25.1 del texto refundido de la Ley de Suelo, se determinará aplicando el porcentaje que la legislación sobre ordenación territorial y urbanística determine para la participación de la comunidad en las plusvalías urbanísticas en función del tipo de actuación de que se trate, del modo siguiente:

a) Cuando se impida el ejercicio de la facultad, sobre la diferencia entre el valor del suelo determinado por el procedimiento establecido para la valoración en suelo rural y el que le corresponda una vez urbanizado y libre de cargas.

b) Cuando se alteren las condiciones de ejercicio de la facultad por modificación de los usos del suelo o la reducción de la edificabilidad, exclusivamente, sobre la merma que correspondería al suelo, una vez urbanizado y libre de cargas.

2. En los supuestos de expropiación, venta y sustitución forzosas, no habrá lugar a indemnización de conformidad con lo dispuesto en el apartado anterior, cuando no se impida el ejercicio de la facultad a que se refiere la letra a), entendiéndose que así ocurre en los supuestos de renuncia voluntaria del propietario a participar en el proceso de urbanización, adoptada con las formalidades requeridas por la legislación urbanística aplicable, o cuando la iniciativa de la actuación de urbanización haya partido de quien no sea el propietario de los terrenos.

Artículo 29. *Indemnización de la iniciativa y promoción de actuaciones de urbanización o de edificación.* 1. La indemnización por la iniciativa y promoción de las actuaciones de urbanización y edificación que proceda de conformidad con lo dispuesto en el artículo 26.1 del texto refundido de la Ley de Suelo, se determinará por la suma de los siguientes costes:

a) Los costes de los proyectos técnicos de ordenación y ejecución que, en su caso, se hubieran elaborado.

b) Los costes relativos a la constitución de la operación financiera, de gestión y promoción.

c) Los costes correspondientes a las obras preparatorias que, en su caso, se hubieran acometido con anterioridad al inicio de las actuaciones.

d) Las indemnizaciones pagadas.

e) Los tributos relacionados con dichas actuaciones.

Se considerarán todos estos costes siempre que fueran necesarios para legitimar el desarrollo de la actuación, se justifiquen expresamente y se cuantifiquen de manera objetiva, incrementados todos ellos en la tasa libre de riesgo y la prima de riesgo correspondientes, conforme a lo establecido en el apartado 3 del artículo 22 de este Reglamento. En cualquier caso, la suma de todos estos costes no podrá superar el resultado de multiplicar el coeficiente K por el valor de la construcción, Vc, definidos en el apartado 2 del artículo 22 de este Reglamento.

2. La indemnización por la iniciativa y promoción de las actuaciones de urbanización y edificación que proceda de conformidad con lo dispuesto en el artículo 26.2 del texto refundido de la Ley de Suelo se determinará por el mayor de los valores resultantes siguientes:

a) El valor de la indemnización de la facultad de participar en actuaciones de nueva urbanización establecida en el artículo 28 de este Reglamento.

b) El valor de la indemnización prevista en el apartado 1.

c) El valor de la actuación calculado en proporción a su grado de ejecución.

3. El valor de la actuación calculado en proporción a su grado de ejecución a que se refiere la letra c) del apartado 2 de este artículo se determinará de acuerdo con las siguientes reglas:

a) El grado de ejecución de la actuación se ponderará con un coeficiente entre 0 y 1, en función de la proporción de los costes de construcción por contrata de la obra ejecutada, según certificación expedida por la dirección facultativa, con relación a la previsión total de los mismos.

b) Cuando la disposición, acto o hecho que motiva la valoración impidiera la terminación de la actuación, el coeficiente anterior se multiplicará por la diferencia existente entre el valor del suelo en su situación de origen y el valor que le correspondería si estuviera terminada la actuación.

La situación de origen se corresponde con la del suelo rural para el caso de actuaciones de nueva urbanización o con la determinada en el artículo 25 de este Reglamento para el supuesto de actuaciones de reforma, renovación urbana o edificación en suelo urbanizado.

c) Cuando la disposición, acto o hecho que motiva la valoración solo altere las condiciones de ejecución de la actuación sin impedir su terminación, el coeficiente determinado en la letra a) anterior se multiplicará por la merma provocada en el valor del suelo con referencia al que le hubiera correspondido si se hubiera culminado la misma.

ANEXO I. COEFICIENTES CORRECTORES DEL TIPO DE CAPITALIZACIÓN EN EXPLOTACIONES AGROPECUARIAS Y FORESTALES

Tipo de cultivo o aprovechamiento	Coeficiente corrector
Tierras labor secano y explotaciones cinegéticas extensivas	0,49
Tierras labor regadío	0,78
Hortalizas aire libre	0,78
Cultivos protegidos regadío	0,78
Frutales cítricos	0,61
Frutales no cítricos	0,72
Viñedo	0,59
Olivar	0,43
Platanera	0,75
Prados naturales secano	0,39
Prados naturales regadío	0,39
Pastizales	0,51
Otras explotaciones agropecuarias	0,64
Explotaciones forestales	0,58

ANEXO II. COEFICIENTE CORRECTOR POR ANTIGÜEDAD Y ESTADO DE CONSERVACIÓN

estado de conserva-ción	normal	regular	deficiente	ruinoso	estado de conserva-ción	normal	regular	deficiente	ruinoso
antigüedad					**antigüedad**				
0%	0,0000	0,1500	0,5000	1,0000	**51%**	0,3851	0,4773	0,6925	1,0000
1%	0,0051	0,1543	0,5025	1,0000	**52%**	0,3952	0,4859	0,6976	1,0000
2%	0,0102	0,1587	0,5051	1,0000	**53%**	0,4055	0,4946	0,7027	1,0000
3%	0,0155	0,1631	0,5077	1,0000	**54%**	0,4158	0,5034	0,7079	1,0000
4%	0,0208	0,1677	0,5104	1,0000	**55%**	0,4263	0,5123	0,7131	1,0000
5%	0,0263	0,1723	0,5131	1,0000	**56%**	0,4368	0,5213	0,7184	1,0000
6%	0,0318	0,1770	0,5159	1,0000	**57%**	0,4475	0,5303	0,7237	1,0000
7%	0,0375	0,1818	0,5187	1,0000	**58%**	0,4582	0,5395	0,7291	1,0000
8%	0,0432	0,1867	0,5216	1,0000	**59%**	0,4691	0,5487	0,7345	1,0000
9%	0,0491	0,1917	0,5245	1,0000	**60%**	0,4800	0,5580	0,7400	1,0000
10%	0,0550	0,1968	0,5275	1,0000	**61%**	0,4911	0,5674	0,7455	1,0000
11%	0,0611	0,2019	0,5305	1,0000	**62%**	0,5022	0,5769	0,7511	1,0000
12%	0,0672	0,2071	0,5336	1,0000	**63%**	0,5135	0,5864	0,7567	1,0000
13%	0,0735	0,2124	0,5367	1,0000	**64%**	0,5248	0,5961	0,7624	1,0000
14%	0,0798	0,2178	0,5399	1,0000	**65%**	0,5363	0,6058	0,7681	1,0000
15%	0,0863	0,2233	0,5431	1,0000	**66%**	0,5478	0,6156	0,7739	1,0000
16%	0,0928	0,2289	0,5464	1,0000	**67%**	0,5595	0,6255	0,7797	1,0000
17%	0,0995	0,2345	0,5497	1,0000	**68%**	0,5712	0,6355	0,7856	1,0000
18%	0,1062	0,2403	0,5531	1,0000	**69%**	0,5831	0,6456	0,7915	1,0000
19%	0,1131	0,2461	0,5565	1,0000	**70%**	0,5950	0,6558	0,7975	1,0000
20%	0,1200	0,2520	0,5600	1,0000	**71%**	0,6071	0,6660	0,8035	1,0000
21%	0,1271	0,2580	0,5635	1,0000	**72%**	0,6192	0,6763	0,8096	1,0000
22%	0,1342	0,2641	0,5671	1,0000	**73%**	0,6315	0,6867	0,8157	1,0000
23%	0,1415	0,2702	0,5707	1,0000	**74%**	0,6438	0,6972	0,8219	1,0000
24%	0,1488	0,2765	0,5744	1,0000	**75%**	0,6563	0,7078	0,8281	1,0000
25%	0,1563	0,2828	0,5781	1,0000	**76%**	0,6688	0,7185	0,8344	1,0000
26%	0,1638	0,2892	0,5819	1,0000	**77%**	0,6815	0,7292	0,8407	1,0000
27%	0,1715	0,2957	0,5857	1,0000	**78%**	0,6942	0,7401	0,8471	1,0000
28%	0,1792	0,3023	0,5896	1,0000	**79%**	0,7071	0,7510	0,8535	1,0000
29%	0,1871	0,3090	0,5935	1,0000	**80%**	0,7200	0,7620	0,8600	1,0000

30%	0,1950	0,3158	0,5975	1,0000	**81%**	0,7331	0,7731	0,8665	1,0000
31%	0,2031	0,3226	0,6015	1,0000	**82%**	0,7462	0,7843	0,8731	1,0000
32%	0,2112	0,3295	0,6056	1,0000	**83%**	0,7595	0,7955	0,8797	1,0000
33%	0,2195	0,3365	0,6097	1,0000	**84%**	0,7728	0,8069	0,8864	1,0000
34%	0,2278	0,3436	0,6139	1,0000	**85%**	0,7863	0,8183	0,8931	1,0000
35%	0,2363	0,3508	0,6181	1,0000	**86%**	0,7998	0,8298	0,8999	1,0000
36%	0,2448	0,3581	0,6224	1,0000	**87%**	0,8135	0,8414	0,9067	1,0000
37%	0,2535	0,3654	0,6267	1,0000	**88%**	0,8272	0,8531	0,9136	1,0000
38%	0,2622	0,3729	0,6311	1,0000	**89%**	0,8411	0,8649	0,9205	1,0000
39%	0,2711	0,3804	0,6355	1,0000	**90%**	0,8550	0,8768	0,9275	1,0000
40%	0,2800	0,3880	0,6400	1,0000	**91%**	0,8691	0,8887	0,9345	1,0000
41%	0,2891	0,3957	0,6445	1,0000	**92%**	0,8832	0,9007	0,9416	1,0000
42%	0,2982	0,4035	0,6491	1,0000	**93%**	0,8975	0,9128	0,9487	1,0000
43%	0,3075	0,4113	0,6537	1,0000	**94%**	0,9118	0,9250	0,9559	1,0000
44%	0,3168	0,4193	0,6584	1,0000	**95%**	0,9263	0,9373	0,9631	1,0000
45%	0,3263	0,4273	0,6631	1,0000	**96%**	0,9408	0,9497	0,9704	1,0000
46%	0,3358	0,4354	0,6679	1,0000	**97%**	0,9555	0,9621	0,9777	1,0000
47%	0,3455	0,4436	0,6727	1,0000	**98%**	0,9702	0,9747	0,9851	1,0000
48%	0,3552	0,4519	0,6776	1,0000	**99%**	0,9851	0,9873	0,9925	1,0000
49%	0,3651	0,4603	0,6825	1,0000	**100%**	1,0000	1,0000	1,0000	1,0000
50%	0,3750	0,4688	0,6875	1,0000					

El estado de conservación de las edificaciones, construcciones e instalaciones se determinará de acuerdo con los siguientes criterios:

a) Normal: Cuando a pesar de su edad, cualquiera que fuera ésta, no necesiten reparaciones importantes.

b) Regular: Cuando presenten defectos permanentes, sin que comprometan las normales condiciones de habitabilidad y estabilidad.

c) Deficiente: Cuando precisen reparaciones de relativa importancia, comprometiendo las normales condiciones de habitabilidad y estabilidad.

e) Ruinoso: Cuando se trate de edificaciones, construcciones o instalaciones manifiestamente inhabitables o declaradas legalmente en ruina.

ANEXO III. VIDA ÚTIL MÁXIMA DE EDIFICACIONES, CONSTRUCCIONES E INSTALACIONES

	Vida útil máxima (años)
Edificaciones y construcciones:	
Edificios de uso residencial	100
Edificios de oficinas y administrativos	75
Edificios comerciales y de servicios	50
Edificios industriales y almacenes	35
Casetas, cobertizos, tinglados, barracones y similares de construcción liviana fija	30
Viales, patios pavimentados, aparcamientos al aire libre y similares	40
Pozos	75
Infraestructuras de transporte sobre raíles, carriles y cable	50
Parques	20
Vallado:	
Madera	10
Alambre	20
Otros	40
Instalaciones:	
Instalaciones eléctricas	25
Instalaciones de almacenamiento, tratamiento y distribución de fluidos	35
Otras instalaciones	20

ANEXO IV. PRIMAS DE RIESGO

Para la determinación de las primas de riesgo a las que se refiere el apartado 3 del artículo 22 de este Reglamento, se utilizarán como referencia los siguientes porcentajes en función del tipo de inmueble:

Tipo de inmueble	Porcentaje
Edificio de uso residencial (primera residencia)	8
Edificio de uso residencial (segunda residencia)	12
Edificio de oficinas	10
Edificios comerciales	12
Edificios industriales	14
Plazas de aparcamiento	9
Hoteles	11
Residencias de estudiantes y de la tercera edad	12
Otros	12

En el caso de edificios destinados a varios usos la prima de riesgo de referencia se obtendrá ponderando las primas de riesgo señaladas anteriormente en función de la superficie destinada a cada uno de los usos.

B) LEGISLACIÓN SUPLETORIA

6. Texto Refundido de la Ley sobre Régimen del Suelo y Ordenación Urbana, aprobado por Real Decreto 1346/1976, de 9 de abril[1]

(BOE núms. 144 y 145, de 16 y 17 de junio de 1976)

TÍTULO PRELIMINAR. FINALIDADES Y CAMPO DE APLICACIÓN DE LA LEY

Artículo 1. Es objeto de la presente Ley la ordenación urbanística en todo el territorio nacional.

Artículo 2. La actividad urbanística se referirá a los siguientes aspectos:

a) Planeamiento urbanístico.

b) Régimen urbanístico del suelo.

c) Ejecución de las urbanizaciones

d) Fomento e intervención del ejercicio de las facultades dominicales relativas al uso del suelo y edificación.

1 La Sentencia del Tribunal Constitucional 61/1997, de 20 de marzo, declaró la inconstitucionalidad y nulidad del apartado primero de la disposición derogatoria única del Texto Refundido de la Ley sobre Régimen del Suelo y Ordenación Urbana, aprobado por Real Decreto Legislativo 1/1992, de 26 de junio, en el inciso, en concreto, en el que se derogaba el Real Decreto 1.346/1976, de 9 de abril, aprobatorio del Texto Refundido de la Ley sobre Régimen del Suelo y Ordenación Urbana. De esta forma, el presente cuerpo normativo se halla vigente en cuanto legislación estatal supletoria del Derecho autonómico (a excepción de las Ciudades de Ceuta y Melilla y de aquellas Comunidades Autónomas que hubieran previsto de forma expresa su no aplicación en su ámbito territorial), salvo en aquellos de sus preceptos incompatibles y, por ende, derogados por la Ley 6/1998, de 13 de abril, sobre Régimen de Suelo y Valoraciones, el Texto Refundido de la Ley sobre Régimen del Suelo y Ordenación Urbana, aprobado por Real Decreto Legislativo 1/1992, de 26 de junio, la Ley 8/2007, de 28 de mayo, de Suelo, o el actualmente vigente Texto Refundido de la Ley de Suelo, aprobado por Real Decreto Legislativo 2/2008, de 20 de junio. Ténganse en cuenta, por otra parte, los preceptos concordantes de los Reglamentos —recogidos *infra*— de Planeamiento, de Gestión Urbanística, de Disciplina Urbanística, de Edificación Forzosa y Registro Municipal de Solares, y de Reparcelaciones del suelo afectado por Planes de Ordenación Urbana; así como de los Reales Decretos Leyes 3/1980, de 14 de marzo, sobre creación de suelo y agilización de la gestión urbanística, y 16/1981, de 16 de octubre, de adaptación de Planes Generales de Ordenación Urbana.

Artículo 3. 1. La competencia urbanística concerniente al planeamiento comprenderá las siguientes facultades:

a) *Redactar un Plan Nacional de Ordenación*[2].

b) Formar Planes Directores Territoriales de Coordinación, Planes Generales Municipales, Normas Complementarias y Subsidiarias del Planeamiento.

c) Emplazar los centros de producción y de residencia del modo conveniente para la mejor distribución de la población española en el territorio nacional.

d) Dividir el territorio municipal en áreas de suelo urbano, urbanizable y no urbanizable[3].

e) Establecer zonas distintas de utilización según la densidad de la población que haya de habitarlas, porcentaje de terreno que pueda ser ocupado por construcciones, volumen, forma, número de plantas, clase y destino de los edificios, con sujeción a ordenaciones generales uniformes para cada especie de los mismos en toda la zona.

f) Formular el trazado de las vías públicas y medios de comunicación.

g) Establecer espacios libres para parques y jardines públicos en proporción adecuada a las necesidades colectivas, en los términos establecidos en la presente Ley.

h) Señalar el emplazamiento y características de los centros y servicios de interés público y social, centros docentes, aeropuertos y lugares análogos.

i) Determinar la configuración y dimensiones de las parcelas edificables.

j) Limitar el uso del suelo y de las edificaciones.

k) Orientar la composición arquitectónica de las edificaciones y regular, en los casos que fuera necesario, sus características estéticas.

2. La competencia urbanística en orden al régimen del suelo comprenderá las siguientes funciones:

[2] La Sentencia del Tribunal Constitucional 61/1997, de 20 de marzo, en su fundamento jurídico núm. 22, declaró que «el Plan Nacional de Ordenación invade la competencia exclusiva de las Comunidades Autónomas sobre ordenación del territorio y urbanismo (...), sin perjuicio de que no cabe negar la legitimidad de que el Estado planifique territorialmente el ejercicio de sus competenciales sectoriales haciendo uso de los instrumentos que estime idóneos, así como que igualmente pueda (...) establecer las adecuadas fórmulas de coordinación (...).»

[3] Véase *supra* el artículo 12 del Texto Refundido de la Ley de Suelo, aprobado por Real Decreto Legislativo 2/2008, de 20 de junio.

a) Procurar que el suelo se utilice en congruencia con la utilidad pública y la función social de la propiedad.

b) Impedir la desigual atribución de los beneficios y cargas del planeamiento entre los propietarios afectados e imponer la justa distribución de los mismos[4].

c) Regular el mercado de terrenos como garantía de la subordinación natural de los mismos a los fines de la edificación y de la vivienda.

d) Afectar el aumento de valor del suelo originado por el planeamiento al pago de los gastos de urbanización.

e) Asegurar el uso racional del suelo en cuanto al mantenimiento de una densidad adecuada al bienestar de la población.

f) Adquirir terrenos y construcciones para constituir patrimonios de suelo.

3. La competencia urbanística en lo que atañe a la ejecución de la urbanización confiere las siguientes facultades:

a) Encauzar, dirigir, realizar, conceder y fiscalizar la ejecución de las obras de urbanización.

b) Expropiar los terrenos y construcciones necesarios para efectuar las obras y cuantos convengan a la economía de la urbanización proyectada.

4. La competencia urbanística en orden al fomento e intervención en el ejercicio de las facultades dominicales relativas al uso del suelo y edificación comprenderá las siguientes facultades:

a) Ceder terrenos edificables y derechos de superficie sobre los mismos.

b) Intervenir la parcelación.

c) Exigir a los propietarios que edifiquen en plazos determinados.

d) Imponer la enajenación cuando no se edificaren en el tiempo o forma previstos.

e) Prohibir los usos que no se ajustaren a los Planes.

f) Intervenir en la construcción y uso de las fincas.

g) Promover la posibilidad de que se faciliten a los propietarios los medios precisos para cumplir las obligaciones impuestas por esta Ley.

5. Las mencionadas facultades tendrán carácter enunciativo y no limitativo, y la competencia urbanística comprenderá cuantas otras fueren congruentes con la misma, para ser ejercidas con arreglo a la presente Ley.

4 Véase *supra* el artículo 8.1.c) del Texto Refundido de la Ley de Suelo, aprobado por Real Decreto Legislativo 2/2008, de 20 de junio.

Artículo 4. 1. La gestión urbanística podrá encomendarse a Órganos de carácter público, a la iniciativa privada y a Entidades mixtas.

2. La gestión pública suscitará, en la medida más amplia posible, la iniciativa privada y la sustituirá, cuando ésta no alcanzare a cumplir los objetivos necesarios con las compensaciones que esta Ley establece. En la formulación, tramitación y gestión del planeamiento urbanístico, los Órganos competentes deberán asegurar la mayor participación de los interesados y en particular los derechos de iniciativa e información por parte de las Corporaciones, Asociaciones y particulares[5].

Artículo 5. 1. Sin perjuicio de la competencia que la presente Ley atribuye al Consejo de Ministros, la actividad urbanística se desarrollará bajo la dirección del Ministerio de *la Vivienda*.

2. Funcionarán en dicho Departamento ministerial la *Comisión Central de Urbanismo*, la Dirección General de *Urbanismo*, las *Comisiones provinciales de Urbanismo* y los demás Organismos y Entidades que integran la Administración urbanística del Estado.

3. Los *citados Órganos especiales* coordinarán sus respectivas atribuciones con las correspondientes a los distintos Ministerios.

4. Los Órganos urbanísticos fomentarán la acción de las Corporaciones Locales, cooperarán al ejercicio de la competencia que les confiere la Ley de Régimen Local y se subrogarán en ella cuando no la ejercieren adecuadamente o su cometido exceda de sus posibilidades.

TÍTULO PRIMERO. PLANEAMIENTO URBANÍSTICO DEL TERRITORIO[6]

CAPÍTULO PRIMERO. CLASES DE PLANES DE ORDENACIÓN

Artículo 6. 1. El planeamiento urbanístico del territorio nacional se desarrollará a través de un *Plan Nacional de Ordenación* y de Planes Directores

5 Véanse *supra* los artículos 3.2.c) y 6 del Texto Refundido de la Ley de Suelo, aprobado por Real Decreto Legislativo 2/2008, de 20 de junio.

6 Véase *infra* el Reglamento de Planeamiento para el desarrollo y aplicación de la Ley sobre Régimen del Suelo y Ordenación Urbana, aprobado por Real Decreto 2159/1978, de 23 de junio.

Territoriales de Coordinación, Planes Generales Municipales y Normas Complementarias y Subsidiarias del Planeamiento.

2. Los Planes Directores Territoriales de Coordinación podrán tener ámbito supraprovincial, provincial o comarcal.

3. Los Planes Generales Municipales se desarrollarán, según los casos, en Planes Parciales, Planes Especiales, Programas de Actuación Urbanística y Estudios de Detalle.

Artículo 7. *El Plan Nacional de Ordenación determinará las grandes directrices de ordenación del territorio, en coordinación con la planificación económica y social para el mayor bienestar de la población*[7].

Artículo 8. 1. Los Planes Directores Territoriales de Coordinación establecerán, de conformidad con los principios del *Plan Nacional de Ordenación*[8] y de la planificación económica y social y las exigencias del desarrollo regional, las directrices para la ordenación del territorio, el marco físico en que han de desarrollarse las previsiones del Plan y el modelo territorial en que han de coordinarse los Planes y Normas a que afecte.

2. Los Planes contendrán las siguientes determinaciones:

a) El esquema para la distribución geográfica de los usos y actividades a que debe destinarse prioritariamente el suelo afectado.

b) El señalamiento de las áreas en que se hayan de establecer limitaciones por exigencias de la defensa nacional, teniendo en cuenta la legislación específica en la materia, o por razones de interés público.

c) Las medidas de protección a adoptar en orden a la conservación del suelo, de los demás recursos naturales y a la defensa, mejora, desarrollo o renovación del medio ambiente natural y del patrimonio histórico-artístico.

d) El señalamiento y localización de las infraestructuras básicas relativas a las comunicaciones terrestres, marítimas y aéreas, al abastecimiento de agua, saneamiento, suministro de energía y otras análogas.

3. Los Planes Directores Territoriales de Coordinación comprenderán los estudios que justifiquen la elección del modelo territorial, los planos, normas

[7] Véase la nota al artículo 3.1.a) del presente Texto Refundido.

[8] Véase la nota al artículo 3.1.a) del presente Texto Refundido.

y programas que requiera su realización y las bases técnicas y económicas para el desarrollo y ejecución del propio Plan.

Artículo 9. 1. Las determinaciones de los Planes Directores Territoriales de Coordinación vincularán a la Administración y a los particulares. Las acciones previstas en los mismos se llevarán a cabo por cada uno de los Departamentos ministeriales afectados en las materias de sus respectivas competencias, con arreglo a las prescripciones establecidas en el Decreto de su aprobación.

2. Las Corporaciones Locales cuyo territorio esté afectado, total o parcialmente, por un Plan Director Territorial de Coordinación, sin perjuicio de la inmediata entrada en vigor de éste, deberán promover en el plazo máximo de un año la correspondiente acomodación a sus determinaciones, mediante la oportuna revisión de sus respectivos Planes Generales Municipales de Ordenación. En igual sentido se procederá a la acomodación de las Normas Complementarias o Subsidiarias del Planeamiento.

Artículo 10. 1. Los Planes Generales Municipales de Ordenación, como instrumento de ordenación integral del territorio, abarcarán uno o varios términos municipales completos y clasificarán el suelo para el establecimiento del régimen jurídico correspondiente; definirán los elementos fundamentales de la estructura general adoptada para la ordenación urbanística del territorio y establecerán el programa para su desarrollo y ejecución, así como el plazo mínimo de su vigencia.

2. Cuando existan Planes Directores Territoriales de Coordinación, los Planes Generales Municipales deberán redactarse teniendo en cuenta las determinaciones y directrices establecidas en aquéllos de forma coordinada con las previsiones de la planificación económica y social.

Artículo 11. 1. Los Planes Generales Municipales tienen por objeto específico, en el suelo urbano, completar su ordenación mediante la regulación detallada del uso de los terrenos y de la edificación; señalar la renovación o reforma interior que resultare procedente; definir aquellas partes de la estructura general del Plan correspondiente a esta clase de terrenos y proponer los programas y medidas concretas de actuación para su ejecución.

2. Los Planes Generales Municipales tienen por objeto específico, en el suelo urbanizable, definir los elementos fundamentales de la estructura general

de la ordenación urbanística del territorio; establecer, según sus categorías, una regulación genérica de los diferentes usos globales y niveles de intensidad y fijar los programas de desarrollo a corto y medio plazo, referidos a un conjunto de actuaciones públicas y privadas.

Asimismo regularán la forma y condiciones con que podrán incorporarse al desarrollo urbano actuaciones no programadas mediante los correspondientes Programas de Actuación Urbanística para la realización de unidades urbanísticas integradas.

3. Los Planes Generales Municipales tienen por objeto específico, en el suelo no urbanizable, preservar dicho suelo del proceso de desarrollo urbano y establecer, en su caso, medidas de protección del territorio y del paisaje.

Artículo 12. 1. Los Planes Generales Municipales de Ordenación contendrán las siguientes determinaciones de carácter general:

a) Clasificación del suelo con expresión de las superficies asignadas a cada uno de los tipos y categorías de suelo adoptados.

b) Estructura general y orgánica del territorio, integrada por los elementos determinantes del desarrollo urbano y, en particular, los sistemas generales de comunicación y sus zonas de protección, los espacios libres destinados a parques públicos y zonas verdes en proporción no inferior a cinco metros cuadrados por habitante y el equipamiento comunitario y para centros públicos.

c) Programación en dos etapas de cuatro años del desarrollo del Plan en orden a coordinar las actuaciones e inversiones públicas y privadas, y de acuerdo con los planes y programas de los distintos Departamentos ministeriales.

d) Medidas para la protección del medio ambiente, conservación de la naturaleza y defensa del paisaje, elementos naturales y conjuntos urbanos e histórico-artísticos, de conformidad, en su caso, con la legislación específica que sea de aplicación en cada supuesto.

e) Señalamiento de las circunstancias con arreglo a las cuales sea procedente, en su momento, la revisión del Plan, en función de la población total y su índice de crecimiento, recursos, usos e intensidad de ocupación, y demás elementos que justificaron la clasificación del suelo inicialmente adoptada.

2. Además de las determinaciones de carácter general, los Planes Generales deberán contener las siguientes:

2.1. En suelo urbano:

a) Delimitación de su perímetro con señalamiento, en su caso, del ámbito de las operaciones de reforma interior que se estimen necesarias.

b) Asignación de unos pormenorizados correspondientes a las diferentes zonas.

c) Delimitación de los espacios libres y zonas verdes destinados a parques y jardines públicos y zonas deportivas de recreo y expansión.

d) Emplazamientos reservados para templos, centros docentes, públicos y privados, asistenciales y sanitarios, y demás servicios de interés público y social.

e) Trazado y características de la red viaria y previsión de aparcamientos con señalamiento de alineaciones y rasantes para la totalidad o parte de este suelo.

f) Reglamentación detallada, del uso pormenorizado, volumen y condiciones higiénico-sanitarias de los terrenos y construcciones, así como de las características estéticas de la ordenación, de la edificación y de su entorno.

g) Características y trazado de las galerías y redes de abastecimiento de agua, alcantarillado, energía eléctrica y de aquellos otros servicios que, en su caso, prevea el Plan.

h) Evaluación económica de la implantación de los servicios y de la ejecución de las obras de urbanización.

En estas determinaciones se expresará las que conserven, modifiquen y perfeccionen la ordenación existente. Las dotaciones de los apartados c) y d) se establecerán en función de las características socioeconómicas de la población y de acuerdo, en todo caso, con la legislación específica sobre la materia.

2.2. En suelo urbanizable programado:

a) Desarrollo de los sistemas de la estructura general de ordenación urbanística del territorio, con la precisión suficiente para permitir la redacción de Planes Parciales.

b) Fijación del aprovechamiento medio de la superficie total y en su caso, por sectores en función de las intensidades y usos globales señalados a los terrenos no destinados a viales, parques y jardines públicos y demás servicios y dotaciones de interés general, homogeneizados según sus valores relativos.

c) Trazados de las redes fundamentales de abastecimiento de agua, alcantarillado, energía eléctrica, servicio telefónico y demás servicios que, en su caso, prevea el Plan.

d) División del territorio en sectores para el desarrollo en Planes Parciales.

El contenido del Plan General incorporará a esta categoría de suelo las determinaciones de Plan General contenidas, en su caso, en los Planes Parciales que respete.

2.3. En suelo urbanizable no programado:

a) Señalamiento de usos incompatibles con los previstos en las distintas clases de suelo y con la estructura general.

b) Establecimiento de las características técnicas y de las magnitudes mínimas que han de reunir las actuaciones en esta categoría de suelo, en función de los distintos usos, y las dotaciones, servicios y equipamientos que les correspondan.

2.4. En el suelo no urbanizable el Plan general establecerá las medidas y condiciones que sean precisas para la conservación y protección de todos y cada uno de sus elementos naturales, bien sea suelo, flora, fauna o paisaje, a fin de evitar su degradación, y de las edificaciones y paisajes que por sus características especiales lo aconsejen, con el ámbito de aplicación que en cada caso sea necesario.

3. Las determinaciones a que hace referencia en este artículo se desarrollarán en los siguientes documentos, cuyo contenido y normas se fijarán reglamentariamente:

a) Memoria y estudios complementarios.

b) Planos de información y de ordenación urbanística del territorio.

c) Normas urbanísticas.

d) Programa de actuación.

e) Estudio económico y financiero[9].

Artículo 13. 1. Los Planes Parciales de Ordenación tienen por objeto, en el suelo clasificado como urbanizable programado, desarrollar, mediante la ordenación detallada de una parte de su ámbito territorial, el Plan General y, en su caso, las Normas Complementarias y Subsidiarias del Planeamiento; y en el suelo clasificado como urbanizable no programado, el desarrollo de los Programas de Actuación Urbanística.

[9] Véase *supra* la Disposición transitoria 2ª del Texto Refundido de la Ley de Suelo, aprobado por Real Decreto Legislativo 2/2008, de 20 de junio.

No podrán redactarse Planes Parciales sin Plan General previo o Normas Complementarias y Subsidiarias del Planeamiento, y en ningún caso podrán modificar las determinaciones de uno y otras.

2. Sin perjuicio de lo dispuesto en el artículo 75, los Planes Parciales de Ordenación contendrán estas determinaciones:

a) Asignación de usos pormenorizados y delimitación de las zonas en que se divide el territorio planeado por razón de aquéllos y, en su caso, la división en polígonos o unidades de actuación.

b) Señalamiento de reservas de terrenos para parques y jardines públicos, zonas deportivas públicas y de recreo y expansión, en proporción adecuada a las necesidades colectivas. La superficie destinada a dichas reservas será como mínimo de 18 metros cuadrados por vivienda o por cada 100 metros cuadrados de edificación residencial si no se hubiera fijado expresamente el número de viviendas que se pudieran construir. Esta reserva no podrá ser inferior al 10 por 100 de la total superficie ordenada, cualquiera que sea el uso a que se destinen los terrenos y la edificación, y habrá de establecerse con independencia de las superficies destinadas en el Plan General a espacios libres o zonas verdes para parques urbanos públicos.

c) Fijación de reservas de terrenos para centros culturales y docentes públicos y privados en la proporción mínima de 10 metros cuadrados por vivienda o por cada 100 metros cuadrados de edificación residencial si no se hubiere determinado expresamente el número de viviendas que se pudieran construir, agrupados según los módulos necesarios para formar unidades escolares completas.

d) Emplazamientos reservados para templos, centros asistenciales y sanitarios y demás servicios de interés público y social.

e) Trazado y características de la red de comunicaciones propias del sector y de su enlace con el sistema general de comunicaciones previsto en el Plan General de Ordenación, con señalamiento de alineaciones, rasantes y zonas de protección de toda la red viaria, y previsión de aparcamientos en la proporción mínima de una plaza por cada 100 metros cuadrados de edificación.

f) Características y trazado de las galerías y redes de abastecimiento de agua, alcantarillado, energía eléctrica y de aquellos otros servicios que, en su caso, prevea el Plan.

g) Evaluación económica de la implantación de los servicios y de la ejecución de las obras de urbanización.

h) Plan de etapas para la ejecución de las obras de urbanización y, en su caso, de la edificación.

3. Los Planes Parciales comprenderán los planos de información, incluido el catastral, y los estudios justificativos de sus determinaciones, así como los planos de proyecto, determinación de los servicios y ordenanzas reguladoras necesarias para su ejecución, y, en su caso, los que se fijen reglamentariamente.

Los niveles correspondientes a las reservas de suelo establecidas en el apartado d); las relaciones entre éstas y las correspondientes a los apartados b) y c), y la graduación de ambas, en las distintas unidades de población, se fijarán reglamentariamente.

Artículo 14. 1. Los Estudios de Detalle podrán formularse cuando fuere preciso para completar o, en su caso, adaptar determinaciones establecidas en los Planes Generales para el suelo urbano y en los Planes Parciales.

2. Su contenido tendrá por finalidad prever o reajustar, según los casos:

a) El señalamiento de alineaciones y rasantes; y/o

b) La ordenación de los volúmenes de acuerdo con las especificaciones del Plan.

3. Los Estudios de Detalle mantendrán las determinaciones fundamentales del Plan, sin alterar el aprovechamiento que corresponde a los terrenos comprendidos en el Estudio.

En ningún caso podrán ocasionar perjuicio ni alterar las condiciones de la ordenación de los predios colindantes.

4. También podrán formularse Estudios de Detalle cuando fueren precisos para completar el señalamiento de alineaciones y rasantes, respecto a las Normas Complementarias y Subsidiarias del Planeamiento.

5. Los Estudios de Detalle comprenderán los documentos justificativos de los extremos señalados en el número 2.

Artículo 15. 1. Los proyectos de Urbanización son proyectos de obras que tienen por finalidad llevar a la práctica los Planes Generales Municipales en el suelo urbano, los Planes Parciales y, en su caso, las Normas Complementarias y Subsidiarias del Planeamiento. No podrán contener determinaciones sobre ordenación ni régimen del suelo y de la edificación, y deberán detallar y programar las obras que comprendan con la precisión necesaria para que puedan ser ejecutadas por técnico distinto del autor del proyecto.

2. Los Proyectos de Urbanización no podrán modificar las previsiones del Plan que desarrollan, sin perjuicio de que puedan efectuar las adaptaciones exigidas por la ejecución material de las obras.

3. Los Proyectos de Urbanización comprenderán una Memoria descriptiva de las características de las obras, plano de situación en relación con el conjunto urbano y planos de proyecto y de detalle, mediciones, cuadros de precios, presupuesto y pliego de condiciones de las obras y servicios.

Artículo 16. 1. La ordenación y urbanización de terrenos clasificados como suelo urbanizable no programado se efectuará, de conformidad con el Plan General Municipal respectivo mediante Programas de Actuación Urbanística para la realización de unidades urbanísticas integradas.

2. Los Programas de Actuación Urbanística contendrán las siguientes determinaciones:

a) Desarrollo de los sistemas de la estructura general de la ordenación urbanística del territorio.

b) Señalamiento de usos y niveles de intensidad, con expresión del aprovechamiento medio en todo su ámbito.

c) Trazado de las redes fundamentales de abastecimiento de agua, alcantarillado, teléfonos, energía eléctrica, comunicaciones y demás servicios que se prevean.

d) División del territorio para el desarrollo en etapas.

Estas determinaciones se completarán para cada etapa con los correspondientes Planes Parciales y los Proyectos de Urbanización. En las promociones privadas se incluirán además los programas de edificación.

3. Los Programas de Actuación Urbanística comprenderán los estudios y planos de información justificativos de sus determinaciones, incluidos el análisis de su relación con las previsiones del Plan General Municipal y los documentos y planos de ordenación y de proyecto necesarios para su ejecución.

Artículo 17. 1. En desarrollo de las previsiones contenidas en los Planes Generales Municipales, en los Planes Directores Territoriales de Coordinación o en las Normas Complementarias y Subsidiarias del Planeamiento deberán redactarse, si fuere necesario, Planes Especiales para la ordenación de recintos y conjuntos artísticos, protección del paisaje y de las vías de comunicación, conservación del medio rural en determinados lugares, reforma interior, saneamiento de poblaciones y cualesquiera otras finalidades análogas, sin que en ningún caso puedan sustituir a los Planes Generales Municipales como instrumento de ordenación integral del territorio.

2. También podrán redactarse Planes Especiales para la ejecución directa de obras correspondientes a la infraestructura del territorio o a los elementos determinantes del desarrollo urbano previstos en el número 2, párrafo d), del artículo 8, y en el número 1, párrafo b), del artículo 12.

3. Los Planes Especiales contendrán las determinaciones necesarias para el desarrollo del Plan Director Territorial de Coordinación o del Plan de Ordenación correspondiente; y, en su defecto, las propias de su naturaleza y finalidad, debidamente justificadas y desarrolladas en los estudios, planos y normas correspondientes.

Artículo 18. 1. La conservación y valoración del Patrimonio histórico y artístico de la Nación y bellezas naturales, en cuanto objeto de planeamiento especial, abarcará, entre otros, estos aspectos:

a) Elementos naturales y urbanos cuyo conjunto contribuye a caracterizar el panorama.

b) Plazas, calles y edificios de interés.

c) Jardines de carácter histórico, artístico o botánico.

d) Realce de construcciones significativas.

e) Composición y detalle de los edificios situados en emplazamientos que deban ser objeto de medidas especiales de protección.

f) Uso y destino de edificaciones antiguas y modernas.

2. A los efectos expresados podrán dictarse normas especiales para la conservación, restauración y mejora de los edificios y elementos naturales y urbanísticos, previo informe, cuando tales normas tengan carácter nacional, de la Dirección General del *Patrimonio Artístico y Cultural*.

Artículo 19. La protección del paisaje, para conservar determinados lugares o perspectivas del territorio nacional en cuanto constituye objeto de planeamiento especial, se referirá, entre otros, a estos aspectos:

a) Bellezas naturales en su complejo panorámico o en perspectivas que convinieren al fomento del turismo.

b) Predios rústicos de pintoresca situación, ameneidad, singularidad topográfica o recuerdo histórico.

c) Edificios aislados que se distinguen por su emplazamiento o belleza arquitectónica y parques y jardines destacados por la hermosura, disposición artística, trascendencia histórica o importancia de las especies botánicas que en ellos existan.

d) Perímetros edificados que formen un conjunto de valores tradicionales o estéticos.

Artículo 20. La protección en el orden urbanístico de las vías de comunicación, en cuanto se refiere a la restricción del destino y del uso de los terrenos marginales, permitirá:

a) Dividir los terrenos en zonas de utilización, edificación, vegetación y panorámicas.

b) Prohibir o limitar, de acuerdo con la legislación vigente, el acceso directo a las fincas desde la carretera.

c) Señalar distancias mínimas para la desembocadura de otras vías.

d) Disponer el retranqueo de las edificaciones como previsión de futuras ampliaciones y el establecimiento de calzadas de servicio.

e) Ordenar los estacionamientos y los lugares de aprovisionamiento y descanso.

f) Mantener y mejorar la estética de las vías y zonas adyacentes.

Artículo 21. El planeamiento urbanístico especial podrá afectar, con fines de protección, a huertas, cultivos y espacios forestales, mediante restricciones de uso apropiadas para impedir su desaparición o alteración.

Artículo 22. La mejora del medio urbano o rural y de los suburbios de las ciudades podrá ser objeto de Planes Especiales encaminados a estas finalidades:

a) Modificar el aspecto exterior de las edificaciones, su carácter arquitectónico y su estado de conservación.

b) Alterar determinados elementos vegetales, jardines o arbolado.

c) Someter a normas urbanísticas el acoplamiento de las edificaciones.

Artículo 23. 1. Los Planes Especiales de reforma interior tienen por objeto la realización en suelo urbano, por las Entidades Locales competentes, de operaciones encaminadas a la descongestión, creación de dotaciones urbanísticas y equipamientos comunitarios, saneamiento de barrios insalubres, resolución de problemas de circulación o de estética y mejora del medio ambiente o de los servicios públicos u otros fines análogos.

2. Los Planes Especiales de reforma interior contendrán las determinaciones y documentos adecuados a los objetivos perseguidos por los mismos y, como mínimo, los que prevé el artículo 13, salvo que alguno de ellos fuere innecesario por no guardar relación con la reforma.

3. Cuando se trate de operaciones de reforma interior o no previstas en el Plan General, el Plan Especial no modificará la estructura fundamental de aquél, a cuyo efecto se acompañará además un estudio que justifique su necesidad o conveniencia, su coherencia con el Plan General y la incidencia sobre el mismo.

Artículo 24. 1. Se conceptuarán como Planes y proyectos de saneamiento los que se refieran a obras en el suelo y subsuelo para mejorar las condiciones de salubridad, higiene y seguridad.

2. Estos Planes y proyectos comprenderán las obras de abastecimiento de aguas potables, depuración y aprovechamiento de las residuales, instalación de alcantarillado, drenajes, fuentes, abrevadores, lavaderos, recogida y tratamiento de basuras.

3. También se considerarán como Planes y Proyectos de saneamiento urbano los de abastecimiento de aguas de edificios y establecimientos de servicio público pertenecientes al Estado, Municipio y Provincia, ya cuenten con instalación propia o se surtan de otras conducciones.

Artículo 25. La protección a que los Planes Especiales se refieren, cuando se trata de conservar o mejorar monumentos, jardines, parques naturales o paisajes, requerirá la inclusión de los mismos en catálogos aprobados por el Ministro de *la Vivienda* o la *Comisión Provincial de Urbanismo*, de oficio o a propuesta de otros órganos o particulares.

CAPÍTULO II. FORMACIÓN Y APROBACIÓN DE LOS PLANES

Sección 1ª. Actos preparatorios

Artículo 26. Los Organismos públicos, los concesionarios de servicios públicos y los particulares prestarán su concurso a la redacción de Planes de

Ordenación y, al efecto, facilitarán a las Corporaciones locales, Comisiones provinciales y Dirección General de Urbanismo los documentos e informadores necesarios.

Artículo 27. 1. Los Órganos competentes para la aprobación inicial y provisional de los Planes Generales Municipales, Parciales, Especiales o Estudios de Detalle podrán acordar, por el plazo máximo de un año, la suspensión del otorgamiento de licencias de parcelación de terrenos y edificación en sectores comprendidos en una zona determinada con el fin de estudiar el Plan o su reforma. Dicho acuerdo habrá de publicarse en los Boletines oficiales de la provincia o provincias afectadas y en uno de los diarios de mayor difusión de cada una de ellas.

2. El expresado plazo será ampliable, como máximo, a otro año cuando, dentro de aquél, se hubiere completado el período de información pública previsto en el artículo 41. No será posible acordar nuevas suspensiones en la misma zona por idéntica finalidad hasta que transcurrieren cinco años, contados a partir del término de la suspensión.

El acuerdo de ampliación del plazo se publicará en la forma prevista en el apartado anterior.

3. La aprobación inicial de un Plan o Programa o de su reforma determinará por sí sola la suspensión del otorgamiento de licencias para aquellas zonas del territorio objeto del planeamiento cuyas nuevas determinaciones supongan modificación del régimen urbanístico vigente. Los efectos de esta suspensión se extinguirán con la aprobación definitiva y, en todo caso, por el transcurso del plazo de dos años desde la aprobación inicial.

Con la publicación del acuerdo por el que se somete a información pública el Plan aprobado inicialmente, se expresarán necesariamente las zonas del territorio objeto de planeamiento afectadas por la suspensión del otorgamiento de licencias.

4. Los peticionarios de licencias solicitadas con anterioridad a la publicación de la suspensión tendrán derecho a ser indemnizados del coste oficial de los proyectos y a la devolución, en su caso, de las tasas municipales[10].

10 Téngase en cuenta el Real Decreto-ley 16/1981, de 16 de octubre, de adaptación de Planes Generales de Ordenación Urbana, transcrito *infra*.

Artículo 28. 1. Las Entidades y Organismos interesados podrán formular avances de Plan y anteproyectos parciales que sirvan de orientación a la redacción de los Planes sobre bases aceptadas en principio.

2. Los avances y anteproyectos se podrán remitir al Ayuntamiento, a la *Comisión Provincial de Urbanismo* o al Ministerio de *la Vivienda* sin información pública.

3. La aprobación sólo tendrá efectos administrativos internos preparatorios de la redacción de los Planes y proyectos definitivos.

Sección 2ª Competencias

Artículo 29. *El Plan Nacional de Ordenación será redactado por los Organismos públicos y privados y Entidades locales que se determinen por Decreto, a propuesta de la Presidencia del Gobierno e iniciativa del Ministerio de la Vivienda. En todo caso será preceptiva en su redacción la participación de la Organización Sindical*[11].

Artículo 30. 1. Los Planes Directores Territoriales de Coordinación serán formulados por los Organismos o Entidades que, a propuesta del Ministro de *la Vivienda* y previo informe de la *Comisión Central de Urbanismo*, determine el Consejo de Ministros, el cual señalará, además, los Organismos o Entidades que hayan de intervenir en su elaboración, su ámbito territorial y el plazo en que han de quedar redactados. La propuesta del Ministerio de *la Vivienda* se efectuará por propia iniciativa o de otro Departamento ministerial, o a instancia de una Entidad Local o de una Entidad Urbanística especial competente.

2. Las Diputaciones Provinciales y Cabildos Insulares podrán redactar, por propia iniciativa o a petición de los Ayuntamientos respectivos, Planes Directores Territoriales de Coordinación cuando el ámbito territorial de los mismos afecte a la totalidad o parte del respectivo territorio provincial o insular.

3. En cualquier caso, en la elaboración de los Planes Directores Territoriales de Coordinación habrán de intervenir el Ministerio de *la Vivienda* y la autoridad u Organismo competente en la planificación del desarrollo, las Corporaciones y Entidades Locales o Entidades Urbanísticas especiales competentes afectadas que lo soliciten y la *Organización Sindical*.

11 Véase la nota al artículo 3.1.a) del presente Texto Refundido.

Artículo 31. 1. Los Planes Municipales serán formulados por los Ayuntamientos. No obstante, podrán éstos encomendar su formulación a la *Comisión Provincial de Urbanismo* o a la Diputación.

2. En todo caso, la redacción podrá encargarse a los técnicos de la Cooperación o Comisión o a los que se designaren, libremente o por concurso, entre facultativos competentes con título oficial español.

Artículo 32. 1. Si las necesidades urbanísticas de un municipio aconsejaren la extensión de su zona de influencia a otro u otros, en defecto de acuerdo entre las Corporaciones afectadas, el Ministro de *la Vivienda*, cuando se tratare de municipios pertenecientes a distintas provincias y la *Comisión Provincial de Urbanismo*, si pertenecieren a la misma, a instancia del municipio o de oficio podrán disponer la formación de un Plan de conjunto.

2. Igual medida será aplicable cuando conveniere ordenar urbanísticamente alguna comarca.

3. En ambos supuestos, el Ministro o *la Comisión* determinarán la extensión territorial de los Planes, el Ayuntamiento u Organismo que hubiere de redactarlos y la proporción en que los municipios afectados deben contribuir a los gastos.

4. Los Ayuntamientos comprendidos en el Plan asumirán las obligaciones que de éste se derivaren.

Artículo 33. 1. En el caso de que los Planes Municipales no se formaren dentro de los plazos que señalan los artículos 36 y 37, el Ministro de *la Vivienda* podrá disponer que se redacten por la Dirección General de *Urbanismo*, por la *Comisión Provincial de Urbanismo* o por la Diputación Provincial. Asimismo la *Comisión Provincial de Urbanismo* podrá acordar que se redacten por la propia *Comisión* o por la Diputación Provincial[12].

2. Los gastos de redacción de los Planes Municipales serán sufragados por las respectivas Entidades Locales, salvo circunstancias especiales y justificadas en expediente instruido al efecto.

12 Véase el Real Decreto-ley 16/1981, de 16 de octubre, de adaptación de Planes Generales de Ordenación Urbana, transcrito *infra*.

Artículo 34. 1. Los Planes Especiales podrán ser formados por las Entidades Locales, Entidades Urbanísticas especiales y Órganos competentes en el orden urbanístico según esta Ley.

La formación de los Planes Especiales a que se refiere el artículo 17.2 podrá realizarse por quienes tengan a su cargo la ejecución directa de las obras correspondientes a la infraestructura del territorio o a los elementos determinantes del desarrollo urbano.

2. Los Programas de Actuación Urbanística se formarán por las Entidades Locales y, en su caso, por las urbanísticas competentes o por los adjudicatarios correspondientes, conforme a lo dispuesto en el Capítulo IV del Título III de la presente Ley.

Artículo 35. 1. La competencia para aprobar definitivamente los Planes y proyectos corresponderá:

a) *A las Cortes, el Plan Nacional de Ordenación*[13].

b) Al *Consejo de Ministros*, los Planes Directores Territoriales de Coordinación.

c) Al Ministro de *la Vivienda*, los Planes, Programas de Actuación Urbanística y Normas Complementarias y Subsidiarias del Planeamiento que se refieran a capitales de provincias o poblaciones de más de 50.000 habitantes y, en todo caso, los que afecten a varios municipios.

d) A las *Comisiones provinciales de Urbanismos*, los Planes, Programas de Actuación Urbanística y Normas Complementarias y Subsidiarias del Planeamiento, en los restantes casos y siempre la de los Proyectos de Urbanización.

e) A las Corporaciones Municipales competentes, los Estudios de Detalle, dando cuenta a la *Comisión Provincial de Urbanismo*.

2. Cuando la iniciativa de los Planes Especiales se deba a Entidades Locales o Urbanísticas Especiales, su aprobación definitiva corresponderá:

a) Si desarrollan un Plan General de Ordenación, a los Órganos competentes para aprobar los Planes Parciales.

b) En los demás casos, al Ministro de *la Vivienda*[14].

13 Véase la nota al artículo 3.1.a) del presente Texto Refundido.

14 Véase el Real Decreto-ley 16/1981, de 16 de octubre, de adaptación de Planes Generales de Ordenación Urbana, transcrito *infra*.

Sección 3ª Plazos

Artículo 36. 1. Los Planes Generales Municipales de Ordenación de capitales de provincia o poblaciones de más de 50.000 habitantes deberán ser formulados en el plazo que señale el Ministro de *la Vivienda*.

2. Los Planes Generales de Ordenación de los demás municipios se redactarán en los plazos que fijen el Ministro de *la Vivienda* o las *Comisiones Provinciales de Urbanismo*.

Artículo 37. Los Planes Parciales se formarán en los plazos previstos en el Plan General, en el Programa de Actuación Urbanística, en su caso, o en los plazos que determinaren el Ministro de *la Vivienda* o la *Comisión Provincial de Urbanismo*.

Artículo 38. 1. Los Proyectos de Urbanización se redactarán con la antelación necesaria para que las obras a que se refieren puedan realizarse de acuerdo con los plazos previstos en el correspondiente programa de actuación.

Sección 4ª Procedimiento

Artículo 39. 1. El *Ministro de la Vivienda* someterá los Planes Directores Territoriales de Coordinación al trámite de información pública e informe de las Corporaciones Locales a cuyo territorio afectaren, previsto en el artículo 41 de esta Ley, así como a informe de los Departamentos ministeriales que no hayan intervenido en su elaboración y a los que pueda interesar por razón de su competencia. Estos últimos se entenderán favorables si no se emiten en el plazo de dos meses.

2. La aprobación de los Planes Directores Territoriales de Coordinación corresponde al *Consejo de Ministros*, a propuesta del *Ministro de la Vivienda*, previo informe de la *Comisión Central de Urbanismo*.

Artículo 40. 1. Los Planes Generales Municipales de Ordenación se tramitarán de acuerdo con el procedimiento establecido en el artículo 41 de esta Ley, con las especialidades siguientes:

a) La aprobación inicial y provisional compete al Ayuntamiento cuando se refieran a un único municipio, y a la Diputación Provincial correspondiente, cuando se extiendan a más de un término municipal.

b) La aprobación definitiva de los Planes de capitales de provincia y de poblaciones de más de 50.000 habitantes compete al Ministro de *la Vivienda,* previo informe de la *Comisión Central de Urbanismo* y de la Diputación y de la *Comisión Provincial de Urbanismo* correspondientes, informes que se entenderán favorables si no se emiten en el plazo de un mes.

2. Los Estudios de Detalle se tramitarán de acuerdo con el procedimiento establecido en el artículo 41, si bien con la modificación respecto a lo dispuesto en sus números 2 y 3 de que la Corporación Municipal competente, en vista del resultado de la información pública, lo aprobará definitivamente con las modificaciones que procedieren y dará cuenta de la misma a la *Comisión Provincial de Urbanismo.*

Artículo 41. 1. Aprobado inicialmente el Plan Parcial, Programa de Actuación Urbanística o Proyecto de Urbanización por la Corporación u Organismo que lo hubiese redactado, éste lo someterá a información pública durante un mes, y transcurrido el plazo, si se tratare de Planes, Programas o Proyectos no redactados por el Ayuntamiento respectivo, se abrirá otro período de igual duración para dar audiencia a las Corporaciones Locales a cuyo territorio afectaren.

2. La Corporación u Organismo que hubiere aprobado inicialmente el Plan, Programa o Proyecto en vista del resultado de la información pública lo aprobará provisionalmente con las modificaciones que procedieren y lo someterá a la Autoridad u Órgano competente que deba otorgar la aprobación definitiva, a fin de que lo examine en todos sus aspectos y decida en el plazo de seis meses desde el ingreso del expediente en el Registro, transcurrido el cual sin comunicar la resolución se entenderá aprobado por silencia administrativo.

3. Si la Autoridad u Órgano a quien corresponde la aprobación definitiva no la otorgare, señalará las deficiencias de orden técnico y subsiguientes modificaciones que procediere introducir para que, subsanada por la Corporación u Organismo que hubiere efectuado al aprobación provisional, se eleve de nuevo a dicha aprobación definitiva, salvo que hubiere sido relevada de hacerlo por la escasa importancia de las rectificaciones[15].

[15] Véase el Real Decreto-ley 16/1981, de 16 de octubre, de adaptación de Planes Generales de Ordenación Urbana, transcrito *infra*.

Artículo 42. Las Normas y ordenanzas sobre uso del suelo y edificación, y los catálogos a que se refiere el artículo 25, se formarán con arreglo al procedimiento que para los Planes y proyectos señala el artículo precedente.

Artículo 43. 1. Los Planes Especiales se tramitarán de acuerdo con el procedimiento establecido en el artículo 41 de esta Ley.

2. Cuando se formulen a iniciativa de Entidades Locales o Urbanísticas Especiales, antes de su aprobación definitiva serán sometidos a informe de los Departamentos Ministeriales y demás Organismos que resultaren afectados.

3. Cuando se tratare de Planes Especiales definidos en el Capítulo I de este Título, cuya finalidad fuere mejorar las condiciones urbanísticas y especialmente las estéticas de los pueblos de una comarca o ruta turística y que no comprendieren en el planeamiento modificación de alineaciones ni supusieren destrucción de edificios, la tramitación se reducirá a la aprobación previa por el Ministerio de *la Vivienda* o por la *Comisión Provincial de Urbanismo*, información pública durante quince días en la capital de la provincia, comunicación a los Ayuntamientos afectados y aprobación definitiva de citados Órganos.

Artículo 44. Los acuerdos del Consejo de Ministros, Ministro de *la Vivienda* o *Comisión Provincial de Urbanismo*, aprobatorios de Planes, Programas de Actuación, Normas Complementarias y Subsidiarias, Estudios, proyectos o normas, ordenanzas o catálogos, se publicarán el «Boletín Oficial del Estado» o en el de la respectiva provincia[16].

Sección 5ª Vigencia y revisión de los planes

Artículo 45. Los Planes de Ordenación y los Proyectos de Urbanización tendrán vigencia indefinida.

Artículo 46. *La actualización del Plan Nacional de Ordenación y su concordancia con los sucesivos Planes de desarrollo económico y social podrá llevarse*

16 Véase *supra* el artículo 124, apartados 1 y 3, del Texto Refundido de la Ley sobre Régimen del Suelo y Ordenación Urbana, aprobado por Real Decreto Legislativo 1/1992, de 26 de junio.

a cabo por el Gobierno en la forma que dispongan las respectivas leyes que los aprueben[17].

Artículo 47. 1. Los Planes Generales Municipales de Ordenación se revisarán en el plazo que en los mismos se señale y, en todo caso, cuando se presenten las circunstancias que se establecen en el epígrafe e) del número 1 del artículo 12.

2. Sin perjuicio de lo dispuesto en el artículo 9, número 2, cuando las circunstancias lo exigieren, el Ministro de *la Vivienda*, previo informe de la *Comisión Central de Urbanismo*, podrá ordenar la revisión de los Planes Generales de Ordenación, previa audiencia de las Entidades Locales afectadas, o acordarla a instancia de las mismas o de las Entidades Urbanísticas especiales o de los Departamentos ministeriales interesados.

Artículo 48. 1. Los Ayuntamientos revisarán cada cuatro años el Plan General.

2. Si como consecuencia de esta revisión se modificase el suelo clasificado como urbanizable programado, la revisión del programa se completará con las determinaciones y documentos exigidos para el citado suelo y se sujetará a las disposiciones enunciadas para la formación de los Planes, conforme a lo dispuesto en el artículo siguiente.

Artículo 49. 1. Las modificaciones de cualquiera de los elementos de los Planes, proyectos, programas, normas y ordenanzas se sujetarán a las mismas disposiciones enunciadas para su formación.

2. Sin embargo, cuando la modificación tendiera a incrementar el volumen edificable de una zona, se requerirá para aprobarla la previsión de los mayores espacios libres que requiera el aumento de la densidad de población y el voto favorable de *dos tercios de los miembros de la Corporación y de la Comisión que hubieren de acordar la aprobación inicial, provisional y definitiva.*

3. El mismo quórum se precisará cuando la modificación suscitare oposición del 25 por 100 de los propietarios del sector afectado o de los de las fincas emplazadas frente al mismo.

[17] Véase la nota al artículo 3.1.a) del presente Texto Refundido.

Artículo 50. Si la modificación de los Planes, Normas Complementarias y Subsidiarias y Programas de Actuación tuviere por objeto una diferente zonificación o uso urbanístico de las zonas verdes o espacios libres previstos en el Plan, deberá ser aprobada por el Consejo de Ministros, previos los informes favorables del Consejo de Estado y del Ministro de *la Vivienda* y acuerdos de la Corporación Local interesada *adoptados con el quórum del artículo 303 de la Ley de Régimen Local*[18].

Artículo 51. 1. El Consejo de Ministros por Decreto, a propuesta del Ministro de *la Vivienda* o, en su caso, a propuesta de éste y del titular o titulares de otros Departamentos interesados, y previo informe de la *Comisión Central de Urbanismo* y audiencia de las Entidades Locales interesadas, podrá suspender la vigencia de los Planes a que se refiere esta Ley, en la forma, plazos y efectos señalados en el artículo 27, en todo o en parte de su ámbito, para acordar su revisión. En tanto no se apruebe el plan revisado, se dictarán Normas Complementarias y Subsidiarias del Planeamiento en el plazo máximo de seis meses a partir del acuerdo de suspensión.

2. *El Plan Nacional de Ordenación solamente podrá quedar en suspenso en la forma en que se disponga en la propia Ley o en las aprobatorias de los Planes de Desarrollo*[19].

Sección 6ª Iniciativa y colaboración particular

Artículo 52. 1. Las personas privadas podrán formar Planes Municipales, Especiales y Proyectos de Urbanización.

2. Si hubieren obtenido la previa autorización del Ayuntamiento, les serán facilitados por los Organismos públicos cuantos elementos informativos precisaren para llevar a cabo la redacción y podrán efectuar en fincas particulares las ocupaciones necesarias para la redacción del Plan con arreglo a la Ley de Expropiación Forzosa.

18 Se refiere al Texto Refundido de 24 de junio de 1955. Véase el artículo 47 de la Ley 7/1985, de 2 de abril, reguladora de las Bases del Régimen Local, modificado en su enunciado por la Ley 57/2003, de 16 de diciembre, de medidas para la modernización del gobierno local (BOE núm. 301, de 17 de diciembre de 2003).

19 Véase la nota al artículo 3.1.a) del presente Texto Refundido.

Artículo 53. 1. Los Planes y proyectos redactados por particulares deberán contener los documentos que para cada clase indica el Capítulo I.

2. Cuando se refieran a urbanizaciones de iniciativa particular, se habrán de consignar además los siguientes datos:

a) Memoria justificativa de la necesidad o conveniencia de la urbanización.

b) Nombres, apellidos y dirección de los propietarios afectados.

c) Modo de ejecución de las obras de urbanización y previsión sobre la futura conservación de las mismas.

d) Compromisos que se hubieren de contraer entre el urbanizador y el Ayuntamiento, y entre aquél y los futuros propietarios de solares.

e) Garantías del exacto cumplimiento de dichos compromisos.

f) Medios económicos de toda índole.

Artículo 54. 1. Los Planes y proyectos se elevarán al Ayuntamiento y serán tramitados conforme a lo previsto en la Sección 4.ª, con citación personal para la información pública de los propietarios de los terrenos comprendidos en aquéllos.

2. Si afectaren a varios municipios, se presentarán en la Diputación Provincial y seguirán el procedimiento a que se refiere el número anterior.

3. El acto de aprobación podrá imponer las condiciones, modalidades y plazos que fueren convenientes.

CAPÍTULO III. EFECTOS DE LA APROBACIÓN DE LOS PLANES

Sección 1ª Publicidad, ejecutoriedad y obligatoriedad

Artículo 55. 1. Los Planes, Normas Complementarias y Subsidiarias, Programas de Actuación Urbanística, Estudios de Detalle y proyectos, con sus normas, ordenanzas y catálogos serán públicos, y cualquier persona podrá en todo momento consultarlos e informarse de los mismos en el Ayuntamiento del término a que se refieran.

2. Todo administrado tendrá derecho a que el Ayuntamiento le informe por escrito, en el plazo de un mes a contar de la solicitud, del régimen urbanístico aplicable a una finca o sector[20].

20 Véase *supra* el artículo 3.2.c) del Texto Refundido de la Ley de Suelo, aprobado por Real Decreto Legislativo 2/2008, de 20 de junio.

3. La publicidad relativa a urbanizaciones de iniciativa particular deberá expresar la fecha de aprobación del correspondiente Plan y no podrá contener indicación alguna en pugna con sus cláusulas.

Artículo 56. Los Planes, Normas Complementarias y Subsidiarias, Estudios de Detalle, proyectos, normas, ordenanzas y catálogos serán inmediatamente ejecutivos, una vez publicada su aprobación definitiva, y si se otorgase a reserva de la subsanación de deficiencias, mientras no se efectuare, carecerán de ejecutoriedad en cuanto al sector a que se refieran.

Artículo 57. 1. Los particulares, al igual que la Administración quedarán obligados al cumplimiento de las disposiciones sobre ordenación urbana contenidas en la presente Ley y en los Planes, Programas de Actuación Urbanística, Estudios de Detalle, proyectos, normas y ordenanzas con arreglo a la misma.

2. La aprobación de los Planes no limitará las facultades que correspondan a los distintos Departamentos ministeriales para el ejercicio, de acuerdo con las previsiones del Plan, de sus competencias, según la legislación aplicable por razón de la materia.

Los Planes Sectoriales que estén en desacuerdo con un Plan Director Territorial de Coordinación deberán adaptarse a las directrices contenidas en este último en el plazo señalado en el número 2 del artículo 9.

3. Serán nulas de pleno derecho las reservas de dispensación que se contuvieren en los Planes u ordenanzas, así como las que con independencia de ellos se concedieren.

Artículo 58. 1. La obligatoriedad de observancia de los Planes comportará las siguientes limitaciones:

1.ª El uso de los predios no podrá apartarse del destino previsto, ni cabrá efectuar en ellos explotaciones de yacimientos, fijación de carteles y propaganda, movimientos de tierra, cortas de arbolado o cualquier otro uso análogo en pugna con su calificación urbanística, su legislación especial o de modo distinto al regulado en el Plan.

2.ª Las nuevas construcciones se ajustarán a la ordenación aprobada.

3.ª Cuando el descubrimiento de usos no previstos al aprobar los Planes fuese de tal importancia que alterase sustancialmente el destino del suelo, se procederá a la revisión de aquéllos, de oficio o a instancia de parte, para ajustarlos a la nueva situación.

2. No obstante, si no hubieren de dificultar la ejecución de los Planes, podrán autorizarse sobre los terrenos, previo informe favorable de la *Comisión Provincial de Urbanismo*, usos y obras justificadas de carácter provisional, que habrán de demolerse cuando lo acordare el Ayuntamiento, sin derecho a indemnización y la autorización aceptada por el propietario deberá inscribirse, bajo las indicadas condiciones, en el Registro de la Propiedad.

3. El arrendamiento y el derecho de superficie de los terrenos a que se refiere el párrafo anterior, o de las construcciones provisionales que se levanten en ellos, estarán excluidos del régimen especial de arrendamientos rústicos y urbanos y, en todo caso, finalizarán automáticamente con la orden del Ayuntamiento acordando la demolición o desalojo para ejecutar los proyectos de urbanización[21].

Artículo 59. La clasificación del suelo, y las limitaciones de toda clase en el uso y aprovechamiento resultantes, impuestas por los Planes, programas, normas, ordenanzas y catálogos, para la protección del paisaje urbano y rural, se tendrán en cuenta para valorar dicho suelo a efectos de toda clase de tributos.

Artículo 60. 1. Los edificios e instalaciones erigidos con anterioridad a la aprobación del Plan General o Parcial que resultaren disconformes con el mismo serán calificados como fuera de ordenación.

2. No podrán realizarse en ellos obras de consolidación, aumento de volumen, modernización o incremento de su valor de expropiación, pero sí las pequeñas reparaciones que exigieren la higiene, ornato y conservación del inmueble.

3. Si embargo, en casos excepcionales podrán autorizarse obras parciales y circunstanciales de consolidación cuando no estuviere prevista la expropiación o demolición de la finca en el plazo de quince años, a contar de la fecha en que se pretendiese realizarlas.

[21] Véase *supra* el artículo 136.2 del Texto Refundido de la Ley sobre Régimen del Suelo y Ordenación Urbana, aprobado por Real Decreto Legislativo 1/1992, de 26 de junio.

4. Cuando la disconformidad con el Plan no impida la edificación en el mismo solar que ocupa el edificio, el propietario podrá demolerlo sometiéndose al Plan de ordenación, y se entenderá comprendido el caso dentro del *número 2 del artículo 78, Sección tercera del Capítulo VIII* de la Ley de Arrendamientos Urbanos o normas que lo sustituyan, sin que sea exigible el compromiso de edificar una tercera parte más de las viviendas cuando lo prohiba el citado Plan.

Artículo 61. 1. Cuando, aprobado un Plan, resultaren industrias emplazadas en zona no adecuada, las edificaciones y sus instalaciones quedarán sujetas a las limitaciones del artículo anterior, con las tolerancias que de modo general se prevean en las normas urbanísticas o en las ordenanzas de edificación.

2. Las limitaciones se comunicarán a la *Delegación Provincial de Industria* para los efectos consiguientes.

Artículo 62. 1. El que enajenare terrenos no susceptibles de edificación según el Plan, o edificios e industrias fuera de ordenación deberá hacer constar expresamente estas calificaciones en el correspondiente título de enajenación.

2. En las enajenaciones de terrenos de urbanizaciones de iniciativa particular, deberá hacerse constar la fecha del acto de aprobación de la misma y las cláusulas que se refieran a la disposición de las parcelas y compromisos con los adquirentes.

3. En los actos de enajenación de terrenos en proceso de urbanización, deberán consignarse los compromisos que el propietario hubiere asumido en orden a la misma, y cuyo cumplimiento esté pendiente.

4. La infracción de cualquiera de estas disposiciones facultará al adquirente para resolver el contrario, en plazo de un año a contar de la fecha de su otorgamiento, y exigir la indemnización de los daños y perjuicios que se le hubieren irrigado[22].

Artículo 63. 1. Los Ayuntamientos podrán crear en la correspondiente ordenanza un documento acreditativo de las circunstancias urbanísticas que concurren en las fincas comprendidas en el término municipal.

[22] Véase *supra* el artículo 19 del Texto Refundido de la Ley de Suelo, aprobado por Real Decreto Legislativo 2/2008, de 20 de junio.

2. Este documento se denominará Cédula urbanística de terreno o de edificio, según el carácter de la finca a que se refiera, y los Ayuntamientos podrán exigirlo para la parcelación, edificación y cualquier utilización de los predios.

3. Será obligatoria la creación de dicha Cédula para las fincas comprendidas en polígonos en los que se aplique cualquiera de los sistemas de actuación señalados en esta Ley.

Sección 2ª Legitimación de expropiaciones[23]

Artículo 64. 1. La aprobación de Planes de ordenación urbana y de polígonos de expropiación implicará la declaración de utilidad pública de las obras y la necesidad de ocupación de los terrenos y edificios correspondientes a los fines de expropiación o imposición de servidumbres.

2. Los beneficios de la expropiación podrán extenderse a las personas naturales o jurídicas subrogadas en las facultades del Estado o de las Corporaciones Locales para la ejecución de Planes u obras determinadas.

3. El procedimiento para determinar el valor de los terrenos será el señalado en la Ley de Expropiación Forzosa, salvo lo dispuesto en el artículo 138 de esta Ley. Los criterios de valoración serán en todo caso los establecidos en la presente Ley.

Artículo 65. 1. En los Planes o proyectos se estimarán comprendidos, para los efectos expropiatorios, además de las superficies que hubieren de ser materialmente ocupadas por las obras previstas, todas las que fueren necesarias para asegurar el pleno valor y rendimiento de aquéllas.

2. Se considerarán superficies expropiables las zonas laterales de influencia e incluso los sectores completos señalados en el Plan.

3. Serán expropiables los terrenos y edificios destinados en el Plan al establecimiento de servicios públicos o a la construcción de templos, mercados, centros culturales, docentes, asistenciales y sanitarios, zonas deportivas y otros análogos con fines no lucrativos.

[23] Téngase en cuenta el Título III del Texto Refundido de la Ley de Suelo, aprobado por Real Decreto Legislativo 2/2008, de 20 de junio, y los preceptos vigentes del Título V del Texto Refundido de la Ley sobre Régimen del Suelo y Ordenación Urbana, aprobado por Real Decreto Legislativo 1/1992, de 26 de junio.

4. Si para la regulación o formación de manzanas o espacios libres conviniere suprimir algún patrio, calle o plaza o porción de éstas, se expropiarán las fincas con fachada o luces directas sobre aquéllas, a solicitud de los propietarios.

Artículo 66. En el caso de que los propietarios de inmuebles no realizaren las obras de adaptación requeridas por Planes, normas o proyectos de carácter histórico o artístico, podrá expropiarse total o parcialmente el edificio o sólo su fachada.

Artículo 67. Los terrenos de cualquier clase que se expropien por razones urbanísticas deberán ser destinados al fin específico que se estableciese en el Plan correspondiente.

Si se pretendiese modificar su afectación o agotase su vigencia el Plan sin haberse cumplido el destino a que se afectaron, procederá la reversión de los terrenos con arreglo a lo dispuesto en la Ley de Expropiación Forzosa[24].

Artículo 68. 1. Cuando para la ejecución de un Plan no fuere menester la expropiación del dominio y bastare la constitución de alguna servidumbre sobre el mismo, prevista por el Derecho privado o administrativo, podrá imponerse, si no obtuviere convenio con el propietario, con arreglo al procedimiento de la Ley de Expropiación Forzosa, mediante los requisitos que a continuación se expresan:

a) Autorización de la *Comisión Provincial de Urbanismo*.

b) No exceder la indemnización que procediere abonar de la mitad del importe de la que correspondería satisfacer por la expropiación absoluta.

2. Cuando hubieren de modificarse o suprimirse servidumbres privadas por estar en contradicción con las disposiciones del Plan, podrán expropiarse con arreglo al procedimiento de la citada Ley.

3. Los actos administrativos de constitución, modificación o extinción forzosa de servidumbres serán inscribibles en el Registro de la Propiedad, en la forma prevista para las actas de expropiación.

24 Véase *supra* el artículo 34 del Texto Refundido de la Ley de Suelo, aprobado por Real Decreto Legislativo 2/2008, de 20 de junio.

Artículo 69. 1. Cuando transcurran cinco años, desde la entrada en vigor del Plan o Programa de Actuación Urbanística sin que se llevase a efecto la expropiación de los terrenos que, con arreglo a su calificación urbanística, no sean edificables por sus propietarios, ni hayan de ser objeto de cesión obligatoria por no resultar posible la justa distribución de los beneficios y cargas en el polígono o unidad de actuación, el titular de los bienes o sus causahabientes advertirán a la Administración competente de su propósito de iniciar el expediente de justiprecio, que podrá llevarse a cabo por ministerio de la Ley si transcurrieren otros dos años desde el momento de efectuar la advertencia.

A tal efecto, el propietario podrá presentar la correspondiente hoja de aprecio, y si transcurrieren tres meses sin que la Administración la acepte, podrá aquél dirigirse al Jurado provincial de Expropiación, que fijará el justiprecio conforme a los criterios de esta Ley y de acuerdo con el procedimiento establecido en los artículos 31 y siguientes de la Ley de Expropiación Forzosa.

2. A los efectos de lo establecido en el párrafo anterior, la valoración se entenderá referida al momento de la iniciación del expediente de justiprecio por ministerio de la Ley y los intereses de demora se devengarán desde la presentación por el propietario de la correspondiente tasación.

CAPÍTULO IV. NORMAS DE ORDENACIÓN COMPLEMENTARIAS Y SUBSIDIARIAS DEL PLANEAMIENTO

Artículo 70. 1. El Ministerio de *la Vivienda* podrá dictar Normas Complementarias y Subsidiarias del Planeamiento.

2. Las Entidades Locales, las *Comisiones Provinciales de Urbanismo* y demás Organismos competentes para formular Planes Generales Municipales podrán redactar o proponer Normas de igual carácter para todo o parte del territorio sobre el que ejerzan su competencia cuando las particulares características de éste lo justifiquen.

3. En uno y otro caso se tramitarán con arreglo al procedimiento establecido por el artículo 41, salvo que por razones de urgencia apreciadas por el Consejo de Ministros y previo informe favorable de la *Comisión Central de Urbanismo*, y oídas las Entidades Locales afectadas, el Ministro de *la Vivienda* acuerde su entrada en vigor sin necesidad de esa tramitación.

4. Dichas Normas se desarrollarán, en todo caso, dentro los límites señalados por esta Ley para los Planes de ordenación y contendrán en su caso, los supuestos en cuya virtud sea procedente su revisión o sustitución por un Plan.

Artículo 71. 1. En los municipios o parte de ellos donde no existiere Plan de ordenación regirán las normas promulgadas con arreglo al artículo anterior.

2. Las propias normas se aplicarán para regular aspectos no previstos en el Plan de ordenación.

3. Las Normas Complementarias y Subsidiarias del Planeamiento contendrán las siguientes determinaciones:

a) Fines y objetivos de su promulgación.

b) Delimitación de los territorios y núcleos urbanos que constituyan el ámbito de su aplicación.

c) Relaciones e incidencias con el planeamiento que complementen, en su caso.

d) Normas urbanísticas mínimas de la ordenación que establezcan.

e) Previsiones mínimas para edificios y servicios públicos y para fines de interés general o comunitario.

4. Para la urbanización y edificación al amparo de Normas Complementarias y Subsidiarias, éstas deberán prever, además de las determinaciones señaladas en el apartado anterior, los siguientes extremos:

a) Proyección, dimensiones y características del desarrollo previsible.

b) Esquema indicativo de infraestructuras y servicios urbanos.

c) Señalamiento de las zonas en que puede urbanizarse con arreglo a las prescripciones contenidas en las propias Normas.

El desarrollo de estas determinaciones se llevará a cabo a través de los correspondientes Planes Parciales.

5. Las Normas se compondrán de los documentos necesarios para justificar las determinaciones y extremos que comprendan y la función para la que se dicten, y deberán redactarse con el grado de precisión adecuado a la clase de Plan al que suplan o complementen y de conformidad con los correspondientes preceptos de esta Ley.

Artículo 72. No podrán levantarse construcciones en lugares próximos a las carreteras sino de acuerdo con lo que, además de lo que en esta Ley se dispone, establezca la legislación específicamente aplicable.

Artículo 73. Las construcciones habrán de adaptarse, en lo básico, al ambiente en que estuvieran situadas, y a tal efecto:

a) Las construcciones en lugares inmediatos o que formen parte de un grupo de edificios de carácter artístico, histórico, arqueológico típico o tradicional habrán de armonizar con el mismo, o cuando, sin existir conjunto de edificios, hubiera alguno de gran importancia o calidad de los caracteres indicados.

b) En lo lugares de paisaje abierto y natural, sea rural o marítimo, o en las perspectivas que ofrezcan los conjuntos urbanos de características histórico-artísticas, típicos o tradicionales, y en las inmediaciones de las carreteras y caminos de trayecto pintoresco, no se permitirá que la situación, masa, altura de los edificios, muros y cierres, o la instalación de otros elementos, limite el campo visual para contemplar las bellezas naturales, romper la armonía del paisaje o desfigurar la perspectiva propia del mismo[25].

Artículo 74. Mientras no exista Plan o norma urbanística que lo autorice no podrá edificarse con un altura superior a tres plantas medidas en cada punto del terreno, sin perjuicio de las demás limitaciones que sean aplicables.

Cuando se trate de solares enclavados en núcleos o manzanas edificados en más de sus dos terceras partes, los Ayuntamientos podrán autorizar alturas que alcancen la media de los edificios ya construidos.

En suelo no urbanizable se estará a lo dispuesto en el número 1 del artículo 86.

Artículo 75. En los Planes Parciales se deberá fijar una densidad que no podrá ser superior a 75 viviendas por hectárea, en función de los tipos de población, usos pormenorizados y demás características que se determinen reglamentariamente.

En casos excepcionales, el Consejo de Ministros, previo dictamen de la *Comisión Central de Urbanismo*, podrá autorizar densidades de hasta 100 viviendas por hectárea, cuando las circunstancias urbanísticas de la localidad lo exijan.

[25] Véase *supra* el artículo 138.b) del Texto Refundido de la Ley sobre Régimen del Suelo y Ordenación Urbana, aprobado por Real Decreto Legislativo 1/1992, de 26 de junio.

TÍTULO II. RÉGIMEN URBANÍSTICO DEL SUELO[26]

CAPÍTULO I. CLASIFICACIÓN DEL SUELO

Artículo 76. Las facultades del derecho de propiedad se ejercerán dentro de los límites y con el cumplimiento de los deberes establecidos en esta Ley, o, en virtud de la misma, por los Planes de Ordenación, con arreglo a la clasificación urbanística de los predios.

Artículo 77. El territorio de los municipios en que existiere Plan General Municipal de Ordenación se clasificará en todos o algunos de los siguientes tipos: suelo urbano, urbanizable y no urbanizable.

Artículo 78. Constituirán el suelo urbano:

a) Los terrenos a los que el Plan incluya en esta clase por contar con acceso rodado, abastecimiento de agua, evacuación de aguas y suministro de energía eléctrica, o por estar comprendidos en áreas consolidadas por la edificación al menos en dos terceras partes de su superficie, en la forma que aquél determine.

b) Los que en ejecución del Plan lleguen a disponer de los mismos elementos de urbanización a que se refiere el párrafo anterior.

Artículo 79. 1. Constituirán el suelo urbanizable los terrenos a los que el Plan General Municipal declare aptos, en principio, para ser urbanizados.

2. Dentro del suelo urbanizable, el Plan establecerá todas o alguna de las siguientes categorías:

a) Suelo programado, constituido por aquel que deba ser urbanizado según el programa el propio Plan.

b) Suelo no programado, integrado por el que pueda ser objeto de urbanización mediante la aprobación de Programas de Actuación Urbanística.

Artículo 80. Constituirán el suelo no urbanizable:

a) Los que el Plan no incluya en alguno de los tipos de suelo a que se refieren los artículos anteriores.

[26] Téngase en cuenta el Título II del Texto Refundido de la Ley de Suelo, aprobado por Real Decreto Legislativo 2/2008, de 20 de junio (BOE núm. 154, de 26 de junio de 2008).

b) Los espacios que el Plan determine para otorgarles una especial protección, a los efectos de esta Ley, en razón de su excepcional valor agrícola, forestal o ganadero, de las posibilidades de explotación de sus recursos naturales, de sus valores paisajísticos, históricos o culturales, o para la defensa de la fauna, la flora o el equilibrio ecológico.

Artículo 81. 1. En los municipios que carecieren de Plan General Municipal de Ordenación, el territorio se clasificará en suelo urbano y suelo no urbanizable.

2. Constituirán el suelo urbanos los terrenos que por contar con acceso rodado, abastecimiento de agua, evacuación de aguas y suministro de energía eléctrica o por estar comprendidos en áreas consolidadas por la edificación al menos en la mitad de la superficie se incluyan en un proyecto de delimitación, que, tramitado por el Ayuntamiento con arreglo al artículo 41, será aprobado por la *Comisión Provincial de Urbanismo*, previo informe de la Diputación Provincial.

3. Constituirán el suelo no urbanizable los demás espacios del término municipal.

Artículo 82. A los efectos de esta Ley tendrán la consideración de solares las superficies de suelo urbano aptas para la edificación que reúnan los siguientes requisitos.

1.º Que estén urbanizadas con arreglo a las normas mínimas establecidas en cada caso por el Plan, y si éste no existiere o no las concretare, se precisará que, además de contar con los servicios señalados en los artículos 78 u 81.2, la vía a que la parcela dé frente tenga pavimentada la calzada y encintado de aceras.

2.º Que tengan señaladas alineaciones y rasantes si existiera Plan de Ordenación.

Artículo 83. 1. El suelo urbano, además de las limitaciones específicas que le imponga el planeamiento, estará sujeto a la de no poder ser edificado hasta que la respectiva parcela mereciere la calificación de solar, salvo que se asegure la ejecución simultánea de la urbanización y de la edificación mediante las garantías que reglamentariamente se determinen.

2. Sin embargo, podrán autorizarse construcciones destinadas a fines industriales, en las zonas permitidas, cuando la seguridad, salubridad y no contaminación quedaren suficientemente atendidas y el propietario asumiera las obligaciones establecidas en el párrafo primero del apartado siguiente mediante inscripción en el Registro de la Propiedad.

3. Los propietarios del suelo urbano deberán:

1.º Ceder gratuitamente a los Ayuntamientos respectivos los terrenos destinados a viales, parque, jardines públicos y centros de Educación General Básica al servicio del polígono o unidad de actuación correspondiente.

2.º Costear la urbanización.

3.º Edificar los solares cuando el Plan así lo estableciera dentro del plazo que éste señale o, en su defecto, en los plazos fijados en el Capítulo I del Título IV de la presente Ley.

4. El reparto equitativo de las cargas que se deriven de la aplicación de este artículo se efectuará a través de las reparcelaciones que procedan, conforme a lo establecido en los artículos 97.2 y 117.3.

Artículo 84. 1. El suelo urbanizable programado estará sujeto a la limitación de no poder ser urbanizado hasta que se apruebe el correspondiente Plan Parcial. Entre tanto, no se podrán realizar en él obras o instalaciones, salvo las que se hayan de ejecutar mediante la redacción de los Planes Especiales a que se refiere el artículo 17.2 y las de carácter provisional previstas en el artículo 58.2, ni podrán destinarse los terrenos a usos o aprovechamientos distintos de los que señale el Plan General.

2. A los efectos de la gestión urbanística, se determinará:

a) El aprovechamiento medio de la totalidad del suelo urbanizable programado y el de cada sector en que se divida el mismo.

b) El aprovechamiento de cada finca, refiriendo a su superficie el aprovechamiento medio del sector en que se encuentre enclavada, sin que tenga relevancia al respecto su calificación concreta en el Plan.

Cuando el aprovechamiento medio de un sector exceda al de la totalidad del suelo urbanizable programado, el exceso será de cesión obligatoria y gratuita, a los fines de compensación previstos en el número 4 de este artículo. El sobrante, si lo hubiere, se incorporará al Patrimonio Municipal del Suelo.

Si el aprovechamiento medio de un sector fuese inferior al de la totalidad del suelo urbanizable programado, se disminuirán proporcionalmente las cargas que implique la gestión urbanística, sufragando el resto el Ayuntamiento u órgano urbanístico actuante.

3. Los propietarios de suelo urbanizable programado deberán:

a) Ceder obligatoria y gratuitamente a favor del Ayuntamiento o, en su caso, órgano urbanístico actuante los terrenos que se destinen con carácter permanente a viales, parques y jardines públicos, zonas deportivas públicas y de recreo y expansión, centros culturales y docentes y demás servicios públicos necesarios.

b) Ceder obligatoria y gratuitamente el 10 por 100 restante del aprovechamiento medio del sector en que se encuentre la finca.

c) Costear la urbanización.

d) Edificar los solares, cuando el Plan así lo establezca y en el plazo que el mismo señale o, en su defecto, en los plazos fijados en el Capítulo I del Título IV de la presente Ley.

Los terrenos que, en virtud de este artículo, se incorporen al Patrimonio Municipal del Suelo se destinarán preferentemente a los fines previstos en los artículo 165 y 166 de esta Ley.

4. Cuando el aprovechamiento real de una finca, según la calificación establecida por el Plan General, no alcance el 90 por 100 del aprovechamiento que le corresponda, deberá compensarse, por adjudicación de terrenos edificables, en áreas de situación y condiciones similares. Si este defecto fuere inferior a un 15 por 100 del correspondiente a la finca, la adjudicación podrá sustituirse, a criterio de la Administración competente, por una indemnización en metálico.

Artículo 85. 1. En tanto no se aprueben Programas de Actuación Urbanística, los terrenos clasificados como suelo urbanizable no programado estarán sujetos a las siguientes limitaciones, además de las que resulten aplicables en virtud de otras leyes:

1.ª Deberán respetarse las incompatibilidades de usos señaladas en el Plan General.

2.ª No se podrán realizar otras construcciones que las destinadas a explotaciones agrícolas que guarden relación con la naturaleza y destino de la finca y se ajusten, en su caso, a los planes o normas del Ministerio de Agricultura, así como las construcciones e instalaciones vinculadas a la ejecución, entretenimiento y servicio de las obras públicas. Sin embargo, podrán autorizarse, siguiendo el procedimiento previsto en el artículo 43.3, edificaciones e instalaciones de utilidad pública o interés social que hayan de emplazarse en el medio rural, así como edificios aislados destinados a vivienda familiar en lugares en los que no exista posibilidad de formación de un núcleo de población.

3.ª Los tipos de las construcciones habrán de ser adecuados a su condición aislada, conforme a las normas que el Plan establezca, quedando prohibidas las edificaciones características de las zonas urbanas.

4.ª En las transferencias de propiedad, divisiones y segregaciones de terrenos rústicos no podrán efectuarse fraccionamientos en contra de lo dispuesto en la legislación agraria.

2. Aprobado un Programa de Actuación Urbanística, se estará a lo dispuesto en los números 2, 3 y 4 del artículo anterior, sin perjuicio de las obligaciones, limitaciones y cargas adicionales que se señalen en el Programa y en el acuerdo de aprobación.

Artículo 86. 1. Los terrenos que se clasifiquen como suelo no urbanizable en el Plan General o por aplicación del artículo 81 estarán sujetos a las limitaciones que se establecen en el artículo anterior.

2. Los espacios que por sus características según el Plan General deban ser objeto de una especial protección a los efectos de esta Ley, no podrán ser dedicados a utilizaciones que impliquen transformación de su destino o naturaleza o lesionen el valor específico que se quiera proteger.

Artículo 87. 1. La ordenación del uso de los terrenos y construcciones enunciada en los artículos precedentes no conferirán derecho a los propietarios a exigir indemnización, por implicar meras limitaciones y deberes que definen el contenido normal de la propiedad según la calificación urbanística. Los afectados tendrán, no obstante, derecho a la distribución equitativa de los beneficios y cargas del planeamiento en los términos previstos en la presente Ley.

2. La modificación o revisión de la ordenación de los terrenos y construcciones establecida por los Planes Parciales, por los Planes Especiales y por los Programas de Actuación Urbanística sólo podrá dar lugar a indemnización si se produce antes de transcurrir los plazos previstos para la ejecución de los respectivos Planes o Programas, o, transcurridos aquéllos, si la ejecución no se hubiere llevado a efecto por causas imputables a la Administración.

3. Las ordenaciones que impusieran vinculaciones o limitaciones singulares que lleven consigo una restricción del aprovechamiento urbanístico del suelo no pueda ser objeto de distribución equitativa entre los interesados conferirán derecho a indemnización.

Artículo 88. La enajenación de fincas no modificará la situación de su titular en orden a las limitaciones y deberes instituidos por esta Ley o impuestos, en virtud de la misma, por los actos de ejecución de sus preceptos, y el adquirente quedará subrogado en el lugar y puesto del anterior propietario en los compromisos que hubiere contraído con las Corporaciones públicas respecto a la urbanización y edificación.

CAPÍTULO II. PATRIMONIO MUNICIPAL DEL SUELO[27]

Artículo 89. 1. Los Ayuntamientos de capitales de provincia, los de población superior a 50.000 habitantes, los que voluntariamente lo acuerden y los demás que señalare el Ministro de *la Vivienda* constituirán su respectivo Patrimonio municipal del suelo.

2. Dicho Patrimonio tendrá por finalidad prevenir, encauzar y desarrollar técnica y económicamente la expansión de las poblaciones, y se adscribirá a la gestión urbanística para la inmediata preparación y enajenación de solares edificables y reserva de terrenos de futura utilización[28].

Artículo 90. 1. La adquisición de terrenos para constituir el patrimonio se verificará conforme al programa de actuación del Plan general Municipal de Ordenación Urbana, si estuviera aprobado.

2. La adquisición de terrenos para formar reservas de suelo podrá efectuarse mediante expropiación, previa aprobación por la *Comisión Provincial de Urbanismo* de un proyecto integrado por Memoria justificativa y plano delimitador de la superficie correspondiente.

27 Véase *supra* el artículo 34.1 del Texto Refundido de la Ley de Suelo, aprobado por Real Decreto Legislativo 2/2008, de 20 de junio.

28 Téngase en cuenta el propio artículo 194.1 del presente Texto Refundido de la Ley sobre Régimen del Suelo y Ordenación Urbana, aprobado por Real Decreto 1346/1976, de 9 de abril.

3. Cuando resultaren incluidos en el Plan bienes propios, quedarán afectados al Patrimonio municipal del suelo.

4. El volumen patrimonial se atemperará a las necesidades del Plan General y a los medios económicos de cada Ayuntamiento.

Artículo 91. 1. Los Ayuntamientos que tuvieren reconocido un perímetro de influencia para el planeamiento urbanístico podrán extender su patrimonio de suelo a los términos municipales que comprenda.

2. Para aplicar la expropiación forzosa a territorio ajeno al propio término municipal se precisará autorización del Ministerio de la Gobernación, previo informe del de la Vivienda[29].

Artículo 92. Las enajenaciones de terrenos del Patrimonio serán supeditadas a la conveniencia de edificarlos o al cumplimiento del Plan General, dentro de los plazos que, en uno u otro caso, se señalaren.

Artículo 93. Los ingresos obtenidos por la gestión urbanística mediante enajenación de terrenos del Patrimonio se destinarán a la conservación y ampliación del mismo.

CAPÍTULO III. PARCELACIONES Y REPARCELACIONES[30]

Artículo 94. 1. Se considerará parcelación urbanística la división simultánea o sucesiva de terrenos en dos o más lotes cuando pueda dar lugar a la constitución de un núcleo de población, en la forma en que éste se divida reglamentariamente.

2. Se considerará ilegal, a efectos urbanísticos, toda parcelación que sea contraria a lo establecido en el Plan, Programa o Norma, urbanística que le sea de aplicación o que infrinja lo dispuesto en el artículo 96 de esta Ley.

Artículo 95. 1. Serán indivisibles:

[29] Apartado declarado inconstitucional y derogado por la Constitución en virtud de la Sentencia del Tribunal Constitucional 159/2001, de 5 de julio (BOE núm. 178, de 26 de julio de 2001).

[30] Véanse *infra* el Reglamento de Gestión Urbanística para el desarrollo y aplicación de la Ley sobre Régimen del Suelo y Ordenación Urbana, aprobado por Real Decreto 3288/1978, de 25 de agosto, y el Reglamento de Reparcelaciones.

a) Las parcelas determinadas como mínimas en el correspondiente Plan o Norma, a fin de constituir fincas independientes.

b) Las parcelas cuyas dimensiones sean iguales o menores a las determinadas como mínimas en el Plan, salvo si los lotes resultantes se adquirieran simultáneamente por los propietarios de terrenos colindantes, con el fin de agruparlos y formar una nueva finca.

c) Las parcelas cuyas dimensiones sean menores que el doble de la superficie determinada como mínima en el Plan, salvo que el exceso sobre dicho mínimo pueda segregarse con el fin indicado en el apartado anterior; y

d) Las parcelas edificables en una proporción de volumen en relación con su área cuando se constituyere el correspondiente a toda la superficie, o, en el supuesto de que se edificare en proporción menor, la porción de exceso, con las salvedades indicadas en el apartado anterior.

2. Los Notarios y Registradores harán constar en la descripción de las fincas la cualidad de «indivisible» de las que se encontraren en cualquiera de los casos expresados.

3. Al otorgarse licencia de edificación sobre una parcela comprendida en el apartado d) del párrafo 1, se comunicará al Registro de la Propiedad para su constancia en la inscripción de la finca.

Artículo 96. 1. No se podrá efectuar ninguna parcelación urbanística sin que previamente haya sido aprobado un Plan General cuando afecte a suelo urbano, o sin la previa aprobación del Plan Parcial del sector correspondiente para el suelo urbanizable. En suelo no urbanizable no se podrán realizar parcelaciones urbanísticas.

2. Toda parcelación urbanística quedará sujeta a licencia y toda reparcelación, a la aprobación del proyecto correspondiente.

3. Los Notarios y Registradores de la Propiedad exigirán para autorizar e inscribir, respectivamente, escrituras de división de terrenos que se acredite el otorgamiento de la licencia, que los primeros deberán testimoniar en el documento[31].

[31] Artículo 259.3 del Texto Refundido de la Ley sobre Régimen del Suelo y Ordenación Urbana, aprobado por Real Decreto Legislativo 1/1992, de 26 de junio.

4. En ningún caso se considerarán solares ni se permitirá edificar en ellos los lotes resultantes de una parcelación o reparcelación efectuadas con infracción de las disposiciones de este artículo o el que antecede.

Artículo 97. 1. Se entenderá por reparcelación la agrupación de fincas comprendidas en el polígono o unidad de actuación para su nueva división ajustada al Plan, con adjudicación de las parcelas resultantes a los interesados, en proporción a sus respectivos derechos.

2. La reparcelación tiene por objeto distribuir justamente los beneficios y cargas de la ordenación urbanística, regularizar la configuración de las fincas y situar su aprovechamiento en zonas aptas para la edificación con arreglo al Plan.

Artículo 98. 1. El expediente de reparcelación se entenderá iniciado al aprobarse la delimitación del polígono o unidad de actuación, excepto en los casos siguientes:

a) Que la reparcelación se haya tramitado y aprobado conjuntamente con dicha aprobación.

b) Que se haya aprobado expresamente la actuación por el sistema de expropiación o sea innecesaria en virtud del acuerdo aprobatorio en el sistema de compensación.

2. La iniciación del expediente de reparcelación llevará consigo, sin necesidad de declaración expresa, la suspensión del otorgamiento de licencias de parcelación y edificación en el ámbito del polígono o unidad de actuación hasta que sea firme en vía administrativa el acuerdo aprobatorio de la reparcelación.

Los peticionarios de licencias solicitadas con anterioridad a la fecha de iniciación del expediente de reparcelación tendrán derecho a ser resarcidos en el forma que señala el número 4 del artículo 27.

La Entidad Local podrá dejar sin efecto, previa la indemnización de daños y perjuicios que corresponda, las licencias concedidas con anterioridad a la fecha de iniciación del expediente que sean incompatibles con la ejecución del planeamiento.

3. El proyecto de reparcelación se formulará:

a) Por los dos tercios de los propietarios interesados que representen como mínimo el 80 por 100 de la superficie reparcelable, dentro de los tres meses siguientes a la aprobación de la delimitación de un polígono o unidad de actuación.

b) Por la Entidad Local o urbanística actuante, de oficio o a instancia de alguno de los propietarios afectados, cuando éstos no hubieran hecho uso de su derecho o no hubieran subsanado dentro del plazo que se les marcare los defectos que se hubieran apreciado en el proyecto que formularen.

Los proyectos redactados de oficio procurarán atenerse a los criterios expresamente manifestados por los interesados en los tres meses siguientes a la aprobación de la delimitación del polígono o unidad de actuación.

Los proyectos se someterán a información pública durante un mes, con citación personal de los interesados, y serán aprobados por el Ayuntamiento o, en su caso, por el órgano urbanístico que se subrogue en las competencias municipales.

Artículo 99. 1. En todo caso el proyecto de reparcelación tendrá en cuenta los siguientes criterios:

a) El derecho de los propietarios será proporcional a la superficie de las parcelas respectivas en el momento de la aprobación de delimitaciones del polígono.

b) Los solares resultantes se valorarán con criterios objetivos y generales para todo el polígono, con arreglo a su uso y volumen edificable, y en función de su situación, características, grado de urbanización y destino de las edificaciones.

c) Se procurará, siempre que sea posible, que las fincas adjudicadas estén situadas en lugar próximo al de las antiguas propiedades de los mismos titulares.

d) Cuando la escasa cuantía de los derechos de algunos propietarios no permita que se les adjudiquen fincas independientes a todos ellos, los solares resultantes se adjudicarán en proindiviso a tales propietarios. No obstante, si la cuantía de esos derechos no alcanzase el 15 por 100 de la parcela mínima edificable, la adjudicación podrá sustituirse por una indemnización en metálico.

e) En todo caso, las diferencias de adjudicación serán objeto de compensación económica entre los interesados, valorándose al precio medio de los solares resultantes.

f) Las plantaciones, obras, edificaciones, instalaciones y mejoras que no puedan conservarse se valorarán con independencia del suelo y su importe se satisfará al propietario interesado, con cargo al proyecto, en concepto de gastos de urbanización.

2. En ningún caso podrán adjudicarse como fincas independientes superficies inferiores a la parcela mínima edificable o que no reúnan la configuración y características adecuadas para su edificación conforme al planeamiento.

3. No serán objeto de nueva adjudicación, conservándose las propiedades primitivas, sin perjuicio de la regularización de linderos cuando fuere necesaria y de las compensaciones económicas que procedan:

a) Los terrenos edificados con arreglo al planeamiento.

b) Las fincas no edificadas con arreglo al planeamiento, cuando la diferencia en más o en menos, entre el aprovechamiento que les corresponda conforme al Plan y el que correspondería al propietario en proporción a su derecho en la reparcelación, sea inferior al 15 por 100 de este último.

4. En el suelo urbano, los derechos de los propietarios en la reparcelación se regularán por el valor de sus respectivas parcelas en la fecha de aprobación del Plan que motivare la reparcelación, con arreglo a lo dispuesto en el artículo 108.

Artículo 100. 1. El acuerdo aprobatorio del proyecto de reparcelación producirá los siguientes efectos:

a) Cesión de derecho al municipio en que se actúe en pleno dominio y libre de cargas de todos los terrenos de cesión obligatoria para su incorporación al patrimonio del suelo o su afectación conforme a los usos previstos en el Plan.

b) Surogación, con plena eficacia real, de las antiguas por las nuevas parcelas.

c) Afectación real de las parcelas adjudicadas al cumplimiento de las cargas y pago de los gastos inherentes al sistema de actuación correspondiente.

2. El acuerdo aprobatorio de reparcelación será impugnable en vía administrativa. *En vía contencioso-administrativa solamente podrá impugnarse dicho acuerdo por vicios de nulidad absoluta del procedimiento de su adopción o para determinar la indemnización que, en su caso, proceda*[32].

[32] Inciso derogado, conforme a la disposición derogatoria de la CE, por suponer una limitación al derecho a la tutela judicial efectiva del artículo 24 del texto constitucional.

Artículo 101. 1. El Organismo que hubiere aprobado el proyecto de reparcelación expedirá documento con las solemnidades y requisitos dispuestos para las actas de sus acuerdos, en el que se relacionen las propiedades antiguas y sus dueños, según los títulos aportados o, en defecto de éstos, por descripción de las fincas e indicación de sus propietarios, si resultaren conocidos, y descripción de las nuevas parcelas con adjudicación de cada una al respectivo titular. Este documento administrativo se protocolizará notarialmente, sin perjuicio de que también pueda otorgarse en escritura pública, en los casos y forma que se señalen reglamentariamente.

2. La situación física y jurídica de las fincas o derechos afectados por la reparcelación y la de los resultantes de ellas se reflejará en el Registro de la Propiedad, de acuerdo con lo dispuesto en la legislación hipotecaria, en la forma que reglamentariamente se determine.

3. Si alguna carga resultare incompatible con la nueva situación o característica de la finca, el Registrador se limitará a hacerlo constar en el correspondiente asiento, y las partes interesadas podrán acudir al Juzgado competente para solicitar la declaración de compatibilidad e incompatibilidad de las cargas o gravámenes sobre las fincas nuevas y, en este último supuesto, su transformación en un derecho de crédito con garantía hipotecaria sobre la finca nueva en la cuantía en que la carga fuera justipreciada.

Artículo 102. 1. Las adjudicaciones de terrenos a que dé lugar la reparcelación, cuando se efectúen en favor de los propietarios comprendidos en el correspondiente polígono o unidad de actuación y en proporción de sus respectivos derechos, estarán exentas, con carácter permanente, del Impuesto General sobre Transmisiones Patrimoniales y Actos Jurídicos Documentados, y no tendrán la consideración de transmisiones de dominio a los efectos de la exacción del arbitrio sobre el incremento del valor de los terrenos. Cuando el valor de los solares adjudicados a un propietario exceda del que proporcionalmente corresponda a los terrenos aportados por el mismo, se girarán las liquidaciones procedentes en cuanto al exceso.

2. Se aplicarán supletoriamente a la reparcelación las normas de la expropiación forzosa.

CAPÍTULO IV. VALORACIONES[33]

Artículo 103. *Las valoraciones de terrenos se efectuarán con arreglo a los criterios establecidos en la presente Ley.*

Artículo 104. *1. El valor inicial de un predio o unidad de cultivo, a efectos de esta Ley, se determinará:*

a) Por el rendimiento bruto que le correspondiera en la explitación rústica efectiva o de que fuere naturalmente susceptible.

b) Por su valor medio en venta a efectos de su explotación agrícola.

En ningún caso se podrán tomar en consideración valores o rendimientos que tengan relación directa o indirecta con la posible utilización urbana de los terrenos.

2. En el rendimiento rústico se estimarán comprendidos el agrícola, el forestal, el ganadero, el cinegético y cualquier otro semejante.

3. Entre los rendimientos de los que un fundo fuere naturalmente susceptible, podrán estimarse los resultados de transformaciones que puedan operarse por los medios normales, tanto mecánicos como técnicos o de capital, existentes para el desarrollo de la explotación agraria y conducentes al máximo aprovechamiento de la fertilidad de la tierra, pero no los hipotéticamente resultantes de una supuesta aplicación de medios extraordinarios.

4. En las unidades de cultivo directamente explotadas por los propietarios se establecerá además el premio de afección que deba serles atribuido en el supuesto de expropiación forzosa.

5. Cuando el valor inicial a que se llegue por aplicación de los criterios anteriores sea inferior al que constara en valoraciones catastrales, índices municipales u otras estimaciones públicas aprobadas, prevalecerá la más alta de las que concurran sobre el terreno.

Artículo 105. *1. El valor urbanístico se determinará en función del aprovechamiento que corresponda a los terrenos según su situación, conforme al ren-*

[33] En la actualidad, Título III del Texto Refundido de la Ley de Suelo, aprobado por Real Decreto Legislativo 2/2008, de 20 de junio, y su Reglamento de Valoraciones, aprobado por Real Decreto 1492/2011, de 24 de octubre.

dimiento que a dicho aprovechamiento se atribuya a efectos fiscales al iniciarse el expediente de valoración.

2. El aprovechamiento que, en todo caso, servirá de base para la determinación del valor urbanístico, una vez deducidos los terrenos de cesión obligatoria que afecten a aquél, será el siguiente:

- En el suelo urbanizable no programado, el que resulte de su uso e intensidad de ocupación determinado en el Plan General.

- En el programado, el aprovechamiento medio del sector.

- En el urbano, el permitido por el Plan o, en su caso, el aprovechamiento medio fijado a los polígonos o unidades de actuación sujetos a reparcelación, y en defecto de Plan, tres metros cúbicos por metro cuadrado, referidos a cualquier uso[34]*.*

3. El valor urbanístico que se determine en función de estos criterios podrá aumentarse o disminuirse en un 15 por 100 como máximo en consideración del grado de urbanización y de las particularidades específicas de los terrenos de que se trate.

Dicha corrección se aplicará con independencia de las que, por conceptos análogos, procedieren con arreglo a la legislación tributaria.

Artículo 106. *1. Las plantaciones, obras, edificaciones e instalaciones que existan en el suelo se justipreciarán con independencia del mismo e incrementarán con su cuantía el valor total del inmueble, salvo que, por su carácter de mejoras permanentes, hayan sido tenidas en cuenta en la determinación del valor inicial o del urbanístico, o con arreglo al artículo anterior.*

34 Si bien este último párrafo del artículo 105.2 fue redactado nuevamente por la Ley 8/1990, de 25 de julio, de Reforma del Régimen Urbanístico y Valoraciones del Suelo (en concreto, con el siguiente tenor: «En el urbano, el permitido por el Plan o, en su caso, el aprovechamiento medio resultante en la unidad de ejecución respectiva. En defecto de Plan o cuando éste no atribuya aprovechamiento lucrativo alguno al terreno no incluido en unidad de ejecución, el aprovechamiento a tener en cuenta será de un metro cuadrado construible por cada metro de suelo referido al uso predominante en el polígono fiscal en el que resulte incluido»), debe tenerse en cuenta que tal previsión, incorporada al artículo 62 del Texto Refundido de la Ley sobre Régimen del Suelo y Ordenación Urbana, aprobado por Real Decreto Legislativo 1/1992, de 26 de junio, fue ulteriormente objeto de declaración de inconstitucionalidad y nulidad por la Sentencia del Tribunal Constitucional 61/1997, de 20 de marzo. Véase la Sentencia del Tribunal Supremo de 17 de abril de 2001.

2. Las indemnizaciones a favor de los arrendatarios rústicos y urbanos se fijarán de acuerdo con los previsto en la Ley de Expropiación Forzosa.

Artículo 107. *Se tasarán con arreglo al valor inicial de los terrenos clasificados como suelo no urbanizable.*

Artículo 108. *Se tasarán con arreglo al valor urbanístico los terrenos clasificados como suelo urbano o urbanizable en todas sus categorías.*

Las tasaciones tendrán como límite el valor inicial, que prevalecerá sobre el urbanístico cuando fuese éste inferior.

Artículo 109. *Cuando correspondiere aplicar a la tasación de terrenos el valor inicial o urbanístico, no se tendrá en cuenta el precio consignado en los títulos de adquisición o de constitución de gravámenes posteriores a la promulgación de esta Ley.*

Artículo 110. *Siempre que el valor asignado a una parcela en la que el dueño hubiere costeado algunas obras de urbanización, no contrapuestas a Planes vigentes en el momento de ejecutarlas, fuere inferior a la suma del valor inicial y de la parte proporcional del valor actual de las obras, se completará hasta cubrir el importe de ambos sumandos.*

Artículo 111. *1. La valoración de los derechos reales sobre inmuebles a los efectos de su constitución, modificación o extinción, se efectuará con arreglo a las disposiciones sobre expropiación que específicamente determinen el justiprecio de los mismos; subsidiariamente, según las normas del Derecho Administrativo o Civil que regule la institución y, en su defecto, por las establecidas para los Impuestos de Sucesiones, Transmisiones Patrimoniales y Actos Jurídicos Documentados.*

2. Al expropiar una finca gravada con cargas, la Corporación u Organismo que la efectuare podrá elegir entre justipreciar cada uno de los derechos que concurren con el de dominio para distribuirlo entre los titulares de cada uno de ellos o bien valorar el inmueble en su conjunto y consignar su importe en poder del Juzgado, para que éste fije y distribuya, por el trámite de los incidentes, la proporción que corresponda a los respectivos interesados.

Artículo 112. *1. Las valoraciones tendrán vigencia durante diez años.*

2. Cuando circunstancias reales y ajenas a especulaciones originares notorias variaciones en el mercado de terrenos o en la situación económica general, se revisarán los justiprecios, de oficio o a petición de cualquier propietario afectado.

3. Servirá de base para la revisión, sin perjuicio de otros factores, el índice general ponderado de precios al por mayor publicado por el Instituto Nacional de Estadística.

Artículo 113. *El pago del justiprecio en las expropiaciones podrá verificarse en efectivo o, de acuerdo con el expropiado, por permuta con otras parcelas del beneficiario de la expropiación.*

TÍTULO III. EJECUCIÓN DE LOS PLANES DE ORDENACIÓN[35]

CAPÍTULO I. DISPOSICIONES GENERALES

Artículo 114. 1. La ejecución de los Planes de Ordenación corresponde al Estado, a las Entidades Locales y a las Entidades Urbanísticas especiales en sus respectivas esferas de actuación, sin perjuicio de la participación de los particulares en dicha ejecución en los términos establecidos en el presente título.

2. La ejecución de los Planes mediante el sistema de expropiación puede ser objeto de concesión administrativa, que se otorgará mediante concurso, en cuyas bases se fijarán los derechos y obligaciones del concensionario.

Artículo 115. Es Estado y las Entidades Locales podrán constituir Sociedades anónimas o Empresas de economía mixta, con arreglo a la legislación aplicable en cada caso para la ejecución de los Planes de Ordenación.

Artículo 116. 1. Las actuaciones en suelo urbanizable programado requieren la previa aprobación del Plan Parcial del sector correspondiente.

[35] Véanse los escasos preceptos vigentes del Título IV del Texto Refundido de la Ley sobre Régimen del Suelo y Ordenación Urbana, aprobado por Real Decreto Legislativo 1/1992, de 26 de junio, así como el Reglamento de Gestión Urbanística para el desarrollo y aplicación de la Ley sobre Régimen del Suelo y Ordenación Urbana, aprobado por Real Decreto 3288/1978, de 25 de agosto. Ténganse en cuenta, asimismo, los Reales Decreto Leyes 3/1980, de 14 de marzo, y 16/1981, de 16 de octubre, recogidos *infra*.

2. En el suelo urbanizable no programado sólo podrá actuarse mediante la aprobación de Programas de Actuación Urbanística y de los correspondientes Planes Parciales para su ejecución.

3. Se exceptúa de lo dispuesto en este artículo la ejecución de los sistemas generales de la ordenación urbanística del territorio previstos en los Planes Directores Territoriales de Coordinación, o en los Planes Generales, o la de alguno de los elementos de dichos sistemas.

Artículo 117. 1. La ejecución de los Planes y de los Programas de Actuación Urbanística se realizará por polígonos completos, salvo cuando se trate de ejecutar directamente los sistemas generales o alguno de sus elementos o de realizar actuaciones aisladas en suelo urbano.

2. Los polígonos se delimitarán teniendo en cuenta los siguientes requisitos:

a) Que por sus dimensiones y características de la ordenación sean susceptibles de asumir las cesiones de suelo derivadas de las exigencias del Plan y de los Programas de Actuación Urbanística.

b) Que hagan posible la distribución equitativa de los beneficios y cargas de la urbanización.

c) Que tengan entidad suficiente para justificar técnica y económicamente la autonomía de la actuación.

3. En el suelo urbano, cuando no se posible la determinación de un polígono con los requisitos establecidos en el número anterior, ni se trate de actuaciones aisladas, las operaciones urbanísticas podrán llevarse a cabo mediante la delimitación de unidades de actuación que permitan, al menos, la distribución justa entre los propietarios de los beneficios y cargas derivados del planeamiento.

4. No podrán delimitarse polígonos ni unidades de actuación inmediatos a terrenos de cesión obligatoria y gratuita sin incluir en los referidos polígonos y unidades la parte correspondiente de los indicados terrenos.

Artículo 118. 1. La delimitación de polígonos y unidades de actuación, si no se contuviere en los Planes, así como la modificación de los ya delimitados cuando proceda, se acordará, de oficio o a petición de los particulares interesados, por la Entidad local o urbanística especial actuante, previos los trámites de aprobación inicial e información pública durante quince días.

2. No obstante, ninguna reclamación o recurso que se fundamente en errores u omisiones no denunciados en la fase de información pública podrá dar lugar a la retroacción de actuaciones.

CAPÍTULO II. DE LOS SISTEMAS DE ACTUACIÓN

Artículo 119. 1. La ejecución de los polígonos o unidades de actuación se realizará mediante cualquiera de los siguientes sistemas de actuación:

a) Compensación.

b) Cooperación.

c) Expropiación.

2. La Administración actuante elegirá el sistema de actuación aplicable según las necesidades, medios económico-financieros con que cuente, colaboración de la iniciativa privada y demás circunstancias que concurran, dando preferencia a los sistemas de compensación y cooperación, salvo cuando razones de urgencia o necesidad exijan la expropiación.

3. Cuando el Plan de ordenación o Programa de Actuación Urbanística no precisaren el sistema, su determinación se llevará a cabo con la delimitación del polígono o unidad de actuación. Si los propietarios que represente el 60 por 100 de la superficie total del polígono o unidad de actuación solicitasen, en el trámite de información pública del procedimiento para su delimitación, la aplicación del sistema de compensación, la Administración lo acordará previa audiencia de los demás propietarios del polígono o unidad de actuación.

4. En todo caso, procederá la aplicación del sistema de expropiación cuando la Junta de Compensación o, en su caso, el propietario único de todos los terrenos del polígono o unidad de actuación incumplan las obligaciones inherentes al sistema de compensación.

Artículo 120. 1. Los propietarios de terrenos afectados por una actuación urbanística están sujetos al cumplimiento de las siguientes cargas:

a) Efectuar las cesiones de terrenos que se establecen en la presente Ley.

b) Sufragar los costes de la urbanización.

2. La Administración vendrá obligada a afectar el suelo procedente de las cesiones al destino previsto en los Planes, y eventualmente al Patrimonio municipal del suelo, y a realizar la urbanización en los plazos previstos. La variación en el destino de los terrenos de cesión obligatoria no podrá implicar

en ningún caso disminución de la cuantía de las cesiones correspondientes al aprovechamiento medio en cada caso[36].

Artículo 121. Cuando la actuación en determinados polígonos o unidades de actuación no sea presumiblemente rentable, por resultar excesivas las cargas en relación con el escaso aprovechamiento previsto para las zonas edificables, el Consejo de Ministros, a propuesta del Ministro de *la Vivienda* y previo dictamen del Consejo de Estado, con audiencia o, en su caso, a instancia de los Ayuntamientos interesados, podrá autorizar, sin modificar las determinaciones del Plan, una reducción de la contribución de los propietarios a las mismas o una compensación económica a cargo de la Administración, procurando equiparar los costes de la actuación a las de otras análogas que hayan resultado viables.

Artículo 122. 1. En los costes de urbanización que deban ser sufragados por los propietarios afectados se comprenden los siguientes conceptos:

a) Las obras de vialidad, saneamiento, suministro de agua y energía eléctrica, alumbrado público, arbolado y jardinería, que estén previstas en los Planes y proyectos y sean de interés para el sector o área de actuación, sin perjuicio del derecho a reintegrarse de los gastos de instalación de las redes de suministro de agua y energía eléctrica con cargo a las empresas que prestaren los servicios, salvo la parte que deban contribuir los usuarios según la reglamentación de aquéllos.

b) Las indemnizaciones procedentes por el derribo de construcciones, destrucción de plantaciones, obras e instalaciones que exija la ejecución de los Planes.

c) El coste de los Planes Parciales y de los Proyectos de Urbanización y Reparcelación.

2. El pago de estos costes podrá realizarse, previo acuerdo con los propietarios interesados, cediendo éstos, gratuitamente y libres de cargas, terrenos edificables en la proporción que se estime suficiente para compensarlos.

Artículo 123. Los propietarios de suelo urbanizable no programado, que sea objeto de un Programa de Actuación Urbanística, habrán de subvenir a la

[36] Véanse *supra* los artículos 4 y 5 del Texto Refundido de la Ley de Suelo, aprobado por Real Decreto Legislativo 2/2008, de 20 de junio.

ejecución o suplemento de las obras exteriores de infraestructura sobre las que se apoye la actuación urbanística sin perjuicio del cumplimiento de las cargas a que se refiere el número 2 del artículo 85.

Artículo 124. 1. Las obligaciones y cargas de los propietarios del suelo a que se refiere este capítulo serán objeto de distribución justa entre los mismos, juntamente con los beneficios derivados del planeamiento, en la forma que libremente convengan mediante compensación o reparcelación.

2. El incumplimiento de las obligaciones y cargas impuestas por la presente Ley habilitará a la Administración competente para expropiar los terrenos afectados[37].

Artículo 125. 1. La cesión del 10 por 100 a que se refiere el número 3 del artículo 84 en los casos de actuaciones urbanísticas de carácter sectorial o que por su naturaleza requieran una reducida extensión de terrenos o situarse en parajes aislados, podrá ser sustituida por una indemnización económica, determinada con arreglo al procedimiento establecido en el artículo 105.

2. Procederá también la indemnización sustitutoria entre los afectados cuando, por las circunstancias de edificación en una actuación urbanística, no fuere posible llevar a cabo la reparcelación material de los terrenos de toda o parte de la misma, superior a un 50 por 100 de la superficie afectada.

CAPÍTULO III. SISTEMA DE COMPENSACIÓN

Artículo 126. 1. En el sistema de compensación, los propietarios aportan los terrenos de cesión obligatoria, realizan a su costa la urbanización en los términos y condiciones que se determinen en el Plan o Programa de Actuación Urbanística o en el acuerdo aprobatorio del sistema y se constituyen en Junta de Compensación, salvo que todos los terrenos pertenezcan a un solo titular.

2. Las Bases de actuación y los Estatutos de la Junta de Compensación serán aprobados por la Administración actuante. A tal efecto, los propietarios que represente, al menos, el 60 por 100 de la superficie total del polígono o unidad de actuación, presentarán a la Administración actuante los correspon-

37 Véase *supra* el artículo 29.1 del Texto Refundido de la Ley de Suelo, aprobado por Real Decreto Legislativo 2/2008, de 20 de junio.

dientes proyectos de Bases y Estatutos. Con anterioridad a la resolución que se adopte, se dará audiencia a los demás propietarios[38].

Artículo 127. 1. Los propietarios del polígono o unidad de actuación que no hubieren solicitado el sistema podrán incorporarse con igualdad de derechos y obligaciones a la Junta de Compensación, si no lo hubieran hecho en un momento anterior, dentro del plazo de un mes a partir de la notificación del acuerdo de aprobación de los Estatutos de la Junta. Si no lo hicieran, sus fincas serán expropiadas en favor de la Junta de Compensación, que tendrá la condición jurídica de beneficiaria.

2. Podrán también incorporarse a la Junta las Empresas urbanizadoras que hayan de participar con los propietarios en la gestión del polígono o unidad de actuación.

3. La Junta de Compensación tendrá naturaleza administrativa, personalidad jurídica propia y plena capacidad para el cumplimiento de sus fines.

4. Un representante de la Administración actuante formará parte del órgano rector de la Junta en todo caso.

5. Los acuerdos de la Junta de Compensación serán recurribles *en alzada* ante la Administración actuante.

Artículo 128. La transmisión al municipio correspondiente, en pleno dominio y libre de cargas, de todos los terrenos de cesión obligatoria y de las obras o instalaciones que deban ejecutar a su costa los propietarios tendrá lugar por ministerio de la Ley en las condiciones que reglamentariamente se determinen.

Artículo 129. 1. La incorporación de los propietarios a la Junta de Compensación no presupone, salvo que los Estatutos dispusieran otra cosa, la transmisión a la misma de los inmuebles afectados a los resultados de la gestión común. En todo caso, los terrenos quedarán directamente afectos al cumplimiento de las obligaciones inherentes al sistema con anotación en el Registro de la Propiedad en la forma que se señale reglamentariamente.

2. Las Juntas de Compensación actuarán como fiduciarias con pleno poder dispositivo sobre las fincas pertenecientes a los propietarios miembros de aquéllas, sin más limitaciones que las establecidas en los Estatutos.

[38] Téngase en cuenta el Real Decreto-ley 16/1981, de 16 de octubre, transcrito *infra*.

3. Las transmisiones de terrenos que se realicen como consecuencia de la constitución de la Junta de Compensación por aportación de los propietarios del polígono o unidad de actuación, en el caso de que así lo dispusieran los Estatutos, o en virtud de expropiación forzosa, y las adjudicaciones de solares que se efectúen a favor de los propietarios miembros de dichas Juntas y en proporción a los terrenos incorporados por aquéllos, estarán exentas, con carácter permanente, del Impuesto General sobre Transmisiones de dominio a los efectos de la exacción del arbitrio sobre el incremento del valor de los terrenos. Cuando el valor de los solares adjudicados a un propietario exceda del que proporcionalmente corresponda a los terrenos aportados por el mismo, se girarán las liquidaciones procedentes en cuanto al exceso[39].

Artículo 130. 1. La Junta de Compensación será directamente responsable, frente a la Administración competente, de la urbanización completa del polígono o unidad de actuación y, en su caso, de la edificación de los solares resultantes, cuando así se hubiere establecido.

2. Las cantidades adeudadas a la Junta de Compensación por sus miembros serán exigibles por vía de apremio, mediante petición de la Junta a la Administración actuante.

3. El incumplimiento por los miembros de la Junta de las obligaciones y cargas impuestas por la presente Ley habilitará a la Administración actuante para expropiar sus respectivos derechos en favor de la Junta de Compensación, que tendrá la condición jurídica de beneficiaria.

CAPÍTULO IV. SISTEMA DE COOPERACIÓN

Artículo 131. 1. En el sistema de cooperación, los propietarios aportan el suelo de cesión obligatoria y la Administración ejecuta las obras de urbanización con cargo a los mismos.

2. La aplicación del sistema de cooperación exige la reparcelación de los terrenos comprendidos en el polígono o unidad de actuación, salvo que ésta sea innecesaria por resultar suficientemente equitativa la distribución de los beneficiarios y cargas.

[39] Véase *supra* el artículo 159.4 del Texto Refundido de la Ley sobre Régimen del Suelo y Ordenación Urbana, aprobado por Real Decreto Legislativo 1/1992, de 26 de junio.

3. Podrán constituirse asociaciones administrativas de propietarios, bien a iniciativa de éstos o por acuerdo del Ayuntamiento, con la finalidad de colaborar en la ejecución de las obras de urbanización.

Artículo 132. 1. Las cargas de la urbanización se distribuirán entre los propietarios en proporción al valor de las fincas que les sean adjudicadas en la reparcelación.

2. La Administración actuante podrá exigir a los propietarios afectados el pago de cantidades a cuenta de los gastos de urbanización. Estas cantidades no podrán exceder del importe de las inversiones previstas para los próximos seis meses.

3. La Administración actuante podrá asimismo, cuando las circunstancias lo aconsejen, convenir con los propietarios afectados un aplazamiento en el pago de los gastos de urbanización.

Artículo 133. En el sistema de cooperación no podrán concederse licencias de edificación hasta que sea firme en vía administrativa el acuerdo aprobatorio de la reparcelación del polígono o unidad de actuación, cuando aquélla sea procedente.

CAPÍTULO V. SISTEMA DE EXPROPIACIÓN[40]

Artículo 134. 1. El sistema de expropiación se aplicará por polígonos o unidades de actuación completas y comprenderá todos los bienes y derechos incluidos en los mismos.

2. Sin perjuicio de lo dispuesto en el número anterior, la expropiación forzosa podrá aplicarse para la ejecución de los sistemas generales de la ordenación urbanística del territorio o la de alguno de sus elementos, o para realizar actuaciones aisladas en suelo urbano.

Artículo 135. 1. Cuando la ejecución de los Planes se realice por el sistema de expropiación, la delimitación de los polígonos o unidades de actuación

[40] Téngase en cuenta el Título IV del Texto Refundido de la Ley de Suelo, aprobado por Real Decreto Legislativo 2/2008, de 20 de junio, y los preceptos vigentes del Título V del Texto Refundido de la Ley sobre Régimen del Suelo y Ordenación Urbana, aprobado por Real Decreto Legislativo 1/1992, de 26 de junio.

deberá ir acompañada de una relación de propietarios y de una descripción de los bienes o derechos afectados, redactadas con arreglo a lo dispuesto en la Ley de Expropiación Forzosa.

2. Si no se actúa por polígonos o unidades de actuación completos, la aplicación de la expropiación forzosa para la ejecución de los sistemas generales o de alguno de sus elementos o para realizar actuaciones aisladas en suelo urbano, exigirá la formulación de la relación de propietarios y descripción de bienes y derechos a que se refiere el número anterior, que habrá de ser aprobada por el Organismos expropiante, previa la apertura de un período de información pública por plazo de quince días.

Artículo 136. 1. Cuando en la superficie delimitada existan bienes de dominio público y el destino de los mismos según el planeamiento sea distinto del que motivó su afectación o adscripción al uso general o a los servicios públicos, se seguirá el procedimiento previsto en la Ley de Patrimonio del Estado o, en su caso, en la legislación de Régimen Local.

2. Las vías rurales que se encuentren comprendidas en la superficie delimitada se entenderán de propiedad municipal, salvo prueba en contrario. En cuanto a las vías urbanas que desaparezcan, se entenderán transmitidas de pleno derecho al Organismo expropiante y subrogadas por las nuevas que resulten del planeamiento.

Artículo 137. Sobre la superficie comprendida en el área delimitada a efectos expropiatorios no se podrá realizar construcción alguna ni modificar las existentes, salvo en casos concretos y excepcionales, previa autorización expresa del Organismo expropiante, que, de no ser el Ayuntamiento, lo comunicará a éste a efectos de la concesión de la oportuna licencia.

Artículo 138. El expropiante podrá optar entre seguir la expropiación individualmente para cada finca o aplicar el procedimiento de tasación conjunta con arreglo a lo que se dispone a continuación.

1.º El proyecto de expropiación será expuesto al público por término de un mes, para que los interesados, a quienes deberán ser notificadas las correspondientes hojas de aprecio, puedan formular observaciones y reclamaciones concernientes a la titularidad o valoración de sus respectivos derechos.

2.º Informadas éstas por la Administración actuante, se elevará el expediente a la *Comisión Provincial de Urbanismo* para su resolución.

3.º La resolución será notificada individualmente a los titulares de bienes y derechos afectados. Si los interesados, dentro de los veinte días siguientes, manifiestan por escrito su disconformidad con la valoración establecida por la *Comisión Provincial de Urbanismo*, con alegación en su caso de cuanto estimen pertinente a su derecho, la *Comisión Provincial de Urbanismo* dará traslado del expediente al Jurado Provincial de Expropiación Forzosa para la fijación del justiprecio conforme a los criterios de valoración establecidos en la presente Ley.

En otro caso, el silencio del interesado se considerará como aceptación de la valoración fijada por la *Comisión Provincial de Urbanismo*, entendiéndose determinado definitivamente el justiprecio.

4.º La resolución de la *Comisión Provincial de Urbanismo* implicará la declaración de urgencia de la ocupación de los bienes o derechos afectados, y el pago o depósito del importe de la valoración establecida por la misma producirá los efectos previstos en los números 6, 7 y 8 del artículo 52 de la Ley de Expropiación Forzosa.

Artículo 139. 1. Sin perjuicio de lo que se dispone en el apartado siguiente, las actuaciones del expediente expropiatorio se seguirán con quienes figuren como interesados en el proyecto de delimitación redactado conforme a la Ley de Expropiación Forzosa, o acrediten, en legal forma, ser los verdaderos titulares de los bienes o derechos en contra de lo que diga el proyecto. En el procedimiento de tasación conjunta, los errores no denunciados y justificados en el plazo señalado en el número 1.º del artículo anterior no darán lugar a nulidad o reposición de actuaciones, conservando, no obstante, los interesados su derecho a ser indemnizados en la forma que corresponda.

2. Llegado el momento del pago del justiprecio, sólo se procederá a hacerlo efectivo, consignándose, en caso contrario, aquellos interesados que aporten certificación registral a su favor, en la que conste haberse extendido la nota del artículo 32 del Reglamento Hipotecario o, en su defecto, los títulos justificativos de su derecho, completados con certificaciones negativas del Registro de la Propiedad referidas a la misma finca descrita en los títulos. Si existiesen cargas deberán comparecer también los titulares de las mismas.

3. Cuando existan pronunciamientos registrales contrarios a la realidad podrá pagarse el justiprecio a quienes los hayan rectificado o desvirtuado mediante cualquiera de los medios señalados en la legislación hipotecaria o con acta de notoriedad tramitada conforme al artículo 209 del Reglamento notarial.

Artículo 140. 1. Una vez efectuado el pago o consignación se podrán levantar una o más actas de ocupación e inscribir, como una o varias fincas registrales, la totalidad o parte de la superficie objeto de su actuación, sin que sea necesaria la previa inscripción de todas y cada una de las fincas expropiadas. El hecho de que alguna de estas fincas no estuviese inmatriculada no será obstáculo para que pueda practicarse directamente aquella inscripción. Al margen de la inscripción de las fincas agrupadas, y con efectos de transferencia, se extenderá la oportuna nota.

2. Será título inscribible el acta o actas de ocupación acompañadas de las actas de pago o los justificantes de consignación del justiprecio de todas las fincas ocupadas, que habrán de ser descritas conforme a la legislación hipotecaria. Dicho título, así como los que sean necesarios para practicar las inscripciones a que se refiere el artículo siguiente, deberán ir acompañados, en su caso, de los respectivos planos, una de cuyas copias se archivará en el Registro.

3. Si al procederse a la inscripción surgiesen dudas fundadas sobre si dentro de la superficie ocupada existiese alguna finca registral no tenida en cuenta en el expediente expropiatorio, sin perjuicio de practicarse la inscripción, se pondrá tal circunstancia a los efectos del artículo siguiente, en conocimiento del organismo expropiante.

Artículo 141. 1. Tramitado el procedimiento expropiatorio en la forma establecida en los artículos anteriores y levantada el acta o actas de ocupación, se entenderá adquirida libre de cargas la totalidad de las fincas comprendidas en la misma por la Administración expropiante, la cual será mantenida en su adquisición una vez que haya inscrito su derecho, sin que quepa ejercitar ninguna acción real o interdictal contra la misma, aun cuando posteriormente aparezcan terceros interesados no tenidos en cuenta en el expediente, quienes, sin embargo, conservarán y podrán ejercitar cuantas acciones personales pudieran corresponderles para percibir el justiprecio o las indemnizaciones expropiatorias y discutir su cuantía.

2. Si con posterioridad a la inscripción del acta conjunta de ocupación aparecieran fincas o derechos anteriormente inscritos que no se tuvieron en cuenta en el expediente expropiatorio, la Administración expropiante, de oficio o a instancia de parte interesada o del propio Registrador solicitará de éste que practique la cancelación correspondiente, sin perjuicio de lo dispuesto en el número anterior.

Artículo 142. 1. En el caso de actuaciones urbanísticas de promoción pública en nuevos polígonos para la creación de suelo urbanizado, el pago del justiprecio de los bienes y derechos expropiados se podrá efectuar por la Administración actuante, de acuerdo con los expropiados, con parcelas resultantes de la propia urbanización.

2. La valoración de los bienes y derechos expropiados y de las parcelas resultantes se hará con arreglo a los criterios establecidos en esta Ley, teniendo en cuenta los costes de la urbanización correspondiente al Plan según lo dispuesto establecido en la Ley de Expropiación Forzosa. Todo ello en forma y condiciones que reglamentariamente se determine.

Artículo 143. En todo lo no previsto expresamente en esta Ley se aplicará la legislación general de expropiación forzosa.

Artículo 144. En los supuestos de expropiación previstos en el apartado 2 del artículo 134 se aplicará siempre el procedimiento de la Ley de Expropiación Forzosa sin perjuicio de que la tasación de los terrenos se realice con arreglo a los criterios de valoración de la presente Ley[41].

Artículo 145. El coste de las expropiaciones a que se refiere el artículo anterior podrá ser repercutido sobre los propietarios que resulten especialmente beneficiados por la actuación urbanística, mediante la imposición de contribuciones especiales.

CAPÍTULO VI. EJECUCIÓN DE LOS PROGRAMAS DE ACTUACIÓN URBANÍSTICA

Artículo 146. 1. Las Entidades Locales y, en su caso, las Urbanísticas especiales competentes, de oficio o a instancia de parte, podrán convocar concursos para la formulación y ejecución de Programas de Actuación Urbanística, de conformidad con las determinaciones y los criterios que, a este efecto, señale el Plan General.

2. Las bases del concurso señalarán las zonas aptas para la localización de las actuaciones, la magnitud de las superficies urbanizables, las exigencias mínimas de planeamiento en relación con las determinaciones y criterios que a estos

[41] En la actualidad, Título III del Texto Refundido de la Ley de Suelo, aprobado por Real Decreto Legislativo 2/2008, de 20 de junio.

efectos establezca el Plan General, con señalamiento de los usos generales a que se destine la actuación, la obligación de los promotores de construir un porcentaje de edificación en plazos determinados, las garantías y sanciones en caso de incumplimiento y las demás circunstancias que configure la referida actuación.

3. En las bases se concretarán asimismo las demás obligaciones que deben asumir los adjudicatarios, que comprenderán, cuando menos, las siguientes:

a) Cesión gratuita a la Entidad Local o, en su caso, a la Urbanística especial competente, de los terrenos destinados a viales, parques y jardines públicos y demás servicios y dotaciones de interés general que, en ningún caso, podrán ser inferiores a las establecidas en la presente Ley.

b) Construcción de la red viaria completa de la zona de actuación y de las redes de abastecimiento de agua y energía eléctrica, saneamiento, alumbrado público y demás servicios que, en su caso, se prevean.

c) Construcción de las necesarias conexiones en el exterior de la zona de actuación, con las redes señaladas en el apartado anterior.

d) Previsión y ejecución del equipamiento adecuado a las dimensiones y finalidad de la actuación que, cuando se trate de uso residencial, consistirá como mínimo en la creación de espacios verdes públicos y en la construcción de centros docentes, sociales y comerciales.

4. La cesión del 10 por 100 del aprovechamiento medio podrá sustituirse por las mayores obligaciones que, a tal efecto, establecieran las bases.

5. Las bases podrán establecer también los precios máximos de venta o alquiler de las edificaciones.

Artículo 147. 1. Las bases serán redactadas por la Entidad que convoque el concurso y serán aprobadas por el órgano competente para la aprobación del Programa de actuación.

2. Los concursantes, al formular sus ofertas, deberán presentar avances de planeamiento.

3. La adjudicación del concurso se otorgará por la misma Entidad que lo convocó.

4. En el acto de adjudicación del concurso se determinará el sistema de actuación aplicable y se aprobará el avance de planeamiento presentado por el concursante seleccionado, a los efectos del artículo 28, con las modificaciones que, en su caso, procedieran.

5. En todo caso la presentación del avance de planeamiento no limitará las facultades de la Administración respecto a la aprobación del Programa de Actuación Urbanística y Planes Parciales que los desarrollen.

Artículo 148. Adjudicado el concurso, se procederá por el concursante seleccionado a formular el correspondiente Programa de actuación de acuerdo con el avance de planeamiento aprobado, si no se hubiera hecho anteriormente, con sujeción a las determinaciones previstas en el artículo 16 de esta Ley a la tramitación establecida para los Planes Parciales.

Artículo 149. 1. De acuerdo con las previsiones del Plan General y sin detrimento de los programas en él establecidos, las Entidades Locales y, en su caso, las Urbanísticas especiales competentes podrán formular y ejecutar directamente Programas de Actuación Urbanística, sin que sea necesario en este supuesto la convocatoria de concurso.

2. Asimismo podrán formularse y ejecutarse Programas de Actuación Urbanística sin previa convocatoria de concurso, cuando se trate de la urbanización de terrenos destinados a instalaciones de actividades productivas relevantes o de especial importancia y para la formación de polígonos industriales, y así lo acuerde el Consejo de Ministros mediante Decreto, al propuesta del Ministerio de *la Vivienda* y del competente por razón de la materia, previo informe de las Corporaciones Locales interesadas y de la *Comisión Central de Urbanismo*, y dictamen del Consejo de Estado. En el Decreto se determinarán las obligaciones que debe cumplir el adjudicatario en relación con lo que se establece en el apartado 3 del artículo 146.

Artículo 150. De haberse formulado directamente Programas de Actuación Urbanística por las Entidades Locales y, en su caso, por las Urbanísticas especiales, éstas podrán convocar concursos para la ejecución y desarrollo de los mismos, con sujeción a las Leyes y disposiciones que regulan sus respectivas competencias.

Artículo 151. Los Programas de Actuación Urbanística se ejecutarán por los sistemas de compensación, cooperación o expropiación. La determinación del sistema se efectuará por la Administración en la forma prevista por esta Ley.

Artículo 152. En todo caso, la aprobación del Programa de Actuación Urbanística implicará la declaración de utilidad pública y la necesidad de la ocupación a efectos de expropiación forzosa de los terrenos necesarios para el enlace de la zona de actuación con los correspondientes elementos de los sistemas generales existentes en el exterior[42].

Artículo 153. El incumplimiento de las obligaciones contraídas por el adjudicatario dará lugar, en su caso, a la resolución del convenio y a la caducidad del Programa de Actuación Urbanística, respecto de la parte pendiente de ejecución, sin perjuicio de las sanciones que procedan.

TÍTULO IV. EJERCICIO DE LAS FACULTADES RELATIVAS AL USO Y EDIFICACIÓN DEL SUELO[43]

CAPÍTULO I. FOMENTO DE LA EDIFICACIÓN[44]

Sección 1ª Plazos de edificación y enajenación forzosa de propiedades

Artículo 154. 1. El propietario de solares, según el artículo 82, deberá emprender la edificación dentro del plazo fijado en el Plan o Programa de Actuación Urbanística.

2. Si no estuviera determinado, el plazo será el siguiente:

a) De dos años, contados desde que la parcela, que merezca la calificación de solar, esté comprendida en áreas consolidadas por la edificación al menos en dos terceras partes de su superficie, si el propietario de la parcela hubiere cedido los terrenos y costeado la urbanización, y

[42] Artículo 183 del Texto Refundido de la Ley sobre Régimen del Suelo y Ordenación Urbana, aprobado por Real Decreto Legislativo 1/1992, de 26 de junio.

[43] Ténganse en cuenta, tanto los preceptos vigentes en esta materia del Texto Refundido de la Ley sobre Régimen del Suelo y Ordenación Urbana, aprobado por Real Decreto Legislativo 1/1992, de 26 de junio, como la Ley 38/1999, de 5 de noviembre, de Ordenación de la Edificación. Véanse, asimismo, el Reglamento de Expropiación Forzosa, aprobado por Decreto de 26 de abril de 1957, y el Reglamento de Disciplina Urbanística para el desarrollo y aplicación de la Ley sobre Régimen del Suelo y Ordenación Urbana, aprobado por Real Decreto 2187/1978, de 23 de junio, recogidos *infra*.

[44] Téngase en cuenta el Real Decreto-ley 3/1980, de 14 de marzo, recogido *infra*.

b) De tres años, a contar de la recepción provisional de las obras de urbanización a que se refiere el número 1 del artículo 82 en los demás casos.

3. A los efectos de la presente sección, tendrán también la consideración de solares de fincas en las que existieren construcciones paralizadas, ruinosas, derruidas o inadecuadas al lugar en que radiquen, cuyos propietarios deberán emprender la edificación dentro del plazo señalado en el párrafo 2 del artículo 156.

Artículo 155. 1. Los plazos señalados para la edificación no se alterarán aunque durante los mismos se efectuaren varias transmisiones de dominio.

2. Dichos plazos serán prorrogables por un año, si lo acordare el Ayuntamiento mediante justa causa; por dos años, en virtud de resolución motivada de la *Comisión Provincial de Urbanismo*, y por más tiempo, mediante acuerdo del Ministro de *la Vivienda* fundado en el exceso de solares edificables.

3. Las Corporaciones públicas y las Empresas industriales que poseyeren o adquirieren solares para ampliaciones o futuras necesidades justificadas podrán retenerlos sin edificar por plazos superiores a los previstos en el artículo 154, previo acuerdo del Ayuntamiento, oída la *Delegación de Industria de la provincia* y aprobado por el Ministro de *la Vivienda*.

Artículo 156. 1. Transcurrido el plazo correspondiente y el de prórroga, en su caso, sin que el propietario hubiere emprendido y seguido a ritmo normal la edificación de un solar, ajustada al Plan, la parcela quedará inmediatamente en venta forzosa y será individualizada e inscrita por el Ayuntamiento, de oficio o a instancia de cualquier persona, en el Registro Municipal de Solares.

2. Las fincas a que se refiere el párrafo 3 del artículo 154 deberán ser, previo expediente tramitado de oficio o a instancia de parte, incluidas en el Registro de Solares, pero no pasarán a la situación de venta forzosa hasta que haya transcurrido el plazo de dos años, a contar desde aquella inclusión, sin que durante este plazo se hubieren iniciado o continuado por el propietario las obras de edificación, o luego no las desarrollara con ritmo normal.

Artículo 157. 1. La inclusión de un solar o finca en el Registro implicará la iniciación del expediente de valoración, cuyo resultado final se hará constar en el mismo Registro.

2. El justiprecio de los solares, edificados o no, se fundará en su valor urbanístico, según la presente Ley[45].

3. En el justiprecio se tendrá en cuenta, en su caso, las indemnizaciones que hayan de abonarse a los titulares de derecho de arrendamiento u otros análogos al extinguirse los mismos.

Artículo 158. 1. Cualquier persona podrá adquirir, transcurridos los plazos de retención por el propietario, señalados en los artículos 154 y párrafo 2 del 156, un solar o finca incluida en el Registro y solicitar del Ayuntamiento que lo expropie y se lo adjudique íntegramente con arreglo a la valoración aludida en el artículo anterior, siempre que el peticionario asuma los compromisos de edificar según el Plan e ingresar en la Depositaria de Fondos Municipales con quince días de antelación al pago del justiprecio la cantidad necesaria para abonarlo.

2. El Ayuntamiento podrá expropiar de oficio los solares y fincas en situación de venta forzosa para edificarlos.

3. El Ayuntamiento o la *Comisión Provincial de Urbanismo* podrán formular y aplicar el régimen de polígonos de expropiación a todos o parte de los solares y fincas incluidos en el Registro.

4. El adquirente de los terrenos o fincas expropiados podrá elegir entre la continuación o la extinción de los derechos reales que no fueren incompatibles con la finalidad de la expropiación; y si no formulare manifestación alguna, se entenderá que opta por la expropiación absoluta.

Artículo 159. 1. El Ayuntamiento, al transcurrir dos años sin que se hubiere ejercitado alguna de las facultades reguladas por el artículo anterior, sacará a subasta el inmueble bajo el tipo de licitación que resultare del justiprecio efectuado según el artículo 157 y con la cláusula de que el adquirente habrá de edificar según el Plan.

2. La subasta se desarrollará con arreglo a los preceptos que regulan la contratación de las Corporaciones Locales, pero, a solicitud del propietario, antes de la celebración de la misma, podrá acordarse se admitan pujas a la llana.

45 En la actualidad, Título III del Texto Refundido de la Ley de Suelo, aprobado por Real Decreto Legislativo 2/2008, de 20 de junio (BOE núm. 154, de 26 de junio de 2008).

3. Si resultare precio superior al tipo de licitación, la diferencia quedará a beneficio del propietario expropiado.

4. Si la subasta fuere declarada desierta, se convocará de nuevo, en el plazo de seis meses, con rebaja del precio tipo en un 25 por 100.

5. Si la segunda subasta quedare también desierta, el Ayuntamiento, en el plazo de los seis meses siguientes, podrá adquirir el inmueble por el precio mínimo licicatorio y con destino a la edificación conforme al Plan.

6. En el caso de que el Ayuntamiento no ejercitare la facultad a que se refiere el párrafo anterior, el estado de venta forzosa del inmueble quedará en suspenso por un año, durante el cual el propietario podrá emprender y continuar la edificación a ritmo normal.

7. Caducado el plazo sin que el propietario lo hubiere efectuado, el inmueble volverá a estar en situación permanente de venta forzosa con arreglo al tipo de valoración resultante de la última subasta.

Artículo 160. 1. El propietario de inmuebles en situación de venta forzosa podrá, en tanto subsista, excluirlos de dicha situación, enajenándolos directamente, mediante el otorgamiento de escritura pública en la que el adquirente se someta expresamente a la obligación de edificar según el Plan y dentro de los plazos señalados en el artículo 162, salvo que con anterioridad se hubieren solicitado la adquisición directa o la expropiación prevista en el artículo 158.

2. El propietario de inmuebles en situación de subasta prevista en el artículo anterior podrá excluirlos de aquélla antes del acuerdo de su convocatoria, conforme a estos requisitos:

a) Ofrecimiento al público de venta del inmueble, mediante anuncio inserto una vez al año en el «Boletín Oficial» de la provincia y en los dos diarios de mayor circulación en la población, en el cual se detalle el emplazamiento, superficie, precios, según la valoración en el Registro y número de inscripción en el mismo, con indicación de que la oferta se formule a los efectos del presente artículo.

b) Colocación en el inmueble de un cartel legible desde la vía pública con la expresión «Solar en venta» y número del Registro municipal.

c) Otorgamiento de escritura de mandato a favor del Concejal o funcionario municipal que designe el Alcalde para que pueda enajenar la finca a cualquier persona que contraiga el compromiso de edificar según el Plan y abone al contado el precio en que se hubiere valorado el inmueble, cuyo precio se concretará en el documento; y

d) Entrega al Ayuntamiento de una copia auténtica de la escritura y de los títulos de propiedad, mediante resguardo de recepción.

3. La oferta tendrá vigencia mientras no se notificare formalmente la revocación del mandato y se publicaren los anuncios a que se refiere el apartado a) del párrafo anterior.

4. En vigor la oferta, cualquier persona podrá aceptarla, para lo cual habrá de comunicarlo a la Alcaldía con expresión de haber constituido en poder del Notario que designe, o en las arcas municipales, en concepto de arras, un depósito equivalente al 5 por 100 del precio y a cuenta de éste.

5. El Concejal o funcionario apoderado otorgará escritura pública de venta ante el Notario designado por el comprador, en el plazo de los quince días hábiles siguientes a la fecha en que reciba la notificación de la aceptación, y el precio lo ingresará en la Depositaria de Fondos Municipales a disposición del propietario enajenante.

Artículo 161. 1. La enajenación de una finca incluida en el Registro, efectuada con arreglo a los artículos 158, 159 ó 160, producirá la definitiva extinción de los arrendamientos y demás derechos personales constituidos por cualquier título en relación con la misma, sin que repercutan de ningún modo sobre la nueva construcción ni hayan de reservarse en ella locales o habitaciones a los antiguos ocupantes.

2. Si fuere el propietario quien se propusiere acometer o terminar la edificación, producirá el mismo efecto el otorgamiento de la licencia, aunque la solicitare transcurrido el plazo dispuesto por los artículos 154 y 155, pero antes de existir solicitud de adquisición por un tercero.

3. Si procediere por razón de naturaleza de la obligación, los aludidos derechos serán indemnizados a cargo del propietario por su valor real, de acuerdo con el procedimiento establecido en la Ley de Expropiación Forzosa y lo previsto en su artículo 43. En cualquier caso, el pago o depósito de la indemnización será previo al desalojo.

Artículo 162. 1. Los adquirentes de los solares y construcciones a que se refiere este capítulo quedarán obligados a iniciar o reanudar las obras de edificación en el plazo de un año, a partir de la fecha de toma de posesión de la finca, e imprimirles el desarrollo de acuerdo para su normal terminación.

2. La misma obligación recaerá sobre el propietario que hubiere ejercitado la facultad del apartado 2 del artículo anterior.

3. En circunstancias excepcionales y justificadas, los Ayuntamientos podrán prorrogar por otro año, como máximo, el cumplimiento de la mencionada obligación.

Artículo 163. 1. Si el adquirente no cumpliere sus obligaciones en orden a la edificación, el Ayuntamiento lo declarará así, de oficio o a instancia de cualquier interesado.

2. Dentro de los dos meses siguientes a esta declaración, el propietario expropiado podrá ejercitar el derecho de reversión si se comprometiere a iniciar o seguir la construcción en el plazo de seis meses desde que tomare posesión.

3. Como pago de la reversión se abonará el 75 por 100 del precio satisfecho por la adquisición, incrementado con el valor de las construcciones aprovechables.

4. Si el antiguo propietario no ejercitare en tiempo y forma el derecho a reversión, el Ayuntamiento podrá expropiar en iguales condiciones.

5. Si el propietario o la Corporación ejercitantes de ese derecho no comenzaran las obras en el plazo de los seis meses ni las siguieran al ritmo adecuado, el inmueble pasará de nuevo a la situación de venta forzosa[46].

Artículo 164. Los Ayuntamientos previa autorización del Ministro de *la Vivienda*, o éste, con audiencia de aquéllos, podrán dejar sin efecto el régimen general de la edificación forzosa en todo el término municipal o en alguna parte del mismo en los casos siguientes:

Primero.- Cuando en el ámbito territorial afectado por la suspensión el Plan General determine la necesidad o conveniencia de realizar operaciones de reforma interior o se apruebe inicialmente un Plan Especial de esa naturaleza.

46 Téngase en cuenta el artículo 34 del Texto Refundido de la Ley de Suelo, aprobado por Real Decreto Legislativo 2/2008, de 20 de junio (BOE núm. 154, de 26 de junio de 2008).

Segundo.- Cuando concurran densidades de edificación u otras circunstancias de carácter urbanístico, económico o social que así lo aconsejaren, en tanto subsistan tales circunstancias.

Sección 2ª Cesión de terrenos

Artículo 165. Los Ayuntamientos podrán ceder terrenos del patrimonio municipal del suelo para ser edificados o destinarlos, en general, a los fines previstos en el Plan de ordenación.

Artículo 166. 1. Toda cesión de terrenos a título gratuito o por precio inferior al de coste precisará que sean destinados para atender necesidades de viviendas de carácter social y se someterán a la autorización del Ministro de *la Gobernación*, previo informe del Ministro de *la Vivienda* en las condiciones y con las formalidades establecidas reglamentariamente.

2. Las cesiones a título oneroso de terrenos del Patrimonio municipal del suelo estarán exceptuadas de la autorización ministerial.

Artículo 167. Cuando la permanencia de los usos a que se destinen los terrenos lo requiera, las Entidades Locales, previo informe del Ministerio de *la Vivienda* y autorización del de *la Gobernación*, podrán ceder directamente, por precio inferior al de coste o con carácter gratuito, el dominio de terrenos en favor de Entidades o Instituciones públicas para destinarlos a fines que redunden en beneficio manifiesto de los respectivos municipios.

Artículo 168. 1. La enajenación de terrenos pertenecientes a las Entidades Locales requerirá subasta pública, cuyo tipo de licitación será el valor urbanístico o, si excediere de éste, el que resulte de sumar al importe de adquisición la parte proporcional de las obras y servicios establecidos, gastos complementarios de gestión o preparación, alojamiento para familias o Empresas radicadas e indemnizaciones satisfechas.

2. Si la subasta quedare desierta, la Corporación podrá enajenar directamente dentro del plazo máximo de un año, con arreglo al precio tipo de licitación y estableciendo la obligación de comenzar la edificación en el plazo de seis meses y terminarla en otro adecuado a la importancia de la misma.

Artículo 169. 1. No obstante, la enajenación de terrenos del Patrimonio municipal del suelo podrá efectuarse directamente para los siguientes fines:

a) Edificios públicos destinados a Organismos oficiales;

b) Edificios de servicio público, de propiedad pública o particular, que requieran un emplazamiento determinado sin propósito especulativo, como centros parroquiales, culturales, sanitarios o instalaciones deportivas; y

c) Construcción de viviendas por Organismos Oficiales.

2. La enajenación se realizará por el precio que correspondiera en caso de subasta.

3. El Ministro de *la Vivienda* podrá aprobar pliegos de condiciones-tipo, a los que habrán de ajustarse las cesiones directas y en los que se determinarán las obligaciones mínimas de los adquirentes y las garantías de todo orden.

Artículo 170. 1. Con los mismos requisitos señalados en el artículo anterior y los demás que se previenen en el presente, también podrán enajenarse directamente terrenos para edificar viviendas a los peticionarios siguientes:

a) Entidades de carácter benéfico y social que sean promotoras de viviendas de protección oficial; y

b) Personas económicamente débiles, para su acceso a la pequeña propiedad, en operaciones de conjunto aprobadas por el Ministerio de *la Vivienda*, a iniciativa propia, de las Corporaciones locales o del *Instituto Nacional de la Vivienda*.

2. En el supuesto del apartado b) que antecede, los Planes y pliegos de condiciones, con fijación del precio, se expondrá al público en la Casa Consistorial durante dos meses.

3. Dentro de ese plazo, las personas a quienes interesare adquirir parcelas dirigirán sus solicitudes al Ayuntamiento, con los documentos justificativos de su situación familiar y económica.

Sección 3ª Cesión de derechos de superficie

Artículo 171. 1. El Estado, las Entidades Locales y Urbanísticas especiales y las demás personas públicas, dentro del ámbito de su competencia, así como los particulares, podrán constituir el derecho de superficie en terrenos de su propiedad con destino a la construcción de viviendas, servicios complementarios, instalaciones industriales y comerciales u otras edificaciones determinadas en los Planes de ordenación, cuyo derecho corresponderá al superficiario.

2. El derecho de superficie será transmisible y susceptible de gravamen, con las limitaciones que se hubieren fijado al constituirlo y se regirá por las disposiciones contenidas en esta sección, por el título constitutivo del derecho y, subsidiariamente, por las normas del Derecho privado.

Artículo 172. 1. La concesión del derecho de superficie por el Estado y demás personas públicas se efectuará por subasta o por adjudicación directa o como consecuencia de haberse procedido a una expropiación parcial del dominio del suelo, por así permitirlo la ejecución del Plan. La adjudicación directa podrá hacerse gratuitamente o por precio inferior al coste, siempre que los terrenos sean destinados a los fines previstos en los artículos 166 y 169. Requerirá además autorización del Ministro de *la Vivienda* o de *la Gobernación*, según que dicha adjudicación se verifique por órganos urbanísticos de la Administración del Estado o por las Entidades Locales.

2. La constitución del derecho de superficie deberá ser en todo caso formalizada en escritura pública y, como requisito constitutivo de su eficacia, inscribirse en el Registro de la Propiedad.

3. Cuando se constituyere a título oneroso, la contraprestación del superficiario podrá consistir en el pago de una suma alzada por la concesión, o de un canon periódico, o la adjudicación en viviendas, o en locales, o en derechos de arrendamiento de unas u otros, o en varias de estas modalidades a la vez, sin perjuicio de la reversión total de lo edificado al finalizar el plazo que se hubiera pactado al constituir el derecho de superficie.

Artículo 173. 1. El derecho de superficie se extinguirá si no se edifica en el plazo previsto en el Plan o en el convenio, si fuera menor, o por el transcurso del plazo que se hubiera pactado al constituirlo, que no podrá exceder de setenta y cinco años en el concedido por el Estado y demás personas públicas, ni de noventa y nueve en el convenio entre los particulares.

2. Cuando se extinga el derecho de superficie por haber transcurrido el plazo, el dueño del suelo hará suya la propiedad de lo edificado, sin que deba satisfacer indemnización alguna cualquiera que sea el título en virtud del cual se hubiese constituido aquel derecho.

3. La extinción del derecho de superficie por decurso del término provocará la de toda clase de derechos reales o personales impuestos por el superficiario.

4. Si por cualquier otra causa se reunieran en el misma persona los derechos de propiedad del suelo y los del superficiario, las cargas que recayeren sobre uno y otro derecho continuarán gravándolos separadamente.

Artículo 174. La concesión del derecho de superficie por el Estado y demás personas públicas y su constitución por los particulares gozará de las ventajas que se establezcan reglamentariamente en la concesión de calificaciones, préstamos y ayudas previstas en la legislación protectora de viviendas.

Sección 4ª Arbitrio no fiscal sobre edificación deficiente[47]

(...)

CAPÍTULO II. INTERVENCIÓN EN LA EDIFICACIÓN Y USO DEL SUELO

Sección 1ª Licencias

Artículo 178. 1. Estarán sujetos a previa licencia, a los efectos de esta Ley, los actos de edificación y uso del suelo, tales como las parcelaciones urbanas, los movimientos de tierra, las obras de nueva planta, modificación de estructura o aspecto exterior de las edificaciones existentes, la primera utilización de los edificios y la modificación del uso de los mismos, la demolición de construcciones, la colocación de carteles de propaganda visibles desde la vía pública y los demás actos que señalaren los Planes. Cuando los actos de edificación y uso del suelo se realizaren por particulares en terrenos de dominio público, se exigirá también licencia, sin perjuicio de las autorizaciones o concesiones que sea pertinente otorgar por parte del ente titular del dominio público.

2. Las licencias se otorgarán de acuerdo con las previsiones de esta Ley, de los Planes de Ordenación Urbana y Programas de Actuación Urbanística y, en su caso, de las Normas Complementarias y Subsidiarias del Planeamiento.

3. El procedimiento de otorgamiento de las licencias se ajustará a lo prevenido en la legislación de Régimen Local. En ningún caso se entenderán ad-

47 Los artículos de la presente Sección fueron expresamente derogados por el Real Decreto 3250/1976, de 30 de diciembre (BOE núm. 26, de 31 de enero de 1077).

quiridas por silencio administrativo facultades en contra de las prescripciones de esta Ley, de los Planes, Proyectos, Programas y, en su caso, de las Normas Complementarias y Subsidiarias del Planeamiento.

Artículo 179. 1. La competencia para otorgar las licencias corresponderá al Ayuntamiento, salvo en los casos previstos por la presente Ley.

2. Toda denegación de licencia deberá ser motivada.

Artículo 180. 1. Los actos relacionados en el artículo 178 que se promuevan por Órganos del Estado o Entidades de derecho público que administren bienes estatales estarán igualmente sujetos a licencia municipal.

2. Cuando razones de urgencia o excepcional interés público lo exijan, el Ministro competente por razón de la materia podrá acordar la remisión al Ayuntamiento correspondiente del proyecto de que se trate, para que en el plazo de un mes notifique la conformidad o disconformidad del mismo con el planeamiento urbanístico en vigor.

En caso de disconformidad, el expediente se remitirá por el Departamento interesado al Ministro de *la Vivienda*, quien lo elevará al Consejo de Ministros, previo informe de la *Comisión Central de Urbanismo*. El Consejo de Ministros decidirá si procede ejecutar el proyecto, y en este caso ordenará la iniciación del procedimiento de modificación o revisión del planeamiento conforme a la tramitación establecida en esta Ley.

3. El Ayuntamiento podrá, en todo caso, acordar la suspensión de las obras a que se refiere el número 1 de este artículo cuando se pretendiese llevar a cabo en ausencia o en contradicción con la notificación de conformidad con el planeamiento que se establece en el número anterior, comunicando dicha suspensión al Órgano redactor del proyecto y al Ministro de *la Vivienda* a los efectos prevenidos en el mismo.

Se exceptúan en esta facultad las obras que afecten directamente a la defensa nacional, para cuya suspensión deberá mediar acuerdo del Consejo de Ministros previa propuesta del Ministro de *la Vivienda* a solicitud del Ayuntamiento competente e informe del Ministerio militar afectado o *Alto Estado Mayor*, caso de afectar a más de un Ministerio militar.

Sección 2ª Órdenes de ejecución o suspensión de obras u otros usos

Artículo 181. 1. Los propietarios de terrenos, urbanizaciones de iniciativa particular, edificaciones y carteles deberán mantenerlos en condiciones de seguridad, salubridad y ornato públicos.

2. Los Ayuntamiento y, en su caso, los demás Organismos competentes ordenarán, de oficio o a instancia de cualquier interesado, la ejecución de las obras necesarias para conservar aquellas condiciones.

Artículo 182. 1. Los Ayuntamientos y, en su caso, las Diputaciones Provinciales y las *Comisiones Provinciales de Urbanismo* podrán también ordenar, por motivos de interés turístico o estético, la ejecución de obras de conservación y de reforma en fachadas o espacios visibles desde la vía pública, sin que estén previamente incluidas en Plan alguno de ordenación.

2. La obras se ejecutarán a costa de los propietarios si se contuvieren en el límite del deber de conservación que les corresponde, y con cargo a fondos de la Entidad que lo ordene cuando lo rebasaren para obtener mejoras de interés general.

3. Los propietarios de bienes incluidos en los catálogos a que se refiere el artículo 25 podrán recabar, para conservarlos, la cooperación de los Ayuntamientos y Diputaciones, que la prestarán en condiciones adecuadas.

Artículo 183. 1. Cuando alguna construcción o, parte de ella estuviere en estado ruinoso, el Ayuntamiento, de oficio o a instancia de cualquier interesado, declarará y acordará la total o parcial demolición, previa audiencia del propietario y de los moradores, salvo inminente peligro que lo impidiera.

2. Se declarará el estado ruinoso en los siguientes supuestos:

a) Daño no reparable técnicamente por los medios normales.

b) Coste de la reparación superior al 50 por 100 del valor actual del edificio o plantas afectadas; y

c) Circunstancias urbanísticas que aconsejaren la demolición del inmueble.

3. Si el propietario no cumpliere lo acordado por el Ayuntamiento, lo ejecutará éste a costa del obligado.

4. Si existiere urgencia y peligro en la demora, el Ayuntamiento o el Alcalde, bajo su responsabilidad, por motivos de seguridad, dispondrá lo necesario respecto a la habitabilidad del inmueble y desalojo por sus ocupantes.

5. Las mismas disposiciones regirán en el supuesto de que las deficiencias de la construcción afectaran a la salubridad.

Artículo 184. 1. Cuando los actos de edificación o uso del suelo relacionados en el artículo 178 se efectuasen sin licencia u orden de ejecución, o sin ajustarse a las condiciones señaladas en las mismas, el Alcalde o *el Gobernador civil, de oficio o a instancia del Delegado provincial del Ministerio de la Vivienda,* dispondrá la suspensión inmediata de dichos actos. El acuerdo de suspensión se comunicará al Ayuntamiento en el plazo de tres días si aquél no hubiese sido adoptado por el Alcalde.

2. En el plazo de dos meses, contados desde la notificación de la suspensión, el interesado habrá de solicitar la oportuna licencia o, en su caso, ajustar las obras a la licencia u orden de ejecución.

3. Transcurrido dicho plazo sin haberse instado la expresada licencia, o sin haberse ajustado las obras a las condiciones señaladas, el Ayuntamiento acordará la demolición de las obras a costa del interesado y procederá impedir definitivamente los usos a los que diera lugar. De igual manera procederá si la licencia fuere denegada por ser su otorgamiento contrario a las prescripciones del Plan o de las ordenanzas.

4. Si el Ayuntamiento no procediera a la demolición en el plazo de un mes, contado desde la expiración del término al que se refiere el número precedente, o desde que la licencia fuese denegada por los motivos expresados, el Alcalde o el *Gobernador civil* dispondrá directamente dicha demolición a costa asimismo del interesado.

Artículo 185. 1. Siempre que no hubiese transcurrido más de *un año* desde la total terminación de las obras realizadas sin licencia u orden de ejecución o sin ajustarse a las condiciones señaladas en las mismas, las autoridades a que se refiere el artículo anterior requerirán al promotor de las obras o a sus causahabientes para que soliciten en el plazo de dos meses la oportuna licencia. El requerimiento se comunicará al Alcalde en el plazo de tres días si aquélla no hubiera sido formulada por el mismo[48].

[48] Según dispone el artículo 9 del Real Decreto-ley 16/1981, de 16 de octubre, de adaptación de los Planes Generales de Ordenación Urbana, «el plazo fijado en el artículo 185.1 de la Ley del Suelo para la adopción de las medidas de protección de la legalidad

2. Si el interesado no solicita la licencia en el plazo de dos meses, o si la licencia fuese denegada por ser su otorgamiento contrario a las prescripciones del Plan o de las ordenanzas, se procederá conforme a lo dispuesto en los números 3 y 4 del artículo anterior.

3. Lo dispuesto en los anteriores artículos se entenderá con independencia de las facultades que correspondan a las autoridades competentes, en virtud del régimen específico de autorización o concesión a que están sometidos determinados actos de edificación o uso del suelo.

Artículo 186. 1. El Alcalde dispondrá la suspensión de los efectos de una licencia u orden de ejecución y consiguientemente la paralización inmediata de las obras iniciadas a su amparo, cuando el contenido de dichos actos administrativos constituya manifiestamente una infracción urbanística grave.

2. Si el *Gobernador civil,* de oficio o a instancia del *Delegado provincial del Ministerio de la Vivienda,* apreciare que las obras que se realizan al amparo de una licencia u orden de ejecución constituyeren ese mismo tipo de infracción urbanística, lo pondrá en conocimiento de la Corporación municipal, a fin de que su Presidente proceda según lo prevenido en el número anterior. Si en el plazo de diez días el Presidente de la Corporación municipal no adoptase las medidas expresadas en dicho número, el *Gobernador civil,* de oficio, acordará la suspensión de los efectos de la licencia u orden de ejecución y la inmediata paralización de las obras.

3. En todo caso, la Autoridad que acuerde la suspensión procederá, en el plazo de tres días, a dar traslado directo de dicho acuerdo a la Sala de lo Contencioso-Administrativo competente, a los efectos prevenidos en los números 2 y siguientes del *artículo 118* de la Ley de la jurisdicción Contencioso-Administrativa[49].

urbanística, aplicables a las obras realizadas sin licencia u orden de ejecución, será de cuatro años desde la fecha de su total terminación, así como el de la prescripción de las infracciones urbanísticas correspondientes.»

[49] En la actualidad, artículo 127 de la Ley 29/1998, de 13 de julio, reguladora de la Jurisdicción Contencioso-Administrativa. Ténganse en cuenta los artículos 65 a 67 de la Ley 7/1985, de 2 de abril, reguladora de las Bases del Régimen Local, modificados por la Ley 11/1999, de 21 de abril, de modificación de la Ley 7/1985, de 2 de abril, reguladora de las Bases del Régimen Local, y otras medidas para el desarrollo del Gobierno Local, en materia de tráfico, circulación de vehículos a motor y seguridad vial y en materia de aguas.

Artículo 187. 1. Las licencias u órdenes de ejecución cuyo contenido constituya manifiestamente alguna de las infracciones urbanísticas graves definidas en esta Ley deberán ser revisadas dentro de los cuatro años desde la fecha de su expedición por la Corporación municipal que las otorgó a través de alguno de los procedimientos del *artículo 110 de la Ley de Procedimiento Administrativo, bien de oficio o a instancia del Gobernador civil, a solicitud, en su caso, del Delegado provincial del Ministerio de la Vivienda*[50].

La Corporación deberá acordar, cuando proceda, la demolición de las obras realizadas, todo ello sin perjuicio de las responsabilidades que sean exigibles conforme a lo dispuesto en esta Ley.

2. Si la Corporación municipal no procediese a la adopción de los acuerdos anteriores en el plazo de un mes desde la comunicación del *Gobernador civil,* éste dará cuenta a la *Comisión Provincial de Urbanismo* correspondiente a los efectos previstos en el número 4 del artículo 5 de esta Ley.

Artículo 188. 1. Los actos de edificación o uso del suelo relacionados en el artículo 178 que se realicen sin licencia u orden de ejecución sobre terrenos calificados en el planeamiento como zonas verdes o espacios libres quedarán sujetos al régimen jurídico establecido en el artículo 184 mientras estuvieren en curso de ejecución; y al régimen previsto en el artículo 185 cuando se hubieren consumado, sin que tenga aplicación la limitación de plazo que establece dicho artículo.

2. Las licencias u órdenes que se otorgaren con infracción de la zonificación o uso urbanístico de las zonas verdes o espacios libres previstos en los Planes serán nulas de pleno derecho. Mientras las obras estuvieren en curso de ejecución se procederá a la suspensión de los efectos de la licencia y a la adopción de las demás medidas previstas en el artículo 186. Si las obras estuvieren terminadas, se procederá a su anulación de oficio por los trámites previstos en el *artículo 109 de la Ley de Procedimiento Administrativo*[51].

50 En la actualidad, artículo 103 de la Ley 30/1992, de 26 de noviembre, de Régimen Jurídico de las Administraciones Públicas y del Procedimiento Administrativo Común, en su redacción dada por la Ley 4/1999, de 13 de enero.

51 En la actualidad, artículo 102 de la Ley 30/1992, de 26 de noviembre, de Régimen Jurídico de las Administraciones Públicas y del Procedimiento Administrativo Común, en su redacción dada por la Ley 4/1999, de 13 de enero.

3. Si las autoridades y órganos a los que se refieren los artículos 184 a 187 no adoptaren las medidas establecidas en dichos preceptos, cuando se produzca alguno de los supuestos previstos en el números anteriores, el *Delegado provincial del Ministerio de la Vivienda* dará conocimiento de la situación creada por los mismos al titular del Departamento, el cual podrá ejercitar las facultades y adoptar las medidas correspondientes previstas en los citados preceptos.

Sección 3ª Inspección urbanística

Artículo 189. La inspección urbanística se ejercerá por los órganos centrales y locales a que se refiere el título sexto, dentro de sus respectivas competencias.

Artículo 190. El Alcalde ejercerá la inspección de las parcelaciones urbanas, obras e instalaciones del término municipal para comprobar el cumplimiento de las condiciones exigibles.

TÍTULO V. GESTIÓN ECONÓMICA

CAPÍTULO I. DISPOSICIONES GENERALES

Artículo 191. 1. El Estado y las Entidades Locales desarrollarán su acción urbanística mediante los recursos económicos autorizados y los que esta Ley establece.

2. Las aportaciones consignadas en los Presupuestos Generales del Estado se invertirán con arreglo a la distribución que anualmente acuerde el Ministro de *la Vivienda*.

Artículo 192. (...)[52].

CAPÍTULO II. SUBVENCIONES Y ASIGNACIONES

Artículo 193. El Estado dedicará anualmente las cantidades consignadas en sus Presupuestos para coadyuvar a los fines de esta Ley y, de modo especial, a la adquisición de terrenos para formar reservas de suelo, urbanizar los

52 Artículo derogado por la Ley 40/1981, de 28 de octubre (BOE núm. 271, de 12 de noviembre de 1981).

destinados a la construcción de viviendas y conceder anticipos y, en su caso, subvenciones a las Corporaciones Locales y Entidades estatales autónomas con los mismos fines y bajo las modalidades que se impongan.

Artículo 194. 1. A los efectos prevenidos en el artículo 89, los Ayuntamientos a que se refiere consignarán en su Presupuesto ordinario una cantidad equivalente al 5 por 100 de su importe durante el número de anualidades que exija el desarrollo del Plan.

2. También destinarán el 5 por 100, al menos, del mismo Presupuesto a la ejecución de urbanizaciones previstas en los programas de actuación.

3. (...)[53].

Artículo 195. Para los fines de esta Ley, las Corporaciones Locales podrán emitir obligaciones, concertar préstamos y constituir garantía hipotecaria sobre los terrenos adquiridos e inmuebles edificados de su propiedad con arreglo a la legislación específica.

CAPÍTULO III. EXACCIONES[54]

(...)

CAPÍTULO IV. BENEFICIOS

Artículo 202. La realización de nuevas urbanizaciones, sufragándolas íntegra y anticipadamente, en las que se cumplan los preceptos de esta Ley y en los supuestos en que el coste de las mismas resulte desproporcionado cuando el urbanizador realice a su costa los servicios o dotaciones de interés general originará el derecho a una reducción de hasta un *80 por 100* de las bases imponibles de la *Contribución Territorial Urbana* de las edificaciones realizadas en los terrenos de nueva urbanización.

Artículo 203. La realización de obras de urbanización en sectores de reforma interior, sufragándolas íntegra y anticipadamente, originará el derecho

[53] Apartado derogado por la Ley 40/1981, de 28 de octubre (BOE núm. 271, de 12 de noviembre de 1981).

[54] Los preceptos del presente Capítulo fueron expresamente derogados por el Real Decreto 3250/1976, de 30 de diciembre (BOE núm. 26, de 31 de enero de 1977).

a una reducción en la base imponible de la *Contribución Territorial Urbana* de las nuevas edificaciones, como máximo en el porcentaje para que las cuotas y recargos de la misma que correspondan a las nuevas construcciones sean equivalente a los atribuibles a las fincas que ocupaban el mismo suelo antes de la nueva urbanización.

Artículo 204. El plazo de disfrute de los beneficios a que se refieren los artículo 202 y 203 será de diez años a partir de la fecha de terminación de las edificaciones correspondientes.

Artículo 205. El disfrute de los beneficios fiscales a que se refieren los tres artículos precedentes es incompatible con cualesquiera otros beneficios fiscales concedidos con carácter general a las nuevas edificaciones y no serán, por consiguiente, susceptibles de disfrute simultáneo o sucesivo, En estos casos corresponde a los beneficiarios el derecho a optar por uno de los beneficios que resulten aplicables.

TÍTULO VI. ÓRGANOS DIRECTIVOS Y GESTORES

CAPÍTULO I. DISPOSICIONES GENERALES

Artículo 206. *En el desarrollo de las actividades reguladas en esta Ley entenderán específicamente, sin perjuicio de las facultades de otras autoridades, Órganos centrales y Órganos locales.*

Artículo 207. *1. Serán Órganos centrales:*
a) El Ministro de la Vivienda.
b) La Comisión Central de Urbanismo; y
c) La Dirección General de Urbanismo.
2. Serán Órganos locales:
a) Las Comisiones Provinciales de Urbanismo.
b) Los Ayuntamientos en régimen normal o en el de Gerencia urbanística; y
c) Las Diputaciones Provinciales y Cabildos Insulares.

Artículo 208. *1. Los Órganos urbanísticos del Ministerio de la Vivienda ejercerán sus respectivas funciones en un orden jerárquico.*

2. Los Órganos urbanísticos podrán delegar en el inmediato de inferior jerarquía, por plazo determinado y renovable, el ejercicio de las facultades que consideren convenientes para la mayor eficacia de los servicios.

3. También podrá cualquier Organismo superior recabar el conocimiento de asunto que competa a los inferiores jerárquicos y revisar la actuación de éstos.

Artículo 209. *La competencia que regulan los artículos 33, 36.2, 37, 175, 181, 189 y 190 de la persente Ley se ejercerá indistintamente por cualquiera de los Organismos a que se refiere cada uno de dichos preceptos.*

CAPÍTULO II. ÓRGANOS CENTRALES

Artículo 210. *1. La Comisión Central de Urbanismo, encuadrada en el Ministerio de la Vivienda, es el Órgano superior de carácter consultivo en materia de planeamiento y urbanismo.*

2. La Comisión Central de Urbanismo estará presidida por el Subsecretario de la Vivienda.

3. Formarán parte de la Comisión, en el número y forma que se establezca reglamentariamente, representantes de los Departamentos ministeriales, Corporaciones Locales, Organización Sindical, Corporaciones públicas cuya actividad esté inmediatamente relacionada con el planeamiento y el urbansmo, y hasta un máximo de cinco Vocales designados por el Ministerio de la Vivienda entre personas de acreditada competencia en cualquiera de las especialidades propias del urbanismo.

4. Formarán parte asimismo de la Comisión:

a) Cuando se sometan a su informe los Planes Directores Territoriales de Coordinación, los Presidentes de las Diputaciones Provinciales y los Alcaldes de las capitales de provincia y municipios de más de 20.000 habitantes afectados.

b) Los representantes de los Departamentos ministeriales con categoría de Director General que designen para cada caso los Ministros respectivos, en relación con los asuntos de su especial competencia.

5. La Comisión actuará en Pleno, Secciones y Ponencias, con la composición y funciones que se determinen reglamentariamente.

6. El Presidente podrá convocar a las reuniones a las autoridades o personal técnico que estime conveniente para el mejor asesoramiento de la Comisión.

Artículo 211. *1. La Comisión Central de Urbanismo informará preceptivamente con carácter previo a la aprobación del Plan Naciona de Ordenacion, de los Planes Directores Territoriales de Coordinación y de los Planes Generales Municipales de Ordenación de las capitales de provincia y municipios de más de 50.000 habitantes, y siempre que se exija su informe por cualquier disposición legal o reglamentaria.*

2. El Ministro de la Vivienda podrá someter igualmente a consulta de la Comisión Central de Urbanismo cuantos asuntos relacionados con su competencia tenga por conveniente.

3. Cuando el Ministro de la Vivienda disienta del informe preceptivo de la Comisión Central de Urbanismo, la resolución del asunto corresponderá al Consejo de Ministro.

Artículo 212. *La Dirección General de Urbanismo actuará como órgano permanente encargado de la preparación de los asuntos de la Comisión Central de Urbanismo y de la gestión y ejecución de los acuerdos del Ministerio de la Vivienda.*

CAPÍTULO III. ÓRGANOS LOCALES

Artículo 213. *1. Las Comisiones Provinciales de Urbanismo estarán presididas por el Gobernador Civil de la Provincia, y en ellas tendrán representación las Corporaciones Locales y los Servicios del Estado.*

2. Las facultades de las Comisiones Provinciales de Urbanismo serán de carácter informativo, gestor, resolutorio y de fiscalización y se dirigirán especialmente a orientar, fomentar e inspeccionar el planeamiento y la realización de las obras necesarias para el desarrollo urbano.

Artículo 214. La competencia urbanística de los Ayuntamientos comprenderá todas las facultades que siendo de índole local no hubiesen sido expresamente atribuidas por las presente Ley a otros Organismos.

Artículo 215. 1. Los Ayuntamientos podrán solicitar que se instituya una Gerencia urbanística para estudiar, orientar, dirigir, ejecutar e inspeccionar el planeamiento.

2. Para promover la Gerencia urbanística se acompañará a la petición Memoria justificativa de la propuesta, con exposición de los Planes, régimen funcional y recursos económico-financieros proyectados.

3. La aprobación del régimen de Gerencia corresponderá al Consejo de Ministros, a propuesta del de *la Gobernación*, previo informe del Ministro de *la Vivienda*.

4. El Gerente será nombrado por el Ministro de *la Gobernación*, a propuesta de los Ayuntamientos, y la designación podrá recaer en algún miembro de la Corporación municipal o en quien no ostentare ese carácter, siempre que uno u otro estuvieren especialmente capacitados.

5. La disposición ministerial que constituyere la Gerencia determinará sus facultades.

Artículo 216. 1. Los municipios podrán constituir Mancomunidad voluntaria para el desarrollo de su competencia urbanística.

2. El Ministerio de *la Vivienda* podrá proponer al Ministerio de *la Gobernación* la constitución de Agrupaciones municipales forzosas con la misma finalidad, cuando así fuese aconsejable y no existiese iniciativa o acuerdo entre los municipios afectados.

3. Podrá instituirse el régimen de Gerencia en el mismo caso y forma regulados por el artículo anterior.

4. Constituida la Mancomunidad o Agrupación, las facultades municipales correspondientes se ejercerán a través de la organización común, la cual velará para que en el desarrollo de las que se hubieren reservado o delegado en los Ayuntamientos separadamente se observen puntualmente las disposiciones de la presente Ley y del planeamiento urbanístico vigente.

5. La Mancomunidad o Agrupación forzosa conservará su naturaleza de Organismo de Administración Local, aunque tuviera subvención y representación del Estado.

Artículo 217. 1. Las Diputaciones y Cabildos Insulares además de su competencia para la formación y ejecución de los Planes Directores Territoriales de Coordinación, cooperarán con los Ayuntamientos en la formación, efectividad y ejecución de los Planes municipales e intermunicipales.

2. Cuando los Ayuntamientos mostraren notoria negligencia en el cumplimiento de sus obligaciones urbanísticas, las podrán asumir las Diputaciones

Provinciales y, en su caso, los Cabildos Insulares, previa autorización del Ministerio de *la Gobernación*[55].

Artículo 218. (...)[56].

TÍTULO VII. RÉGIMEN JURÍDICO

CAPÍTULO I. PETICIONES, ACTOS Y ACUERDOS[57]

Artículo 219. *Las Corporaciones Locales y Organismos urbanísticos habrán de resolver las peticiones fundadas que se les dirijan con arreglo a esta Ley o declarar las razones que hubiera para no hacerlo.*

55 Véanse los artículos 65 a 67 de la Ley 7/1985, de 2 de abril, reguladora de las Bases del Régimen Local, modificados por la Ley 11/1999, de 21 de abril, de modificación de la Ley 7/1985, de 2 de abril, reguladora de las Bases del Régimen Local, y otras medidas para el desarrollo del Gobierno Local, en materia de tráfico, circulación de vehículos a motor y seguridad vial y en materia de aguas.

56 Precepto declarado inconstitucional y derogado por la Constitución en virtud de la Sentencia del Tribunal Constitucional 159/2001, de 5 de julio. Véanse los artículos 60 y siguientes de la Ley 7/1985, de 2 de abril, reguladora de las Bases del Régimen Local. La referida Sentencia del Tribunal Constitucional afectó a otros preceptos del ordenamiento urbanístico, siendo, en concreto, su fallo el siguiente:
«Estimar parcialmente la presente cuestión de inconstitucionalidad y, en virtud de ello:
1º Declarar inconstitucional y, consiguientemente, nulo, el artículo 15 del Decreto Legislativo de la Generalidad de Cataluña 1/1990, de 12 de julio, por el que se aprobó el texto refundido de los textos legales vigentes en Cataluña en materia urbanística.
2º Declarar inconstitucional y derogado por la Constitución el artículo 218 del Real Decreto 1346/1976, de 9 de abril, por el cual se aprobó el texto refundido de la Ley sobre Régimen de Suelo y Ordenación Urbana.
3º Declarar que el artículo 47 del Decreto Legislativo de la Generalidad de Cataluña 1/1990, de 12 de julio, sólo es constitucional si se interpreta en el sentido de que la facultad de la Comunidad Autónoma de Cataluña de formular Planes de Conjunto únicamente puede llevarse a cabo «en defecto de acuerdo entre las Corporaciones Locales afectadas.»
4º Declarar inconstitucional y derogado por la Constitución el artículo 91.2 del Real Decreto 1346/1976, de 9 de abril, por el cual se aprobó el texto refundido de la Ley sobre Régimen de Suelo y Ordenación Urbana.
5º Desestimar la cuestión en todo lo demás.»

57 Véanse *supra* los artículos 299 y siguientes del Texto Refundido de la Ley sobre Régimen del Suelo y Ordenación Urbana, aprobado por Real Decreto Legislativo 1/1992, de 26 de junio.

Artículo 220. *Las decisiones que adoptaren el Ministro de la Vivienda, las Comisiones Provinciales de Urbanismo, las Diputaciones Provinciales o los Cabildos Insulares mediante justificada subrogación en el ejercicio de la competencia municipal se considerarán como actos de la Corporación titular, a los solos efectos de los recursos admisibles.*

Artículo 221. *1. Los actos administrativos que se produjeren en el ejercicio de las funciones reguladas en la presente Ley podrán ser anotados o inscritos en el Registro de la Propiedad conforme a los establecido en la legislación hipotecaria, según proceda, por acuerdo de la Comisión Provincial de Urbanismo, de oficio o a propuesta de la Corporación encargada de la urbanización.*

2. Lo dispuesto en el párrafo anterior se entenderá sin perjuicio de los casos previstos por otros preceptos de esta Ley, en los que no será necesaria la intervención de la Comisión Provincial.

Artículo 222. *Los actos y acuerdos de las Autoridades, Corporaciones y Órganos urbanísticos que no requieran aprobación gubernativa serán inmediatamente ejecutivos, sin perjuicio de los recursos que establece la Ley.*

Artículo 223. *1. Los Ayuntamientos podrán utilizar la ejecución forzosa y la vía de apremio para exigir el cumplimiento de sus deberes a los propietarios, individuales o asociados, y a las Empresas urbanizadoras.*

2. Los procedimientos de ejecución y apremio se dirigirán ante todo contra los bienes de las personas que no hubieren cumplido sus obligaciones, y sólo en caso de insolvencia, frente a la Asociación administrativa de propietarios.

3. También podrán ejercer las mismas facultades, a solicitud de la Asociación, contra los propietarios que incumplieren los compromisos contraídos con ella.

Artículo 224. *1. Los acuerdos municipales que constituyen infracción manifiesta de normas urbanísticas vigentes podrán ser dejados en suspenso dentro del año siguiente a su notificación o publicación cuando ésta fuere preceptiva, por los Órganos y con el procedimiento y efectos que se prevén en el artículo 186, adoptándose simultáneamente las medidas pertinenten para la efectividad de las disposiciones vulneradas.*

2. Las Entidades Locales podrán revisar de oficio sus actos y acuerdos en materia de urbanismo con arreglo a lo dispuesto en los artículos 109 y siguientes de la Ley de Procedimiento Administrativo.

CAPÍTULO II. INFRACCIONES URBANÍSTICAS[58]

Artículo 225. 1. La vulneración de las prescripciones contenidas en esta Ley o en los Planes, Programas, Normas y Ordenanzas tendrán la consideración de infracciones urbanísticas y llevarán consigo la imposición de sanciones a los responsables, así como la obligación de resarcimiento de daños e indemnización de los perjuicios a cargo de los mismos, todo ello con independencia de las medidas previstas en los artículos 184 a 187 de la presente Ley y de las responsabilidades de orden penal en que hayan podido incurrir los infractores.

Artículo 226. 1. Las infracciones urbanísticas se clasificarán en graves y leves en la forma que reglamentariamente se determine.

2. Tendrán, en principio, carácter de graves las infracciones que constituyan incumplimiento de las normas relativas a parcelaciones, uso del suelo, altura, volumen y situación de las edificaciones y ocupación permitida de la superficie de las parcelas.

3. Las infracciones urbanísticas se sancionarán con arreglo a lo establecido en los *artículos 133 y siguientes de la Ley de Procedimiento Administrativo*[59].

Artículo 227. Reglamentariamente se determinarán las sanciones que pueden imponerse por consecuencia de la presente Ley, adecuando las mismas a la tipificación de las infracciones urbanísticas.

Artículo 228. 1. En las obras que se ejecutasen sin licencia o con inobservancia de sus cláusulas, serán sancionados con multas, en la cuantía

58 Véase el Reglamento de Disciplina Urbanística para el desarrollo y aplicación de la Ley sobre Régimen del Suelo y Ordenación Urbana, aprobado por Real Decreto 2187/1978, de 23 de junio, recogido *infra*.

59 En la actualidad, artículos 127 y siguientes de la Ley 30/1992, de 26 de noviembre, de Régimen Jurídico de las Administraciones Públicas y del Procedimiento Administrativo Común.

determinada en esta Ley, el promotor, el empresario de las obras y el técnico director de las mismas.

2. En las obras amparadas en una licencia, cuyo contenido sea manifiestamente constitutivo de una infracción urbanística grave, serán igualmente sancionados con multa: el facultativo que hubiere informado favorablemente el proyecto y los miembros de la Corporación que hubiesen votado a favor del otorgamiento de la licencia sin el informe técnico previo, o cuando éste fuera desfavorable en razón de aquella infracción o se hubiese hecho la advertencia de ilegalidad prevista en la legislación de régimen local.

3. Los Colegios profesionales que tuviesen encomendado el visado de los proyectos técnicos precisos para la obtención de licencias, conforme a lo dispuesto en el artículo 178, denegarán dicho visado a los que contuvieran alguna de las infracciones previstas en el artículo 226, punto 2.

4. Las multas que se impongan a los distintos sujetos como consecuencia de una misma infracción tendrán entre sí carácter independiente.

5. Para graduar las multas se atenderá primordialmente a la gravedad de la materia, a la entidad económica de los hechos constitutivos de la infracción, a su reiteración por parte de la persona responsable y al grado de culpabilidad de cada uno de los infractores.

6. Las autoridades competentes para imponer las multas y las cuantías máximas de éstas serán las siguientes:

a) Los Alcaldes: En los municipios que no excedan de diez mil habitantes, 100.000 pesetas; en los que no excedan de cincuenta mil habitantes, 500.000 pesetas; en los que no exceden de cien mil habitantes, 1.000.000 de pesetas; en los que no excedan de quinientos mil habitantes, 5.000.000 de pesetas, y en los de más de quinientos mil habitantes, 10.000.000 de pesetas.

b) Los *Gobernadores civiles*, previo informe de las *Comisiones Provinciales de Urbanismo*, hasta 25.000.000 de pesetas.

c) El Ministro de *la Vivienda*, previo informe de la *Comisión Central de Urbanismo*, hasta 50.000.000 de pesetas.

d) El Consejo de Ministros, a propuesta del de Vivienda y previo informe de la *Comisión Central de Urbanismo*, hasta 100.000.000 de pesetas.

7. En las parcelaciones ilegales, el importe de la multa podrá ampliarse a una cantidad igual a todo el beneficio obtenido más los daños y perjuicios ocasionados, y la cuantía de la sanción no será nunca inferior a la diferencia entre el valor inicial y el de venta de la parcela correspondiente.

Artículo 229. Los que, como consecuencia de una infracción urbanística, sufrieren daño o perjuicio podrán exigir de cualquiera de los infractores, con carácter solidario, el resarcimiento e indemnización.

Artículo 230. 1. Las infracciones urbanísticas prescribirán al año de haberse cometido, salvo cuando en la presente Ley se establezca un plazo superior para su sanción o revisión.

2. El plazo de prescripción comenzará a computarse desde el día en que se hubiera cometido la infracción o, en su caso, desde aquel en que hubiera podido incoarse el procedimiento.

Artículo 231. Cuando el beneficio que resultare de una infracción urbanística fuese superior a la sanción que corresponda, podrá ésta incrementarse en la cuantía equivalente al beneficio obtenido.

CAPÍTULO III. RESPONSABILIDAD DE LA ADMINISTRACIÓN

Artículo 232. La procedencia de indemnización por causa de anulación de una licencia en vía administrativa o contencioso-administrativa se determinará conforme a las normas que regulan con carácter general la responsabilidad de la Administración. En ningún caso habrá lugar a indemnización si existe dolo, culpa o negligencia graves imputables al perjudicado[60].

CAPÍTULO IV. ACCIONES Y RECURSOS[61]

Artículo 233. *Los acuerdos de la Comisión Provincial de Urbanismo o de su Presidente, así como aquellos a que se refiere el apartado b) del número 6 del artículo 228, serán susceptibles del recurso de alzada ante el Ministro de la Vivienda.*

Artículo 234. *Tendrán carácter jurídico-administrativo todas las cuestiones que se suscitaren con ocasión o como consecuencia de los actos y convenios re-*

[60] Véase *supra* el artículo 35.d) del Texto Refundido de la Ley de Suelo, aprobado por Real Decreto Legislativo 2/2008, de 20 de junio.

[61] Véanse *supra* los artículos 303 a 306 del Texto Refundido de la Ley sobre Régimen del Suelo y Ordenación Urbana, aprobado por Real Decreto Legislativo 1/1992, de 26 de junio.

gulados en la presente Ley entre el Ministerio de la Vivienda o las Corporaciones Locales y los propietarios, individuales o asociados o Empresas urbanizadoras, incluso las relativas a cesiones de terrenos para urbanizar o edificar.

Artículo 235. *1. Será pública la acción para exigir ante los Órganos administrativos y los Tribunales Contencioso-Administrativos la observancia de la legislación urbanística y de los Planes, Programas, Proyectos, Normas y Ordenanzas.*

2. Si dicha acción está motivada por la ejecución de obras que se consideren ilegales, podrá ejercitarse durante la ejecución de las mismas y hasta un año después de su terminación[62]*.*

Artículo 236. *Los propietarios y titulares de derechos reales, además de lo previsto en el artículo anterior y en el 229, podrán exigir ante los Tribunales ordinarios la demolición de las obras e instalaciones que vulneraren lo estatuido respecto a la distancia entre construcciones, pozos, cisternas o fosas, comunidad de elementos constructivos u otros urbanos, así como las disposiciones relativas a usos incómodos, insalubres o peligrosos que estuviesen directamente encaminados a tutelar el uso de las demás fincas.*

Artículo 237. *1. Los actos de las Entidades Locales, cualquiera que sea su objeto, que pongan fin a la vía administrativa serán recurribles directamente ante la Jurisdicción Contencioso-Administrativa.*

2. Los actos de aprobación definitiva de Planes de ordenación y proyectos de urbanización serán impugnables ante la Jurisdicción Contencioso-Administrativa en los términos prevenidos en el artículo 29 de la Ley reguladora de dicha Jurisdicción.

62 Según dispone el artículo 9 del Real Decreto-ley 16/1981, de 16 de octubre, de adaptación de los Planes Generales de Ordenación Urbana, «el plazo fijado en el artículo 185.1 de la Ley del Suelo para la adopción de las medidas de protección de la legalidad urbanística, aplicables a las obras realizadas sin licencia u orden de ejecución, será de cuatro años desde la fecha de su total terminación, así como el de la prescripción de las infracciones urbanísticas correspondientes.»

DISPOSICIONES FINALES

Primera. Quedan derogadas cuantas disposiciones se opongan a lo establecido en esta Ley con las salvedades que se contienen en las disposiciones siguientes.

Segunda. Los artículos 175 a 177 y 198 a 201, inclusive, de la presente Ley quedarán derogados a la entrada en vigor de la Ley de Bases del Estatuto de Régimen Local, y se entenderán sustituidos por los preceptos de la misma a que se incorpore el contenido de aquéllos. Lo dispuesto en los artículos 188 bis y 188 ter de la Ley número 19/1975, de 2 de mayo, de Reforma de la Ley sobre Régimen del Suelo y Ordenación Urbana, de 12 de mayo de 1956, entrará en vigor simultáneamente a la mencionada Ley de Bases del Estatuto de Régimen Local.

Tercera. 1. El Gobierno, cuando las circunstancias lo aconsejen, podrá elevar, por Decreto, previo dictamen del Consejo de Estado, las cuantías de las reservas y las previsiones a que se refieren los artículos 12.1.b) y 13.2.b), c), d) y e). Estas cuantías solamente podrán disminuirse cuando circunstancias excepcionales lo exijan, previo dictamen favorable del Consejo de Estado. Igualmente el Gobierno podrá establecer otras reservas y previsiones de naturaleza análoga a propuesta del Ministro de *la Vivienda* y, en su caso, del titular de este Departamento y del Ministro competente por razón de la materia.

2. Se autoriza al Gobierno para establecer, mediante Decreto, los criterios con arreglo a los cuales los Planes Generales hayan de fijar la cuantía de las reservas y previsiones aplicables al suelo urbano o, en su caso, para determinar su cuantía directamente, según las circunstancias urbanísticas de las poblaciones afectadas.

3. El Gobierno, por Decreto, a propuesta del Ministerio de *la Vivienda*, fijará las condiciones y proporción en que se pueda adscribir a la construcción de viviendas de carácter social, la superficie edificable resultante de actuaciones públicas para la creación de suelo urbanizado, correspondiente al aprovechamiento a que se refieren los artículos 84.3 y 85.2, así como su cesión a precio de costo o inferior, cuando se promueven las viviendas por Entidades públicas o sin ánimo de lucro.

Cuarta. Se autoriza al Gobierno para que, mediante Decreto, a propuesta del Ministro de *la Vivienda*, y previo dictamen del Consejo de Estado, revise la composición de las *Comisiones Provinciales de Urbanismo* y para que, cuando las circunstancias lo aconsejen, modifique esa misma composición y la de la *Comisión Central de Urbanismo*.

Quinta. Se autoriza al Gobierno para adaptar por Decreto, a propuesta del Ministro de *la Vivienda*, la cuantía de las multas establecidas en el artículo 228 a la evolución de las circunstancias socioeconómicas en función del índice general ponderado de precios al por mayor publicado por el Instituto Nacional de Estadística.

Sexta. El Gobierno, en los seis meses siguientes a la aprobación del texto refundido de la Ley de Régimen del Suelo y Ordenación Urbana, dictará por Decreto, a propuesta del Ministro de *la Vivienda*, previo dictamen del Consejo de Estado, el Reglamento general o, en su caso, los Reglamentos parciales que estime oportunos para el desarrollo y aplicación de esta Ley[63].

Séptima. Esta Ley se aplicará en Álava en todo lo que no se oponga a las especialidades de carácter económico y administrativo que configuran su régimen propio. Se aplicará asimismo en Navarra, sin perjuicio de lo que establece la Ley de 16 de agosto de 1841, sobre régimen de su Diputación Foral y provincial y de los Municipios navarros, así como las demás disposiciones de su derecho peculiar, reconocidas por el Real Decreto-ley de 4 de noviembre de 1925.

DISPOSICIONES TRANSITORIAS

Primera. 1. *Los Planes Generales de Ordenación vigentes en la actualidad se adaptarán a lo dispuesto en esta Ley. La adaptación podrá limitarse a la cla-*

[63] Véanse *infra* el Reglamento de Planeamiento para el desarrollo y aplicación de la Ley sobre Régimen del Suelo y Ordenación Urbana, aprobado por Real Decreto 2159/1978, de 23 de junio, el Reglamento de Gestión Urbanística para el desarrollo y aplicación de la Ley sobre Régimen del Suelo y Ordenación Urbana, aprobado por Real Decreto 3288/1978, de 25 de agosto, y el Reglamento de Disciplina Urbanística para el desarrollo y aplicación de la Ley sobre Régimen del Suelo y Ordenación Urbana, aprobado por Real Decreto 2187/1978, de 23 de junio.

sificación del suelo, determinación del aprovechamiento medio e incorporación del programa pertinente.

2. Las Entidades Locales deberán remitar las propuestas de adaptación a los Órganos competentes para la aprobación de los Planes dentro de los cuatro años siguientes a la entrada en vigor de la Ley 19/1975, de 2 de mayo, de Reforma de la Ley sobre Régimen del Suelo y Ordenación Urbana, de 12 de mayo de 1956.

3. El Gobierno, a propuesta del Ministerio de la Vivienda, podrá, en casos justificados, reducir o ampliar este plazo en dos años.

4. Las propuestas de adaptación se someterán al mismo procedimiento establecido para la aprobación de los Planes, sin que sea de aplicación en estos casos la aprobación por silencio administrativo prevista en el artículo 41 de la presente Ley.

5. Si las propuestas de adaptación no fueran remitidas para su aprobación dentro de los indicados plazos, el Ministerio de la Vivienda o las Comisiones Provinciales de Urbanismo, en su caso, procederán a redactarlas y tramitarlas de oficio.

6. Lo establecido en la presente disposición transitoria se entenderá en todo caso sin perjuicio de la aplicación inmediata de las normas de acomodación, de las de contribución territorial urbana a que se refiere la disposición final 6.ª de la Ley número 19/1975, de 2 de mayo, de Reforma de la Ley sobre Régimen del Suelo y Ordenación Urbana, de 12 de mayo de 1956, en virtud de las variaciones de calificación de suelo en los Planes vigentes que vengan determinados por la aplicación de la presente Ley.

Segunda. *En tanto no se lleve a cabo la adaptación prevista en la disposición anterior, se tendrán en cuenta las siguientes reglas:*

1. Los Planes Parciales aprobados definitivamente con anterioridad a la entrada en vigor de la Ley número 19/1975, de 2 de mayo, que no estuvieren en curso de ejecución con arreglo a la disposición transitoria siguiente y los que se aprueben definitivamente con posterioridad, se ejecutarán con arreglo a los preceptos de la presente Ley. A los efectos prevenidos en el artículo 84, se entenderá por aprovechamiento medio el que resulte del Plan Parcial dentro de su propio ámbito.

2. Los Planes Parciales que se aprueban incialmente con posterioridad a la entrada en vigor de la Ley de Reforma de la Ley sobre Régimen del Suelo y Or-

denación Urbana se ajustarán a los dispuesto en el artículo 13 y desarrollarán las determinaciones que para las distintas calificaciones de suelo establezcan los respectivos Planes Generales de ordenación urbana.

Tercera. *Los Planes Parciales que estuvieren en curso de ejecución a la entrada en vigor de la Ley número 19/1975, de 2 de mayo, continuarán ejecutándose con arreglo a los preceptos de la Ley de Régimen del Suelo y Ordenación Urbana de 12 de mayo de 1956.*

A estos efectos, se entenderá que están en curso de ejecución:

a) En el sistema de cooperación, cuando se hayan producido la citación de los propietarios por el Ayuntamiento a que se refiere el artículo 118 de la Ley de Régimen del Suelo y Ordenación Urbana de 12 de mayo de 1956.

b) En el sistema de expropiación, cuando se hubiere aprobado definitivamente la delimitación del polígono de expropiación a que se refiere el artículo 121.4 de la citada Ley de 12 de mayo de 1956 o, en su caso, se hubiese producido dicha delimitación del polígono expropiatorio con la aprobación definitiva del correspondiente Plan Parcial, o se hubiese efectuado la delimitación del Área de Actuación Urbanística Urgente en los términos prevenidos en su legislación especial.

c) En el sistema de compensación, cuando se hubiese aprobado por el órgano urbanístico competente la constitución de la Junta de Compensación.

d) En el sistema de cesión de terrenos viales, cuando se hubiese acordado por el Ayuntamiento la ejecución de las obras de urbanización por dicho sistema, en los términos prevenidos en el artículo 130.2 de la expresada Ley de 12 de mayo de 1956.

Cuarta. *Los preceptos de la Ley 52/1962, de 21 de julio, sobre valoración de terrenos sujetos a expropiación en ejecución de los Planes de Vivienda de Urbanismo, dejarán de aplicarse en los Municipios que hayan aprobado sus Planes Generales de acuerdo con las previsiones de la presente Ley, o, en su caso, hayan llevado a cabo la adaptación a que se refiere la disposición transitoria primera.*

Las actuaciones que se hubiesen iniciado al amparo de la citada Ley de 21 de julio de 1962 continuarán desarrollándose de acuerdo con sus normas.

Asimismo, hasta tanto los Planes Generales de ordenación vigentes en la actualidad se adapten a la presente Ley, de conformidad con la disposición transitoria primera, o, en su caso, se aprueben nuevos Planes Generales Municipales de Ordenación, el Gobierno, mediante Decreto, a propuesta del Ministro de la Vivienda, podrá acordar la aplicación de lo dispuesto en esta Ley para los Programas de Actuación Urbanística en los supuestos regulados en el artículo 149, a las áreas o zonas que se determinen en el propio Decreto, cualquiera que sea la clasificación o uso urbanístico de los terrenos que comprendan.

Quinta. *1. El Gobierno en el plazo de un año, elaborará y remitirá a las Cortes un proyecto de Bases de Plan Nacional de Ordenación, con arreglo a lo dispuesto en el artículo 7.º de la presente Ley, en el que se delimitarán las directrices genéricas de la estructura urbanística y de la ordenación regional y planeamiento del territorio.*

2. Hasta tanto se apruebe el Plan Nacional de Ordenación podrán formularse y aprobarse Planes Directores Territoriales con el contenido y por el procedimiento establecido en los artículos 8 y 39 de la presente Ley.

3. Los Municipios que no contaran, a la entrada en vigor de esta Ley, con Plan General de Ordenación Urbana aprobado o en tramitación deberán formular, en el plazo de un año, proyecto de delimitación de suelo urbano establecido en el artículo 81.2.

Las Comisiones Provinciales de Urbanismo se subrogarán en lo dispuesto en el párrafo anterior cuando los Ayuntamientos no hubieren formulado el proyecto en el plazo que se señala en el mismo.

4. Los Planes relativos a Zonas o Centros de interés turístico, que se tramiten al amparo de su legislación específica, deberán ajustarse a las determinaciones de los Planes previstos en la presente Ley, sin perjuicio de las especialidades que hayan de contener con arreglo a su finalidad.

TABLA DE VIGENCIAS DE DISPOSICIONES AFECTADAS POR LA LEY 1975, DE 2 DE MAYO, DE REFORMA DE LA LEY SOBRE RÉGIMEN DEL SUELO Y ORDENACIÓN URBANA

...

7. Reglamento de Planeamiento para el desarrollo y aplicación de la Ley sobre Régimen del Suelo y Ordenación Urbana[1], aprobado por Real Decreto 2159/1978, de 23 de junio[2]

(BOE núms. 221 y 222, de 15 y 16 de septiembre de 1978)

TÍTULO I. DEL PLANEAMIENTO URBANÍSTICO DEL TERRITORIO

CAPÍTULO I. TIPOLOGÍA DEL PLANEAMIENTO

Artículo 1. El planeamiento urbanístico del territorio nacional se desarrollará a través de un Plan Nacional de Ordenación y de Planes Directores Territoriales de Coordinación, Planes Generales Municipales y Normas Complementarias y Subsidiarias del Planeamiento.

1 El Real Decreto 304/1993, de 26 de febrero (BOE núm. 66, de 18 de marzo de 1993) aprobó la tabla de vigencias del presente Reglamento, en ejecución de la disposición final única del Texto Refundido de la Ley sobre Régimen del Suelo y Ordenación Urbana, aprobado por Real Decreto Legislativo 1/1992, de 26 de junio, declarando la derogación de los siguientes preceptos: 8; 30, b); 31; 90, f); 92, g); 93.1, f); 104; 107; 108; 109; 110; 111; 112; 113; 114; 119; 141.3; 142.2 y 3; 147.4; 155.1 y 2, párrafo segundo; 161.3, y 166, párrafo tercero. En la medida, sin embargo, en que esta tabla de vigencias pudiera estar afectada por la Sentencia del Tribunal Constitucional 61/1997, de 20 de marzo, anuladora de diversos preceptos del Texto Refundido de la Ley sobre Régimen del Suelo y Ordenación Urbana, aprobado por Real Decreto Legislativo 1/1992, de 26 de junio, se ha optado por incluir el texto formalmente derogado, aunque resaltado a través de cursiva. Por otra parte, ha de tenerse en cuenta la incidencia que sobre este Reglamento de Planeamiento han podido tener la Ley 6/1998, de 13 de abril, sobre Régimen de Suelo y Valoraciones, la Ley 8/2007, de 28 de mayo, de Suelo o el Texto Refundido de la Ley de Suelo, aprobado por Real Decreto Legislativo 2/2008, de 20 de junio.

2 Su artículo único establece:
«Se aprueba el Reglamento de Planeamiento para el desarrollo y aplicación de la Ley sobre Régimen del Suelo y Ordenación Urbana y su anexo «Reservas de suelo para dotaciones en Planes parciales», cuyo texto se inserta a continuación.»

Artículo 2. Los Planes Generales y las Normas Complementarias y Subsidiarias del Planeamiento, al igual que los Planes Especiales, acomodarán sus determinaciones a las contenidas en el Plan Nacional y en los Planes Directores Territoriales de Coordinación.

Artículo 3. 1. La ordenación urbanística municipal se llevará a cabo, según los casos, mediante los siguientes instrumentos de planeamiento:

a) Plan General Municipal de Ordenación Urbana.

b) Normas Subsidiarias del Planeamiento para todo el territorio municipal, con las determinaciones establecidas en el artículo 71.3 y 4 del texto refundido de la Ley sobre Régimen del Suelo y Ordenación Urbana, en adelante Ley del Suelo.

c) Normas Subsidiarias del Planeamiento, con las determinaciones previstas en el artículo 71.3 de la Ley del Suelo.

d) Proyecto de Delimitación del Suelo Urbano, formulado de conformidad con el artículo 81.2 de la Ley del Suelo, complementado, en su caso, con las correspondientes Ordenanzas de Edificación y Uso del Suelo.

2. La elección del instrumento de planeamiento adecuado a cada Municipio se realizará teniendo en cuenta las previsiones que, en su caso, contuviere el Plan Director Territorial de Coordinación y, si éste no existiera o no estableciera nada al efecto, la complejidad de los problemas que plantee el desarrollo urbanístico, la capacidad de gestión y programación del propio Municipio, apreciadas por la Corporación Local afectada y por la Comisión Provincial de Urbanismo o por el Ministro de Obras Públicas y Urbanismo.

Artículo 4. Los Planes Generales Municipales de Ordenación se desarrollarán, según la clase de suelo sobre la que se actúe y en atención a la finalidad perseguida en cada caso, a través de Planes Parciales, Estudios de Detalle, Programas de Actuación Urbanística o Planes Especiales.

Artículo 5. 1. Las Normas Subsidiarias del Planeamiento Municipal a que hace referencia el artículo 3, apartado 1.b), se desarrollarán mediante Planes Parciales, Estudios de Detalle y Planes Especiales, según las distintas clases de suelo que en las mismas se establezcan y la finalidad que persigan.

2. Las Normas Subsidiarias a que se refiere el apartado 1.c) del mismo artículo se completarán y desarrollarán mediante Estudios de Detalle y Planes Especiales.

Artículo 6. Podrán redactarse Planes Especiales para algunos de los fines previstos en el artículo 17 de la Ley del Suelo, aun cuando no existan Planes Directores Territoriales de Coordinación, sin que, en ningún caso, puedan utilizarse como instrumento de ordenación integral del territorio ni puedan, por consiguiente, clasificar el suelo.

Artículo 7. En ausencia de Planes de Ordenación del Suelo, la delimitación del suelo urbano de cada Municipio, se realizará mediante la redacción de los correspondientes Proyectos de Delimitación.

CAPÍTULO II. DEL PLAN NACIONAL

Artículo 8. *1. El Plan Nacional de Ordenación establecerá las grandes directrices de la Ordenación del territorio, en coordinación con la planificación económica y social, encaminada al mayor bienestar de la población.*

2. El Plan Nacional de Ordenación contendrá las siguientes determinaciones:

a) Estructura general del territorio y de los sistemas que la integran, en especial el sistema de asentamiento urbano.

b) Señalamiento de actividades de carácter básico que condicionan la ordenación del territorio en sus diferentes ámbitos geográficos, y asignación de la distribución recomendable de la población en coordinación con la planificación económica y social.

c) Señalamiento de las áreas de conservación o mejora del medio natural.

d) Establecimiento de los diferentes programas y acciones que deberán desarrollarse a medio y largo plazo para alcanzar los objetivos previtos.

e) Señalamiento de las necesidades que en orden a la redacción y aprobación de Planes y Normas Urbanísticas conlleve la ordenación propuesta.

f) Y cualesquiera otras determinaciones que se consideren convenientes para alcanzar las finalidades pripias del Plan.

CAPÍTULO III. DE LOS PLANES DIRECTORES TERRITORIALES DE COORDINACIÓN

Artículo 9. Los Planes Directores Territoriales de Coordinación podrán tener ámbito supraprovincial, provincial o comarcal.

Artículo 10. 1. Los Planes Directores Territoriales de Coordinación establecerán, de conformidad con los principios del Plan Nacional de Ordenación y de la planificación económica y social y las exigencias del desarrollo regional, las directrices para la ordenación del territorio, el marco físico en que han de desarrollarse las previsiones del Plan y el modelo territorial en que han de coordinarse los Planes y Normas a que afecte.

2. A los efectos previstos en el número anterior, los Planes Directores Territoriales de Coordinación definirán un modelo de estructuración del territorio de acuerdo con las exigencias del desarrollo regional, que sirva de marco para la adecuada coordinación de las distintas acciones, planes y programas que tengan incidencia sobre dicho territorio, estableciendo sobre el mismo la distribución global de usos y actividades, las infraestructuras básicas, las áreas sujetas a limitaciones específicas, las medidas de protección del medio ambiente y aquellas otras determinaciones que sean necesarias para articular los Planes y Normas que lo desarrollen.

3. Estas determinaciones se establecerán teniendo en cuenta las posibilidades y programas de actuación del sector público y las actuaciones previsibles del privado, en función de las características socio-económicas del territorio y su población y de las acciones previstas en el propio Plan.

Artículo 11. Los Planes Directores Territoriales de Coordinación contendrán las siguientes determinaciones:

a) El esquema para la distribución geográfica de los usos y actividades a que debe destinarse prioritariamente el suelo, señalando el carácter principal o secundario, excluyente o alternativo de los distintos usos o actividades.

b) El señalamiento de las áreas en que se hayan de establecer limitaciones por exigencias de la defensa nacional o por otras razones de interés público, teniendo en cuenta, en todo caso, la legislación específica en la materia.

c) Las medidas de protección a adoptar para preservar el suelo y los demás recursos naturales de los procesos de urbanización en las áreas que por sus características naturales o por su valor paisajístico deben ser excluidas de este proceso.

d) Las medidas para defender, mejorar, desarrollar o renovar el medio ambiente natural o urbano, especificando las meras prohibiciones y las obligaciones que para tal defensa, mejora, desarrollo o renovación correspondan a la Administración y los administrados.

e) Las medidas adecuadas para impedir que sean afectadas por el desarrollo urbano áreas que, sin precisar de protección en orden a sus valores naturales, ecológicos, paisajísticos o de cualquier tipo, no sean necesarias para tal desarrollo.

f) Las medidas específicas de protección del patrimonio histórico-artístico, arquitectónico y cultural, no sólo en cuanto afecten a monumentos y conjuntos, sino también a su entorno o a los espacios que sean precisos para preservar determinadas perspectivas.

g) El señalamiento y localización de las infraestructuras básicas relativas a las comunicaciones terrestres, marítimas y aéreas y al abastecimiento de agua, saneamiento, producción y distribución de energía y otras análogas.

h) La programación de las acciones necesarias para la ejecución de sus previsiones.

Artículo 12. Los Planes Directores Territoriales de Coordinación estarán integrados por los documentos siguientes:

1. Memoria que se referirá a los siguientes extremos:

a) Información básica, acompañada de los estudios necesarios, que deberá considerar todos los aspectos que puedan condicionar o determinar la estructuración del territorio, y en todo caso los siguientes:

Características naturales del territorio, tales como las geográficas, topográficas, climáticas y otras análogas con referencia a los valores paisajísticos, ecológicos, urbanos, históricos y artísticos que tengan relevancia en el conjunto del ámbito territorial del Plan.

Aprovechamiento del que sea naturalmente susceptible el territorio desde el punto de vista agrícola, forestal, ganadero, cinegético, minero u otros.

Usos, actividades e infraestructuras básicas localizadas en el territorio.

Incidencia de la legislación específica de carácter protector en materia de espacios naturales, montes, costas, aeropuertos, cauces públicos, embalses, defensa nacional y cualquier otra del mismo carácter que sea de aplicación en el territorio objeto del Plan.

Características de la población asentada sobre el territorio, sus condiciones económicas y sociales y las previsiones de su evolución.

Obras que estuvieran programadas y referencia a la política que pueda influir en el desarrollo estructural del territorio, en especial las que con ese alcance se hubieren previsto en el Plan Nacional de Ordenación y en la planificación económica y social, así como en cualesquiera otros Planes o proyectos de la Administración del Estado o de los entes locales o institucionales.

b) Criterios y objetivos de la estructuración del territorio en función de la información básica verificada y de los estudios realizados.

c) Examen y análisis ponderado de las diferentes alternativas posibles con base en los criterios y objetivos propuestos.

d) Justificación y descripción de la alternativa elegida y desarrollo de la misma.

e) Determinación de los instrumentos de planificación requeridos para el desarrollo de las previsiones del Plan y ejecución de sus acciones, especificando las que deban realizarse a través de Planes Generales o Normas Subsidiarias y Complementarias o las que hayan de llevarse a cabo mediante Planes Especiales. El Plan señalará aquellos sectores del territorio que deban ser objeto de planeamiento conjunto.

2. Documentación gráfica, que constará de:

a) Planos de información que expresen, en lo posible, el estado actual y características del territorio a que se extienda el Plan, referidos a los extremos fundamentales señalados en el apartado a) del número anterior, y cualesquiera otras circunstancias que resulten relevantes.

b) Planos de ordenación referidos a las determinaciones a que se refiere el artículo anterior.

3. Normas para la aplicación de sus determinaciones.

4. Programas de actuación para el desarrollo del Plan con las correspondientes bases de carácter técnico y económico, señalándose los plazos en que hayan de redactarse los instrumentos de planificación de desarrollo del Plan y llevarse a cabo las actuaciones previstas en él.

5. Sistema de seguimiento del Plan, estableciendo los límites de validez de sus determinaciones y los mecanismos de alerta que permitan detectar la necesidad de su modificación parcial o su revisión.

Artículo 13. 1. Las determinaciones de los Planes Directores Territoriales de Coordinación vincularán a la Administración y a los particulares. Las acciones previstas en los mismos se llevarán a cabo por cada uno de los Departamentos ministeriales afectados en las materias de sus respectivas competencias, con arreglo a las prescripciones establecidas en el Real Decreto de su aprobación y de acuerdo con los plazos señalados en el propio Plan.

2. Las Corporaciones Locales municipales cuyo término esté afectado total o parcialmente por un Plan Director Territorial de Coordinación, sin perjui-

cio de la inmediata entrada en vigor de éste, deberán promover, en el plazo máximo de un año, la correspondiente acomodación a sus determinaciones mediante la oportuna revisión de sus respectivos Planes Generales Municipales de Ordenación. En igual sentido se procederá a la acomodación de las Normas Complementarias y Subsidiarias del Planeamiento.

3. Igualmente se procederá por las Corporaciones y demás Organismos competentes a acomodar los Planes sectoriales existentes a las determinaciones del Plan Director Territorial de Coordinación, pudiendo éste fijar los plazos pertinentes.

CAPÍTULO IV. DE LOS PLANES GENERALES MUNICIPALES DE ORDENACIÓN

SECCIÓN 1ª Disposiciones generales

Artículo 14. 1. Los Planes Generales Municipales de Ordenación Urbana, como instrumento de ordenación integral del territorio, abarcarán uno o varios términos municipales completos.

2. El Plan General Municipal de Ordenación adoptará el modelo de utilización del suelo a largo plazo que resulte de la ponderación cualitativa de las distintas alternativas de planeamiento que hayan podido formularse inicialmente.

Artículo 15. 1. Los Planes Generales Municipales de Ordenación clasificarán el suelo para la aplicación del régimen jurídico correspondiente; definirán los elementos fundamentales de la estructura general adoptada para la ordenación urbanística del territorio; establecerán el programa para su desarrollo y ejecución; y señalarán el límite temporal al que hayan de entenderse referidas el conjunto de sus previsiones, a partir del cual, y según el grado de cumplimiento de éstas, deba procederse a su revisión.

2. Cuando existan Planes Directores Territoriales de Coordinación, los Planes Generales Municipales deberán redactarse teniendo en cuenta las determinaciones y directrices establecidas en aquéllos, de forma coordinada con las previsiones de la planificación económica y social.

Artículo 16. 1. Los Planes Generales Municipales tienen por objeto específico en el suelo urbano completar su ordenación mediante la regulación detallada del uso de los terrenos y de la edificación; señalar la renovación o reforma interior que resultase procedente; definir aquellas partes de la estructura general del Plan correspondiente a esta clase de terrenos, y proponer los programas y medidas concretas de actuación para su ejecución.

2. Los Planes Generales deberán considerar la situación urbanística anteriormente existente, bien para conservarla, bien para rectificarla directamente a través de las propias determinaciones del Plan General o habilitando la formulación del oportuno Plan Especial de reforma interior que desarrolle las previsiones básicas que a tal objeto establezca el propio Plan General.

Artículo 17. 1. Los Planes Generales Municipales tienen por objeto específico, en el suelo urbanizable, definir los elementos fundamentales de la estructura general de la ordenación urbanística del territorio; establecer, según sus categorías, una regulación genérica de los diferentes usos globales y niveles de intensidad; y fijar los programas de desarrollo a corto y medio plazo referidos a un conjunto de actuaciones públicas y privadas.

2. Asimismo regularán la forma y condiciones en que podrán incorporarse al desarrollo urbano actuaciones no programadas mediante la formulación de los correspondientes Programas de Actuación Urbanística para la realización de unidades urbanísticas integradas.

Artículo 18. Los Planes Generales Municipales tienen por objeto específico, en el suelo no urbanizable, preservar dicho suelo del proceso de desarrollo urbano y establecer, en su caso, medidas de protección del territorio y del paisaje.

SECCIÓN 2ª De las determinaciones de carácter general

Artículo 19. 1. Los Planes Generales Municipales de Ordenación contendrán las siguientes determinaciones de carácter general:

a) Clasificación del suelo, con expresión de las superficies asignadas a cada uno de los tipos y categorías en que se divida.

b) Estructura general y orgánica del territorio, integrada por los elementos determinantes del desarrollo urbano y, en particular, por el sistema general de comunicación y sus zonas de protección; el de espacios libres destinados a parques públicos y zonas verdes en proporción no inferior a cinco metros cuadrados por habitante; y el de equipamiento comunitario y para centros públicos.

c) Programación en dos etapas de cuatro años del desarrollo del Plan en orden a coordinar las actuaciones e inversiones públicas y privadas de acuerdo con los planes y programas de los distintos Departamentos ministeriales.

d) Medidas para la protección del medio ambiente, conservación de la naturaleza y defensa del paisaje, elementos naturales y conjuntos urbanos e histórico-artísticos, de conformidad, en su caso, con la legislación específica que sea de aplicación en cada supuesto.

e) Señalamiento de las circunstancias con arreglo a las cuales sea procedente, en su momento, la revisión del Plan, en función de la población total y de su índice de crecimiento, recursos, usos e intensidad de ocupación del suelo y demás elementos que justificaron la clasificación de suelo inicialmente adoptada.

2. Los Planes Generales, cuando afecten a territorios con planeamiento aprobado, incorporarán, con el grado de precisión que corresponda según la clase o categoría de suelo a que se refieran, las determinaciones del planeamiento anterior que el propio Plan General declare subsistentes.

3. En todo caso, el Plan General deberá precisar el régimen jurídico aplicable al planeamiento que estuviere vigente con anterioridad y a la edificación existente, estableciendo las disposiciones pertinentes sobre régimen transitorio, en el que se contendrán las prevenciones oportunas sobre la vigencia del planeamiento anterior, en atención al grado de incorporación de sus determinaciones al propio Plan General.

Artículo 20. El Plan General clasificará el suelo en urbano, urbanizable y no urbanizable.

2. Podrá prescindirse de algunas de estas clases o categorías de suelo si las circunstancias que concurran en el Municipio así lo aconsejaren, o no se dieran las condiciones objetivas precisas para incluir terrenos en los tipos o categorías de suelo de que se prescinda.

3. En todo caso, el Plan General habrá de delimitar los ámbitos espaciales a los que corresponda cada uno de los tipos y categorías de suelo en él establecidos.

4. La asignación de superficies se justificará para cada uno de los tipos y categorías de suelo en función de las circunstancias de hecho existentes, de las previsiones sobre asentamiento de población, actividades y servicios de carácter colectivo.

Artículo 21. Para que el Plan General clasifique terrenos como urbanos, incluyéndolos en la delimitación que a tal efecto establezca, será preciso que reúnan algunos de los siguientes requisitos:

a) Que los terrenos estén dotados de acceso rodado, abastecimiento de agua, evacuación de aguas residuales y suministro de energía eléctrica, debiendo tener estos servicios características adecuadas para servir a la edificación que sobre ellos exista o se haya de construir.

b) Que los terrenos, aun careciendo de algunos de los servicios citados en el párrafo anterior, tengan su ordenación consolidada, por ocupar la edificación, al menos, dos terceras partes de los espacios aptos para la misma según la ordenación que el Plan General para ellos proponga. El Plan deberá señalar las operaciones de reforma interior o acciones concretas de urbanización precisas para conseguir los niveles de dotación necesarios de los servicios mínimos señalados en el apartado a) de este artículo.

Artículo 22. 1. Constituirán el suelo urbanizable los terrenos a los que el Plan General Municipal declare aptos, en principio, para ser urbanizados.

2. Dentro del suelo urbanizable, el Plan establecerá todas o alguna de las siguientes categorías:

a) Suelo programado, constituido por aquel cuya urbanización deba ser desarrollada según el programa del propio Plan.

b) Suelo no programado, integrado por el que pueda ser objeto de urbanización mediante la aprobación de Programas de Actuación Urbanística.

Artículo 23. 1. En el suelo clasificado como urbanizable programado habrán de incluirse las superficies necesarias para:

a) Los nuevos asentamientos de población y de actividades productivas cuya implantación se prevea en el programa.

b) El establecimiento de aquellas partes de los sistemas generales necesarios para el desarrollo de las previsiones sobre población y actividades a que se refiere el apartado anterior.

2. Para la clasificación de suelo como urbanizable programado y para el establecimiento del correspondiente Programa deberán tenerse en cuenta criterios de ponderación que valoren dentro de cada etapa:

a) La situación existente.

b) Las características del desarrollo urbano previsible.

c) La necesidad de producir un desarrollo urbano coherente en función de la estrategia a largo plazo del Plan.

d) La adecuada proporción entre los nuevos asentamientos y el equipo urbano.

e) Las previsiones sobre inversión pública y privada.

3. Cada cuatro años el Ayuntamiento revisará las determinaciones del programa y, en su caso, ampliará en otros cuatro el límite temporal que abarquen sus previsiones, de acuerdo con los criterios y el contenido establecidos en los dos números anteriores. Si como consecuencia de esta revisión fuera preciso alterar la extensión del suelo urbanizable programado, se procederá a modificar o, en su caso, revisar las determinaciones del Plan General en los términos establecidos para la formación de los Planes.

4. Se clasificará como suelo urbanizable no programado aquel que deba ser reservado, de acuerdo con el modelo de utilización del territorio adoptado por el Plan General, para su posible urbanización y que no sea necesario para la realización de las previsiones del programa.

Artículo 24. Constituirán el suelo no urbanizable:

a) Los que el Plan no incluya en alguno de los tipos de suelo a que se refieren los artículos anteriores.

b) Los espacios que el Plan determine para otorgarles una especial protección, a los efectos de esta Ley, en razón de su excepcional valor agrícola, forestal o ganadero, de las posibilidades de explotación de sus recursos naturales, de sus valores paisajísticos, históricos o culturales o para la defensa de la fauna, la flora o el equilibrio ecológico.

Artículo 25. 1. Los elementos fundamentales de la estructura general y orgánica de la ordenación del territorio se establecerán por el Plan General teniendo en cuenta el modelo de desarrollo urbano adoptado, definiendo:

a) La asignación a las diferentes zonas de los correspondientes usos globales cuya implantación se prevea, y la intensidad de los mismos.

b) El sistema general de comunicaciones, tanto urbanas como interurbanas, estableciendo las reservas de suelo necesarias para el establecimiento de redes varias y ferroviarias, áreas de acceso a las mismas, y todas aquellas otras instalaciones vinculadas a este sistema, como son estaciones de ferrocarril y autobuses, puertos, aeropuertos y otras instalaciones análogas.

c) El sistema general de espacios libres constituido por:

Parques urbanos públicos, en proporción no inferior a cinco metros cuadrados de suelo por cada habitante, en relación al total de población prevista en el Plan. En estos parques sólo se admitirán aquellos usos compatibles con su carácter que no supongan restricción del uso público.

Areas públicas destinadas al ocio cultural o recreativo, como parques deportivos, zoológicos, ferias y otras instalaciones análogas.

d) El sistema general de equipamiento comunitario, que comprenderá todos aquellos centros al servicio de toda la población destinados a usos:

Administrativos.

Comerciales.

Culturales y docentes, en situación y extensión adecuadas para que puedan cumplir las previsiones de su legislación especial.

Sanitarios, asistenciales, religiosos, cementerios y cualesquiera otros que se consideren necesarios para el mejor desarrollo de los intereses comunitarios.

e) Aquellas instalaciones y obras cuya implantación pueda influir de forma sustancial en el desarrollo del territorio, como centros productores de energía, embalses, líneas de conducción y distribución y otras análogas.

2. Los Planes Generales habrán de definir los sistemas relacionados en los párrafos anteriores con la precisión suficiente para poder permitir un adecuado desarrollo del Planteamiento en Planes Parciales o Especiales.

3. Los equipamientos a que se refieren los apartados 1.c) y 1.d) se fijarán en función de las necesidades del conjunto de la población a la que han de servir, sin perjuicio de las dotaciones propias de los Planes Parciales, debiendo quedar garantizada en el Plan General la obtención del sistema general de espacios libres y equipamiento comunitario, cualquiera que sean las características de las unidades de planeamiento que se propongan.

Artículo 26. 1. El Plan General señalará para todo el suelo comprendido en su ámbito los objetos, directrices y estrategia de su desarrollo.

2. La definición de los sistemas generales determinantes de la estructura general del territorio se formulará sin perjuicio de la clasificación del suelo, y el proceso de su ejecución se acomodará a la estrategia establecida para el desarrollo del Plan.

3. Además de lo preceptuado en los números anteriores, se incorporarán para el suelo urbanizable, incluido en la programación a que se refiere el ap.

c) del artículo 19 de este Reglamento, las previsiones de actuaciones públicas y privadas en orden a la realización de obras correspondientes a la estructura general y orgánica del territorio y la total urbanización de dicho suelo.

Artículo 27. 1. En los distintos tipos y categorías de suelo, el Plan establecerá los criterios y señalará los presupuestos de hecho con arreglo a los cuales puedan delimitarse, en su caso, zonas y conjuntos para someterlos a la especial legislación protectora por razón de la materia.

2. Asimismo podrá completar esa legislación con las normas que el propio Plan estime necesarias para la protección del medio ambiente urbano o rural, conservación de la naturaleza y defensa del paisaje, elementos naturales y conjuntos urbanos e histórico-artísticos, sin que tales normas puedan contradecir o modificar las de carácter especial señaladas en el número anterior.

3. Las aludidas medidas de protección y defensa podrán consistir en la prohibición de determinadas actividades a desarrollar en las zonas o conjuntos, o en la imposición de obligaciones tendentes a evitar las degradaciones de cualquiera de los elementos del medio ambiente o de los conjuntos urbanos o histórico-artísticos.

Artículo 28. El Plan General señalará el límite temporal al que se refiere el conjunto de sus previsiones, a partir del cual, y según el grado de realización de éstas, deba procederse a su revisión. Asimismo establecerá las circunstancias en cuya virtud habrá de llevarse a cabo su revisión anticipada, fijando los márgenes de tolerancia admisibles para las desviaciones entre la evolución real y las previsiones del planeamiento que justificaron la clasificación del suelo o el modelo de desarrollo urbano inicialmente adoptado.

SECCIÓN 3ª De las determinaciones en suelo urbano

Artículo 29. 1. En suelo urbano, los Planes Generales contendrán, además de las determinaciones de carácter general, las siguientes:

a) Delimitación de su perímetro o perímetros según que existan uno o varios núcleos urbanos en el ámbito territorial del Plan.

b) Señalamiento de aquellas áreas en las que se prevean operaciones de reforma interior, que requieran la formulación de un Plan Especial de este carácter. Para dichas áreas el Plan General deberá fijar explícitamente los objetivos que la reforma se propone y, al menos, los usos e intensidades de los mismos que habrán de resultar de la reforma prevista.

c) Asignación de usos pormenorizados correspondientes a las diferentes zonas, definiendo de forma detallada la específica utilización de los terrenos incluidos en cada una de ellas.

d) Delimitación de los espacios libres y zonas verdes destinados a parques y jardines públicos, así como de las zonas deportivas, de recreo y expansión también públicas. Dichas dotaciones serán independientes de las establecidas en este tipo de suelo para la estructura general y orgánica del territorio a que se refiere el artículo 25.1 c) de este Reglamento y se fijarán en proporción adecuada a las necesidades colectivas y a las características socio-económicas de la población específica sobre la materia.

El Plan deberá puntualizar el carácter público o privado de la titularidad de cada una de las zonas deportivas, de recreo y expansión, diferenciándolas, en todo caso, de los espacios libres y zonas verdes destinadas a parques y jardines públicos.

e) Emplazamiento reservado para templos, centros docentes, públicos o privados, asistenciales y sanitarios y demás servicios de interés público y social que formen parte del equipo urbano comunitario, en proporción adecuada a las necesidades colectivas y a las características socio-económicas de la población.

f) Trazado y características de la red viaria, con clasificación de la misma en función del tráfico previsto y señalamiento de alineaciones y rasantes referido a la totalidad o parte de ese suelo, precisando en todo caso la anchura de los viales o definiendo el criterio para su fijación.

g) Previsión de aparcamientos públicos, justificando la elección de su localización en relación con la planificación adecuada del transporte público y demás condicionantes urbanísticos.

h) Reglamentación detallada del uso pormenorizado, volumen y condiciones higiénico-sanitarias de los terrenos o construcciones, así como de las características estéticas de la ordenación de la edificación y de su entorno.

i) Características y trazado de las galerías y redes de abastecimiento de agua, alcantarillado, energía eléctrica y de aquellos otros servicios que pueda prever además el Plan.

j) Evaluación económica de la implantación de los servicios y de la ejecución de las obras de urbanización.

2. El Plan General podrá formular para este tipo de suelo los programas que sean precisos para la ejecución de aquellas determinaciones que se requieran para completar el proceso de urbanización.

3. Al establecer la ordenación detallada del suelo urbano, los Planes Generales podrán recoger la situación urbanística existente, bien para conservarla, bien para rectificarla directamente a través de las propias determinaciones del Plan General.

SECCIÓN 4ª De las determinaciones en suelo urbanizable programado

Artículo 30. En el suelo urbanizable programado, el Plan General de Ordenación deberá contener, además de las determinaciones de carácter general, las siguientes:

a) Desarrollo de los sistemas de la estructura general de la ordenación urbanística del territorio a que hace referencia el artículo 25 de este Reglamento, con la precisión suficiente para permitir la redacción de Planes Parciales o Especiales.

b) Fijación del aprovechamiento medio de la superficie total y de la de cada uno de los sectores, si fuesen varios, del suelo necesario en cada cuatrienio, en función de las intensidades y usos globales que se señalen en los terrenos, que no estén destinados en el Plan General a viales, parques y jardines públicos y demás servicios y dotaciones de interés general, homogeneizando dichos usos según sus valores relativos.

c) Asignación de usos globales a las diferentes zonas, fijando las intensidades correspondientes a dichos usos. Esta asignación podrá efectuarse con carácter excluyente o alternativo siempre que en este último caso los usos que resulten definitivamente elegidos por los correspondientes Planes Parciales sean compatibles entre sí y se asegure el equilibrio de los usos, de sus intensidades y del equipamiento de infraestructuras y servicios.

Para calcular, determinar y aplicar la intensidad de uso de cada zona se tendrá en cuenta exclusivamente la superficie ocupada por la misma, sin incluir la de los terrenos que se destinen a sistemas generales, aun cuando sean colindantes.

La asignación de intensidades correspondientes al uso residencial tendrá en cuenta lo establecido en el artículo 75 de la Ley del Suelo y en el 47 de este Reglamento.

d) Emplazamiento de los centros de servicio y trazado de las redes fundamentales de abastecimiento de agua, alcantarillado, energía eléctrica, alumbrado público, telefonía y demás servicios que en su caso prevea el Plan, con la expresión de sus características técnicas fundamentales.

e) División del territorio en sectores para el desarrollo de Planes Parciales.

Artículo 31. *1. A los efectos previstos en el apartado b) del artículo anterior se establecerá:*

1.º Para cada zona, un coeficiente mediante el cual se exprese el valor que el Plan atribuye a cada uso con relación a los demás.

2.º Para cada sector, un coeficiente mediante el cual se reflejen globalmente las diferencias existentes entre los distintos sectores, determinadas por las siguientes circunstancias:

a) Situación respecto a los sistemas generales y demás elementos urbanos significativos.

b) Características del suelo y su incidencia en el costo de la urbanización y de la edificación.

c) Cualquier otra circunstancia que a estos efectos se considere de particular relevancia.

2. El coeficiente de homogeneización de cada zona se obtendrá multiplicando el coeficiente que le haya sido asignado con arreglo a lo dispuesto en el ap. 1.º del número anterior, por el coeficiente que corresponda al sector donde esté situada. Este coeficiente podrá ajustarse específicamente para alguna zona concreta en la que concurran circunstancias especiales, con objeto de conseguir una más adecuada valoración relativa.

3. El aprovechamiento de cada zona será el resultado de multiplicar su superficie por la edificabilidad correspondiente, expresada en metros cuadrados edificables por cada metro cuadrado de suelos, y por el coeficiente de homogeneización obtenido según se señala en el número 2 de este artículo.

4. El aprovechamiento de un sector lo constituirá la suma de los aprovechamientos que correspondan a todas las zonas en él incluidas.

El aprovechamiento medio de cada sector se obtendrá dividiendo su aprovechamiento por la superficie total del sector.

5. El aprovechamiento del suelo urbanizable programado en cada cuatrienio lo constituirá la suma de los aprovechamientos de todos los sectores en que pudiera este suelo estar dividido.

El aprovechamiento medio del suelo urbanizable programado para cada cuatrienio se obtendrá dividiendo su aprovechamiento por la superficie total del suelo programado para dicho cuatrienio.

6. Los terrenos incluidos en suelo urbanizable programado destinados en el Plan General a implantar sistemas generales se considerarán, a los efectos prevenidos en este artículo, de aprovechamiento nulo.

7. La asignación de coeficientes a las distintas zonas y sectores deberá ser razonada exponiendo las motivaciones que han dado lugar a su determinación. Los coeficientes serán iguales o menores que la unidad.

Artículo 32. La división del suelo urbanizable programado en sectores deberá establecerse de forma tal, que éstos constituyan unidades geográficas y urbanísticas que permitan un desarrollo adecuado en Planes Parciales. Cada sector habrá de ser objeto de un Plan Parcial cuya ejecución se realizará en uno o varios polígonos.

Los terrenos incluidos dentro de cada sector tendrán características urbanísticas homogéneas y su perímetro estará delimitado por situaciones de planeamiento existentes, por sistemas generales de comunicación, por espacios libres de Plan General o por elementos naturales, definidos de forma que garanticen una adecuada inserción del sector dentro de la estructura urbanística general del Plan.

En todo caso, cada sector tendrá las dimensiones necesarias para permitir la reserva de las dotaciones previstas en este Reglamento.

Artículo 33. 1. Cuando las circunstancias así lo exijan, podrá proponerse un único sector de planeamiento. El planeamiento detallado de los sistemas generales se realizará mediante Planes Especiales, salvo que sea aconsejable su inclusión en la ordenación de los sectores a desarrollar por Planes Parciales.

2. Los Planes Parciales o los Especiales, en su caso, podrán precisar los detalles de trazado de las redes viarias y de servicios ajustándolas a las características físicas del terreno o a la estructura urbanística que se derive del grado de ejecución de sectores colindantes y de las Reglamentaciones vigentes.

SECCIÓN 5ª De las determinaciones en suelo urbanizable no programado

Artículo 34. En suelo urbanizable no programado, el Plan General, además de las determinaciones de carácter general, contendrá las siguientes:

a) Delimitación de esta categoría de suelo, expresando el carácter excluyente, alternativo o compatible de los usos asignados en cada área.

b) Señalamiento de los usos que sean incompatibles dentro de cada área con la estructura general de la ordenación urbanística y con el modelo territorial propuesto por el propio Plan, o que sean incompatibles con los usos asignados al suelo urbano, urbanizable programado o no urbanizable.

c) Establecimiento de las características técnicas que han de reunir las actuaciones de esta categoría de suelo, comprendiendo:

1.º Características que debe reunir la delimitación de los terrenos, considerando la necesidad de una adecuada inserción de la actuación en la estructura urbana del Plan.

2.º Magnitudes máximas y mínimas que pueda alcanzar la actuación desde el punto de vista de extensión superficial y usos que puedan admitirse.

3.º Sistemas de dotaciones, servicios y equipamientos que deben establecerse en cada actuación.

4.º Requisitos que deben ser cumplidos para garantizar la conexión con la red viaria y de transporte prevista en el Plan General.

5.º Redes de servicios que deban establecerse y su relación con las existentes o propuestas en el Plan General. Al menos, deberán tener las mismas características establecidas para estos servicios en el suelo urbanizable programado.

d) Definición, a efectos de lo dispuesto en el artículo 85 de la Ley del Suelo, del concepto de núcleo de población, con base en las características propias del Municipio, estableciendo las condiciones objetivas que den lugar a su formación.

Artículo 35. Los Programas de Actuación Urbanística podrán abarcar, de acuerdo con las magnitudes mínimas a que se refiere el apartado c), 2.º, del artículo anterior, parte del territorio de una zona, una de ellas completa o varias zonas o partes de ellas, siempre que, en todo caso, constituyan una unidad urbanística integrada, entendiendo por tal aquella que resuelva en sí misma la totalidad de los problemas urbanísticos inherentes a su implantación y funcionamiento orgánico, tal y como se definen en el artículo 71.2 de este Reglamento.

SECCIÓN 6ª De las determinaciones en suelo no urbanizable

Artículo 36. En el suelo no urbanizable, el Plan General establecerá las siguientes determinaciones:

a) Delimitación de las áreas que deban ser objeto de especial protección, incluyendo, en su caso, la prohibición absoluta de construir y señalando las medidas a adoptar a efectos de la conservación, mejora y protección.

Del suelo, flora, fauna paisaje, cursos y masas de agua y demás elementos naturales, incluyendo, en su caso, la prohibición absoluta de construir.

Del medio ambiente natural o de aquellos de sus elementos que hayan sufrido algún tipo de degradación.

De los yacimientos arqueológicos y de las construcciones o restos de ellas de carácter histórico-artístico, arquitectónico o que contengan algún elemento señalado de carácter cultural situados en este tipo de suelo.

De los que deben ser destinados a determinados cultivos o explotaciones agrícolas, ganaderas o forestales.

b) Definición, a efectos de lo dispuesto en el artículo 86 de la Ley del Suelo, del concepto de núcleo de población, con base en las características propias del Municipio, estableciendo las condiciones objetivas que den lugar a su formación.

c) Características de edificios y construcciones que puedan levantarse de acuerdo con lo previsto en el artículo 86 de la Ley del Suelo en función de los usos a que se destinen. A tal efecto, se establecerán:

1.º Medidas que impidan la posibilidad de formación de núcleos de población definidos por el propio Plan en función de las características del territorio objeto del planeamiento y las que garanticen en todo caso la condición aislada de la edificación, para lo cual deberán señalarse, como mínimo, las siguientes condiciones:

Parcela de terreno que haya de quedar afectada a la edificación, en cuanto a superficie y forma.

Retranqueos de la edificación respecto a los límites de la propiedad.

2.º Normativa a que deben sujetarse las construcciones para garantizar su adaptación al ambiente rural y al paisaje en que se sitúen y las medidas que deban adoptarse para preservar los valores naturales del terreno afectado por las construcciones.

SECCIÓN 7ª De la documentación del Plan General

Artículo 37. Las determinaciones del Plan General se desarrollarán en los siguientes documentos:

1. Memoria y estudios complementarios.
2. Planos de información y de ordenación urbanística del territorio.
3. Normas urbanísticas.
4. Programa de actuación.
5. Estudio económico y financiero.

Artículo 38. La Memoria del Plan General establecerá las conclusiones de la información urbanística que condicionen la ordenación del territorio, analizará las distintas alternativas posibles y justificará el modelo elegido, las determinaciones de carácter general y las correspondientes a los distintos tipos y categorías de suelo. Se referirá a los siguientes extremos:

1.º Justificación de la conveniencia y oportunidad de su formación.

2.º Información urbanística, acompañada de los estudios complementarios necesarios, que deberán considerar todos los aspectos que puedan condicionar o determinar el uso del Territorio, y en todo caso los siguientes:

a) Planeamiento vigente con anterioridad.

b) Resultado del trámite de participación pública en el proceso de elaboración del Plan.

c) Características naturales del territorio como las geológicas, topográficas, climáticas y otras.

d) Aprovechamiento de que sea susceptible el territorio, desde el punto de vista agrícola, forestal, ganadero, cinegético, minero y otros.

e) Uso a que el terreno esté destinado, edificaciones e infraestructuras existentes en el mismo.

f) La diferente aptitud de los terrenos para su utilización urbana.

g) Señalamiento de los valores paisajísticos, ecológicos, urbanos e históricos y artísticos, existentes en el ámbito territorial del Plan.

h) Análisis de la posible incidencia de la legislación específica del patrimonio histórico-artístico y de la de carácter protector en materia de espacios naturales, montes, costas, aeropuertos, cauces públicos, embalses y defensa nacional y cualquier otra del mismo carácter que sea de aplicación en el territorio objeto del Plan.

i) Características de la población asentada sobre el territorio, sus condiciones económicas y sociales y las previsiones de su evolución.

j) Obras programadas y política de inversiones públicas que pueden influir en el desarrollo urbano, en especial las previstas en el Plan Nacional de Ordenación, la planificación económica y social y, en su caso, en el Plan Director Territorial de Coordinación, así como las de cualquier otro Plan o proyecto de los órganos de la Administración del Estado, o de los entes locales, o instituciones, que tengan relación con el territorio objeto de planeamiento.

3.º Objetivos y criterios de la ordenación del territorio.

4.º Examen y análisis ponderado de las diferentes alternativas contempladas.

5.º Justificación del modelo de desarrollo elegido y descripción de la ordenación propuesta.

6.º Justificación razonada del sistema de ponderación empleado para la elección de los parámetros aplicables en la obtención del aprovechamiento medio.

7.º También se especificarán las circunstancias a que se hace referencia en el artículo 28 de este Reglamento en relación con la revisión del Plan.

Artículo 39. 1. Los planos de información del Plan General se redactarán a escala adecuada y reflejarán la situación del territorio a que se refieran en orden a sus características naturales y usos del suelo, con especial mención de los aprovechamientos agrícolas, forestales, ganaderos, cinegéticos, extractivos y otros; infraestructura y servicios existentes, con indicación de su estado, capacidad y grado de utilización; y expresión del suelo ocupado por la edificación. Asimismo habrán de formularse, a escala adecuada, los planos que sean precisos para expresar pormenorizadamente el estado actual del suelo urbano en cuanto a su perímetro y a las características de las obras de urbanización y de las edificaciones existentes.

2. Los planos de ordenación del Plan General serán los siguientes:

A) Para todo el territorio comprendido en su ámbito y a escala conveniente:

a) Plano de clasificación del suelo, con expresión de las superficies asignadas a cada uno de los tipos y categorías del mismo.

b) Plano de estructura orgánica del territorio, con señalamiento de los sistemas generales.

c) Plano o planos de usos globales previstos para los distintos tipos y categorías de suelo.

B) Para suelo urbano: Planos referidos a los extremos señalados en los aps. a), b), c), d), e), f), g), e i) del artículo 29 de este Reglamento, redactados a escala mínima 1:2000. En aquellas áreas en las que el Plan General no señale alineaciones y rasantes, la escala mínima podrá ser de 1:5000.

C) Para el suelo urbanizable programado:

a) Planos de situación a escala conveniente.

b) Planos referidos a los extremos señalados en los apartados a), c), d) y e) del artículo 30 de este Reglamento, a escala mínima 1:500.

D) Para suelo urbanizable no programado:

a) Plano de situación a escala adecuada: y

b) Planos referidos a los apartados a) y b) del artículo 34 de este Reglamento, a escala mínima 1:5.000.

E) Para suelo no urbanizable: Plano de situación a escala conveniente, con expresión, en su caso, de las áreas de especial protección.

Artículo 40. 1. Las Normas Urbanísticas del Plan General diferenciarán el tratamiento aplicable a los distintos tipos y categorías de suelo.

2. En el suelo urbano las Normas Urbanísticas tendrán el carácter de Ordenanzas de la Edificación y Uso del Suelo y contendrán la reglamentación detallada del uso pormenorizado, volumen y condiciones higiénico-sanitarias de los terrenos y construcciones, así como las características estéticas de la ordenación, de la edificación y de su entorno.

3. En suelo urbanizable programado, las Normas Urbanísticas, además de regular, en concordancia con las calificaciones de suelo establecidas en los planos de ordenación, el régimen general de cada uno de los distintos usos de suelo y la edificación, establecerán las características de los sistemas generales incluidos en esta categoría de suelo y las exigencias mínimas, en lo referente a infraestructuras y servicios, a que se ha de ajustar el desarrollo de los Planes Parciales o, en su caso, los Planes Especiales.

4. En suelo urbanizable no programado, las Normas Urbanísticas establecerán el régimen de uso de suelo a que se refieren los apartados a) y b) del artículo 34 de este Reglamento; expresarán las características, magnitudes y dotaciones de las actuaciones a las que hace referencia el apartado c) de ese

mismo artículo y definirán el concepto de núcleo de población a que alude el apartado d) del propio precepto.

5. En suelo no urbanizable, las Normas Urbanísticas reflejarán, en la medida que así se requiera, las determinaciones contenidas en el artículo 36 de este Reglamento.

Artículo 41. El programa de actuación del Plan General establecerá:

1. Los objetivos, directrices y estrategia de su desarrollo a largo plazo para todo el territorio comprendido en su ámbito.

2. Las previsiones específicas concernientes a la realización de los sistemas generales.

3. Las dos etapas cuatrienales en que han de desarrollarse las determinaciones en el suelo urbanizable programado.

4. Los plazos a que han de ajustarse las actuaciones previstas, en su caso, para completar la urbanización en suelo urbano o para realizar operaciones de reforma interior en este tipo de suelo.

Artículo 42[3]**.** El estudio económico y financiero del Plan General contendrá:

1. La evaluación económica de la ejecución de las obras de urbanización correspondientes a la estructura general y orgánica del territorio definida en el artículo 19, 1.b) del presente Reglamento y a la implantación de los servicios, incluidos ambos en los programas cuatrienales correspondientes al suelo urbanizable programado.

2. La misma evaluación referida a las actuaciones que, en su caso, se hayan programado para el suelo urbano.

3. La determinación del carácter público o privado de las inversiones a realizar para la ejecución de las previsiones del Plan General, expresadas en los apartados anteriores, con suficiente especificación de las obras y servicios que se atribuyen al sector público y privado e indicación, en el primer caso, de los Organismos o Entidades publicas que asumen el importe de la inversión.

[3] Téngase en cuenta la Sentencia del Tribunal Supremo de 13 de febrero de 2007, cuyo fundamento jurídico 2 confirma este precepto.

CAPÍTULO V. DE LOS PLANES PARCIALES

SECCIÓN 1ª Disposiciones generales

Artículo 43. 1. Los Planes Parciales de Ordenación tienen por objeto:

a) En el suelo clasificado como urbanizable programado, desarrollar el Plan General mediante la ordenación detallada y completa de una parte de su ámbito territorial.

b) En el suelo clasificado como urbanizable no programado, el desarrollo de los Programas de Actuación Urbanística.

c) El desarrollo de las Normas Complementarias y Subsidiarias de Planeamiento, en su caso.

2. Cuando desarrollen el Plan General los Planes Parciales, se redactarán para la ordenación de sectores completos definidos en aquél, de modo que cada Plan Parcial tenga por objeto un sector determinado por el Plan General.

3. Los Planes Parciales que desarrollen las determinaciones de los Programas de Actuación Urbanística incluirán el territorio completo afecto a cada etapa de ejecución de dicho Programa,o la totalidad del suelo incluido en el Programa si se hubiere previsto una sola etapa.

4. El desarrollo de las Normas Complementarias y Subsidiarias de Planeamiento a través de Planes Parciales se referirá a terrenos incluidos en las áreas que aquéllas declaren aptas para la urbanización, de acuerdo con lo establecido en el artículo 71.4 de la Ley del Suelo.

Artículo 44. 1. No podrán aprobarse Planes Parciales sin que previa o simultáneamente, pero en expediente separado, se haya aprobado definitivamente el Plan General de Ordenación, o las Normas Complementarias y Subsidiarias de Planeamiento, que en cada caso desarrollen.

En el suelo urbanizable no programado será exigida, además de la existencia del Plan General, la previa o simultánea aprobación del Programa de Actuación Urbanística.

2. Los Planes Parciales no podrán modificar en ningún caso las determinaciones del Plan General, de las Normas Complementarias y Subsidiarias de Planeamiento o del Programa de Actuación Urbanística que desarrollen.

SECCIÓN 2ª De las determinaciones

Artículo 45. 1. Los Planes Parciales contendrán las siguientes determinaciones:

a) Delimitación del área de planeamiento, abarcando un sector definido en el Plan General o en los Programas de Actuación Urbanística, o una o varias de las áreas definidas como aptas para la urbanización en Normas Complementarias y Subsidiarias de Planeamiento.

b) Asignación de usos pormenorizados y delimitación de las zonas en que se divide el territorio planeado por razón de aquéllos y, en su caso, la división en polígonos o unidades de actuación.

c) Señalamiento de reservas de terreno para parques y jardines públicos, zonas deportivas públicas y de recreo y expansión, también públicas, en proporción adecuada a las necesidades colectivas. La superficie destinada a dichas reservas será, como mínimo, de 18 metros cuadrados por vivienda o por cada 100 metros cuadrados de edificación residencial, si no se hubiera fijado expresamente el número de viviendas que se pudieran construir. Esta reserva no podrá ser inferior al 10% de la total superficie ordenada, cualquiera que sea el uso a que se destinen los terrenos y la edificación, y habrá de establecerse con independencia de las superficies destinadas en el Plan General a espacios libres o zonas verdes para parques urbanos públicos.

d) Fijación de reservas de terrenos para centros culturales y docentes públicos y privados en la proporción mínima de 10 metros cuadrados por vivienda o por cada 100 metros cuadrados de edificación residencial, si no se hubiere determinado expresamente el número de viviendas que se pudieran construir, agrupados según los módulos necesarios para formar unidades escolares completas.

e) Emplazamientos reservados para templos, centros asistenciales y sanitarios y demás servicios de interés público y social.

f) Trazado y características de la red de comunicaciones propias del sector y de su enlace con el sistema general de comunicaciones previsto en el Plan General de Ordenación, con señalamiento de alineaciones y rasantes y zonas de protección de toda la red viaria y previsión de aparcamientos en la proporción mínima de una plaza por cada 100 metros cuadrados de edificación.

g) Características y trazado de las galerías y redes de abastecimiento de agua, alcantarillado, energía eléctrica y de aquellos otros servicios que, en su caso, prevea el Plan.

h) Evaluación económica de la implantación de los servicios y de la ejecución de las obras de urbanización.

i) Plan de etapas para la ejecución de las obras de urbanización y, en su caso, de la edificación.

2. Las dotaciones de los Planes Parciales serán en todo caso independientes de las previstas en los Planes Generales y tendrán, por lo tanto, carácter complementario de éstas.

Artículo 46. Los Planes Parciales que se refieran a urbanizaciones de iniciativa particular deberán contener, además de las determinaciones establecidas en el artículo anterior, las siguientes:

a) Modo de ejecución de las obras de urbanización, señalando el sistema de actuación.

b) Compromisos que se hubieren de contraer entre el urbanizador y el Ayuntamiento, y entre aquél y los futuros propietarios, en orden a:

1.º Plazos de ejecución de las obras de urbanización e implantación de los servicios, en su caso.

2.º Construcción, en su caso, de edificios destinados a dotaciones comunitarias de la urbanización, no incluidas entre las obligaciones generales impuestas por la Ley.

3.º Conservación de la urbanización, expresando si correrá a cargo del Ayuntamiento, de los futuros propietarios de parcelas o de los promotores, con indicación en estos dos últimos supuestos del período de tiempo al que se extenderá la obligación de conservación.

c) Garantías del exacto cumplimiento de dichos compromisos por importe del 6% del coste que resulta para la implantación de los servicios y ejecución de las obras de urbanización, según la evaluación económica del propio Plan Parcial. Las garantías podrán prestarse en metálico, en valores públicos o mediante aval bancario.

d) Medios económicos de toda índole con que cuenten el promotor o promotores de la urbanización, indicando los recursos propios y las fuentes de financiación.

Artículo 47. 1. A efectos de la limitación de viviendas establecida en el artículo 75 de la Ley del Suelo, aquélla se entenderá referida a las acciones definidas en suelo urbanizable programado de los Planes Generales o de los Programas de Actuación Urbanística, y a las áreas declaradas aptas para la urbanización en las Normas Subsidiarias de Planeamiento.

2. En casos excepcionales, el Consejo de Ministros, previo dictamen de la Comisión Central de Urbanismo, podrá autorizar densidades de hasta 100 viviendas por hectárea, cuando las circunstancias urbanísticas de la localidad lo exijan.

3. La limitación a que se alude en el apartado 1 de este mismo artículo se entenderá referida a la superficie comprendida en el ámbito de planeamiento, deducidas, en su caso, las áreas no residenciales ocupadas por los sistemas generales de la estructura general del territorio, pero no así las superficies destinadas a viales, parques, jardines y demás dotaciones propias de cada actuación.

Artículo 48. 1. La asignación de los usos pormenorizados se reflejará en la calificación concreta que el Plan Parcial establezca para la totalidad de los terrenos incluidos en cada una de las zonas previstas en el mismo, debiendo corresponder a cada zona un mismo uso de suelo.

2. Deberá expresarse en el Plan Parcial el destino público o privado de los terrenos que resulten edificables, de los que se destinen a dotaciones y de los correspondientes a espacios libres, así como de los usos de las edificaciones e instalaciones previstas en estos últimos.

3. Si el Plan Parcial establece para su ejecución la división de su territorio en polígonos, habrá de expresarse con toda precisión la delimitación de los mismos, así como el sistema de actuación que a cada uno corresponda.

4. Las reservas de suelo que se prevean para dotaciones de Planes Parciales se realizarán en proporción adecuada a las necesidades de la población prevista para el ámbito territorial incluido en aquéllos, y de acuerdo con los módulos que se especifican en el anexo de dotaciones del presente Reglamento. La superficie de estas reservas respetará en todo caso los mínimos establecidos en el artículo 13.2 de la Ley del Suelo, párrafos b), c) y e).

Artículo 49. 1. Las reservas de terreno de dominio y uso público que el Plan Parcial debe establecer para jardines, zonas deportivas, de recreo y de expansión, se fijarán diferenciando cada uno de estos usos. Constituirán el sistema de espacios libres en este grado de planeamiento, que tendrá carácter complementario del sistema de espacios libres del Plan General con el que habrá de coordinarse.

2. En la composición de estas áreas se evitará el fraccionamiento que invalide su finalidad esencial, debiendo justificarse que constituye un sistema coherente.

3. En la fijación de los usos permitidos por el Plan Parcial para los terrenos destinados a parques y jardines públicos no se podrán prever utilizaciones privativas o anormales que excluyan o limiten el uso público o permitan un uso no conforme a su destino de sistema de espacios libres.

Artículo 50. 1. La reserva de suelo que se prevea para centros de carácter docente en los Planes en que el uso así lo exija, deberán agruparse según los módulos necesarios para formar unidades escolares completas, de acuerdo con lo establecido en el anexo de este Reglamento.

2. Las distintas áreas escolares resultantes deberán distribuirse adecuadamente en el ámbito territorial del Plan Parcial, a fin de conseguir que la distancia a recorrer por la población escolar sea lo más reducida posible, debiéndose garantizar el acceso a las mismas tanto desde la red viaria como desde la red peatonal.

Artículo 51. La situación concreta de las áreas destinadas al equipamiento que hayan de reservarse para templos, centros asistenciales, sanitarios, parques deportivos y demás servicios de interés público y social, cuando el uso dominante lo exija, se establecerá estudiándola en relación con las redes viaria y de peatones, a fin de garantizar su accesibilidad y obtener su integración en la estructura urbanística del Plan.

Artículo 52. 1. El Plan Parcial determinará el trazado y características de la red de comunicaciones propias del sector y su conexión con el sistema general de comunicaciones previsto en el planeamiento que desarrolla.

A tal efecto, se determinarán las alineaciones de toda la red viaria, incluida la peatonal, definiéndose geométricamente su trazado en planta y las rasantes definitivas al menos en los puntos de cruce y en los cambios de dirección, si con estas determinaciones queda definida suficientemente la altimetría de la red de comunicaciones.

La definición del trazado y características de las redes viaria y peatonal se realizará suprimiendo las barreras urbanísticas que pudieran afectar a las personas impedidas y minusválidas, de acuerdo con la normativa vigente.

2. En el estudio de la red de comunicaciones se incluirá un análisis de circulaciones y, si procede, de la implantación de servicio público de transporte.

3. El Plan Parcial señalará la reserva de terrenos correspondientes a aparcamientos en las proporciones que se fijan en el artículo 45 de este Reglamento, determinándose para los que se sitúen en superficie sus alineaciones y rasantes con arreglo a los criterios enunciados en el número anterior.

4. El Plan Parcial establecerá asimismo las previsiones que procedan con relación a los aparcamientos de carácter privado.

Artículo 53. 1. El Plan Parcial determinará los trazados de las redes y galerías de todos los servicios que en él se establezcan, desarrollando las previsiones del Plan General, Programa de Actuación Urbanística o Normas Subsidiarias.

2. El Plan Parcial especificará, como mínimo, el trazado de las siguientes redes de servicios:

Redes de abastecimiento de agua, riego e hidrantes contra incendios.

Red de alcantarillado.

Red de distribución de energía eléctrica.

Red de alumbrado público.

El Plan Parcial establecerá asimismo, si procede, el trazado de las redes de canalización telefónica, conducción de gas y cualquier otra que se estime necesaria. La no procedencia deberá ser debidamente justificada.

3. Además del trazado se incluirá la descripción de sus principales características, diferenciándose claramente los elementos que hayan de realizarse en galería. Igualmente se fijarán las condiciones de cálculo a tener en cuenta en la redacción de los proyectos de urbanización.

4. En la red de abastecimiento de agua se indicarán las fuentes de la misma, el caudal disponible y, en su caso, el área de protección de aquéllas.

5. La red de evacuación, para cuyo cálculo de capacidad habrá de tenerse en cuenta la composición y el caudal de las aguas residuales de toda especie y

el de la pluviales, contendrá una especial referencia al vertido a la red general, capacidad de la misma y, si procediere, al sistema de depuración.

En los casos de vertido a cauce público, río o mar, se precisará informe favorable del Organismo competente.

6. La red de distribución de energía eléctrica señalará la fuente de la misma, la capacidad de los centros de transformación y las líneas que lo abastezcan, existentes o que se proyecten. En el caso de Planes Parciales de uso predominantemente residencial, la red de distribución será subterránea y los centros de transformación quedarán integrados en la edificación o serán subterráneos. En el caso excepcional, debidamente justificado, de que éstos tengan que realizarse en edificación exenta, las Ordenanzas del Plan Parcial deberán fijar las condiciones de volumen y estéticas exigibles.

7. Se determinará con exactitud la situación de los centros de servicio afectos a la infraestructura de las redes enunciadas en este artículo, habiendo de ser incluido su uso pormenorizado entre las determinaciones del artículo 45 de este Reglamento, con indicación de la naturaleza del dominio que corresponda.

Artículo 54. 1. El Plan Parcial establecerá un Plan de etapas para la realización de las obras de urbanización, debiendo justificar su coherencia con las restantes determinaciones del Plan, en especial con el desarrollo en el tiempo de la edificación prevista y sus dotaciones y de los elementos que componen las distintas redes de servicios, así como, en su caso, con los sistemas de actuación elegidos.

En cada etapa habrá de preverse:

a) Su duración, con referencia a la fecha de comienzo de los plazos que se establezcan.

b) Las obras de urbanización correspondientes.

c) La puesta en servicio de las reservas de suelo correspondientes a los equipamientos que deban establecerse a medida que se urbanice.

d) La determinación de los niveles correspondientes a los servicios de abastecimiento de agua, evacuación y suministro de energía eléctrica para que puedan ser utilizados los terrenos que se urbanicen sucesivamente.

2. El Plan de etapas podrá prever, justificándola adecuadamente, una alteración de sus previsiones temporales y espaciales, siempre que se mantenga

la coherencia del Plan, se cumplan las determinaciones que establezcan y se garantice la ejecución y financiación del conjunto de sus previsiones.

3. En los supuestos en que sea necesario, el Plan Parcial podrá contener una previsión de etapas de edificación, que se acomodará a la urbanización y a las dotaciones que se vayan obteniendo.

Artículo 55. 1. La evaluación económica de la implantación de los servicios y de la ejecución de las obras de urbanización expresará su coste aproximado, señalando las diferencias que pudieran existir en función del momento en que hayan de implantarse unos y ejecutarse los otros, según lo previsto en el Plan de etapas.

2. Las evaluaciones habrán de referirse, como mínimo, a las siguientes obras y servicios:

Explanación, pavimentación, señalización y jardinería.

Redes de abastecimiento de agua, riego e hidrantes contra incendios.

Red de alcantarillado.

Redes de distribución de energía eléctrica y alumbrado público.

Otras redes o canalizaciones de servicios que prevea el Plan.

Establecimiento de servicios públicos de transporte y recogida de basuras, si procede.

Obras especiales como pasos a distinto nivel, desviación de redes de servicio existentes y otras.

Indemnizaciones procedentes por el derribo de construcciones, destrucción de plantaciones y otras obras e instalaciones que exija la ejecución del Plan.

Artículo 56. 1. El Plan Parcial podrá establecer el sistema de actuación para la ejecución de sus previsiones, pudiendo ser el mismo para todo su ámbito territorial, o diferente para los distintos polígonos en que se divida.

2. La determinación del sistema de actuación deberá justificarse teniendo en cuenta:

Las necesidades de suelo y la urgencia de su urbanización.

Los medios económicos financieros con que cuenta la Administración.

La colaboración estimada de la iniciativa privada.

La estructura de la propiedad del suelo, y

Cualesquiera otras circunstancias que concurran en el sector o en cada polígono.

SECCIÓN 3ª De la documentación

Artículo 57. Las determinaciones de los Planes Parciales se desarrollarán en los siguientes documentos:

1. Memoria justificativa de la ordenación y de sus determinaciones.
2. Planos de información.
3. Planos de proyecto.
4. Ordenanzas reguladoras.
5. Plan de etapas.
6. Estudio económico financiero.

Artículo 58. 1. La Memoria de los Planes Parciales habrá de justificar la adecuación de la ordenación a las directrices del planeamiento de rango superior que desarrolle, demostrando su coherencia interna, la correlación entre la información y los objetivos del Plan con la ordenación propuesta, así como las posibilidades de llevar a la práctica sus previsiones dentro de las etapas establecidas para su ejecución.

2. La Memoria de los Planes Parciales se referirá a los siguientes extremos:

a) Justificación de la procedencia de su formulación en relación con el Programa del Plan General o del Plan de etapas del Programa de Actuación Urbanística que desarrollen, o de su conveniencia y oportunidad si desarrollen las determinaciones contenidas en una Norma Subsidiaria de Planeamiento.

b) Información urbanística, incluyendo los estudios que sean necesarios, que deberá considerar todos los aspectos que puedan condicionar la estructura urbanística del territorio y en todo caso los siguientes:

1.º Características naturales del territorio, como geológicas, geotécnicas, topográficas y otras.

2.º Usos, edificaciones e infraestructuras existentes.

3.º Estudio de la estructura de la propiedad del suelo.

c) Objetivos y criterios de la ordenación del territorio en función de las determinaciones del Plan General, de la información urbanística verificada y de los estudios complementarios realizados.

d) Examen y análisis ponderado de las diferentes alternativas que pudieran plantearse por la extensión y entidad del Plan y justificación de la que resultase elegida. Habrá de acreditarse que la solución propuesta constituye una unidad funcional perfectamente conectada con las áreas colindantes mediante la adecuada relación con su estructura urbana.

3. Como anexo a la Memoria se incluirá una síntesis de la misma, acompañada de cuadros de características sobre superficies, módulos, usos cuantificados, edificabilidades y volúmenes y demás aspectos relevantes.

Artículo 59. La información urbanística de carácter gráfico reflejará la situación y calificación de los terrenos en el planeamiento de rango superior que desarrolla el Plan Parcial, así como el estado de los mismos en cuanto a su morfología, construcciones, vegetación y usos existentes y estructura de la propiedad del suelo. En función de estos objetivos, se diferencian dos tipos de información gráfica:

a) Información urbanística sobre la situación y calificación de los terrenos en el planeamiento de rango superior, expresada en los siguientes planos, que se redactarán a las escalas utilizadas en éste:

De situación en relación con la estructura orgánica correspondiente del Plan General o Normas Subsidiarias que desarrolle el Plan Parcial.

De ordenación establecida en el Plan General, Programa de Actuación Urbanística o Normas Subsidiarias para el ámbito territorial incluido en el Plan Parcial y su entorno.

b) Información sobre el estado de los terrenos en los siguientes planos, redactados, como mínimo, a escala 1:2.000:

Topográfico, con curvas de nivel de metro en metro, que deberá ser acompañado por los planos hipsométrico y clinométrico cuando éstos sean precisos para una mejor interpretación de aquél.

Catastral.

De edificaciones, usos, infraestructuras y vegetación existentes.

Artículo 60. 1. Los planos de proyecto se redactarán a escalas de 1:2. 000 a 1:5.000 y recogerán las determinaciones exigidas en los artículos 45 y 48 al 54 del presente Reglamento.

2. El Plan Parcial contendrá, al menos, los siguientes planos de proyecto:

Zonificación, con asignación de usos pormenorizados, sistema de espacios libres y zonas verdes y especificación de la situación de todas las reservas de suelo para dotaciones, en relación con las demás áreas del propio Plan Parcial y en especial con la red viaria, incluida la de peatones.

Red viaria, definiendo de forma suficiente sus perfiles longitudinales y transversales, de acuerdo con las determinaciones del artículo 52 del presente Reglamento.

Esquema de las redes de abastecimiento de agua, riego e hidrantes contra incendios, alcantarillado, distribución de energía eléctrica y alumbrado público.

Delimitación de polígonos de actuación, en su caso.

Plan de etapas.

3. El Plan Parcial incluirá además todos aquellos planos que se consideren necesarios para su mejor definición.

4. Todos los planos de proyecto que contengan representación en planta se realizarán sobre el plano topográfico, y contendrán la delimitación del área de ordenación.

Artículo 61. Las Ordenanzas del Plan Parcial reglamentarán el uso de los terrenos y de la edificación pública y privada y contemplarán, como mínimo, los siguientes apartados:

a) Generalidades y terminología de conceptos.

b) Régimen urbanístico del suelo, con referencia a:

Calificación del suelo, con expresión detallada de sus usos pormenorizados.

Estudios de detalle.

Parcelaciones.

Proyectos de urbanización.

c) Normas de Edificación, con referencia a:

Condiciones técnicas de las obras en relación con las vías públicas.

Condiciones comunes a todas las zonas en cuanto a edificación, volumen y uso, con expresión de los permitidos, prohibidos y obligados, señalando para estos últimos la proporción mínima exigida de higiene y estética, debiendo tenerse en cuenta la adaptación en lo básico al ambiente en que estuvieren situadas.

Normas particulares de cada zona.

Artículo 62. 1. El Plan de etapas del Plan Parcial se redactará como documento separado del estudio económico financiero, y describirá detalladamente el reflejado en el correspondiente plano de la documentación gráfica.

2. Si el Plan Parcial contiene la delimitación de polígonos, el Plan de etapas determinará el orden de prioridades para su ejecución y señalará el sistema o sistemas de actuación aplicable a cada polígono.

3. En la formulación del Plan de etapas se atenderá a que la previsión de creación y utilización de suelo urbanizado para la edificación vaya acompañada de la creación de las correspondientes dotaciones.

4. El Plan de etapas podrá establecer, si fuera aconsejable, dos o más alternativas en cuanto a la realización en el tiempo de las determinaciones del Plan Parcial, expresando en tales supuestos las circunstancias que justifiquen la elección de una u otra alternativa.

Artículo 63. 1. El Plan Parcial contendrá los documentos precisos para justificar el coste de las obras de urbanización y de implantación de los servicios de acuerdo con las determinaciones contenidas en el artículo 55 de este Reglamento.

2. Si los Planes Parciales desarrollan un Programa de Actuación Urbanística, el estudio económico financiero contendrá las específicas obligaciones que correspondan al adjudicatario del Programa.

3. Cuando con ocasión de la ejecución de un Plan Parcial hayan de realizarse obras que correspondan a los sistemas de la estructura orgánica del Plan General, el estudio económico financiero del Plan Parcial, habrá de expresar las puntualizaciones exigidas por el artículo 42.3 de este Reglamento, en orden al señalamiento de la Entidad y Organismos que asuma la financiación de dichas obras. A estos efectos, habrá de tenerse en cuenta que el coste de las obras de urbanización, de interés para el sector o área de actuación, enunciadas en el artículo 122 de la Ley del Suelo, será a cargo de los propietarios del sector o área de actuación.

4. Si para la ejecución del Plan Parcial se hubiera elegido el sistema de expropiación, el estudio económico financiero contendrá, además, el cálculo estimativo del coste de la expropiación, puesto en relación con la etapa en que se haya de realizar.

Artículo 64. Además de los documentos a que se refieren los artículos 57 a 63 de este Reglamento, los Planes Parciales que tengan por objeto urbanizaciones de iniciativa particular deberán contener un anexo a la Memoria del Plan, con los siguientes datos:

a) Justificación de la necesidad o conveniencia de la urbanización.

b) Relación de propietarios afectados, con su nombre, apellidos y dirección.

c) Determinaciones expresadas en el artículo 46 de este Reglamento.

CAPÍTULO VI. DE LOS ESTUDIOS DE DETALLE

Artículo 65. 1. Los estudios de detalle podrán formularse con la exclusiva finalidad de:

a) Establecer alineaciones y rasantes, completando las que ya estuvieren señaladas en el suelo urbano por el Plan General, Normas Complementarias y Subsidiarias de Planeamiento o Proyecto de Delimitación de Suelo Urbano, en las condiciones que estos documentos de ordenación fijen, y reajustar y adaptar las alineaciones y rasantes previstas en los instrumentos de ordenación citados, de acuerdo igualmente con las condiciones que al respecto fijen.

b) Adaptar o reajustar alineaciones y rasantes señaladas en Planes Parciales.

c) Ordenar los volúmenes de acuerdo con las especificaciones del Plan General o de las Normas Complementarias y Subsidiarias de Planeamiento en suelo urbano, o con las propias de los Planes Parciales en los demás casos, y completar, en su caso, la red de comunicaciones definida en los mismos con aquellas vías interiores que resulten necesarias para proporcionar acceso a los edificios cuya ordenación concreta se establezca en el propio estudio de detalle.

2. La posibilidad de establecer alineaciones y rasantes a través de estudios de detalle se limitará a las vías de la red de comunicaciones definidas en el Plan o Norma cuyas determinaciones sean desarrolladas por aquél.

3. En la adaptación o reajuste del señalamiento de alineaciones y rasantes del Plan General, Normas Complementarias y Subsidiarias, Plan Parcial o Proyecto de Delimitación, no se podrá reducir la anchura del espacio destinado a viales ni las superficies destinadas a espacios libres. En ningún caso la adaptación o reajuste del señalamiento de alineaciones podrá originar aumento de volumen al aplicar las ordenanzas al resultado de la adaptación o reajuste realizado.

4. La ordenación de volúmenes no podrá suponer aumento de ocupación del suelo ni de las alturas máximas y de los volúmenes edificables previstos en el Plan, ni incrementar la densidad de población establecida en el mismo, ni

alterar el uso exclusivo o predominante asignado por aquél. Se respetarán en todo caso las demás determinaciones del Plan.

5. En ningún caso podrá ocasionar perjuicio ni alterar las condiciones de ordenación de los predios colindantes.

6. Los estudios de detalle no podrán contener determinaciones propias de Plan General, Normas Complementarias y Subsidiarias de Planeamiento y Plan Parcial que no estuvieran previamente establecidas en los mismos.

Artículo 66. Los estudios de detalle contendrán los siguientes documentos:

1. Memoria justificada de su conveniencia y de la procedencia de las soluciones adoptadas.

2. Cuando se modifique la disposición de volúmenes se efectuará, además, un estudio comparativo de la edificabilidad resultante por aplicación de las determinaciones previstas en el Plan y de las que se obtienen en el estudio de detalle, justificando el cumplimiento de lo establecido sobre este extremo en el número 3 del artículo anterior.

3. Planos a escala adecuada y, como mínimo, 1:500 que expresen las determinaciones que se completan, adaptan o reajustan, con referencias precisas a la nueva ordenación y su relación con la anteriormente existente.

CAPÍTULO VII. DE LOS PROYECTOS DE URBANIZACIÓN

Artículo 67. 1. Los Proyectos de Urbanización son proyectos de obras cuya finalidad es llevar a la práctica, en suelo urbano, las determinaciones correspondientes de los Planes Generales y de las Normas Complementarias y Subsidiarias del Planeamiento, y, en suelo urbanizable, la realización material de las propias de los Planes Parciales.

También podrán redactarse Proyectos de Urbanización para la ejecución de Planes Especiales de Reforma Interior.

2. Los Proyectos de Urbanización constituirán, en todo caso, instrumentos para el desarrollo de todas las determinaciones que el Plan prevea en cuanto a obras de urbanización, tales como vialidad, abastecimiento de agua, alcantarillado, energía eléctrica, alumbrado público, jardinería y otras análogas.

3. Con independencia de los Proyectos de Urbanización, podrán redactarse y aprobarse, conforme a la normativa del ente interesado, proyectos de obras

ordinarias que no tengan por objeto desarrollar integramente el conjunto de determinaciones de un Plan de Ordenación.

4. En ningún caso tanto los Proyectos de Urbanización como los de obras ordinarias podrán contener determinaciones sobre ordenación, régimen del suelo o de la edificación.

5. Los Proyectos de Urbanización deberán detallar y programar las obras con la precisión necesaria para que puedan ser ejecutadas por técnicos distintos del autor del proyecto.

Artículo 68. 1. Los Proyectos de Urbanización no podrán modificar las previsiones del Plan que desarrollen, sin perjuicio de que puedan efectuar las adaptaciones de detalle exigidas por las características del suelo y subsuelo en la ejecución material de las obras.

2. Cuando la adaptación de detalle suponga alteración de las determinaciones sobre ordenación o régimen del suelo o de la edificación de los predios afectados por el proyecto, deberá aprobarse previa o simultáneamente la correspondiente modificación del Plan.

Artículo 69. 1. Los Proyectos de Urbanización comprenderán los siguientes documentos:

Memoria descriptiva de las características de las obras.

Planos de información y de situación en relación con el conjunto urbano.

Planos de proyecto y de detalle.

Pliego de condiciones técnicas y de condiciones económico-administrativas de las obras y servicios.

Mediciones.

Cuadros de precios descompuestos.

Presupuesto.

2. No será necesaria la formulación del pliego de condiciones económico-administrativas cuando las obras de urbanización se ejecuten por el sistema de compensación en terrenos de un solo propietario.

Artículo 70. 1. Las obras de urbanización a incluir en el Proyecto de Urbanización, que deberán ser desarrolladas en los documentos relacionados en el apartado 1 del artículo anterior, serán las siguientes:

Pavimentación de calzadas, aparcamientos, aceras, red peatonal y espacios libres.

Redes de distribución de agua potable, de riego y de hidrantes contra incendios.

Red de alcantarillado para evacuación de agua pluviales y residuales.

Red de distribución de energía eléctrica.

Red de alumbrado público.

Jardinería en el sistema de espacios libres.

2. Se incluirán en el Proyecto de Urbanización los servicios urbanísticos a que hace referencia el artículo 53.2, cuando se hayan estimado necesarios en el Plan Parcial.

3. Los Proyectos de Urbanización deberán resolver el enlace de los servicios urbanísticos con los generales de la ciudad y acreditar que tienen capacidad suficiente para atenderlos.

CAPÍTULO VIII. DE LOS PROGRAMAS DE ACTUACIÓN URBANÍSTICA

SECCIÓN 1ª Disposiciones generales

Artículo 71. 1. La ordenación y urbanización de terrenos clasificados como suelo urbanizable no programado se efectuará, de conformidad con el Plan General Municipal respectivo, mediante Programas de Actuación Urbanística para la realización de unidades urbanísticas integradas.

2. Se considerarán unidades urbanísticas integradas aquellas actuaciones que tengan resueltas, en adecuada correspondencia con la estructura general y orgánica prevista en el Plan General, la dotación de servicios y equipamiento suficientes para garantizar la satisfacción de las demandas propias de la población o de las actividades que en el ámbito de la actuación hayan de ubicarse, y las obras de infraestructura necesarias para garantizar la inserción de las mismas en la ordenación general en el momento de su puesta en servicio.

SECCIÓN 2ª De las determinaciones

Artículo 72. 1. Los Programas de Actuación Urbanística contendrán las siguientes determinaciones:

a) Desarrollo de los sistemas de la estructura general de la ordenación urbanística del territorio.

b) Señalamiento de usos y niveles de intensidad, con expresión del aprovechamiento medio en todo su ámbito.

c) Trazado de las redes fundamentales de abastecimiento de agua, alcantarillado, teléfonos, energía eléctrica, comunicaciones y demás servicios que se prevean.

d) División del territorio en sectores para el desarrollo en etapas.

2. El aprovechamiento medio se referirá exclusivamente al ámbito territorial comprendido en cada Programa de Actuación Urbanística, con independencia del fijado para el suelo urbanizable programado y del que se establezca en otros Programas. Si el Programa comprendiese varios sectores de usos diferentes o de distinto nivel de intensidad dentro de un mismo uso, habrá de determinarse el aprovechamiento medio de cada sector y, en general, de todo el Programa en la forma establecida en el artículo 31.

3. El desarrollo de los sistemas generales y el trazado de las redes fundamentales de los servicios habrán de incluir las necesarias conexiones con los sistemas y redes existentes o previstos en el resto del suelo.

4. El Programa de Actuación Urbanística fijará las etapas en que hayan de ejecutarse sus previsiones, señalando los terrenos que hayan de urbanizarse mediante Planes Parciales o, en su caso, mediante Planes Especiales para la realización de las obras de infraestructura de los sistemas generales. Si el programa se formulase como consecuencia de concurso, habrá de recoger las especificaciones de este orden que figuren en las bases del mismo.

Artículo 73. 1. Los Planes Parciales que desarrollen los Programas de Actuación Urbanística contendrán las determinaciones señaladas en el artículo 45 del presente Reglamento.

2. Los Proyectos de Urbanización contendrán las determinaciones propias de estos instrumentos especificadas en el capítulo VII del presente Reglamento.

3. En las promociones privadas se incluirán, además los programas de edificación, de manera que coincidan con las etapas previstas en el Programa de Actuación Urbanística y en los Planes Parciales.

SECCIÓN 3ª De la documentación

Artículo 74. 1. Los Programas de Actuación Urbanística contendrán los siguientes documentos:

a) Memoria que refleje la información urbanística utilizada, y en la que habrán de exponerse las razones que hayan aconsejado la formulación del Programa de Actuación Urbanística, la relación de las previsiones del Programa con las del Plan General Municipal y la justificación de las determinaciones que en aquél se contienen.

La Memoria se acompañará de los anexos necesarios que avalen sus aspectos esenciales y específicamente los que se refieran a las obligaciones a asumir por los adjudicatarios y a cuantas precisiones se deriven de la aplicación del artículo 146 y concordantes de la Ley del Suelo.

b) Planos de información urbanística correspondientes a los terrenos objeto de actuación, redactados a escala que permita localizar con precisión el territorio dentro del Plan General, reflejando la situación del mismo en orden a sus características naturales y usos del suelo, con especial mención de los aprovechamientos agrícolas, forestales, ganaderos, cinegéticos, extractivos y otros, así como la infraestructura y servicios existentes, con indicación de su estado, capacidad y grado de utilización. Asimismo recogerán, en su caso, el suelo ocupado por la edificación.

c) Planos de ordenación, que estarán constituidos por:

Plano de situación en relación con el Plan General.

Planos a escala mínima 1:5.000, referidos a los extremos señalados en el artículo 72 del presente Reglamento.

Plano de relación de la ordenación propuesta con las previsiones del Plan General, señalando la conexión con los sistemas generales de éste, a escala adecuada.

d) Normas urbanísticas para el desarrollo en Planes Parciales cuyo contenido se ajustará a lo señalado en el artículo 40.3 para el suelo urbanizable programado.

e) Plan de etapas.

f) Estudio económico-financiero que justifique la viabilidad del Programa de Actuación Urbanística en función de los recursos de financiación del adjudicatario o del órgano urbanístico actuante.

Este estudio económico-financiero contendrán, además:

La evaluación económica de la ejecución de las obras de urbanización correspondientes a la estructura general y orgánica del territorio.

La determinación del carácter público o privado de las inversiones a realizar para la ejecución de las previsiones del Programa de Actuación Urbanística, con suficiente especificación de las obras y servicios que se atribuyen al sector público y privado e indicación en el primer caso de los Organismos o Entidades públicas que asumen el importe de la inversión.

2. Cada uno de los documentos contenidos en el Programa establecerá la referencia correspondiente al Avance de Planeamiento en el supuesto de que se haya adjudicado mediante el concurso previsto en los artículos 146 y siguientes de la Ley del Suelo.

Artículo 75. Los Avances de Planeamiento previsto en el artículo 147.2 de la Ley del Suelo contendrán la documentación exigida por las bases del concurso y, como mínimo, la siguiente:

a) Memoria justificativa y descriptiva de la ordenación que se proponga y de las etapas de su desarrollo.

b) Planos de información urbanística correspondientes a los terrenos objeto del concurso, redactados a escala adecuada que permita localizar con precisión el territorio dentro del ámbito del Plan General, reflejando la situación del mismo en orden a sus características naturales, usos del suelo, infraestructuras, servicios y edificación existente.

c) Plano de avance de ordenación, a escala adecuada, con expresión de los sistemas generales definidos en el artículo 19.1 b) y asignación de usos globales del suelo y de sus intensidades, a cuyo efecto se tendrá en cuenta lo establecido en el artículo 17 de este Reglamento.

CAPÍTULO IX. DE LOS PLANES ESPECIALES

SECCIÓN 1ª Disposiciones generales

Artículo 76. 1. En desarrollo de las previsiones contenidas en los Planes Directores Territoriales de Coordinación, y sin necesidad de previa aprobación de Plan General de Ordenación, podrán formularse y aprobarse Planes Especiales con las siguientes finalidades:

a) Desarrollo de las infraestructuras básicas relativas a las comunicaciones terrestres, marítimas y aéreas, al abastecimiento de aguas, saneamiento, suministro de energía y otras análogas.

b) Protección del paisaje, de las vías de comunicación, del suelo, del medio urbano, rural y natural, para su conservación y mejora en determinados lugares.

c) Cualesquiera otras finalidades análogas.

2. En desarrollo de las previsiones contenidas en los Planes Generales Municipales de Ordenación y de las Normas Complementarias y Subsidiarias del Planeamiento, podrán asimismo formularse Planes Especiales, sin necesidad de previa aprobación del Plan Parcial, con las siguientes finalidades:

a) Desarrollo del sistema general de comunicación y sus zonas de protección, del sistema de espacios libres destinados a parques públicos y zonas verdes y del sistema de equipamiento comunitario para centros y servicios públicos y sociales a nivel del Plan General.

b) Protección de los elementos a que se alude en el párrafo b) del apartado anterior.

c) Reforma interior en suelo urbano.

d) Ordenación de recintos y conjuntos arquitectónicos, históricos y artísticos.

e) Saneamiento de poblaciones.

f) Mejora de los medios urbano, rural y natural.

g) Cualesquiera otras finalidades análogas.

3. En ausencia del Plan Director Territorial de Coordinación o de Plan General o cuando éstos no contuviesen las previsiones detalladas oportunas, y en áreas que constituyan una unidad que así lo recomiende, podrán redactarse Planes Especiales que permitan adoptar medidas de protección en su ámbito con las siguientes finalidades:

a) Establecimiento y coordinación de las infraestructuras básicas relativas al sistema de comunicaciones, al equipamiento comunitario y centros públicos de notorio interés general, al abastecimiento de agua y saneamiento y a las instalaciones y redes necesarias para suministro de energía siempre que estas determinaciones no exijan la previa definición de un modelo territorial.

b) Protección, catalogación, conservación y mejora de los espacios naturales, del paisaje y del medio físico y rural y de sus vías de comunicación.

4. Los Planes Especiales a que se refiere el número anterior contendrán una justificación de las bases que hubieran servido para el establecimiento de las infraesctructuras o de las medidas de protección, expresarán los efectos que su implantación producirá en la ordenación integral del territorio, y definirán las limitaciones que en cuanto al uso del suelo afectado hayan de adoptarse.

5. Los Planes Especiales mencionados en los dos números anteriores deberán incluir entre sus determinaciones, además de las medidas de protección

propias de su objeto, aquellas otras que se consideren precisas de conformidad con los artículos 18 al 22 de la Ley del Suelo.

6. En ningún caso los Planes Especiales podrán sustituir a los Planes Directores Territoriales de Coordinación, a los Planes Generales Municipales ni a las normas Complementarias y Subsidiarias del Planeamiento, en su función de instrumentos de ordenación integral del territorio, por lo que no podrán clasificar suelo, sin perjuicio de las limitaciones de uso que puedan establecerse.

SECCIÓN 2ª De las determinaciones y documentos

Artículo 77. 1. Los Planes Especiales contendrán las determinaciones necesarias para el desarrollo del Plan Director Territorial de Coordinación, del Plan General de Ordenación o de las Normas Complementarias y Subsidiarias.

En los supuestos del número 3 del artículo anterior, los Planes Especiales deberán contener las determinaciones propias de su naturaleza y finalidad, debidamente justificadas y desarrolladas.

2. Las determinaciones a que se refiere el número anterior se concretarán en los documentos siguientes:

a) Memoria descriptiva y justificativa de la conveniencia y oportunidad del Plan Especial de que se trate.

b) Estudios complementarios.

c) Planos de información y de ordenación a escala adecuada.

d) Ordenanzas cuando se trate de Planes Especiales de reforma interior o de ordenación de recintos y conjuntos históricos y artísticos.

e) Normas de protección cuando se trate de Planes Especiales de esta naturaleza.

f) Normas mínimas a las que hayan de ajustarse los proyectos técnicos cuando se trate de desarrollar obras de infraestructura y de saneamiento.

g) Estudio económico-financiero.

3. El contenido de la documentación de los Planes Especiales tendrá el grado de precisión adecuado a sus fines, y aquélla será igual a la de los Planes Parciales cuando sean de reforma interior, salvo que alguno de los documentos de éste sea innecesario por no guardar relación con la reforma.

SECCIÓN 3ª De las particularidades de los planes especiales de protección

Artículo 78. 1. Los Planes Especiales de protección para la conservación y valoración del patrimonio histórico y artístico de la Nación y bellezas naturales se referirán, entre otros, a los siguientes aspectos:

a) Elementos naturales y urbanos cuyo conjunto contribuye a caracterizar el panorama.

b) Plazas, calles y edificios de interés.

c) Jardines de carácter histórico-artístico o botánico.

d) Realce de construcciones significativas.

e) Composición y detalle de los edificios situados en emplazamientos que deban ser objeto de medidas especiales de protección.

f) Uso y destino de edificaciones antiguas y modernas.

2. Las Normas Urbanísticas que contengan los Planes Especiales a que se refiere el número anterior habrán de tener en cuenta lo dispuesto en el artículo 73 de la Ley del Suelo, en cuanto a adaptación de las construcciones al ambiente en que estuvieran situadas.

3. Con los fines, carácter, efectos y tramitación de los Planes Especiales de este artículo, podrán dictarse normas especiales para la catalogación, conservación, restauración y mejora de los edificios o conjuntos urbanos y de los elementos o espacios naturales, con expresión de las limitaciones de usos o instalaciones incompatibles con su carácter.

4. En la tramitación de dichos Planes y Normas Especiales se requerirá el informe de la Dirección General del Patrimonio Artístico, Archivos y Museos, que se entenderá evacuado favorablemente transcurrido un mes desde que fuera requerido.

Artículo 79. 1. Los Planes Especiales para la protección del paisaje y conservación de determinados lugares o perspectivas del territorio nacional se referirán, entre otros, a los siguientes aspectos:

a) Bellezas naturales en su complejo panorámico o en perspectivas que convinieren al fomento del turismo.

b) Predios rústicos de pintoresca situación, amenidad, singularidad topográfica o recuerdo histórico.

c) Edificios aislados que se distinguen por su emplazamiento o belleza arquitectónica y parques y jardines destacados por la hermosura, disposición artística, trascendencia histórica o importancia de las especies botánicas que en ellos existan.

d) Perímetros edificados que formen un conjunto de valores tradicionales o estéticos.

2. Los Planes Especiales a que se refiere el número anterior requerirán el informe preceptivo del órgano u Organismo competente del Ministerio de Agricultura, a los efectos de determinar su adecuación a los regímenes de protección previstos en la Ley de Espacios Naturales Protegidos de 2 de mayo de 1975. Dicho informe se entenderá evacuado favorablemente transcurrido un mes desde que fuera requerido.

Artículo 80. 1. Los Planes Especiales para la protección en el orden urbanístico de las vías de comunicación, en relación con la restricción de destino y usos de los terrenos marginales, podrán contemplar los siguientes aspectos:

a) División de los terrenos en zonas de utilización, edificación, vegetación y panorámicas.

b) Prohibición o limitación de acuerdo con la legislación vigente del acceso directo a las fincas desde la carretera.

c) Señalamiento de las distancias mínimas para la desembocadura de otras vías.

d) Disposición del retranqueo de las edificaciones como previsión de futuras ampliaciones y del establecimiento de calzadas de servicio.

e) Ordenación de los estacionamientos y de los lugares de aprovisionamiento y descanso.

f) Mantenimiento y mejora de la estética de las vías y zonas adyacentes.

2. Sin perjuicio del cumplimiento de las limitaciones contenidas en las Leyes especiales por razón de la materia, los Planes Especiales de protección de las vías de comunicación a que se refiere el número anterior podrán concretar los aprovechamientos urbanísticos que se deduzcan de los Planes Generales y, en su caso, de las Normas Complementarias y Subsidiarias del Planeamiento. Podrán asimismo desarrollar las limitaciones complementarias que en dichos Planes y Normas puedan establecerse.

Artículo 81. El planeamiento urbanístico especial para la protección de huertos, cultivos y espacios forestales deberá acomodarse a las Normas que contengan los Planes del Ministerio de Agricultura, sin perjuicio de las limitaciones que en cuanto al aprovechamiento urbanístico establezca el propio Plan Especial, con objeto de proteger sus valores naturales e impedir su desaparición o alteración.

Artículo 82. 1. Los Planes Especiales para la mejora del medio urbano o rural y de los suburbios de las ciudades podrán contener las siguientes determinaciones:

a) Normas necesarias para mantener el estado de las edificaciones en sus aspectos de composición y conservación, a fin de salvaguardar, si procede, el ambiente existente.

b) Normas necesarias para modificar, si procede, el aspecto exterior de las edificaciones, su carácter arquitectónico y su estado de conservación, a fin de mejorar las características ambientales.

c) Prescripciones precisas para ordenar los espacios verdes previstos en el planeamiento o para mejorar la configuración de parques, jardines, arbolado y elementos vegetales existentes en los espacios libres.

d) Prohibiciones de construcción o de usos perjudiciales cuando no se hubieren establecido en el Plan General o cuando éste no exista.

e) Normas precisas para armonizar en altura y alineaciones las edificaciones existentes.

2. Estos Planes Especiales no podrán alterar las Normas que sobre volumen y uso del suelo establezcan los Planes de jerarquía superior, y sólo podrán precisar sus determinaciones cuando sea necesario.

SECCIÓN 4ª De las particularidades de los planes especiales de reforma interior y de saneamiento

Artículo 83. 1. Los Planes Especiales de reforma interior en suelo urbano podrán tener por objeto las siguientes finalidades:

a) Llevar a cabo actuaciones aisladas que, conservando la estructura de la ordenación anterior, se encaminen a la descongestión del suelo urbano, creación de dotaciones urbanísticas y equipamiento comunitario, saneamiento de barrios insalubres, resolución de problemas de circulación o de estética y mejora del medio ambiente o de los servicios públicos u otros análogos.

b) Con los fines señalados en el párrafo anterior podrán realizar asimismo operaciones integradas de reforma interior.

2. Si las operaciones de reforma a las que se refieren los apartados a) y b) de este artículo estuvieran previstas en el Plan General, habrán de ajustarse a sus determinaciones.

3. Cuando se trate de operaciones de reforma interior no previstas en el Plan General, el Plan Especial no podrá modificar la estructura fundamental de aquél, lo que se acreditará con un estudio justificativo en el que se demostrará su necesidad o conveniencia, su coherencia con el Plan General y la incidencia sobre el mismo.

4. Los Planes Especiales de reforma interior deberán contener un estudio completo de las consecuencias sociales y económicas de su ejecución, justificando la existencia de medios necesarios para llevarla a efecto y la adopción de las medidas precisas que garanticen la defensa de los intereses de la población afectada.

Artículo 84. 1. Los Planes Especiales de reforma interior, a que se refiere el núm. 1 a) del artículo precedente, se elaborarán con el grado de precisión correspondiente a los Planes Parciales en lo que se refiere a las actividades y determinaciones que constituyen sus fines; incorporarán la previsión de obras a realizar; determinarán igualmente el sistema de actuación aplicable cuando la naturaleza de aquellas obras requiera su ejecución a través de alguno de los sistemas previstos en la Ley, delimitándose en tal caso la unidad de actuación.

2. Si el Plan Especial se limitase a una actuación aislada que no exigiese la delimitación de una unidad de actuación, se preverá, de acuerdo con lo dispuesto en el artículo 134.2 de la Ley del Suelo, la expropiación forzosa de los terrenos que sean necesarios.

3. Los criterios contenidos en el presente artículo serán de aplicación a los Planes especiales de saneamiento a que se refiere el artículo 24 de la Ley del Suelo.

Artículo 85. 1. Los Planes Especiales de reforma interior, a que se refiere el número 1 del artículo 83 de este Reglamento, contendrán aquellas determinaciones y documentos de los Planes Parciales que sean adecuados a los fines que persigan, a las características de las operaciones previstas y a los usos que se asignen al suelo y, como mínimo, los previstos en el artículo 45 de este Reglamento, salvo que alguno de ellos fuera innecesario por no guardar relación con la reforma. También expresarán el resultado del trámite de participación pública en el proceso de elaboración del Plan.

2. Además, dichos Planes Especiales delimitarán los polígonos o unidades de actuación correspondientes, pudiendo determinar el sistema o sistemas de actuación aplicables a cada uno de ellos.

SECCIÓN 5ª De los catálogos

Artículo 86. 1. Los Catálogos son documentos complementarios de las determinaciones de los Planes Especiales, en los que se contendrán relaciones de los monumentos, jardines, parques naturales o paisajes que, por sus singulares valores o características, hayan de ser objeto de una especial protección.

2. Sin perjuicio de las medidas de protección que los Planes Generales o Normas Subsidiarias establezcan, se podrán incluir en Catálogos relaciones de bienes concretos que, situados, en cualquier tipo de suelo, deban ser objeto de conservación o mejora.

3. La aprobación de Catálogos complementarios de las determinaciones de Planes Especiales o, en su caso, de los Planes Generales o Normas Subsidiarias se efectuará simultáneamente con la de éstos.

Artículo 87. 1. En cada Comisión Provincial de Urbanismo se llevará un registro público de carácter administrativo en el que se inscribirán todos los bienes incluidos en los catálogos de los Planes vigentes en la provincia. La inscripción se efectuará de oficio una vez aprobados definitivamente los distintos Planes.

2. Las Comisiones anotarán con carácter preventivo los bienes catalogables que sean objeto de protección por los Planes en tramitación, desde el momento de la aprobación inicial de éstos, y aquellos otros que sean objeto de las declaraciones reguladas por la legislación del patrimonio histórico-artístico y de espacios naturales protegidos, desde la incoación de los respectivos expedientes.

3. Asimismo, las Comisiones Provinciales pueden anotar preventivamente, previo informe favorable de los servicios pertinentes de los Ministerios de Agricultura o de Cultura competentes por razón de la materia, aquellos bienes catalogables que, no estando declarados o protegidos, se encuentren en alguno de los supuestos contemplados en los artículos 18, 19 y 21 a 23 de la

Ley del Suelo. Estas anotaciones se promoverán de oficio por las propias Comisiones Provinciales de Urbanismo, o a propuesta de las Corporaciones Locales o Entidades públicas o privadas interesadas, o de particulares. La anotación caducará transcurrido un año sin que se hubiese incoado el procedimiento para formación de un Plan Especial, en el que se recojan las oportunas medidas de protección o para modificar, con ese mismo objeto, el planeamiento existente.

TÍTULO II. DE LAS NORMAS COMPLEMENTARIAS Y SUBSIDIARIAS DEL PLANEAMIENTO

CAPÍTULO I. DISPOSICIONES GENERALES

Artículo 88. 1. Dentro de los límites señalados por la Ley sobre Régimen del Suelo y Ordenación Urbana para los Planes de Ordenación, se podrán redactar Normas Complementarias y Subsidiarias del Planeamiento, que tendrán el rango jerárquico de los que complementen o su plan.

2. Las Normas Complementarias de los Planes Generales tendrán por objeto regular aspectos no previstos o insuficientes desarrollados por aquéllos. Sus determinaciones guardarán la debida coherencia con las propias de los Planes que complementen, y en ningún caso podrán modificarlas.

3. Las Normas Subsidiarias de Planeamiento se redactarán con alguna de las finalidades siguientes:

a) Establecer para la totalidad de una provincia o parte de ella la normativa de carácter general sobre protección y aprovechamiento del suelo, urbanización y edificación aplicable a los Municipios que carezcan de Plan General o de Normas Subsidiarias de carácter municipal.

b) Definir para los Municipios que carezcan de Plan General la ordenación urbanística concreta de su territorio.

4. El contenido de las Normas Complementarias y Subsidiarias deberán ajustarse a las determinaciones y directrices establecidas en los Planes Directores Territoriales de Coordinación, si los hubiere.

5. En ningún caso las Normas Complementarias y Subsidiarias podrán ser aprobadas para desarrollar un Plan General con la finalidad de sustituir un Plan Parcial o un Programa de Actuación Urbanística.

CAPÍTULO II. DE LAS DETERMINACIONES

SECCIÓN 1ª De las normas complementarias de planeamiento

Artículo 89. 1. Las Normas Complementarias de Planeamiento contendrán las siguientes determinaciones:

a) Fines y objetivos de su promulgación, expresando su carácter complementario de los Planes Generales, así como su conveniencia y oportunidad.

b) Determinación del ámbito en que sean de aplicación estas Normas.

c) Relaciones e incidencias con el Plan General.

d) Disposiciones que complementen las determinaciones referentes a la edificación, a las obras de urbanización, o que suplan eventuales deficiencias de la ordenación.

e) Previsiones para edificios o servicios públicos y otros fines de interés general o comunitario en suelo insuficientemente dotado.

2. Las Normas Complementarias no podrán en ningún caso modificar la calificación del suelo ni alterar las determinaciones del Plan General que complementen.

SECCIÓN 2ª De las normas subsidiarias de planeamiento municipal con ámbito provincial

Artículo 90. Las Normas Subsidiarias de Planeamiento Municipal con ámbito provincial contendrán las siguientes determinaciones.

a) Fines y objetivos de su promulgación, señalando explícitamente su conveniencia y oportunidad, así como su carácter de normativa general, que servirá de orientación para la redacción de Normas Subsidiarias Municipales.

b) Indicación de los términos municipales que constituyan su ámbito de aplicación, con señalamiento en cada uno de ellos de las agrupaciones de población ya existentes, que deban considerarse como núcleos urbanos, a efectos de la ulterior delimitación de su suelo urbano con arreglo al criterio del artículo 81.2 de la Ley del Suelo. En los Municipios que cuenten como único instrumento de planeamiento con la delimitación del suelo urbano y no tengan Ordenanzas de Edificación y Uso del Suelo, serán de aplicación las Normas Subsidiarias de carácter provincial.

c) Definición, a efectos de lo dispuesto en los artículos 81 y 86 de la Ley del Suelo, del concepto de núcleos de población, en base a las características de la provincia, definiendo las condiciones objetivas que den lugar a la posibilidad de su formación.

d) Establecimiento de los criterios que permitan a los Ayuntamientos la delimitación de su suelo urbano en función de las circunstancias de la población, edificación y servicios existentes.

e) Normas urbanísticas de carácter general, con señalamiento de las condiciones de volumen, higiénico-sanitarias y estéticas de la edificación y características de las obras de urbanización que hayan de ejecutarse en los términos municipales incluidos en su ámbito de aplicación.

f) Previsiones mínimas para centros y servicios de interés público y social que habrán de tenerse en cuenta en las Normas Subsidiarias municipales.

SECCIÓN 3ª De las normas subsidiarias municipales

Artículo 91. Las Normas Subsidiarias de Planeamiento de ámbito municipal tendrán por objeto:

a) Clasificar el suelo en urbano y no urbanizable, delimitando y ordenando el primero y estableciendo, en su caso, normas de protección para el segundo, o

b) Clasificar el suelo en urbano, urbanizable y no urbanizable, delimitando el ámbito territorial de cada uno de los distintos tipos de suelo, estableciendo la ordenación del suelo urbano y de las áreas aptas para la urbanización que integran el suelo urbanizable y, en su caso, fijando las normas de protección del suelo no urbanizable.

Artículo 92. Las Normas Subsidiarias de Planeamiento de ámbito municipal que se limiten a las finalidades establecidas en el apartado a) del artículo anterior contendrán las siguientes determinaciones:

a) Fines y objetivos de su promulgación, con indicación de su conveniencia y oportunidad, así como del carácter subsidiario del planeamiento general al que suplen y señalamiento del período de vigencia previsto cuando se hubiese determinado su sustitución por un Plan General.

b) Delimitación del suelo urbano con los criterios del artículo 81 de la Ley del Suelo, considerando el resto del suelo no urbanizable.

c) Definición, a efectos de lo dispuesto en los artículos 81 y 86 de la Ley del Suelo, del concepto de núcleo de población en base a las características propias de Municipio, estableciendo en cada caso las condiciones objetivas que den lugar a su formación de acuerdo con las determinaciones correspondientes de las Normas Subsidiarias de Planeamiento General con ámbito provincial.

d) Asignación de usos pormenorizados para el suelo urbano.

e) Normas urbanísticas con el grado de desarrollo propio de las previstas en el apartado 2 del artículo 40 de este Reglamento.

f) Trazado y características de la red viaria, con determinación de alineaciones, definiéndose geométricamente su trazado en planta y de rasantes referido a la totalidad o parte del suelo urbano.

g) Previsiones mínimas para centros y servicios de interés público y social para el suelo urbano.

h) Señalamiento y delimitación de las zonas objeto de protección especial en el suelo no urbanizable y normas mínimas de defensa frente a la urbanización y la edificación en esas zonas.

Artículo 93. 1. Las Normas Subsidiarias de ámbito municipal, cuyo objeto sea el señalado en el apartado b) del artículo 91, contendrán las siguientes determinaciones:

a) Fines y objetivos de su promulgación, con indicación de su conveniencia y oportunidad, así como del carácter subsidiario del planeamiento general al que suplen y señalamiento del período de vigencia previsto cuando se hubiese determinado su sustitución por un Plan General.

b) Delimitación de los terrenos comprendidos en el suelo urbano, en las áreas aptas para la urbanización y en el suelo no urbanizable.

La delimitación del suelo urbano se practicará de acuerdo con los criterios establecidos en el artículo 78 de la Ley del Suelo.

c) Definición del concepto de núcleo de población con base en las características propias del Municipio, estableciendo las condiciones objetivas que den lugar a su formación, a efectos de las posibilidades de edificar en el suelo no urbanizable y en las áreas aptas para la urbanización, en tanto no sean aprobados los correspondientes Planes Parciales para estas últimas.

d) Asignación de usos pormenorizados para el suelo urbano y de usos globales para las áreas aptas para la urbanización, con expresión en ambos casos de su nivel de intensidad, delimitando los sectores o fijando los criterios para su delimitación por los Planes Parciales.

e) Normas urbanísticas que tendrán, en el suelo urbano, el grado de desarrollo propio de las previstas en el apartado 2 del artículo 40 de este Reglamento, y el carácter y el grado de precisión propio de las normas contempladas en el apartado 3 del mismo artículo cuando se refieran a zonas aptas para la urbanización.

f) Esquema indicativo de la infraestructura, equipamiento y servicios urbanos para la totalidad del territorio, calculado para el límite de saturación de las áreas aptas para la urbanización y previsiones mínimas para centros y servicios de interés públicos y social para suelo urbano. El esquema de infraestructura y servicios se referirá a los sistemas generales de comunicaciones, espacios libres y áreas verdes y equipamiento comunitario.

g) Trazado y características de la red viaria del suelo urbano, con determinación de alineaciones, definiéndose geométricamente su trazado en planta y de rasantes, referido a la totalidad o parte de este suelo.

h) Señalamiento y delimitación de las zonas objeto de protección especial en el suelo no urbanizable y normas mínimas de defensa frente a la urbanización y la edificación en esas zonas.

2. Para la delimitación del suelo urbano y de las áreas aptas para la urbanización se deberá prever la proyección, dimensiones y características del desarrollo previsible.

Artículo 94. 1. El desarrollo de las determinaciones previstas en las Normas para el suelo urbano se realizará a través de Planes Especiales y de Estudios de Detalle.

2. Las determinaciones establecidas en las áreas aptas para la urbanización se desarrollarán a través de los correspondientes Planes Parciales.

CAPÍTULO III. DE LA DOCUMENTACIÓN

Artículo 95. Las Normas Complementarias se expresarán en los siguientes documentos:

1. Memoria justificativa de sus fines y objetivos.

2. Planos de información y de ordenación, si fueren requeridos por el contenido de las Normas, con el grado de precisión y escala adecuados al Plan General que complementen.

3. Reglamentación o definición, según los casos, de los extremos que constituyan el objeto de las Normas.

4. Los demás documentos que requieran sus específicos objetivos.

Artículo 96. Las Normas Subsidiarias de Planeamiento Municipal con ámbito provincial podrán contener los siguientes documentos, según los casos:

1. Memoria justificativa de sus fines y objetivos, así como de su conveniencia y oportunidad, expresiva del resultado del trámite de participación pública en el proceso de elaboración de las Normas.

2. Planos de información que expresen los territorios y núcleos urbanos que constituyen su ámbito de aplicación a escala adecuada.

3. Ordenanzas de edificación para el suelo urbano.

4. Normas de protección para el suelo no urbanizable.

5. Cualquier otro documento que se estime procedente para el cumplimiento de las determinaciones de las propias Normas.

Artículo 97. Las Normas Subsidiarias de ámbito municipal contendrán los siguientes documentos:

1. Memoria justificativa de sus fines y objetivos, así como de su conveniencia y oportunidad, y de todas y cada una de sus determinaciones, con expresión del resultado del trámite de participación pública en el proceso de elaboración de las Normas.

2. Planos de información de la totalidad de su ámbito territorial a escala adecuada.

3. Planos de ordenación que expresen, según los distintos supuestos, las determinaciones a que se refieren los apartados b), d), f), g) y h) del artículo 93.

4. Normas urbanísticas mínimas de la ordenación que establezcan la regulación de las condiciones de planeamiento, urbanización y edificación.

CAPÍTULO IV. DE LAS NORMAS DE APLICACIÓN DIRECTA

Artículo 98. 1. Solamente podrán levantarse construcciones en lugares próximos a las vías de comunicación de acuerdo con lo que, además de lo especificado en la Ley del Suelo, establezca la legislación específica aplicable.

2. Las construcciones habrán de adaptarse, en lo básico, al ambiente en que estuvieran situadas, y a tal efecto:

a) Las construcciones en lugares inmediatos o que formen parte de un grupo de edificios de carácter artístico, histórico, arqueológico, típico o tradicional, habrán de armonizar con el mismo o cuando, sin existir conjunto de edificios, hubiera alguno de gran importancia o calidad de los caracteres indicados.

b) En los lugares de paisaje abierto natural, sea rural o marítimo, o en las perspectivas que ofrezcan los conjuntos urbanos de características histórico-artísticas, típicos o tradicionales y en las inmediaciones de las carreteras y caminos de trayecto pintoresco, no se permitirá que la situación, masa, altura de los edificios, muros y cierres, o la instalación de otros elementos límite el campo visual para contemplar las bellezas naturales, rompa o desfigure la armonía del paisaje o la perspectiva propia del mismo.

3. Las limitaciones a que se refieren los dos números anteriores tendrán aplicación en todo caso, existan o no aprobados Planes de Ordenación o Normas complementarias y Subsidiarias de Planeamiento.

Artículo 99. 1. A los efectos del cómputo de las tres plantas a que se refiere el artículo 74 de la Ley del Suelo, se incluirá en todo caso la planta baja, de modo que, contada ésta, la construcción que se autorice en los supuestos previstos de dicho precepto no podrá exceder de las tres plantas en todas y cada una de las rasantes del terreno en contacto con la edificación.

Del mismo modo, se incluirán en dicho cómputo las plantas retranqueadas, los áticos y los semisótanos que sobresalgan más de un metro en cualquiera de las rasantes del terreno en contacto con la edificación.

2. A efectos de la determinación de la altura a que hace referencia el párrafo 2.º del artículo 74 de la Ley del Suelo, se considerará como altura media de los edificios ya construidos en cada tramo de fachada comprendida entre dos calles adyacentes o paralelas consecutivas, al cociente de dividir la suma de los productos del número de plantas de cada edificio por su longitud de fachada entre la longitud total de fachada de los edificios construidos en el tramo considerado.

Del número de plantas que así resulte se despreciará la fracción decimal igual o inferior a cinco décimas. Si la fracción decimal fuere superior a cinco décimas, el número de plantas se incrementará en una unidad.

Artículo 100. Lo dispuesto en el artículo 75 de la Ley del Suelo y 47 de este Reglamento será de aplicación a las zonas incluidas en los sectores definidos por los Planes Generales en suelo urbanizable programado y en el no programado, por los Programas de Actuación Urbanística, así como en las zonas declaradas aptas para la urbanización por las Normas Subsidiarias de Planeamiento.

TÍTULO III. DE LOS PROYECTOS DE DELIMITACIÓN DE SUELO URBANO

Artículo 101. Los terrenos que se incluyan dentro del perímetro que delimite el suelo urbano, en Municipios que carezcan de Plan General de Ordenación, deberán cumplir, como mínimo, alguna de las siguientes condiciones:

a) Contar con acceso rodado, abastecimiento de agua, evacuación de aguas y suministro de energía eléctrica, debiendo tener estos servicios características adecuadas para servir a la edificación que sobre ellos exista o se haya de construir.

b) Estar ocupados por la edificación, al menos, en la mitad de la superficie que el propio proyecto prevea pueda ser objeto de edificación.

Artículo 102. 1. El Proyecto de Delimitación de Suelo Urbano deberá contener el señalamiento del perímetro de los terrenos comprendidos en el mismo, considerando el resto como suelo no urbanizable.

2. El Proyecto de Delimitación podrá contener, además, las siguientes determinaciones:

a) Alineaciones del sistema viario existente, completando con las que sean procedentes de las insuficiencias de dicho sistema.

b) Reglamentación de las condiciones de la edificación.

3. Las alineaciones del Proyecto de Delimitación podrán completarse o reajustarse mediante el oportuno estudio de detalle, que en ningún caso podrá alterar las condiciones que para las alturas de las edificaciones establecen los artículos 74 de la Ley del Suelo y 99 de este Reglamento.

Artículo 103. 1. El Proyecto de Delimitación de Suelo Urbano tendrá en todo caso los siguientes documentos:

a) Memoria justificativa de la delimitación propuesta, en la que se hará referencia a las delimitaciones anteriores, a la situación y estructura urbanística actual y a la edificación existente, así como a los valores estéticos de las edificaciones o conjuntos urbanos que, en su caso, deban ser protegidos.

b) Planos de información, como mínimo, a escala 1:5.000 sobre el topográfico, con curvas de nivel de cinco en cinco metros, reflejando información sobre edificios, dotaciones y redes de servicios públicos existentes.

c) Plano a escala mínima 1:2.000 de la delimitación del suelo urbano, apoyada en puntos perfectamente definidos y relacionados.

2. El Proyecto de Delimitación, cuando desarrolle las determinaciones previstas en el número 2 del artículo anterior, deberá contener, además, los siguientes documentos:

a) Planos a escala 1:2.000 de alineaciones y rasantes del sistema viario.

b) Ordenanzas reguladoras de la edificación, referida a las condiciones higiénico-sanitarias y estéticas de aquélla, sin que en ningún caso puedan alterar las condiciones que para las alturas de las edificaciones establecen los artículos 74 de la Ley del Suelo y 99 de este Reglamento.

TÍTULO IV. DE LA FORMACIÓN Y APROBACIÓN DE LOS PLANES

CAPÍTULO I. DEL PLAN NACIONAL DE ORDENACIÓN

Artículo 104. *1. Corresponde a la Presidencia del Gobierno, a partir de los estudios preparatorios efectuados por el Ministerio de Obras Públicas y Urbanismo, proponer al Consejo de Ministros el Real Decreto de formación del Plan Nacional de Ordenación.*

2. La Comisión Central de Urbanismo asistirá de modo permanente al Ministro de Obras Públicas y Urbanismo durante la realización los estudios preparatorios a que se refiere el número anterior.

Artículo 105. *El Consejo de Ministros determinará en el Real Decreto aprobatorio de la elaboración del Plan Nacional de Ordenación:*

a) El Organismo u Organismos públicos que han de intervenir en la redacción del Plan y ejercer las facultades de dirección y control periódico de los trabajos de elaboración; las que se reserva el propio Consejo o se atribuyan al Ministerio de Obras Públicas y Urbanismo, y los plazos para la elaboración del Plan.

b) La participación específica que en la elaboracion de los trabajos se atribuyen, en su caso, a determinadas Corporaciones Locales.

c) Las bases o normas para la participación de personas o Entidades particulares en la elaboración total o parcial del Plan.

Artículo 106. *Redactado el Plan conforme a las prescripciones contenidas en el Real Decreto a que se refiere el artículo anterior, por el Organismo encargado de su redacción se elevará, a través del Ministerio de Obras Públicas y Urbanismo, previo informe de la Comisión Central de Urbanismo, al Consejo de Ministros, el cual, si procediere, lo remitirá a las Cortes para su aprobación definitiva.*

CAPÍTULO II. DE LOS PLANES DIRECTORES TERRITORIALES DE COORDINACIÓN

Artículo 107. *1. Corresponde al Ministro de Obras Públicas y Urbanismo la facultad de proponer al Consejo de Ministros, previo informe de la Comisión Central de Urbanismo, la formulación de los Planes Directores Territoriales de Coordinación.*

2. El procedimiento se iniciará por el Ministerio de Obras Públicas y Urbanismo, directamente o a petición de otro Ministerio interesado, o como consecuencia de moción razonada de la Comisión Central de Urbanismo.

La iniciación también se podrá acordar a instancia de las Diputaciones Provinciales y Cabildos Insulares, de otras Entidades Locales afectadas o de una Entidad urbanística especial competente.

Artículo 108. *1. Acordada la iniciación del procedimiento, el Ministerio de Obras Públicas y Urbanismo realizará las actuaciones preparatorias que resulten precisas para determinar los Organismos o Entidades que deban intervenir en la elaboración del Plan, así como lo procedente en cuanto a metodología, ámbito territorial y plazo de redacción.*

2. Finalizados los trabajos preparatorios a que se refiere el número anterior, el Ministro de Obras Públicas y Urbanismo, previo informe de la Comisión Central de Urbanismo, elevará al Consejo de Ministros propuesta de Real Decreto, que versará sobre los siguientes extremos:

a) Organismos o Entidades que hayan de elaborar el Plan Director Territorial de Coordinación.

b) Consultas que los mismos han de formular a órganos o Entidades afectados.

c) Ambito territorial que abarque.

d) Plazo para su elaboración.

3. El acuerdo del Consejo de Ministros determinará, en todo caso, la participación que en la elaboración del Plan habrá de reservarse al Ministerio de Obras públicas y Urbanismo, a la autoridad u Organismo competente en la planificación del desarrollo y a las Corporaciones, Entidades Locales y Entidades urbanísticas especiales competentes afectadas que lo soliciten. Asimismo podrá determinar la participación que específicamente corresponda a los Departamentos ministeriales afectados por razón de su competencia.

4. Las Entidades públicas, los concesionarios de servicios públicos y los particulares facilitarán el Organismo u Organismos encargados de la redacción del Plan la documentación e información que fueren necesarias en los términos previstos en este Reglamento.

Artículo 109. *1. El Ministerio de Obras Públicas y Urbanismo, a través de la Subsecretaría de Ordenación del Territorio y Medio Ambiente, dictará al Organismo redactor cuantas instrucciones resulten precisas, señalándole las tareas complementarias que deba realizar.*

2. El Ministerio de Obras Públicas y Urbanismo podrá proponer al Consejo de Ministros la modificación de las directrices de elaboración, a la vista de la alteración de los datos que sirvieron de punto de partida, o la ampliación del plazo para la formulación, si procediere.

3. La propuesta de modificación del acuerdo del Consejo de Ministros será objeto de informe previo por la Comisión Central de Urbanismo.

Artículo 110. *1. El Ministro de Obras Públicas y Urbanismo acordará, en su caso, la aprobación inicial del Plan y lo someterá a información pública, durante el plazo de un mes.*

2. El acuerdo de apertura del trámite de información pública será objeto de publicación en el «Boletín Oficial del Estado» y en alguno de los diarios de mayor circulación en el territorio a que se extienda el Plan.

3. La exposición al público implica que el expediente completo estará a disposición de cualquier interesado en su consulta en la Delegación o Delegaciones del Ministerio de Obras Públicas y urbanismo del territorio que comprende el Plan, sin interrupción durante el plazo de un mes.

4. En el período mencionado, las Entidades públicas y privadas y los particulares podrán presentar las alegaciones que estimen pertinentes sobre el contenido del Plan.

5. El Organismo o Entidad redactor del Plan estudiará las alegaciones presentadas y rendirá informe de las mismas a la Subsecretaría de Ordenación del Territorio y Medio Ambiente, quien las incorporará al expediente y propondrá al Ministro de Obras Públicas y Urbanismo, en su caso, el acuerdo que proceda en relación con los trabajos de formulación del Plan.

Artículo 111. *1. Finalizado el período de información pública, el Ministro de Obras Públicas y Urbanismo dará audiencia del expediente a las Diputaciones Provinciales y a los Municipios a cuyo territorio afectare el Plan, que no hubieren intervenido en su redacción, para que, en el plazo de dos meses, que será común para todos, puedan presentar alegaciones.*

2. Las alegaciones que se formulen serán informadas por el Organismo u Organismos redactores del Plan, incorporándose al expediente por la Subsecretaría de Ordenación del Territorio y Medio Ambiente, que propondrá al Ministro de Obras Públicas y Urbanismo las determinaciones que a su vista deban adoptarse.

Artículo 112. *1. Los Departamentos ministeriales que no hayan intervenido en la elaboración del Plan y que puedan estar interesados por razón de su competencia, emitirán informe sobre el mismo, previo traslado del expediente acordado por el Ministerio de Obras Públicas y Urbanismo.*

2. El trámite a que este artículo se refiere no podrá exceder de dos meses, transcurridos los cuales se entenderán favorables los informes de los Ministerios que aún no lo hubieren emitido.

Artículo 113. *1. El Organismo redactor estudiará las alegaciones e informes incorporados durante el período de instrucción del expediente, y propondrá al Ministerio de Obras Públicas y Urbanismo la introducción de las modificaciones que estime precisas en el contenido del Plan.*

2. Introducidas, en su caso, las modificaciones a que se refiere el presente artículo, el Ministro de Obras Públicas y Urbanismo, previo informe de la Comisión Central de Urbanismo, acordará la aprobación provisional del Plan y elevará el expediente, para su aprobación, al Consejo de Ministros.

Artículo 114. *1. Cuando se trate de Planes Directores Territoriales de Coordinación, cuya redacción haya sido efectuada por la Diputación Provincial o el*

Cabildo Insular, estas Entidades serán las competentes para otorgar la aprobación inicial y provisional.

2. Aprobado provisionalmente, se elevará el expediente al Ministerio de Obras Públicas y Urbanismo, para informe de la Comisión Central de Urbanismo y aprobación definitiva por el Consejo de Ministros.

CAPÍTULO III. DE LOS PLANES GENERALES, PARCIALES, ESTUDIO DE DETALLE, PROYECTOS DE URBANIZACIÓN, PROGRAMAS DE ACTUACIÓN URBANÍSTICA, PLANES ESPECIALES, NORMAS COMPLEMENTARIAS Y SUBSIDIARIAS DEL PLANEAMIENTO Y DELIMITACIÓN DEL SUELO URBANO

SECCIÓN 1ª Disposiciones comunes de los actos preparatorios

Artículo 115. 1. Las Entidades y Organismos interesados podrán formular avances de Plan y anteproyectos parciales que sirvan de orientación a la redacción de los Planes sobre bases aceptadas en principio.

2. Los avances y anteproyectos se podrán remitir al Ayuntamiento y a la Comisión Provincial de Urbanismo competente, o al Ministerio de Obras Públicas y Urbanismo, sin el trámite de información pública.

3. La aprobación de los avances y anteproyectos sólo tendrá efectos administrativos internos, preparatorios de la redacción de los Planes y proyectos definitivos.

Artículo 116. 1. Antes de acordar la elaboración de cualquier Plan de Ordenación, Norma o Programa, la Administración urbanística actuante podrá abrir un período de información pública para recoger sugerencias u observaciones sobre la necesidad, conveniencia y demás circunstancias de la ordenación.

2. Acordada la elaboración del Plan, la autoridad u Organismo administrativo correspondiente podrá recabar la documentación e información necesarias de los Organismos públicos correspondientes, de los concesionarios de servicios públicos y de los particulares que pudiesen aportarla.

3. Los Organismos y particulares afectados por el deber de prestación documental o informativa están obligados a cumplirlo en el plazo establecido en la Ley de Procedimiento Administrativo para la emisión de informes.

4. A los promotores de Planes y proyectos de iniciativa particular que hubieren obtenido la previa autorización del Ayuntamiento les serán facilitados por los Organismos públicos cuantos elementos informativos precisaren

para llevar a cabo la redacción y podrán efectuar, en fincas particulares, las ocupaciones necesarias para la redacción del Plan, con arreglo a la Ley de Expropiación Forzosa.

5. Al expediente se incorporarán los avances de Plan que hubieren sido aprobados y puedan servir de orientación a la redacción del Plan de que se trate.

Artículo 117. 1. En el acuerdo de formación de los Planes, Normas, Programas o Estudios de detalle, o con posterioridad, hasta que se haya efectuado la aprobación inicial, el órgano competente para esta aprobación y la provisional podrá acordar la suspensión del otorgamiento de licencias de parcelación de terrenos y de edificación, con las condiciones siguientes:

a) La suspensión se referirá a áreas o usos comprendidos en el territorio que se prevé que abarcará el futuro Plan.

b) Estará fundamentada en la conveniencia de estudiar el nuevo planeamiento o la reforma del que esté en vigor.

c) Su duración no podrá ser superior a un año, a contar desde el momento de la publicación del acuerdo de suspensión.

2. El acuerdo de suspensión se publicará en los Boletines Oficiales de la provincia o provincias afectadas y en uno de los periódicos de mayor difusión de cada una de ellas.

Artículo 118. 1. La suspensión de licencias sólo podrá referirse a las que tengan por objeto actividades de parcelación de terrenos y edificación o demolición, pero no a las obras de reforma, salvo que por la trascendencia de ésta sea equiparable a una reedificación del edificio, no justificada en razones de urgencia o suponga un aumento de volumen edificado.

2. La suspensión podrá abarcar la totalidad o parte del territorio objeto de estudio a efectos de elaboración del planeamiento. Si con posterioridad al acuerdo de suspensión se redujese el ámbito territorial considerado, la autoridad que la hubiere acordado procederá a levantar la suspensión en relación con el suelo objeto de exclusión.

Artículo 119. *1. El plazo de suspensión de licencias no podrá ser superior a un año natural, computado a partir de la publicación del acuerdo de adopción,* *salvo que con anterioridad a esa fecha el órgano competente hubiese acordado su ampliación.*

2. Son requisitos y condiciones del acuerdo de ampliación del plazo de suspensión de licencias:

a) Que el procedimiento de aprobación del Plan haya completado el trámite de información pública.

b) Que el nuevo plazo no sea superior a un año natural.

3. El acuerdo de ampliación será objeto de la misma publicidad otorgada al primitivo acuerdo de suspensión.

Artículo 120. 1. La aprobación inicial de los Planes, Normas, Programas, Estudios de Detalle o de su reforma determinará por sí sola la suspensión del otorgamiento de licencias para aquellas áreas del territorio objeto del planeamiento, cuyas nuevas determinaciones supongan modificación del régimen urbanístico vigente. No obstante, podrán concederse licencias basadas en el régimen vigente, siempre que se respeten las determinaciones del nuevo planeamiento.

2. El acuerdo por el que el Plan inicialmente aprobado se somete a información pública expresará necesariamente las áreas del territorio objeto de planeamiento que quedan afectadas por la suspensión de licencias a que este artículo se refiere.

Artículo 121. 1. Acordada la suspensión de licencias o la aprobación inicial del Plan que lleve consigo ese efecto suspensivo el órgano municipal competente ordenará la interrupción del procedimiento de otorgamiento y la notificación de aquel acuerdo a quienes tuvieran presentadas solicitudes de licencia con anterioridad a la fecha de su adopción.

2. Los peticionarios de licencias solicitadas con anterioridad a la publicación del acuerdo de suspensión o de sumisión al trámite de información pública de un Plan que lleve consigo efectos suspensivos del otorgamiento de licencias tendrán derecho a ser indemnizados del coste oficial de los proyectos, o de la parte de los mismos que hubiere de ser rectificada, y a la devolución, en su caso, de las tasas municipales.

3. El derecho a la devolución del coste del proyecto no se adquiere si, habiéndose producido el trámite de propuesta de resolución de la solicitud de licencia, cuando se publique el acuerdo de suspensión, dicha propuesta

calificare de manifiestamente contraria, al ordenamiento urbanístico y al planeamiento en vigor, la solicitud presentada.

4. El derecho a exigir la indemnización y devolución quedará en suspenso hasta que, una vez aprobado de modo definitivo el Plan, se demuestre la incompatibilidad del proyecto con sus determinaciones, salvo en el caso de que por el peticionario se retire la solicitud, supuesto en el que se devolverán las tasas satisfechas.

Artículo 122. Acordada la suspensión de licencias a que se refiere el artículo 117 de este Reglamento, no será posible acordar nuevas suspensiones en la misma área y para idéntica finalidad hasta que transcurrieren cinco años, contados a partir de la fecha final de los efectos de la suspensión. No se entenderá como idéntica finalidad la redacción de un Plan, Normas, Programa o Estudio de Detalle, o su revisión o modificación, con distinta naturaleza que el que motivó la primera suspensión.

SECCIÓN 2ª De los planes generales

Artículo 123. 1. Los Planes Generales Municipales de ordenación urbana se redactarán de oficio por los Ayuntamientos respectivos. No obstante, podrán éstos encomendar su formulación a la Comisión Provincial de Urbanismo o a la Diputación.

2. Si se hubiere determinado, por los órganos señalados en el artículo 36 de la Ley del Suelo, plazo para su formulación y no se hubiese realizado dentro del mismo, se estará a lo siguiente:

a) Cuando el referido plazo fuera fijado por el Ministro de Obras Públicas y Urbanismo, éste podrá disponer que se redacte por la Dirección General de Urbanismo, por la Comisión Provincial de Urbanismo o por la Diputación Provincial.

b) Cuando el plazo lo hubiese señalado la Comisión Provincial de Urbanismo, ésta podrá acordar que se redacte por la propia Comisión o por la Diputación Provincial.

3. Los gastos de redacción de los Planes Generales Municipales serán sufragados en todo caso por las respectivas Entidades Locales, salvo circunstancias especiales justificadas en expediente instruido al efecto.

4. En todo caso, la redacción podrá encargarse a los técnicos de la Corporación o Comisión o a los que se designaren, libremente o por concurso, entre facultativos competentes con título oficial español.

Artículo 124. 1. Los Planes Generales de ordenación urbana que comprendieren dos o más Municipios serán redactados, en defecto de acuerdo entre las Corporaciones Locales interesadas, por la Corporación u Organismos que determine el Ministro de Obras Públicas y Urbanismo, cuando se trate de Municipios pertenecientes a diversas provincias o cuando los Municipios afectados sean capital de provincia o población superior a 50.000 habitantes, o por quien determine la Comisión Provincial de Urbanismo en los demás casos.

2. En el acuerdo que a tal efecto se adopte, el Ministro o la Comisión determinarán la extensión territorial de los Planes, el Ayuntamiento u Organismo que hubiere de redactarlos y la proporción en que los Municipios afectados deben contribuir a los gastos.

3. Los Ayuntamientos comprendidos en el Plan asumirán las obligaciones que de éste se derivaren.

Artículo 125. 1. En el momento en que los trabajos de elaboración del Plan General hayan adquirido el suficiente grado de desarrollo que permita formular los criterios, objetivos y soluciones generales del planeamiento, la Corporación y Organismos que tuviesen a su cargo su formulación deberán anunciar en el «Boletín Oficial» de la provincia y en uno de los periódicos de mayor circulación de la misma, la exposición al público de los trabajos, al objeto de que durante el plazo mínimo de 30 días puedan formularse sugerencias y, en su caso, otras alternativas de planeamiento por Corporaciones, asociaciones y particulares.

2. Los servicios técnicos del Organismo o Corporación y los facultativos a quienes se hubiese encomendado la redacción del Plan estudiarán las sugerencias y alternativas que hayan podido presentarse y propondrán la confirmación o rectificación de los criterios y soluciones generales de planeamiento.

3. El Organismo o Corporación encargado de la formulación del Plan, a la vista del resultado de la exposición al público y de los estudios técnicos realizados, acordará lo procedente en cuanto a los criterios y soluciones generales con arreglo a los cuales hayan de culminarse los trabajos de elaboración del Plan.

Artículo 126. 1. Terminada la fase de elaboración del Plan, la Corporación u Organismo que tuviese a su cargo su formulación procederá a su aprobación inicial.

2. No obstante, si se tratase de un Plan General Municipal de ordenación urbana que comprendiese varios Municipios, será la Diputación Provincial la Entidad competente para su aprobación inicial.

Artículo 127. 1. El acuerdo de aprobación inicial habrá de adoptarse de conformidad con los requisitos y formalidades previstos para los actos en general de la Corporación u Organismo que lo acordare.

2. La Entidad u órgano competente para la aprobación inicial será también competente para el impulso y tramitación del expediente.

Artículo 128. 1. Con el acuerdo de aprobación inicial se adoptará el de apertura del trámite de información pública.

2. Aprobado inicialmente el Plan, se someterá a información pública mediante anuncio que se insertará en el «Boletín Oficial del Estado» y en el de la provincia, cuando se trate de capitales de provincia o de Municipios de población superior a 50.000 habitantes, y sólo en el de la provincia en los demás casos. En cualquiera de los dos supuestos, se anunciará, además, en uno de los periódicos de mayor circulación de la provincia.

3. El trámite durará, como mínimo, un mes, y durante dicho período quedará el expediente a disposición de cualquiera que quiera examinarlo.

4. Durante el mismo período se podrán deducir las alegaciones pertinentes.

5. En todos los planos y demás documentos que se sometan a información pública, el Secretario de la Entidad Local o, en su caso, el funcionario autorizado del Organismo extenderá la oportuna diligencia en la que se haga constar que dichos planos y documentos son los aprobados inicialmente.

Artículo 129. Si el Plan no hubiere sido redactado por el Ayuntamiento o Ayuntamientos correspondientes, tras la fase de información pública, se abrirá otro período de igual duración para dar audiencia a las Corporaciones Locales a cuyo territorio afectare.

Artículo 130. El Organismo o Corporación que hubiese otorgado su aprobación inicial, a la vista del resultado de la información pública, de la audiencia a que se refiere el artículo anterior y de los informes emitidos, acordará la aprobación provisional con las modificaciones que, en su caso, procedieren. Si dichas modificaciones significasen un cambio sustancial en los criterios y soluciones del Plan inicialmente aprobado, se abrirá, antes de someterlo a aprobación provisional, un nuevo trámite de información pública y audiencia a las Corporaciones por los mismos plazos.

Artículo 131. 1. Cuando se trate de Planes Generales de capitales de provincia o poblaciones de más de 50.000 habitantes, una vez otorgada su aprobación provisional, la Entidad u Organismo que adoptó este acuerdo interesará de la Diputación Provincial y de la Comisión Provincial de Urbanismo informes sucesivos, que se entenderán favorables si no se emitiesen cada uno de ellos en el correspondiente plazo de un mes.

2. Cuando los referidos Planes hubieren sido tramitados por la Diputación Provincial, el informe a que se refiere el núm. 1 de este artículo quedará sustituido por el acuerdo de aprobación provisional.

3. El Organismo o Entidad que hubiere aprobado provisionalmente el Plan lo elevará, junto con los informes a que se refiere el número 1 de este artículo, al Ministro de Obras Públicas y Urbanismo, a los efectos de la tramitación subsiguiente y aprobación definitiva, si procede.

4. Antes de resolver sobre la aprobación definitiva, el Ministro de Obras Públicas y Urbanismo requerirá el preceptivo informe de la Comisión Central de Urbanismo, que igualmente se entenderá favorable si no se emitiera en el plazo de un mes.

Si el Ministro de Obras Públicas y Urbanismo disiente del informe de la Comisión Central de Urbanismo, elevará el expediente al Consejo de Ministros con la correspondiente propuesta de resolución.

5. Todos los planos y demás documentos que integran el Plan sobre los que hubiere recaído el acuerdo de aprobación provisional serán diligenciados por el Secretario de la Entidad Local o funcionario autorizado del Organismo que adoptó dicho acuerdo, en cuya diligencia se hará constar que asimismo fueron los remitidos a los efectos de los informes a los que se refiere el número 1 de este artículo.

6. La entrada del expediente, con los informes a que se refiere el número 1 de este artículo, en el Registro del órgano competente para la aprobación definitiva del Plan, determinará el comienzo del cómputo del plazo previsto en el artículo 133 de este Reglamento.

Artículo 132. 1. La aprobación definitiva es el acto del órgano estatal competente en cuya virtud el Plan adquiere fuerza ejecutiva, una vez publicada.

2. La autoridad y órgano que debe otorgar la aprobación definitiva examinará el Plan en todos sus aspectos. Si no encontrare completo el contenido o faltare por realizar algún trámite, lo devolverá al Organismo o Entidad de procedencia, a fin de que por el mismo se proceda a cumplimentar los requisitos o trámites omitidos.

3. Cuando el expediente esté formalmente completo, la Administración competente podrá adoptar alguna de estas decisiones:

a) Aprobar pura y simplemente el Plan sometido a su consideración.

b) Suspender la aprobación del Plan por deficiencias que debe subsanar la Entidad u Organismo que hubiere otorgado la aprobación provisional, devolviendo a ésta el expediente.

Si las deficiencias señaladas obligaren a introducir modificaciones sustanciales en el Plan, éste se someterá de nuevo a información pública y, en su caso, a audiencia de las Corporaciones Locales a cuyo territorio afecte, elevándose finalmente, y previo acuerdo de la Entidad, a la aprobación definitiva.

Si las deficiencias no exigieren modificaciones sustanciales el órgano competente para la aprobación definitiva señalará en su acuerdo si, una vez subsanadas por la Entidad que hubiere otorgado la aprobación provisional, debe elevarse de nuevo a la aprobación definitiva o si el Plan entra en vigor directamente sin necesidad de este último trámite, una vez realizada la subsanación por la Entidad u Organismo citado, de la que se dará cuenta a la Administración competente.

c) Denegar la aprobación definitiva del Plan.

Artículo 133. 1. Cuando hayan transcurrido seis meses desde el ingreso del expediente en el Registro del órgano competente para la aprobación definitiva, y éste no hubiera comunicado resolución alguna a la Entidad u Organismo que otorgó la aprobación provisional, el Plan se entenderá aprobado por silencio administrativo.

2. No habrá lugar a la aplicación del silencio administrativo si el Plan no contuviere los documentos y determinaciones establecidas por los preceptos que sean directamente aplicables para el tipo de Plan de que se trate.

3. La aprobación definitiva obtenida por silencio administrativo será nula si el Plan contuviere determinaciones contrarias a la Ley o a Planes de superior jerarquía, o cuando la aprobación del Plan esté sometida a requisitos especiales legal o reglamentariamente establecidos.

4. Todas las modificaciones que se introduzcan en el Plan y que resulten aprobadas definitivamente deberán reflejarse en los planos o documentos correspondientes, extendiéndose diligencia de invalidación en aquellos que sean objeto de modificación, sin perjuicio de que se conserven con el resto de la documentación aprobada al objeto de dejar constancia de las rectificaciones.

Artículo 134. El texto íntegro del acuerdo de aprobación definitiva de los Planes será publicado:

a) En el «Boletín Oficial del Estado» cuando haya sido adoptado por el Consejo de Ministros o por el Ministro de Obras Públicas y Urbanismo.

b) En el «Boletín Oficial» de la provincia cuando haya sido adoptado por la Comisión Provincial de Urbanismo.

Artículo 135. La competencia para la aprobación definitiva de los Planes Generales corresponde al Ministro de Obras Públicas y Urbanismo cuando se refieran a capitales de provincia o poblaciones de más de 50.000 habitantes y, en todo caso, cuando afecten a varios Municipios, y a las Comisiones Provinciales de Urbanismo en los restantes casos.

SECCIÓN 3ª De los planes parciales

Artículo 136. 1. Los Planes Parciales se redactarán por los Ayuntamientos respectivos o, en su caso, por los particulares. No obstante, podrán los Ayuntamientos encomendar su formulación a la Comisión Provincial de Urbanismo o a la Diputación.

2. Los Planes Parciales se formularán en los plazos previstos en el Plan General, en el Programa de Actuación Urbanística o, en su caso, en los plazos que determine el Ministro de Obras Públicas y Urbanismo, cuando se trate de capitales de provincia o poblaciones de más de 50.000 habitantes, o las Comisiones Provinciales de Urbanismo en las demás poblaciones.

3. Cuando no se formulase dentro de los plazos expresados, el Ministro de Obras Públicas y Urbanismo o la Comisión Provincial de Urbanismo podrá ejercitar las facultades establecidas en el artículo 123.2 de este Reglamento.

Artículo 137. Cuando los Planes Parciales afectaren a varios Municipios se tendrán en cuenta para su redacción las mismas reglas establecidas para los Planes Generales en el artículo 124 de este Reglamento.

Artículo 138. 1. La Entidad u órgano que hubiere redactado el Plan será el competente para su aprobación inicial y provisional.

2. La tramitación de los Planes Parciales se ajustará a las reglas establecidas en los artículos 127 a 130 y 132 a 134 de este Reglamento. Todos los planos y documentos sobre los que haya recaído acuerdo de aprobación provisional serán diligenciados por el Secretario de la Corporación o funcionario autorizado del Organismo que adopte el acuerdo.

3. La competencia para su aprobación definitiva corresponde al Ministro de Obras Públicas y Urbanismo cuando se refieran a capitales de provincia o poblaciones superiores a 50.000 habitantes o afectasen a varios Municipios. En los demás casos serán las Comisiones Provinciales de Urbanismo las competentes para su aprobación definitiva.

Artículo 139. Los Planes Parciales que tengan por objeto urbanizaciones de iniciativa particular se ajustarán a las mismas reglas de competencias y procedimiento establecidas en el artículo anterior, con las particularidades siguientes:

1.ª Si afectaren a varios Municipios se presentarán, una vez redactados por sus promotores, ante la Diputación Provincial, que será la competente para la aprobación inicial y provisional.

2.ª Se citará personalmente para la información pública a los propietarios de terrenos comprendidos en el Plan.

3.ª El acto de aprobación, provisional y definitiva, podrá imponer las condiciones, modalidades y plazos que fueran convenientes. En todo caso, la eficacia del acto de aprobación definitiva quedará condicionada a la prestación de la garantía a que se refiere el artículo 46 de este Reglamento, ante el Ayuntamiento o, en su caso, ante la Diputación Provincial, dentro del plazo de un mes desde que se requiera para ello al promotor. Para la publicación del acuerdo de aprobación definitiva será preciso que se haya prestado la garantía a que se hace mención.

4.ª El acuerdo de aprobación definitiva se notificará personalmente a todos los propietarios afectados.

SECCIÓN 4ª De los estudios de detalle

Artículo 140. 1. Los Estudios de Detalle serán redactados de oficio por el Ayuntamiento o Entidad urbanística especial actuante o por los particulares.

2. La aprobación inicial de los Estudios de Detalle es de competencia de la Corporación Municipal interesada.

3. La apertura del trámite de información pública se anunciará en el «Boletín Oficial» de la provincia y en uno de los periódicos de mayor circulación de la provincia, y se notificará personalmente a los propietarios y demás interesados directamente afectados, comprendidos en el ámbito territorial del Estudio de Detalle.

4. Dentro del período de información pública, que durará un mes, podrá ser examinado el Estudio de Detalle por cualquier persona y formularse las alegaciones que procedan.

5. A la vista del resultado de la información pública, la Corporación Municipal aprobará definitivamente el Estudio de Detalle, si procede, introduciendo, en su caso, las modificaciones que resultasen pertinentes. Dicho acuerdo se comunicará a la Comisión Provincial de Urbanismo, en el plazo de diez días.

6. La Corporación Municipal interesada ordenará publicar el acuerdo de aprobación definitiva en el «Boletín Oficial» de la provincia.

7. Serán de aplicación a los Estudios de Detalle las reglas que se establecen para los Planes Parciales en cuanto a la procedencia de diligenciar los planos y documentos que los integren.

SECCIÓN 5ª De los proyectos de urbanización

Artículo 141. 1. Los Proyectos de Urbanización serán redactados de oficio por la Administración actuante del Plan de que se trate o, en su caso, por el propietario o Junta en el sistema de compensación o por el adjudicatario del Programa de Actuación Urbanística.

2. Se aplicarán para su tramitación las reglas establecidas para los Planes Parciales.

3. La competencia para su aprobación definitiva corresponderá, en todo caso, a la Comisión Provincial de Urbanismo.

4. La publicación del acuerdo de aprobación definitiva se realizará en el «Boletín Oficial» de la provincia.

SECCIÓN 6ª De los programas de actuación urbanística

Artículo 142. 1. La redacción de los Programas de Actuación Urbanística, cuando su formulación se lleve a cabo mediante la convocatoria del oportuno concurso, correrá a cargo del adjudicatario del mismo. En los demás casos, se redactarán por las Entidades Locales o urbanísticas especiales competentes.

2. La tramitación y aprobación de los Programas de Actuación Urbanística se acomodará a lo dispuesto en este Reglamento para los Planes Parciales.

3. La competencia para su aprobación definitiva se determinará por las mismas reglas que las establecidas para los Planes Parciales.

SECCIÓN 7ª De los planes especiales

Artículo 143. 1. Los Planes Especiales que desarrollen determinaciones de los Planes Directores Territoriales de Coordinación serán redactados de oficio por las Entidades Locales, Entidades urbanísticas, especiales u otros órganos competentes en el orden urbanístico, cada uno de ellos en el ámbito de sus respectivas competencias territoriales.

2. También podrán redactarse por los Organismos que tengan a su cargo la ejecución directa de las obras correspondientes a la infraestructura del territorio, aun cuando no estén comprendidos en la enumeración de Entidades y Organismos del número anterior.

3. El Plan Director Territorial de Coordinación podrá señalar la Entidad u órgano que haya de asumir la redacción de todos o algunos de los Planes Especiales requeridos para su desarrollo.

Artículo 144. 1. Los Planes Especiales que desarrollen determinaciones contenidas en los Planes Generales de Ordenación serán redactados de oficio por las Entidades a que se refiere el núm. 1 del artículo anterior.

2. También podrán ser redactados por los Organismos que tengan a su cargo la ejecución directa de las obras correspondientes a los elementos que constituyen la estructura orgánica y general del territorio incluido en el ámbito del Plan General de que se trate.

3. Los Planes Generales podrán señalar la Entidad u órgano competente para la redacción de los Planes Especiales a los que se refiere este artículo.

Artículo 145. 1. Los Planes Especiales que se formulen sin la existencia previa de Plan Director Territorial de Coordinación o Plan General Municipal, con el exclusivo objeto de desarrollar infraestructuras básicas o protección del paisaje, vías de comunicación, medio natural o conservación y mejora de determinados lugares, serán redactados por las Entidades Locales, Entidades urbanísticas especiales u órganos que tengan competencia en el orden urbanístico.

2. También podrán redactarse por los Organismos que tengan a su cargo la ejecución directa de las obras correspondientes a la infraestructura del territorio, aun cuando no estén comprendidos en la enumeración de Entidades y Organismos del número anterior.

Artículo 146. Los Planes Especiales de reforma interior en suelo urbano serán redactados por las Entidades Locales o urbanísticas especiales y, en su caso, por los particulares.

Artículo 147. 1. La aprobación inicial de los Planes Especiales, cualquiera que sea su objeto, corresponderá a la Entidad u Organismo que los hubiere redactado.

2. La misma Entidad u Organismo será la competente para su tramitación y aprobación provisional.

3. El procedimiento para la aprobación de los Planes Especiales se ajustará a las reglas de tramitación previstas para los Planes Parciales. No obstante, será de aplicación lo dispuesto en el artículo 125 del presente Reglamento para aquellos Planes Especiales de reforma interior que afecten a barrios consolidados y que incidan sobre la población afectada.

Cuando se formulen a iniciativa de Entidades Locales o urbanísticas especiales, antes de su aprobación definitiva, serán sometidos a informe de los Departamentos ministeriales y demás Organismos que resultaren afectados.

4. No obstante lo dispuesto en el número anterior, cuando se tratare de Planes Especiales cuya finalidad fuere mejorar las condiciones urbanísticas y especialmente las estéticas de los pueblos de una comarca o ruta turística y que no comprendieren en el planeamiento modificación de alineaciones ni supusiesen destrucción de edificios, la tramitación se reducirá a la aprobación previa por el Ministro de Obras Públicas y Urbanismo o por la Comisión Provincial de Urbanismo, según la población de que se trate, información pública durante quince días en la capital de la provincia, comunicación a los Ayuntamientos afectados y aprobación definitiva de los citados órganos.

Artículo 148. La aprobación definitiva de los Planes Especiales corresponderá, siempre que la iniciativa se deba a Entidades Locales o urbanísticas especiales:

a) Si desarrollan un Plan General de Ordenación, a los órganos competentes para aprobar los Planes Parciales.

b) En los demás casos, al Ministro de Obras Públicas y Urbanismo.

SECCIÓN 8ª De los catálogos

Artículo 149. Los Catálogos, cuando no se contuvieran en Planes Generales, Especiales o Normas Complementarias y Subsidiarias del Planeamiento, se tramitarán, aprobarán y publicarán de conformidad con las reglas establecidas al efecto para los Planes Parciales.

SECCIÓN 9ª De las normas complementarias y subsidiarias del planeamiento

Artículo 150. 1. La formulación de las Normas a que se refiere el apartado 3 a) del artículo 88 de este Reglamento corresponderá, indistintamente, a la Diputación Provincial o a la Comisión Provincial de Urbanismo.

2. La formulación de las Normas a que se refieren los apartados 2 y 3 b) del artículo citado en el número anterior corresponderá al Municipio o Municipios interesados, a la Mancomunidad o Entidad supramunicipal en que aquéllos estén integrados o, en su defecto, a la Diputación Provincial o a la Comisión Provincial de Urbanismo.

Artículo 151. 1. El procedimiento de elaboración de las Normas Complementarias y Subsidiarias se impulsará por la Entidad u órgano que las hubiese formulado, correspondiendo a éstos la aprobación inicial y la provisional.

2. La tramitación del procedimiento se ajustará a lo dispuesto en los artículos 125, 127 a 130 y 132 a 134 de este Reglamento.

3. No será preciso el acuerdo de aprobación provisional, pasándose directamente a la aprobación definitiva, cuando las Normas hayan sido formuladas por la Comisión Provincial de Urbanismo y a ella correspondiese su aprobación definitiva.

4. La aprobación definitiva corresponderá al Ministro de Obras Públicas y Urbanismo cuando se trate de capitales de provincia o Municipios de población superior a 50.000 habitantes o afecten a varios Municipios, y a la Comisión Provincial de Urbanismo en los demás casos.

5. El acuerdo de aprobación definitiva de las Normas se publicará:

a) En el «Boletín Oficial del Estado», cuando haya sido adoptado por el Ministro de Obras Públicas y Urbanismo.

b) En el «Boletín Oficial» de la provincia, cuando haya sido adoptado por la Comisión Provincial de Urbanismo.

Artículo 152. En caso de urgencia, apreciada por el Consejo de Ministros, previo informe favorable de la Comisión Central de Urbanismo y oídas las Entidades Locales afectadas, el Ministro de Obras Públicas y Urbanismo podrá acordar la entrada en vigor de Normas Complementarias y Subsidiarias del Planeamiento formuladas por el Ministerio de Obras Públicas y Urbanismo o por alguna de las Entidades u órganos competentes, según el artículo 150, sin necesidad de seguirse la tramitación ordinaria.

SECCIÓN 10ª De la delimitación del suelo urbano

Artículo 153. 1. La delimitación del suelo urbano en los Municipios que carezcan de Plan General o de Normas Subsidiarias que incluyan en su contenido dicha delimitación, se practicará mediante la formulación del correspondiente proyecto, cuya redacción correrá a cargo del Ayuntamiento.

2. Los criterios sustantivos que habrán de tenerse en cuenta para la delimitación serán los establecidos en el artículo 81.2 de la Ley del Suelo y 101 de este Reglamento.

3. La tramitación del proyecto se acomodará a las reglas de procedimiento establecidas para los Planes Parciales, con la particularidad de que, una vez otorgada la aprobación provisional, el expediente se someterá a informe de la Diputación Provincial antes de su elevación a la Comisión Provincial de Urbanismo para su aprobación definitiva.

4. El acuerdo de aprobación definitiva se publicará en el «Boletín Oficial» de la provincia.

TÍTULO V. DE LA VIGENCIA, REVISIÓN Y MODIFICACIÓN DE LOS PLANES

Artículo 154. 1. Los Planes de Ordenación y los Proyectos de Urbanización tendrán vigencia indefinida.

2. La alteración del contenido de los Planes de Ordenación y Proyectos de Urbanización podrá llevarse a cabo mediante la revisión de los mismos o la modificación de alguno o algunos de los elementos que los constituyan.

3. Se entiende por revisión del Plan la adopción de nuevos criterios respecto de la estructura general y orgánica del territorio o de la clasificación del suelo, motivada por la elección de un modelo territorial distinto o por la aparición de circunstancias sobrevenidas, de carácter demográfico o económico, que incidan sustancialmente sobre la ordenación, o por el agotamiento de la capacidad del Plan.

4. En los demás supuestos, la alteración de las determinaciones del Plan se considerará como modificación del mismo, aun cuando dicha alteración lleve consigo cambios aislados en la clasificación o calificación del suelo, o impongan la procedencia de revisar la programación del Plan General.

Artículo 155. *1. La actualización del Plan Nacional de Ordenación, y su concordancia con los sucesivos Planes de Desarrollo Económico y Social, podrá llevarse a cabo por el Gobierno en la fomra que dispongan las respectivas Leyes que los aprueben.*

El Plan Nacional de Ordenación solamente podrá quedar en suspenso en la forma en que se disponga en su propia Ley o en las aprobatorias de los Planes de Desarrollo.

2. La revisión o modificación de los Planes Directores Territoriales de Coordinación se llevará a cabo por el procedimiento establecido para su elaboración y, en su caso, en los plazos y por las causas en los mismos establecidas.

El Consejo de Ministros, por Real Decreto, a propuesta del Ministro de Obras Públicas y Urbanismo o, en su caso, a propuesta de éste y del titular o titulares de otros Departamentos interesados y previo informe de la Comisión Central de Urbanismo, podrá acordar, con audiencia de las Corporaciones Locales interesadas, la suspensión de la vigencia de los Planes Directores Territoriales de Coordinación, para la totalidad o parte de sus determinaciones o ámbito territorial, a los efectos de su revisión o modificación.

Artículo 156. Los Planes Generales Municipales de Ordenación se revisarán en cualquiera de los casos siguientes:

a) Cuando se cumpla el plazo establecido por el propio Plan para su revisión.

b) Cuando se den las circunstancias de revisión señaladas por el Plan, en función de la población total y su índice de crecimiento, recursos, usos e intensidad de ocupación y demás elementos que justificaron la clasificación del suelo inicialmente adoptada, o se agoten sus previsiones.

c) Cuando el Plan resulte afectado por las determinaciones establecidas en un Plan Director Territorial de Coordinación. El plazo para promover la revisión será de un año desde la entrada en vigor de este último.

d) Cuando otras circunstancias así lo exigieren.

Artículo 157. 1. El acuerdo de revisión se adoptará por la Entidad o Entidades Locales interesadas en los supuestos a), b) y c) del artículo anterior.

2. Cuando las circunstancias lo exigiesen, el Ministro de Obras Públicas y Urbanismo, previo informe de la Comisión Central de Urbanismo, podrá ordenar la revisión de los Planes Generales de Ordenación, previa audiencia de las entidades Locales afectadas, o acordarla a instancia de las mismas o de las Entidades urbanísticas especiales o de los Departamentos ministeriales interesados.

3. El procedimiento de revisión se ajustará a las mismas disposiciones establecidas para la formación del Plan General.

Artículo 158. 1. Los Ayuntamientos revisarán cada cuatro años el programa de actuación contenido en el Plan General.

Salvo lo dispuesto en el número siguiente, la revisión del programa de actuación se aprobará por la Corporación Municipal interesada, previa información pública por plazo de un mes, que se anunciará en el «Boletín Oficial» de la provincia respectiva.

2. Si como consecuencia de esta revisión se modificase el suelo clasificado como urbanizable programado, la revisión del programa se completará con las determinaciones y documentos exigidos para el citado suelo y se sujetará a las disposiciones enunciadas para la modificación de los Planes.

Artículo 159. 1. Cuando la modificación del Plan General llevase consigo una alteración del aprovechamiento medio de uno o varios sectores del mismo, será preciso fijar nuevamente sus respectivos aprovechamientos medios, así como el del suelo urbanizable programado cuyo desarrollo hubiere de efectuarse dentro del mismo cuatrienio, excluyendo aquellos sectores que tuviesen aprobado su correspondiente Plan Parcial.

2. Los sectores que tuviesen aprobado su Plan Parcial conservarán el aprovechamiento medio que resultase de la aplicación de las determinaciones que, sobre este extremo, contuviese el Plan General objeto de modificación.

Artículo 160. 1. Las Normas Complementarias y Subsidiarias tendrán vigencia indefinida.

2. No obstante, las propias Normas podrán fijar un ámbito temporal, si se dictaran con carácter provisional y en tanto se apruebe definitivamente el Plan General de Ordenación correspondiente.

3. En todo caso, las Normas quedarán sin efecto cuando se apruebe el correspondiente Plan General de Ordenación del Municipio a que afecte o, en su caso, si se tratase de las previstas en el apartado 3 a) del artículo 88, cuando se aprueben las correspondientes Normas Subsidiarias de carácter municipal.

4. Con independencia de lo dispuesto en los números anteriores, las Normas podrán contener entre sus determinaciones los supuestos en que deba procederse a su revisión o a su sustitución por un Plan General.

Artículo 161. 1. Las modificaciones de cualquiera de los elementos de los Planes, Proyectos, Programas, Normas y Ordenanzas se sujetarán a las mismas disposiciones enunciadas para su formulación.

2. Cuando la modificación tendiera a incrementar el volumen edificable de una zona, se requerirá en todo caso, para aprobarla, la previsión de los mayores espacios libres que requiera el aumento de la densidad de población, y el voto favorable de dos tercios de los miembros de la Corporación y de la Comisión que hubieren de acordar la aprobación inicial, provisional y definitiva.

3. El mismo quórum se precisará cuando la modificación suscitare oposición del 25% de los propietarios del sector afectado o de los de las fincas emplazadas frente al mismo.

Artículo 162. 1. Si la modificación de los Planes, Normas Complementarias y Subsidiarias y Programas de Actuación tuviere por objeto una diferente zonificación o uso urbanístico de las zonas verdes o espacios libres previstos en el Plan, deberá ser aprobada por el Consejo de Ministros, previos los informes favorables del Consejo de Estado y del Ministro de Obras Públicas y Urbanismo y acuerdos de la Corporación Local interesada adoptados con el quórum del artículo 303 de la Ley de Régimen Local.

2. En este supuesto, no podrá entenderse producida en ningún caso, la aprobación definitiva por silencio administrativo, a la que se refieren los artículos 41.2 de la Ley del Suelo y 133.1 de este Reglamento.

Artículo 163. 1. El Consejo de Ministros, por Real Decreto, a propuesta del Ministro de Obras Públicas y Urbanismo o, en su caso, a propuesta de éste y del titular o titulares de otros Departamentos interesados y previo informe de la Comisión Central de Urbanismo y audiencia de las Entidades Locales interesadas, podrá suspender la vigencia de los Planes de Ordenación Urbana para la totalidad o parte de su ámbito territorial, a los efectos de su revisión.

El acuerdo de suspensión se publicará en el «Boletín Oficial del Estado» y en el de la provincia y en uno de los periódicos de mayor difusión en la misma.

2. El acuerdo a que se refiere el número anterior llevará consigo la suspensión del otorgamiento de licencias en el área afectada por el mismo hasta la aprobación definitiva de las Normas Complementarias y Subsidiarias del Planeamiento que se dicten para ordenar provisionalmente el territorio, en tanto no se apruebe el Plan revisado.

3. Si en el plazo de seis meses, contados a partir del acuerdo de suspensión, no se hubieren aprobado definitivamente las Normas Complementarias y Subsidiarias del Planeamiento, quedará restablecida, sin más trámites, la vigencia del Plan objeto de suspensión, sin perjuicio de la eventual aplicación de lo dispuesto en el artículo 27 de la Ley del Suelo.

TÍTULO VI. DE LA PUBLICIDAD DE LOS PLANES

Artículo 164. 1. La publicidad de los Planes, Normas Complementarias y Subsidiarias, Programas de Actuación Urbanística, Estudios de Detalle y Proyectos de Urbanización, con sus Normas, Ordenanzas y Catálogos, se referirán a la totalidad de los documentos que los constituyan.

2. No podrá impedirse la consulta de los documentos constitutivos de los instrumentos de planeamiento ni aun a pretexto de trabajos que sobre ellos se estén realizando. A tal efecto, los Ayuntamientos deberán disponer

de un ejemplar completo de cada uno de los instrumentos de planeamiento destinado exclusivamente a la consulta por los administrados. A dicho ejemplar se deberá incorporar testimonio de los acuerdos de aprobación inicial, provisional y definitiva, debiéndose extender, en los documentos integrantes del correspondiente instrumento de planeamiento, diligencia acreditativa de su aprobación definitiva.

3. La consulta se realizará en los locales que señale el Ayuntamiento interesado. Las dependencias que a tal efecto se habiliten estarán abiertas cuatro horas diarias, al menos. El horario deberá coincidir con el de despacho al público del resto de las oficinas municipales.

Artículo 165. 1. Los particulares podrán solicitar, siempre por escrito, la información del régimen urbanístico aplicable a una finca, polígono o sector, presentando su solicitud en el Registro General del Ayuntamiento.

2. La solicitud deberá identificar la finca, polígono o sector, de manera que no puedan producirse dudas acerca de su situación y de las demás circunstancias de hecho que concurran.

3. El Ayuntamiento, al contestar la consulta, hará referencia a todos los datos suministrados por el administrado y a los demás que tiendan a individualizar el objeto sobre el que recae la información.

4. La información municipal señalará el tipo y categoría de suelo que corresponda a la finca, polígono o sector de que se trate y los usos e intensidades que tengan atribuidos por el Plan General o, en su caso, por el Plan Parcial, si estuviera aprobado.

Artículo 166. En los Ayuntamientos se llevará un libro registro, debidamente autenticado, en el que se inscribirán todos los acuerdos de aprobación definitiva de los Planes Generales, Planes Parciales, Planes Especiales, Programas de Actuación Urbanística, Estudios de Detalle, Normas Complementarias y Subsidiarias del Planeamiento, Proyecto de Urbanización, Proyecto de Delimitación de Suelo Urbano, Proyectos de Delimitación de Polígonos y Unidades de Actuación, Proyectos de Reparcelación y Proyectos de Compensación, así como acuerdos de revisión y modificación de los mismos.

También se inscribirán las resoluciones administrativas y sentencias que afectaren a dichos instrumentos urbanísticos.

El Ministerio de Obras Públicas y Urbanismo dictará las normas oportunas que desarrollen el contenido y funcionamiento del libro-registro.

Artículo 167. 1. La publicidad que se realice por cualquier medio de difusión que se refiera a ventas de parcelas, edificadas o sin edificar, solares, pisos y locales comerciales o industriales, deberá expresar, cuando se trate de urbanizaciones de iniciativa particular, la fecha de aprobación definitiva del Plan Parcial cuando se trate de suelo urbanizable programado, del Plan Especial de reforma interior o Estudio de Detalle cuando se trate de suelo urbano sujeto a ese desarrollo, y la del Programa de Actuación Urbanística y del Plan Parcial correspondiente cuando estén localizados en suelo urbanizable no programado.

2. La misma alusión a la fecha de aprobación del Plan Parcial a que se refiere el número anterior se hará constar cuando se trate de terrenos urbanizados o edificados al amparo de las Normas Complementarias y Subsidiarias del Planeamiento.

3. El incumplimiento de las prescripciones contenidas en este artículo será considerado como infracción urbanística a los efectos de aplicación de las sanciones establecidas en el artículo 228 de la Ley del Suelo.

Artículo 168. 1. Los Ayuntamientos podrán crear, en la correspondiente Ordenanza, un documento acreditativo de las circunstancias urbanísticas que concurran en las fincas comprendidas en el término municipal.

2. Este documento se denominará cédula urbanística de terreno o de edificio, según el carácter de la finca a que se refiere, y los Ayuntamientos podrán exigirlo para la parcelación, edificación o cualquier utilización de los predios.

3. La cédula urbanística hará referencia a las siguientes circunstancias urbanísticas:

a) Situación de la finca, con expresión de sus linderos y si está o no edificada.

b) Plan de Ordenación o Norma Complementaria o Subsidiaria por cuyas determinaciones se encuentra afectada y fecha de aprobación del instrumento de planeamiento de que se trate.

c) Clase y categoría de suelo en la que se halla enclavada.

d) Unidad de actuación, polígono o sector de que se trate.

e) Uso e intensidad que tenga atribuida por el Plan o Normas.

f) En suelo urbanizable programado y en suelo comprendido en un Programa de Actuación Urbanística, aprovechamiento medio del sector en que se encuentre la finca y aprovechamiento medio general.

g) Sistema de actuación aplicable al polígono o unidad de actuación.

h) Sector o polígono donde se hará efectivo el derecho del propietario al aprovechamiento medio, en los supuestos en que no se aplique la expropiación para la adquisición de la finca de que se trate, cuando ésta esté situada en terrenos destinados a sistemas generales.

ANEXO AL REGLAMENTO DE PLANEAMIENTO. RESERVAS DE SUELO PARA DOTACIONES EN PLANES PARCIALES

Artículo 1. Las dotaciones de equipamiento comunitario a prever en un Plan Parcial deberán reservarse en función de los distintos usos de suelo propuestos en cada sector por el Plan General, Programa de Actuación Urbanística o Normas Complementarias y Subsidiarias del Planeamiento.

Se preverán en los Planes Parciales las dotaciones de equipamiento de rango superior que aquéllos desarrollan, distinguiéndose en todo caso, en razón de los usos dominantes, las siguientes:

Dotaciones necesarias en suelo residencial.

Dotaciones necesarias en suelo industrial.

Dotaciones necesarias en suelo destinado a usos terciarios.

Artículo 2. 1. En suelo residencial se preverán, como mínimo, los siguientes tipos de dotaciones:

Sistema de espacios libres de dominio y uso público.

Centros culturales y docentes.

Servicios de interés público y social.

Aparcamientos.

Red de itinerarios peatonales.

2. En suelo industrial se preverán, como mínimo, los siguientes tipos de dotaciones:

Sistema de espacios libres de dominio y uso público.

Servicios de interés público y social.

Aparcamientos.

3. En suelos destinados a usos terciarios se distinguirán dos situaciones en el desarrollo de los Planes Parciales:

1.ª Que se prevean solamente usos terciarios.

2.ª Que se prevean usos residenciales incluidos entre los terciarios.

En la situación primera se reservarán como mínimo, los siguientes tipos de dotaciones:

Sistema de espacios libres de dominio y uso público.

Servicios de interés público y social.

Aparcamientos.

Red de itinerarios peatonales.

En la segunda situación, estos tipos de dotaciones se incrementarán con la correspondiente a Centros docentes.

Artículo 3. En función de los usos de suelo, se establecerán como mínimo, dentro del sistema de espacios libres de dominio y uso público, las siguientes zonas:

a) En suelos residenciales:

Jardines.

Areas de juego y recreo para niños.

b) En suelos industriales:

Jardines.

c) En suelos destinados a usos terciarios en situación primera:

Jardines.

Areas peatonales.

d) En suelos destinados a usos terciarios en situación segunda:

Jardines.

Areas de juego y recreo para niños.

Areas peatonales.

Artículo 4. Los jardines, áreas de juego y recreo para niños y áreas peatonales serán computables como elementos pertenecientes al sistema de espacios libres de uso público a los efectos del cumplimiento de los módulos mínimos de reserva que se establecen en los artículos 10, 11 y 12 del presente anexo, cuando respeten las siguientes condiciones:

a) Jardines:

Podrán computarse como jardines públicos aquellas superficies que reúnan las siguientes condiciones mínimas:

Presentar una superficie no inferior a 1.000 metros cuadrados, en la que pueda inscribirse una circunferencia de 30 metros de diámetro mínimo.

Poseer condiciones apropiadas para la plantación de especies vegetales.

Tener garantizado su adecuado soleamiento en relación con la posible edificación circundante.

b) Areas de juego y recreo para niños.

No podrán tener una superficie inferior a 200 metros cuadrados en la que se pueda inscribir una circunferencia de 12 metros de diámetro mínimo, y deberán equiparse con elementos adecuados a la función que han de desempeñar.

c) Areas peatonales.

Deberán tener una superficie superior a 1.000 metros cuadrados, en la que se pueda inscribir una circunferencia de 30 metros de diámetro mínimo.

En Planes Parciales de suelos destinados a usos terciarios, el conjunto de áreas peatonales incluidas en el sistema de espacios libres de dominio y uso público no podrá superar el 40% de la superficie de éste. En los restantes Planes Parciales, este límite no podrá ser superior al 20%.

Artículo 5. 1. La reserva para Centros docentes, a prever en los Planes Parciales en que sean necesarios, se diferenciará en función de los tamaños de las unidades de viviendas previstas en el artículo 9 del presente anexo, en todos o algunos de los siguientes tipos:

Centro de Enseñanza Preescolar y Guardería.

Centro de Educación General Básica.

Centro de Bachillerato Unificado Polivalente.

2. La agrupación de las reservas de suelo para Centros docentes obtenidas con arreglo a los módulos que se establecen en el artículo 10 del presente anexo, en unidades escolares completas, se realizará en función de la siguiente gama de Centros, a los que corresponden las siguientes superficies mínimas de parcelas:

a) Centros de Enseñanza Preescolar y Guardería:

Se agruparán en unidades mínimas de 1.000 metros cuadrados.

b) Centros de Enseñanza General Básica:

E. G. B. de 8 unidades..... 5.000 (Metros cuadrados)

E. G. B. de 16 unidades..... 10.000 (Metros cuadrados)

E. G. B. de 18 unidades..... 11.000 (Metros cuadrados)
E. G. B. de 22 unidades..... 12.000 (Metros cuadrados)
E. G. B. de 24 unidades..... 14.000 (Metros cuadrados)
c) Centros de Bachillerato Unificado Polivalente:
B. U. P. de 12 unidades..... 9.000 (Metros cuadrados)
B. U. P. de 18 unidades..... 12.000 (Metros cuadrados)
B. U. P. de 24 unidades..... 16.000 (Metros cuadrados)

Artículo 6. La reserva para servicios de interés público y social a prever en los Planes Parciales se diferenciará en función de los criterios que se establecen en los artículos 10, 11 y 12 del presente anexo, en todos o algunos de los siguientes tipos:

Parque deportivo.
Equipamiento comercial.
Equipamiento social.

Artículo 7. La dotación de aparcamientos correspondientes a los módulos que se establecen en los artículos 9, 10, 11 y 12 del presente anexo deberá cumplir las siguientes condiciones:

a) Las plazas de aparcamiento tendrán una superficie rectangular mínima de 2, 20 por 4,50 metros.

b) La superficie de aparcamiento mínima por plaza, incluyendo la parte proporcional de accesos, no será nunca inferior a 20 metros cuadrados.

c) [...][4]

d) Sólo se admitirá en situación al aire libre, aneja a la red viaria, un máximo del 50% del número total de plazas de aparcamiento previstas en el Plan Parcial. En suelos residenciales este 50% máximo se referirá al número de plazas correspondientes a viviendas.

Artículo 8. La red de itinerarios peatonales establecida en los Planes Parciales, de acuerdo con lo previsto en el artículo 52.1 del Reglamento de Planeamiento, deberá tener las características y extensión suficiente para ga-

[4] Apartado derogado por la Disposición derogatoria única del Real Decreto 1056/2014, de 12 de diciembre, por el que se regulan las condiciones básicas de emisión y uso de la tarjeta de estacionamiento para personas con discapacidad (BOE núm. 309, de 23 de diciembre de 2014).

rantizar las comunicaciones no motorizadas dentro del perímetro planeado, y hasta donde sea posible con las áreas colindantes, en especial facilitando el acceso al equipamiento comunitario.

Artículo 9. 1. A los efectos de fijar en este anexo la adecuada graduación en la previsión de las dotaciones necesarias en suelo residencial, se definen las siguientes unidades de viviendas a las que corresponde un orden creciente en el grado de complejidad de su equipamiento:

Unidad Elemental..... Hasta 250 viviendas

Unidad Básica..... Hasta 500 viviendas

Unidad Integrada..... Hasta 1.000 viviendas

2. La aplicación de los módulos de reserva que se establecen en los artículos 10 y 12 del presente anexo se realizará teniendo en cuenta el número de viviendas fijado por el Plan Parcial o por cada 100 metros cuadrados de edificación residencial, si dicho número no hubiese sido fijado por el Plan.

3. Los módulos de reserva que se definen en los artículos 10 y 12 de este anexo se aplicarán al número exacto de viviendas obtenido con arreglo al criterio expuesto en el apartado anterior. Se exceptuará de esta regla la dotación de Centros docentes de unidades superiores a 250 viviendas, para la que se tomará como base la cifra tope correspondiente a la unidad de viviendas ordenada de entre las definidas en el apartado 1 del presente artículo, con objeto de obtener alguna de las unidades escolares completas consideradas en el artículo 5.2 de este anexo.

Artículo 10. 1. Los módulos mínimos de reserva para dotaciones en Planes Parciales que desarrollen suelos residenciales serán los que figuran en el cuadro anejo al presente anexo, bajo el epígrafe de artículo 10.

2. El módulo mínimo de reserva para sistema de espacios libres de dominio y uso público correspondiente a tipologías de vivienda unifamiliar se podrá disminuir hasta 18 metros cuadrados por vivienda cualquiera que sea la unidad considerada, no siendo necesario establecer ninguna diferenciación de zonas dentro de aquél, siempre que la superficie disminuida quede sustituida por el conjunto de espacios libres ajardinados de carácter privado.

3. La superficie del sistema de espacios libres de uso público no podrá ser en ningún caso inferior al 10% de la total superficie ordenada.

Artículo 11. Los módulos mínimos de reserva para dotaciones en Planes Parciales que desarrollen suelos industriales serán los siguientes:

1. Sistema de espacios libres de dominio y uso público: El módulo mínimo de reserva será el 10% de la superficie total ordenada, a la que se vincula el uso industrial en el planeamiento de rango superior.

Los jardines a que se refiere el artículo 3 de este anexo deberán cumplir las condiciones señaladas en el artículo 4 para ser computables como elementos pertenecientes al sistema de espacios libres.

2. Servicios de interés público y social: El módulo mínimo de reserva será el 4% de la superficie total ordenada, a las que se vincula el uso industrial en el planeamiento de rango superior Esta reserva, de acuerdo con lo establecido en el artículo 6 de este anexo, se descompondrá de la siguiente forma:

Parque deportivo..... 2 por 100

Equipamiento comercial..... 1 por 100

Equipamiento social..... 1 por 100

3. Aparcamientos: El módulo mínimo de reserva será una plaza por cada 100 metros cuadrados de edificación.

Artículo 12. 1. Los módulos mínimos de reserva para dotaciones en Planes Parciales que desarrollen suelos destinados a usos terciarios serán los que figuran en el cuadro anejo al presente anexo bajo el epígrafe de artículo 12.

2. Los tantos por ciento establecidos en el cuadro citado en el apartado anterior tomarán como base de aplicación la superficie total ordenada destinada a usos terciarios.

3. El sistema de espacios libres de dominio y uso público correspondiente al suelo destinado a usos terciarios se distinguirán, de acuerdo con el artículo 3 de este anexo, las siguientes zonas:

Jardines. Areas peatonales.

Las zonas dedicadas a jardines en su conjunto representarán, como mínimo, un 60% de la superficie total del sistema de espacios libres de dominio y uso público correspondiente al suelo destinado a usos terciarios.

8. Reglamento de Gestión Urbanística para el desarrollo y aplicación de la ley sobre Régimen del Suelo y Ordenación Urbana[1], aprobado por Real Decreto 3288/1978, de 25 de agosto[2]

(BOE núms. 27 y 28, de 31 de enero y 1 de febrero de 1979)

TÍTULO I. DISPOSICIONES GENERALES

CAPÍTULO I. SUJETOS Y MODALIDADES DE GESTIÓN

SECCIÓN 1ª Principios generales

Artículo 1. 1. La ejecución del planeamiento urbanístico corresponde, dentro de sus respectivas esferas de actuación, a la Administración del Es-

1 El Real Decreto 304/1993, de 26 de febrero, aprobó la tabla de vigencias del presente Reglamento, en ejecución de la disposición final única del Texto Refundido de la Ley sobre Régimen del Suelo y Ordenación Urbana, aprobado por Real Decreto Legislativo 1/1992, de 26 de junio, declarando la derogación de los siguientes preceptos: 3.2; 6.2, inciso final; 10.3; 11.3, c); 18.1 y 2; 21.3; 36.3; 37; 38.3; 39.2; 46.3, c), y 4; 48; 49; 50; 51; 56; 57; 74; 75.2; 82.2; 86.2; 88.2, 3, 4 y 5; 94.3 y 4; 101.1, b); 105; 108.2; 112; 114; 121.3; 123.2; 133; 134; 138; 140; 141; 142; 143; 144; 145; 146; 147; 148; 149; 150; 151; 152.2; 159; 160; 215.2 y 3; 220.2 y 3; 222.2, y 227.2. En la medida, sin embargo, en que esta tabla de vigencias pudiera estar afectada por la Sentencia del Tribunal Constitucional 61/1997, de 20 de marzo, anuladora de diversos preceptos del Texto Refundido de la Ley sobre Régimen del Suelo y Ordenación Urbana, aprobado por Real Decreto Legislativo 1/1992, de 26 de junio, se ha optado por incluir el texto formalmente derogado, aunque resaltado a través de cursiva. Por otra parte, ha de tenerse en cuenta la incidencia que sobre este Reglamento de Gestión Urbanística han podido tener la Ley 6/1998, de 13 de abril, sobre Régimen de Suelo y Valoraciones, la Ley 8/2007, de 28 de mayo, de Suelo, o el Texto Refundido de la Ley de Suelo, aprobado por Real Decreto Legislativo 2/2008, de 20 de junio. Finalmente, en virtud del Real Decreto 1093/1997, de 4 de julio, por el que se aprueban las normas complementarias al Reglamento de ejecución de la Ley Hipotecaria sobre inscripción en el Registro de la Propiedad de actos de naturaleza urbana, quedan derogadas todas las disposiciones contenidas en el presente Reglamento en cuanto se refieran al acceso al Registro de la Propiedad de actos de naturaleza urbanística.

2 Su artículo único establece:

tado, a las Entidades Locales, a las Entidades urbanísticas especiales y a los particulares.

2. Las Administraciones urbanísticas suscitarán, en la medida más amplia posible, la iniciativa privada y la sustituirán cuando ésta no alcanzase a cumplir los objetivos necesarios, con las compensaciones que la Ley establece.

Artículo 2. 1. La ejecución de los Planes de ordenación por el Estado se realizará a través del Ministerio de Obras Públicas y Urbanismo y de sus Centros directivos, Organismos autónomos y Empresas públicas a las que se confíe tal misión.

2. Tanto estas actuaciones de ejecución como las que lleven a cabo otros Departamentos ministeriales, Organismos autónomos o Empresas públicas adscritas a los mismos se realizarán de conformidad con las previsiones y en el tiempo señalado en el planeamiento correspondiente.

Artículo 3. 1. Corresponde específicamente a la Administración del Estado la gestión del planeamiento de nivel nacional y de los Planes directores territoriales de coordinación, sin perjuicio de que transfiera sus competencias a otras Entidades territoriales mediante descentralización, desconcentración u otras modalidades de encomienda de funciones reconocidas por el derecho aplicable.

2. En la ejecución del planeamiento de nivel municipal o intermunicipal, la Administración del Estado proporcionará ayuda técnica y financiera a las Entidades locales, se subrogará en el ejercicio de las competencias locales en los supuestos previstos por la Ley del Suelo, y realiz las obras e instalaciones de servicios que sean de su competencia con los caracteres y en los plazos previstos, salvo que dicha realización haya sido transferida a las Corporaciones interesadas en las modalidades previstas en el número anterior.

Artículo 4. 1. Para la ejecución de los Planes, la Administración del Estado podrá constituir Entidades urbanísticas especiales o crear órganos específicos, cumpliendo en cada caso los requisitos previstos por la legalidad en vigor.

«Se aprueba el Reglamento de Gestión Urbanística para el desarrollo y aplicación de la Ley sobre Régimen del Suelo y Ordenación Urbana, cuyo texto se inserta a continuación.»

2. Podrá, igualmente, a los fines de cooperar en la ejecución a cargo de las Entidades locales, constituir con ellas Consorcios o Sociedades.

Artículo 5. Corresponde a las Entidades locales, individualmente o asociadas entre sí, la ejecución de los Planes municipales e intermunicipales y la realización, a título de competencia propia o por encomienda del Estado, de obras y servicios previstos en el planeamiento de carácter superior.

Artículo 6. 1. Las Diputaciones Provinciales y los Cabildos Insulares podrán participar en la elaboración de los Planes directores territoriales de coordinación y en la ejecución de obras y servicios previstos en ellos, cuando el ámbito territorial de los mismos afecte a la totalidad o parte del respectivo territorio provincial o insular.

2. En el desarrollo de las competencias urbanísticas municipales, corresponde a las Diputaciones Provinciales proporcionar ayuda técnica y financiera a los Municipios, mediante su actividad de cooperación. Podrán también subrogarse en el ejercicio de las competencias municipales en los supuestos y con el procedimiento establecidos en la Ley del Suelo.

Artículo 7. 1. Los Ayuntamientos podrán asumir la gestión urbanística a través de sus órganos de gobierno ordinarios o constituir Gerencias con este objeto. Para el desarrollo de actuaciones establecidas en el planeamiento, podrán igualmente crear órganos especiales de gestión, Fundaciones públicas de servicios, Sociedades, o utilizar las demás modalidades gestoras previstas en el Reglamento de Servicios de las Corporaciones Locales.

2. Podrán igualmente mancomunarse con otros Municipios, y el Estado podrá disponer la agrupación obligatoria de los mismos en los casos determinados en la Ley de Régimen Local.

3. Para el desarrollo de actividades de interés para su población, y que no sean de su competencia exclusiva, podrán constituir Consorcios con Entidades de diferente orden o naturaleza.

Artículo 8. 1. Los particulares, individualmente o agrupados en Entidades urbanísticas colaboradoras, asumirán las facultades y deberes que les confiere la Ley del Suelo y el planeamiento en orden a la ejecución de éste.

2. Las Entidades urbanísticas colaboradoras podrán igualmente realizar tareas de conservación y administración de las unidades residenciales creadas y de bienes y servicios que formen parte de su equipamiento.

3. La Administración del Estado fomentará la iniciativa privada en la ejecución de los planes y la participación ciudadana en todas las fases de la gestión del urbanismo.

SECCIÓN 2ª Mancomunidades y agrupaciones urbanísticas

Artículo 9. 1. Las Diputaciones Provinciales podrán participar en Mancomunidades constituidas por Ayuntamientos de su provincia para cooperar en el desarrollo de las competencias urbanísticas municipal y provincial sobre áreas determinadas sometidas a elaboración o ejecución del planeamiento.

2. Las Diputaciones Provinciales impulsarán la constitución, por los órganos y mediante el procedimiento correspondiente de Mancomunidades o, en su caso, de Agrupaciones forzosas de Municipios.

Artículo 10. 1. Las Mancomunidades y Agrupaciones urbanísticas pueden tener por objeto:

a) Alguno o algunos de los fines previstos en el artículo 21, 2, del presente Reglamento.

b) Elaboración y ejecución del planeamiento de carácter intermunicipal.

c) La ejecución o conservación de obras urbanísticas y el desarrollo de servicios complementarios en áreas o polígonos pertenecientes a más de un término municipal, cuando se constituyan nuevos núcleos urbanos.

2. Los Municipios integrados pueden, previo acuerdo favorable del órgano de gobierno de la Mancomunidad, transferir a la misma la titularidad o el mero ejercicio de competencias urbanísticas o relativas a actividades de carácter complementario.

3. En las mismas condiciones, los Municipios integrados en una Agrupación forzosa podrán transferir a ésta funciones no incluidas en el objeto inicial de la Agrupación.

Artículo 11. 1. Las Mancomunidades o Agrupaciones urbanísticas podrán acordar, previos los trámites establecidos en su ordenamiento peculiar, la imposición de tasas y contribuciones especiales previstas en la legislación local, cuando establezcan servicios o realicen obras que legitimen dicha imposición.

2. Los Municipios integrados podrán delegar en la Mancomunidad o Agrupación, una vez acordada por aquéllos, la imposición de tributos de naturaleza urbanística, la liquidación y recaudación de los mismos.

3. Además de lo dispuesto en la legislación local, los gastos de la gestión urbanística de la Mancomunidad o Agrupación podrán cubrirse con:

a) La participación en tributos municipales que tengan relación con las competencias de los Ayuntamientos integrados que hayan sido asumidas por la Mancomunidad o Agrupación.

b) Las subvenciones que, a título de cooperación a los servicios municipales, acuerde la Diputación Provincial correspondiente.

c) Las subvenciones que la Administración del Estado acuerde a tenor de lo dispuesto en el artículo 193 de la Ley del Suelo.

SECCIÓN 3ª Consorcios urbanísticos

Artículo 12. 1. Las Administraciones públicas podrán consorciarse para el desarrollo de fines propios de la gestión y ejecución de actividades urbanísticas.

2. A los Consorcios se podrán incorporar particulares, previo convenio acerca de las bases que hayan de regir su actuación.

3. Tanto el acuerdo a que se refiere el número anterior como los demás actos necesarios para la constitución definitiva del Consorcio requerirán:

a) Que la actividad cuyo desarrollo se aborda en común esté dentro de la esfera de capacidad de los sujetos consorciados.

b) Que cada uno de dichos sujetos cumpla con los requisitos que la legislación que le sea aplicable establezca como necesarios para obligarse contractualmente y para disponer de fondos de su propiedad o a su cargo.

Artículo 13. Los Consorcios urbanísticos pueden tener por objeto una o varias de las finalidades siguientes:

a) Elaborar estudios y realizar trabajos de promoción urbanística de áreas, zonas o polígonos determinados.

b) Abordar la formación y ejecución de Planes parciales o especiales y programas de actuación urbanística.

c) Unificar tareas de gestión del desarrollo urbanísticos de áreas o de polígonos, aunque sea sin asumir de modo directo funciones de ejecución del planeamiento, colaborando con la Administración o Administraciones urbanísticas que sean competentes por razón de la materia o del territorio.

d) Realizar obras de infraestructura urbanística.

e) Crear o gestionar servicios complementarios de urbanizaciones.

f) Cuidar de la conservación de nuevas urbanizaciones, gestionando de modo unificado las competencias o deberes propios de los miembros del Consorcio.

Artículo 14. 1. Los Consorcios urbanísticos realizarán sus actividades en nombre propio o en nombre de los sujetos consorciados, según las disposiciones establecidas en sus bases de constitución.

2. Los Entes consorciados podrán encomendar al Consorcio cualesquiera otras actividades cuyo ejercicio no tenga el carácter de intransferible, según lo que al respecto disponga la legislación en cada caso aplicable.

3. En ningún caso podrá delegarse en el Consorcio la potestad de establecer tributos, pero sí se le podrá encomendar la recaudación unificada de aquellos que graven el suelo o su aprovechamiento, pudiendo en este caso recurrir a la vía de apremio.

4. Los Entes consorciados no pueden delegar en el Consorcio la potestad expropiatoria, si bien pueden encomendarle la gestión de las expropiaciones que los mismos acuerden.

5. Cuando el Consorcio establezca servicios susceptibles de aprovechamiento individualizado, podrá imponer y recaudar las contraprestaciones correspondientes.

SECCIÓN 4ª Gerencias urbanísticas

Artículo 15. 1. Podrán constituir Gerencias de urbanismo las Administraciones Central, Local e Institucional, para el mejor desarrollo de las competencias urbanísticas que el ordenamiento les haya confiado.

2. El régimen de Gerencia urbanística llevará consigo una diferenciación orgánica, funcional o ambas cosas a la vez, respecto de la organización y funciones generales propias del Ente público que la constituya.

3. La Gerencia urbanística podrá consistir en un órgano de carácter individual o colegiado o en una Entidad con personalidad y patrimonio propio.

4. En la creación de Gerencia se observarán las previsiones establecidas en cada caso por la legislación peculiar de la Entidad o Entidades que acuerden su constitución.

Artículo 16. 1. Las Gerencias constituidas por la Administración estatal o institucional tendrán por objeto la realización de actividades generales o específicas en todo el territorio nacional o en áreas territoriales determinadas.

2. Las Gerencias podrán tener una duración indefinida o temporal, quedando en este último caso extinguidas al finalizar los trabajos que les hubieren sido encomendados.

3. Las Gerencias urbanísticas de la Administración estatal o institucional podrán asumir, especialmente, las funciones de dirección y ejecución de las obras de acondicionamiento y conservación de las áreas o polígonos residenciales, industriales o de servicios previstos en los planes de ordenación correspondientes.

4. Cualquiera que fuese la forma adoptada para la constitución de las Gerencias, la Administración que las constituya no podrá descentralizar, desconcentrar o delegar en ellas funciones de dirección superior y fiscalización de la gestión que se les encomiende.

Artículo 17. 1. La Administración del Estado podrá constituir y dotar Gerencias de urbanismo de ámbito comarcal, con la función de prestar asistencia técnica permanente a los Municipios comprendidos en el área, en el desarrollo de sus competencias urbanísticas.

2. La constitución y sostenimiento de las Gerencias a que se refiere este artículo podrá realizarse en común por la Administración del Estado y la Diputación Provincial correspondiente, previo el oportuno convenio. Las Gerencias así constituidas se encuadrarán en la organización estatal o provincial, en atención al carácter predominante de los fondos del sostenimiento.

Artículo 18. *1. Para la institución del régimen de Gerencia urbanística municipal o provincial, se seguirá el siguiente procedimiento;*

a) El acuerdo de solicitud será adoptado por la Corporación en pleno.

b) A la petición se acompañará Memoria justificativa de la propuesta, con exposición de sus planes operativos y objetivos, régimen funcional y estudio económico-financiero con expresión de los recursos proyectados.

c) El expediente se elevará al Ministro del Interior, quien, previo informe del de Obras Públicas y Urbanismo, lo someterá con su propuesta a aprobación del Consejo de Ministros.

d) El acuerdo por el que se constituya la Gerencia urbanística determinará las facultades del Gerente y el régimen de recursos contra sus actos y resoluciones, en los términos establecidos en la legislación de régimen local.

2. El Gerente será designado por el Ministro del Interior a propuesta de la Corporación. La designación podrá recaer en un miembro de la misma o en quien no ostentare tal carácter, siempre que uno y otro estuvieren especialmente capacitados.

3. En la Gerencia se integrarán, además, de acuerdo con las posibilidades financieras de la Entidad creadora y, en su caso, de los auxilios económicos con que cuente, los efectivos personales, de carácter pluridisciplinar y especializado, que requiera la función ejecutiva y la de asesoramiento y apoyo a la actuación del Gerente.

Artículo 19. Los Municipios podrán otorgar a las Gerencias urbanísticas todas o algunas de las facultades siguientes:

a) Funciones instrumentales de carácter técnico, cuya decisión corresponda en último término al Ayuntamiento, tales como:

- Elaborar proyectos de Planes de ordenación, estudios de detalle y proyectos de urbanización.
- Ejecutar Planes y programas.
- Redactar, tramitar y ejecutar proyectos de expropiación forzosa.
- Preparar y proponer a la aprobación de las autoridades competentes cualquier clase de documentos y proyectos de índole urbanística que deba redactar el Ayuntamiento.

b) Funciones que impliquen ejercicio de autoridad y que le sean transferidas mediante descentralización funcional, como:

- Señalamiento de alineaciones y rasantes.
- Concesión de licencias urbanísticas.
- Expedición de cédulas urbanísticas.
- Ejercicio de la inspección urbanística.

c) La gestión del Patrimonio municipal del suelo, a cuyo fin podrá adquirir, poseer, reivindicar, administrar, gravar y enajenar toda clase de bienes;

así como asumir titularidades fiduciarias de disposición, correspondiendo las dominicales al Municipio.

Artículo 20. 1. Las Gerencias urbanísticas podrán también ser instituidas mediante el acuerdo en común de varios Municipios, por sí solos o, además, con la Diputación Provincial correspondiente, para fines de carácter temporal o permanente.

2. Podrán también crear Gerencias urbanísticas las Entidades municipales de carácter comarcal o metropolitano y las Mancomunidades provinciales, constituidas con sujeción a lo dispuesto en la legislación de régimen local.

3. En uno y otro caso será de aplicación lo dispuesto en los dos artículos precedentes de este Reglamento.

SECCIÓN 5ª Personificación de forma societaria

Artículo 21. 1. Las Administraciones urbanísticas podrán crear, conjunta o separadamente, Sociedades anónimas cuando así convenga a la promoción, gestión o ejecución de actividades urbanísticas. El acuerdo de creación, así como, en su caso, el de participación en la Sociedad ya creada, se regirá por la legislación que a cada Entidad le sea aplicable.

2. Podrá, especialmente encomendarse a las Sociedades constituidas por las Administraciones urbanísticas:

a) La realización de obras de infraestructura y dotación de servicios en un área o polígono determinados de actuación urbanística.

b) La promoción y gestión de urbanizaciones, con independencia del sistema que se adopte para la elaboración y ejecución del planeamiento urbanístico.

3. La participación pública en las Sociedades a que este artículo se refiere habrá de ser en todo caso mayoritaria.

Artículo 22. 1. Podrán también participar las Administraciones urbanísticas en cualesquiera otras Sociedades constituidas, con limitación de responsabilidad, por particulares para el desarrollo de fines de naturaleza urbanística.

2. En los supuestos a que este artículo se refiere, la participación administrativa podrá no ser mayoritaria. Si recibiesen especiales atribuciones por parte de la Administración competente, la Sociedad podrá quedar sometida al

vínculo específico de control o sujeción que se determine, con la finalidad de adecuar tales atribuciones a los fines de interés público.

Artículo 23. La Administración competente podrá entregar a las Sociedades urbanizadoras las concesiones de servicio convenientes, a fin de que con su explotación obtengan la retribución de la obra urbanizadora.

SECCIÓN 6ª Entidades urbanísticas colaboradoras

Artículo 24. 1. Los interesados podrán participar en la gestión urbanística mediante la creación de Entidades urbanísticas colaboradoras.

2. Son Entidades urbanísticas colaboradoras:

a) Las Juntas de Compensación.

b) Las Asociaciones administrativas de propietarios en el sistema de cooperación.

c) Las Entidades de conservación.

3. Las Entidades urbanísticas colaboradoras se regirán por sus Estatutos y por lo dispuesto en esta sección, sin perjuicio de la aplicación de los preceptos específicos contenidos en los capítulos II y III del título V de este Reglamento para las Juntas de Compensación y Asociaciones administrativas de propietarios en el sistema de cooperación y de las previsiones establecidas en el capítulo IV del título II para la conservación de las obras de urbanización.

Artículo 25. 1. La constitución de las Juntas de Compensación y de las Asociaciones administrativas de propietarios en el sistema de cooperación se acomodarán a lo previsto en las disposiciones contenidas en los respectivos sistemas de actuación.

2. Las Entidades de conservación de las obras de urbanización podrán constituirse como consecuencia de la transformación de alguna Entidad preexistente de las enunciadas en el número anterior o, específicamente para dichos fines sin que previamente se haya constituido una Entidad para la ejecución de las obras de urbanización.

3. Será obligatoria la constitución de una Entidad de conservación siempre que el deber de conservación de las obras de urbanización recaiga sobre los propietarios comprendidos en un polígono o unidad de actuación en virtud de las determinaciones del Plan de ordenación o bases del programa de actuación urbanística o resulte expresamente de disposiciones legales. En tales supues-

tos, la pertenencia a la Entidad, de conservación será obligatoria para todos los propietarios comprendidos en su ámbito territorial.

Artículo 26. 1. Las Entidades urbanísticas colaboradoras tendrán carácter administrativo y dependerán en este orden de la Administración urbanística actuante.

2. La personalidad jurídica de las Entidades urbanísticas colaboradoras se entenderá adquirida a partir del momento de su inscripción en el correspondiente Registro.

Artículo 27. 1. La constitución de las Entidades urbanísticas colaboradoras, así como sus Estatutos, habrán de ser aprobados por la Administración urbanística actuante.

2. El acuerdo aprobatorio de la constitución se inscribirá en el Registro de Entidades Urbanísticas Colaboradoras que se llevará en las respectivas Comisiones Provinciales de Urbanismo, donde así mismo se archivará un ejemplar de los estatutos de la Entidad autorizado por funcionario competente.

3. Los nombramientos y ceses de las personas encargadas del gobierno y administración de la Entidad se inscribirán también en dicho Registro.

4. La modificación de los Estatutos requerirá aprobación de la Administración urbanística actuante. Los acuerdos respectivos, con el contenido de la modificación, en su caso, habrán de constar en el Registro.

Artículo 28. La transmisión de la titularidad que determine la pertenencia a cualquiera de los tipos de Entidades urbanísticas colaboradoras llevará consigo la subrogación en los derechos y obligaciones del causante, entendiéndose incorporado el adquirente a la Entidad a partir del momento de la transmisión.

Artículo 29. Los acuerdos de las Entidades urbanísticas colaboradoras se adoptarán por mayoría simple de cuotas de participación, salvo que en los Estatutos o en otras normas se establezca un quórum especial para determinados supuestos. Dichos acuerdos podrán impugnarse en alzada ante la Administración urbanística actuante.

Artículo 30. 1. La disolución de las Entidades urbanísticas colaboradoras se producirá por el cumplimiento de los fines para los que fueron creadas y requerirá, en todo caso, acuerdo de la Administración urbanística actuante.

2. No procederá la aprobación de la disolución de la Entidad mientras no conste el cumplimiento de las obligaciones que estén pendientes.

CAPÍTULO II. REQUISITOS GENERALES PARA LA EJECUCIÓN

SECCIÓN 1ª Función legitimadora del planeamiento

Artículo 31. 1. Para la ejecución de los Planos generales en suelo urbano será suficiente que éstos contengan los requisitos señalados en el artículo 12, 2, 1, de la Ley del Suelo.

2. Las actuaciones en suelo urbanizable programado requieren la previa aprobación del Plan parcial del sector correspondiente.

3. En el suelo urbanizable no programado sólo podrá actuarse mediante la aprobación de programas de actuación urbanística y de los correspondientes Planes parciales para su ejecución.

4. La ejecución de los sistemas generales integrantes de la estructura general y orgánica del territorio se llevará a cabo, bien directamente, mediante la aprobación de Planes especiales, bien mediante su inclusión en los sectores correspondientes para su desarrollo en Planes parciales.

Artículo 32. 1. Para la ejecución de las determinaciones de las normas complementarias y subsidiarias del planeamiento en suelo urbano será suficiente que dichas normas contengan las precisiones establecidas en el artículo 92 del Reglamento de Planeamiento.

2. En las áreas declaradas aptas para la urbanización en las normas complementarias y subsidiarias de planeamiento de carácter municipal se actuará mediante los planes parciales correspondientes.

Artículo 33. 1. La ejecución de las obras de infraestructura previstas, en su caso, en los Planes directores territoriales de coordinación podrá llevarse directamente a cabo mediante la aprobación de Planes especiales.

2. Podrán aprobarse también Planes especiales para la ejecución de actuaciones aisladas en suelo urbano en los municipios que tengan aprobado Plan general o normas complementarias o subsidiarias de planeamiento de carácter municipal.

Artículo 34. En los Municipios que carezcan de Plan y de normas complementarias y subsidiarias del planeamiento, la edificación en suelo urbano y, en su caso, las obras de urbanización a realizar en este suelo se acomodarán a la legislación de régimen local y a las Ordenanzas de construcción debidamente aprobadas, una vez efectuada la delimitación de dicha clase de suelo por el procedimiento establecido en el artículo 81-2 de la Ley del Suelo. En todo caso se tendrá en cuenta lo establecido en los artículos 73 y 74 de dicha Ley.

SECCIÓN 2ª Orden de prioridades

Artículo 35. 1. La ejecución de los Planes se llevará a cabo de acuerdo con los programas contenidos en ellos.

2. Dentro de cada Plan se seguirá el orden de prioridades de unos polígonos respecto a otros, que aquél establezca, salvo en el supuesto de que se garantice la ejecución de los sistemas viarios y redes de servicios públicos previstos en el Plan, aunque excedan de los necesarios para el servicio del polígono en el que se actúe.

3. En la ejecución de los Planes especiales se seguirá el orden de prioridad que en cada uno de ellos se establezca en función de los objetivos que pretenda conseguir.

SECCIÓN 3ª Delimitación de polígonos y unidades de actuación

Artículo 36. 1. La ejecución se realizará siempre por unidades de actuación o por polígonos completos, salvo cuando se trate de la ejecución de sistemas generales o de alguno de sus elementos o de actuaciones aisladas en suelo urbano.

2. En la delimitación de los polígonos en suelo urbanizable programado o incluido en un programa de actuación urbanística habrá de justificarse para cada uno de ellos el cumplimiento de los requisitos del artículo 117,2, de la Ley del Suelo.

A los efectos de hacer posible la distribución equitativa de los beneficios y cargas de la urbanización, no se podrán delimitar polígonos dentro de un mismo sector cuyas diferencias de aprovechamiento entre sí con relación al aprovechamiento del sector sea superior al 15%.

3. En el suelo urbano, cuando no sea posible la determinación de un polígono con los requisitos establecidos en el artículo 117-2, de la Ley del Suelo ni se trate de actuaciones aisladas, las operaciones urbanísticas podrán llevarse a cabo mediante la delimitación de unidades de actuación que permitan, al menos, la distribución justa entre los propietarios de los beneficios y cargas derivados del planeamiento.

No podrán delimitarse polígonos ni unidades de actuación inmediatos a terrenos de cesión obligatoria y gratuita sin incluir en los referidos polígonos y unidades la parte correspondiente de los indicados terrenos.

Artículo 37. *1. Cuando la diferencia de aprovechamiento entre polígonos, fijada en los términos establecidos en el número 2 del artículo anterior, sea inferior al 15%, la delimitación poligonal será válida y producirá todos sus efectos, sin perjuicio de que los propietarios situados en el polígono o polígonos con aprovechamiento superior hayan de compensar en metálico a los propietarios de los polígonos con aprovechamiento inferior por la diferencia que resulte.*

2. En la cuenta de liquidación del proyecto de reparcelación o compensación de los polígonos afectados por esa diferencia de aprovechamiento se incluirán unas partidas, deudora y acreedora, que hayan de ser objeto de compensación en metálico.

3. En los polígonos con exceso de aprovechamiento, el importe de éste tendrá el carácter de gasto de urbanización y se entregará a la Administración actuante con el fin de indemnizar en metálico a los propietarios de los polígonos con defecto. No obstante, la Administración actuante podrá satisfacer esta indemnización asumiendo la porción de gastos de urbanización equivalente.

Artículo 38. 1. La determinación y delimitación de los polígonos y unidades de actuación, cuando no estuviere contenida en los Planes, se ajustará al siguiente procedimiento:

a) Se iniciará de oficio por la Entidad local o urbanística especial actuante o a instancia de los particulares interesados.

b) Aprobado inicialmente el expediente, se someterá por la Entidad actuante a información pública durante el plazo de quince días, mediante anuncios que a tal efecto se inserten en el «Boletín Oficial» de la provincia y en un periódico de los de mayor circulación de la provincia. En todo caso será preceptiva la citación personal de los propietarios de terrenos incluidos en el polígono o unidad de actuación, para los que el plazo empezará a contarse desde el día siguiente al de la recepción de la notificación.

c) El expediente con las reclamaciones y observaciones que se hubieren formulado será resuelto definitivamente por la Entidad local o urbanística especial actuante. Cuando se trate de acuerdos de las Entidades locales, bastará para su adopción la mayoría simple.

d) Para la efectividad de la delimitación se precisará la publicación de la aprobación definitiva en el «Boletín Oficial» de la provincia.

2. Los mismos trámites se seguirán cuando hubiere de procederse a la modificación de polígonos o unidades de actuación ya delimitados.

3. Las reclamaciones o recursos contra el acto de aprobación definitiva fundados en errores u omisiones no denunciados en la fase de información pública no darán lugar en ningún caso a la retroacción de actuaciones, sin perjuicio de las indemnizaciones que pudieran corresponder a los reclamantes.

4. Si, como consecuencia de las alegaciones producidas, el acuerdo de aprobación definitiva modificase los límites del polígono, no será preciso nuevo trámite de información, salvo que la superficie del polígono o unidad de actuación se aumentase o disminuyese en más de un 10%, respecto de la inicialmente prevista, en cuyo caso se dará audiencia a los afectados por el aumento o disminución.

TÍTULO II. DERECHOS, OBLIGACIONES Y CARGAS DE LOS PROPIETARIOS

CAPÍTULO I. EJERCICIO DE LA FACULTAD DE EDIFICAR

Artículo 39. 1. En suelo urbano sólo podrá edificarse cuando los terrenos adquieran la condición de solar o cuando se asegure la ejecución simultánea de la urbanización y de la edificación.

2. Sin embargo, podrán autorizarse construcciones destinadas a fines industriales en las zonas permitidas, cuando la seguridad, salubridad y no contaminación quedaren suficientemente atendidas y el propietario asumiera las obligaciones establecidas en los artículos 46,2 de este Reglamento y 83,3 párrafo 1, de la Ley del Suelo, mediante inscripción en el Registro de la Propiedad.

Artículo 40. 1. Para autorizar en suelo urbano la edificación de terrenos que no tengan la condición de solar y no se incluyan en polígonos o unidades de actuación, será preciso, como garantía de la realización de las obras de urbanización:

a) Que en la solicitud de licencia, el particular interesado o, en su caso, el Departamento ministerial o Entidad que administre bienes estatales, se comprometa expresamente a la edificación y urbanización simultáneas.

b) Que se preste fianza, en cualquiera de las formas admitidas por la legislación local, en cuantía suficiente para garantizar la ejecución de las obras de urbanización, en la parte que corresponde.

c) Que en el escrito de solicitud de licencia se comprometa a no utilizar la construcción hasta tanto no esté concluida la obra de urbanización y a establecer tal condición en las cesiones del derecho de propiedad o de uso que se lleven a efecto para todo o parte del edificio.

2. El compromiso de urbanizar alcanzará no sólo a las obras que afecten al frente de fachada o fachadas del terreno sobre el que se pretenda construir, sino a todas las infraestructuras necesarias para que puedan prestarse los servicios públicos necesarios, tales como red de abastecimiento de aguas, saneamiento, alumbrado público y pavimentación de aceras y calzada, hasta el punto de enlace con las redes generales y viarias que estén en funcionamiento.

3. El incumplimiento del deber de urbanización simultáneo a la edificación comportará la caducidad de la licencia, sin derecho a indemnización, impidiéndose el uso de lo edificado, sin perjuicio del derecho de los terceros adquirentes al resarcimiento de los daños y perjuicios que se les hubieren irrogado. Asimismo, comportará la pérdida de la fianza a que se refiere el apartado 1, b), de este artículo.

Artículo 41. 1. En el suelo urbano los propietarios de terrenos incluidos en polígonos o unidades de actuación podrán, asimismo, solicitar licencia de edificación antes de que adquieran la condición de solar, siempre que concurran los siguientes requisitos.

a) Que hubiese ganado firmeza, en vía administrativa, el acto de aprobación del proyecto de reparcelación o de compensación, si uno u otro fuesen necesarios para la distribución de beneficios y cargas del Plan.

b) Que por el estado de realización de las obras de urbanización la Administración considere previsible que a la terminación de la edificación la parcela de que se trate contará con todos los servicios necesarios para tener la condición de solar.

c) Que en el escrito de solicitud de licencia se comprometa a no utilizar la construcción hasta tanto no esté concluida la obra de urbanización y a establecer tal condición en las cesiones de derecho de propiedad o de uso que se lleven a efecto para todo o parte del edificio.

2. No se permitirá la ocupación de los edificios hasta que no esté realizada totalmente la urbanización que afecte a dichos edificios y estén en condiciones de funcionamiento los suministros de agua y energía eléctrica y las redes de alcantarillado.

3. Serán de aplicación las previsiones establecidas en el número 3 del artículo anterior.

Artículo 42. 1. En suelo urbanizable programado, en tanto no se aprueben planes parciales y se ejecuten las correspondientes obras de urbanización, no se podrá edificar ni levantar otras instalaciones; sin embargo, podrán realizarse las obras correspondientes a la infraestructura del territorio o a los sistemas generales determinantes del desarrollo urbano o ejecutarse aquellas otras de carácter provisional a que se refiere el artículo 58,2, de la Ley del Suelo.

2. Podrá edificarse en esta categoría de suelo, previa aprobación del Plan Parcial y Proyectos de Urbanización correspondientes, antes de que los terrenos estén totalmente urbanizados, siempre que se cumplan los requisitos señalados en el artículo anterior y con los efectos expresados en el mismo.

Artículo 43. En terrenos incluidos en un Programa de Actuación Urbanística, en tanto no se apruebe el correspondiente Plan Parcial, serán de aplicación las previsiones establecidas en el artículo anterior.

Artículo 44. 1. En tanto no se aprueben Programas de Actuación Urbanística, los terrenos clasificados como suelo urbanizable no programado estarán sujetos a las siguientes limitaciones, además de las que resulten aplicables en virtud de otras leyes:

1.ª Deberán respetarse las incompatibilidades de usos señalados en el Plan General.

2.ª No se podrán realizar otras construcciones que las destinadas a explotaciones agrícolas que guarden relación con la naturaleza y destino de la finca y se ajusten en su caso a los planes o normas del Ministerio de Agricultura, así como las construcciones e instalaciones vinculadas a la ejecución, entretenimiento y servicio de las obras públicas. Sin embargo, podrán autorizarse, siguiendo el procedimiento previsto en este artículo, edificaciones e instalaciones de utilidad pública o interés social que hayan de emplazarse en el medio rural, así como edificios aislados destinados a vivienda familiar en los que no exista la posibilidad de formación de un núcleo de población.

3.ª Los tipos de las construcciones habrán de ser adecuados a su condición y situación aislada, conforme a las normas que el Plan establezca, quedando prohibidas las edificaciones características de las zonas urbanas.

4.ª En las transferencias de propiedad, divisiones y segregaciones de terrenos rústicos no podrán efectuarse fraccionamientos en contra de lo dispuesto en la legislación agraria.

2. El procedimiento para la autorización de la construcción de edificaciones e instalaciones de utilidad pública o interés social o viviendas familiares a que se hace mención en la limitación segunda del número anterior se desarrollará del modo siguiente:

1. Se iniciará mediante petición del interesado ante el Ayuntamiento respectivo, en la que se hagan constar los siguientes extremos:

a) Nombre, apellidos o, en su caso, denominación social, y domicilio de la persona física o jurídica que lo solicite.

b) Emplazamiento y extensión de la finca en que se pretenda construir, reflejados en un plano de situación.

c) Superficie ocupada por la construcción y descripción de las características fundamentales de la misma.

d) Si se trata de edificaciones o instalaciones de utilidad pública o social, justificación de estos extremos y de la necesidad de su emplazamiento en el medio rural, y de que no se forma núcleo de población.

2. El Ayuntamiento informará la petición y elevará el expediente al Ministro de Obras Públicas y Urbanismo, cuando se trate de capitales de provincia o municipios de más de 50.000 habitantes, o a la Comisión Provincial de Urbanismo respectiva, en los demás casos.

3. El Ministerio de Obras Públicas y Urbanismo o la Comisión Provincial de Urbanismo, según proceda, someterá el expediente a información pública durante quince días en la capital de la provincia.

4. Transcurrido dicho plazo, se adoptará la resolución definitiva por la autoridad u órgano competente de los enunciados en el número anterior. En la resolución habrá de valorarse la utilidad pública o interés social de la edificación o instalación, cuanto dicha utilidad o interés no venga atribuida por aplicación de su legislación específica, así como las razones que determinen la

necesidad de emplazarse en el medio rural. Si se tratare de edificios destinados a vivienda familiar, habrán de valorarse, en su caso, con arreglo a los criterios del Plan General o Normas Subsidiarias y Complementarias del Planeamiento, las circunstancias en base a las cuales pueda considerarse que no existe posibilidad de formación de un núcleo de población.

Artículo 45. 1. Los terrenos clasificados como suelo no urbanizable estarán sujetos a las limitaciones establecidas para el suelo urbanizable no programado.

2. Los espacios que por sus características según el Plan General deban ser objeto de una especial protección no podrán ser dedicados a utilizaciones que impliquen transformación de su destino o naturaleza o lesionen el valor específico que se quiera proteger.

CAPÍTULO II. CESIONES OBLIGATORIAS Y APROVECHAMIENTO MEDIO

Artículo 46. 1. Los propietarios de suelo afectado por una actuación urbanística están obligados a llevar a efecto las cesiones gratuitas de terrenos que establece la Ley del Suelo para cada uno de los tipos y categorías de suelo en los términos que resulten del Plan General y de cada uno de los Planes que lo desarrollen.

2. Las cesiones obligatorias y gratuitas en suelo urbano se harán en favor del Municipio y consistirán en la total superficie de terrenos destinados a viales, parques, jardines públicos y Centros de Educación General Básica al servicio del polígono o unidad de actuación correspondiente, según las localizaciones o emplazamientos señalados en el Plan.

3. En suelo urbanizable programado las cesiones obligatorias y gratuitas se harán en favor del Municipio o, en su caso, de la Entidad Urbanística actuante y serán las siguientes:

a) La superficie total de los viales, parques y jardines públicos, zonas deportivas y de recreo y expansión, centros culturales y docentes y los terrenos precisos para la instalación y funcionamiento de los restantes servicios públicos necesarios.

b) En los sectores que, en virtud de los usos e intensidades establecidas en el Plan General, tengan atribuido un aprovechamiento medio superior al establecido en el propio Plan para todo el suelo urbanizable programado, además de las cesiones del apartado anterior, la superficie de suelo edificable sobre la que se sitúa la diferencia entre ambos aprovechamientos. Esta cesión sólo procederá cuando el exceso de aprovechamiento no se destine a la adjudicación de suelo para los propietarios de terrenos afectados por sistemas generales o cuando tales adjudicaciones no absorban la totalidad de dicho exceso, en cuyo caso la cesión en favor de la Administración actuante se limitará a los terrenos no incluidos en las referidas adjudicaciones.

c) En todo caso, el suelo edificable correspondiente al 10% del aprovechamiento medio del sector, previa deducción de las cesiones a que se refiere el apartado b) anterior cuando fueran procedentes.

4. En suelo urbanizable no programado los propietarios de terrenos comprendidos en el ámbito del programa de actuación urbanística que se apruebe, estarán sometidos a las obligaciones que en punto a cesión de terrenos establece el título VI de este reglamento.

Artículo 47. 1. La Administración actuante está obligada a afectar, a los fines previstos en el Plan, el suelo que adquiera como consecuencia del cumplimiento de los deberes de cesión obligatoria que recaen sobre los propietarios.

2. El suelo destinado, según el Plan, a dominio y uso público y los terrenos sobre los que hayan de realizarse edificaciones o instalaciones de servicio público no podrán cambiarse de destino sino por modificaciones del Plan.

3. En todo caso deberá tenerse en cuenta que cuando las superficies de los bienes de dominio y uso público anteriormente existentes que fueren igual o inferior a la que resulte como consecuencia de la ejecución del Plan, se entenderán sustituidas unas por otras. Si tales superficies fueran superiores a las resultantes de la ejecución del Plan, la Administración percibirá el exceso, en la proporción que corresponda, en terrenos edificables.

Artículo 48. *1. El aprovechamiento a que el propietario de cada finca incluida en suelo urbanizable tiene derecho será el resultado de aplicar a su superficie el 90% del aprovechamiento medio del sector, una vez deducidas las cesiones a que se refiere el apartado b) del número 3 del artículo 46, cuando procedan.*

2. El 10% restante, con su correspondiente suelo, será de cesión obligatoria y gratuita a la Administración.

3. Entre los propietarios de cada sector se practicarán las oportunas operaciones de compensación o reparcelación con las correspondientes adjudicacio-

nes de terrenos, a efectos de que el aprovechamiento correspondiente a cada propietario sea el determinado en el número 1 de este artículo.

Artículo 49. *1. En los supuestos contemplados en el artículo 125 de la Ley del Suelo se podrá sustituir la cesión del 10% del aprovechamiento que corresponda a cada finca por una contribución en metálico que abonará el propietario a la Administración.*

2. La compensación económica la fijará la Administración tasando, el suelo, que debería haberse cedido, con arreglo al valor urbanístico que le corresponda según su clasificación, y los costes de urbanización en la extensión determinada en este Reglamento se girarán, en todo caso, a los propietarios en función de la superficie total aprovechable.

Artículo 50. *1. En sectores para los que el Plan General fije un aprovechamiento medio superior al medio de todo el suelo urbanizable programado no podrán aprobarse Planes Parciales que no contengan su división en polígonos.*

2. Los planes parciales deberán especificar en esos supuestos la cuantía del exceso, a efectos de que, tras las oportunas operaciones de reparcelación o compensación, se adjudique dicho exceso a los propietarios de suelo destinado a sistemas generales en el que no se aplique la expropiación, o a la Administración actuante, en otro caso.

3. Los propietarios de suelo destinado a sistemas generales o la Administración actuante, según los casos, formarán parte de la comunidad reparcelatoria o compensatoria correspondiente a los polígonos que resulten con exceso de aprovechamiento.

Artículo 51. *1. Los propietarios de terrenos que, formando parte del suelo urbanizable programado y que, por estar destinados en el Plan General a sistemas de comunicaciones y sus zonas de protección, espacios libres para parques públicos y zonas verdes, equipamiento comunitario y centros públicos, carezcan de aprovechamiento, serán compensados, cuando no se aplique la expropiación, mediante la adjudicación de otros terrenos en sectores que tengan un aprovechamiento medio superior al de todo el suelo urbanizable programado, en la forma y cuantía establecida en el número siguiente.*

2. A tales propietarios de terrenos con aprovechamiento cero se les compensará —en el oportuno procedimiento de reparcelación o compensación—

con la superficie correspondiente al aprovechamiento que resulte de aplicar el 90% del aprovechamiento medio de todo el suelo urbanizable programado a los terrenos afectados.

3. Los propietarios a que se refieren los dos números anteriores formarán parte de la comunidad reparcelatoria o de compensación en el polígono o polígonos donde hayan de hacerse efectivos sus derechos, quedando sujetos, además, a la obligación de abonar la parte proporcional de los costes de urbanización que corresponda a las parcelas que les sean adjudicadas.

Artículo 52. 1. El Ayuntamiento u órgano actuante podrá ocupar los terrenos destinados a sistemas generales de la ordenación urbanística comprendidos en un plan parcial o especial sin necesidad de acudir a la expropiación forzosa, una vez que se haya iniciado el procedimiento de reparcelación o compensación en el polígono en el que, por tener un exceso de aprovechamiento con relación al de todo el suelo urbanizable programado, hayan de hacer efectivos sus derechos los propietarios afectados por los sistemas generales.

El aprovechamiento reconocido a cada una de las fincas ocupadas deberá hacerse efectivo en un solo polígono, y si no fuera posible, en el menor número de estos.

2. En ningún caso podrán ocuparse los citados terrenos sin que simultáneamente el órgano actuante expida las certificaciones a que se refiere el artículo siguiente.

Además, los propietarios del suelo que acrediten la existencia de una explotación rústica efectiva tendrán derecho a percibir un interés anual del 6% del valor inicial de los terrenos y bienes ocupados desde la fecha de la ocupación hasta la de aprobación definitiva del proyecto de reparcelación o compensación del polígono donde hayan de hacer efectivos sus derechos. La determinación del valor inicial se realizará a estos efectos por la propia Administración actuante, con audiencia del interesado.

Artículo 53. 1. En el momento de la ocupación se levantará el acta, por duplicado, en la que se expresará:

a) Lugar y fecha de otorgamiento.

b) Determinación de la Administración actuante.

c) Plan Parcial o Especial cuya ejecución motiva la ocupación, con expresión de las fechas de su aprobación definitiva y publicación en el «Boletín Oficial».

d) Nombre, apellidos y cargo de funcionarios que autoricen el acta en representación de la Administración.

e) Datos de identificación del propietario de los terrenos ocupados, haciendo constar el nombre, apellidos y estado civil, si fuera persona física, y la denominación con que fuere conocida si se tratara de persona jurídica, y domicilio, nombre y circunstancias de las personas que en su representación intervengan en el acta.

f) Descripción y extensión de la superficie ocupada.

g) Aprovechamiento por aplicación de la superficie ocupada del 90% del aprovechamiento medio del suelo urbanizable programado.

h) Polígono en que hayan de hacerse efectivos los derechos de los propietarios de los terrenos ocupados.

i) Cargas reales que pesaren sobre los terrenos ocupados, titulares de tales cargas, valor o cuantía de las mismas y referencia a los datos registrales.

j) La expedición de las certificaciones a que se refiere el artículo siguiente y si han sido entregadas a sus titulares o han quedado en poder del órgano actuante, con expresión de la causa.

2. La entrega posterior de las certificaciones a quien acredite su derecho se hará constar en sucesivas diligencias a continuación del acta.

3. El duplicado del acta será enviada por el órgano actuante del Registro de la Propiedad para anotar al margen de la última inscripción de dominio vigente el hecho de la ocupación.

Artículo 54. 1. El órgano actuante expedirá a favor de cada uno de los propietarios de terrenos ocupados certificación del acta a que se refiere el artículo anterior, en la que constarán las unidades de aprovechamiento que correspondan a cada parcela ocupada y el polígono en que hayan de hacer efectivos sus derechos. Dicha certificación será entregada al propietario del terreno ocupado si fuere conocido y compareciere al acto de la ocupación. Si no compareciere el propietario, fuere desconocido o se planteare litigio sobre la propiedad de las fincas o derechos, el órgano actuante, al ocupar los terrenos, expedirá en todo caso las certificaciones con referencia a las fincas ocupadas y las entregará a los titulares cuando comparecieren y acreditaren su derecho.

2. Las cargas reales existentes sobre las fincas ocupadas podrán quedar liberadas, recibiendo sus titulares unidades de aprovechamiento en proporción al valor de su derecho, si en el momento de la ocupación el propietario de la finca y el titular o titulares de las cargas presentaren acuerdo de reparto del aprovechamiento que corresponda a la finca gravada. En este supuesto, el órgano actuante entregará a cada uno de los interesados una certificación declarativa de la proporción de aprovechamiento que, con arreglo a lo convenido, le corresponda una relación con el de la totalidad de la finca, teniendo todos ellos la consideración de copropietarios a todos los efectos y pudiendo, en consecuencia, formar parte de las Juntas de Compensación en la forma prevista en el artículo 166, e), de este Reglamento.

Si en el momento de la ocupación los interesados no presentaren convenio de reparto de las unidades de aprovechamiento, el órgano actuante podrá suspender la ocupación de la finca gravada concediéndoles un plazo no superior a un mes para que lo obtenga. Si tampoco en este plazo presentaren convenio o si por razones de urgencia el plazo no puede ser concedido, el órgano actuante ocupara La finca gravada, expidiendo una certificación declarativa del aprovechamiento que corresponda a la finca, en la que también se hará constar la existencia de la carga o derecho no liberados y su titular. De la citada certificación se entregará un ejemplar a cada interesado.

Los arrendamientos existentes sobre las fincas ocupadas seguirán el régimen establecido en la Ley de Expropiación Forzosa, y las indemnizaciones que correspondan las abonará la Administración, reduciendo en lo que sea necesario el aprovechamiento atribuido al propietario.

3. Una vez obtenida la certificación y en base a ella, el titular del dominio o de un derecho o carga real transformado podrá otorgar escritura de declaración o especificación de las unidades de aprovechamiento derivadas de su derecho, en la que se describirá la finca o derecho de que proceden y el polígono donde hayan de hacerse efectivas, haciendo constar las cargas que, en su caso, subsistan. *La citada escritura será inscribible en el Registro de la Propiedad en el mismo folio de la finca ocupada, y si declarase sólo parte de las unidades de aprovechamiento correspondientes a las misma, se inscribirá como cuota pro indiviso del dominio.*

Si la ocupación no hubiese afectado a la totalidad de la finca, se segregará previamente la parte ocupada.

4. Las transmisiones posteriores de todas o parte de las unidades de aprovechamiento se efectuarán conforme a lo establecido para la transmisión de bienes inmuebles, haciendo constar en el título las circunstancias reseñadas en el párrafo anterior, y se inscribirán en el mismo folio registral de la finca ocupada, que no se cancelará hasta que se inscriba el acuerdo de reparcelación o compensación del polígono en que los titulares de las citadas unidades de aprovechamiento hayan de hacer efectivos sus derechos, conforme a lo previsto en el artículo 114 de este Reglamento.

5. Los titulares de cargas reales que no hubieren sido liberadas ni transformadas en unidades de aprovechamiento conservarán todas sus acciones para la defensa o ejecución de su derecho, que seguirá vigente sobre la parcela o cuota pro indiviso que, en los acuerdos de compensación o reparcelación, se adjudique al titular o titulares de las unidades de aprovechamiento derivadas de la finca primitivamente gravada, por aplicación del principio de la subrogación real, siendo aplicables las disposiciones que este Reglamento contiene para las cargas sobre fincas incluidas en el polígono. Si las unidades de aprovechamiento gravadas se hubieren enajenado parcialmente, el titular de la carga podrá repetir íntegramente su contenido contra cualquiera de los grupos de unidades de aprovechamiento que pertenezcan a distinto titular o contra todas ellas a la vez, conforme al sistema de los artículos 123 de la Ley Hipotecaria, 221 de su Reglamento.

Si la carga fuere declarada incompatible con el Planeamiento, se estará a lo previsto en el artículo 101, 3, de la Ley del Suelo y concordantes de este Reglamento.

Artículo 55. No obstante lo dispuesto en los artículos anteriores, la Administración podrá también adquirir los terrenos destinados a los sistemas generales mediante la aplicación del Instituto expropiatorio.

Artículo 56. *1. Cada programa de actuación urbanística fijará el aprovechamiento medio de todo el suelo comprendido en su ámbito, y si hubiera divisiones en sectores, el correspondiente a cada uno de ellos.*

2. La aplicación del aprovechamiento medio dentro del ámbito del programa de actuación urbanística estará sujeta a las reglas establecidas para el suelo urbanizable programado.

3. La cesión del 10% del aprovechamiento medio podrá sustituirse por las mayores obligaciones que establecieren las bases, cuando éstas se especificare concretamente tal sustitución.

Artículo 57. *1. Cuando se urbanice y edifique al amparo de normas complementarias y subsidiarias del planeamiento, los propietarios de terrenos situados en cada zona apta para edificar estarán sujetos a las cesiones obligatorias y gratuitas a que hacen referencia los números 2 y 3, a), del artículo 46 de este Reglamento, así como a la obligación de ceder el 10% del aprovechamiento que resulte de lo establecido en cada plan parcial.*

2. La localización del suelo que corresponda al 10% del aprovechamiento del Plan Parcial que desarrolla las normas para cada zona o parte de ella se fijará en los expedientes de parcelación o reparcelación, según sean las fincas de uno o varios propietarios.

3. Además, deberá cumplir el resto de las obligaciones señaladas en este Reglamento en relación con el pago de los costes de la urbanización.

CAPÍTULO III. Costes de la urbanización

Artículo 58. Los propietarios de terrenos afectados por una actuación urbanística estarán obligados a sufragar los costes de la urbanización que se señalan en los artículos siguientes, en proporción a la superficie de sus respectivos terrenos o, en su caso, a la que figura en los documentos a que se refiere el artículo 53 de este Reglamento.

Artículo 59. 1. El importe de las obras de urbanización que corre a cargo de los propietarios de un polígono o unidad de actuación comprenderá los siguientes conceptos:

a) Obras de vialidad, incluyéndose en ellas las de explanación, afirmado y pavimentación de calzadas, construcción y encintado de aceras y canalizaciones que deban construirse en el subsuelo de la vía pública para servicios.

b) Obras de saneamiento, que comprenden colectores generales y parciales, acometidas, sumideros y atarjeas para aguas pluviales y estaciones depuradoras, en la proporción que afecte a la unidad de actuación o polígono.

c) Suministro de agua, en el que se incluirán las obras de captación cuando fueran necesarias, distribución domiciliaria de agua potable, de riego de hidrantes contra incendios.

d) Suministro de energía eléctrica, incluidas conducción y distribución, y alumbrado público.

e) Jardinería y arbolado en parques, jardines y vías públicas.

2. Los particulares afectados por obras de urbanización en un polígono o unidad de actuación podrán reintegrarse de los gastos de instalación de las redes de abastecimiento de agua y energía eléctrica, con cargo a las empresas concesionarias, en la parte que, según la reglamentación de tales servicios, no tenga que correr a cargo de los usuarios. Los costes de instalación se acreditarán mediante certificación expedida por la Administración actuante.

Artículo 60. Correrán igualmente a cargo de los titulares de terrenos, y en la proporción señalada en el artículo 58, las indemnizaciones debidas a los propietarios y arrendatarios de edificios y construcciones de cualquier tipo que hayan de derribarse para la correcta ejecución del plan, así como las indemnizaciones derivadas de destrucción de plantaciones, obras e instalaciones incompatibles con el plan que se ejecute.

Artículo 61. También será de cuanta de los adjudicatarios de terrenos comprendidos en el polígono o unidad de actuación correspondiente el coste de redacción y tramitación de los Planes Parciales y de los proyectos de urbanización y el importe total de los gastos de reparcelación o compensación.

Artículo 62. Si existe acuerdo entre la Administración y los propietarios afectados, el pago de todos o parte de los gastos señalados en los tres artículos precedentes podrá realizarse cediendo éstos a aquélla, gratuitamente y libres de cargas, terrenos edificables en la proporción que se estime suficiente para compensar tales gastos, cuyo importe quedará determinado en el propio acuerdo.

Artículo 63. Los propietarios de suelo urbanizable no programado, que sea objeto de un Programa de actuación urbanística, además de abonar los costes de urbanización señalados en los artículos anteriores y cumplir las cargas suplementarias que el programa les imponga, deberán costear la ejecución total o el suplemento necesario de las obras exteriores de infraestructura sobre las que se apoye la actuación urbanística, tales como redes varias de enlace con los núcleos de población, instalación o ampliación de canalizaciones de servicios de abastecimiento de agua, alcantarillado y saneamiento, estaciones depuradoras, suministro de energía eléctrica y cualesquiera otros servicios necesarios para que el suelo sometido al programa de actuación urbanística quede debidamente enlazado a través de esos sistemas generales con la estructura del Municipio en que se desarrolle el programa.

Artículo 64. Cuando la actuación en determinados polígonos o unidades de actuación no sea presumiblemente rentable, por resultar excesivas las cargas en relación con el escaso aprovechamiento previsto para las zonas edificables, el Consejo de Ministros, a propuesta del Ministro de Obras Públicas y Urbanismo, y previo dictamen del Consejo de Estado, con audiencia o, en su caso, a instancia de los Ayuntamientos interesados, podrá autorizar, sin modificar las determinaciones del Plan, una reducción de la contribución de los propietarios a las mismas o una compensación económica a cargo de la Administración, procurando equiparar los costes de la actuación a los de otras análogas que hayan resultado viables.

Artículo 65. El incumplimiento por los propietarios de suelo de las obligaciones y cargas que se fijan en este Reglamento dará lugar:

a) A la exacción de las cuotas de urbanización por la vía de premio o

b) A la expropiación por la Administración de los terrenos afectados al cumplimiento de las cargas, siendo beneficiarios de la expropiación o la Junta de Compensación, según los casos.

Artículo 66. Los propietarios de suelo situado en zonas aptas para urbanizar según las normas complementarias y subsidiarias de planeamiento deberán abonar los costes de urbanización señalados en los artículos 59 a 61 de este Reglamento y los de ejecución o suplemento de las obras exteriores sobre las que se apoye cada actuación individualizada, en la forma y cuantía establecida al aprobar cada plan parcial.

CAPÍTULO IV. CONSERVACIÓN DE LA URBANIZACIÓN

Artículo 67. La conservación de las obras de urbanización y el mantenimiento de las dotaciones e instalaciones de los servicios públicos serán de cargo de la Administración actuante, una vez que se haya efectuado la cesión de aquéllas.

Artículo 68. 1. No obstante los dispuesto en el artículo anterior, quedarán sujetos los propietarios de los terrenos comprendidos en el polígono o unidad de actuación a dicha obligación, cuando así se imponga por el Plan de Ordenación o por las bases de un programa de actuación urbanística o resulte expresamente de disposiciones legales.

2. En el supuesto número anterior, los propietarios habrán de integrarse en una Entidad de conservación.

Artículo 69. 1. La participación de los propietarios en la obligación de conservación y mantenimiento de las obras de urbanización, dotaciones e instalaciones de los servicios públicos, cuando no esté a cargo de la Administración actuante, se determinará en función de la participación que tuviesen fijada en la Junta de Compensación, en el proyecto de reparcelación, o en su caso, en la que se hubiere fijado en la Entidad de conservación.

2. Si sobre las parcelas se hubiesen constituido regímenes de propiedad horizontal, la contribución de los propietarios en la referida obligación de conservación y mantenimiento se determinará por la cuota de participación con relación al total del valor del inmueble que tenga asignada en cada comunidad.

Artículo 70. 1. Cualquiera que fuese el sujeto a quien corresponda la obligación de mantenimiento a que se refieren los artículos precedentes, el Ayuntamiento o Administración actuante, en su condición de titular de los terrenos de dominio público, obras, dotaciones e instalaciones objeto de cesión obligatoria, podrá exigir por la vía de apremio las cuotas que se adeuden, ya sea de oficio, ya a instancia, en su caso, de la Entidad urbanística colaboradora.

2. El importe de la cuota será entregado por el Ayuntamiento o Administración actuante a la Entidad encargada de la conservación, cuando dicha obligación no corresponda a la Administración.

TÍTULO III. REPARCELACIÓN

CAPÍTULO I. NORMAS GENERALES

Artículo 71. 1. Se entiende por reparcelación la agrupación o integración del conjunto de las fincas comprendidas en un polígono o unidad de actuación para su nueva división ajustada al Plan, con adjudicación de las parcelas resultantes a los propietarios de las primitivas, en proporción a sus respectivos derechos, y a la Administración competente, en la parte que corresponda conforme a la Ley del Suelo y al Plan.

2. Cuando en suelo urbanizable programado o incluido en un programa de actuación urbanística, un polígono tuviera un aprovechamiento superior al que correspondiere en razón del medio fijado para este tipo de suelo, también formarán parte de la comunidad de reparcelación aquellos propietarios del suelo exterior al polígono que tengan reconocido el derecho a participar en las adjudicaciones, por estar destinado su suelo a sistemas generales y no haberse aplicado la expropiación forzosa.

3. Las parcelas resultantes que se adjudiquen a los propietarios sustituirán a las primitivas, sin solución de continuidad en las respectivas titularidades, a todos los efectos.

4. La reparcelación comprende también la determinación de las indemnizaciones o compensaciones necesarias para que quede plenamente cumplido, dentro de la unidad reparcelable, el principio de la justa distribución entre los interesados de los beneficios y cargas de la ordenación urbanística.

Artículo 72. 1. La reparcelación tiene por objeto:

a) La distribución justa entre los interesados de los beneficios y cargas de la ordenación urbanística.

b) La regularización de las fincas para adaptar su configuración a las exigencias del planeamiento.

c) La situación sobre parcelas determinadas y en zonas aptas para la edificación del aprovechamiento establecido por el Plan.

d) La localización sobre parcelas determinadas y en zonas aptas para la edificación del aprovechamiento que corresponde a la Administración actuante, cuando se trate de suelo urbanizable programado o incluido en un programa de actuación urbanística.

2. Cualquiera de estas finalidades justifica por sí sola la reparcelación, aunque no concurran las otras.

3. La distribución justa de los beneficios y cargas de la ordenación será necesaria siempre que el Plan asigne desigualmente a las fincas afectadas el volumen o la superficie edificable, los usos urbanísticos o las limitaciones y cargas de la propiedad.

Artículo 73. No será necesaria la reparcelación en los siguientes casos:

a) Cuando, en suelo urbano, la totalidad de los terrenos del polígono o unidad de actuación pertenezcan a un solo propietario.

b) Cuando el Plan se ejecute por el sistema de compensación o de expropiación.

c) Cuando no concurra ninguna de las causas que se enumeran en el artículo precedente de este Reglamento.

d) Cuando se trate de la ejecución de un Plan que afecte a una superficie anteriormente reparcelada, sin alterar el equilibrio económico entre los propietarios.

e) Cuando los propietarios afectados renuncien expresamente a ella y, tratándose de suelo urbanizable programado o incluido en un programa de actuación urbanística la Administración actuante acepte la localización del aprovechamiento que corresponda.

Artículo 74. *Conforme al artículo 125, 2, de la Ley del Suelo, cuando más del 50% de la superficie edificable de un polígono o unidad de actuación se halla edificado conforme al plan, la reparcelación se limitará a la redistribución material de los terrenos restantes y a establecer las indemnizaciones sustitutorias que procedan entre los afectados.*

CAPÍTULO II. REQUISITOS

SECCIÓN 1ª Competencia, legitimación y capacidad

Artículo 75. 1. La competencia para tramitar y resolver los expedientes de la reparcelación corresponde a los Ayuntamientos y, en su caso, a los órganos o entidades administrativas que tengan expresamente atribuida competencia para la ejecución de planes, con arreglo a sus disposiciones específicas o en el ejercicio de sus facultades de subrogación que procedan según la Ley.

2. Cuando en una unidad reparcelable estén comprendidos bienes municipales, de propios o de dominio público afectados a un servicio público, la resolución definitiva del expediente corresponderá a la Comisión Provincial de Urbanismo.

Artículo 76. 1. Sin perjuicio de lo dispuesto en el artículo 71 de este Reglamento, se tendrán como parte en los expedientes de reparcelación:

a) Los propietarios de los terrenos afectados y, en su caso, los titulares de terrenos afectados por sistemas generales que hayan de hacer efectivo su derecho en el polígono de que se trate.

b) Los titulares de derechos reales sobre los mismos.

c) Los arrendatarios rústicos y urbanos.

d) Cualesquiera otros interesados que comparezcan y justifiquen su derecho o interés legítimo.

2. A efectos de la determinación de las titularidades, se aplicarán las normas de la exportación forzosa. Estas mismas normas se aplicarán para resolver las cuestiones de capacidad y representación de los interesados.

3. Las disposiciones de este Reglamento se aplicarán, no obstante los defectos de capacidad, limitación de la facultad de disponer o demás circunstancias que condicionen o prohíban las transmisiones de las fincas en situación normal.

SECCIÓN 2ª Unidad reparcelable

Artículo 77. 1. La reparcelación se extiende a todos los terrenos comprendidos en el polígono o unidad de actuación definido en el Plan de cuya ejecución se trate o delimitado por el procedimiento del artículo 38 de este Reglamento.

2. La unidad reparcelable quedará determinada, sin necesidad de nuevo acuerdo, cuando recaiga la aprobación definitiva del Plan o delimitación del polígono o unidad de actuación a que se refiere el párrafo anterior.

3. Los recursos que se interpongan contra dichos acuerdos no suspenderán el curso del expediente de reparcelación. Si se modificare el Polígono o unidad de actuación después de haber recaído el acuerdo aprobatorio de la reparcelación, se mantendrá este y se abrirá un nuevo expediente complementario para fijar las indemnizaciones que correspondan entre los interesados.

Artículo 78. 1. No obstante lo establecido en el artículo anterior, a instancia de parte, siempre que se produzca antes de que concluya el trámite de exposición al público del proyecto de reparcelación, podrán incluirse en la unidad reparcelable superficies exteriores al polígono o unidad de actuación, mediante un nuevo trámite de información pública del proyecto rectificado, durante quince días.

2. La inclusión de estas superficies exteriores, que se incorporarán a la unidad reparcelable a todos los efectos derivados de la reparcelación, habrá de fundamentarse en que se trate de superficies vinculadas económica o funcionalmente a la ordenación del polígono o unidad de actuación, sin que sea posible o procedente su incorporación a otra unidad reparcelable.

3. En suelo urbano, y en los casos de reparcelación voluntaria, la unidad reparcelable podrá ser discontinua, e incluso referirse a parcelas aisladas, siempre que quede asegurado el cumplimiento del plan y no se irrogue perjuicio a terceros propietarios.

Artículo 79. En ningún caso podrá acordarse la exclusión de la unidad reparcelable de las fincas comprendidas en el polígono o unidad de actuación, delimitado a efectos del ejecución del Plan, sin perjuicio de cuanto se dispone en el artículo 99.3, de la Ley del Suelo, respecto a la adjudicación de determinadas fincas, y en el 125,2 de la propia Ley del Suelo, respecto a la indemnización sustitutiva de la reparcelación material de los terrenos.

SECCIÓN 3ª Requisitos formales

Artículo 80. 1. La reparcelación presupone la existencia de un planeamiento para cuya ejecución se realiza.

2. El plan que se ejecute puede ser:

a) El plan general de ordenación, completado en su caso por el estudio de detalle correspondiente, si se trata de suelo urbano.

b) Un plan especial, si para su ejecución fuere procedente la reparcelación.

c) Un plan parcial en los demás casos.

Artículo 81. El proyecto de reparcelación podrá tramitarse y aprobarse conjunta y simultáneamente con el plan parcial o con la delimitación del polígono o unidad de actuación, sin perjuicio de que, en su caso, quede condicionado a la aprobación del plan parcial.

Artículo 82. 1. El contenido de la reparcelación se concretará en un proyecto, que deberá constar de los siguientes documentos:

a) Memoria.

b) Relación de propietarios e interesados, con expresión de la naturaleza y cuantía de su derecho.

c) Propuesta de adjudicación de las fincas resultantes con expresión del aprovechamiento urbanístico que a cada una corresponda y designación nominal de cada uno de los adjudicatarios.

d) Tasación de los derechos, edificaciones, construcciones o plantaciones que deban extinguirse o destruirse para la ejecución del plan.

e) Cuenta de liquidación provisional.

f) Planos:

f.1) Plano de situación y relación con la ciudad.

f.2) Plano de delimitación e información, con expresión de los límites de la unidad reparcelable, linderos de las fincas afectadas, edificaciones y demás elementos existentes sobre el terreno.

f.3) Plano de ordenación, en el que se reproduzca, a la misma escala que el anterior, el correspondiente plano del plan que se ejecute.

f.4. Plano de clasificación y valoración de las superficies adjudicadas.

f.5 Plano de adjudicación, con expresión de los linderos de las fincas resultantes adjudicadas.

f.6. Plano superpuesto de los de información y adjudicación (f.2 y f.5).

2. Cuando la reparcelación se refiera a suelo urbano y el derecho de los propietarios se determine por el valor urbanístico de sus respectivas fincas, se añadirá un plano de clasificación y valoración de las fincas aportadas.

3. La documentación anterior podrá reducirse o ampliarse en congruencia con el contenido efectivo de la reparcelación en cada caso.

Artículo 83. La Memoria del proyecto deberá referirse a los siguientes extremos:

a) Circunstancias o acuerdos que motiven la reparcelación y peculiaridades que en su caso concurran.

b) Descripción de la unidad reparcelable.

c) Criterios utilizados para definir y cuantificar los derechos de los afectados.

d) Criterios de valoración de las superficies adjudicadas.

e) Criterios de adjudicación.

f) Criterios de valoración de los edificios y demás elementos que deban destruirse y de las cargas y gastos que correspondan a los adjudicatarios.

g) Cualquier otra circunstancia que contribuya a explicar los acuerdos que se propongan.

Artículo 84. 1. Los planos deberán redactarse en una escala comprendida entre 1:500 y 1:2.000 y, en todo caso, con la claridad suficiente para que puedan percibirse los linderos y demás grafismos.

2. La simbología gráfica y la numeración de las parcelas debe ser uniforme y unívoca en todo el proyecto. No podrán utilizarse símbolos contrarios a los que sean comunes en la práctica usual ni que conduzcan a error o cuyo significado no se explique en debida forma.

CAPÍTULO III. CONTENIDO

SECCIÓN 1ª Definición de derechos

Artículo 85. 1. Los propietarios de las fincas comprendidas en la unidad reparcelable, la Administración en la parte que le corresponda y, en su caso, aquellos propietarios que hace referencia el núm. 2 del artículo 71 de este Reglamento tienen derecho a la adjudicación en propiedad de las fincas resultantes.

2. Los titulares de derechos reales que no se extingan con la reparcelación, aunque no se les menciones en el proyecto, serán adjudicatarios en el mismo concepto en que lo fueron anteriormente, por aplicación del principio de subrogación real.

3. Las adjudicaciones que pretendan efectuarse por titulo distinto de los citados deberán hacerse mediante acuerdo separado e independiente de la reparcelación.

Artículo 86. 1. El derecho de los propietarios afectados será proporcional a la superficie de sus respectivas fincas que quede comprendida en la unidad reparcelable.

2. No obstante, y salvo pacto o renuncia expresa, cuando se trate de suelo urbano, el derecho de los propietarios afectados será proporcional al valor urbanístico de la superficie de sus respectivas fincas.

En este caso se asignará a cada una de las fincas un valor concreto en pesetas o en unidades convencionales que determinará el coeficiente para el reconocimiento de derechos y adjudicación de las fincas resultantes.

3. La fecha para determinar el derecho de los propietarios afectados será de iniciación del expediente de reparcelación.

SECCIÓN 2ª Definición, valoración y adjudicación de las fincas resultantes

Artículo 87. Para la definición, valoración y adjudicación de las fincas resultantes se aplicarán, en primer lugar, los criterios expresamente manifestados por los interesados, siempre que no sean contrarios a la Ley o al planeamiento ni ocasionen perjuicio al interés público o a tercero.

Artículo 88. 1. La superficie susceptible de edificación o de aprovechamiento privado, conforme el plan que se ejecute, que deba ser objeto de adjudicación, se valorará con criterios objetivos y generales para toda la unidad reparcelable.

2. La valoración tendrá en cuenta las siguientes circunstancias:

a) Volumen edificable, expresado en metros cuadrados/metros cuadrados.

b) Uso asignado por el plan.

c) Situación.

d) Características, clase, calidad y destino de las edificaciones permitidas o previstas en el plan.

e) Grado de urbanización, cuando represente un dato diferencial, de beneficio o carga para determinados adjudicatarios.

3. La valoración se basará en el volumen corregido por los restantes conceptos, a cada uno de los cuales se les asignará un coeficiente debidamente justificado.

4. La valoración podrá hacerse en puntos o unidades convencionales, pero éstos habrán de tasarse en dinero, a efectos de determinar el importe de las indemnizaciones que procedan por diferencias de adjudicación.

5. No podrán utilizarse ponderaciones o criterios que contradigan los establecidos en el plan general para la determinación del aprovechamiento medio.

Artículo 89. 1. Cuando en la unidad reparcelable estén comprendidos terrenos edificados con arreglo al planeamiento, éstos no serán objeto de nueva adjudicación, conservándose las propiedades primitivas, sin perjuicio de la regularización de linderos cuando fuere necesaria y de las compensaciones económicas que procedan.

2. Si se trata de fincas que solo están parcialmente edificadas, la regla anterior solo será aplicable a la parte de finca que esté edificada, pudiendo segregarse la superficie libre.

Artículo 90. Los terrenos en que existan edificios no ajustados al planeamiento se adjudicarán íntegramente a sus primitivos propietarios, sin perjuicio de la regularización de linderos y de las compensaciones pertinentes, siempre que concurran a las siguientes circunstancias:

a) Que no sea necesaria su demolición para ejecución de las obras de urbanización previstas en el plan.

b) Que no estén destinados a usos radicalmente incompatibles con la ordenación.

c) Que no esté decretada su demolición en virtud de expediente de infracción urbanística.

d) Que la superficie edificada no sea inferior a la parcela mínima edificable, a menos que quede comprendida en una finca resultante de mayores dimensiones, que corresponda al adjudicatario, con arreglo a su derecho.

e) Que el derecho del propietario en la reparcelación no sea inferior, en más del 15%, al que corresponda a la parcela mínima edificable.

f) Que el aprovechamiento que corresponda a la superficie edificada no exceda en más del 15% del derecho del adjudicatario, a menos que se trate de edificaciones residenciales habitadas por personas que no sean el propio adjudicatario o su familia.

Artículo 91. En los demás casos, no comprendidos en los dos artículos anteriores, los edificios incluidos en la unidad de reparcelación no serán tenidos en cuanta a efectos de adjudicación de las superficies en que se hallen enclavados, sino que serán objeto de tasación, decretándose su inmediato desalojo y demolición.

Artículo 92. 1. No serán objeto de nueva adjudicación, conservándose las propiedades primitivas, sin perjuicio de la regularización de linderos, cuando fuere necesaria y de las compensaciones económicas que procedan, las fincas no edificadas, cuando concurran los dos siguientes requisitos:

a) Que la diferencia, en más o menos, entre el aprovechamiento que les corresponda conforme al plan y el que correspondería al propietario en proporción a su derecho en la reparcelación sea inferior al 15% de este último.

b) Que el propietario lo solicite y justifique dentro de los tres meses siguientes a la aprobación de la delimitación del polígono o unidad de actuación.

2. Tanto en este supuesto como en el del artículo 90 de este Reglamento, los titulares que conserven sus propiedades primitivas tendrán la consideración de adjudicatarios a todos los efectos derivados de la reparcelación.

Artículo 93. 1. No podrán adjudicarse como fincas independientes superficies inferiores a la parcela mínima edificable o que no reúnan la configuración y características adecuadas para su edificación conforme al planeamiento.

2. La superficie enclavada entre dos edificaciones que deban mantenerse podrá adjudicarse como finca independiente edificable aunque no alcance las dimensiones de la parcela mínima, siempre que la diferencia no exceda del 15% de esta última y se cumplan las demás determinaciones del planeamiento.

3. Si se diera el caso de que el plan no determine la parcela mínima edificable ni pueda deducirse de su contexto, el propio proyecto de reparcelación la establecerá razonadamente.

4. Cuando, tratándose de edificación abierta, el plan no contenga reglas de ubicación de los volúmenes, se tramitará y aprobará conjuntamente en el proyecto de reparcelación un estudio de detalle en el que se determine la ubicación de los volúmenes en concordancia con los criterios de adjudicación.

Artículo 94. 1. Cuando la escasa cuantía de los derechos de algunos propietarios no permita que se adjudiquen fincas independientes a todos ellos, los solares resultantes se adjudicarán en pro indiviso a tales propietarios.

2. Esta misma regla se aplicará en cuanto a los excesos, cuando, por exigencias de la parcelación, el derecho de determinados propietarios no quede agotado con la adjudicación independiente que en su favor se haga.

3. No obstante, si la cuantía de los derechos de los propietarios no alcanzase el 15% de la parcela mínima edificable, la adjudicación podrá sustituirse por una indemnización en metálico. La misma regla se aplicará cuando los excesos a que se refiere el número anterior no alcancen dicho tanto por ciento.

4. Salvo lo dispuesto en el párrafo anterior, y siempre que lo permitan las exigencias de la parcelación, la adjudicación de fincas independientes, al mayor número posible de propietarios, será preferible a la adjudicación por indiviso, y esta última a la indemnización en metálico. En las adjudicaciones pro indiviso se procurará también la creación de comunidades del menor número posible de comuneros.

Artículo 95. 1. Se procurará, siempre que lo consientan las exigencias de la parcelación, que las fincas adjudicadas estén situadas en el lugar más próximo posible al de las antiguas propiedades de los mismos titulares.

2. Esta regla no será necesariamente aplicable en el caso de que las antiguas propiedades estén situadas, en más de 50% de superficie, en terrenos destinados por el plan a viales, zonas verdes u otros usos incompatibles con la propiedad privada.

Artículo 96. 1. Salvo que viniere impuesto por las exigencias de la edificación existente, con arreglo a los artículos 89 y 90 de este Reglamento, no se harán adjudicaciones que excedan del 15% de los derechos de los adjudicatarios.

2. Por el contrario, se tratará de ajustar las adjudicaciones siempre por defecto, procurando, cuando sea posible, que éste no rebase el 15% de los expresados derechos.

3. La superficie adjudicable que quedare sobrante como consecuencia de lo dispuesto en el párrafo anterior, podrá adjudicarse proindiviso a todos los propietarios con defecto de adjudicación, con el fin de eliminar o reducir la cuantía de las indemnizaciones por diferencias de adjudicación.

Artículo 97. Toda la superficie que, con arreglo al plan, sea susceptible de propiedad privada, aunque no sea edificable, deberá ser objeto de adjudicación en el acuerdo de reparcelación.

SECCIÓN 3ª Indemnizaciones y cuenta de liquidación

Artículo 98. 1. Las plantaciones, obras, edificaciones e instalaciones que no puedan conservarse se valorarán con independencia del suelo, y su importe se satisfará a los propietarios o titulares interesados, con cargo al proyecto en concepto de gastos de urbanización.

2. Se entenderá que no pueden conservarse los elementos mencionados: cuando sea necesaria su eliminación para realizar las obras de urbanización previstas en el plan, cuando estén situados en una superficie que no se deba adjudicar íntegramente a su mismo propietario y cuando su conservación sea radicalmente incompatible con la ordenación, incluso como uso provisional.

3. La tasación de estos elementos se efectuará en el propio proyecto de reparcelación, con arreglo a las normas que rigen la expropiación forzosa.

4. Las indemnizaciones resultantes serán objeto de compensación, en la cuenta de liquidación provisional, con las cantidades de las que resulte deudor el interesado por diferencias de adjudicación o por gastos de urbanización y de proyecto.

Artículo 99. Lo dispuesto en el artículo anterior será igualmente aplicable a las servidumbres y cargas derechos de arrendamiento y cualesquiera otros que, por ser incompatibles con la ejecución del planeamiento, deban extinguirse con el acuerdo de reparcelación.

Artículo 100. 1. En la cuenta de liquidación provisional del proyecto se incluirán las indemnizaciones que correspondan a las diferencias de adjudicación que se hayan producido, tanto por defecto, como por exceso, y cualquiera que sea su cuantía, valorándose al precio medio de los solares resultantes.

2. Se incluirán también, como diferencias de adjudicación, los excesos de aprovechamiento que queden atribuidos a determinados propietarios por virtud de lo dispuesto en el artículo 99,3 de la Ley del Suelo y artículos 89 y 90 de este Reglamento.

3. El coste de las obras de urbanización se calculará con arreglo a los presupuestos aprobados y, en su defecto, mediante una cifra estimativa, que establecerá razonadamente el propio proyecto de reparcelación. Esta misma regla se aplicará a los gastos de proyecto.

4. Los gastos de redacción de los proyectos que obtuviesen la aprobación inicial, aunque no llegasen a obtener la definitiva, serán considerados como gastos de proyecto y adeudados al conjunto de los propietarios afectados, para su reintegro a quienes los anticiparon.

5. Los gastos de urbanización y de proyectos se distribuirán a prorrata entre todos los adjudicatarios de las fincas resultantes, con arreglo al valor de éstas.

CAPÍTULO IV. PROCEDIMIENTO GENERAL

SECCIÓN 1ª Iniciación

Artículo 101. 1. El expediente de reparcelación se iniciará:

a) Por ministerio de la Ley cuando se apruebe definitivamente la delimitación del polígono o unidad de actuación.

b) Por acuerdo expreso, de oficio o a instancia de parte, cuando se trate de planes o delimitaciones aprobados con anterioridad a la entrada en vigor de la Ley de 2 de mayo de 1975. En este acuerdo se deberá definir la unidad reparcelable.

2. Cuando el expediente de reparcelación se trámite conjunta y simultáneamente con el plan parcial, plan especial de reforma interior o estudio de detalle, o con la delimitación del polígono o unidad de actuación, se entenderá que comienza con el acuerdo de aprobación inicial de los mismos.

3. La iniciación del expediente de reparcelación se publicará en el «Boletín Oficial» de la provincia, en un periódico al menos de los de mayor circulación de la provincia, y se notificará individualizadamente a los propietarios incluidos en el polígono y a los de suelo exterior ocupado para la ejecución de sistemas generales que hayan de hacer efectivos sus derechos en el polígono de que se trate.

Artículo 102. 1. Una vez iniciado el expediente de reparcelación, la Administración actuante deberá recabar de oficio, del Registro de la Propiedad correspondiente, certificación de titularidad y cargas de todas las fincas incluidas en la unidad de reparcelación.

2. El Registrador, al mismo tiempo que expida las certificaciones antedichas, extenderá al margen de cada finca nota expresiva del Organismo actuante y fecha de iniciación del expediente de reparcelación.

3. La nota marginal expresada en el apartado anterior solamente producirá el efecto de que los interesados que hagan constar su derecho en el Registro con posterioridad a ella no tendrán que ser citados preceptivamente en el expediente. No obstante, si se personaren en el mismo, seguirán con ellos las sucesivas actuaciones.

Artículo 103. 1. Los propietarios y titulares de derechos afectados por la reparcelación están obligados a exhibir los títulos que posean y declarar las situaciones jurídicas que conozcan y afecten a sus fincas.

2. La omisión, error o falsedad en estas declaraciones no podrá afectar al resultado objetivo, de la reparcelación. Si se apreciase dolo o negligencia grave, podrá exigirse la responsabilidad civil o penal que corresponda.

3. En caso de discordancia entre los títulos y la realidad física de las fincas, prevalecerá ésta sobre aquéllos en el expediente de reparcelación.

4. Si la discrepancia se plantea en el orden de la titularidad de los derechos, la resolución definitiva corresponde a los Tribunales ordinarios. El proyecto de reparcelación se limitará, en tal caso, a calificar la titularidad de dudosa o litigiosa, según proceda. La Administración actuante asumirá la representación de los derechos e intereses de esas titularidades a efectos de la tramitación del expediente. Los gastos que sean imputables a las titularidades referidas podrán hacerse efectivos por la vía de apremio en caso de impago.

5. No obstante, las cuestiones de linderos podrán resolverse en el propio expediente de reparcelación, si media la conformidad de los interesados, acreditada mediante comparecencia o en cualquier otra forma fehaciente.

Artículo 104. 1. La iniciación del expediente de reparcelación llevará consigo, sin necesidad de declaración expresa, la suspensión del otorgamiento de licencias de parcelación y edificación en el ámbito del polígono o unidad de actuación hasta que sea firme en vía administrativa el acuerdo aprobatorio de la reparcelación.

2. Se entenderán comprendidas en la suspensión todas las licencias de obras de nueva planta o reforma de las edificaciones existentes, movimientos de tierras y cualesquiera otras que afecten a la configuración física de las fincas o puedan perturbar el resultado de la reparcelación en curso.

3. Los peticionarios de licencias solicitadas con anterioridad a la iniciación del expediente tendrán derecho a ser resarcidos en la forma que señalan los artículos 27,4 de la Ley del Suelo y 121 del Reglamento de Planeamiento.

Artículo 105. *1. Las licencias concedidas con anterioridad a la iniciación del expediente podrán ser revisadas y dejadas sin efecto por la Entidad local que las otorgó, en los términos que se determinan en este artículo, cuando sean incompatibles con la ejecución del planeamiento.*

2. Si se comprobare la ilegalidad de la licencia, se procederá en la forma establecida en los artículos 186 y siguientes de la Ley del Suelo.

3. En los demás casos, cuando se estime que las obras autorizadas por la licencia pueden prejuzgar el resultado de la reparcelación o perjudicar el derecho de los terceros interesados, se podrá dejar sin efecto la licencia, previa indemnización de daños y perjuicios, con cargo al proyecto, en concepto de gastos de urbanización.

4. En todo caso, la anulación de la licencia se hará mediante acuerdo motivado y previa audiencia de los interesados.

SECCIÓN 2ª Sustanciación y resolución

Artículo 106. 1. Dentro de los tres meses siguientes a la iniciación del expediente, los propietarios que representen los dos tercios del número total de propietarios interesados y el 80 por 100 de la superficie reparcelable podrán formular un proyecto de reparcelación, que deberá ser admitido y tramitado, aunque no esté completo, siempre que esté ajustado a la Ley y al planeamiento y contenga, cuando menos, con la debida precisión, los criterios de definición, valoración y adjudicación de las fincas resultantes.

Para el cómputo de dichas mayorías se tendrá en cuenta a los propietarios de suelo exterior al polígono, ocupado para la ejecución de sistemas generales, que deban participar en la reparcelación del polígono, y las superficies ocupadas a tales propietarios.

2. Si el proyecto presentado estuviese incompleto, con arreglo a lo dispuesto en el artículo 82 de este Reglamento, antes de proceder a su aprobación inicial, la Administración actuante concederá un plazo, no superior a dos meses, para que los interesados lo completen.

Artículo 107. 1. Si transcurriese el plazo de tres meses previsto en el artículo anterior o si antes de transcurrir ese plazo los interesados manifestasen su propósito de no hacer uso del derecho que se les reconoce en dicho precepto, y en todo caso cuando no se cumplan las condiciones que en el mismo se establecen, la Administración actuante acordará, sin dilación, que el proyecto se redacte de oficio, dentro de un plazo no superior a seis meses.

2. La redacción del proyecto podrá realizarse:

a) Por los propios servicios del Ayuntamiento o Administración actuante.

b) Por un Técnico titulado superior o Empresa especializada, mediante cualquiera de las formas de contratación admitidas por la legislación vigente. En tales casos el proyecto deberá ser refrendado, antes de su aprobación inicial, por el correspondiente servicio del Ayuntamiento o Administración actuante.

3. En el caso de que un proyecto presentado por algún interesado sin que concurran las condiciones establecidas en el artículo anterior merezca

la conformidad del Ayuntamiento o Administración actuante, previo informe de los servicios correspondientes, podrá ser acordada su aprobación inicial y subsiguiente tramitación.

Artículo 108. 1. Aprobado inicialmente un proyecto de reparcelación, se abrirá un plazo de un mes para información pública y audiencia de los interesados con citación personal. Este trámite se deberá anunciar en el «Boletín Oficial» de la provincia, en el tablón de anuncios del Ayuntamiento y en un periódico de la provincia de difusión corriente en la localidad.

2. La incomparecencia en este trámite no podrá ser obstáculo para que se admitan los recursos procedentes que se interpongan contra la resolución definitiva del expediente, pero en ningún caso podrá justificar la retroacción de las actuaciones.

Artículo 109. 1. Concluido el anterior trámite, los servicios competentes del Ayuntamiento o Administración actuante emitirán informe sobre las alegaciones presentadas durante el mismo, en un plazo no superior a un mes.

2. Si, con arreglo a este informe y como consecuencia de las alegaciones presentadas, hubiere de rectificarse el proyecto se dará audiencia a los interesados afectados por las rectificaciones propuestas, por un plazo de quince días.

3. Cuando como consecuencia de las alegaciones presentadas y del informe de los servicios, el órgano competente para aprobar definitivamente la reparcelación acordase rectificar el proyecto, en términos que afecten sustancialmente a su contenido general o a la mayor parte de los afectados, será necesario repetir el trámite de audiencia a todos los interesados en el expediente, durante el plazo de un mes.

Artículo 110. 1. Concluido el trámite de informe y, en su caso, el de alegación contradictoria, previstos en el artículo anterior, se aprobará definitivamente el proyecto de reparcelación.

2. La aprobación podrá producirse:

a) Pura y simplemente.

b) Con rectificaciones que se expresen inequívocamente y queden definitivamente incorporadas al proyecto.

3. Cuando el proyecto hubiera sido presentado por los interesados, la denegación o aprobación con rectificaciones deberán ser motivadas.

4. La denegación del proyecto tramitado obligará a la Administración a aprobar otro, en un plazo no superior a tres meses.

Artículo 111. 1. La resolución definitiva que recaiga será notificada a todos los interesados y publicada en la misma forma prevista en el artículo 108 de este Reglamento para el trámite de información pública.

2. Una copia de la resolución recaída será remitida a la Comisión Provincial de Urbanismo, si no fuere ella misma la que hubiere adoptado el acuerdo.

Artículo 112. *1. El acuerdo aprobatorio de la reparcelación será impugnable en vía administrativa en todos sus aspectos.*

2. En vía contencioso-administrativa sólo será impugnable por vicios de nulidad absoluta del procedimiento o para determinar la indemnización que en su caso proceda.

3. En los casos de nulidad, el tribunal se limitará a ordenar la retroacción de las actuaciones al momento oportuno.

4. En los demás, y siempre que el Tribunal aprecie la existencia de perjuicio para el recurrente, fijará la indemnización correspondiente y los sujetos que hayan de satisfacerla, sin afectar a la efectividad del acuerdo de reparcelación recaído, en cuanto a la definición de la propiedad de las fincas resultantes.

SECCIÓN 3ª Formalización e inscripción

Artículo 113. 1. Una vez firme en vía administrativa el acuerdo de aprobación definitiva de la reparcelación, el Organismo que lo hubiere adoptado lo notificará a todos los interesados y procederá a otorgar escritura pública o a expedir documento con las solemnidades y requisitos dispuestos para las actas de sus acuerdos, con el siguiente contenido:

a) Descripción de las propiedades antiguas, según los títulos aportados, con las correcciones procedentes, y en defecto de títulos, según planos. Se expresarán las cargas y gravámenes, condiciones, sustituciones y demás derechos que las afecten; el respectivo propietario, si fuera conocido; la cuantía de su derecho en la reparcelación y el criterio utilizado para definirlo y cuantificarlo.

Cuando participen en la reparcelación propietarios de suelo exterior al polígono, se describirán también las fincas que les fueron ocupadas.

b) Descripción de las fincas resultantes, incluyendo, en su caso, las que correspondan a la Administración adjudicataria del 10 por 100 del aprovechamiento medio, titulares a quienes se adjudiquen y concepto en que lo fueren.

Se expresará respecto a cada finca la antigua a que corresponda o el derecho que da lugar a la adjudicación; así como las cargas y gravámenes, condiciones, sustituciones y demás derechos que las afecten por no ser incompatibles con el planeamiento.

c) Localización de los terrenos de cesión obligatoria y de las reservas que establezca el plan.

d) Cuantía del saldo de la cuenta de liquidación provisional con que quede gravada cada una de las fincas adjudicadas.

2. La escritura pública o el documento administrativo previsto en el número 1 de este artículo, protocolizado notarialmente, será inscrito en el Registro de la Propiedad.

3. Las operaciones jurídicas complementarias que sean del caso, que no se opongan al proyecto de reparcelación ni al plan que se ejecute, se aprobarán por el Organo urbanístico actuante, el cual procederá a extender documento con los requisitos y solemnidades previstos en el núm. 1 de este artículo, que se protocolizará notarialmente o a otorgar escritura pública. Uno u otro documento se inscribirán en el Registro de la Propiedad.

Artículo 114. *La inscripción del acuerdo de reparcelación se efectuará en la siguiente forma:*

a) Se cancelarán las hojas registrables correspondientes a las antiguas fincas reparceladas con extinción de todos los derechos incompatibles con la ejecución del planeamiento. En las fincas que se correspondan con otras resultantes se hará expresa indicación de la nueva hoja registral que se abra a la correlativa finca resultante. En la misma forma se cancelarán las hojas registrales correspondientes a las fincas ocupadas para la ejecución de los sistemas generales cuando sus titulares fuesen adjudicatarios en la unidad reparcelada.

b) Se abrirá nueva hoja registral a todas y cada una de las fincas resultantes adjudicadas, incluso las que lo sean en favor del Patrimonio municipal del suelo o estén afectadas a cualquier servicio público.

c) En la inscripción de las fincas resultantes que se correspondan con otras anteriormente inscritas se hará expresa indicación de la hoja registral cancelada por efecto de la reparcelación.

d) En las restantes se practicará un asiento de primera inscripción.

e) Se harán constar las cargas y gravámenes que subsistan o se establezcan sobre las fincas resultantes y las demás circunstancias que puedan afectar las titularidades inscritas, con arreglo a la legislación hipotecaria y, en todo caso, la cuantía del saldo de liquidación, a los efectos prevenidos en el artículo 100, 1, c), de la Ley del Suelo.

CAPÍTULO V. PROCEDIMIENTOS ABREVIADOS

SECCIÓN 1ª Reparcelación voluntaria

Artículo 115. 1. La propuesta de reparcelación, formulada por los propietarios afectados y formalizada en escritura pública, será sometida a información pública durante quince días e informada por los servicios municipales correspondientes.

2. Cuando recaiga la aprobación definitiva no será necesaria ninguna nueva formalización, bastando, para la inscripción en el Registro de la Propiedad, con la presentación de la citada escritura y la certificación del acuerdo de su aprobación.

SECCIÓN 2ª Reparcelación simplemente económica

Artículo 116. Cuando en aplicación de lo dispuesto en los artículos 125, 2, de la Ley del Suelo y 74 de este Reglamento, la reparcelación debe limitar sus efectos a la determinación de las indemnizaciones sustitutorias que procedan entre los afectados, se aplicarán las siguientes reglas:

a) La documentación del proyecto se reducirá a la expresada en los apartados a), b) y e) y planos f.1, f.2, y f.3 del artículo 82 de este Reglamento.

b) El plazo de audiencia será de quince días.

c) El acuerdo de aprobación definitiva será impugnable ante la jurisdicción contencioso-administrativa, en la forma ordinaria y sin ninguna limitación.

d) El acuerdo se formalizará y protocolizará en forma análoga a la prevenida en los artículos 113 y 114 de este Reglamento, pero sin incluir la descripción de las fincas afectadas.

e) El Registrador de la Propiedad se limitará a cancelar las notas marginales que hubiere extendido, con arreglo al artículo 102 de este Reglamento, y a tomar razón de la cuantía de los saldos de la cuenta de liquidación provisional que se hubieren asignado a los titulares de fincas inscritas, a los efectos prevenidos en el artículo 100, 1 c), de la Ley del Suelo.

SECCIÓN 3ª Normalización de fincas

Artículo 117. 1. El procedimiento regulado en esta Sección se aplicará siempre que no sea necesaria la redistribución de los beneficios y cargas de la ordenación entre los propietarios afectados, pero sea preciso regularizar la configuración física de las fincas para adaptarla a las exigencias de planeamiento.

2. Podrá acordarse en cualquier momento, de oficio o a instancia de parte interesada.

3. En todo lo no previsto expresamente en esta Sección, se tendrá en cuenta las normas del procedimiento general de reparcelación, en cuanto sean de aplicación.

Artículo 118. 1. La normalización podrá hacerse por manzanas completas o parte de ellas.

2. Se limitará a definir los nuevos linderos de las fincas afectadas, de conformidad con el planeamiento, siempre que no afecte al valor de las mismas, en proporción superior al 15 por 100, ni a las edificaciones existentes.

3. El porcentaje de exceso o defecto que pueda representar la modificación de linderos se determinará por el valor urbanístico de las fincas.

4. Si se apreciase una diferencia superior al 15 por 100 del valor de las fincas resultantes, se decretará la conversión de las actuaciones en un procedimiento general de reparcelación.

5. Las diferencias no superiores al 15 por 100 se compensarán en metálico, con arreglo al valor urbanístico medio de las fincas afectadas.

Artículo 119. 1. El proyecto de normalización de fincas contendrá los siguientes documentos:

a) Memoria justificativa.

b) Relación de propietarios e interesados afectados.

c) Plano parcelario de información, a escala 1/500.

d) Plano de fincas normalizadas, a la misma escala.

e) Cuenta de compensaciones económicas, cuando procedan.

2. Al proyecto deberán acompañarse las oportunas certificaciones registrales de titularidad y cargas y, en caso de fincas no inmatriculadas, el testimonio de los títulos justificativos de las respectivas titularidades.

Artículo 120. 1. Si la normalización se acordase a instancia de parte, acompañada del correspondiente proyecto, el Ayuntamiento publicará el acuerdo en la forma prevista en el artículo 108 de este Reglamento y dará vista y audiencia a los demás interesados conocidos, por plazo de quince días.

2. En los demás casos, el Ayuntamiento efectuará la misma publicación y requerirá a los interesados para que presenten un proyecto, en plazo no superior a dos meses, transcurrido el cual, dispondrá la redacción de oficio en otro plazo igual.

3. Del proyecto presentado, o redactado de oficio, se dará vista y audiencia a los interesados, durante quince días, y transcurrido este plazo se pasará a informe de los servicios correspondientes, por término de otros quince días.

Artículo 121. 1. Aprobada la normalización, el acuerdo se protocolizará notarialmente y se remitirá de oficio al Registro de la Propiedad para su oportuna toma de razón.

2. El Registrador se limitará a consignar la nueva configuración física de las fincas inscritas, sin que el asiento que se practique deba afectar en ninguna otra forma a las titularidades existentes.

3. El régimen de recursos contra el acuerdo de normalización será establecido en el artículo 112 de este Reglamento.

CAPÍTULO VI. EFECTOS

SECCIÓN 1ª Efectos jurídico-reales

Artículo 122. 1. El acuerdo de reparcelación producirá, por sí mismo, la subrogación, con plena eficacia real, de las antiguas por las nuevas parcelas, siempre que quede claramente establecida la correspondencia entre unas y otras.

2. Cuando se opera la subrogación real, las titularidades existentes sobre las antiguas fincas quedarán referidas, sin solución de continuidad, a las correlativas fincas resultantes adjudicadas, en su mismo estado y condiciones, sin

perjuicio de la extinción de los derechos y cargas que resulten incompatibles con el planeamiento.

3. Cuando no haya una exacta correspondencia entre las fincas adjudicadas y las antiguas, el acuerdo constituirá un título de adquisición originaria a favor de los adjudicatarios y éstos recibirán la plena propiedad de aquéllas, libre de toda carga que no se derive del propio acuerdo.

4. Esta misma regla se aplicará en los casos de adjudicaciones pro indiviso o con modificación sustancial de las condiciones de la primitiva titularidad.

Artículo 123. 1. En los casos de subrogación real, si existiesen derechos o cargas que se estimen incompatibles con el planeamiento, el acuerdo de reparcelación deberá declararlo así y fijar la indemnización correspondiente, sin perjuicio de lo que en su día resuelvan los Tribunales ordinarios al respecto.

2. En tales casos, el Registrador se limitará a hacerlo constar en el asiento correspondiente y los interesados podrán acudir al Juzgado competente a los efectos prevenidos en el artículo 101, 3, de la Ley del Suelo.

3. Cuando se trate de fincas sobre las que no opere el principio de subrogación real, la extinción de los derechos y cargas se producirá por virtud del acuerdo de reparcelación.

Artículo 124. 1. La firmeza en vía administrativa del acuerdo de reparcelación determinará la cesión de derecho al Municipio en que se actúe, en pleno dominio y libre de cargas, de todos los terrenos que sean de cesión obligatoria, según el plan, para su incorporación al Patrimonio municipal del suelo o su afectación a los usos previstos en el mismo.

2. Los terrenos que el plan destine al dominio público municipal quedarán afectados al mismo sin más trámites.

Artículo 125. Respecto de los derechos y cargas que deban extinguirse y de las plantaciones, obras, edificaciones, instalaciones y mejoras que deban destruirse, el acuerdo de reparcelación tendrá el mismo efecto que el acta de ocupación a efectos expropiatorios.

Artículo 126. 1. Las fincas resultantes quedarán afectadas, con carácter real, al pago del saldo de la cuenta de liquidación del proyecto de reparcelación aprobado que a cada una se le asigne.

2. Esta afección será preferente a cualquier otra y a todas las hipotecas y cargas anteriores, excepto a los créditos en favor del Estado a que se refiere el núm. 1 del artículo 1923 del Código Civil y a los demás créditos tributarios en favor del Estado, que estén vencidos y no satisfechos y se hayan hecho constar en el Registro antes de practicarse la afección a que el presente artículo se refiere.

3. La afección será cancelada a instancia de parte interesada, a la que se acompañe certificación del Organo actuante expresiva de estar pagada la cuenta de liquidación definitiva referente a la finca de que se trate.

En todo caso la afección caducará y deberá ser cancelada a los dos años de haberse hecho constar el saldo de la liquidación definitiva, y si no constar, a los siete años de haberse extendido la nota de afección. La cancelación se practicará a instancia de parte interesada o de oficio al practicarse algún otro asiento o expedirse certificación relativa a la finca afectada.

SECCIÓN 2ª Efectos económicos

Artículo 127. 1. Las partidas que comprenda la cuenta de liquidación para cada interesado quedarán compensadas cuando fueren de distinto signo, siendo exigibles únicamente los saldos resultantes.

2. Los saldos de la cuenta de liquidación del proyecto se entenderán provisionales y a buena cuenta, hasta que se apruebe la liquidación definitiva de la reparcelación. Los errores y omisiones que se adviertan, así como las rectificaciones que se estimen procedentes, se tendrán en cuenta en la liquidación definitiva, pero no suspenderán la exigibilidad de los saldos provisionales aprobados con el proyecto.

3. Los saldos adeudados por los adjudicatarios podrán compensarse con la cesión de terrenos, previo acuerdo con los interesados, conforme al artículo 122, 2, de la Ley del Suelo.

4. A todos los efectos se entenderá que los saldos de reparcelación son deudas líquidas y exigibles que median entre cada uno de los interesados y la Administración actuante. En caso de impago, procederá la vía de apremio.

5. Cuando las circunstancias lo aconsejen, la Administración podrá acordar los aplazamientos o fraccionamientos de pago que estime procedente, siempre que no lo impidan otras normas generales o imperativas.

Artículo 128. 1. La liquidación definitiva de la reparcelación tendrá lugar cuando se concluya la urbanización de la unidad reparcelable y, en todo caso, antes de que transcurran cinco años desde el acuerdo aprobatorio de la reparcelación.

2. Tendrá exclusivamente efectos económicos y no podrá afectar a la titularidad real sobre los terrenos.

3. En la liquidación definitiva se tendrán en cuenta:

a) Las cargas y gastos prorrateables entre los adjudicatarios de fincas resultantes, que se hayan producido con posterioridad al acuerdo de reparcelación.

b) Los errores u omisiones que se hayan advertido con posterioridad a dicho acuerdo.

c) Las rectificaciones impuestas por resoluciones administrativas o judiciales posteriores al mismo.

4. Si con posterioridad a la liquidación definitiva, se produjeran nuevas resoluciones administrativas o judiciales, con efectos sobre los intereses económicos de los afectados, la ejecución de las mismas habrá de producirse en un expediente nuevo y distinto.

Artículo 129. La liquidación definitiva se redactará por la Administración actuante y será notificada, publicada, tramitada y aprobada en la misma forma que el proyecto de reparcelación.

Artículo 130. Conforme a lo dispuesto en el artículo 102 de la Ley del Suelo, todos los actos comprendidos en la reparcelación que cumplan los requisitos establecidos en este Reglamento estarán exentos con carácter permanente del Impuesto General sobre Transmisiones Patrimoniales y Actos Jurídicos Documentados y no tendrán la consideración de transmisiones a los efectos de exacción del Arbitrio sobre el Incremento del Valor de los terrenos. Cuando el valor de los solares adjudicados a un propietario exceda del que proporcionalmente corresponda a los terrenos aportados por el mismo, se girarán las liquidaciones procedentes en cuanto al exceso.

TÍTULO IV. VALORACIONES[3]

(...)

TÍTULO V. SISTEMAS DE ACTUACIÓN

CAPÍTULO I. DETERMINACIÓN DEL SISTEMA

Artículo 152. 1. La ejecución de los polígonos o unidades de actuación se realizará mediante cualquiera de los siguientes sistemas de actuación:

a) Compensación.

b) Cooperación.

c) Expropiación.

2. Serán sistemas de actuación preferentes los de compensación y cooperación, salvo cuando razones de urgencia o necesidad debidamente motivadas exijan la aplicación del sistema de expropiación.

3. El sistema de actuación se determinará en el plan o en el programa de actuación urbanística y en su defecto han de limitarse el polígono o unidad de actuación.

Artículo 153. Al determinarse el sistema de actuación para cada uno de los polígonos o unidades de actuación, se deberá justificar su viabilidad en función de las necesidades, medios económico-financieros con que cuente la Administración, colaboración de la iniciativa privada y las demás circunstancias que concurran en cada polígono.

Artículo 154. Si el plan o programa de actuación urbanística no contuviere ni la delimitación de los polígonos ni la determinación del sistema, éste se fijará en el mismo procedimiento de delimitación de aquéllos.

Artículo 155. 1. El sistema de actuación establecido en el plan o programa de actuación urbanística o fijado al delimitar el polígono o unidad de actuación podrá ser sustituido, de oficio o a petición de los interesados, su-

[3] Título derogado por el Reglamento de Valoraciones de la Ley de Suelo, aprobado por Real Decreto 1492/2011, de 24 de octubre (BOE núm. 270, de 9 de noviembre de 2011).

jetándose, en todo caso, a los mismos trámites que los establecidos en este Reglamento para la delimitación de polígonos.

2. Si el sistema estuviera establecido en el plan o programa de actuación urbanística habrá de analizarse la repercusión del cambio de sistema en el estudio económico-financiero.

Artículo 156. La aplicación del sistema de expropiación como sustitutivo de compensación, por incumplimiento de las obligaciones de la Junta de Compensación o del propietario único, se determinará por la Administración, previo expediente en el que se señalen las causas del incumplimiento y se dé audiencia a la Junta o al propietario único.

CAPÍTULO II. SISTEMA DE COMPENSACIÓN

SECCIÓN 1ª Disposiciones generales

Artículo 157. 1. El sistema de compensación tiene por objeto la gestión y ejecución de la urbanización de un polígono o unidad de actuación por los mismos propietarios del suelo comprendido en su perímetro, con solidaridad de beneficios y cargas.

2. Los propietarios del suelo incluidos en un polígono o unidad de actuación por el sistema de compensación, y los del suelo exterior al polígono ocupado para la ejecución de sistemas generales, que deban participar en el polígono o unidad de que se trate, deberán constituirse en Junta de Compensación para poder aplicar el sistema.

3. Se exceptúa del requisito del número anterior el supuesto de que todos los terrenos pertenezcan a un solo propietario. Si todos los terrenos perteneciesen a una comunidad pro indiviso, ésta se considerará como propietario único a los efectos del sistema de compensación, si no existiese oposición por parte de ninguno de los condueños.

En otro caso, será preciso, para aplicar el sistema, constituirse en Junta de Compensación, con arreglo a las normas generales, entendiéndose que la exigencia del porcentaje de superficie quedará cumplida cuando concurra el 60 por 100 de las cuotas de interés en el pro indiviso. Del mismo modo se procederá cuando apareciesen discrepancias entre los copropietarios en el curso de la aplicación del sistema para la ejecución del plan.

Artículo 158. 1. Cuando el sistema de compensación venga establecido en el plan para un determinado polígono o unidad de actuación y transcurriesen tres meses desde su aprobación definitiva sin que los propietarios que representen al menos el 60 por 100 de la superficie de aquéllos hayan presentado el proyecto de estatutos y de bases de actuación, en los términos previstos en la sección 3 de este capítulo, la Administración Urbanística actuante requerirá a todos los propietarios efectuados para que los presenten en el plazo de tres meses. El proyecto de estatutos y el de bases de actuación habrá de ser formulado por propietarios que representen al menos la indicada proporción de la superficie total del polígono o unidad de actuación.

2. Si no obstante el requerimiento, los propietarios no presentaran los documentos expresados, la Administración actuante procederá a sustituir el sistema de compensación por alguno de los previstos en este Reglamento para la ejecución de los planes, siguiendo los trámites establecidos en el artículo 155.

Artículo 159. *1. Cuando el sistema de compensación no estuviera determinado en el plan, la solicitud de aplicación de dicho sistema se efectuará en el procedimiento de delimitación del polígono.*

2. La solicitud deberá ir suscrita por propietarios que representen al menos el 60 por 100 de la superficie del polígono o unidad de actuación, y se trasladará mediante notificación personal o individualizada al resto de los propietarios, con derecho a formar parte de la Junta de Compensación, concediéndoles un plazo no inferior a quince días para que puedan formular las alegaciones que a su derecho convengan.

Para el cómputo del expresado porcentaje se tendrán en cuenta las superficies ocupadas para sistemas generales a propietarios de suelo exterior al polígono, que hayan de hacer efectivos sus derechos en el mismo.

3. Las alegaciones versarán sobre el cómputo de la superficie de los terrenos de los solicitantes, la legalidad de sus títulos de propiedad o sobre cualquier otra causa que pudiera impedir la preceptiva aplicación del sistema.

4. Recibidas las alegaciones, se dará audiencia en término de otros quince días a los solicitantes iniciales. La Administración actuante acordará la aplicación del sistema si resulta justificada la titularidad de la superficie requerida.

Artículo 160. *1. No obstante lo dispuesto en el artículo anterior, los titulares de terrenos cuya superficie no represente el 60 por 100 o más del polígono o* *unidad de actuación podrán también instar la aplicación del sistema de compensación en el procedimiento de delimitación del polígono.*

2. La Administración actuante dará trámite a la solicitud en los términos del artículo anterior.

3. Tramitada la solicitud y analizadas las alegaciones de todos los que comparecieren en el expediente, la Administración determinará la aplicación del sistema de compensación cuando durante el período de alegaciones se hubieran adherido a la solicitud propietarios de terrenos cuya superficie, unidad a la de los peticionarios, sea superior al 60 por 100 de la total del polígono o unidad de actuación.

SECCIÓN 2ª Constitución de la Junta

Artículo 161. 1. El procedimiento de constitución de la Junta de Compensación se iniciará mediante acuerdo de la Administración actuante por el que se aprueben inicialmente y se sometan a información pública los proyectos de estatutos y bases de actuación.

2. La redacción de los proyectos de los estatutos y de las bases de actuación corresponderá a los propietarios interesados que reúnan el porcentaje de superficie que da lugar a la aplicación del sistema de compensación.

3. El acuerdo de aprobación inicial, con los proyectos de estatutos y de bases de actuación, se publicará en el «Boletín Oficial» de la provincia y se notificará además individualizadamente a todos los propietarios afectados por el sistema de actuación, en cuya notificación se hará mención del «Boletín Oficial» en el que se inserte el aludido acuerdo. Serán propietarios afectados tanto los de suelo comprendido en el polígono o unidad de actuación como los de suelo destinado a sistemas generales que hayan de hacer efectivo su derecho en dicho polígono o unidad de actuación.

Artículo 162. 1. Durante un plazo de quince días, contados a partir de la notificación, los propietarios podrán formular ante la Administración, actuante las alegaciones que a sus derechos convengan y, en su caso, solicitar su incorporación a la Junta.

2. También podrán formularse alegaciones por quienes no sean propietarios afectados, durante el plazo de quince días, contados desde la publicación en el «Boletín Oficial» de la provincia.

3. Transcurridos los plazos de alegaciones a que se refieren los números anteriores, la Administración actuante aprobará definitivamente los Estatutos y las bases de actuación con las modificaciones que, en su caso, procedieren y designará su representante en el órgano rector de la Junta.

4. El acuerdo de aprobación definitiva se publicará en el «Boletín Oficial» de la provincia, expresando, si las hubiere, las modificaciones introducidas en los Estatutos o en las bases de actuación. Asimismo, se notificará individualizadamente con ese mismo contenido a los propietarios indicados en el número 3 del artículo anterior y a quienes hubieren comparecido en el expediente.

5. En la notificación del acuerdo de aprobación definitiva se requerirá a quienes sean propietarios afectados, en los términos del número 3 del artículo anterior, y no hubieren solicitado su incorporación a la Junta, para que así lo efectúen, si lo desean, en el plazo de un mes, contado desde la notificación, con la advertencia de expropiación prevista en el artículo 127, 1, de la Ley del Suelo. Dicho trámite no tendrá lugar cuando la totalidad de los propietarios hubiera solicitado inicialmente o en el trámite previsto en el número 1 de este artículo su incorporación a la Junta.

Artículo 163. 1. Transcurridos los plazos a que se refiere el artículo anterior, la Administración actuante requerirá a los interesados para que constituyan la Junta de Compensación, mediante escritura pública en la que designarán los cargos del órgano rector, que habrán de recaer necesariamente en personas físicas.

2. La Junta quedará integrada por los propietarios de terrenos que hayan aceptado el sistema, por las Entidades públicas titulares de bienes incluidos en el polígono o unidad de actuación, ya tengan carácter demanial o patrimonial, y, en su caso, por las empresas urbanizadoras que se incorporen.

3. También tendrán derecho a formar parte de la Junta de Compensación los propietarios de suelo destinado a sistemas generales, cuando hayan de hacerse efectivos sus derechos en el polígono objeto de actuación por este sistema.

4. En la escritura de constitución deberá constar:

a) Relación de los propietarios y, en su caso, empresas urbanizadoras.

b) Relación de las fincas de las que son titulares.

c) Personas que hayan sido designadas para ocupar los cargos del órgano rector.

d) Acuerdo de constitución.

5. Los propietarios o interesados que no otorguen la escritura podrán consentir su incorporación en escritura de adhesión, dentro del plazo que al efecto se señale.

6. Copia autorizada de la escritura y de las adhesiones, en su caso, se trasladará, al órgano urbanístico actuante, quien adoptará, si procede, acuerdo aprobatorio en plazo de treinta días.

7. Aprobada la constitución, el órgano actuante elevará el acuerdo junto con la copia autorizada de la escritura a la Delegación Provincial del Ministerio de Obras Públicas y Urbanismo, para su inscripción en el Registro de Entidades urbanísticas colaboradoras.

8. Una vez inscrita la Junta de Compensación, la Delegación del Ministerio de Obras Públicas y Urbanismo lo notificará a su Presidente.

Artículo 164. De las incidencias que se produzcan en la Junta de Compensación, tales como modificación de nombramientos en el órgano rector, incorporación de empresas urbanizadoras y cualesquiera otras que afecten a la composición de la Junta o de sus órganos directivos, se dará traslado al Registro de Entidades urbanísticas colaboradoras a través de la Administración actuante.

Artículo 165. 1. En cualquier momento podrán incorporarse a la Junta de Compensación empresas urbanizadoras que hayan de participar con los propietarios en la gestión urbanística del polígono o unidad de actuación.

2. Si la incorporación tuviese lugar después de constituida la Junta, deberá realizarse conforme a las previsiones de los estatutos, y si éstos no contuvieran determinación bastante al respecto, se precisará su modificación, siguiéndose el mismo procedimiento que para la aprobación de los estatutos.

SECCIÓN 3ª Estatutos y bases de actuación

Artículo 166. Los Estatutos de las Juntas de Compensación contendrán, cuando menos, las siguientes circunstancias:

a) Nombre, domicilio, objeto y fines.

b) Organo urbanístico bajo cuya tutela se actúe.

c) Expresión del polígono o unidad de actuación que constituye su objeto.

d) Duración.

e) Condiciones o requisitos para incorporarse a la Junta, que no podrán ser más gravosos para unos propietarios que para otros. Los cotitulares de una finca o derecho habrán de designar una sola persona para el ejercicio de sus facultades como miembro de la Junta, respondiendo solidariamente frente a ella de cuantas obligaciones dimanen de su condición. Si no designaren representante en el plazo que al efecto se señale, lo nombrará el órgano actuante.

Cuando las fincas pertenezcan a menores o personas que tengan limitada su capacidad de obrar, estarán representados en la Junta de Compensación por quienes ostenten la representación legal de los mismos.

f) Condiciones o requisitos para incorporarse a la Junta empresas urbanizadoras si expresamente se previera la posibilidad de su participación. Estas estarán representadas por una sola persona.

g) Organos de gobierno y administración, forma de designarlos y facultades de cada uno de ellos.

h) Requisitos de la convocatoria de los órganos de gobierno y administración, requisitos y forma de la adopción de acuerdos, quórum mínimo y forma de computarse los votos, con expresión de los casos en que sean proporcionales al derecho o interés económico de cada miembro y aquellos otros en que el voto sea individualizado.

i) Derechos y obligaciones de sus miembros.

j) Medios económicos y reglas para la exacción de aportaciones que con carácter tanto ordinario o extraordinario pudieran acordarse.

k) Expresión de los recursos que con arreglo a la Ley sean procedentes contra los acuerdos de la Junta.

l) Normas sobre su disolución y liquidación.

Artículo 167. 1. Las bases de actuación contendrán las determinaciones siguientes:

a) Criterios para valorar las fincas aportadas, que podrán ser distintos de los establecidos para la reparcelación en la Ley del Suelo, cuando así se acuerde por unanimidad.

b) Criterios de valoración de derechos reales sobre las fincas, servidumbres periciales y derechos personales que pudieran estar constituidos en razón de ellas.

c) Criterios de valoración de edificaciones, obras, plantaciones e instalaciones que deberán derruirse o demolerse.

d) Criterios para valorar las aportaciones de empresas urbanizadoras.

e) Procedimiento para contratar la ejecución de las obras de urbanización y, en su caso, las de edificación.

f) Criterios de valoración de las fincas resultantes en función del aprovechamiento del polígono o unidad de actuación.

g) Reglas para la adjudicación de fincas a los miembros de la Junta en proporción a los bienes o derechos aportados, expresando los criterios de adjudicación en comunidad, si procediere.

h) Supuestos de incumplimiento de las obligaciones de los miembros de la Junta de Compensación que darán lugar a la expropiación de sus bienes o derechos.

i) Reglas para valorar los inmuebles que se construyan cuando la Junta esté facultada para edificar y criterios para la fijación del precio de venta a terceras personas.

j) Forma y plazos en que los propietarios de terreno o titulares de otros derechos han de realizar aportaciones a la Junta, bien en metálico, bien en terrenos o en industria, en su caso.

k) Reglas para la distribución de beneficios y pérdidas.

l) Supuestos de compensación a metálico en las diferencias de adjudicación.

m) Momento en que pudiera edificarse sobre solares aportados o adjudicados por la Junta, por los propietarios o por las empresas urbanizadoras, sin perjuicio de la solicitud de licencia al Ayuntamiento en cuyo territorio se efectúe la actuación.

n) Forma de exacción de las cuotas de conservación, si procediere, hasta la disolución de la Junta.

2. Las bases de actuación podrán contener además las determinaciones complementarias que se consideren adecuadas para la correcta ejecución del sistema y de las obras de urbanización, incluso señalando las características técnicas mínimas que deben recogerse en los proyectos de urbanización que se redacten.

SECCIÓN 4ª Efectos de la constitución de la Junta de Compensación

Artículo 168. 1. Constituida la Junta de Compensación, todos los terrenos comprendidos en el polígono o unidad de actuación quedarán directamente afectados al cumplimiento de las obligaciones inherentes al sistema.

2. Los terrenos propiedad de quienes no se hubieren incorporado a la Junta serán expropiados, atribuyéndose a ésta el carácter de beneficiaria de la expropiación.

Esta misma regla se observará respecto de las titularidades de los propietarios que tengan derecho a formar parte de la Junta de Compensación según lo prevenido en el artículo 163, 2, de este Reglamento y no acepten el sistema.

Artículo 169. 1. En cumplimiento de lo dispuesto en el artículo 129 de la Ley del Suelo, la afección de los terrenos comprendidos en un polígono o unidad de actuación al cumplimiento de las obligaciones inherentes al sistema de compensación se hará constar por nota marginal en el Registro de la Propiedad.

2. Dicha nota se extenderá a instancia de la Junta de Compensación, con aportación de certificación administrativa de haber quedado constituida la Junta de Compensación y de estar la finca incluida en el polígono o unidad de actuación.

3. La nota producirá los mismos efectos que señala el artículo 102 de este Reglamento para las que en dicho precepto se disponen en el procedimiento de reparcelación.

Artículo 170. En los instrumentos que hayan de otorgarse para la transmisión del dominio de las fincas a favor de la Junta o para las agrupaciones de fincas a que se refiere el artículo precedente se harán constar los bienes de dominio público que pudieran existir en el polígono o unidad de actuación, expresando su superficie y situación.

Artículo 171. Las transmisiones de terrenos que se realicen como consecuencia de la constitución de la Junta de Compensación por aportación de los propietarios del polígono o unidad de actuación, en el caso de que así lo dispusieran los estatutos o en virtud de expropiación forzosa, y las adjudicaciones de solares que se efectúen a favor de los propietarios miembros de dichas Juntas y en proporción a los terrenos incorporados por aquéllos estarán exentas, con carácter permanente, del Impuesto General sobre Transmisiones Patrimoniales y del de Actos Jurídicos Documentados, y no tendrán la consideración de transmisiones de dominio a los efectos de exacción del arbitrio sobre el incremento del valor de los terrenos. Cuando el valor de los solares adjudicados a un propietario exceda del que proporcionalmente corresponda a los terrenos aportados por el mismo, se girarán las liquidaciones procedentes en cuanto al exceso.

SECCIÓN 5ª Proyecto de compensación

Artículo 172. De acuerdo con los criterios establecidos en las bases de actuación, la Junta formulará un proyecto de compensación que contendrá las determinaciones siguientes:

a) Descripción de las propiedades antiguas, según los títulos aportados, con las correcciones procedentes, y, en defecto de títulos, según planos. Se expresarán las cargas y gravámenes, condiciones, sustituciones y demás derechos que las afecten; el respectivo propietario, si fuera conocido, la cuantía de su derecho en el proyecto de compensación, y el criterio utilizado para definirlo y cuantificarlo.

Cuando participen en el proyecto de compensación propietarios de suelo exterior al polígono, se describirán las fincas que les fueron ocupadas.

b) Descripción de las fincas resultantes, incluyendo, en su caso, las que corresponden a la Administración adjudicataria del 10 por 100 del aprovechamiento medio, titulares a quienes se adjudiquen y concepto en que lo fueren. Se expresará respecto de cada finca la antigua a la que corresponda o el derecho que da lugar a la adjudicación; así como las cargas y gravámenes, condiciones, sustituciones y demás derechos que las afecten, por no ser incompatibles con el planeamiento.

c) Localización de los terrenos de cesión obligatoria y de las reservas que establezca el plan.

d) Superficies o parcelas que la propia Junta se reserve, en su caso, para enajenarlas directamente, con el fin de sufragar los gastos previstos de la urbanización.

e) Compensaciones en metálico, si fuesen procedentes por diferencias en las adjudicaciones.

Artículo 173. En los supuestos de propietario único, el proyecto de compensación se limitará a expresar la localización de los terrenos de cesión obligatoria y de las reservas que establezca el plan, así como la localización de las parcelas edificables, con señalamiento de aquellas en que se sitúe el 10 por 100 del aprovechamiento que corresponda a la Administración actuante.

Artículo 174. 1. El proyecto de compensación se someterá, previa audiencia de todos los afectados por plazo de un mes, a aprobación de la Junta, debiendo adoptarse el correspondiente acuerdo por mayoría de sus miembros que a su vez represente los dos tercios de las cuotas de participación. El proyecto así tramitado se elevará a la aprobación definitiva de la Administración actuante.

2. En los supuestos de propietario único, corresponderá a éste la formulación del proyecto de compensación y su elevación a la Administración actuante para su aprobación, si procediere.

3. Una vez aprobado definitivamente el proyecto de compensación, el órgano administrativo actuante procederá a otorgar escritura pública o expedir documento con las solemnidades y requisitos dispuestos para las actas de sus acuerdos, con el contenido expresado en el artículo 113, 1, de este Reglamento.

4. La aprobación definitiva del proyecto de compensación hecha por el órgano actuante produce los mismos efectos jurídicos que la aprobación definitiva del proyecto de reparcelación. La inscripción del acuerdo en el Registro de la Propiedad se llevará a efecto de conformidad con lo establecido en el artículo 114 de este Reglamento.

5. Las operaciones jurídicas complementarias que sean del caso, que no se opongan al proyecto de compensación ni al plan que se ejecute, una vez aprobadas por el órgano urbanístico, se formalizarán por la Junta de Compensación en escritura pública o en documento extendido por el órgano urbanístico actuante, con los requisitos y solemnidades propios de las actas de sus acuerdos, que se protocolizará notarialmente. En ambos casos se procederá a su inscripción en el Registro de la Propiedad.

SECCIÓN 6ª Ejecución de las obras de urbanización

Artículo 175. 1. Los proyectos de urbanización que hayan de redactarse para la ejecución de las obras se harán por encargo de la Administración actuante o de la Junta de Compensación.

2. El pago de estos proyectos corresponderá, en todo caso, a la Junta de Compensación como gasto de urbanización.

3. La Administración actuante tendrá facultades para vigilar la ejecución de las obras e instalaciones. Si alguna obra o instalación, o parte de ella, no se ejecutare de conformidad con el proyecto, la Administración podrá ordenar la demolición de la obra o el levantamiento de las instalaciones y la nueva ejecución con cargo a la Junta de Compensación, quien, a su vez, podrá repercutir sobre el contratista, si procede.

Artículo 176. 1. Las obras de urbanización que se ejecuten en el polígono o unidad de actuación por el sistema de compensación serán a cargo de la Junta.

2. La contratación para la ejecución de las obras se llevará a cabo por la Junta de Compensación con la empresa o empresas que se determinen en virtud del acuerdo de los órganos de gobierno de aquélla.

3. En el contrato de ejecución de las obras se harán constar, además de las cláusulas que constituyen su contenido típico, las siguientes circunstancias:

a) El compromiso de la empresa constructora de realizar las obras de total conformidad con los proyectos de urbanización debidamente aprobados.

b) La obligación de la empresa de facilitar la acción inspectora de la Administración actuante.

c) Aquellos supuestos de incumplimiento que puedan dar lugar a la resolución del contrato, así como las indemnizaciones que correspondan por inobservancia de las características técnicas de las obras o de los plazos de ejecución.

d) La retención que, de cada pago parcial a cuenta, haya de efectuar la Junta, en garantía de la correcta ejecución de las obras. Estas retenciones no serán devueltas hasta que no se haya recibido definitivamente la obra.

e) El modo y plazos para abono por la Junta de cantidades a cuenta en función de la obra realizada.

4. Si a la Junta de Compensación se hubiera incorporado alguna empresa urbanizadora que aporte, total o parcialmente, los fondos necesarios para urbanizar el suelo, la ejecución de la obra podrá realizarse directamente por dicha empresa si las bases lo hubieran así previsto, en cuyo caso se garantizará el cumplimiento de las circunstancias exigidas en el número anterior.

Artículo 177. 1. Para hacer frente a los gastos de urbanización, la Junta podrá disponer, mediante su enajenación, de los terrenos que se hubiesen reservado a tal fin en el proyecto de compensación.

2. Las Juntas de Compensación podrán concertar créditos con garantía hipotecaria de las fincas pertenecientes a los propietarios miembros de aquéllas para la realización de las obras de urbanización. Si se emitieren títulos, se cumplirá lo dispuesto para la constitución de la hipoteca en garantía de los transmisibles por endoso o al portador, en los artículos 154 y concordantes de la Ley Hipotecaria.

3. Para realizar los actos señalados en los dos números anteriores, será necesario acuerdo del pleno de la Junta de Compensación, salvo que la constitución de gravámenes y la enajenación conste prevista en los Estatutos como competencia de sus órganos rectores, en cuyo caso se entenderá que actúan en representación de aquélla, sin necesidad de acuerdo expreso.

4. En cualquier caso, y aun cuando no estuviere previsto en los Estatutos, la Junta de Compensación, a través de sus órganos rectores, podrá poner a disposición de quienes ejecuten la obra urbanizadora las superficies sobre las que se vayan a ejecutar las obras y aquellas otras que sea necesario ocupar durante su realización, sin que ello signifique merma alguna de los derechos de los propietarios en el resultado de la compensación.

Artículo 178. 1. Las fincas resultantes del acuerdo definitivo de compensación quedarán gravadas, con carácter real, al pago de la cantidad que corresponda a cada finca, en el presupuesto previsto de los costes de urbanización del polígono o unidad de actuación a que se refiera, en su día al saldo definitivo de la cuenta de dichos costes.

2. Esta afección tendrá la misma preferencia y duración que la señalada en el artículo 126 de este Reglamento para la de la cuenta del procedimiento reparcelatorio, y se podrá cancelar a instancia de parte interesada también por solicitud a la que se acompañe certificación de la Junta de Compensación de estar pagados totalmente los costes de urbanización correspondientes a la finca de que se trate, certificación que la Junta no podrá expedir hasta tanto no hayan sido recibidas las obras por el órgano actuante.

SECCIÓN 7ª Cesión de terrenos y obras de urbanización

Artículo 179. 1. El acuerdo de aprobación del proyecto de compensación producirá la cesión de derecho a la Administración actuante, en pleno dominio y libre de cargas, de todos los terrenos que sean de cesión obligatoria y gratuita según el plan, para su incorporación al patrimonio municipal del suelo o su afectación a los usos previstos en el mismo.

2. No obstante lo dispuesto en el número anterior, la Junta de Compensación y la empresa que tenga a su cargo la ejecución de las obras de urbanización podrán ocupar a este fin los terrenos objeto de cesión hasta que finalizadas dichas obras sean recibidas por la Administración actuante.

Artículo 180. 1. La cesión de las obras de urbanización e instalaciones y dotaciones cuya ejecución estuviere prevista en el plan de ordenación y proyecto de urbanización aplicables se efectuará por la Junta de Compensación en favor de la Administración actuante dentro de un plazo no superior a tres meses, contado desde la recepción definitiva por la Junta.

2. La cesión a que alude el número anterior podrá referirse a una parte del polígono o unidad de actuación aun cuando no se haya completado la urbanización de ese ámbito territorial, siempre que el área ya urbanizada constituya una unidad funcional directamente utilizable y se haya producido respecto de la misma la recepción definitiva por parte de la Junta de Compensación.

3. Las cesiones de obras, instalaciones y dotaciones a que se refiere este artículo serán formalizadas en actas que suscribirán la Administración actuante y la Junta de Compensación.

SECCIÓN 8ª Responsabilidad de la Junta de Compensación y de sus miembros

Artículo 181. 1. El incumplimiento por los miembros de la Junta de Compensación de las obligaciones y cargas impuestas por la Ley y desarrolladas en este Reglamento, incluso cuando el incumplimiento se refiera a los plazos para cumplir dichos deberes y cargas, habilitará a la Administración actuante para expropiar sus respectivos derechos en favor de la Junta de Compensación, que tendrá la condición jurídica de beneficiaria.

2. Cuando el incumplimiento consista en la negativa o retraso en el pago de las cantidades adeudadas a la Junta, ésta podrá optar entre solicitar de la

Administración actuante la aplicación de la expropiación al miembro moroso o interesar de la misma el cobro de la deuda por la vía de apremio.

Las cantidades percibidas aplicando este procedimiento se entregarán por la Administración actuante a la Junta de Compensación.

3. No podrá instarse ninguno de los procedimientos señalados en el número anterior hasta transcurrido un mes desde el requerimiento de pago efectuado por la Junta de Compensación.

4. El pago de las cantidades adeudadas a la Junta, con los intereses y recargos que procedan, realizando en cualquier momento anterior al levantamiento del acta de ocupación, dará lugar a la cancelación del expediente expropiatorio.

5. El procedimiento de expropiación será el establecido en este Reglamento para actuaciones aisladas.

Artículo 182. 1. La Junta de Compensación será directamente responsable, frente a la Administración actuante, de la urbanización completa del polígono o unidad de actuación y, en su caso, de la edificación de los solares resultantes, cuando así se hubiere establecido, y de las demás obligaciones que resulten del plan de ordenación, de las bases de actuación o del presente Reglamento.

2. En cuanto a la obligación de urbanizar, la responsabilidad será exigible tanto en lo que afecte a las características técnicas de la obra de urbanización ejecutada como a los plazos en que ésta debió terminarse y entregarse a la Administración.

Artículo 183. 1. Cuando en el ejercicio de sus atribuciones, la Junta de Compensación incurra en infracciones que hayan de calificarse de graves según lo preceptuado en la Ley, con independencia de la sanción económica que corresponda, la Administración podrá desistir de ejecutar el plan por el sistema de compensación y aplicar el de cooperación, imponiendo, en su caso, la reparcelación o imponer el sistema de expropiación.

2. En cualquier caso la Junta de Compensación podrá repercutir el importe de las multas impuestas a la misma, como consecuencia de las responsabilidades en que hubiere podido incurrir, a aquellos de sus miembros que directamente intervinieran en la comisión de la infracción o hubieren percibido el beneficio derivado de la misma.

3. Para hacer efectiva la repercusión de las multas sobre los miembros de la Junta de Compensación responsables de los actos o acuerdos sancionados, podrá solicitarse de la Administración la exacción por la vía de apremio.

SECCIÓN 9ª Impugnación de los acuerdos de la Junta de Compensación

Artículo 184. Contra los acuerdos de la Junta de Compensación, los interesados podrán interponer recurso de alzada ante la Administración actuante, en el plazo de quince días, sin perjuicio de los de carácter interno que, en su caso, establecieren los Estatutos.

Artículo 185. Los miembros de la Junta no podrán promover interdictos de retener y recobrar la posesión frente a resoluciones de la Junta de Compensación, adoptadas en virtud de la facultad fiduciaria de disposición sobre las fincas de aquéllos y de acuerdo con el procedimiento estatutariamente establecido. Tampoco procederá la acción interdictal cuando la Junta de Compensación ocupe bienes que sean precisos para la ejecución de las obras de urbanización, de conformidad con el plan que se ejecute.

CAPÍTULO III. SISTEMA DE COOPERACIÓN

SECCIÓN 1ª Disposiciones generales

Artículo 186. 1. En el sistema de cooperación, los propietarios del polígono o unidad de actuación aportan el suelo de cesión obligatoria, y la Administración ejecuta las obras de urbanización.

2. Los costes de urbanización serán a cargo de los propietarios afectados. La Administración, titular del 10% del aprovechamiento medio, participará en dichos costes en esa proporción.

3. La aplicación del sistema de cooperación exige la reparcelación de los terrenos comprendidos en el polígono o unidad de actuación, salvo que ésta sea innecesaria de conformidad con lo previsto en el presente Reglamento.

4. No podrán concederse licencias de edificación hasta que sea firme en vía administrativa el acuerdo aprobatorio de la reparcelación del polígono o unidad de actuación, cuando aquélla sea procedente.

Artículo 187. 1. Cuando las obras de urbanización se realicen por contrato, será de aplicación preferente el sistema de concurso-subasta.

2. Si la Administración actuante hubiera creado una Sociedad urbanizadora con capital perteneciente a la misma o participare mayoritariamente en una Empresa mixta con igual finalidad, la ejecución de las obras podrá llevarse a cabo por tales Empresas o Sociedades, sin necesidad del trámite de licitación, cualquiera que fuere la cuantía económica de la obra de urbanización.

Artículo 188. 1. Los costes de urbanización se distribuirán entre los propietarios en proporción al valor de las fincas que les sean adjudicadas en la reparcelación.

2. Cuando la reparcelación sea innecesaria, los costes de urbanización se distribuirán entre los propietarios en proporción al aprovechamiento de sus respectivas fincas.

3. En el supuesto del número anterior, el acuerdo de la Administración por el que se declare innecesaria la reparcelación producirá los siguientes efectos:

a) Cesión de derecho al Municipio en que se actúe en pleno dominio y libre de cargas de todos los terrenos de cesión obligatoria para su incorporación al patrimonio del suelo o su afectación conforme a los usos previstos en el plan.

b) Afectación real de las fincas al cumplimiento de las cargas y pago de los gastos inherentes al sistema de cooperación.

Artículo 189. 1. El pago anticipado de las cantidades a cuenta de los gastos de urbanización, por el importe correspondiente a las inversiones a realizar en los seis meses siguientes, deberá efectuarse en el plazo de un mes desde el requerimiento que se formule por la Administración actuante.

2. Transcurrido dicho plazo, la Administración podrá proceder a la exacción de las cuotas por la vía de apremio.

Artículo 190. 1. La Administración podrá conceder fraccionamientos o aplazamientos del pago de los costes de urbanización a solicitud de los interesados.

2. El aplazamiento que se conceda no podrá ser superior a cinco años y el beneficiario deberá prestar garantía suficiente a juicio de la Administración.

3. Los aplazamientos en el pago de las cuotas devengarán en favor de la Administración anualmente el tipo de interés básico del Banco de España.

4. Los propietarios que soliciten licencia para edificar antes de la total terminación de las obras de urbanización no podrán obtener aplazamiento o fraccionamiento de sus cuotas.

SECCIÓN 2ª Asociaciones administrativas de cooperación

Artículo 191. 1. En el sistema de cooperación, los propietarios de las fincas de un polígono o unidad de actuación podrán constituir asociaciones administrativas con la finalidad de colaborar en la ejecución de las obras de urbanización.

2. Las asociaciones administrativas de cooperación se formarán por iniciativa de los propietarios o de la Administración actuante.

Artículo 192. 1. Las asociaciones administrativas de cooperación estarán constituidas por los propietarios de bienes que se incorporen a las mismas dentro de un polígono o unidad de actuación. La pertenencia a una asociación será voluntaria pero no podrá constituirse más de una en cada polígono o unidad de actuación.

2. Las normas o estatutos por los que haya de regirse la asociación serán sometidos a la aprobación de la Administración actuante. Acordada, en su caso, la aprobación, se inscribirá en el Registro de Entidades Urbanísticas Colaboradoras.

3. Los propietarios constituidos en asociación elegirán de entre ellos un Presidente, que tendrá la representación de todos y a través del cual se establecerán las relaciones con la Administración actuante.

4. Los acuerdos de la asociación administrativa de cooperación se adoptarán siempre por mayoría de los presentes, ejercitando voto personal.

Artículo 193. Serán funciones de las asociaciones administrativas de cooperación las siguientes:

a) Ofrecer a la Administración sugerencias referentes a la ejecución del plan en el polígono o unidad de actuación de que se trate.

b) Auxiliar a la Administración en la vigilancia de la ejecución de las obras y dirigirse a ella denunciando los defectos que se observen y proponiendo medidas para el más correcto desarrollo de las obras.

c) Colaborar con la Administración para el cobro de las cuotas de urbanización.

d) Examinar la inversión de las cuotas de urbanización cuyo pago se haya anticipado, formulando ante la Administración actuante los reparos oportunos.

e) Gestionar la concesión de los beneficios fiscales que procedan.

f) Promover con la Administración actuante Empresas mixtas para la ejecución de obras de urbanización en el polígono o unidad de actuación.

CAPÍTULO IV. SISTEMA DE EXPROPIACIÓN

SECCIÓN 1ª Disposiciones generales

Artículo 194. La expropiación forzosa por razón de urbanismo se adoptará para el cumplimiento de alguna de estas finalidades:

a) Para la ejecución de los sistemas generales o de alguno de sus elementos o para llevar a efecto actuaciones aisladas en suelo urbano.

b) Para la urbanización de polígonos o unidades de actuación completos, mediante la aplicación del sistema de expropiación para la ejecución del Plan de que se trate.

Artículo 195. El incumplimiento de las cargas y obligaciones de los propietarios en los sistemas de compensación y cooperación, en los supuestos previstos en este Reglamento, podrá dar lugar a la aplicación de la expropiación forzosa, en los términos que se establecen en el mismo.

Artículo 196. 1. En todo caso la valoración de los bienes y derechos expropiados se hará conforme a los criterios establecidos en la Ley del Suelo y sus normas reglamentarias.

2. Cuando en la superficie delimitada existan bienes de dominio público y el destino de los mismos según el planeamiento sea distinto del que motivó su afectación o adscripción al uso general o a los servicios públicos, se seguirá el procedimiento previsto en la Ley de Patrimonio del Estado o, en su caso, en la legislación de régimen local.

3. Las vías rurales que se encuentren comprendidas en la superficie delimitada se entenderán de propiedad municipal, salvo prueba en contrario. En cuanto a las vías urbanas que desaparezcan, se entenderán transmitidas de pleno derecho al Organismo expropiante y subrogadas por las nuevas que resulten del planeamiento.

SECCIÓN 2ª La expropiación forzosa para la ejecución de los sistemas generales y para actuaciones aisladas en suelo urbano

Artículo 197. 1. La expropiación forzosa para la adquisición de suelo y otros bienes o derechos, con el fin de ejecutar los sistemas generales o alguno de sus elementos, se regirá por el procedimiento de la Ley de Expropiación Forzosa.

A tal efecto, el Órgano expropiante o, en su caso, el beneficiario de la expropiación, formulará la relación de propietarios con descripción de los bienes y derechos afectados conforme a los preceptos de la Ley de Expropiación Forzosa y la someterá a información pública por plazo de quince días, a los efectos y con las consecuencias del artículo 17 de la propia Ley. Transcurrido el trámite de información pública, y previo análisis de las alegaciones y rectificaciones que procedan, la Administración actuante aprobará la relación, siguiéndose los trámites con quienes aparezcan en ella como titulares de los bienes o derechos.

2. Lo dispuesto en el número anterior será aplicable también a las expropiaciones requeridas para las actuaciones aisladas en suelo urbano.

Artículo 198. 1. El coste de las expropiaciones cuando se refieran a bienes y derechos cuya privación y ocupación temporal sean necesarias para la ejecución de los sistemas generales o de alguno de sus elementos o para realizar actuaciones aisladas en suelo urbano podrá ser repercutido sobre los propietarios que resulten especialmente beneficiados por la actuación urbanística, mediante la imposición de contribuciones especiales.

2. Las contribuciones especiales se tramitarán por el procedimiento establecido en la legislación de régimen local, con las especialidades contenidas en el artículo 198 de la Ley del Suelo.

SECCIÓN 3ª Procedimiento del sistema de expropiación

Artículo 199. 1. La ejecución del Plan por el sistema de expropiación en un polígono o unidad de actuación determinado requerirá que la Administración actuante, además de proceder a la delimitación de su ámbito territorial, formule, conforme a lo previsto en la legislación de expropiación forzosa, una relación de los propietarios existentes en dicho ámbito, con la descripción de los bienes y derechos afectados.

2. Para la determinación de los propietarios de bienes o titulares de derechos en un polígono de expropiación, a efectos de la relación señalada en el número anterior, se estará a lo que resulte de los Registros públicos.

3. El acuerdo de delimitación y la relación a que aluden los dos números anteriores serán sometidos a información pública por plazo de quince días.

4. A la vista de las alegaciones formuladas por los interesados, y previas las comprobaciones pertinentes, se resolverá sobre la aprobación definitiva de la delimitación.

5. Si con posterioridad a la aprobación de la delimitación se acreditare en legal forma que la titularidad de un bien o derecho corresponde a persona distinta de la figurada en el expediente, se entenderán con ella las diligencias posteriores, sin que se retrotraigan las actuaciones ni se dé lugar a la nulidad de lo actuado.

Artículo 200. 1. Una vez delimitado un polígono de expropiación, no podrán levantarse construcciones sobre su superficie ni modificarse las existentes.

2. No obstante, en supuestos concretos y excepcionales, el Organismo expropiante podrá autorizar expresamente alguna o algunas obras, de cuya autorización se dará cuenta al Ayuntamiento a los efectos de concesión de la oportuna licencia, en caso de que la Administración municipal no sea la expropiante.

Artículo 201. 1. En el sistema de expropiación, el expropiante podrá optar entre seguir la expropiación individualmente para cada finca o aplicar el procedimiento de tasación conjunta.

2. Si se optare por la expropiación individualizada para cada finca incluida en el polígono o unidad de actuación, se seguirá el procedimiento de la Ley de Expropiación Forzosa, pero los criterios de valoración serán los establecidos en la Ley del Suelo y disposiciones que la desarrollen.

3. Si el Organo urbanístico optare por el procedimiento de tasación conjunta, se seguirá la tramitación regulada en los artículos siguientes.

Artículo 202. 1. Cuando se aplique el procedimiento de tasación conjunta, la Administración expropiante formará el expediente de expropiación, que contendrá, al menos, los siguientes documentos:

a) Determinación del polígono, según la delimitación ya aprobada, con los documentos que lo identifiquen en cuanto a situación, superficie y linderos, acompañados de un plano de situación a escala 1:50.000 del término municipal y de un plano parcelario a escala 1:2.000 a 1:5.000.

b) Fijación de precios con la clasificación razonada del suelo, según su calificación urbanística.

c) Hojas de justiprecio individualizado de cada finca, en las que se contendrán no sólo el valor del suelo, sino también el correspondiente a las edificaciones, obras, instalaciones y plantaciones.

d) Hojas de justiprecio que correspondan a otras indemnizaciones.

2. El proyecto de expropiación con los documentos señalados será expuesto al público por término de un mes, para que quienes puedan resultar interesados formulen las observaciones y reclamaciones que estimen convenientes, en particular en lo que concierne a titularidad o valoración de sus respectivos derechos.

3. La información pública se efectuará mediante la inserción de anuncios en el «Boletín Oficial del Estado» en el de la respectiva provincia y en un periódico de los de mayor circulación de la provincia.

4. Asimismo, las tasaciones se notificarán individualmente a los que aparezcan como titulares de bienes o derechos en el expediente, mediante traslado literal de la correspondiente hoja de aprecio y de la propuesta de fijación de los criterios de valoración, para que puedan formular alegaciones en el plazo de un mes, contado a partir de la fecha de notificación.

5. Cuando el Órgano expropiante no sea el Ayuntamiento, se oirá a éste por igual término de un mes. El período de audiencia a la Administración municipal podrá coincidir en todo o parte con el de los interesados.

6. Informadas las alegaciones, se someterá el expediente a la aprobación de la Comisión Provincial de Urbanismo.

7. La resolución aprobatoria del expediente se notificará a los interesados titulares de bienes y derechos que figuran en el mismo, confiriéndoles un término de veinte días durante el cual podrán manifestar por escrito ante la Comisión Provincial de Urbanismo su disconformidad con la valoración establecida en el expediente aprobado.

8. La Comisión Provincial de Urbanismo dará traslado del expediente y la hoja de aprecio impugnada al jurado Provincial de Expropiación Forzosa que tenga competencia en el ámbito territorial a que la expropiación se refiera, a

efectos de fijar el justiprecio, que, en todo caso, se hará de acuerdo con los criterios de valoración establecidos en la Ley del Suelo.

9. Si los interesados no formularen oposición a la valoración en el citado plazo de veinte días, se entenderá aceptada la que se fijó en el acto aprobatorio del expediente, entendiéndose determinado el justiprecio definitivamente y de conformidad.

Artículo 203. 1. La resolución de la Comisión Provincial de Urbanismo implicará la declaración de urgencia de la ocupación de los bienes y derechos afectados.

2. El pago o depósito del importe de la valoración establecida por la Comisión Provincial de Urbanismo en el acto de aprobación del expediente producirá los efectos previstos en los números 6, 7 y 8 del artículo 52 de la Ley de Expropiación Forzosa, sin perjuicio de que puedan seguir tramitándose los recursos procedentes respecto a la fijación del justiprecio.

Artículo 204. Los errores no denunciados y justificados en el plazo de información pública establecido en el número 2 del artículo 202 no darán lugar a nulidad o reposición de actuaciones, conservando, no obstante, los interesados el derecho a ser indemnizados en la forma que corresponda.

SECCIÓN 4ª Pago del justiprecio

Artículo 205. 1. Llegado el momento del pago del justiprecio, sólo se procederá a hacerlo efectivo, consignándose en caso contrario, a aquellos interesados que aporten certificación registral a su favor en la que conste haberse extendido la nota del artículo 32 del Reglamento Hipotecario o, en su defecto, aporten los títulos justificativos de su derecho, completados por certificaciones negativas del Registro de la Propiedad referidas a la misma finca descrita en tales títulos. Si existieren cargas, deberán comparecer también los titulares de las mismas.

2. Cuando existan pronunciamientos registrales contrarios a la realidad, podrá pagarse el justiprecio a quienes lo hayan rectificado o desvirtuado mediante cualquiera de los medios señalados en la legislación hipotecaria o con acta de notoriedad tramitada conforme al artículo 209 del Reglamento Notarial.

Artículo 206. 1. Si el expropiado no quisiera aceptar el justiprecio o no aportase títulos suficientes justificativos del dominio o existiere contienda respecto a la titularidad del bien o derecho expropiado o, en general, si concurriere alguno de los supuestos del artículo 51 del Reglamento de Expropiación Forzosa, la Administración consignará el importe del mismo en la Caja General de Depósitos.

2. La forma de consignación y los efectos, así como la facultad del expropiado de percibir la cantidad hasta el límite en que haya conformidad, sin perjuicio de proseguir las reclamaciones iniciadas, se regirá por los preceptos de la Ley de Expropiación Forzosa y su Reglamento.

Artículo 207. 1. El pago del justiprecio, tanto en las expropiaciones por aplicación del sistema de este nombre como en las individualizadas, se realizará en efectivo o bien de acuerdo con el expropiado, mediante permuta con otras parcelas del beneficiario de la expropiación.

2. En el caso de actuaciones urbanísticas de promoción pública en nuevos polígonos para la creación de suelo urbanizado, el pago del justiprecio de los bienes y derechos expropiados se podrá efectuar por la Administración expropiante, siempre que exista conformidad de los expropiados, con parcelas resultantes de la propia actuación.

Artículo 208. 1. El acuerdo de los administrados para el pago en parcelas resultantes de la urbanización requerirá ofrecimiento por escrito de la Administración a petición, también por escrito, del particular expropiado.

2. En ambos casos el particular o la Administración respectivamente, comunicará a la otra parte la decisión adoptada en plazo de quince días, contados a partir de la fecha del ofrecimiento o de la petición.

3. Aceptado el pago mediante la entrega de parcelas resultantes de la urbanización, la Administración actuante levantará acta en la que se hagan constar las circunstancias de la finca inicial y el valor asignado en el acuerdo aprobatorio del justiprecio.

4. Finalizada la urbanización, se procederá al pago de la expropiación por entrega de la nueva finca por un valor equivalente al consignado en el acta.

5. La Administración expropiante otorgará la correspondiente escritura pública, en favor del expropiado, sin que para ello precise ninguna aprobación o autorización, en su caso, de Organos de la Administración del Estado.

6. No se efectuará el pago del justiprecio en la forma que se regula en este artículo sin la previa petición del expropiado.

7. La finca adjudicada en pago de la expropiada se entregará libre de cargas.

8. El expropiado, si no estuviere conforme con la valoración de la finca que se le ofrece en pago de la expropiada, sin perjuicio de que se le adjudique, podrá acudir al Jurado Provincial de Expropiación Forzosa a fin de que se establezca el valor de la misma. Si la resolución fuera favorable a la petición del expropiado, la Administración le compensará la diferencia en metálico.

SECCIÓN 5ª Toma de posesión

Artículo 209. 1. Una vez efectuado el pago o consignación, se podrán levantar una o más actas de ocupación e inscribir, como una o varias fincas registrales, la totalidad o parte de la superficie objeto de su actuación, sin que sea necesaria la previa inscripción de todas y cada una de las fincas expropiadas. El hecho de que alguna de estas fincas no estuviese inmatriculada no será obstáculo para que pueda practicarse directamente aquella inscripción. Al margen de la inscripción de las fincas agrupadas, y con efectos de transferencia, se extenderá la oportuna nota.

2. Será título inscribible el acta o actas de ocupación acompañadas de las actas de pago o los justificantes de consignación del justiprecio de todas las fincas ocupadas, que habrán de ser descritas conforme a la legislación hipotecaria. Dicho título, así como los que sean necesarios para practicar las inscripciones a que se refiere el artículo siguiente, deberán ir acompañados, en su caso, de los respectivos planos, una de cuyas copias se archivará en el Registro.

3. Si al procederse a la inscripción surgiesen dudas fundadas sobre si dentro de la superficie ocupada existiese alguna finca registral no tenida en cuenta en el expediente expropiatorio, sin perjuicio de practicarse la inscripción, se podrá tal circunstancia, a los efectos del artículo siguiente, en conocimiento del Organismo expropiante.

Artículo 210. 1. Finalizado el expediente expropiatorio, y una vez levantada el acta o actas de ocupación con los requisitos previstos en la legislación general de expropiación forzosa, se entenderá que la Administración ha adquirido, libre de cargas, la finca o fincas comprendidas en el expediente.

2. La Administración será mantenida en la posesión de las fincas, una vez inscrito su derecho, sin que quepa ejercitar ninguna acción real o interdictal contra la misma.

3. Si con posterioridad a la finalización del expediente, una vez levantada el acta de ocupación e inscritas las fincas o derechos en favor de la Administración, aparecieren terceros interesados no tenidos en cuenta en el expediente, estos conservarán y podrán ejercitar cuantas acciones personales pudieren corresponderles para percibir el justiprecio o las indemnizaciones expropiatorias y discutir su cuantía.

4. En el supuesto de que una vez finalizado totalmente el expediente aparecieren fincas o derechos anteriormente inscritos no tenidos en cuenta, la Administración expropiante, de oficio o a instancia de parte interesada o del propio Registrador, solicitará de éste que practique la cancelación correspondiente. Los titulares de tales fincas o derechos deberán ser compensados por la Administración expropiante, que formulará un expediente complementario con las correspondientes hojas de aprecio, tramitándose según el procedimiento que se haya seguido para el resto de las fincas, sin perjuicio de que tales titulares puedan ejercitar cualquier otro tipo de acción que pudiera corresponderles.

5. Si el justiprecio se hubiere pagado a quien apareciere en el expediente como titular registral, la acción de los terceros no podrá dirigirse contra la Administración expropiante si éstos no comparecieron durante la tramitación, en tiempo hábil.

SECCIÓN 6ª Concesiones administrativas

Artículo 211. El Estado, las Entidades locales y las Entidades urbanísticas especiales podrán ejecutar los Planes de ordenación a través de concesión administrativa, cuando el sistema de actuación sea el de expropiación.

Artículo 212. 1. La concesión se otorgará mediante concurso que se tramitará con arreglo al procedimiento de contratación aplicable en razón de la Administración actuante.

2. Las bases del concurso para la concesión fijarán los derechos y obligaciones del concesionario, de la Administración y de terceros, y, como mínimo comprenderán los siguientes extremos:

a) Plan cuya ejecución se conceda y polígono o unidad de actuación a que afecta.

b) Obras e instalaciones que el concesionario debe ejecutar, expresando las que ha de entregar a la Administración y las que no se transfieran a ésta.

c) Obras e instalaciones de la Administración cuyo uso temporal se entrega al concesionario.

d) Plazo de ejecución de las obras y, en su caso, de explotación de los servicios públicos en la zona a urbanizar, sin que este último pueda exceder de 30 años, salvo que por la Ley reguladora del servicio de que se trate se establezcan otras determinaciones.

e) Situación respectiva de la Administración y el concesionario durante el plazo de concesión de explotación de los servicios, con especificación de las facultades de vigilancia que corresponden a la primera.

f) Determinación de los factores a tener en cuenta para la fijación de los precios de venta de los solares resultantes; reservas para edificios y servicios públicos, asistenciales y sociales; reservas para viviendas de protección oficial, y para cesión de terrenos en régimen de derecho de superficie, y, en su caso, tarifas a aplicar por la explotación de los servicios concedidos, con descomposición de sus factores para los supuestos de revisión.

g) Clase, cuantía, plazos y forma de entrega de las obras ejecutadas por el concesionario, así como de las participaciones en metálico o en terrenos edificables que correspondan a la Administración concedente.

h) Canon de concesión, que podrá consistir en la entrega a la Administración de una participación en los beneficios del concesionario, bien sea en metálico o bien en terrenos edificables o edificados.

i) Deberes de conservación hasta su entrega, y de mantenimiento y conservación de los servicios hasta la terminación del plazo concesional.

j) Relaciones entre el concesionario y los propietarios de terrenos en el ámbito de ejecución del Plan y entre aquél y los adquirentes de solares edificables, hasta tanto se ejecute totalmente el Plan en la zona concedida.

k) Sanciones por incumplimiento y demoras.

l) Casos de resolución y caducidad y sus consecuencias.

m) Garantía de la concesión a cargo del concesionario, que no podrá ser inferior al 3% del importe total de las obras de ejecución, según el estudio económico financiero del Plan a ejecutar.

n) Las demás circunstancias que se deduzcan de la legislación general de contratos del Estado y de la de régimen local, cuyos preceptos serán aplicables como supletorios y en cuanto reguladores del procedimiento.

TÍTULO VI. EJECUCIÓN DE LOS PROGRAMAS DE ACTUACIÓN URBANÍSTICA

CAPÍTULO I. DISPOSICIONES GENERALES

Artículo 213. Los programas de actuación urbanística tienen por finalidad la ordenación y urbanización de terrenos clasificados como suelo urbanizable no programado en el Plan general, sin que sean aplicables a otro tipo o categoría de suelo.

Artículo 214. 1. Los programas de actuación urbanística tendrán que acomodarse a las características técnicas y a las magnitudes señaladas en el Plan general.

2. En todo caso, respetarán las previsiones del Plan general en cuanto a las dotaciones, servicios y equipamientos que afecten al ámbito territorial del programa.

3. Ningún programa de actuación urbanística podrá alterar usos previstos en el Plan general ni admitir usos declarados incompatibles por el mismo. Tampoco podrán establecer aquellos otros que resulten incompatibles con la estructura urbanística general del territorio.

CAPÍTULO II. ACTUACIONES PREPARATORIAS

Artículo 215. 1. Las Entidades locales, de oficio o a instancia de parte podrán acordar que se incorpore la totalidad o parte del suelo urbanizable no programado al proceso de urbanización mediante la formulación de uno o varios programas de actuación urbanística.

2. El acuerdo a que se refiere el número anterior deberá adoptarse con el quórum de los dos tercios de miembros de hecho, que representen mayoría absoluta de los que legalmente deben componer la Corporación.

3. Igualmente podrán adoptar la decisión a que se refiere el núm. 1 de este artículo las Entidades urbanísticas especiales en su ámbito territorial.

4. La misma facultad corresponderá a las Mancomunidades, Agrupaciones y Consorcios en que intervenga cualquier Entidad local, cuando entre sus fines estén incluidos los urbanísticos y tengan a su cargo la gestión y ejecución de Planes o programas.

Artículo 216. 1. El acuerdo a que se refiere el artículo anterior determinará si la formulación del programa de actuación urbanística ha de llevarse a cabo directamente por la propia Entidad que lo hubiere adoptado o mediante la convocatoria del correspondiente concurso.

2. En el supuesto de formulación del programa de actuación urbanística por la Administración, la ejecución del mismo podrá, a su vez, llevarse a efecto directamente o convocando un concurso exclusivamente para ello.

3. Si la formulación del programa de actuación urbanística se adjudicase por concurso, la ejecución corresponderá, en todo caso, a quien resultara adjudicatario del mismo.

Artículo 217. 1. Cuando se actúe a instancia de parte, las solicitudes de formulación de programas de actuación urbanística deberán presentarse ante la local o urbanística especial competente, mediante escrito en el que se justifique la necesidad o conveniencia de la urbanización del suelo no programado, el tipo y carácter de la unidad urbanística y sus posibles localizaciones.

2. Si la Administración estima conveniente admitir a trámite tal solicitud, la someterá a información pública por plazo de un mes, mediante la inserción de anuncio en el «Boletín Oficial» de la provincia respectiva y en un periódico de los de mayor circulación de la provincia.

3. En el anuncio se harán constar las zonas que se hayan considerado, en principio, aptas para la localización de las actuaciones.

4. Durante el período señalado en el núm. 2 de este artículo se podrán formular alegaciones fundadas en defectuosa apreciación de la clasificación del suelo, falta de justificación de las actuaciones por disconformidad con lo prevenido en el Plan general o inadecuación de las zonas designadas para la actuación pretendida.

5. Transcurrido el plazo de información, la Entidad local o urbanística especial competente rechazará o aceptará la solicitud y, en este último caso, acordará lo procedente en cuanto a formulación y ejecución del programa de

actuación urbanística, de conformidad con las opciones señaladas en el artículo anterior.

Artículo 218. 1. De acuerdo con las previsiones del Plan general, podrán formularse y ejecutarse programas de actuación urbanística a instancia de parte, sin previa convocatoria de concurso, cuando se trate de la urbanización de terrenos clasificados como suelo urbanizable no programado, destinados a instalación de actividades productivas relevantes o de especial importancia, así como para la formación de polígonos industriales.

2. La solicitud correspondiente podrá presentarse en la Corporación local en cuyo territorio pretenda llevarse a cabo la actuación o, en su caso, en la Entidad especial urbanística actuante.

3. En el supuesto previsto en este artículo, será preceptivo acuerdo del Consejo de Ministros, que adoptará la forma de Real Decreto, a propuesta del Ministro de Obras Públicas y Urbanismo y del competente por razón de la materia. La propuesta se formulará previo informe de la corporación o Corporaciones locales afectadas, de la Comisión Central de Urbanismo y dictamen del Consejo de Estado.

4. En el Real Decreto, acordado en Consejo de Ministros, se determinará:

a) La Entidad pública o persona privada, natural o jurídica, a quien directamente se adjudique la formulación y ejecución del programa de actuación urbanística.

b) Las obligaciones que debe cumplir el adjudicatario, que, como mínimo, serán las establecidas en el artículo 146, núm. 3, de la Ley del Suelo.

CAPÍTULO III. FORMACIÓN Y APROBACIÓN

Artículo 219. 1. Acordada la formulación y ejecución del programa de actuación urbanística mediante concurso, se redactarán las bases correspondientes, que habrán de contener las siguientes determinaciones:

a) Las zonas aptas para la localización de las actuaciones:

b) La magnitud de las superficies urbanizables.

c) Las exigencias mínimas de planeamiento en relación con las determinaciones y criterios que haya establecido el Plan general.

d) Los usos generales a que se destina la actuación, estableciendo, si fuera procedente, un esquema de zonificación o la distribución cuantitativa de aquéllos.

e) La obligación de los adjudicatarios de construir un porcentaje de edificación en plazos determinados.

f) Los precios máximos de venta o alquiler de las edificaciones, si se estima procedente.

g) Las garantías exigibles para responder tanto de la formación del programa como de su ejecución distinguiendo unas y otras.

h) Las sanciones que procedan en caso de incumplimiento.

i) Las demás circunstancias que configuren cada actuación.

2. Las obligaciones que deben asumir los adjudicatarios, en la ejecución de los programas de actuación urbanística, se establecerán también en las bases del concurso y se referirán a los siguientes aspectos:

a) Cesión gratuita a la Entidad local o, en su caso, a la urbanística especial competente, de los terrenos destinados a viales, parques y jardines públicos y demás servicios y dotaciones de interés general, con el alcance establecido en los artículos 12, 1, b), y 13, 2, b) y c), de la Ley del Suelo, o en cuantía mayor si así lo determinara el Organo urbanístico actuante.

b) Construcción de la red varia completa de la zona de actuación y de las redes de abastecimiento de agua y energía eléctrica, saneamiento, alumbrado público y demás servicios que, en su caso, se prevean.

c) Construcción de las necesarias conexiones, en el exterior de la zona de actuación, entre las redes señaladas en el número anterior y las generales del territorio.

d) Previsión y ejecución del equipamiento adecuado a las dimensiones y finalidad de la actuación. Tratándose de uso residencial, consistirán como mínimo en la creación de espacios verdes públicos, incluidas la plantación de arbolado y jardinería en ellos y en los viales, si se previera, y en la construcción de Centros docentes, sociales y comerciales.

e) Cesión gratuita del 10% del aprovechamiento medio establecido para el territorio o zona a que se refiera la actuación, con su correspondiente suelo, una vez descontadas las cesiones del apartado a) de este número. Esta cesión podrá ser sustituida, si así constare en el acuerdo aprobatorio de las bases, por las mayores obligaciones que estableciera la Entidad actuante.

f) Cualesquiera otras obligaciones que la Entidad local o urbanística especial dispusiere en función del destino de la actuación o de la relación entre ella y el suelo urbano o urbanizable programado, aunque tales obligaciones hubieran de cumplirse fuera del ámbito territorial concreto a que afecte la unidad que se programe.

3. Respecto a las obligaciones de planeamiento a cargo de los adjudicatarios, las bases establecerán las siguientes:

a) Acompañar a la oferta un avance de planeamiento.

b) Presentar en el plazo que se establezca el programa de actuación urbanística y, asimismo, el Plan Parcial que lo desarrolle, si se hubiere de ejecutar en una sola etapa, o el primero de los Planes parciales, si se previera la ejecución en varias etapas.

c) Completar el planeamiento en los plazos que se señalen o, en su defecto, en función del programa de actuación urbanística, redactando y presentando los correspondientes Planes parciales y proyectos de urbanización, así como los documentos relativos a la reparcelación si procediere.

d) Incluir los programas de edificación.

Artículo 220. 1. Elaboradas las bases, la Entidad local o urbanística especial que las haya redactado otorgará su aprobación inicial, sometiéndolas a información pública por plazo de un mes, mediante inserción de anuncio en el «Boletín Oficial» de la provincia o provincias a que afecte la actuación. Igualmente deberá publicarse el anuncio al menos en uno de los periódicos de mayor circulación de la provincia o provincias afectadas.

2. Transcurrido el plazo señalado en el núm. 1 de este artículo, las bases rectoras del concurso se aprobarán provisionalmente con las rectificaciones que procedan, y se elevarán al Ministro de Obras Públicas y Urbanismo, si afectan a capitales de provincia o Municipios de más de 50.000 habitantes, y a la Comisión Provincial de Urbanismo, en los demás casos.

3. En el plazo y con las condiciones establecidas en el artículo 41, núms. 2 y 3 de la Ley del Suelo, el Ministro de Obras Públicas y Urbanismo o la Comisión Provincial de Urbanismo deberá dictar la resolución que corresponda respecto a la aprobación definitiva de las bases.

Artículo 221. 1. Aprobadas las bases, se convocará el correspondiente concurso, con un plazo mínimo de dos meses y máximo de cuatro para la presentación de ofertas y del avance de planeamiento.

2. Los concursantes, en sus ofertas, podrán mejorar las condiciones establecidas en las bases, tanto en los aspectos técnicos como en los económicos, haciendo constar, razonadamente, en qué consisten esas mejoras.

3. La adjudicación del concurso se producirá dentro del plazo de cuatro meses, contado a partir de la fecha de la apertura de las proposiciones. En el acuerdo de adjudicación del concurso se determinará el sistema de actuación aplicable, si no hubiere sido establecido en las bases. En el mismo acuerdo se aprobará el avance de planeamiento, con las modificaciones que, en su caso, procedieran.

4. La adjudicación del concurso se otorgará por la misma Entidad que lo convocó.

Artículo 222. 1. El adjudicatario del concurso presentará, en el plazo establecido en las bases, el correspondiente programa de actuación urbanística, de acuerdo con el avance de planeamiento aprobado.

2. Las reglas de competencia y procedimiento para la tramitación y aprobación de los programas de actuación urbanística serán las establecidas para los Planes parciales.

3. Las Entidades locales o urbanísticas especiales sólo podrán denegar la aprobación inicial o provisional del programa de actuación urbanística cuando no se ajuste a los requisitos contenidos en las bases o a las determinaciones del Plan general. Podrán suspender el trámite hasta que se complete el expediente si faltare alguno de los documentos preceptivos señalados en las bases.

4. La falta de presentación del programa dentro del plazo establecido en las bases dará lugar a la resolución de la situación constituida.

Artículo 223. 1. La formulación del programa de actuación urbanística directamente por la propia Administración actuante se someterá a las mismas normas de competencia y procedimiento para su tramitación y aprobación que en los supuestos de convocatoria de concurso.

2. Asimismo se aplicarán las mismas reglas de competencias y procedimiento cuando se trate del supuesto excepcional previsto en el núm. 2 del artículo 149 de la Ley del Suelo.

CAPÍTULO IV. EJECUCIÓN DE LOS PROGRAMAS DE ACTUACIÓN URBANÍSTICA

Artículo 224. 1. Las determinaciones de los programas de actuación urbanística se desarrollarán mediante la formulación de los correspondientes Planes parciales, cuya aprobación podrá ser simultánea a la de aquéllos.

En todo caso, se tramitarán y aprobarán conjuntamente el programa de actuación urbanística y el Plan parcial de la primera etapa o, en su caso, el de la única etapa que resulte prevista en el programa.

2. La ejecución de los Planes parciales se ajustará al sistema de actuación que se haya establecido. Los adjudicatarios, en todo caso, se obligan a cumplir las obligaciones que, no hallándose especificadas en las bases, sean consecuencia del sistema aplicable.

3. En la ejecución de los sistemas generales que afecten a los enlaces con los del resto del Municipio o Municipios en que se localice la actuación, se podrá utilizar la expropiación con independencia del sistema de actuación que se haya establecido para la ejecución del programa de actuación urbanística en su ámbito territorial propio.

Artículo 225. 1. La Administración actuante dispondrá de las facultades precisas para vigilar e inspeccionar las obras de urbanización y, en su caso, las de edificación, así como para fiscalizar la contabilidad de los adjudicatarios en los supuestos de que las bases establecieran precios máximos de venta de terrenos o de edificaciones o alquiler de las mismas.

2. La oposición del adjudicatario al ejercicio de tales facultades de la Administración podrá presumirse como incumplimiento grave de las obligaciones contraídas, con los efectos señalados en el artículo 227,1, de este Reglamento. En todo caso la resistencia será sancionada económicamente, sin perjuicio de las demás atribuciones de la Administración.

Artículo 226. 1. La aprobación de un programa de actuación urbanística implicará la declaración de utilidad pública y la necesidad de ocupación a los efectos de expropiación forzosa, no solamente del ámbito territorial concreto para el que se formuló sino también de los terrenos necesarios para el enlace de la zona de actuación con los correspondientes elementos de los sistemas generales existentes en el exterior.

2. Para las actuaciones expropiatorias, cuando fueren necesarias, se seguirá el procedimiento establecido en la Ley del Suelo y en este Reglamento.

Artículo 227. 1. El incumplimiento por los adjudicatarios de las obligaciones en la ejecución de los programas de actuación urbanística dará lugar a la caducidad del programa con relación a la parte pendiente de ejecución, sin perjuicio de las sanciones que procedan.

2. No obstante, si el incumplimiento de las obligaciones fuera calificado de leve, el adjudicatario podrá proseguir su ejecución si se garantiza su observancia suficientemente, a juicio de la Administración actuante.

3. Las Entidades locales o urbanísticas especiales, cuando se haya resuelto la relación constituida con el adjudicatario de un programa de actuación urbanística, podrán acordar la ejecución directa respecto de la parte que haya quedado pendiente o convocar nuevo concurso para adjudicar lo que reste por ejecutar del programa. En tal concurso no se admitirán ofertas para programar otras zonas del territorio.

4. La Entidad administrativa que convocó el concurso podrá asumir la ejecución a título sustitutorio en caso de incumplimiento del adjudicatario, cargándole los gastos que se produzcan. El importe de estos gastos será exigible por vía de apremio.

5. Cuando el incumplimiento consistiera en la percepción de precios de suelo o de edificación superiores a los señalados en las bases, se impondrá la multa que proceda, con independencia de pasar el tanto de culpa a los Tribunales de Justicia, y sin perjuicio de la devolución a los adquirentes de lo cobrado indebida o excesivamente.

9. Real Decreto Ley 3/1980, de 14 de marzo, sobre promoción de suelo y agilización de la gestión urbanística[1]

(BOE núm. 65, de 15 de marzo de 1980)

TÍTULO I. PROMOCIÓN DE SUELO

Artículo 1. 1. Con la finalidad de fomentar la construcción de viviendas de protección oficial, la Administración del Patrimonio Social Urbano y el Instituto Nacional de Urbanización podrán ceder terrenos de su propiedad, por precio inferior a su coste, incluso con carácter gratuito, con los requisitos, precios y condiciones que se determinen en el correspondiente concurso que al efecto convoquen. Igualmente, y en los términos expresados, el Instituto Nacional de la Vivienda podrá ceder terrenos para la promoción pública de viviendas de protección oficial.

2. En las mismas condiciones y para el fomento de la instalación o ampliación de industrias y servicios, el Instituto Nacional de Urbanización podrá ceder terrenos de su propiedad, incluyéndose dichas cesiones entre los posibles beneficios a otorgar en los concursos que al efecto se convoquen en Areas de Expansión Industrial. En los mismos términos, el Ministerio de Obras Públicas y Urbanismo, a través del Instituto Nacional de Urbanización, podrá convocar concursos para la adjudicación de terrenos en zonas no incluidas en las Areas de Expansión Industrial.

3. El Instituto Nacional de Urbanización someterá al Gobierno a través del Ministerio de Obras Públicas y Urbanismo, previo informe del Ministerio de Hacienda, con carácter anual, un programa de preparación y enajenación de suelo.

4. La autorización de los concursos a que se refieren los apartados anteriores se someterá a la aprobación del Consejo de Ministros, a propuesta del

1 La Sentencia del Tribunal Constitucional 61/1997, de 20 de marzo, declaró la inconstitucionalidad y nulidad del apartado primero de la disposición derogatoria única del Texto Refundido de la Ley sobre Régimen del Suelo y Ordenación Urbana, aprobado por Real Decreto Legislativo 1/1992, de 26 de junio, en el inciso, en concreto, en el que se derogaba el presente Real Decreto-ley.

Ministerio de Obras Públicas y Urbanismo previo informe del Ministerio de Hacienda, y con informe previo del Ministerio de Industria y Energía, en los concursos que se convoquen en Areas de Expansión Industrial.

Artículo 2. 1. Los Organismos a que se refiere el artículo anterior podrán transmitir, a título gratuito, a la Administración del Estado, los terrenos de su propiedad con destino a la instalación de servicios públicos.

2. Las Administraciones Públicas Urbanísticas podrán transmitirse entre sí, a título gratuito, terrenos de su propiedad para la construcción de viviendas de protección oficial, creación de suelo para su oferta pública con dicha finalidad o instalación de equipamientos comunitarios.

3. La resolución del correspondiente expediente se someterá a la aprobación del Consejo de Ministros cuando la Administración del Estado o sus Organismos autónomos actúen como cedentes o cesionarios.

(...)

TÍTULO II. AGILIZACIÓN DE LA GESTIÓN URBANÍSTICA

Artículo 4. 1. El plazo para resolver sobre la aprobación provisional de los Planes Parciales y Especiales no podrá exceder de un año, contado a partir de la aprobación inicial. Dicho plazo será de tres meses para la aprobación provisional de los Proyectos de Urbanización y para la definitiva de los Estudios de Detalle, y en estos dos últimos supuestos el período de información pública será de quince días.

2. Transcurridos los plazos a que se refiere el apartado anterior y un mes desde la denuncia de mora por el interesado, la *Comisión Provincial de Urbanismo* o el órgano urbanístico al que normalmente correspondería la competencia para la aprobación definitiva, quedará automáticamente subrogado en las competencias del Ayuntamiento en orden a la tramitación y, en su caso, aprobación del Plan, Proyecto o Estudio de que se trate.

3. Una vez aprobado provisionalmente el Plan Parcial o Especial o Proyecto de Urbanización, el plazo para resolver sobre su aprobación definitiva no podrá exceder de tres meses, contados a partir del ingreso del expediente en el Registro correspondiente. Transcurrido dicho plazo sin comunicar la correspondiente resolución, se entenderá otorgada la aprobación definitiva por silencio positivo.

4. Si el expediente se iniciase a instancias de Administraciones Urbanísticas o Empresas estatales o mixtas, cuyo fin principal sea la urbanización, la creación de suelo o la construcción de viviendas de protección oficial, y se declarase de reconocida urgencia por el Consejo de Ministros, deberá resolverse sobre su aprobación inicial en el plazo de un mes, contado a partir de su presentación. El período de información pública será de quince días, y la resolución sobre la aprobación provisional se producirá en el plazo máximo de cuatro meses desde la presentación. Transcurridos dichos plazos, se estará a lo dispuesto en el apartado dos de este artículo. Una vez efectuada la aprobación provisional se someterá el expediente, en los diez días siguientes, al órgano competente para la aprobación definitiva, a fin de que decida en el plazo de un mes desde el ingreso del expediente en el Registro, transcurrido el cual sin haberse producido resolución expresa, se entenderá otorgada dicha aprobación definitiva por silencio administrativo positivo.

5. Se suprime la exigencia de publicación en el «Boletín Oficial del Estado» a que se refiere el artículo 128 del Reglamento de Planeamiento Urbanístico, salvo para los Planes Generales y Normas Subsidiarias de Planeamiento Municipal[2].

Artículo 5. 1. En el supuesto a que se refiere el apartado cuatro del artículo anterior, el Ayuntamiento podrá encomendar a la Administración Urbanística actuante el ejercicio de sus competencias respecto de la ejecución del planeamiento, así como de todas las obras y edificaciones comprendidas en el Plan o Proyecto, incluido el otorgamiento de las correspondientes licencias y sin perjuicio de la inspección procedente y del abono de las tasas y exacciones correspondientes al respectivo Ayuntamiento.

2. Una vez realizada la ejecución de las obras y edificaciones, la Administración Urbanística dará cuenta de lo actuado al respectivo Ayuntamiento.

Artículo 6. 1. La participación de las Administraciones Urbanísticas en la constitución de Sociedades o en las ya constituidas para la promoción, gestión o ejecución de actividades de naturaleza urbana podrá no ser mayoritaria. En

2 Véase el Real Decreto-ley 16/1981, de 16 de octubre, de adaptación de los Planes Generales de Ordenación Urbana, recogido *infra*.

tal caso, la Sociedad quedará sometida al específico vínculo de control o ejecución que determine la Administración actuante.

2. En el procedimiento previo a la constitución de las Sociedades urbanísticas, no será preciso que se acrediten la inexistencia o insuficiencia de la iniciativa privada, ni tampoco el expediente de municipalización o provincialización si se tratase de la participación de Corporaciones Locales.

3. El Instituto Nacional de Urbanización podrá crear Sociedades Anónimas de Administrador único y de duración limitada, para actuaciones urbanísticas concretas con destino a viviendas de protección oficial de promoción pública. En estos casos no será precisa la selección pública de la participación particular cuando dicha participación se dé a Entidades financieras o promotores de viviendas.

4. Para la creación por el Instituto Nacional de Urbanización de las Sociedades a que se refieren los apartados anteriores, se precisará la autorización previa del Consejo de Ministros.

DISPOSICIONES ADICIONALES

(...)

DISPOSICIÓN TRANSITORIA

En los supuestos en que con anterioridad a la publicación del presente Real Decreto-ley hubiere recaído aprobación inicial, los plazos a que se refiere el artículo cuarto se computarán desde el día de la referida publicación.

DISPOSICIONES FINALES

Primera. El Gobierno, a propuesta de los Ministerios competentes y éstos, en el ejercicio de las que les sean propias, dictarán cuantas medidas se consideren necesarias para el desarrollo y aplicación del presente Real Decreto-ley.

Segunda. El presente Real Decreto-ley entrará en vigor el mismo día de su publicación en el «Boletín Oficial del Estado».

10. Real Decreto Ley 16/1981, de 16 de octubre, de adaptación de los Planes Generales de Ordenación Urbana[1]

(BOE núm. 253, de 22 de octubre de 1981)

Artículo 1. 1. Finalizados los plazos establecidos en la disposición transitoria primera de la Ley del Suelo, texto refundido aprobado por Real Decreto 1346/1976, de 9 de abril, para la adaptación de los Planes generales, y en tanto no se aprueben definitivamente las mencionadas adaptaciones, dichos Planes generales conservan su vigencia, siéndoles de aplicación el régimen urbanístico definido en el título II de la referida Ley, con arreglo a los criterios que, con carácter transitorio y hasta la aprobación definitiva de la adaptación del planeamiento general, se fijan en el presente Real Decreto-Ley.

2. Sin perjuicio de lo dispuesto en los artículos siguientes, los Ayuntamientos deberán adaptar su planeamiento general a lo establecido en la vigente Ley del Suelo. La clasificación del suelo que se establezca al llevar a cabo la adaptación del planeamiento general no quedará vinculada por la clasificación resultante de la aplicación de los criterios señalados en el presente Real Decreto-Ley, conservando, en consecuencia, los Ayuntamientos su competencia, a todos los efectos, para adaptar y revisar su planeamiento general.

3. La adaptación, que podrá modificar o revisar el planeamiento anterior, se realizará mediante la formulación de un Plan general o de una norma subsidiaria de planeamiento, cuyo contenido, clasificación del suelo, determinaciones y documentación deberán ajustarse a lo establecido al respecto en la Ley del Suelo y sus Reglamentos. Aunque la adaptación no proponga modificaciones del planeamiento general, o su revisión, incluirá, necesariamente, aquellas alteraciones que resulten impuestas por las exigencias legales del nuevo planeamiento. La elección de una u otra figura de planeamiento general

[1] La Sentencia del Tribunal Constitucional 61/1997, de 20 de marzo, declaró la inconstitucionalidad y nulidad del apartado primero de la disposición derogatoria única del Texto Refundido de la Ley sobre Régimen del Suelo y Ordenación Urbana, aprobado por Real Decreto Legislativo 1/1992, de 26 de junio, en el inciso, en concreto, en el que se derogaba el presente Real Decreto-ley.

se efectuará de acuerdo con lo dispuesto en el artículo 3.2 del Reglamento de Planeamiento, cualquiera que sea el instrumento de ordenación existente.

4. El órgano que tenga atribuida la competencia para la aprobación definitiva del Plan general o norma subsidiaria de planeamiento municipal, podrá señalar un plazo, no inferior a un año, para la adaptación de los instrumentos de planeamiento general, pudiendo, en caso de incumplimiento, subrogarse, sin más trámites en las competencias municipales para formular y tramitar la adaptación.

Artículo 2. 1. Los terrenos clasificados como suelo urbano o de reserva urbana en Planes generales o normas subsidiarias de planeamiento aún no adaptados se consideran suelo urbano siempre que se encuentren en alguno de estos supuestos:

a) Terrenos que estén dotados de acceso rodado, abastecimiento de agua, evacuación de aguas residuales, suministro de energía eléctrica, debiendo tener estos servicios características adecuadas para servir a la edificación que sobre ellos exista o se haya de construir.

b) Terrenos que, aun careciendo de algunos de los servicios citados en el párrafo anterior, tengan su ordenación sólida, por ocupar la edificación al menos, dos terceras partes de los espacios aptos para la misma, según la ordenación que el Plan general o la norma subsidiaria para ellos prevea.

2. Sin perjuicio de la directa aplicación de los dispuesto en el número anterior, los Ayuntamientos podrán aprobar la delimitación de la totalidad del suelo urbano de sus términos municipales, o por partes, antes de la adaptación de sus respectivos Planes generales. El correspondiente proyecto de delimitación que tendrá en cuenta los criterios señalados, se tramitará de acuerdo con lo dispuesto en el artículo 153 del Reglamento de Planeamiento con la particularidad de que el acuerdo municipal de aprobación tendrá, en este caso, el carácter de aprobación definitiva, sin que, por tanto, resulte preciso el informe de la Diputación Provincial ni la elevación del expediente a la *Comisión Provincial de Urbanismo*. No obstante, el acuerdo aprobatorio se comunicará a dicha Comisión en el plazo de quince días, acompañándose un ejemplar del proyecto.

3. Si las características de la urbanización y de la edificación ofrecieran dificultades que impidieran la directa aplicación de lo dispuesto en el número 1 de este artículo y no se hubiera aprobado la delimitación del suelo urbano, conforme a lo dispuesto en el número 2, las *Comisiones Provinciales de Urba-*

nismo podrán, de oficio o a instancia de parte, fijar un plazo no inferior a seis meses, para que los Ayuntamientos procedan a la formulación y aprobación inicial del correspondiente proyecto de delimitación. En el caso de que los Ayuntamientos no cumplieran dicho plazo, las *Comisiones Provinciales de Urbanismo* quedarán subrogadas en las competencias municipales para la tramitación y aprobación del proyecto formulado por la Corporación local o, en su defecto, para su formulación, tramitación y aprobación.

4. El régimen urbanístico de este tipo de suelo, aun en los supuestos en que fuera preciso el desarrollo de las determinaciones del Plan general o normas subsidiarias no adaptados mediante alguna figura de planeamiento subordinado, será el establecido en el artículo 83 de la Ley del Suelo.

Artículo 3. Se considera como suelo urbanizable los terrenos que, no reuniendo las características señaladas en el artículo anterior, ni estando incluidos en la correspondiente delimitación del suelo urbano, se encuentren clasificados como urbanos o de reserva urbana en los Planes generales o, en su caso, en las normas subsidiarias de planeamiento municipal, aún no adaptados.

El suelo urbanizable estará sometido al régimen establecido en el artículo 84 de la Ley del Suelo.

Los Planes parciales que se formulen en este tipo de suelo no podrán sobrepasar el límite de densidad previsto en el artículo 75 de la Ley del Suelo, cualesquiera que sean las determinaciones que sobre estos extremos establezcan el Plan general o normas subsidiarias de planeamiento que desarrollen, y su contenido se ajustará a lo dispuesto en el artículo 13 de citada Ley y disposiciones reglamentarias concordantes.

Artículo 4. Se considera como suelo no urbanizable el suelo clasificado como rústico por los Planes generales y normas subsidiarias de planeamiento municipal, aún no adaptados. Su régimen urbanístico será el establecido en el artículo 86 de la Ley del Suelo.

Artículo 5. 1. Los Ayuntamientos de capitales de provincia y ciudades de más de 50.000 habitantes serán competentes para la aprobación definitiva de Planes parciales y de Planes especiales que desarrollen y se ajusten a las determinaciones del Plan general.

A este efecto, una vez otorgada la aprobación provisional, el Plan se someterá a informe no vinculante de la *Comisión Provincial de Urbanismo* correspondiente, informe que se entenderá favorable si no se emite en el plazo de un mes desde la recepción del expediente completo por el citado organismo.

Esta competencia municipal de aprobación definitiva se entiende sin perjuicio de la subrogación de la *Comisión Provincial de Urbanismo*, en los términos que establece el artículo siguiente.

2. Los Ayuntamientos serán competentes, en todo caso, para aprobar los instrumentos de reparcelación y compensación, aunque existan bienes municipales.

3. La aprobación definitiva de los proyectos de urbanización corresponderá a la Administración Urbanística actuante que hubiese otorgado la aprobación inicial.

4. Las bases de los concursos para la redacción de Programas de actuación urbanística serán aprobadas definitivamente por los Organismos o Corporaciones competentes para su redacción y tramitación.

Artículo 6. En la tramitación de Planes parciales y especiales que desarrollen el planeamiento general, estudios de detalle, proyectos de urbanización y de delimitación de polígonos o unidades de actuación, se aplicarán las siguientes reglas:

1. El plazo para acordar sobre la aprobación inicial, en los casos de iniciativa particular, será de tres meses desde la presentación de la documentación completa en la Administración actuante.

El plazo para acordar sobre la aprobación provisional de Planes parciales y especiales, sean de iniciativa pública o privada, no podrá exceder de un año desde su aprobación inicial.

Transcurridos estos plazos sin que recaiga el acuerdo pertinente, se aplicarán las reglas establecidas en el número 4 de este artículo.

2. La aprobación definitiva de Planes parciales y especiales se producirá por el transcurso de tres meses desde la entrada del expediente completo en el registro del Organo competente para otorgarla, sin que se hubiera comunicado la resolución.

Si se trata de Planes parciales y especiales cuya aprobación definitiva corresponda al Ayuntamiento, el plazo de tres meses se contará desde el acuerdo de aprobación provisional.

3. El plazo de aprobación definitiva de proyectos de urbanización y de delimitación de polígonos o unidades de actuación y estudios de detalle será de tres meses desde su aprobación inicial. Transcurrido este plazo sin comunicar la pertinente resolución, se entenderá otorgada la aprobación definitiva por silencio administrativo, siempre que dentro de este plazo se haya concluido el trámite de información pública.

4. En el supuesto de incumplimiento de los plazos previstos en los números 1 y 3 de este artículo, la *Comisión Provincial de Urbanismo* actuará por subrogación cuando así se solicite por los interesados, mediante petición presentada ante la misma, aplicándose las siguientes reglas:

1.ª El plazo de aprobación inicial será el mismo que el señalado para la Administración titular, contado desde la presentación de la solicitud ante la Comisión Provincial.

2.ª Los Planes parciales y Planes especiales no estarán sujetos a aprobación provisional, sino que se entenderán aprobados definitivamente si no se comunicase resolución expresa en el plazo de un año contado desde la aprobación inicial, cuando esta haya sido otorgada por subrogación por la *Comisión Provincial de Urbanismo*, o de seis meses desde la presentación en el registro de la solicitud correspondiente, cuando el Plan hubiese sido aprobado inicialmente por la Administración titular, siempre que, en uno y otro caso, se hubiera cumplimentado el trámite de información pública.

3.ª Los proyectos de urbanización, estudios de detalle y proyectos de delimitación de polígonos o unidades de actuación se entenderán aprobados definitivamente si transcurriesen tres meses desde su aprobación inicial por subrogación por la *Comisión Provincial de Urbanismo*, sin que se haya comunicado resolución expresa sobre la aprobación definitiva, o desde la presentación en el registro de la solicitud de subrogación cuando el proyecto hubiese sido aprobado inicialmente por la Administración titular, supuesto, en todo caso, el cumplimiento del trámite de información pública.

5. Los Planes especiales que no desarrollen el planeamiento general seguirán sometidos a las disposiciones establecidas en la Ley del Suelo y en el Reglamento de Planeamiento.

Artículo 7. Si el expediente de Plan parcial o especial que desarrolle el planeamiento general se iniciase a instancia de Administraciones urbanísticas o Empresas estatales o mixtas cuyo fin principal sea la urbanización, la creación de suelo o la construcción de viviendas de protección oficial, y se declarase de reconocida urgencia por el Consejo de Ministros, deberá resolverse sobre su aprobación inicial en el plazo de un mes contado a partir de su presentación. El período de información pública será de quince días y la resolución sobre la aprobación provisional se producirá en el plazo máximo de cuatro meses desde la presentación. Transcurrido cualquiera de estos plazos, operará la subrogación prevista en el artículo anterior, contándose los plazos ante la *Comisión Provincial de Urbanismo* desde la solicitud de subrogación y entendiéndose sustituida la aprobación provisional por la definitiva, con reducción del plazo de cuatro meses a dos meses, si la Administración titular hubiese otorgado la aprobación inicial.

Si la competencia para la aprobación definitiva corresponde a la *Comisión Provincial de Urbanismo* y no ha operado la subrogación, la aprobación definitiva y, en consecuencia, el silencio positivo, se producirán en el plazo de dos meses desde la recepción del expediente completo.

En el supuesto en que la competencia para la aprobación definitiva corresponda al Ayuntamiento, el plazo de informe para la *Comisión Provincial de Urbanismo* será de quince días y el plazo para la aprobación definitiva, expresamente o por silencio, será de dos meses a contar desde el acuerdo de aprobación provisional.

Artículo 8. 1. Los órganos competentes para la aprobación inicial y provisional de los Planes generales municipales, normas subsidiarias de planeamiento municipal, Planes parciales, especiales o estudios de detalle, podrán acordar la suspensión del otorgamiento de licencias de parcelación de terrenos, edificación y demolición en áreas determinadas, con el fin de estudiar su formación o reforma.

2. El acuerdo de aprobación inicial de los instrumentos de ordenación enumerados en el apartado anterior determinará, por sí solo, la suspensión del otorgamiento de licencias en aquellas áreas del territorio objeto del planeamiento cuyas nuevas determinaciones supongan modificación del régimen urbanístico vigente, debiéndose señalar expresamente las áreas afectadas por la suspensión.

3. La suspensión a que se refiere el apartado primero, se extinguirá en todo caso, en el plazo de un año. Si se hubiera producido dentro de ese plazo el acuerdo de aprobación inicial, la suspensión se mantendrá para las áreas

cuyas nuevas determinaciones de planeamiento supongan modificación de la ordenación urbanística y sus efectos se extinguirán definitivamente transcurridos dos años desde el acuerdo de suspensión adoptado para estudiar el Plan o su reforma. Si la aprobación inicial se produce una vez transcurrido el plazo del año, la suspensión derivada de esta aprobación inicial tendrá también la duración máxima de un año.

Si con anterioridad al acuerdo de aprobación inicial no se hubiese suspendido el otorgamiento de licencias conforme a lo dispuesto en el número 1 de este artículo, la suspensión determinada por dicha aprobación inicial tendrá una duración máxima de dos años.

En cualquier caso, la suspensión se extingue con la aprobación definitiva del planeamiento.

4. Extinguidos los efectos de la suspensión en cualquiera de los supuestos previstos, no podrán acordarse nuevas suspensiones en el plazo de cinco años, por idéntica finalidad.

5. Los acuerdos de suspensión se adoptarán con las formalidades previstas en el Reglamento de Planeamiento.

Artículo 9. El plazo fijado en el artículo 185.1 de la Ley del Suelo para la adopción de las medidas de protección de la legalidad urbanística, aplicables a las obras realizadas sin licencia u orden de ejecución, será de cuatro años desde la fecha de su total terminación, así como el de la prescripción de las infracciones urbanísticas correspondientes.

DISPOSICIONES FINALES

Primera. Quedan derogadas cuantas disposiciones se opongan a lo establecido en este Real Decreto-Ley.

Segunda. Se autoriza al Gobierno para que, a propuesta de los Ministros competentes y éstos en ejercicio de sus propias competencias, dicten cuantas disposiciones y medidas consideren necesarias para el desarrollo y aplicación del presente Real Decreto-Ley.

Tercera. Se autoriza al Gobierno para adaptar el presente Real Decreto-Ley y, en su caso, modificar, los Reglamentos de Planeamiento, Gestión Urbanística y Disciplina Urbanística.

Cuarta. El presente Real Decreto-Ley entrará en vigor en el mismo día de su publicación en el «Boletín Oficial del Estado».

Quinta. Lo establecido en el artículo 6.º, apartado 1, del presente Real Decreto-Ley respecto del plazo para la aprobación inicial de los Planes parciales y especiales y estudios de detalle, se aplicarán en los municipios que tuvieran su planeamiento aprobado con arreglo a lo dispuesto en la Ley del Suelo, texto refundido de 9 de abril de 1976, a la entrada en vigor el presente Real Decreto-Ley, o si no lo tuvieran, a partir de la aprobación de dicho planeamiento y, en cualquier caso, desde el 1 de enero de 1983.

Sexta. La aplicación del presente Real Decreto-Ley en los territorios de las Comunidades Autónomas no afectará a lo dispuesto en sus respectivos Estatutos.

DISPOSICIONES TRANSITORIAS

Primera. No será de aplicación lo dispuesto en el presente Real Decreto-Ley a los Planes y proyectos aprobados inicialmente, y a los de iniciativa particular presentados en el Registro del órgano competente para su tramitación, cuando la aprobación o la presentación hayan tenido lugar antes de la entrada en vigor del mismo.

Segunda. Lo dispuesto en los artículos 8.º y 9.º del presente Real Decreto-Ley será de aplicación, respectivamente, a los acuerdos de suspensión de licencias adoptados y a las obras terminadas con posterioridad a su entrada en vigor.

11. Reglamento de Reparcelaciones del suelo afectado por Planes de Ordenación Urbana[1], aprobado por Decreto 1006/1966, de 7 de abril[2]

(BOE núm. 99, de 26 de abril de 1966)

CAPÍTULO I. DISPOSICIONES GENERALES

Artículo 1. *De la ejecución de los Planes por reparcelación. 1. La ejecución de los Planes de Ordenación Urbana, cualquiera que fuere la fecha de su aprobación, se realizará conforme a los sistemas de actuación de la Ley del Suelo.*

1 El Real Decreto 304/1993, de 26 de febrero, aprobó la tabla de vigencias del presente Reglamento, en ejecución de la disposición final única del Texto Refundido de la Ley sobre Régimen del Suelo y Ordenación Urbana, aprobado por Real Decreto Legislativo 1/1992, de 26 de junio, declarando que «todos sus artículos quedan derogados, a excepción de los artículos 28, 31, 34 y 35, en lo que no se opongan al contenido del artículo 310 del Texto refundido de la Ley sobre Régimen del Suelo y Ordenación Urbana y hasta tanto el Gobierno apruebe las modificaciones del Reglamento Hipotecario para el desarrollo de la disposición adicional décima de la Ley 8/1990, de 25 de julio, como lo prescribe el párrafo 6 del apartado cuarto de la señalada disposición adicional». En la medida, sin embargo, en que esta tabla de vigencias pudiera estar afectada por la Sentencia del Tribunal Constitucional 61/1997, de 20 de marzo, anuladora de diversos preceptos del Texto Refundido de la Ley sobre Régimen del Suelo y Ordenación Urbana, aprobado por Real Decreto Legislativo 1/1992, de 26 de junio, se ha optado por incluir el texto formalmente derogado, aunque resaltado a través de cursiva. Por otra parte, ha de tenerse en cuenta la incidencia que sobre este Reglamento de Reparcelaciones han podido tener la Ley 6/1998, de 13 de abril, sobre Régimen de Suelo y Valoraciones, la Ley 8/2007, de 28 de mayo, de Suelo, o el Texto Refundido de la Ley de Suelo, aprobado por Real Decreto Legislativo 2/2008, de 20 de junio. Finalmente, en virtud del Real Decreto 1093/1997, de 4 de julio, por el que se aprueban las normas complementarias al Reglamento de ejecución de la Ley Hipotecaria sobre inscripción en el Registro de la Propiedad de actos de naturaleza urbana, «quedan derogadas todas las disposiciones del presente Reglamento declarados en vigor por el Real Decreto 304/1993, en cuanto contengan referencias al Registro de la Propiedad.»

2 Su artículo único establece:
«Se aprueba el adjunto texto del Reglamento de Reparcelaciones del Suelo afectado por Planes de Ordenación Urbana.»

2. Con esta finalidad corresponderá a los Ayuntamientos y, en su caso, a los demás Órganos urbanísticos competentes, la aprobación de las reparcelaciones que procedan conforme a lo dispuesto en dicha Ley y en el presente Reglamento.

Artículo 2. *De la capacidad, representación y facultad dispositiva de los derechos afectados por la reparcelación. 1. Sin perjuicio de lo dispuesto para casos concretos en este Reglamento, si la reparcelación tiene carácter obligatorio sus disposiciones serán de aplicación, no obstante los defectos de capacidad, limitación de la facultad de disponer o demás circunstancias que condicionen o prohiban las transmisiones de las fincas en situación normal.*

2. En su virtud, en los casos comprendidos en el número anterior, y según los preceptos correspondientes de la legislación general de expropiación forzosa, representará a los interesados, en su caso, el Ministerio Fiscal, y las cantidades que hubieren de ser satisfechas, si procediere, se consignarán en el Juzgado o se depositarán en la Caja General de Depósitos a favor de quienes acrediten ser sus dueños.

Artículo 3. *De los supuestos de reparcelación. 1. La reparcelación procederá:*

a) Con carácter obligatorio, de oficio o a instancia de todos o alguno de los propietarios, conforme al artículo 77-2 y concordantes de la Ley del Suelo, con el fin de regularizar la configuración de las parcelas o distribuir justamente entre los propietarios los beneficios y cargas de la ordenación en los términos de este Reglamento; y

b) Si voluntariamente lo solicitaren todos los interesados para redistribuir más adecuadamente la propiedad de una zona delimitada.

2. La reparcelación se basará en un Plan de Ordenación, aprobado previa o simultáneamente.

3. Si no estuviere vigente el Plan, a solicitud de todos los interesados, podrá aprobarse la reparcelación en fase de reconocimiento de derechos y determinación de cuotas-parte del volumen de edificabilidad de una manzana o polígono debidamente delimitados y a reserva de la aprobación de aquél. En este supuesto no podrá declararse obligatoria la reparcelación.

4. Cuando el justiprecio de los bienes señalados en el artículo 10, número 3, de este Reglamento exceda en un 30 por 100 del valor atribuido al suelo, incrementado con los gastos de urbanización, sólo procederá la reparcelación si lo solicitan, al menos, quienes representen la titularidad del 75 por 100 del valor del suelo. Dicha circunstancia podrá alegarse por cualquier interesado ante el Órgano actuante, el cual resolverá según corresponda. Asimismo podrán alegarse defectos en la valoración.

5. Si no procediere la reparcelación se aplicará, en su caso, el sistema de expropiación.

Artículo 4. *De la reparcelación obligatoria. 1. La reparcelación procederá con carácter obligatorio entre los propietarios del polígono o manzana y, en su caso, de unidad superior, en los supuestos siguientes:*

a) Conforme al artículo 81-1 de la Ley del Suelo, si en virtud del planeamiento resultaren terrenos de un propietario destinados a viales, jardines, zonas verdes o susceptibles de edificación, de forma que le produzca lesión superior a un texto.

b) Cuando según el número 2 de dicho artículo los volúmenes edificables se repartieren desigualmente, originándose lesión superior al sexto.

c) Si la división parcelaria ocasionare cesiones obligatorias desproporcionadas en los términos prevenidos en el artículo 116-5 de dicha Ley y concordantes.

d) Para regularizar la configuración de las fincas según el artículo 80 y sus concordantes de dicha Ley; y

e) En cualquier otro supuesto previsto por disposiciones legales.

2. Se considera que para un propietario existe lesión superior a un sexto cuando el coeficiente medio de aprovechamiento urbanístico o utilización de sus fincas sea menor al que corresponda a otro propietario, y esta diferencia a su vez sea superior a la sexta parte del coeficiente medio del polígono o zona en que se actúe.

3. Se estima coeficiente medio de aprovechamiento de una finca, zona o sector el coeficiente obtenido al dividir su valor, señalado conforme al artículo 11 de este Reglamento, por el de la finca, zona o sector afectados por la reparcelación y determinado según el artículo 10 del mismo.

4. Será preceptiva la reparcelación y no podrá aplicarse el sistema de expropiación de una o varias fincas de un polígono o manzana, en perjuicio de determinados propietarios y beneficio de los demás, salvo cuando se halle expresamente determinado como sanción por incumplimiento de las obligaciones impuestas en virtud de disposiciones urbanísticas.

5. En todo caso, las lesiones en cuantía del sexto o inferiores y las diferencias de adjudicación serán objeto de compensación económica entre los interesados.

CAPÍTULO II. SUPERFICIE REPARCELABLE

Artículo 5. *De la unidad reparcelable. 1. La superficie de la zona reparcelable será:*

a) Toda la afectada por un Plan parcial o especial, en su caso, si la calificación urbanística o su extensión y demás circunstancias lo aconsejan.

b) La agrupación de polígonos si los volúmenes edificables exigen superficie mayor para la debida compensación o concurren los supuestos previstos en el artículo 81-1 o en el 104-3 de la Ley del Suelo.

c) La superficie de cada uno de los polígonos definidos conforme al artículo últimamente citado en sus apartados 1 y 2; y

d) Las manzanas aisladas si con ello pudieran cumplimentarse los fines de la reparcelación. No obstante, y a efectos de rectificación de límites para normalizar la configuración de fincas conforme a este Reglamento, la unidad reparcelable podrá ser inferior a la manzana.

2. Cuando un proyecto de reparcelación origine las lesiones señaladas en el artículo 4.º de este Reglamento y no pudiera evitarse con la actuación sobre la superficie afectada, se delimitará unidad superior con la ampliación indispensable. Si la nueva superficie reparcelable extendiera de un polígono aprobado, su delimitación se sujetará a los trámites establecidos en el artículo 105 de la Ley del Suelo y se acordará mediante resolución motivada, según cuanto se dispone en el siguiente artículo del presente texto.

Artículo 6. *De la determinación de unidad reparcelable. 1. La unidad reparcelable se propondrá por los propietarios si hubieran tenido la iniciativa de la actuación, y en todo caso, se acordará por el Ayuntamiento u Órgano urbanístico competente, previa citación personal de los demás propietarios si se tratara de un proyecto presentado por alguno de ellos, y con los requisitos de los artículos 32 y 105 de la Ley del Suelo.*

2. El señalamiento de unidad de reparcelación podrá constituir una de las determinaciones del proyecto de reparcelación, y, en su caso, del Plan parcial o proyecto de compensación, facultándose para su tramitación con los mismos.

3. En el perímetro, excepcionalmente, podrán incluirse superficies discontinuas separadas en el espacio, siempre que concurran las circunstancias a que se refiere el artículo 104, número 2, apartados a) y b), de la citada Ley.

4. En su caso, se cumplirá lo dispuesto en el número 2 del artículo anterior.

Artículo 7. *De la superficie mínima. 1. Los propietarios de fincas cuyo valor o superficie aportada no alcance el mínimo suficiente para obtener por reparcelación una finca edificable resultante de la Ordenación podrán agruparse y solicitar que se les adjudique una en comunidad, si procediere.*

2. En todo caso, el Órgano actuante podrá establecer el régimen de comunidad obligatoria previsto en el artículo 81-3, d) de la Ley del Suelo.

3. Las parcelas que constituyan unidad mínima e indivisible se determinarán, en cuanto a su extensión, en el mismo expediente, a los efectos de los artículos 78 y concordantes de dicha Ley. Los diferentes edificios que se construyan sobre las parcelas mínimas podrán constituir fincas registrales independientes sin necesidad de licencia de segregación y cualquiera que sea la superficie del solar.

Artículo 8. *De las fincas excluidas de reparcelación. 1. Podrán excluirse de la reparcelación de oficio o a solicitud de los interesados:*

a) Las fincas edificadas que se ajusten al planteamiento o declaradas «fuera de ordenación».

b) Los solares; y

c) Los inmuebles en los que concurran circunstancias muy singulares de carácter histórico, artístico o monumental, previo informe, en su caso, de la Dirección General de Bellas Artes.

2. En la exclusión de fincas a solicitud de los particulares deberá constar el consentimiento de los titulares del inmueble o inmuebles que se pretenda excluir y, además, el de los que representen como mínimo el 50 por 100 de la superficie de la zona delimitada. En todo caso, el Órgano actuante apreciará la conveniencia de la exclusión, y, si procede, la acordará.

3. La exclusión se acordará en la aprobación inicial de la reparcelación o en la definitiva. En este último supuesto, sin embargo, no podrá originar modificaciones en los derechos u obligaciones de los demás propietarios. La exclusión, en todo caso, será motivada.

4. Los titulares de finca excluida que se beneficien de la reparcelación o de las obras de urbanización satisfarán la indemnización sustitutiva y los gastos de formalización correspondientes en la misma proporción que los demás propietarios y conforme a lo dispuesto en el artículo 36 de este Reglamento. No satisfarán dicha indemnización los propietarios de fincas catalogadas y sometidas a la legislación especial relativa al tesoro artístico, histórico y monumental.

CAPÍTULO III. DE LAS NORMAS DE ACTUACIÓN

Artículo 9. *De los criterios de reparcelación. 1. La reparcelación se verificará en consideración al valor de las fincas aportadas al conjunto por cada interesado, señalado en virtud de su condición urbanística conforme al presente Reglamento.*

2. No obstante, si la valoración del suelo fuera uniforme por su calificación y clasificación urbanística, podrá atenderse sólo a la superficie correspondiente.

3. Si todos los propietarios y titulares de derechos reales inscritos lo convinieren, podrá utilizarse cualquier otro procedimiento de redistribución, siempre que tengan la libre disposición de sus bienes y derechos.

4. Los interesados podrán solicitar el cambio de fincas cuya adjudicación prevea el proyecto, siempre que lo soliciten todos los directamente afectados y no exista daño posible a tercero. El cambio se acordará si procede, en la resolución aprobatoria de la reparcelación con carácter definitivo, o, en otra complementaria, que podrá adoptarse mientras aquélla no sea firme.

Artículo 10. *De la valoración de las fincas aportadas. 1. El suelo aportado a la reparcelación se clasificará y calificará, según los criterios de la Ley del Suelo y disposiciones concordantes, conforme a la situación urbanística inmediatamente anterior al planeamiento que se ejecute.*

2. A cada una de las fincas se le asignará un valor concreto en pesetas o en unidades convencionales, que determinará, en relación con el total de la zona reparcelable, el coeficiente para reconocimiento de derechos y adjudicación de las fincas resultantes.

3. Las edificaciones que deban derruirse y las obras, plantaciones, instalaciones u otros elementos no se computarán en el valor del inmueble a efectos de la reparcelación. Se valorarán independientemente, conforme a los criterios de la legislación de expropiación forzosa, autorizándose la aplicación del procedimiento de «tasación conjunta» conforme a las disposiciones que lo regulan.

4. El justiprecio de los bienes señalados en el párrafo anterior se estimará gasto de urbanización y se satisfará al propietario interesado con cargo al proyecto, salvo lo dispuesto en el artículo 3.º número 4, de este Reglamento.

Artículo 11. *De la valoración de las fincas resultantes. 1. Las fincas que hayan de adjudicarse por reparcelación se valorarán en la forma determinada en el artículo anterior y de acuerdo con el planeamiento que se ejecute. El coste de la edificación, con referencia al correspondiente volumen, será señalado a efectos valorativos conforme al Anexo de Coeficientes de la Ley del Suelo.*

2. Si los plazos de edificación obligatoria de los solares oscilaran en más de dos años, se tendrá en cuenta, al participar su valoración, dicha circunstancia, estimándose de menor valor aquel que deba edificarse en período más corto, sin que en ningún caso las diferencias puedan exceder del 20 por 100.

3. En cumplimiento de lo dispuesto en este artículo y en el anterior, se fijarán, en su caso, módulos de valoración.

4. Cuando para la práctica de la reparcelación se valoren en metálico las fincas o derechos durante el período de información pública a que se refiere el artículo 23 de este Reglamento, los interesados podrán alegar defecto en la valoración de las fincas adjudicables por ser inferior a la real y proponer la que estimen adecuada conforme a lo dispuesto en el artículo 97-2 de la Ley del Suelo, con oferta de adquisición, que se acordará en su caso, en la aprobación definitiva.

5. Para ejercitar el derecho a que se refiere el apartado anterior, únicamente estará legitimado el interesado que acredite que la valoración realizada le causa en perjuicio superior al sexto. La oferta de adquisición deberá concretarse en pesetas. El Órgano actuante, a la vista de las alegaciones, podrá modificar la valoración efectuada y acordar, en su caso, la adjudicación en favor del solicitante, con el efecto de subrogación total en los derechos y obligaciones correspondientes a la finca adquirida. El solicitante, al formular la propuesta, deberá acreditar que ha depositado en establecimiento público destinado al efecto, el 20 por 100 del precio ofrecido, y consignará la totalidad del mismo en el plazo de quince días, a partir de la fecha en que se lo notifique la adjudicación para la posterior formalización de la misma.

Artículo 12. *De las normas de adjudicación. 1. En la adjudicación de las nuevas fincas se tendrá en cuenta lo dispuesto en el artículo 81-3 de la Ley del Suelo. En su virtud, se procurará atribuir a cada propietario la mayor superficie posible de sus primitivas parcelas y la integridad de los edificios construidos que se acomoden al planeamiento vigente o sean declarados «fuera de ordenación» en los supuestos de los artículos 48 y 49 de aquella Ley.*

2. Cuando se hubiere reducido el valor de las fincas aportadas a unidades convencionales según módulos establecidos, la adjudicación se practicará entre los titulares de aquéllas en la forma que el Órgano actuante determine.

3. Por acuerdo con el propietario interesado, el pago por reparcelación podrá realizarse mediante la constitución de un derecho de superficie, de propiedad horizontal o cualquier otro, o por adjudicación de finca sita fuera de la zona.

4. Las diferencias existentes se compensarán a metálico.

Artículo 13. *De la comunidad de reparcelación. 1. Conforme a lo dispuesto en el artículo 81-3, d) de la Ley del Suelo, cuando las fincas resultantes de la reparcelación sean inferiores en número a las aportadas, el Órgano que la aprobare podrá constituir sobre las fincas reparceladas o sobre alguna de ellas una copropiedad, en la que se reconocerá a los comuneros la cuota indivisa de valor que corresponda.*

2. Los propietarios a quienes no interese la adjudicación de cuota podrán en el plazo que al efecto se señale, y que no será inferior a un mes, solicitar la expropiación y pago en metálico de su derecho, cuya valoración se ajustará al planeamiento que se ejecute. Si el Órgano actuante no acordara la adquisición a su favor en el plazo de un mes, se considerará beneficiaria la Entidad urbanística colaboradora si la hubiere, o, en su defecto, los propietarios según su derecho, que podrán notificar en un plazo igual al concedido al Órgano actuante su decisión de adquirir. Transcurrido dicho término, y a solicitud del propietario, se enajenará en pública subasta notarial ante la propia Corporación.

CAPÍTULO IV. DEL PROCEDIMIENTO

Artículo 14. *De la iniciativa y competencia. 1. El procedimiento de reparcelación se incoará de oficio por los Ayuntamientos u otros Organismos urbanísticos o a instancia de todos o algunos de los propietarios, conforme al artículo 3.º de este Reglamento.*

2. La tramitación y resolución del expediente corresponde:

a) A los Ayuntamientos; y

b) A los demás Órganos urbanísticos por subrogación, conforme a los artículos 5.º y concordantes de la Ley del Suelo o en virtud de otras disposiciones.

3. Con reserva de lo establecido en normas especiales, cuando la reparcelación afecte a bienes municipales podrá tramitar el expediente el Ayuntamiento, correspondiendo su resolución a la Comisión Provincial de Urbanismo.

Artículo 15. *De la solicitud de los propietarios. 1. Los propietarios podrán solicitar la reparcelación del Ayuntamiento u Órgano urbanístico competente en los supuestos señalados por la Ley del Suelo, en otras normas especiales o en este Reglamento.*

2. Si solicitada la reparcelación por alguno de los propietarios que alegare causa el Ayuntamiento no adoptara acuerdo dentro del término de tres meses, bien ordenando su trámite o desestimando la pretensión en resolución motivada, podrá instarse de la Comisión Provincial de Urbanismo que reclame el expediente municipal. La Corporación deberá remitirlo en el plazo de un mes para su tramitación y resolución por la citada Comisión, conforme al artículo 5.º apartado 4.º de la Ley del Suelo.

3. Se aplicará lo dispuesto en el número anterior cuando, incoando el procedimiento, no se terminare en el plazo de seis meses, a no mediar causas excepcionales debidamente justificadas, conforme al artículo 61-1, de la Ley de Procedimiento Administrativo.

Artículo 16. *De la zona en reparcelación. 1. En el acuerdo de aprobación inicial de un Plan parcial o, en su defecto, en acuerdo que deberá adoptarse en el plazo de un mes como máximo a partir de la vigencia de aquél, se dividirá el territorio que comprenda en polígonos y manzanas conforme al artículo 104 de la Ley del Suelo, dictándose las oportunas normas generales de actuación urbanística para la ejecución. Si el acuerdo fuere específico, se cumplirá lo dispuesto en el artículo 105 de la Ley del Suelo.*

2. Si se hubiere previsto la reparcelación, el Ayuntamiento u Organismo urbanístico competente podrá tomar la iniciativa para tramitarla, a cuyo efecto adoptará el acuerdo motivado que corresponda.

3. El acuerdo declarará la zona delimitada en «estado de reparcelación» y precisará la ordenación en cuya virtud haya de ejecutarse.

4. El acuerdo se someterá a información pública por plazo de un mes, y a tal efecto se publicará en el tablón de anuncios del Ayuntamiento, en el del Órgano urbanístico en su caso, en el «Boletín Oficial» de la provincia y en el del Ayuntamiento, si lo tuviere; se insertará en extracto en dos periódicos de los de la localidad, si los hubiere, y, en su defecto, de la capital de la provincia, sin perjuicio de poder utilizar además cualquier otro medio de difusión.

5. En el anuncio se requerirá a los propietarios y demás interesados para que presenten un proyecto de reparcelación en plazo no inferior a tres meses a partir de la inserción de aquél en el «Boletín Oficial» de la provincia. Se advertirá que si no lo presentaren será redactado de oficio.

6. Los servicios municipales prestarán en lo posible asistencia técnica a los interesados.

Artículo 17. *De la reclamación contra el acuerdo de reparcelación. 1. El acuerdo de declaración de una «zona en estado de reparcelación» tendrá la consideración de acto de trámite, sin perjuicio de que pueda impugnarse su procedencia al recurrir contra el acto aprobatorio de la reparcelación.*

2. Con independencia de lo dispuesto en el número anterior, los interesados podrán solicitar las rectificaciones que estimen oportunas y alegar lo que a su derecho convenga.

Artículo 18. *Del proyecto presentado por los interesados. 1. Si se presentare un proyecto de reparcelación que afecte a un solo interesado o a varios que prestaren su conformidad, se aprobará, en su caso, con la tramitación señalada en el artículo 23 de este Reglamento y reducción de los plazos a la mitad.*

2. Si se denegare la aprobación en el caso previsto en el número anterior, en el acuerdo deberá constar:

a) Los defectos observados, y si fueren susceptibles de ello, forma y plazo para subsanarlos; y

b) Caso de no estimarse subsanables, se concederá un plazo, no inferior a tres meses, para la presentación de un nuevo proyecto ajustado a las directrices y condiciones que concretamente se determinen en el acuerdo.

Artículo 19. *De la reparcelación de oficio. Transcurrido el plazo señalado en virtud del artículo 16-5 de este Reglamento para la presentación del proyecto sin que se hubiere formulado éste adecuadamente o denegada la aprobación del* *nuevo proyecto cuando el primero fuera rechazado, el Ayuntamiento o, en su caso, el Órgano urbanístico, conforme a lo dispuesto en los artículo 5.º y 196 de la Ley del Suelo, lo redactará de oficio en el plazo máximo de seis meses.*

Artículo 20. *De la documentación del expediente. 1. En el expediente de reparcelación deberán constar los documentos y determinaciones siguientes:*

a) Memoria justificativa de la actuación y de la delimitación de la zona, en la que se consignará la situación urbanística anterior al planeamiento que se ejecute.

b) Plano del Plan Parcial de Ordenación que haya de ejecutarse, con indicación expresa del Órgano que la aprobare y su fecha, en el que consten las fincas edificables, viales, zonas verdes, espacios libres y superficies reservadas para edificios y servicios públicos, en su caso.

c) Plano de información del estado de las propiedades en la zona, en el que constarán los linderos y superficies de las fincas afectadas y las edificaciones existentes, consignándose también la calificación y clasificación urbanística de las fincas.

d) Relación de propietarios afectados, con expresión de nombre, apellidos, domicilio y fincas de su pertenencia, y los mismos datos respecto de los titulares de derechos reales y situaciones jurídicas sobre las fincas, indicándose los de inscripción en el Registro de la Propiedad. Si hubiere propietarios desconocidos, se hará constar así en el expediente.

e) Relación de viales afectados por la actuación, y, en su caso, de vías pecuarias u otros bienes en situación jurídica patrimonial especial, a cuyo efecto se hará constar que el Organismo al que corresponda la administración o tutela de dichos bienes ha sido notificado de las actuaciones.

f) Plano conjunto de la zona, en el que se consignará la adjudicación de fincas reparceladas, con expresión de extensión, situación y volumen, o, en su caso, altura de las construcciones de las fincas edificables, viales y otras superficies citadas en el apartado b).

g) Plano superpuesto de información y adjudicación.

h) Criterios de valoración conforme a la Ley del Suelo y su anexo de coeficiente en cuanto al suelo. También se indicarán los utilizados para valorar los derechos y los elementos existentes en los inmuebles.

i) Las bases generales de la actuación.

2. Los planos se redactarán a escala 1:500 ó 1:1.000, según la superficie afectada. Cuando las fincas reparceladas fueren rústicas, el plano podrá ser de escala 1:2.000.

3. En los planos constarán las fincas numeradas y debidamente relacionadas, con el fin de coordinar los de información y adjudicación, y de forma que se reflejen también en la relación de propietarios y titulares.

4. Con lo dispuesto en los números anteriores se entenderá cumplida la exigencia del apartado 2.º del artículo 41 de la Ley del Suelo, sin perjuicio de que una vez aprobada la reparcelación se completen los documentos exigidos por dicho artículo si fuere necesario.

Artículo 21. *De la certificación y nota de afección. 1. Aprobado inicialmente el proyecto, el Organismo actuante recabará de oficio o a instancia de parte certificación de titularidad y cargas de las fincas afectadas, a cuyo fin aportará los datos necesarios para la identificación de los inmuebles. La certificación podrá solicitarse asimismo una vez declarada la zona «en estado de reparcelación».*

2. El Registrador expedirá la certificación y extenderá la nota marginal prevenida a efectos expropiatorios en el artículo 32, regla primera, del Reglamento Hipotecario; y en el asiento se hará constar Organismo actuante en la reparcelación y fecha del acuerdo. Si los inmuebles no constaren inscritos, se extenderá anotación preventiva, en la que se consignará la descripción de aquéllos y referencia al expediente de reparcelación. La anotación caducará y será cancelada de oficio o a instancia de parte a los tres años de su fecha, sin perjuicio de que el órgano actuante pueda acordar su prórroga por un plazo igual.

3. Los interesados que hagan constar su derecho en el Registro de la Propiedad con posterioridad a la fecha de dichos asientos no tendrán que ser citados preceptivamente en el expediente.

Artículo 22. *De los acuerdos especiales. 1. El Órgano competente para aprobar la reparcelación, no obstante lo dispuesto en el número 1 del artículo 27, podrá:*

a) Autorizar la edificación según el Plan vigente y sobre finca propia en volumen no superior al que corresponda en la reparcelación que se tramite y a cuenta de la misma, siempre que no se haya acordado o previsto la adjudicación de cuotas indivisas de valor o salvo que aquella parte de la superficie se hubiere exceptuado de dicho sistema; y

b) Una vez aprobado definitivamente el proyecto de urbanización, realizar adjudicación parcial de determinadas fincas y autorizar en ellas la edificación a favor de la empresa urbanizadora, en los supuestos previstos por el artículo 42 de este Reglamento. La adjudicación parcial no podrá exceder del 75 por 100 de lo que corresponda a la empresa urbanizadora por su aportación.

2. La enajenación de las fincas a que se refiere este artículo, antes de la aprobación definitiva de la reparcelación, exigirá previa autorización del Órgano actuante, que se otorgará cuando se presten garantías económicas suficientes.

3. Si hubieren de satisfacerse cuotas de urbanización, se consignará su cuantía, y, en su defecto, la obligación de satisfacerlas, al concederse la autorización.

4. Las autorizaciones para edificar según el presente artículo, deberán completarse con la licencia correspondiente conforme al artículo 166 de la Ley del Suelo.

Artículo 23. *De la tramitación. 1. Aprobado inicialmente el proyecto de reparcelación, lo que implicará la declaración de la zona en estado de reparcelación si antes no se hubiere acordado, se notificará a los interesados y se someterá a información pública durante un mes.*

2. En cumplimiento de la información pública, se insertarán anuncios en el «Boletín Oficial» de la provincia y en el del Ayuntamiento, si lo hubiere, y se expondrán en el tablón del Ayuntamiento y en el del Órgano actuante si fuere otro. En dichos anuncios constará la delimitación de la zona y el lugar y circunstancias en que podrá examinarse el proyecto.

3. Se notificará la aprobación a los interesados a que se refiere el artículo 20-1, d) de este Reglamento y a los arrendatarios, inquilinos u ocupantes de los inmuebles. Y, en su caso, se estará a lo dispuesto en el artículo 25-2 de este Reglamento.

4. Transcurrido el plazo y examinadas las alegaciones, previo informe de los servicios jurídicos y de los técnicos, si los hubiere en la Corporación, y, en su defecto, del Secretario Letrado o Letrado y Arquitecto hábiles para emitirlo, el Órgano actuante otorgará, en su caso, la aprobación definitiva con las modificaciones pertinentes si procedieren.

5. Los Ayuntamientos elevarán a la Comisión Provincial de Urbanismo, a través de la Delegación provincial del Ministerio de la Vivienda, copias de los acuerdos de aprobación inicial y, en su caso, definitiva de las reparcelaciones que tramiten.

Artículo 24. *De las circunstancias del acuerdo de reparcelación. 1. El acuerdo que apruebe definitivamente la reparcelación contendrá, según los casos, las circunstancias y requisitos siguientes, que podrán consignarse en anexo al mismo:*

a) Descripción de la superficie reparcelada.

b) Descripción de los inmuebles incluidos, haciendo constar: naturaleza, situación, linderos y extensión, con referencia a lo que resulte del Registro de la Propiedad y a la descripción técnica, según los planos unidos al expediente. Si los inmuebles no constaren inmatriculados, se consignará dicha descripción técnica. También se precisará el número de la finca en el plano de información, si constare. Y en cuanto sea posible se describirán los viales, vías pecuarias u otros bienes afectados en situación especial.

c) Cargas, gravámenes y situaciones jurídicas que pesaren sobre las fincas afectadas con referencia a dicho Registro y especificación de las que deban pasar por subrogación a las nuevas fincas o cancelarse.

d) Relación de propietarios y, en su caso, de los titulares de dichos derechos, en que se consignará: nombre, apellidos, edad, circunstancias del cónyuge, domicilio y vecindad civil y circunstancias de las personas jurídicas, según resultare del expediente.

e) Título de adquisición de cada finca o derecho, si constaren.

f) Descripción de la finca formada por agrupación, que se inscribirá por reparcelación o se inmatriculará, en todo o en parte, en virtud de dicho título, a favor del Órgano de la apruebe y como trámite formal para las segregaciones, con expresión de los interesados. Cuando la reparcelación se hubiera solicitado por todos los interesados el asiento de agrupación se practicará a favor de los mismos.

g) Relación numérica y justificación de los coeficientes aplicados para la reparcelación tanto en cuanto el valor o superficie de las fincas aportadas como respecto al volumen de edificabilidad de las reparceladas.

h) Descripción, con los requisitos citados en el apartado b), de los inmuebles que se segreguen de la agrupada y se adjudiquen a cada uno de los titulares, y, en su caso, a la empresa urbanizadora. Se precisará, si constare, el uso urbanístico y el volumen de edificación, determinándose igualmente el estado de cargas.

i) Se consignará que el resto de la finca agrupada que no deba quedar en situación jurídica especial conforme a este Reglamento quedará inscrito a favor del respectivo Ayuntamiento, con obligación de dedicarlo al destino previsto en el planeamiento y gravado con la condición resolutoria de reversión si se modificare aquél, en los términos prevenidos por el artículo 90-2 de la Ley del Suelo. Esta inscripción se practicará una vez inscritas las segregaciones mediante presentación de la copia señalada en el artículo 34-5 de este Reglamento, en la que constará de forma genérica o específica una referencia a los viales, espacios libres, parques u otras superficies incluidas en dicho resto.

j) Se harán constar las referencias a la cuota de urbanización si la hubiere, y al pago de los gastos de reparcelación.

k) Se consignarán los plazos de edificación de los solares resultantes.

l) Se especificarán las fincas que por su extensión sean «parcelas mínimas», sin perjuicio de lo dispuesto en el artículo 7.º-3 de este Reglamento.

ll) Se establecerán, si procediere, normas sobre atribución y uso de espacios libres aledaños a los solares edificables, formen o no una sola finca con éstos.

m) Podrán regularse, con efectos reales, las nuevas situaciones jurídicas derivadas de la Ordenación ejecutada, tales como régimen de patios comunes, servidumbres y recíprocas, zonas de estacionamiento y otras análogas.

n) Podrá establecerse asimismo el Estatuto de Limitaciones que regulen con carácter real: ubicación de los edificios, altura, tipo de construcción, destino, normas sobre conservación de espacios libres y demás semejantes. Las determinaciones señaladas en los apartados m) y n), inscritas en el Registro de la Propiedad y contrarias a las de derecho necesario, incluidas en planeamiento aprobado con posterioridad, podrán cancelarse por acuerdo firme del Órgano urbanístico competente; y

ñ) Las demás circunstancias que procedan.

2. Se consignará en el acuerdo la referencia circunstanciada a los planos de información y adjudicación incorporados al expediente, con indicación del autorizante y la fecha.

Artículo 25. *De la notificación del acuerdo. 1. El acuerdo por el que se apruebe definitivamente la reparcelación se notificará a todos los interesados a que se refiere el artículo 20-1 d), de este Reglamento y se publicará en extracto* *en el «Boletín Oficial» de la provincia y en el del Ayuntamiento si lo hubiere. También se notificará a los arrendatarios inquilinos u ocupantes de los inmuebles.*

2. Cuando no constaren los domicilios o hubiere interesados desconocidos o incomparecientes, se estará a lo dispuesto en el artículo 2.º-2 de este Reglamento, en relación con el 80-3 de la Ley de Procedimiento Administrativo.

Artículo 26. *De los recursos específicos contra los acuerdos. 1. Contra los acuerdos municipales recaídos en expediente de reparcelación podrá interponerse recurso de alzada ante la Comisión Provincial de Urbanismo, según el artículo 220 de la Ley del Suelo, salvo lo dispuesto en el número siguiente.*

2. Conforme a lo dispuesto en el artículo 81 de dicha Ley, el propietario que por cualquier concepto alegare lesión superior a un sexto podrá interponer directamente recurso de alzada ante el Ministerio de la Vivienda, con efectos suspensivos.

3. Si la citada Comisión actuara por subrogación, su acuerdo será recurrible en alzada ante el Ministerio de la Vivienda.

4. De conformidad con lo previsto en el artículo 226 de la referida Ley, los actos aprobatorios de la reparcelación no serán recurribles jurisdiccionalmente salvo a los fines determinados en dicho precepto.

5. Los acuerdos en cuya virtud se desestimare la solicitud de reparcelación, una vez que hayan causado estado en vía gubernativa, serán recurribles jurisdiccionalmente conforme a la legislación general.

CAPÍTULO V. DE LOS EFECTOS GENERALES

Artículo 27. *De los efectos del acuerdo de reparcelación. 1. La declaración de una zona en estado de reparcelación y, en su defecto, la aprobación inicial del proyecto autorizará para suspender la concesión de licencias de edificación conforme a lo previsto en el artículo 22 de la Ley del Suelo. En todo caso, podrán realizarse obras de conservación previa licencia municipal, conforme el régimen general.*

2. Extendidas la nota marginal o la anotación preventiva a que se refiere el artículo 21 del presente Reglamento, la transmisión de finca afectada por la reparcelación o la constitución de derechos sobre la misma no alterará en ningún caso su situación urbanística en cuanto al expediente, aplicándose el artículo 7.º del Reglamento de la Ley de Expropiación Forzosa.

Artículo 28. *De la obligación de los afectados y de las situaciones registrales. 1. Los propietarios y titulares de derechos afectados por la reparcelación están obligados a exhibir los títulos que posean y declarar las situaciones jurídicas que conozcan y afecten a sus fincas. La omisión dolosa o la falsedad en estas declaraciones dará lugar a responsabilidad por daños y perjuicios que se causen, y, en su caso, a las acciones penales pertinentes.*

2. Cuando existiere discordancia entre los títulos y la realidad físico-jurídica de alguna finca en cuanto a superficie, linderos, construcciones u otras circunstancias, los interesados aportarán los datos catastrales y los documentos o pruebas necesarios para su más exacta descripción. Dichos documentos serán informados por los Servicios Técnicos y los Jurídicos, conforme a lo previsto en el artículo 23-4 de este Reglamento. El acuerdo de reparcelación será suficiente para la rectificación de los datos prescriptivos de las fincas en el Registro, salvo que constare anotación preventiva de demanda referente a las mismas.

3. Citado el titular registral conforme a este Reglamento, si no compareciere en el expediente, se entenderán las actuaciones con el Ministerio Fiscal, y la nueva finca se adjudicará e inscribirá a favor de aquél, salvo que otra persona justificara en el expediente su mejor derecho de propiedad sobre el inmueble.

4. La adjudicación e inscripción de la nueva finca se practicará a favor del que acredite, mediante documento fehaciente, ser causahabiente del titular registral, siempre que haya comparecido en el expediente, sin formular oposición dicho titular según Registro.

5. En el caso de que el titular registral, debidamente citado conforme a este Reglamento, no compareciese, si el Ministerio Fiscal no formulara oposición, se adjudicará e inscribirá la finca a favor de quien hubiera justificado su derecho conforme al apartado anterior, siempre que la última inscripción de la finca aportada tenga más de treinta años de antigüedad. Cuando dicho propietario justifique, mediante documento público, traer causa directa del titular registral, se practicará la inscripción a su favor, aun cuando la última sea de menor antigüedad.

6. También se practicará tal inscripción a favor del expresado dueño aunque el asiento contradictorio sea de menor antigüedad y no probara documentalmente traer su derecho del titular registral, siempre que, citado éste conforme al presente Reglamento, no compareciera ni se opusiera el Ministerio Fiscal, y por el órgano actuante se estimara acreditado el derecho de aquél a que se le adjudique la finca por reparcelación. En este caso, la inscripción producirá plenos efectos, sin perjuicio de los derechos del titular registral de la finca aportada; y la cancelación de esta limitación procederá a instancia de cualquier interesado al cumplirse treinta años desde la última inscripción de la finca aportada o mediante alguno de los procedimientos de reanudación del tracto o en virtud de resolución judicial firme que así lo ordene.

7. En los supuestos de los números 4 a 6, en el acuerdo y en la inscripción se consignarán, si constaren, las transmisiones realizadas.

8. El título de reparcelación será bastante para inmatricular en el Registro las fincas, aunque alguna aportada no figura inscrita en todo o en parte, siempre que en el documento consten las circunstancias prevenidas en este Reglamento. De la inscripción de inmatriculación se publicarán los correspondientes edictos, pero no estará sometida aquélla a la limitación de efectos del artículo 207 de la Ley Hipotecaria.

9. Cuando existiere doble inmatriculación de todo o parte de una finca identificada, se entenderán las actuaciones con el Ministerio Fiscal; se extenderán las notas a que se refiere este Reglamento en el folio registral de cada uno de los inmuebles, y en el acuerdo se reservarán a los interesados las acciones oportunas, haciéndolo constar en el asiento del nuevo inmueble adjudicado por reparcelación, que se practicará «a favor de quien acredite mejor derecho» sobre la finca.

Artículo 29. *De las cesiones obligatorias: efectos. 1. Los proyectos y acuerdos de reparcelación, con referencia a la correspondiente Ordenación, determinarán, en su caso, los viales, parques, jardines, zonas de aparcamiento y, en general, los terrenos de cesión obligatoria en la proporción señalada por el artículo 3.º-1 g), de la Ley del Suelo o en otras disposiciones. Asimismo, determinarán y precisarán la extensión reservada para edificios o servicios públicos si se hallaren previstos. Conforme al artículo 129 de la Ley del Suelo, estas superficies habrán de ser adquiridas mediante pago por quien corresponda atendida su finalidad.*

2. A efectos del cálculo de adjudicación del total de la superficie reparcelada se deducirá la extensión a que se refiere el apartado anterior.

3. Las superficies deducidas no serán computables a los efectos de alegar lesión superior al sexto, siempre que afecten por igual a todos los propietarios interesados.

4. Cuando por virtud del planeamiento las cesiones obligatorias de terrenos en el conjunto de la zona a reparcelar superen los máximos de tal carácter establecidos en las Leyes, la diferencia se valorará conforme a la Ley del Suelo y será objeto de expropiación. A tal fin, el expediente de reparcelación tendrá a todos los efectos legales el carácter de expediente expropiatorio.

5. No obstante lo dispuesto en el número anterior, si el proyecto de reparcelación fuere de iniciativa particular, los interesados deberán ofrecer con carácter gratuito la totalidad de las superficies de cesión obligatoria que en el planeamiento se señalen, sin limitación. En otro supuesto se aplicará a los que no se adhieran al proyecto el sistema de expropiación.

6. Lo dispuesto en este artículo se entiende sin perjuicio de la facultad de pedir la reparcelación de unidad superior conforme al artículo 5-2 de este Reglamento.

Artículo 30. *De la efectividad de la cesión y de las obras de urbanización. 1. La aprobación definitiva de la reparcelación producirá la cesión al Ayuntamiento de todos los terrenos destinados a dominio y uso público municipal, que serán inscritos conforme señalan los artículo 28 y concordantes de este Reglamento.*

2. La superficie de suelo de dominio y uso público municipal existente en la zona a reparcelar se entenderá compensada por los nuevos viales y otros terrenos de dicho carácter resultantes de la reparcelación, conforme al apartado anterior.

3. Asimismo, dicha aprobación definitiva implicará la subrogación de los viales de dominio público u otras superficies en situación jurídica especial por las que, si procede, se hayan situado sobre la zona reparcelada, de conformidad con el planeamiento en intervención, en su caso, de los Servicios competentes. Cuando el suelo se halle adscrito al servicio de algún Departamento, informará éste sobre el destino de la finca reparcelada.

4. Las obras de urbanización correspondientes serán sufragadas por los propietarios, de acuerdo con el proyecto legalmente aprobado.

Artículo 31. *De las cargas, gravámenes y situaciones jurídicas. 1. Las cargas, gravámenes y situaciones jurídicas de carácter real que consten registrados pasarán por subrogación real sobre las nuevas fincas resultantes de la reparcelación, quedando libres en todo caso los terrenos de cesión obligatoria.*

2. A tal fin, una vez aprobado inicialmente el proyecto, se citará a los titulares de los derechos señalados en el apartado anterior, conforme al artículo

23-3 de este Reglamento; y si dentro del plazo concedido, no inferior a un mes, no formularen oposición, se producirá la subrogación por ministerio de la Ley al aprobarse definitivamente la reparcelación.

3. Si se planteara divergencia entre los interesados respecto de la vigencia o valoración de los respectivos derechos, se entenderán las actuaciones de reparcelación con el Ministerio Fiscal, según el artículo 5.º de la Ley de Expropiación Forzosa. En la inscripción de la nueva finca se hará constar aquella circunstancia, sin perjuicio de que los interesados litiguen entre sí en el juicio correspondiente.

4. Los interesados podrán, conforme a lo dispuesto en el artículo 82-4 de la Ley del Suelo, acudir al Juzgado de Primera Instancia para que resuelva sobre la transformación de las cargas no susceptibles de subrogación real, valorándolas conforme a la Ley del Suelo para convertirlas en crédito garantizado con hipoteca sobre las nuevas fincas. En ningún caso se interrumpirá la tramitación del expediente, entendiéndose las actuaciones en lo pertinente con el Ministerio Fiscal. Por igual procedimiento se resolverá, si no hubiere acuerdo, la distribución de los gravámenes entre las fincas de un mismo propietario.

5. Las servidumbres prediales incompatibles con la nueva ordenación serán expropiadas, valorándose conforme a los preceptos generales, y su justiprecio se satisfará con cargo a los gastos de proyecto. Las inscritas en el Registro de la Propiedad se cancelarán en virtud del título de reparcelación, que a tal fin las mencionará expresamente. La valoración se realizará de oficio o a instancia de los interesados al efectuar la prevista en el artículo 10 de este Reglamento. En caso de desconocerse entonces su existencia podrá valorarse con posterioridad, sin detenerse por ello la tramitación.

Artículo 32. *De los arrendamientos e indemnizaciones. 1. Los arrendamientos existentes sobre fincas rústicas y solares y sobre las edificaciones que deban derruirse quedarán extinguidos por la aprobación definitiva de la reparcelación. A tal efecto, en el acuerdo constará, si procediere, indicación expresa de dichos edificios.*

2. Conforme a lo previsto en el artículo 4.º, apartado 1.º, de la Ley de Expropiación Forzosa, se seguirá expediente incidental para fijar la indemnización correspondiente, que satisfará el propietario de la finca.

3. El desahucio y lanzamiento tendrán carácter administrativo, conforme al artículo 54 del Reglamento de Expropiación Forzosa. El órgano actuante decre-

tará y efectuará aquéllos en los plazos y condiciones señalados en el artículo 53 de dicho texto.

4. La indemnización por traslado de industria que haya de satisfacerse al propietario de ésta, sea o no el mismo de la finca, se señalará conforme a las reglas generales de la expropiación forzosa y se satisfará con cargo a los gastos del proyecto, aplicándose lo previsto en el artículo 3.º-4.

CAPÍTULO VI. DE LA FORMALIZACIÓN DE LA REPARCELACIÓN

Artículo 33. *De la escritura de reparcelación. 1. Cuando el propietario único o los varios interesados de fincas que integren la totalidad de una zona delimitada soliciten la reparcelación podrán otorgar escritura en la que se formalice aquélla, con las consiguientes operaciones jurídicas de agrupación, formación de nuevas parcelas, segregaciones, imposición de servidumbres, declaraciones de obra nueva y establecimiento de reglas o estatutos que afecten a la propiedad con fines de conservación de las urbanizaciones y demás pertinentes, que a todos los efectos se considerarán «actos de reparcelación».*

2. Se acompañarán los planos de información y adjudicación a que se refiere el presente Reglamento.

3. Realizada la tramitación y aprobada por el Órgano actuante, la escritura producirá los efectos de acuerdo firme de reparcelación conforme al artículo 82 de la Ley del Suelo y a este Reglamento.

4. En los demás supuestos, los propietarios, o en caso la entidad urbanística colaboradora, podrán otorgar escritura en que consten los requisitos y circunstancias señalados en el artículo 24, sometiéndola a la tramitación y aprobación del Órgano urbanístico competente.

Artículo 34. *Del certificado del acuerdo de reparcelación y su inscripción. 1. Firme el acuerdo de reparcelación, el Órgano actuante expedirá certificación literal de aquél y de sus anexos, que se entenderán como parte integrante del mismo. También se unirán a la misma los planos generales de información y adjudicación.*

2. En virtud de la certificación, y conforme al artículo 82 de la Ley del Suelo y a este Reglamento, se practicarán en el Registro de la Propiedad los asientos necesarios para reflejar la nueva situación física y jurídica de las fincas mediante la agrupación prevista en el artículo 24 de este Reglamento. El título tendrá eficacia inmatriculadora para los inmuebles no inscritos y respecto de los excesos de cabida, según el artículo 28-8 y cancelatoria, en su caso. Se archivarán en el Registro copias de la certificación y de los planos.

3. Inscrita la agrupación, el Registrador devolverá el título con la correspondiente nota al Órgano actuante, que a su vez lo remitirá al Notario a cuyo distrito pertenezca la zona reparcelada, o al que por turno corresponda, para su protocolización. Si se estimara conveniente podrá asimismo remitirle planos parciales de adjudicación de las fincas reparceladas.

4. El Notario expedirá para cada propietario copia parcial autorizada del acuerdo de reparcelación, en la que se describirán las fincas y se consignarán la titularidad y cargas y las circunstancias oportunas. La copia, acompañada del plano general de adjudicación o del parcial de la finca adjudicada, se inscribirá en el Registro de la Propiedad, practicándose bajo nuevo número la segregación de la matriz agrupada.

5. Se remitirá al Órgano actuante copia del acta de protocolización en la que conste la referencia a las operaciones practicadas en el Registro y en cuya virtud se realizará, en su caso, la inscripción del resto a que se refiere el artículo 24-i) de este Reglamento. Asimismo se remitirá copia a los servicios correspondientes para su reflejo en los documentos fiscales.

Artículo 35. *De las superficies no tituladas. 1. Las fincas identificadas no inmatriculadas en el Registro de la Propiedad y cuyo propietario sea desconocido se incluirán en la agrupación, y en pago de las mismas se adjudicará la finca o cuota-parte indivisa que corresponda. Se consignarán dichas circunstancias en el acuerdo y se seguirán las actuaciones con el Ministerio Fiscal conforme al artículo 2.º.*

2. Las fincas así reparceladas se inscribirán a nombre del Órgano actuante para ser adjudicadas a quien acredite ser su dueño.

3. Transcurridos cinco años desde la inscripción en la forma señalada sin que sean reivindicadas, se enajenarán en pública subasta, y el precio se consignará en la Caja Central de Depósitos a disposición de quien acredite ser su titular.

4. No obstante, si se tratara de cuota-parte indivisa, a petición de algunos de los cotitulares podrá adjudicarse a los mismos, en proporción a sus respectivos derechos, por la valoración señalada en el expediente de reparcelación, sin esperar al transcurso del indicado plazo.

5. La superficie que no se hubiere adjudicado en virtud de la reparcelación por no haberse identificado ni acreditado la titularidad de la aportada quedará formando parte del resto de la finca matriz, y el Órgano actuante podrá disponer de la misma como fondo regulador.

6. Transcurridos cinco años desde la firmeza del acuerdo aprobatorio se enajenará en pública subasta, y el producto se destinará a la constitución del Patrimonio Municipal del Suelo.

CAPÍTULO VII. DE LAS INDEMNIZACIONES COMPLEMENTARIAS

Artículo 36. *De la indemnización sustitutiva. 1. A efectos de lo dispuesto en el artículo 3.º, número 2, apartado d), de la Ley del Suelo, todas las fincas incluidas en el perímetro de la zona de reparcelación, aunque se excluyan de ésta, quedan afectadas al pago de los gastos de la urbanización.*

2. En consecuencia, cuando determinada finca fuere excluida conforme al artículo 8.º de este Reglamento, habrá lugar a la imposición de la indemnización sustitutiva mediante la aportación por su titular a los gastos de urbanización en la forma, cuantía y condiciones señaladas por el mismo.

3. La indemnización sustitutiva comprenderá la parte proporcional en todos los gastos de urbanización de la zona reparcelada que corresponda al valor del suelo de la finca excluida.

4. La citada cuota se fijará, si no existiere acuerdo con el interesado, mediante el procedimiento señalado para la determinación de justiprecio en la legislación de Expropiación Forzosa.

5. De conformidad con el artículo 114 de la Ley del Suelo, podrá repercutirse la imposición sobre los arrendatarios en los términos prevenidos para las mejoras en la Ley de Arrendamientos Urbanos.

Artículo 37. *De la indemnización compensatoria. 1. Los propietarios de fincas colindantes con el límite de la zona de reparcelación y no incluidas en la misma a quienes beneficien en todo o en parte las obras de urbanización satisfarán la cuota correspondiente de los gastos de aquélla en la proporción en que se hubieren beneficiado y de conformidad con lo dispuesto en los artículo 117 y 183-1 de la Ley del Suelo y concordantes.*

2. Con esta finalidad, el órgano actuante podrá acordar la imposición y distribución de la cuota correspondiente mediante resolución motivada y con los trámites señalados en el artículo 32 de la citada Ley.

3. La indemnización compensatoria podrá repercutirse sobre los arrendatarios, según lo dispuesto en el artículo anterior.

CAPÍTULO VIII. DE LAS ENTIDADES URBANÍSTICAS COLABORADORAS Y SU RÉGIMEN

Artículo 38. *De la naturaleza y fines de las Entidades Urbanísticas Colaboradoras. 1. Conforme a lo dispuesto en los artículos 80, 124 y concordantes de la Ley del Suelo, el Órgano competente, según el artículo 14 de este Reglamento, podrá aprobar o imponer la constitución de Entidades Urbanísticas de Compensación, personas jurídicas colaboradoras del Órgano bajo cuya tutela actúen o que controle su gestión. Dichas Entidades tendrán carácter jurídico-administrativo. La imposición procederá únicamente cuando se declare obligatoria la reparcelación.*

2. El proyecto que se apruebe para aplicar el «Sistema de Compensación» deberá incluir, en su caso, la constitución de la Entidad Urbanística y sus Estatutos.

3. Los propietarios afectados por un Plan parcial de ordenación podrán constituir voluntariamente una Entidad Urbanística Colaboradora, que podrá tener por objeto practicar la reparcelación de los terrenos y todas las operaciones relacionadas con la urbanización, como la ejecución de obras, constitución de Sociedades mercantiles para dichas finalidades, defensa de los intereses de los propietarios y los demás objetivos previstos por la Ley del Suelo y este Reglamento, incluso la edificación.

Artículo 39. *De la constitución. 1. Las Entidades Urbanísticas a que se refiere este Reglamento gozarán de personalidad jurídica desde la inscripción del acuerdo aprobatorio del Órgano competente en el Registro General de Entidades Urbanísticas Colaboradoras, que llevará la Dirección General de Urbanismo.*

2. En dicho Registro las Entidades figurarán numeradas correlativamente, y en el mismo se harán constar mediante incorporación a los respectivos expedientes de copia autorizada de los documentos siguientes:

a) El acuerdo de constitución con los Estatutos.

b) Los acuerdos de modificación de éstos.

c) Los nombramientos y ceses de las personas encargadas del gobierno y administración de la Entidad.

d) Los acuerdos de disolución.

e) Las Memorias de actuación anuales.

f) Cualesquiera otros que afecten con carácter relevante a la vida de la Entidad.

3. Las citadas Entidades se inscribirán también en el Registro Mercantil de su domicilio si hubieren de emitir obligaciones o lo estimaran conveniente, mediante certificación del Órgano competente en que consten las menciones citadas en el número anterior bajo los apartados a), b) y c).

Artículo 40. *De las facultades. 1. Las Entidades Urbanísticas Colaboradoras tendrán personalidad propia y plena capacidad jurídica con arreglo a lo dispuesto en el Ley del Suelo, en el presente Reglamento y en los Estatutos de la respectiva Entidad.*

2. La incorporación de los propietarios a la Entidad no presupone, salvo pacto en contrario, la transmisión a la misma del dominio de los inmuebles afectados a los resultados de la gestión común.

3. Las Entidades podrán adquirir, poseer y enajenar los bienes de su patrimonio, conforme a este Reglamento. Las Entidades de Compensación actuarán como fiduciarias, con poder dispositivo sobre las fincas pertenecientes a los asociados incluidas en la zona, con arreglo a lo que se dispone en los números siguientes.

4. En virtud de lo dispuesto en el artículo 127-1 de la Ley del Suelo, las Entidades Urbanísticas de Compensación podrán concertar créditos para realizar obras de urbanización con garantía hipotecaria de las fincas afectadas en la zona. Si se emitieren títulos se cumplirá lo dispuesto para constitución de hipotecas en garantía de los transmisibles por endoso o al portador en los artículos 154 de la Ley Hipotecaria y concordantes.

5. La constitución de gravámenes y la enajenación podrán llevarse a cabo por los Órganos de la Entidad en representación de ésta siempre que así conste previsto en sus Estatutos y además lo consientan todos los interesados; y, en su defecto, que lo autorice en cada caso el Órgano actuante en resolución motivada. El acuerdo se adoptará con las determinaciones correspondientes de las señaladas en el artículo 24 y con los efectos registrales prevenidos en este Reglamento.

Artículo 41. *De los Estatutos. 1. Los Estatutos de las Entidades Urbanísticas Colaboradoras contendrán, cuando menos, las circunstancias siguientes:*

a) Nombre, domicilio, objeto y fines.

b) Órgano bajo cuyo control actúe.

c) Expresión de la zona a que se refiere la actuación que constituye su objeto.

d) Duración.

e) Condiciones o requisitos para la incorporación a la Entidad, que no podrán ser más gravosos para unos propietarios que para otros.

f) Órganos de gobierno y administración, forma de designarlos y sus facultades. Si la Entidad fuese mixta corresponderá la presidencia al Alcalde o al Jefe del Órgano urbanístico competente o persona en quien deleguen.

g) Requisitos de la convocatoria de los Órganos de gobierno y administración y de adopción de los acuerdos, quórum mínimo y la forma de computación de los votos, que deberán ser proporcionales al derecho o interés económico de cada asociado. Los cotitulares de una finca o derecho habrán de designar una sola persona para el ejercicio de sus facultades como asociado, respondiendo solidariamente frente a la Entidad de cuantas obligaciones dimanen de su condición. Si no designaren representante en el plazo que al efecto se señale lo nombrará el Órgano actuante.

h) Medios económicos y reglas para fijar las aportaciones, tanto ordinarias como extraordinarias. Si la Entidad se hubiere constituido con carácter obligatorio a petición de los propietarios de más del 60 por 100 de la superficie, las aportaciones del resto no podrán exigirse hasta que aquéllos hubieren desembolsado el 60 por 100 de las que les correspondan para sufragar el coste de la urbanización, salvo acuerdo en contrario del Órgano actuante.

i) Recursos procedentes contra los acuerdos de la Entidad; y

j) Normas sobre su disolución y liquidación.

2. Cuando se otorgare escritura por todos los interesados en la misma podrán insertarse los Estatutos, conforme a lo dispuesto en este Reglamento.

Artículo 42. *De la incorporación de Empresas urbanizadoras. 1. A las Entidades Urbanísticas Colaboradoras podrán incorporarse, a solicitud de los intere-*

sados o por acuerdo del Órgano actuante si se hubiera declarado la reparcelación obligatoria, Empresas urbanizadoras que aporten total o parcialmente los fondos necesarios para urbanizar el suelo en las condiciones que se determinen. En tal supuesto, la compensación por la aportación podrá satisfacerse en solares, cuya adjudicación tendrá a todos los efectos legales la consideración de acto de reparcelación. Los propietarios que se comprometan a sufragar los gastos de urbanización y presten la adecuada garantía serán excluidos a los efectos de adjudicación de solares en pago de la aportación de la Empresa.

2. La valoración de la aportación de la Empresa se determinará en virtud del coste presupuesto en el proyecto de urbanización detallado que apruebe el órgano que hubiere acordado la incorporación de aquélla, y que podrá tramitarse con el proyecto de reparcelación. No obstante, todos los interesados, de común acuerdo, podrán señalar una valoración distinta. La Empresa deberá garantizar su gestión en la forma y cuantía que determine el Órgano actuante.

3. Las normas que regulen la incorporación determinarán si el señalamiento del valor se practica a riesgo y ventura de la Empresa, o, por el contrario, la forma de establecer las modificaciones y su reconocimiento en los derechos de la Empresa como miembro de la Entidad Urbanística Colaboradora.

4. El valor de la zona urbanizada a efecto del señalamiento de cuotas de interés se compondrá por la suma de valor del suelo, el coste de la urbanización y, en su caso, de los gastos ocasionados por la actuación y gestión urbanística.

5. Terminada la urbanización, si su coste real fuere inferior al previsto y no se hubiera establecido lo contrario, se compensará a los propietarios del suelo en porción a su cuota de valor si procediere.

6. Si por el contrario dicho coste excediere de las cifras presupuestadas, se satisfará la diferencia a la Empresa urbanizadora con cargo a los beneficios de la Entidad si los hubiere, y en su defecto, por derrama entre los propietarios en proporción a su derecho salvo la previsión señalada en el número siguiente.

7. Cuando para la compensación intervengan titulares del suelo y Empresa que anticipe los gastos de urbanización y a la que hayan de adjudicarse solares, deberá reservarse un porcentaje del volumen edificable no superior al 10 por 100 del total para hacer frente a las diferencias de coste, del que sólo podrá disponer la Entidad previa autorización del órgano actuante. Esta reserva no tendrá lugar si la incorporación se verifica a riesgo y ventura, y podrá sustituirse mediante garantía real o aval bancario.

CAPÍTULO IX. DE LA NORMALIZACIÓN DE FINCAS

Artículo 43. *De la rectificación de límites y normalización de fincas. 1. Los Ayuntamientos u otros Organismos urbanísticos, conforme a este Reglamento, por propia iniciativa o a solicitud de parte interesada, podrán acordar o imponer la rectificación de límites para normalizar la configuración de fincas en superficie inferior a manzana.*

2. La normalización procederá cuando mediante la misma pueda realizarse la edificación de una finca conforme a la Ordenación vigente o resolver la falta de accesos, desproporción de dimensiones, configuración inadecuada u otras circunstancias análogas. Asimismo procederá si voluntariamente lo acordaren todos los interesados. Con carácter excepcional podrá acordarse para corregir situaciones de abuso de derecho.

3. En ningún caso podrá imponerse la normalización cuando por la misma el valor de las fincas o el volumen edificable resultare alterado en proporción superior al 15 por 100, sin perjuicio de tramitar y aprobar la reparcelación si procediere.

4. Los propietarios a quienes no beneficie directamente la normalización no vendrán obligados a satisfacer cantidad alguna por causa de la misma.

Artículo 44. *Del procedimiento de normalización. 1. El propietario de finca que no sea edificable por alguna de las circunstancias previstas en el número 2 del artículo anterior podrá solicitar del Ayuntamiento u otro Órgano urbanístico competente, conforme al artículo 14 de este Reglamento, la normalización de su inmueble con los colindantes susceptibles de aquélla. No podrán sujetarse a la normalización obligatoria los inmuebles ya edificados conforme al planeamiento o declarados fuera de Ordenación.*

2. Se acomodará a la solicitud una memoria, la certificación acreditativa de titularidad y cargas de las fincas afectadas y plano a escala 1:500 de toda la superficie que se estime debe ser normalizada.

3. El Órgano actuante notificará a los propietarios y titulares de cargas de los otros inmuebles la pretensión del solicitante para que en plazo no inferior a un mes acuerden con el peticionario la forma y condiciones de la normalización.

4. En caso de falta de avenencia, si el Órgano actuante estimare procedente la normalización lo acordará con los criterios establecidos para la reparcelación en este Reglamento y con reducción a la mitad de los plazos previstos.

5. Los acuerdos de normalización serán recurribles en los mismos supuestos y se inscribirán y producirán iguales efectos que los de reparcelación.

CAPÍTULO X. DISPOSICIONES GENERALES

Artículo 45. *De las cuotas de urbanización. 1. Conforme al artículo 114 de la Ley del Suelo, las obras de urbanización deberán satisfacerse por los propietarios.*

2. En el expediente y acuerdo de reparcelación deberá incluirse, en su caso, la imposición de la cuota para sufragar las obras previstas en el proyecto, conforme al artículo 132 de dicha Ley o mediante otra fórmula legal.

3. Si las obras se realizaren por el Ayuntamiento u otro Órgano urbanístico los interesados podrán satisfacer su coste mediante la cesión de solares en la forma y condiciones que se determinen en el proyecto o en acuerdo específico adoptado al efecto.

4. Las cuotas serán proporcionales a los derechos reconocidos según el valor de cada finca.

5. La imposición de cuota tendrá efecto de carga real sobre el inmueble, se hará constar en el Registro de la Propiedad en virtud de certificación del acuerdo firme del Órgano actuante, conforme a este Reglamento, y su ejecución, caso de impago, se llevará a efecto por el procedimiento de apremio administrativo.

6. Cuando excepcionalmente no se impusiere cuota en el acuerdo aprobatorio de la reparcelación, o se aplazare el pago de aquélla, en todo o en parte, se consignarán dichas circunstancias en el título y en el Registro por nota marginal. En todo caso, deberá constar la cantidad máxima por la que responderá el respectivo inmueble.

7. La afección registral a que se refiere el número anterior quedará pospuesta automáticamente a toda garantía constituida para gozar de los beneficios otorgados a la construcción de viviendas de protección oficial, y será cancelada cuando se acredite el pago de la cuota, y, en todo caso, transcurridos cinco años desde su fecha, siempre que en el Registro no conste nada en contrario.

8. Asimismo el Órgano actuante podrá autorizar la constitución de hipoteca en garantía de créditos en supuestos distintos de los previstos en el número anterior y con iguales efectos.

Artículo 46. *De los beneficios de reparcelación. 1. Se aplicarán los beneficios fiscales de la Ley del Suelo, conforme a los preceptos que lo determinen, a las zonas reparceladas. Asimismo se aplicarán los señalamientos por la Ley de Reforma del Sistema Tributario, número 41/1964, de 11 de junio.*

2. El Órgano que apruebe la reparcelación consignará, en su caso, en el acuerdo pertinente que se han cumplido los supuestos cuya realidad es determinante del derecho a los citados beneficios.

3. Con el fin de precisar si existe desproporción entre el costo de la urbanización y el valor de los tributos objeto del beneficio para su ampliación, según el artículo 189-3 de la Ley del Suelo, se computará, además de los gastos de obras de urbanización, el valor de los terrenos cedidos conforme a este Reglamento.

Artículo 47. *De los gastos de reparcelación. 1. Todos los gastos de formalización de la reparcelación, incluso los de la agrupación, correrán a cargo, conforme el artículo 84 de la Ley del Suelo, de los propietarios, según el valor de sus fincas.*

2. El Organismo actuante podrá exigir anticipo de los gastos presupuestados.

3. En ningún caso se entregará el título de adjudicación de finca reparcelada sin que se acredite haber satisfecho los citados gastos.

Artículo 48. *De la conservación de zonas verdes y espacios libres. 1. La conservación de las zonas verdes y espacios libres de uso público en una zona reparcelada será de cargo de los interesados en tanto no transcurra el plazo de los beneficios que en virtud de la urbanización y con fundamento en la Ley del Suelo y disposiciones concordantes se hayan concedido. El Órgano que apruebe la reparcelación podrá acordar e imponer las normas de conservación oportunas.*

2. Los Ayuntamientos u Órganos que les sustituyan podrán percibir las cuotas de conservación correspondientes, salvo que los propietarios constituidos en asociación asuman la obligación de realizar aquélla y la garanticen durante el plazo a que se refiere el número anterior.

3. En caso de impago de las cuotas se aplicará el procedimiento de apremio administrativo, conforme al artículo 211 de la Ley del Suelo. Si se incumpliere la obligación de conservar se subrogará en ella el Ayuntamiento, que podrá aplicar dicho procedimiento.

4. Lo establecido en los números anteriores se ajustará a cuanto se disponga en las normas reglamentarias de desarrollo de los artículos 189 a 193 de la Ley del Suelo.

DISPOSICIONES ADICIONALES

Primera. *A todos los efectos legales los actos ejecutados en virtud de este Reglamento tendrán el carácter de actos de reparcelación.*

Segunda. *Las referencias de este Reglamento a acuerdos municipales se entenderán a los de la Comisión Permanente, Ejecutiva o de Gobierno, según los casos, si se hallaren constituidas, y en su defecto, a los del Pleno. Corresponderá al Alcalde, en su caso, acordar la incoación del procedimiento, así como la impulsión de los expedientes.*

DISPOSICIONES TRANSITORIAS

Primera. *Los expedientes de reparcelación que se hallaren en trámite en la fecha de entrada en vigor de este Reglamento se adaptarán de oficio o a instancia de parte a sus disposiciones.*

Segunda. *Las reparcelaciones en curso de ejecución cuyo régimen hubiera sido establecido por Decreto se ajustarán a lo establecido en éste, aplicándose con carácter subsidiario el presente Reglamento.*

DISPOSICIÓN FINAL

Quedan derogados los preceptos de igual o inferior rango que se opongan a lo dispuesto en este Reglamento y se autoriza al Ministro de la Vivienda para que dicte las normas necesarias para el desarrollo y ejecución del mismo.

12. Reglamento de Disciplina Urbanística para el desarrollo y aplicación de la Ley sobre Régimen del Suelo y Ordenación Urbana[1], aprobado por Real Decreto 2187/1978, de 23 de junio[2]

(BOE núm. 223, de 18 de septiembre de 1978)

TÍTULO I. INTERVENCIÓN DE LA EDIFICACIÓN Y USO DEL SUELO

CAPÍTULO I. DE LAS LICENCIAS

SECCIÓN 1ª Actos sujetos, competencia y procedimiento

Artículo 1. Estarán sujetos a previa licencia, sin perjuicio de las autorizaciones que fueren procedentes con arreglo a la legislación específica aplicable, los siguientes actos:

1. Las obras de construcción de edificaciones e instalaciones de todas clases de nueva planta.

1 El Real Decreto 304/1993, de 26 de febrero, aprobó la tabla de vigencias del presente Reglamento, en ejecución de la disposición final única del Texto Refundido de la Ley sobre Régimen del Suelo y Ordenación Urbana, aprobado por Real Decreto Legislativo 1/1992, de 26 de junio, declarando la derogación de los siguientes preceptos: 12; 13; 14; 15; 16; 34.3; 36.2 y 3; 37; 42; 43; 53; 54.2; 56; 64; 65.2; 92.1, y 94. En la medida, sin embargo, en que esta tabla de vigencias pudiera estar afectada por la Sentencia del Tribunal Constitucional 61/1997, de 20 de marzo, anuladora de diversos preceptos del Texto Refundido de la Ley sobre Régimen del Suelo y Ordenación Urbana, aprobado por Real Decreto Legislativo 1/1992, de 26 de junio, se ha optado por incluir el texto formalmente derogado, aunque resaltado a través de cursiva. Por otra parte, ha de tenerse en cuenta la incidencia que sobre este Reglamento de Disciplina Urbanística han podido tener la Ley 6/1998, de 13 de abril, sobre Régimen de Suelo y Valoraciones, la Ley 8/2007, de 28 de mayo, de Suelo, o el Texto Refundido de la Ley de Suelo, aprobado por Real Decreto Legislativo 2/2008, de 20 de junio.

2 Su artículo único establece:
«Se aprueba el Reglamento de Disciplina Urbanística para el desarrollo y aplicación de la Ley sobre Régimen del Suelo y Ordenación Urbana, cuyo texto se inserta a continuación.»

2. Las obras de ampliación de edificios e instalaciones de todas clases existentes.

3. Las de modificación o reforma que afecten a la estructura de los edificios e instalaciones de todas clases existentes.

4. Las de modificación del aspecto exterior de los edificios e instalaciones de todas clases existentes.

5. Las obras que modifiquen la disposición interior de los edificios, cualquiera que sea su uso.

6. Las obras que hayan de realizarse con carácter provisional a que se refiere el apartado 2 del artículo 58 del texto refundido de la Ley del Suelo, en adelante Ley del Suelo.

7. Las obras de instalación de servicios públicos.

8. Las parcelaciones urbanísticas.

9. Los movimientos de tierra, tales como desmontes, explanación, excavación y terraplenado, salvo que tales actos estén detallados y programados como obras a ejecutar en un Proyecto de Urbanización o de Edificación aprobado o autorizado.

10. La primera utilización u ocupación de los edificios e instalaciones en general.

11. Los usos de carácter provisional a que se refiere el apartado 2 del artículo 58 de la Ley del Suelo.

12. El uso del vuelo sobre las edificaciones e instalaciones de todas clases existentes.

13. La modificación del uso de los edificios e instalaciones en general.

14. La demolición de las construcciones, salvo en los casos declarados de ruina inminente.

15. Las instalaciones subterráneas dedicadas a aparcamientos, actividades industriales, mercantiles o profesionales, servicios públicos o cualquier otro uso a que se destine el subsuelo.

16. La corta de árboles integrados en masa arbórea que esté enclavada en terrenos para los que exista un Plan de Ordenación aprobado.

17. La colocación de carteles de propaganda visibles desde la vía pública.

18. Y, en general, los demás actos que señalen los Planes, Normas u Ordenanzas.

Artículo 2. 1. Cuando los actos de edificación y uso del suelo y aquellos otros previstos en este Reglamento se realizaren por particulares en terrenos de dominio público, se exigirá también licencia, sin perjuicio de las autorizaciones o concesiones que sea pertinente otorgar por parte del ente titular del dominio público.

2. La falta de autorización o concesión o su denegación impedirá al particular obtener la licencia y al órgano competente otorgarla.

Artículo 3. 1. Las licencias se otorgarán de acuerdo con las previsiones y determinaciones de la Ley del Suelo, de los Planes de Ordenación Urbana y Programas de Actuación Urbanística y, en su caso, de las Normas Complementarias y Subsidiarias del Planteamiento o de las Normas y Ordenanzas reguladoras sobre uso del suelo y edificación.

2. Toda resolución que otorgue o deniegue licencia deberá ser motivada.

Artículo 4. 1. El procedimiento de otorgamiento de las licencias se ajustará a lo establecido en la legislación de Régimen Local.

2. En todo expediente de concesión de licencia costará informe técnico y jurídico, cuando la Entidad otorgante cuente con los servicios correspondientes o le sea posible contar con los de la Entidad comarcal o metropolitana en que esté integrada. Si la Diputación Provincial tuviese establecido servicio de asistencia urbanística a los Municipios, podrá solicitar el Ayuntamiento informe del mismo, si no contase con servicios técnicos o jurídicos propios.

Artículo 5. 1. En ningún caso se entenderán adquiridas por silencio administrativo facultades en contra de las prescripciones de la Ley del Suelo, de los Planes de Ordenación, Programas, Proyectos y, en su caso, de las Normas Complementarias y Subsidiarias de Planeamiento o de las Normas y Ordenanzas reguladoras sobre uso del suelo y edificación.

2. Cuando, en el supuesto del número anterior, el peticionario de la licencia ejecute las determinaciones del proyecto, no habrá lugar a indemnización a su favor si se ordenare posteriormente la suspensión de actividades o la demolición de lo realizado.

Artículo 6. La competencia para otorgar las licencias corresponderá al Ayuntamiento, salvo en los casos previstos por la Ley del Suelo.

SECCIÓN 2ª De los actos promovidos por órganos del Estado o Entidades de Derecho público que administren bienes estatales

Artículo 7. 1. Los actos relacionados en el artículo 1 que se promuevan por órganos del Estado o Entidades de Derecho público que administren bienes estatales estarán igualmente sujetos a licencia municipal.

2. Si el proyecto afectare a varios Municipios, la licencia habrá de solicitarse de todos ellos simultánea o sucesivamente.

Artículo 8. 1. Cuando razones de urgencia o excepcional interés público lo exijan, el Ministro competente por razón de la materia podrá acordar la remisión al Ayuntamiento o Ayuntamientos correspondientes del proyecto de que se trate, para que, en el plazo de un mes, notifiquen la conformidad o disconformidad con el planeamiento urbanístico en vigor, entendiéndose que si en dicho plazo no se manifiesta una disconformidad expresa, se considerará que existe conformidad al proyecto por parte del Ayuntamiento.

2. La notificación de la conformidad o el transcurso del plazo a que se refiere el número anterior habilitará, sin más, a la Administración interesada para la ejecución del proyecto de que se trate.

3. En caso de disconformidad que necesariamente habrá de ser motivada, el expediente se remitirá por el Departamento interesado al Ministerio de Obras Públicas y Urbanismo, quien lo elevará al Consejo de Ministros, previo informe de la Comisión Central de Urbanismo, en el plazo de tres meses. El Consejo de Ministros decidirá si procede ejecutar el proyecto, y en este caso ordenará la iniciación del procedimiento de modificación o revisión del planteamiento, conforme a la tramitación establecida en la Ley del Suelo.

Artículo 9. 1. El Ayuntamiento podrá, en todo caso, acordar la suspensión de las obras a que se refiere el artículo 1, cuando se pretendiese llevar a cabo en ausencia o en contradicción con la notificación de conformidad con el planteamiento que se establece en el artículo 180,2 de la Ley del Suelo, comunicando dicha suspensión al órgano redactor del proyecto y al Ministro de Obras Públicas y Urbanismo, a los efectos prevenidos en el mismo.

2. Se exceptúan de esta facultad las obras que afecten directamente a la defensa nacional, para cuya suspensión deberá mediar acuerdo del Consejo

de Ministros, previa propuesta del Ministro de Obras Públicas y Urbanismo a solicitud del Ayuntamiento competente e informe del Ministerio de Defensa.

CAPÍTULO II. DE LAS ÓRDENES DE EJECUCIÓN

SECCIÓN 1ª Disposiciones generales

Artículo 10. 1. Los propietarios de terrenos, urbanizaciones, edificaciones y carteles deberán mantenerlos en condiciones de seguridad, salubridad y ornato público.

2. Los Ayuntamientos y, en su caso, los demás Organismos competentes, de oficio o a instancia de cualquier interesado, ordenarán la ejecución de las obras necesarias para conservar las condiciones mencionadas en el párrafo anterior.

3. A tal fin, el Organismo que ordene la ejecución de tales obras concederá a los propietarios o a sus administradores un plazo, que estará en razón a la magnitud de las mismas, para que proceda al cumplimiento de lo acordado; transcurrido el cual sin haberlas ejecutado, se procederá a la incoación del expediente sancionador, con imposición de multa, en cuya resolución, además, se requerirá al propietario, propietarios o a sus administradores a la ejecución de la orden efectuada, que, de no cumplirla, se llevará a cabo por el Organismo requiriente, con cargo al obligado, a través del procedimiento de ejecución subsidiaria previsto en la Ley de Procedimiento Administrativo.

Artículo 11. 1. Los Ayuntamientos y, en su caso, las Diputaciones Provinciales y las *Comisiones Provinciales de Urbanismo* podrán también ordenar, por motivos de interés turístico o estético, la ejecución de obras de conservación y de reforma en fachadas o espacios visibles desde la vía pública, sin que estén previamente incluidas en Plan alguno de Ordenación.

2. Las obras se ejecutarán con cargo a los propietarios si se contuvieran dentro del deber definido en el apartado 1 del artículo 10 o supusieran un aumento de valor para el inmueble y hasta donde éste alcance, y con cargo a los fondos de la Entidad que lo ordene cuando se rebasaren estos límites para obtener mejoras de interés general.

3. En caso de incumplimiento por parte de los propietarios, se estará a lo dispuesto en el apartado 3 del artículo anterior.

SECCIÓN 2ª Del estado ruinoso de las construcciones

Artículo 12. *1. Se entenderá que una construcción está en estado ruinoso cuando en ella concurra alguna de las siguientes causas:*

a) Que el daño que la afecte no sea reparable técnicamente por los medios normales.

b) Que el coste de la reparación sea superior al 50% del valor actual de la construcción o plantas afectadas.

c) Que, junto con la situación de deterioro, existan circunstancias urbanísticas que aconsejen la demolición del inmueble.

2. Igualmente se entenderá que es ruinosa una construcción cuando presente deficiencias que afecten a la salubridad, que no sean subsanables por los medios técnicos normales o cuyo coste de subsanación supere el 50% del valor de la construcción.

Artículo 13. *1. Para apreciar la situación de ruina a que se refiere el apartado b) del número 1 del artículo 12, se precisará una valoración de las obras a realizar y de la totalidad del edificio o parte afectada, al que se aplicará un coeficiente de depreciación por la antigüedad del inmueble. En ningún caso se tendrá en cuenta el valor del solar.*

2. La valoración de las obras se contendrá en un presupuesto por partidas, especificándose las necesarias para mantener la construcción o parte afectada en condiciones de seguridad y, en su caso, de habitabilidad o uso específico, según los criterios técnicos en el momento de realizar la valoración, aunque fueran distintos de los tenidos en cuenta al realizarse la construcción, incluyendo los gastos para las reparaciones higiénico-sanitarias necesarias y los exigidos por la legislación específica vigente respecto a condiciones generales o especiales en función del uso.

Artículo 14. *Se considerará que existen circunstancias urbanísticas para la declaración de ruina cuando la situación de fuera de ordenación aconseje la demolición del inmueble.*

Artículo 15. *A los efectos previstos en el artículo 12.2, se considerarán deficiencias de salubridad que puedan dar lugar, en su caso, a la declaración de ruina la existencia de piezas habitables de dimensiones inferiores a las mínimas establecidas por las Normas u Ordenanzas, la falta de ventilación directa, la* *existencia de patios de ventilación de dimensiones inferiores a las mínimas, la carencia de instalaciones higiénicas, la existencia de humedades en piezas habitables que puedan ser perjudiciales, la defectuosa disposición de las redes interiores de suministros de agua y desagües y cualesquiera otras que produzcan daño o riesgo para la salud de los moradores del inmueble.*

Artículo 16. *1. Sin perjuicio de la acción interdictal, en relación con los edificios ruinosos, no se podrá declarar un inmueble o parte de él en estado de ruina sino en virtud del procedimiento y por las causas establecidas en este Reglamento.*

2. Con la misma salvedad expresada en el párrafo anterior, será competente para declarar el estado de ruina de cualquier construcción o edificación el Ayuntamiento.

Artículo 17. 1. El procedimiento de declaración de ruina podrá iniciarse de oficio o a instancia de cualquier interesado.

2. Se considerarán interesados, entre otros, para iniciar el procedimiento de declaración de ruina a toda persona, natural o jurídica, que alegue daño o peligro de daños propios derivados de la situación actual de la construcción.

3. No obstante lo dispuesto en el número anterior, también podrán formular denuncias sobre la situación de ruina de una construcción cualquier persona física o jurídica, aunque no alegue la existencia de daños o peligros para sí o sus bienes o intereses legítimos.

Artículo 18. 1. La iniciación de oficio del procedimiento de declaración de ruina se acordará por la Administración municipal, como consecuencia del correspondiente informe, emitido por los servicios técnicos.

2. También podrá iniciarse de oficio el procedimiento como resultado de las comprobaciones efectuadas por la Administración en virtud de las denuncias formuladas. A tal efecto, al recibir la denuncia sobre el supuesto de estado ruinoso de una construcción o parte de ella, se podrá acordar la instrucción de una información previa consistente en un informe que emitirán los servicios técnicos municipales, en base al cual se decidirá la incoación del expediente o, en su caso, el archivo de las actuaciones.

Artículo 19. 1. Si el procedimiento se iniciara a instancia de los interesados, se harán constar en el escrito que éstos presenten los datos de identificación relativos al inmueble, el motivo o motivos en que se basa el estado de ruina y la relación de los moradores, cualquiera que fuese el título de posesión, así como titulares de derechos reales sobre el inmueble, si los hubiere.

2. Al escrito de iniciación se acompañará certificado, expedido por facultativo competente, en el que se justifique la causa de instar la declaración de ruina, el estado físico del inmueble, y se acredite asimismo si en el momento de la petición el edificio reúne, a su juicio, condiciones de seguridad y habitabilidad suficientes que permitan a sus ocupantes la permanencia en él hasta que se adopte el acuerdo que proceda.

3. Si el que solicita la declaración de ruina es el propietario del inmueble, acreditará también su titularidad.

Artículo 20. 1. Iniciado el expediente, se pondrá de manifiesto al propietario, a los moradores y a los titulares de derechos reales sobre el inmueble, si los hubiese, dándoles traslado literal de los informes técnicos, para que, en un plazo no inferior a diez días ni superior a quince, prorrogable por la mitad del concedido, aleguen y presenten por escrito los documentos y justificaciones que estimen pertinentes en defensa de sus respectivos derechos.

2. Cuando en el informe técnico presentado por el propietario se alegue existencia de peligro inmediato que pueda producir daño a las personas, se ordenará una inspección técnica, y a la vista de la misma se acordará lo procedente respecto a la habitabilidad del inmueble, el desalojo de sus ocupantes y la demolición de las construcciones. La inspección podrá repetirse cuantas veces se estime oportuno durante la tramitación del expediente y, una vez finalizado, hasta que conste la demolición del inmueble.

Artículo 21. Transcurrido el plazo concedido, los servicios técnicos municipales evacuarán dictamen pericial, previa inspección del inmueble en plazo de diez días.

Artículo 22. 1. Concluso el expediente, los servicios municipales competentes elevarán propuesta con todo lo actuado al órgano que tenga atribuida la competencia para la resolución definitiva.

2. La propuesta deberá redactarse en el plazo de diez días desde que se incorporó al expediente el informe técnico municipal.

3. No podrá exceder de seis meses el tiempo que transcurra desde que se inicie el procedimiento de ruina hasta que se dicte la declaración pertinente, salvo causas debidamente justificadas.

Artículo 23. 1. La resolución del expediente habrá de contener alguno de los pronunciamientos siguientes:

a) Declarar el inmueble en estado de ruina, ordenando la demolición. Si existiera peligro en la demora, la Administración acordará lo procedente respecto al desalojo de los ocupantes.

b) Declarar en estado de ruina parte del inmueble cuando esa parte tenga independencia constructiva del resto, ordenando asimismo su demolición.

c) Declarar que, aun existiendo ruina en una parte del inmueble, ésta no alcanza a cubrir los requisitos para una declaración general, ordenando la ejecución de las obras de reparación necesarias.

d) Declarar que no hay situación de ruina, ordenando las medidas pertinentes destinadas a mantener la seguridad, salubridad y ornato públicos del inmueble de que se trate.

2. En los dos últimos casos del número anterior, el acuerdo determinará las obras necesarias que deba realizar el propietario.

Artículo 24. 1. La resolución del expediente se notificará a todos los que hubieran sido parte en el mismo y a todos los moradores del inmueble, aun que no se hubieren personado.

2. Cuando se hubiese acordado la ejecución de obras, se fijará el término del cual deban iniciarse, con la advertencia de que, de no hacerlo, y de no llevarse a cabo las obras a ritmo normal, la Administración las ejecutará pasando al obligado el cargo correspondiente.

3. Si se acordase la demolición del inmueble, se fijará asimismo el plazo en que haya de iniciarse. Si, además, hubiese peligro o riesgo inminente en la demora, la notificación dirigida a los ocupantes expresará el plazo para el desalojo del inmueble, con apercibimiento de desahucio por vía administrativa.

Artículo 25. La declaración de ruina comportará la inscripción de oficio de la finca afectada en el Registro de Edificación Forzosa, cuando exista.

Artículo 26. 1. Cuando como consecuencia de comprobaciones realizadas por los servicios de la Administración, de oficio o en virtud de denuncia de particulares, o como consecuencia del escrito de la iniciación del expediente de ruina, se estime que la situación de un inmueble o construcción ofrece tal deterioro que es urgente su demolición y existe peligro para las personas o bienes en la demora que supone la tramitación del expediente, el Ayuntamiento o el Alcalde acordarán el desalojo de los ocupantes y adoptarán las medidas referidas a la seguridad de la construcción.

2. A tal efecto, recibida la instancia solicitando declaración de ruina o la denuncia de cualquier persona, se dispondrá con carácter de urgencia una visita de inspección, emitiéndose informe por los técnicos municipales. Los técnicos municipales emitirán informe sobre las condiciones de seguridad y habitabilidad del inmueble, proponiendo, en su caso, la adopción de medidas excepcionales de protección, tales como apeos o apuntalamientos, que hayan de aplicarse con carácter inmediato.

3. El Ayuntamiento o el Alcalde adoptarán la resolución que proceda en plazo de 24 horas desde la recepción de los informes.

Artículo 27. 1. Si el dictamen técnico expresara la posibilidad de continuar ocupándose el inmueble, previa la adopción, si procediere, de medidas de apeo o apuntalamiento, se proseguirá el expediente por los trámites normales.

2. No obstante, se girarán las visitas de inspección que sean necesarias y, al menos, las que se hayan indicado en el informe técnico, por si variaran las circunstancias apreciadas al emitirlo, o aparecieran otras nuevas que aconsejaran una decisión distinta.

3. Finalizado el expediente, se mantendrá la vigilancia en los mismos términos que durante su tramitación, hasta el total desalojo del inmueble.

Artículo 28. 1. La declaración administrativa de ruina o la adopción de medidas de urgencia por la Administración no eximirá a los propietarios de las responsabilidades de todo orden que pudieran serles exigidas por negligencia en los deberes de conservación que les correspondan.

2. Para el reintegro de los gastos hechos por la Administración en la acción sustitutiva de la inactividad de los particulares, en supuestos de órdenes de conservación o de adopción de medidas de seguridad, se seguirá, en su caso, el procedimiento de apremio.

TÍTULO II. PROTECCIÓN DE LA LEGALIDAD URBANÍSTICA

CAPÍTULO I. DE LAS OBRAS QUE SE REALICEN SIN LICENCIA U ORDEN DE EJECUCIÓN O SIN AJUSTARSE A LAS CONDICIONES DE UNA U OTRA

Artículo 29. 1. Cuando los actos de edificación o uso del suelo relacionados en el artículo 1 se efectuasen sin licencia u orden de ejecución, o sin ajustarse a las condiciones señaladas en las mismas, el Alcalde o el Gobernador civil, de oficio o a instancia del Delegado provincial del Ministerio de Obras Públicas y Urbanismo o de la autoridad que en virtud de disposiciones especiales tenga atribuidas sus competencias, dispondrá la suspensión inmediata de dichos actos.

2. El acuerdo de suspensión se comunicará al Ayuntamiento en el plazo de tres días, si aquél no hubiese sido adoptado por el Alcalde.

3. En el plazo de dos meses, contados desde la notificación de la suspensión, el interesado habrá de solicitar la oportuna licencia o, en su caso, ajustar las obras a la licencia u orden de ejecución.

4. Si transcurrido el plazo de dos meses el interesado no hubiera instado la expresada licencia o, en su caso, no hubiese ajustado las obras a las condiciones señaladas en la misma o en la orden de ejecución, el Ayuntamiento acordará la demolición de las obras a costa del interesado y procederá a impedir definitivamente los usos a los que diera lugar. De igual manera procederá si la licencia fuere denegada por ser su otorgamiento contrario a las prescripciones del Plan o de las Ordenanzas.

5. Si el Ayuntamiento no procediera a la demolición en el plazo de un mes, contado desde la expiración del término a que se refiere el número precedente o desde que la licencia fuese denegada por los motivos expresados, el Alcalde o el Gobernador civil dispondrán directamente dicha demolición a costa asimismo, del interesado.

Artículo 30. 1. Cuando la actividad ejecutada sin licencia consistiera en la demolición de una construcción, el Ayuntamiento o, en su caso, el Alcalde o el Gobernador civil ordenarán, si procediese, la reconstrucción de lo indebidamente demolido.

2. Si se trata de edificio o construcción de valor histórico-artístico o incluidos en los Catálogos a que se refiere el artículo 25 de la Ley del Suelo, se

ordenará la paralización de la actividad, y la reconstrucción, en su caso, deberá someterse a las normas establecidas para conservación, restauración y mejora que les sean de aplicación.

3. En todo caso, los costos de reconstrucción seguirán el régimen de los de demolición señalados en el artículo anterior.

4. Cuando se paralice definitivamente la demolición de alguna de las edificaciones o construcciones a que se refiere el número 2 de este artículo, se adoptarán las medidas de seguridad que sean necesarias a costa del titular.

Artículo 31. 1. Siempre que no hubiere transcurrido más de un año desde la total terminación de las obras realizadas sin licencia u orden de ejecución o sin ajustarse a las condiciones señaladas en la misma, el Alcalde o el Gobernador civil, de oficio o a instancia del Delegado provincial del Ministerio de Obras Públicas y Urbanismo, o de la autoridad que en virtud de disposiciones especiales tenga atribuidas sus competencias, requerirán al promotor de las obras o a sus causahabientes para que soliciten, en el plazo de dos meses, la oportuna licencia o ajusten las obras a las condiciones de la otorgada.

2. El requerimiento se comunicará al Alcalde, en el plazo de tres días, si no hubiera sido formulado por el mismo.

3. Si el interesado no solicita la licencia en el plazo de dos meses o si esta fuese denegada por ser su otorgamiento contrario a las prescripciones del Plan o de las Ordenanzas o si no ajustara dentro de dicho plazo las obras a las condiciones de la licencia u orden de ejecución, el Ayuntamiento acordará la demolición de las obras, a costa del interesado, y procederá a impedir definitivamente los usos a los que diera lugar.

4. Si el interesado no procediera a la demolición en el plazo de un mes, contado desde la expiración del término al que se refiere el apartado anterior o desde que la licencia fuese denegada por los motivos expresados, el Alcalde o el Gobernador civil dispondrá directamente dicha demolición, a costa asimismo del interesado.

Artículo 32. 1. A los efectos del presente Reglamento, se considera que unas obras amparadas por licencia están totalmente terminadas:

a) Cuando sean de nueva planta, a partir de la fecha de expedición del certificado final de obras, suscrito por el facultativo o facultativos competentes, y a la falta de este documento, desde la fecha de notificación de la licencia de ocupación o de la cédula de habitabilidad.

b) En los demás casos a partir de la fecha de expedición del certificado final de obras en las condiciones del apartado anterior, a falta de éste, desde que el titular de la licencia comunique al Ayuntamiento la finalización de las obras.

2. En defecto de los citados documentos, se tomará a todos los efectos como fecha de terminación la que resulte de cualquier comprobación de esta situación por parte de la Administración municipal.

Artículo 33. Lo establecido en el presente capítulo se entenderá con independencia de las facultades que correspondan a las autoridades competentes, en virtud del régimen específico de autorización o concesión a que están sometidos determinados actos de edificación y uso del suelo.

CAPÍTULO II. DE LA SUSPENSIÓN DE LOS EFECTOS Y DE LA REVISIÓN DE LICENCIAS

Artículo 34. 1. El Alcalde dispondrá la suspensión de los efectos de una licencia u orden de ejecución y consiguientemente la paralización inmediata de las obras iniciadas a su amparo, cuando el contenido de dichos actos administrativos constituya manifiestamente una infracción urbanística grave.

2. Si el Gobernador civil, de oficio o a instancia del Delegado provincial del Ministerio de Obras Públicas y Urbanismo o de la autoridad que en virtud de disposiciones especiales tenga atribuidas sus competencias apreciare que las obras que se realizan al amparo de una licencia u orden de ejecución constituyen ese mismo tipo de infracción urbanística, lo pondrá en conocimiento de la Corporación Municipal, a fin de que su Presidente proceda según lo prevenido en el número anterior.

3. Si el Presidente de la Corporación Municipal no adoptase las medidas acordadas en el apartado 1 de este artículo en el plazo de diez días, a partir de la comunicación del Gobernador civil, éste, de oficio, acordará la suspensión de los efectos de la licencia u orden de ejecución y la inmediata paralización de las obras.

4. En todo caso, la autoridad que acuerde la suspensión de los efectos de la licencia procederá, en el plazo de tres días, a dar traslado directo de dicho acuerdo a la Sala de lo Contencioso Administrativo competente, a los efectos

prevenidos en los números 2 y siguientes del artículo 118 de la Ley de la Jurisdicción Contencioso Administrativa.

5. Las facultades a que se refieren los números 1, 2 y 3 de este artículo podrán ejercitarse mientras las obras estén realizándose, cualquiera que sea la fecha de otorgamiento de la licencia o de la orden de ejecución.

Artículo 35. 1. Si el Tribunal de la Jurisdicción Contencioso Administrativa, al dictar sentencia, anulase la licencia, la autoridad que suspendió sus efectos ordenará la incoación de expediente sancionador, al objeto de imponer, si procediera, las multas correspondientes a los responsables y adoptar las demás medidas previstas en este Reglamento.

2. Hasta tanto el Tribunal no dicte sentencia, continuará, en su caso, la paralización de las obras, que serán demolidas cuando la autoridad competente lo acuerde, si la sentencia anulase la licencia.

3. Tratándose de licencia u orden de ejecución que autorizase una demolición indebida, anulado el acto administrativo en vía jurisdiccional, la autoridad que suspendió sus efectos ordenará se proceda a la reconstrucción de lo demolido.

Artículo 36. 1. Las Corporaciones Municipales, de oficio o a requerimiento del Gobernador Civil, deberán revisar, a través de alguno de los procedimientos previstos en el artículo 110 de la Ley de Procedimiento Administrativo, las licencias u órdenes de ejecución otorgadas por aquéllas, cuando su contenido constituya manifiestamente alguna de las infracciones urbanísticas graves, siempre que no hayan transcurrido cuatro años desde que fueron adoptados los acuerdos de concesión. El Gobernador civil podrá actuar en estos supuestos bien por su propia iniciativa, bien a solicitud del Delegado provincial del Ministerio de Obras Públicas y Urbanismo o de la autoridad que en virtud de disposiciones especiales tenga atribuidas sus competencias.

2. Anulada la licencia u orden de ejecución, la Corporación acordará la demolición de las obras realizadas en contra de la normativa urbanística aplicable, sin perjuicio de las responsabilidades que sean exigibles conforme a lo dispuesto en la Ley del Suelo y preceptos concordantes de este Reglamento.

3. Si la Corporación Municipal no procediese a la adopción de los acuerdos anteriores en el plazo de un mes desde la comunicación del Gobernador civil, ésta dará cuenta a la Comisión Provincial de Urbanismo, correspondiente que,

a partir de ese momento, se entenderá subrogada de oficio en la competencia municipal para cuanto se refiera al procedimiento de revisión de la licencia u orden de ejecución de que se trate.

Artículo 37. *Subrogada la Comisión Provincial de Urbanismo, en los términos previstos en el artículo anterior, adoptará las siguientes medidas:*

a) Iniciara el procedimiento de revisión de oficio del acto de concesión de licencia u orden de ejecución en los términos previstos en el apartado 2 del artículo 110 de la Ley de Procedimiento Administrativo.

b) Podrá suspender los efectos de la licencia u orden de ejecución si la Corporación no hubiese adoptado tales acuerdos.

c) Cuando proceda, deberá acordar la demolición de las obras.

d) Concluso el procedimiento de revisión, podrá, en su caso, dictar providencia de incoación de expediente sancionador para exigir las responsabilidades e imponer las multas en los términos previstos en la Ley del Suelo y en este Reglamento.

Artículo 38. La procedencia de indemnización por causa de anulación de licencias en vía administrativa o contencioso-administrativa se determinará conforme a las Normas que regula con carácter general la responsabilidad de la Administración.

Artículo 39. En ningún caso habrá lugar a indemnización si existe dolo, culpa o negligencia graves imputables al perjudicado.

CAPÍTULO III. DE LAS OBRAS Y LICENCIAS EN ZONAS VERDES O ESPACIOS LIBRES

Artículo 40. Los actos de edificación o uso del suelo relacionados en el artículo 1 que se realicen sin licencia u orden de ejecución sobre terrenos calificados en el planteamiento como zonas verdes o espacios libres quedarán sujetos al régimen jurídico establecido en el artículo 29 mientras estuvieren en curso de ejecución y al régimen previsto en el artículo 31 cuando se hubieren consumado, sin que tenga aplicación la limitación de plazo que establece el número 1 de dicho artículo.

Artículo 41. 1. Las licencias y órdenes de ejecución que se otorgaren con infracción de la zonificación o uso urbanístico de las zonas verdes o espacios libres previstos en los planes serán nulas de pleno derecho.

2. Mientras las obras estuvieren en curso de ejecución, se procederá a la suspensión de los efectos de la licencia y a la adopción de las demás medidas previstas en los artículos 34 y 35.

3. Si las obras estuvieren terminadas, se procederá de oficio a la declaración de nulidad de las licencias que las amparen por los trámites previstos en el artículo 109 de la Ley de Procedimiento Administrativo.

Artículo 42. *Si las autoridades u órganos a los que se refieren los artículos 29, 31, 34 y 36 no adoptaren las medidas establecidas en dichos preceptos, cuando se produzca alguno de los supuestos previstos en los artículos anteriores de este capítulo, el Delegado provincial del Ministerio de Obras Públicas y Urbanismo dará conocimiento de la situación creada por los mismos al titular del Departamento, el cual podrá ejercitar las facultades y adoptar las medidas correspondientes previstas en los citados preceptos.*

CAPÍTULO IV. DE LA SUSPENSIÓN Y REVISIÓN DE LOS ACTOS Y ACUERDOS MUNICIPALES EN MATERIA DE URBANISMO

Artículo 43. *1. Sin perjuicio del régimen establecido para las licencias y órdenes de ejecución, los acuerdos municipales que constituyeren infracción manifiesta de Normas urbanísticas vigentes podrán ser dejados en suspenso dentro del año siguiente a su notificación o publicación, cuando ésta fuere preceptiva, por los órganos y con el procedimiento y efectos que se prevén en el artículo 34, adoptándose simultáneamente las medidas pertinentes para la efectividad de las disposiciones vulneradas.*

2. Las medidas a las que se refiere el número anterior serán las que establece este Reglamento en cuanto sean de aplicación, sin perjuicio de las previstas en la legislación específica por razón de la materia.

Artículo 44. Las Entidades Locales podrán revisar de oficio sus actos y acuerdos en materia de urbanismo, con arreglo a lo dispuesto en los artículos 109 y siguientes de la Ley de Procedimiento Administrativo.

CAPÍTULO V. OTRAS MEDIDAS TENDENTES A LA PROTECCIÓN DE LA LEGALIDAD EN MATERIA DE LICENCIAS

Artículo 45. Es competencia de la Administración el control y la interpretación de la legalidad urbanística y la determinación y calificación de las infracciones, sin perjuicio de las que le corresponde a los Tribunales de Justicia.

Artículo 46. Los Colegios profesionales que tuvieran encomendado el visado de los proyectos técnicos precisos para la obtención de licencias denegarán dicho visado a los que contuvieran alguna infracción grave y manifiesta de Normas relativas a parcelaciones, uso de suelo, altura, volumen y situación de las edificaciones y ocupación permitida de la superficie de las parcelas.

Artículo 47. 1. Con anterioridad a la solicitud de la licencia ante la Administración municipal, los colegiados presentarán en el Colegio respectivo los proyectos técnicos, con declaración formulada bajo su responsabilidad sobre las circunstancias y normativas urbanísticas de aplicación, pudiendo acompañar la cédula urbanística del terreno o del edificio proyectado, o certificado expedido en forma por el Ayuntamiento, en el que se haga constar las circunstancias urbanísticas de la finca, o cualquier acuerdo o acto administrativo notificado o publicado, que autorice la edificación o uso del suelo, adoptado por la Administración urbanística.

2. En caso de obras del Estado, Organismos autónomos y Entidades Locales, basta la intervención de la Oficina de Supervisión de Proyectos o la aprobación técnica de la Entidad correspondiente.

Artículo 48. Presentado el proyecto técnico ante el Colegio profesional, se estimará que dicho Colegio entiende que no existe alguna de las infracciones urbanísticas a que se refiere el artículo anterior, si no se produce decisión expresa en plazo de veinte días desde la entrada del proyecto en el Colegio.

Artículo 49. 1. La denegación del visado por razones urbanísticas no impedirá al particular interesado presentar el proyecto ante la Administración municipal o el órgano urbanístico competente para otorgar la licencia, alegando cuando estime procedente para justificar la inexistencia de la infracción que sirvió de base para la denegación del visado y solicitando, a la vez, la licencia.

2. En el supuesto previsto en el número anterior, los Colegios profesionales vendrán obligados, a petición del interesado, a entregar los ejemplares del proyecto sometido a visado, haciendo constar las razones urbanísticas que hubieran motivado su denegación.

Artículo 50. 1. La Administración municipal otorgará o denegará la licencia a la vista de cuantos datos e informes obren en el expediente administrativo, y contra su resolución no cabrá otro recurso que el jurisdiccional, previo al de reposición.

2. La resolución por la que se otorgue o deniegue la licencia de construcción se notificará, en todo caso, al Colegio profesional que hubiere intervenido en el trámite del visado del proyecto correspondiente.

TÍTULO III. INFRACCIONES URBANÍSTICAS Y SU SANCIÓN

CAPÍTULO I. DISPOSICIONES GENERALES

SECCIÓN 1ª Infracciones urbanísticas

Artículo 51. 1. Toda actuación que contradiga las Normas o el planteamiento urbanístico en vigor podrá dar lugar a:

1) La adopción por parte de la Administración competente de las medidas precisas para que se proceda a la restauración del orden jurídico infringido y de la realidad física alterada o transformada como consecuencia de la actuación ilegal.

2) La iniciación de los procedimientos de suspensión y anulación de actos administrativos en los que presuntamente pudiera ampararse la actuación ilegal.

3) La imposición de sanciones a los responsables, previa tramitación del correspondiente procedimiento sancionador, sin perjuicio de las posibles responsabilidades de orden penal en que hubieran incurrido.

4) La obligación de resarcimiento de daños e indemnización de los perjuicios a cargo de quienes sean declarados responsables.

2. Las actuaciones previstas en el número anterior se desarrollarán por los órganos y conforme al procedimiento establecido para cada una de ellas, sin perjuicio de las reglas de conexión y compatibilidad que se contienen en los artículos siguientes.

Artículo 52. En ningún caso podrán la Administración dejar de adoptar las medidas tendentes a reponer los bienes afectados al estado anterior a la producción de la situación ilegal. Las sanciones por las infracciones urbanísticas que se aprecien se impondrán con independencia de dichas medidas.

Artículo 53. *1. Constituye infracción urbanística toda vulneración de las prescripciones contenidas en la Ley del Suelo o en los Planes, Programas, Normas y Ordenanzas, sujeta a sanción conforme a lo determinado en el presente Reglamento, de acuerdo con la tipificación que el mismo se establece.*

2. De acuerdo con lo dispuesto en el número anterior, se considerarán infracciones urbanísticas:

a) La vulneración del ordenamiento urbanístico en el otorgamiento de una licencia u orden de ejecución.

b) Las actuaciones que, estando sujetas a licencia u otra autorización administrativa de carácter urbanístico, se realicen sin ella, sean o no legalizables en atención a su conformidad o disconformidad con la normativa urbanística aplicable.

c) Las actuaciones que se realicen en contra de las determinaciones de la licencia, orden de ejecución o autorización administrativa de carácter urbanístico.

3. La sanción administrativa se impondrá con independencia de la valoración penal del hecho por los Tribunales de Justicia, así como de las medidas que los mismos adopten en orden a la reparación de los daños y perjuicios ocasionados por la comisión del acto ilegal.

Artículo 54. 1. Las infracciones urbanísticas se clasifican en graves y leves.

2. Son infracciones graves las acciones u omisiones que, quebrantando el ordenamiento urbanístico, afectan a los bienes e intereses protegidos por el mismo, causándoles un daño directo y de importancia o creando un riesgo cierto e igualmente importante.

3. Tendrán el carácter de graves las infracciones que constituyan incumplimiento de las Normas sobre parcelaciones, uso del suelo, altura, volumen y situación de las edificaciones y ocupación permitida de la superficie de las parcelas, salvo que en el expediente sancionador se demuestre la escasa entidad

del daño producido a los intereses generales, o del riesgo creado en relación con los mismos.

Artículo 55. 1. Son circunstancias que agravan la responsabilidad de los culpables de una infracción urbanística:

1) El haberse prevalido, para cometerla, de la titularidad de un oficio o cargo público, salvo que el hecho constitutivo de la infracción haya sido realizado, precisamente, en el ejercicio del deber funcional propio del cargo u oficio.

2) La utilización de violencia o cualquier otro tipo de coacción sobre la autoridad o funcionario público encargado del cumplimiento de la legalidad urbanística, o mediante soborno.

3) El haberla cometido alterando los supuestos de hecho que presuntamente legitimaren la actuación, o mediante falsificación de los documentos en que se acreditare el fundamento legal de la actuación.

4) El realizarla aprovechándose o explotando en su beneficio una grave necesidad pública o del particular o particulares que resultaren perjudicados.

5) La reiteración y la reincidencia.

2) Son circunstancias cuya concurrencia atenúa la responsabilidad de los culpables de una infracción urbanística:

1) El no haber tenido intención de causar un daño tan grave a los intereses públicos o privados afectados por el hecho ilegal.

2) El haber procedido el culpable a reparar o disminuir el daño causado, antes de la iniciación de las actuaciones sancionadoras.

3. Son circunstancias que, según cada caso, pueden atenuar o agravar la responsabilidad:

1) El mayor o menor conocimiento técnico de los pormenores de la actuación, de acuerdo con la profesión o actividad habitual del culpable.

2) El mayor o menor beneficio obtenido de la infracción o, en su caso, el haberla realizado sin consideración ninguna al posible beneficio económico que de la misma se derivare.

Artículo 56. *Cuando con ocasión de los expedientes administrativos que se instruyan por infracción urbanística se presuma que de los documentos aportados o de la propia infracción se desprenden indicios del carácter de delito o falta del hecho, el órgano competente para imponer la sanción, por sí o a propuesta del instructor del expediente, lo pondrá en conocimiento de los Tribunales de*

Justicia, a los efectos de exigencia de las responsabilidades de orden penal en que hayan podido incurrir los infractores.

SECCIÓN 2ª Personas responsables

Artículo 57. 1. En las obras que se ejecutasen sin licencia o con inobservancia de sus cláusulas serán sancionados por infracciones urbanísticas del promotor, el empresario de las obras y el técnico director de las mismas.

2. En las obras amparadas en una licencia cuyo contenido sea manifiestamente constitutivo de una infracción urbanística grave serán igualmente sancionados: el facultativo que hubiere informado favorablemente el proyecto y los miembros de la Corporación que hubiesen votado a favor del otorgamiento de la licencia sin el informe técnico previo, o cuando éste fuera desfavorable en razón de aquella infracción, o se hubiese hecho la advertencia de ilegalidad prevista en la legislación de Régimen Local.

Artículo 58. Las personas jurídicas serán sancionadas por las infracciones cometidas por sus órganos o agentes y asumirán el coste de las medidas de reparación del orden urbanístico vulnerado, sin perjuicio de las indemnizaciones por daños y perjuicios a terceros a que haya lugar.

SECCIÓN 3ª Reglas para la aplicación de las sanciones

Artículo 59. Las multas que se impongan a los distintos sujetos por una misma infracción tendrán entre sí carácter independiente.

Artículo 60. 1. En el caso de que, en aplicación de los preceptos del presente Reglamento, se instruyera expediente sancionador por dos o más infracciones tipificadas entre las que exista conexión de causa a efecto, se impondrá una sola sanción y será la correspondiente a las actuaciones que supongan el resultado final perseguido, en su cuantía máxima.

2. En los demás casos, a los responsables de dos o más infracciones urbanísticas se les impondrán las multas correspondientes a cada una de las diversas infracciones cometidas.

Artículo 61. Finalizado el plazo determinado por la Administración para que el interesado lleve a cabo las actuaciones de reposición de las cosas al estado anterior a la comisión de la infracción, si dichas actuaciones no se hubieren llevado a cabo, la Administración actuante optará, en el plazo máximo de un mes, entre la ejecución subsidiaria o el otorgamiento de un nuevo plazo para la realización de las actuaciones precisas por el inculpado. El incumplimiento de este nuevo plazo se sancionará con la multa que corresponda a la infracción originaria, impuesta en su grado máximo, y a la apertura del período de un mes para que la Administración opte por conceder nuevo plazo de ejecución por el interesado o por la ejecución subsidiaria. Las sucesivas actuaciones de incumplimiento se resolverán con arreglo a esta misma norma.

Artículo 62. 1. En ningún caso la infracción urbanística puede suponer un beneficio económico para el infractor. Cuando la suma de la sanción impuesta y del coste de las actuaciones de reposición de los bienes y situaciones a su primitivo estado arrojase una cifra inferior a dicho beneficio, se incrementará la cuantía de la multa hasta alcanzar el montante del mismo.

2. En los casos en que la restauración del orden urbanístico infringido no exigiere actuación material ninguna ni existan terceros perjudicados, la sanción que se imponga al infractor no podrá ser inferior al beneficio obtenido con la actividad ilegal.

Artículo 63. 1. Cuando en el hecho concurra alguna circunstancia agravante, la sanción se impondrá siempre en su grado máximo.

2. Si concurriese alguna circunstancia atenuante, la sanción se impondrá en su grado mínimo.

SECCION 4ª Competencia y procedimiento

Artículo 64. *Las autoridades competentes para imponer las multas y las cuantías máximas de éstas serán las siguientes:*

a) Los Alcaldes: En los Municipios que no excedan de diez mil habitantes, cien mil ptas.; en los que no excedan de cincuenta mil habitantes, quinientas mil pesetas; en los que no excedan de cien mil habitantes, un millón de pesetas; en los que no excedan de quinientos mil habitantes, cinco millones de pesetas, y en los de más de quinientos mil habitantes, diez millones de pesetas.

b) Los Gobernadores civiles, previo informe de las Comisiones Provinciales de Urbanismo, hasta veinticinco millones de pesetas.

c) El Ministro de Obras Públicas y Urbanismo, previo informe de la Comisión Central de Urbanismo, hasta cincuenta millones de pesetas.

d) El Consejo de Ministros, a propuesta del de Obras Públicas y Urbanismo y previo informe de la Comisión Central de Urbanismo, hasta cien millones de pesetas.

Artículo 65. 1. Serán competentes para acordar la iniciación del expediente sancionador, además de las autoridades enumeradas en el artículo anterior, los Ayuntamientos, las *Comisiones Provinciales de Urbanismo* y demás Entidades u órganos urbanísticos que tengan atribuidas facultades de inspección y fiscalización del planeamiento.

2. En la tramitación del procedimiento sancionador, la Administración que lo instruya aplicará en todo caso su legislación específica.

3. Cuando la propuesta de resolución incluya una multa en cantidad superior a la que sea de la competencia de los órganos correspondientes a la Administración que tramitó el expediente de sanción, dicha propuesta se elevará a la autoridad que sea competente por razón de la cuantía, según las reglas establecidas en el artículo anterior, la que acordará la sanción correspondiente.

CAPÍTULO II. DE LAS DIFERENTES INFRACCIONES Y SUS SANCIONES

SECCIÓN 1ª En materia de parcelación

Artículo 66. 1. Serán sancionados con multa del 15 al 20% del valor de los terrenos afectados quienes realicen parcelaciones sobre suelo no urbanizable.

2. La sanción establecida en el número anterior se podrá incrementar hasta el 30% del valor del suelo si la división realizada lesiona el valor especifico que, en su caso, proteja el ordenamiento urbanístico.

3. En ningún caso se considerarán solares, ni se permitirá edificar en ellos, los lotes resultantes de una parcelación efectuada con infracción de los artículos 95 y 96 de la Ley del Suelo.

Artículo 67. En la misma sanción incurrirán quienes realicen, con fines de edificación, parcelaciones sobre terrenos destinados por el planeamiento a equipamiento social o a ejecución de sistemas generales de comunicaciones o de zonas verdes o espacios libres.

Artículo 68. 1. Se aplicará una sanción del 10 al 15% del valor del suelo afectado a quienes realicen parcelaciones en suelo urbanizable no programado antes de la aprobación definitiva del correspondiente Programa de Actuación Urbanística.

2. La sanción se podrá incrementar hasta llegar al 20% del valor del suelo, cuando concurra alguna de las circunstancias señaladas en el artículo 67.

Artículo 69. 1. Con multa del 5 al 10% se sancionará a quienes realicen parcelaciones de suelo clasificado como urbanizable programado, si no existiese Plan Parcial definitivamente aprobado.

2. La misma sanción se aplicará a las parcelaciones en suelo declarado apto para urbanizar por las correspondientes Normas Subsidiarias de Planeamiento, o en suelo urbanizable no programado que tenga aprobado Programa de Actuación Urbanística, siempre que en ambos casos no exista Plan Parcial definitivamente aprobado.

3. Si en los supuestos que contempla este artículo la parcelación supusiese infracción de disposiciones contenidas en el Plan General, en las Normas Subsidiarias o en el Programa de Actuación Urbanística, la sanción será del 10 al 15%.

Artículo 70. 1. Las parcelaciones de suelo urbano que contradigan las previsiones establecidas en el Plan General o en las Normas Subsidiarias de Planeamiento, serán sancionadas con multa del 5 al 10% del valor de los terrenos afectados.

2. En ningún caso se considerarán solares ni se permitirá edificar en ellos los lotes resultantes de la parcelación.

3. Si la parcelación afecta a superficies destinadas a dominio público, a equipamiento social y comunitario, a sistemas generales o a espacios libres, la sanción podrá alcanzar el 20% del valor de los terrenos.

Artículo 71. La sanción establecida en el artículo anterior se aplicará a las parcelaciones que se efectúen en suelo urbano clasificado a través de Proyectos de Delimitación aprobados, conforme al artículo 81 de la Ley del Suelo, cuando aquéllas infrinjan las Ordenanzas municipales.

Artículo 72. Serán sancionadas con multa del 5 al 10% del valor de los terrenos afectados las operaciones de parcelación o división de terrenos que den lugar a lotes inferiores a la parcela establecida como indivisible. En la misma sanción incurrirán quienes dividieren o segregaren parcelas que tengan la condición de indivisibles.

Artículo 73. Serán sancionados con multa del 10 al 20% del valor de los terrenos afectados quienes realicen parcelaciones en terrenos que no hayan sido previamente clasificados como suelo urbano por un Plan, Norma Complementaria y Subsidiaria de Planeamiento o Proyecto de Delimitación, siempre que tales parcelaciones impliquen la creación de un nuevo núcleo de población o la ampliación de uno ya constituido en términos, en este caso, que requieran la ejecución de obras de infraestructura que no sean mero complemento de la urbanización existente.

Artículo 74. Se sancionarán con multa del 2% del valor de los terrenos las operaciones de parcelación que, sin contradecir el planeamiento en vigor, se realicen sin la pertinente licencia.

Artículo 75. Si la parcelación se hubiere efectuado con una licencia cuyo contenido constituya una manifiesta infracción del planeamiento, la iniciación del procedimiento de revisión del acto administrativo constituirá, a su vez, la iniciación del procedimiento sancionador por la parcelación, sin perjuicio de lo que se establece en el artículo 91.

SECCIÓN 2ª En materia de uso del suelo y edificación

Artículo 76. 1. Quienes realicen obras de edificación o urbanización en contra del uso que corresponda al suelo en el que se ejecuten, serán sancionados con multa del 10 al 20% del valor de la obra proyectada.

2. La sanción se impondrá en su grado máximo cuando la actuación se refiera a suelo destinado a viales, parques y jardines públicos, zonas deportivas de recreo y expansión, o equipamiento comunitario.

Artículo 77. 1. Quienes realicen, en terrenos destinados por el planeamiento a uso público o de interés general o común, actos, actividades, obras o instalaciones que impidan o perturben gravemente dicho uso, serán sancionados:

1) Con multa del 10 al 20% del valor del suelo afectado, cuando el hecho que impida el uso o produzca la perturbación origine una situación permanente.

2) Con multa del 1 al 5% de dicho valor, cuando se realicen con carácter meramente ocasional, o las instalaciones o actividades puedan ser objeto de legalización por el órgano administrativo competente.

2. Cuando la infracción se realice sobre bienes no susceptibles de valoración, por estar excluidos de modo permanente y total de tráfico jurídico, la multa podrá oscilar entre 5.000 y 500.000 ptas., graduándose en función de la mayor o menor trascendencia que la perturbación ocasione al uso público.

Artículo 78. En la sanción señalada en el artículo anterior de acuerdo con los mismos criterios de valoración y distinguiéndose también entre el carácter permanente, ocasional o legalizable, incurrirán quienes realicen actos de uso de suelo que, no estando comprendidos en dicho artículo, sean incompatibles o alteren la utilización prevista en el planeamiento en vigor.

Artículo 79. Serán sancionados con multa del 5 al 10% del valor del edificio, planta, local o dependencia quienes alteren el uso a que estuvieren destinados por el Plan, Normas u Ordenanzas.

Artículo 80. Se sancionarán con multa del 10 al 20% de su valor el exceso de edificación sobre la edificabilidad permitida por el Plan.

Artículo 81. En la misma sanción incurrirán quienes realicen edificaciones con altura superior a tres plantas, medidas en cada punto del terreno, donde no exista Plan o normativa urbanística que lo autorice, o quienes en esos Municipios edifiquen en solares enclavados en núcleos o manzanas edificados en más de sus dos terceras partes con alturas superiores a la media de los edificios ya construidos.

Artículo 82. 1. Se sancionarán con multa del 5 al 10% del valor del exceso los actos de edificación, cuando ésta alcance altura superior a la determinada por el Plan o Norma de aplicación, si dicho exceso no implicare un aumento sobre el volumen permitido.

2. La misma sanción se aplicará a quienes edificaren sótanos o semisótanos, cualquiera que sea el uso a que se dedicaren, no permitidos por el Plan o Norma urbanística aplicable.

Artículo 83. Se sancionará con multa del 5 al 10% del valor de lo realizado, la ejecución de obras de consolidación, aumento de volumen, modernización o incremento de su valor de expropiación en edificios calificados como fuera de ordenación, según lo dispuesto en el artículo 60 de la Ley del Suelo, salvo los casos de excepción previstos en el apartado 3.º del mismo artículo. Si dichas obras llevasen consigo aumentos de volumen o incremento de altura en relación con la situación existente, se sancionarán de conformidad con lo establecido en los artículos 80 y 81 del presente Reglamento.

Artículo 84. Los que edificaren en parcelas cuya superficie sea inferior a la establecida como mínima edificable, serán sancionados con multa del 10 al 20% del valor de la obra proyectada, graduando la multa en función de la mayor o menor desproporción que exista entre la superficie de la parcela edificada y la superficie de la parcela mínima según el Plan.

Artículo 85. Las infracciones por incumplimiento de las reglas de distancia de las edificaciones entre sí y en relación con las vías públicas, espacios libres y linderos, se sancionarán con multa del 10 al 20% del importe de la obra que se sitúe fuera de los límites a los que deba ajustarse.

Artículo 86. 1. Quienes derribaren o desmontaren total o parcialmente edificaciones, construcciones o instalaciones que sean objeto de una protección especial por su carácter monumental, histórico, artístico, arqueológico, cultural, típico o tradicional serán sancionados con multa equivalente al doble del valor de lo destruido.

2. En caso de que se trate de bienes de carácter monumental, artístico, histórico o arqueológico, la determinación del valor de lo destruido se realizará por la Comisión a que se refiere el artículo 78 de la Ley de Expropiación Forzosa.

Artículo 87. Se sancionará con multa del 5 al 10% del valor de la obra proyectada la realización de construcciones en lugares inmediatos o que formen parte de un grupo de edificios de carácter artístico-histórico, arqueológico, típico o tradicional que, infringiendo las correspondientes Normas o régimen jurídico de protección, quebranten la armonía del grupo, o cuando produzcan el mismo efecto en relación con algún edificio de gran importancia o calidad de los caracteres indicados. La graduación de la multa se realizará en atención al carácter grave o leve de la discordancia producida.

Artículo 88. Serán sancionados con multa del 10 al 20% del valor de las obras complementarias que fuere necesario realizar para subsanar las deficiencias correspondientes, quienes infringieren las Normas sobre condiciones higiénico-sanitarias y estéticas. En la misma sanción incurrirán quienes vulneren otras determinaciones de las Ordenanzas de la edificación o del Proyecto de Urbanización, cuando causen un perjuicio o pongan en situación de riesgo la normalidad del uso de la edificación, construcción, instalación o servicio o la salud de los usuarios.

Artículo 89. Se sancionará con multa equivalente al 1% de su valor la realización de obras sin el correspondiente Proyecto de Urbanización, cuando la aprobación de éste fuere preceptiva.

SECCIÓN 3ª Disposiciones comunes

Artículo 90. 1. Serán sancionados con multa del 1 al 5% del valor de la obra, instalación o actuación proyectada, quienes realicen alguna de las actividades a que se refiere el número 1 del artículo 178 de la Ley del Suelo sin licencia u orden de ejecución, cuando dichas actividades sean legalizables por ser conformes con la normativa urbanística aplicable. En las parcelaciones sin licencia, la multa se fijará en relación con el valor del suelo.

2. Cuando las actividades señaladas en el número anterior no fueren legalizables, se aplicarán las sanciones previstas en este Reglamento para los tipos de infracción que en cada caso corresponda.

Artículo 91. 1. Cuando las actividades constitutivas de infracción según este Reglamento se realizaren al amparo de una licencia u orden de ejecución y de acuerdo con sus determinaciones, no se podrá imponer sanción en tanto no se proceda a la anulación del acto administrativo que las autorice.

2. Si la anulación de la licencia fuese consecuencia de la anulación del instrumento de planeamiento del que trae causa, no habrá lugar a imposición

de sanciones a quienes actúen al amparo de dicha licencia, a menos que fuesen los promotores del Plan declarado nulo y dicha nulidad sea consecuencia de actuaciones de los mismos.

CAPÍTULO III. DE LA PRESCRIPCIÓN

Artículo 92. *1. La prescripción de las infracciones urbanísticas se producirá por el transcurso de un año desde la fecha en que se hubieran cometido o, si ésta fuere desconocida, desde la fecha en que hubiera podido incoarse el procedimiento sancionador. Se entenderá que puede incoarse el procedimiento sancionador cuando aparezcan signos externos que permitan conocer los hechos constitutivos de la infracción.*

2. En las infracciones derivadas de una actividad continuada, la fecha inicial del cómputo será la de finalización de la actividad o la del último acto con el que la infracción se consuma.

Artículo 93. No obstante lo establecido en el artículo anterior, cuando existan actos de la Administración que autoricen actividades constitutivas de infracción urbanística, el plazo de la prescripción será el establecido en la Ley del Suelo para la revisión de aquellos actos administrativos.

Artículo 94. *1. De conformidad con lo dispuesto en el artículo 188 de la Ley del Suelo, los actos de edificación o uso del suelo que se realicen sin licencia u orden de ejecución sobre terrenos calificados en el planeamiento como zonas verdes o espacios libres, no estarán sujetos a plazo de prescripción.*

2. Del mismo modo, las actividades que se realicen en virtud de licencias u órdenes de ejecución que se otorgaren con infracción de la zonificación o uso urbanístico de las zonas verdes o espacios libres previstos en los Planes, tampoco estarán sometidas a plazo de prescripción.

DISPOSICIÓN FINAL

Sin perjuicio de la aplicación, desde su entrada en vigor de las disposiciones de la Ley del Suelo sobre intervención en la edificación y uso del suelo, que desarrollan los títulos I y II de este Reglamento, el régimen jurídico de las infracciones y sanciones establecido en su título III será de aplicación a los hechos que se produzcan a partir de la entrada en vigor del presente Reglamento.

13. Reglamento de Edificación Forzosa y Registro Municipal de Solares[1], aprobado por Decreto 635/1964, de 5 de marzo[2]

(BOE núm. 73, de 25 de marzo de 1964)

CAPÍTULO I. DE LA OBLIGACIÓN DE EDIFICAR

Artículo 1. *De la obligación general de edificar.* 1. Los propietarios de inmuebles que tengan la calificación jurídica de solares a efectos de su edificación forzosa, conforme a la Ley del Suelo y disposiciones complementarias, deberán llevarla a efecto en los plazos determinados por los planes, proyectos de urbanización o expropiación, programas de actuación o acuerdos de declaración de interés inmediato.

1 El Real Decreto 304/1993, de 26 de febrero, aprobó la tabla de vigencias del presente Reglamento, en ejecución de la disposición final única del Texto Refundido de la Ley sobre Régimen del Suelo y Ordenación Urbana, aprobado por Real Decreto Legislativo 1/1992, de 26 de junio, declarando la derogación de los siguientes preceptos: 1.2; 2; 3; 4; 5; 6; 7; 8.2, 3 y 4; 9; 11.4; 16; 17; 22; 23; 24; 28; 29; 30; 31; 32; 33; 34; 35; 36; 37; 38; 39; 40; 41; 42; 43; 44.4; 45, y las disposiciones adicionales, transitoria y final. En la medida, sin embargo, en que esta tabla de vigencias pudiera estar afectada por la Sentencia del Tribunal Constitucional 61/1997, de 20 de marzo, anuladora de diversos preceptos del Texto Redido de la Ley sobre Régimen del Suelo y Ordenación Urbana, aprobado por Real Decreto Legislativo 1/1992, de 26 de junio, se ha optado por incluir el texto formalmente derogado, aunque resaltado a través de cursiva. Por otra parte, ha de tenerse en cuenta la incidencia que sobre este Reglamento de Edificación Forzosa y Registro Municipal de Solares han podido tener la Ley 6/1998, de 13 de abril, sobre Régimen de Suelo y Valoraciones, la Ley 8/2007, de 28 de mayo, de Suelo, o el Texto Refundido de la Ley de Suelo, aprobado por Real Decreto Legislativo 2/2008, de 20 de junio. Finalmente, en virtud del Real Decreto 1093/1997, de 4 de julio, por el que se aprueban las normas complementarias al Reglamento de ejecución de la Ley Hipotecaria sobre inscripción en el Registro de la Propiedad de actos de naturaleza urbana, «quedan derogadas todas las disposiciones del presente Reglamento declarados en vigor por el Real Decreto 304/1993, en cuanto contengan referencias al Registro de la Propiedad».

2 Su artículo único establece:
«Se aprueba el adjunto texto del Reglamento de Edificación Forzosa y Registro Municipal de Solares.»

2. Si la obligación de edificar se deduce de las normas subsidiarias para el cómputo de plazos, a que se refiere el artículo 142-2 de dicha Ley, se hará constar la concurrencia de las circunstancias exigidas en el expediente que, en su caso, se instruya para sancionar el incumplimiento.

Artículo 2. *Constancia en los documentos urbanísticos. 1. Los Planes parciales de ordenación urbana y, en su caso, los de centros y zonas de interés turístico nacional contendrán las oportunas normas sobre plazos de edificación de los solares afectados por los mismos.*

2. En los programas de actuación para un período de cinco años, a los que se refieren los artículos 9.º, 38 y 107 de la Ley del Suelo, se contendrán también las oportunas determinaciones sobre dichos plazos.

Artículo 3. *De las declaraciones de edificación forzosa de interés inmediato. 1. En virtud de lo previsto en el artículo 112 de la Ley del Suelo, los Ayuntamientos y, en su caso, los Órganos urbanísticos a quienes competa formularán declaraciones de «interés inmediato» de edificación, conforme a las necesidades previsibles en cinco años.*

2. Estas declaraciones concretarán los plazos de edificación de las fincas incluidas en los polígonos o manzanas atendiendo a razones objetivas suficientemente motivadas.

3. Los acuerdos determinarán en forma clara y concreta las fincas afectadas, plazos concedidos y condiciones que, en su caso, se impusieran.

Artículo 4. *De las construcciones paralizadas, ruinosas, derruidas o inadecuadas. La nueva edificación de las fincas en que existieren construcciones paralizadas, ruinosas, derruidas o inadecuadas, deberá emprenderse dentro del plazo de dos años desde la notificación del acuerdo de inclusión de la finca en el Registro Municipal correspondiente.*

CAPÍTULO II. DE LOS INMUEBLES SUJETOS A EDIFICACIÓN FORZOSA

Artículo 5. *Inmuebles incluidos. A los efectos de lo dispuesto en el Capítulo I, título IV, de la Ley del Suelo, se entenderán:*

1. Por solares no edificados los que carezcan en su totalidad de construcciones permanentes o la parte de los mismos no utilizada y susceptible de aprovechamiento, con arreglo a las normas vigentes y disposiciones de los planes.

2. Por construcciones paralizadas aquellas en que las obras quedaren abandonadas o fueren suspendidas. Se estimarán paralizadas las construcciones transcurrido un mes desde la declaración oficial de abandono o suspensión de las obras sin que se reanuden, o por el transcurso de dos años desde el momento real del abandono o suspensión. No podrán alegarse a estos efectos dificultades de orden económico del constructor o propietario. Si se tratare de viviendas acogidas al régimen de las de protección oficial, no podrán estimarse paralizadas mientras no transcurra el plazo concedido en la calificación provisional para la realización de las obras.

3. Por edificaciones derruidas aquellas, en que haya desaparecido como mínimo el 40 por 100 del volumen aprovechable de la construcción. También tendrán dicho carácter las edificaciones que en más de un 50 por 100 de su capacidad como vivienda sean declaradas «inhabitables» por resolución firme de los Órganos competentes.

4. Por edificaciones ruinosas las determinadas en el artículo 170 de la Ley del suelo.

5. Por edificaciones inadecuadas las que se hallen en alguna de las siguientes situaciones:

a) Aquellas cuyo volumen sea inferior al 50 por 100 del mismo autorizado por las Ordenanzas de Edificación en relación con la superficie aprovechable.

b) Las que en más de un 50 por 100 de su volumen o de la superficie construida estén destinadas a uso urbanístico contrario al previsto por la Ordenanza de Edificación vigente en el momento de su calificación; y

c) Las que, además de estar en manifiesta desproporción con la altura legalmente autorizada y corriente en la zona, desmerezcan por su estado, condición o clase de las demás del sector. Se estimarán causas de tal desmerecimiento: el mal estado de conservación y el incumplimiento de los requisitos de volumen, uso, alineaciones y servicios higiénicos. No podrá alegarse a efectos excusatorias que dichas circunstancias concurren en otras fincas del sector.

d) Las edificaciones provisionales que se estimarán inadecuadas, salvo lo dispuesto en los artículos 7 y 48 de la Ley del Suelo y disposiciones concordantes.

Artículo 6. *De los inmuebles exceptuados. 1. En el artículo anterior no se considerarán incluidos:*

a) Las construcciones destinadas a uso o servicio público y las declaradas de valor histórico o artístico.

b) El suelo o las construcciones que constituyan complemento, accesorio o anejo de una edificación principal y en proporción con ésta, como pabellones de portería, garajes, parques o jardines.

c) Las fincas que, aun teniendo la consideración legal de solares, no puedan edificarse por existir Planes, Ordenanzas o Resoluciones que limiten o prohiban su construcción; y

d) Los terrenos dedicados a zonas de reserva industrial o turística y los necesarios para la construcción de Iglesias, escuelas y otros centros análogos y edificaciones dependientes de la Administración Pública, en cumplimiento de los Planes de Ordenación o de los acuerdos que los califiquen como tales.

2. En cuanto a los inmuebles eclesiásticos se observará la legislación concordada, oyendo en cada supuesto concreto a la autoridad eclesiástica competente.

Artículo 7. *De los inmuebles excluidos. 1. Quedan excluidas del artículo 5.º de este Reglamento, las fincas que, aun siendo susceptibles de mayor aprovechamiento del suelo o vuelo, sean gravadas con servidumbre u otro derecho que limite su utilización.*

2. La constitución de dichos derechos deberá ser aprobada por el Órgano urbanístico competente para modificar el régimen instituido mediante los trámites prevenidos en el artículo 46 de la Ley del Suelo, y en el expediente deberá acreditarse que la nueva situación de la finca se estima adecuada a las conveniencias del planeamiento.

3. La servidumbre o, en su caso, la limitación del dominio, deberá ser inscrita en el Registro de la Propiedad sobre el predio sirviente y a favor del Estado o del Órgano urbanístico, según proceda, en virtud de lo dispuesto en el artículo 209 de la Ley del Suelo.

CAPÍTULO III. DEL REGISTRO MUNICIPAL DE SOLARES Y OTROS INMUEBLES DE EDIFICACIÓN FORZOSA

Artículo 8. *De las obligaciones de los Ayuntamientos y subrogación, de las mismas.* 1. En los Ayuntamientos se llevará preceptivamente un Registro de Solares y otros inmuebles de edificación forzosa, a cargo del Secretario, bajo la inspección del Alcalde, en alguno de los casos siguientes:

a) Que el Municipio tenga aprobado el Plan General de Ordenación Urbana.

b) Que tenga más de 20.000 habitantes; y

c) En los casos no comprendidos en los apartados anteriores, cuando así se haya acordado por Decreto del Consejo de Ministros o se acuerde en el futuro a propuesta del Ministro de la Vivienda.

2. Cuando los Ayuntamientos no llevaren en forma adecuada el Registro se subrogará en dichas funciones el Órgano Urbanístico competente, de conformidad con lo prevenido en los artículos 5.º y 206 de la Ley del Suelo, 4.º de la de 21 de julio de 1962 y en este Reglamento.

3. La subrogación se acordará por el Ministro de la Vivienda, oído el Ministerio de la Gobernación, en los supuestos siguientes:

a) Cuando hayan transcurrido dos años sin que se hubiera establecido el Registro Municipal o sin que se llevara en debida forma, para lo cual realizará la inspección pertinente el Delegado provincial del Ministerio de la Vivienda; y

b) Cuando lo soliciten los Ayuntamientos interesados.

4. En cada supuesto de subrogación las facultades y funciones de gestión corresponderán a los Delegados provinciales del Ministerio de la Vivienda, y las atribuidas en este Reglamento a las Corporaciones municipales se ejercerán por las respectivas Comisiones provinciales de urbanismo.

Artículo 9. *Del plazo de edificación que implica inclusión en el Registro. 1. El acuerdo que obligue a la edificación forzosa de una finca en plazo no superior a cinco años, dará lugar a la inclusión de aquélla en el respectivo Registro Municipal, en el que se consignarán las condiciones señaladas.*

2. Si el plazo de edificación fuere mayor, la inclusión tendrá lugar cuando falten por transcurrir cinco años.

Artículo 10. *Del contenido del Registro Municipal.* 1. El Registro Municipal expresará, respecto de cada finca, las circunstancias siguientes:

a) Situación, nombre de la finca si lo tuviere, el de la calle y plaza, número y los que hubiere tenido con anterioridad.

b) Extensión y linderos con determinación, si fuere posible, de la medida de éstos.

c) Naturaleza de la finca, su destino y cuantos datos permitan su mejor identificación.

d) Nombre, apellidos y domicilio del propietario.

e) Cargas, gravámenes y situaciones jurídicas inscritos en el Registro de la Propiedad y circunstancias personales de sus titulares.

f) Referencia a los datos de inscripción en dicho Registro.

g) Plazo de edificación y prórrogas, en su caso, con referencia al documento que lo determinare.

h) Referencia a los datos del Registro Fiscal de Edificios y Solares, si constaren, y a los documentos cobratorios municipales.

i) Inquilinos, arrendatarios y ocupantes del inmueble; y

j) Valor urbanístico de la finca, señalado conforme a lo dispuesto en el artículo 145 y concordantes de la Ley del Suelo; y la valoración de los demás elementos del inmueble, si procede.

2. Se hará constar la resolución firme que declare incumplida la obligación de edificar, *así como que dicha resolución se ha inscrito en el Registro de la Propiedad, conforme al artículo 4.º de la Ley de 21 de julio de 1962.*

3. En su caso se consignarán las circunstancias prevenidas en preceptos legales o reglamentos que deban reflejarse en el Registro.

Artículo 11. *De la forma de llevar el Registro.* 1. El Registro se llevará por medio de libros encasillados y foliados conforme al modelo aprobado por el Ministro de la Vivienda.

2. El Secretario autorizará con su firma la diligencia de apertura, que visará el Alcalde, y los asientos que se extiendan en los libros.

3. Los documentos que den lugar a la práctica de asientos se archivarán en el Ayuntamiento, originales o mediante fotocopia, copia o testimonio, completo o de particulares, debidamente autorizado.

4. Las Delegaciones Provinciales del Ministerio de la Vivienda y las Comisiones provinciales de Urbanismo, en caso de subrogación, llevarán el Registro conforme se establece para los Ayuntamientos.

Artículo 12. *De la publicidad del Registro.* 1. El Registro será Público.

2. Conforme a lo dispuesto en el artículo 43 de la Ley del Suelo, cualquier persona tendrá derecho a que se le manifiesten los libros o a obtener certificación del contenido de los mismos.

Artículo 13. *De la incoación del expediente de inclusión en el Registro.* 1. El expediente de inclusión de una finca en el Registro Municipal se incoará:

a) Por iniciativa del Ayuntamiento.

b) A requerimiento de órgano Urbanístico, de oficio o a instancia de otro organismo público; y

c) A instancia de cualquier persona.

Artículo 14. *De la solicitud y requerimiento para inclusión de fincas.* 1. La solicitud de inclusión de una finca en el Registro Municipal contendrá las circunstancias prevenidas en el artículo 10 de este Reglamento, en su número 1, apartados a), b), c), d) f) e i). Asimismo expresará las causas que a juicio del solicitante determinen la inclusión.

2. El requerimiento del Órgano urbanístico contendrá dichas circunstancias, en cuanto fueren conocidas, y el Ayuntamiento completará las restantes, según la determinación de las mismas en el artículo 10.

Artículo 15. *De la tramitación del expediente.* 1. El expediente se tramitará conforme a las normas siguientes:

a) Conocerá del mismo el Ayuntamiento en cuyo término radique el inmueble.

b) La incoación se notificará al propietario de la finca, a los arrendatarios, inquilinos u ocupantes de la misma, y además a los titulares de derechos reales y situaciones jurídicas inscritos o anotados en el Registro de la Propiedad. Asimismo se publicará en el tablón de anuncios del Ayuntamiento y en el período oficial del mismo si lo tuviere; en todo caso se comunicará a la Delegación Provincial del Ministerio de la Vivienda.

c) Las notificaciones y la comunicación deberán practicarse dentro de los ocho días a partir del siguiente a la adopción del acuerdo; el anuncio permanecerá en el tablón durante el mismo plazo y el del periódico oficial se insertará en el primer número que se publique a partir de la indicada fecha.

d) Dentro de los quince días siguientes a la notificación individual, podrán alegar los interesados, ante el Ayuntamiento, lo que tuvieren por conveniente y aportar o proponer las pruebas oportunas. Cuando no hubiere sido posible practicar notificación personal, el plazo se computará a partir de la publicación del anuncio en el tablón o en el periódico oficial en su caso; y

e) Transcurrido el plazo de reclamaciones y practicadas las pruebas que hubieren sido declaradas pertinentes, el Alcalde, previo informe de los Servicios Jurídicos y de los Técnicos, si los hubiere, y, en su defecto, de Letrado y Arquitecto hábiles para emitirlo, someterá la propuesta de resolución al Ayuntamiento en la sesión más próxima. En todo caso debe recaer acuerdo dentro del plazo de seis meses desde la incoación del expediente, y si no se adoptare habrá lugar a la subrogación prevenida en el artículo 8.º, párrafo 2, de este Reglamento.

2. El acuerdo será notificado al propietario, en todo caso, y a los demás interesados, comunicado al Órgano requirente, si lo hubiere, y a la Delegación Provincial del Ministerio de la Vivienda, y publicado en la forma indicada en el apartado c) de este artículo.

Artículo 16. *De los recursos. 1. Contra el acuerdo municipal podrá interponerse recurso de alzada ante la Comisión Provincial de Urbanismo.*

2. Cuando la citada Comisión actuase por subrogación, conforme a lo prevenido en el artículo 8.º, párrafo 2, de este Reglamento, sus acuerdos serán recurribles en alzada ante el Ministerio de la Vivienda.

Artículo 17. *De los recursos en casos de requerimiento contra acuerdos de la Comisión Provincial. 1. Si incoado el procedimiento a requerimiento de Órgano urbanístico, el acuerdo municipal no ordenare la inclusión de la finca en el Registro, el Ayuntamiento elevará el expediente a la Comisión Provincial de Urbanismo dentro de los quince días siguientes a la adopción de aquél.*

2. La Comisión Provincial de Urbanismo aprobará o modificará el acuerdo en el sentido que proceda.

3. Si no dictare resolución en el plazo de un mes, se considerará aprobado el acuerdo municipal.

4. Contra la resolución que revoque el indicado acuerdo cabrá alzada ante el Ministerio de la Vivienda en el plazo de quince días.

Artículo 18. *De la inclusión de la finca en el Registro y de sus efectos.* 1. La inclusión de un inmueble en el Registro se practicará en virtud del acuerdo municipal, que será ejecutivo, o del que, por subrogación o en virtud de lo dispuesto en el artículo anterior, adopte la Comisión Provincial de Urbanismo.

2. Dicha inclusión se hará constar en el Registro de la Propiedad, en virtud de certificación que transcribirá literalmente el acuerdo, expedida de oficio o a instancia de cualquier interesado, por el Secretario mediante nota marginal a la última inscripción de dominio de la finca. Si los inmuebles no constaren inscritos se estará a lo dispuesto en el artículo siguiente.

3. En la nota marginal se consignará breve referencia a los datos del Registro Municipal. La nota se relacionará en las certificaciones de cargas que se expidan, y se cancelará, por caducidad, transcurridos cinco años desde su fecha, si no constare en el Registro de la Propiedad asiento acreditativo de modificación del plazo o del procedimiento de enajenación forzosa.

Artículo 19. *De la anotación preventiva. 1. Si el inmueble no estuviere inmatriculado en el Registro de la Propiedad o no constare a nombre de su propietario, se extenderá anotación preventiva, que caducará, en su caso, a los cuatro años de su fecha, y el Alcalde requerirá a los interesados para que aporten la documentación necesaria para subsanar.*

2. Si lo incumplieren, se incoará el procedimiento oportuno en nombre del propietario y a su costa para practicar dicha inscripción. Todo ello sin perjuicio de la continuación del expediente.

Artículo 20. *De la valoración. 1. En el expediente de inclusión de una finca en el Registro, la Administración señalará el «valor urbanístico» del suelo a efectos de la subasta, conforme al artículo 145 de la Ley de 12 de mayo de 1956.*

2. Asimismo se determinará, en su caso, la valoración de las edificaciones y demás elementos y derechos sobre el inmueble.

3. A tal fin se aplicarán los preceptos de la legislación de expropiación forzosa.

CAPÍTULO IV. PLAZOS DE SU EDIFICACIÓN Y SUS PRÓRROGAS

Artículo 21. *Regla general.* La transmisión de una finca incluida en el Registro Municipal de solares y otros inmuebles de edificación forzosa no alterará los plazos y condiciones de dicha edificación, conforme a lo dispuesto en este Reglamento.

Artículo 22. *De la prórroga del plazo de edificación. 1. La solicitud de concesión de prórroga del plazo de edificación conforme al artículo 143 de la Ley del Suelo, deberá interesarse dos meses, al menos, antes del vencimiento del señalado.*

2. A la solicitud deberá acompañarse necesariamente: el permiso o licencia de construcción, el proyecto de la obra con el estudio económico y el programa que señale el ritmo de las edificaciones.

3. En todo caso se justificarán las razones en que se funde la petición de prórroga, que deberá ser informada, en su caso, por la Delegación Provincial del Ministerio de Información y Turismo a través de la del Ministerio de la Vivienda.

Artículo 23. *De los plazos especiales de edificación. 1. Las Entidades de derecho público y las Empresas privadas podrán retener solares sin edificar para atender las ampliaciones exigidas por futuras necesidades, debidamente justificadas, por el plazo que en cada caso se establezca. A tal fin, los interesados lo solicitarán razonadamente del Ayuntamiento, el cual, con su acuerdo, elevará el expediente al Ministerio de la Vivienda, a través de la Comisión Provincial de Urbanismo, que emitirá informe para su aprobación. Si el solar fuera de propiedad municipal, el expediente se incoará de oficio por el propio Ayuntamiento.*

2. Las citadas Empresas deberán solicitar la autorización dentro del año siguiente a la adquisición del inmueble o de la inclusión del mismo en el Registro Municipal, mediante escrito dirigido al Ayuntamiento; éste recabará informe de la Delegación de Industria de la provincia, si se tratare de empresas sujetas a la competencia de la misma, o de la Delegación Provincial del Ministerio de Información y Turismo, si se tratare de solares incluidos en Planes de Ordenación Urbana de Centros y Zonas de Interés Turístico Nacional, y con el suyo elevará el expediente a la Comisión Provincial de Urbanismo para su trámite.

Artículo 24. *De los plazos por razón de obras de urbanización o de cooperación urbanística. Los que ejecuten obras de urbanización o cooperen a la gestión pública o privada por los sistemas de actuación de la Ley del Suelo, podrán retener los solares resultantes durante el período que señale el programa al efecto aprobado por el Órgano Urbanístico de quien dependan o que controle su actuación.*

CAPÍTULO V. DEL INCUMPLIMIENTO DE LA OBLIGACIÓN DE EDIFICAR

Artículo 25. *De la declaración de incumplimiento.* 1. Transcurrido el plazo de edificación o incumplidas las condiciones impuestas, entre ellas la de iniciar la construcción o desarrollarla al ritmo normal previsto, el Ayuntamiento, por propia iniciativa, a requerimiento del Órgano urbanístico competente o en virtud de denuncia, declarará incumplida la obligación de edificar.

2. A la tramitación se aplicará, en lo pertinente, lo dispuesto en los artículos 15 a 17 de este Reglamento.

Artículo 26. *De la contratación en el Registro de la Propiedad. Firme en vía gubernativa el acuerdo que declare incumplida la obligación de edificar, el Alcalde remitirá al Registro de la Propiedad testimonio del expediente incoado, en el que se transcribirán los particulares que acrediten el cumplimiento de los trámites reglamentarios y, literalmente, las resoluciones correspondientes.*

Artículo 27. *De los efectos del incumplimiento de la obligación de edificar. 1. La resolución que declare el incumplimiento de la obligación de edificar se hará constar en el Registro de la Propiedad por nota al margen de la última inscripción de dominio de la finca.*

2. La situación de enajenación forzosa del inmueble tendrá a todos los efectos legales el carácter de carga real y se consignará en las certificaciones que de la finca se expidan.

3. Constatada dicha situación en el Registro, el Registrador comunicará de oficio al Ayuntamiento, mientras no conste la terminación del procedimiento, o no se cancele la nota, los cambios de titularidad y las modificaciones objetivas de la finca que se inscriban.

CAPÍTULO VI. DE LA ADQUISICIÓN DIRECTA DE LAS FINCAS

Artículo 28. *De la solicitud de venta forzosa de fincas incluidas en el Registro. 1. De conformidad con lo dispuesto en el artículo 146-1 de la Ley del Suelo, cualquier persona podrá adquirir por venta forzosa una finca, después de declararse incumplida la obligación de edificar y antes de haberse anunciado la subasta.*

2. Presentada la solicitud con forma legitimada, el Ayuntamiento podrá acordar:

a) Que se expropie la finca a favor del peticionario.

b) Que se inicie o continúe el procedimiento de enajenación forzosa, concediendo al solicitante derecho de tanteo en la subasta.

3. Si se acordare la expropiación, se concederá un plazo de quince días para que pueda convenirse de mutuo acuerdo la adquisición, conforme al artículo 24 de la Ley de Expropiación Forzosa.

4. Cuando no se llegare a avenencia, se seguirá el procedimiento de enajenación forzosa previsto en los artículos 34 y siguientes de este Reglamento.

Artículo 29. *De la adquisición para el Patrimonio del Suelo. 1. Los Ayuntamientos podrán adquirir los inmuebles incluidos en el Registro Municipal con destino al patrimonio del suelo, para edificarlos. A tal efecto dicha inclusión implicará: declaración de utilidad pública y necesidad de la ocupación.*

2. El acuerdo municipal para la adquisición deberá adoptarse antes de que se anuncie la subasta.

3. Constituirá justiprecio para la adquisición el valor señalado para el suelo y, en su caso, para las edificaciones y demás elementos del inmueble, conforme al artículo 20 de este Reglamento.

4. Se formalizará la adquisición mediante escritura notarial o acta de ocupación y pago o, en su caso, depósito del precio, según proceda.

Artículo 30. *De la expropiación para enajenar. 1. Conforme a lo dispuesto en el artículo 146-3.º de la Ley del Suelo, los Ayuntamientos, las Comisiones provinciales u otros órganos urbanísticos podrán formular y aplicar el sistema de «Polígonos de Expropiación» a todas o parte de las fincas incluidas en el Registro Municipal, siempre que se hallen comprendidas en un plan parcial o que concurran las circunstancias prevenidas en el artículo 104, 2, apartado a) y b) de dicha Ley.*

2. En su virtud, se aplicarán las determinaciones y requisitos establecidos en el artículo anterior y el Organismo expropiante podrá enajenar los inmuebles, con la obligación de edificarlos y sujeción a lo dispuesto en los artículos 152 y siguientes de la Ley del Suelo y, en su caso, a las normas especiales de desarrollo y aplicación de la misma o del Organismo expropiante para el cumplimiento de los fines de dicha Ley y ejecución del presente Reglamento.

CAPÍTULO VII. DEL PROCEDIMIENTO DE ENAJENACIÓN FORZOSA

Artículo 31. *Reglas generales. 1. El procedimiento de enajenación forzosa tendrá carácter expropiatorio, con aplicación de lo dispuesto en el artículo 32 del Reglamento Hipotecario, en sus reglas 2.ª y 5.ª.*

2. En virtud, quienes hagan constar su derecho en el Registro de la Propiedad con posterioridad a la nota a que se refiere el artículo 27 de este Reglamento no deberán ser preceptivamente citados en el expediente.

3. El procedimiento se aplicará, cualesquiera que sean los defectos de capacidad, las limitaciones de la facultad de disponer y los obstáculos que prohiban o condicionen la enajenación de los inmuebles en situación normal.

4. A tal fin se aplicarán los preceptos correspondientes de la legislación de expropiación forzosa, representará a los interesados el Ministerio Fiscal y, en su caso, las cantidades pertinentes se consignarán en el Juzgado o en la Caja General de Depósitos, a disposición de quienes acrediten su derecho a percibirlas por subrogación de los que, por cualquier título, les correspondieran sobre el inmueble.

5. Para la formalización del título se estará a lo dispuesto en el artículo 37 de este Reglamento.

Artículo 32. *De los procedimientos para la enajenación forzosa. 1. Los Ayuntamientos u órganos urbanísticos competentes podrán utilizar para la enajenación forzosa el procedimiento establecido en el artículo 147 de la Ley del Suelo o el especial a que se refiere el artículo 4.º de la Ley de 21 de julio de 1962, que se regula en los artículos 34 y siguientes de este Reglamento.*

2. Este último procedimiento se seguirá preceptivamente cuando aquél se haya incoado a requerimiento de órganos urbanísticos o mediante solicitud privada.

Artículo 33. *Del procedimiento del artículo 147 de la Ley del Suelo. 1. Cuando se siga el procedimiento regulado en el artículo 147 de la Ley del Suelo se cumplirán los trámites prevenidos en el mismo, y al valor urbanístico se añadirá, para el tipo de licitación, el justiprecio de las edificaciones y demás elementos valorables del inmueble, señalado conforme al artículo 20 de este Reglamento, si procediere.*

2. Para determinar la caducidad del nuevo plazo de edificación señalado por el número 6 de dicho artículo se estará a lo dispuesto en el artículo 5.º-2 de este Reglamento.

Artículo 34. *Del procedimiento especial. 1. Cuando se utilice el procedimiento especial a que se refiere el artículo 4.º de la Ley de 21 de julio de 1962,* *el Ayuntamiento, de oficio, remitirá el expediente acompañado de certificación acreditativa de haberse inscrito en el Registro de la Propiedad, al Notario a quien por turno corresponda, para que tramite la ejecución mediante venta en pública subasta del inmueble a costa del propietario.*

2. El Ayuntamiento anticipará los gastos y se resarcirá de los mismos con cargo al precio del inmueble.

Artículo 35. *De las actuaciones notariales y de la subasta. 1. El Notario notificará la incoación del procedimiento: al propietario del inmueble, a los ocupantes y a los titulares de derechos reales y situaciones jurídicas inscritos con fecha anterior a la de la nota marginal a que se refiere el artículo 27, para que comparezcan y aleguen lo que a su derecho convenga; estos notificaciones se practicarán en los domicilios que figuren en el Registro de la Propiedad, y si no constaren, en la propia finca.*

2. Asimismo insertará anuncios en el «Boletín Oficial» de la provincia y en extracto, en dos diarios de los de mayor circulación de la población, si los hubiere, y en su defecto de los de la capital de la provincia. También se publicará en el tablón de anuncios del Ayuntamiento.

3. En los anuncios se consignará: la situación y superficie del inmueble, nombre y apellidos de su titular, precio señalado para la licitación conforme al artículo 20, plazo y condiciones de la edificación que afectaren al adquirente, y lugar, fecha y hora de celebración de la subasta.

4. La subasta tendrá lugar en el día fijado, transcurridos, al menos, treinta desde la última notificación o publicación.

5. Para tomar parte en la subasta deberá depositarse el 10 por 100 del precio de licitación en metálico ante el Notario, o acreditar ante el mismo un aval bancario extendido por escrito y en el que se consignen las circunstancias del avalado, la obligación que se afianza, cuantía a que asciende la garantía y que ésta se constituye a favor y disposición del Ayuntamiento.

6. Examinadas las proposiciones presentadas, el Notario consignará en el acta la adjudicación provisional a favor del mejor postor. Dentro de los cinco días siguientes al de celebración de la subasta, los firmantes de las proposiciones desechadas que hubieren mostrado su disconformidad en el acto de aquélla podrán exponer ante el Notario cuanto estimen conveniente a su derecho.

7. Terminado el plazo a que se refiere el apartado anterior, el Notario remitirá al Ayuntamiento copia del acta de subasta y de las de oposición, en su caso.

8. La Corporación resolverá sobre aprobación de la subasta y, si procediere, acordará la adjudicación definitiva. Transcurridos treinta días sin que el Ayuntamiento adopte acuerdo, se entenderá confirmada la adjudicación provisional.

9. Adjudicada la finca con carácter provisional, el Notario procederá a la devolución de las garantías prestadas a metálico ante el mismo, o de los documentos del aval bancario, excepto la que corresponda al licitador adjudicario, que no será devuelta hasta tanto se formalice el contrato.

10. El precio de adjudicación deberá consignarse en dinero en poder del notario en el plazo de ocho días siguientes al en que quedare firme la subasta. Si no se verificare quedará sin efecto aquélla y destinará la fianza al pago de los gastos del procedimiento y el resto ingresará en el Ayuntamiento con destino al Patrimonio Municipal del Suelo. Si la fianza estuviere constituida por aval bancario, el Notario requerirá a la Entidad avalista para que en el plazo de ocho días efectúe el ingreso de la cantidad garantizada en el Ayuntamiento.

Artículo 36. *De la liberación de gravámenes. Si la finca se hallara gravada y el propietario y los titulares de los demás derechos no convinieran la oportuna liquidación en el plazo que al efecto se señale, el Notario, previa deducción de gastos, que aprobará el Alcalde, depositará el resto conforme al artículo 98-3 de la Ley del Suelo en poder del Juzgado para que éste fije y distribuya, por el trámite de los incidentes, la proporción que corresponda a los respectivos interesados.*

Artículo 37. *Del otorgamiento de la escritura. 1. La escritura se autorizará por el Notario en el plazo de un mes a partir de la fecha de la aprobación definitiva de la subasta.*

2. Si en dicho plazo no comparecieren o no consistieren en el otorgamiento los propietarios o los demás interesados que, como titulares, deban acudir al mismo, asumirá su representación el Alcalde y si éste fuere incompatible, actuará el Juez municipal o comarcal, y si fueren varios, el Juez decano.

3. Si alguno de los transmitentes tuviere defectos de capacidad o de poder dispositivo, se practicará la oportuna notificación al Ministerio Fiscal, y si éste no se opusiere en el plazo de quince días, se otorgará la escritura asumiendo la representación las Autoridades indicadas en el número anterior.

4. Si no compareciere el adjudicatario o no consintiere en el otorgamiento después de requerido dos veces por el Notario, se otorgará la escritura y compa-

recerá en su nombre y representación el Secretario del Ayuntamiento o del Juzgado Municipal o Comarcal, según los casos. En dicho supuesto el adjudicatario satisfará los gastos que, por su actitud, se produjeran.

Artículo 38. *De la inscripción de la escritura en el Registro de la Propiedad. 1. Mediante la presentación de la escritura, en la que deberán constar acreditados los requisitos esenciales del procedimiento, se inscribirá el inmueble a favor del comprador y se cancelarán, en su caso, las cargas conforme a lo prevenido para los expedientes de expropiación forzosa.*

2. En la inscripción se harán constar las condiciones y plazos de edificación a que quede obligado el adquirente, que serán también consignadas en el Registro municipal. Estas expresiones se cancelarán mediante la escritura de declaración de obra nueva con la certificación administrativa.

3. El Notario devolverá al Ayuntamiento el expediente que sirvió de base a lo actuado, con copia simple de la escritura de enajenación en que conste transcrita la nota de su inscripción en el Registro de la Propiedad.

Artículo 39. *De la subasta desierta o en quiebra. 1. Si la subasta quedare desierta o quebrare, el Notario lo comunicará por oficio al Alcalde para que el Ayuntamiento, en el plazo de seis meses, a contar de dicha notificación, pueda adquirir el inmueble con destino al Patrimonio Municipal del Suelo, o para enajenarlo conforme a los artículos 152 y siguientes de la Ley del Suelo, por el precio de licitación más los gastos producidos. La misma comunicación se dirigirá al Delegado provincial del Ministerio de la Vivienda.*

2. La escritura se formalizará conforme a lo dispuesto en el artículo 37 de este Reglamento.

3. Transcurrido dicho plazo sin que el Ayuntamiento ejercite el derecho, el propietario podrá, según el artículo 147-6 de dicha Ley, emprender o continuar la edificación a ritmo normal durante un año, haciéndolo constar por comparecencia ante el Notario.

Artículo 40. *De la situación permanente de enajenación forzosa. 1. Si no ejercitare el derecho el Ayuntamiento, caducado el plazo a que se refiere el número 3 del artículo anterior, de conformidad con lo prevenido en el artículo 5-2 de este Reglamento, la finca quedará en situación permanente de enajenación forzosa y cualquier interesado podrá adquirirla en las condiciones señaladas.*

2. A tal efecto deberá publicarse, al menos una vez al año, en el periódico oficial del Ayuntamiento, si lo hubiere, y permanentemente en su tablón de anuncios, relación circunstanciada de las fincas que se hallaren en tal situación. En las mismas se colocará un cartel indicador expresivo de esta circunstancia.

3. Para el otorgamiento de la escritura de venta se aplicará, en su caso, lo prevenido en el artículo 37.

4. El Delegado provincial del Ministerio de la Vivienda comunicará la situación permanente de enajenación forzosa a la Notaría, y en las oficinas de aquella Delegación constará expuesta al público relación de los inmuebles afectados.

Artículo 41. *Del desahucio y lanzamiento. 1. Conforme a lo prevenido en el artículo 149 de la Ley del Suelo, cumplidos los requisitos señalados en el mismo, se dará posesión de la finca al adquirente, si fuere necesario, y se procederá al desahucio y lanzamiento correspondientes, los cuales tendrán carácter administrativo, conforme a lo dispuesto en el artículo 54 del Reglamento de Expropiación Forzosa.*

2. El Organismo actuante decretará y ejecutará aquéllos en los plazos y condiciones señalados en el artículo 53 de dicho Reglamento, bien a solicitud del adquirente o del propietario, en el supuesto prevenido en el artículo 149-2 de aquella Ley.

CAPÍTULO VIII. DE LA EXCLUSIÓN DEL PROCEDIMIENTO DE ENAJENACIÓN FORZOSA

Artículo 42. *De la solicitud del propietario para la venta voluntaria de finca sujeta a enajenación forzosa y actuaciones administrativas. 1. El propietario del inmueble incluido en el Registro municipal, antes de iniciarse el procedimiento de enajenación forzosa, podrá solicitar al Ayuntamiento que acuerde aplazar aquel procedimiento, comprometiéndose a la enajenación de la finca, conforme al artículo 148, apartado 1, de la Ley del Suelo.*

2. La solicitud deberá presentarse dentro del plazo de ocho días, a partir de la fecha en que se hubiere notificado el acuerdo de haber quedado incumplida la obligación de edificar.

3. Si el Ayuntamiento acordare acceder a la solicitud, deberá otorgarse escritura pública de enajenación dentro del plazo de tres meses, desde la fecha de dicho acuerdo.

4. En el documento el adquirente se someterá a la obligación de edificar en el plazo y condiciones que el referido acuerdo municipal especifique y dentro de los señalados por el artículo 150 de la Ley del Suelo.

5. Si no se otorgara la escritura en el término indicado o no se cumpliere el plazo de edificación previsto, proseguirá la tramitación del expediente de enajenación forzosa conforme a los artículos 34 y siguientes de este Reglamento, y en ningún caso se reconocerá derecho de reversión a favor del anterior propietario.

6. El aplazamiento a que este artículo se refiere no podrá solicitarse más de una vez por cada finca, cualquiera que sea el interesado.

7. Tampoco procederá el aplazamiento, según lo preceptuado en el artículo 148 de la Ley del Suelo, en los supuestos previstos en los artículos 28 a 30 de este Reglamento, siempre que el procedimiento a que los mismos se refieren estuviere iniciado.

Artículo 43. *De la exclusión de subasta de fincas a solicitud de su propietario. 1. El propietario de finca incluida en el Registro municipal cuando se siga el procedimiento de enajenación forzosa regulado en el artículo 147 de la Ley del Suelo, podrá excluirla de dicha situación antes del anuncio de la subasta, solicitándolo así del Ayuntamiento y mediante el cumplimiento de los requisitos establecidos en el artículo 148-2 de dicha Ley.*

2. Si no se cumplieren los requisitos del artículo citado o se extinguiere el mandato especial previsto en dicho artículo, apartado 2, letra c), proseguirá el procedimiento de enajenación forzosa suspendido.

3. En su caso se aplicará lo dispuesto en los números 5 y 6 del artículo anterior.

CAPÍTULO IX. DE LA REVERSIÓN

Artículo 44. *De la reversión a favor del expropiado. 1. Si el propietario de una finca adquirida conforme a los preceptos de este Reglamento inclumpliere las obligaciones contraídas en orden a la edificación, el Ayuntamiento lo declarará así por propia iniciativa, a requerimiento de órgano urbanístico o por denuncia de cualquier interesado.*

2. Dentro del plazo de dos meses, a partir de la fecha de la notificación de dicho acuerdo, y conforme al artículo 151 de la Ley del Suelo, el propietario en cuyo nombre se otorgó la escritura de enajenación forzosa podrá ejercitar el de-

recho de reversión siempre que se comprometa a iniciar o seguir la construcción en el plazo previsto y que, en su caso, garantice el cumplimiento de la obligación en la forma prevenida en la Ley del Suelo.

3. A los efectos del número 3 de dicho artículo se estimarán construcciones aprovechables las efectuadas conforme a proyecto debidamente aprobado.

4. La escritura se otorgará, en su caso, en la forma prevenida por el artículo 37 de este Reglamento.

Artículo 45. *De la adquisición por ayuntamiento u Organismo urbanístico. 1. Transcurrido el plazo a que se refiere el artículo anterior sin que se haya ejercitado el derecho de revisión, el Ayuntamiento podrá adquirir el inmueble por la cantidad señalada en el artículo 151-3 de la Ley del Suelo, en el término de un mes.*

2. El Ayuntamiento comunicará a la Delegación Provincial del Ministerio de la Vivienda los acuerdos que adopte en virtud de lo dispuesto en el número 1 del artículo anterior y, en su caso, el de adquirir la finca.

3. En defecto del Ayuntamiento podrá realizar la adquisición, en iguales condiciones, el órgano urbanístico que designe el Ministerio de la Vivienda.

DISPOSICIONES ADICIONALES

Primera. *Las fincas calificadas conforme a este Reglamento como de edificación forzosa tendrán derecho preferente para acogerse a los beneficios de la legislación de viviendas de protección oficial, siempre que reúnan los requisitos legales y los proyectos se sometan a las normas legales y reglamentarias pertinentes.*

Segunda. *Las referencias a acuerdos municipales se entenderán a los de la Corporación en Comisión Permanente, Ejecutiva o de Gobierno, si la tuviere, sin perjuicio de las facultades propias del Alcalde o del Pleno, en su caso.*

DISPOSICIÓN TRANSITORIA

Los expedientes incoados después de la vigencia de la Ley del Suelo a los que, en defecto de preceptos específicos, se hubieren aplicado los del Decreto de 23 de mayo de 1947, se ajustarán, a partir de la entrada en vigor de este Reglamento, a las normas del mismo aplicables al trámite en que se hallen, si la

Administración así lo acordare a lo solicitara el particular interesado. La adaptación se hará constar por «diligencia».

DISPOSICIÓN FINAL DEROGATORIA

Queda derogado el Reglamento de 23 de mayo de 1947 y cuantos preceptos de igual o inferior rango se opongan a lo dispuesto en este Reglamento, y se autoriza al Ministro de la Vivienda para que dicte las normas necesarias para la ejecución del mismo.